2500+

वस्तुनिष्ठ सामान्य विज्ञान

SSC, Railway, NDA, CDS, State PCS, B.Ed,
पुलिस एवं राज्य स्तरीय भर्ती परीक्षाओं के लिए

अरिहन्त 'विशेषज्ञ मंडल'
द्वारा संग्रहित एवं सम्पादित

अरिहन्त पब्लिकेशन्स (इण्डिया) लिमिटेड

arihant

अरिहन्त पब्लिकेशन्स (इण्डिया) लिमिटेड

卐 **रजि. कार्यालय**

'रामछाया' 4577/15, अग्रवाल रोड, दरिया गंज, नई दिल्ली- 110002

फोन: 011-47630600, 43518550

मुख्य कार्यालय

कालिन्दी, टी०पी० नगर, मेरठ (यूपी)– 250002

फोन: 0121-7156203, 7156204

卐 **शाखा कार्यालय**

आगरा, अहमदाबाद, बरेली, बंगलुरु, चेन्नई, दिल्ली, गुवाहाटी, हैदराबाद, जयपुर, झाँसी, कोलकाता, लखनऊ, नागपुर तथा पुणे

卐 **ISBN** 978-93-25790-17-9

卐 **मूल्य** ₹ 175.00

PO No. : TXT-59-T057984-3-24

PUBLISHED BY ARIHANT PUBLICATIONS (INDIA) LTD.

'अरिहन्त' की पुस्तकों के बारे में अधिक जानकारी के लिए हमारी वेबसाइट **www.arihantbooks.com** पर लॉग इन करें या **info@arihantbooks.com** पर सम्पर्क करें।

Follow us on...  

विषय-सूची

भौतिक विज्ञान

रसायन विज्ञान

जीव विज्ञान

भौतिक विज्ञान

अध्याय

01

मापन

Measurement

किसी अज्ञात भौतिक मात्रा (राशि) का उसके निश्चित मानक के साथ तुलनात्मक अध्ययन **मापन** (Measurement) कहलाता है।

भौतिक राशियाँ

वे सभी राशियाँ जिन्हें एक नियत संख्या द्वारा व्यक्त किया जा सकता है तथा प्रत्यक्ष रूप से मापा जा सकता है, भौतिक राशियाँ (Physical quantities) कहलाती हैं। भौतिक राशियाँ मूलतः तीन प्रकार की होती हैं

- **मूल राशियाँ** (Fundamental quantities) वे भौतिक राशियाँ जो अन्य राशियों से स्वतन्त्र होती हैं, मूल राशियाँ कहलाती हैं।
  उदाहरण– लम्बाई, द्रव्यमान, समय, ताप, ज्योति तीव्रता, विद्युत धारा तथा पदार्थ की मात्रा।
- **व्युत्पन्न राशियाँ** (Derived quantities) वे भौतिक राशियाँ जो मूल राशियों की सहायता से प्राप्त की जाती हैं, व्युत्पन्न राशियाँ कहलाती हैं।
  उदाहरण– क्षेत्रफल = लम्बाई $\times$ चौड़ाई, वेग = विस्थापन/समय
- **पूरक राशियाँ** (Supplementary quantities) मूल राशियों तथा व्युत्पन्न राशियों के अतिरिक्त दो अन्य भौतिक राशियाँ भी होती हैं, जिन्हें पूरक राशियाँ कहते हैं। उदाहरण– समतल कोण तथा घन कोण।

मात्रक

किसी भौतिक राशि को मापने के लिए सुविधानुसार चुने गए किसी मानक को मात्रक (Unit) कहते हैं। जैसे— एक फीते की लम्बाई 40 मी है, तब यहाँ मीटर (मी) लम्बाई के लिए प्रयुक्त किया गया मात्रक है।

मात्रक तीन प्रकार के होते हैं, जो निम्न हैं

- **मूल मात्रक** (Fundamental units) मूल राशियों के मात्रकों को मूल मात्रक कहते हैं। उदाहरण— मीटर, किलोग्राम, सेकण्ड, केल्विन, कैण्डेला, ऐम्पियर तथा मोल।
  मूल मात्रक पूर्णतया एक-दूसरे से स्वतन्त्र होते हैं।
- **व्युत्पन्न मात्रक** (Derived units) व्युत्पन्न राशियों के मात्रकों को व्युत्पन्न मात्रक कहते हैं। उदाहरण—पास्कल, न्यूटन आदि।
  व्युत्पन्न मात्रक, मूल मात्रकों की सहायता से प्राप्त किए जाते हैं।
- **पूरक मात्रक** (Supplementary units) वे मात्रक, जिनका प्रयोग पूरक राशियों (घन कोण व समतल कोण) के लिए किया जाता है, पूरक मात्रक कहलाते हैं। उदाहरण— रेडियन तथा स्टेरेडियन।

मात्रकों की पद्धतियाँ

मात्रकों की मुख्य पद्धतियाँ निम्न प्रकार हैं

- **CGS पद्धति** (सेन्टीमीटर ग्राम सेकण्ड) इस पद्धति में लम्बाई का मात्रक सेमी, द्रव्यमान का मात्रक ग्राम तथा समय का मात्रक सेकण्ड होता है। इस पद्धति को **गॉसियन पद्धति** भी कहते हैं।
- **FPS पद्धति** (फुट पाउण्ड सेकण्ड) इस पद्धति में लम्बाई का मात्रक फुट, द्रव्यमान का मात्रक पाउण्ड तथा समय का मात्रक सेकण्ड होता है। इस पद्धति को **ब्रिटिश पद्धति** भी कहते हैं।
- **MKS पद्धति** (मीटर किलोग्राम सेकण्ड) इस पद्धति में लम्बाई का मात्रक मीटर, द्रव्यमान का मात्रक किलोग्राम तथा समय का मात्रक सेकण्ड होता है।
- **SI पद्धति** (अन्तर्राष्ट्रीय मात्रक पद्धति) SI पद्धति, MKS पद्धति का संशोधित रूप है। वर्तमान समय में इसी पद्धति का प्रयोग किया जाता है। इस पद्धति में सात मूल मात्रक तथा दो पूरक मात्रक होते हैं।

लम्बाई के अन्य मात्रक

1 पारसेक = 3.26 प्रकाश वर्ष = 3.08×10^{16} मी

1 माइक्रोमीटर = 10^{-6} मी

1 नैनोमीटर = 10^{-9} मी

1 ऐंग्स्ट्रॉम = 10^{-10} मी

1 मिलीमीटर = 10^{-3} मी

द्रव्यमान के अन्य मात्रक

1 क्विंटल = 100 किग्रा

1 मीट्रिक टन = 1000 किग्रा

1 हेक्टोग्राम = 100 ग्राम

1 माइक्रोग्राम = 10^{-6} ग्राम = 10^{-9} किग्रा

समय के अन्य मात्रक

1 वर्ष = 3.15×10^{7} सेकण्ड

1 घण्टा = 60 मिनट = 3600 सेकण्ड

1 माइक्रोसेकण्ड = 10^{-6} सेकण्ड

मापक यन्त्र

- वे यन्त्र, जिनकी सहायता से भौतिक राशियों का मापन किया जाता है, मापक यन्त्र (Measuring instruments) कहलाते हैं। उदाहरण— पैमाना, वर्नियर कैलीपर्स आदि।

- मापक यन्त्र द्वारा मापित न्यूनतम मान को **अल्पतमांक** (Least count) कहते हैं।

$$\text{वर्नियर कैलीपर्स का अल्पतमांक} = \frac{\text{मुख्य पैमाने पर सबसे छोटे भाग का मान}}{\text{वर्नियर पैमाने की कुल संख्या}}$$

- **विभेदन** (Resolution) विभेदन से अभिप्राय है किसी राशि का अल्पतमांक या न्यूनतम पाठ्यांक, जो यन्त्रों द्वारा पढ़ा जा सकता है।
- **यथार्थता** (Accuracy) किसी माप की यथार्थता से अभिप्राय है कि किसी राशि का मापित मान, उसके वास्तविक मान के कितना निकट है।
- **परिशुद्धता** (Precision) किसी माप की परिशुद्धता से तात्पर्य है कि वस्तु को किस विभेदन सीमा तक मापा गया है अथवा परिशुद्धता वह पद है जो किसी वस्तु की एक माप को उस वस्तु की अन्य मापों से निकटता प्रदर्शित करने के लिए प्रयोग किया जाता है।

मापन में त्रुटि

- किसी मापक यन्त्र द्वारा ली गई माप की अनिश्चितता को त्रुटि (Error) कहते हैं।
- वे त्रुटियाँ जो केवल एक दिशिय (ऋणात्मक तथा धनात्मक) होती हैं, **क्रमबद्ध त्रुटियाँ** (Systematic errors) कहलाती हैं तथा वे त्रुटियाँ जो परिमाण और दिशा में यादृच्छिक होती हैं, **यादृच्छिक त्रुटियाँ** (Random errors) कहलाती हैं।
- **त्रुटियों की अभिव्यक्ति**

  यदि किसी भौतिक राशि के मापित मान क्रमशः $a_1, a_2, a_3 ..., a_n$ है, तो त्रुटियों की अभिव्यक्ति निम्न होगी

त्रुटि	सूत्र
माध्य निरपेक्ष त्रुटि	$\Delta \mathbf{a} = \frac{1}{n}\sum_{i=1}^{i=n}\lvert\Delta a_i\rvert$
भिन्नात्मक त्रुटि	$\delta a = \frac{\Delta a_{\text{माध्य}}}{a_{\text{माध्य}}}$
प्रतिशत त्रुटि	$\frac{\Delta a_{\text{माध्य}}}{a_{\text{माध्य}}} \times 100\%$

सार्थक अंक

- किसी माप में सभी विश्वसनीय अंक तथा प्रथम अनिश्चित (संदिग्ध) अंक को सार्थक अंक (Significant figure) कहते हैं।
- सभी अशून्य अंक सार्थक अंक होते हैं। उदाहरण— 0.3964 में चार सार्थक अंक हैं।
- दो अशून्य अंकों के मध्य आने वाले सभी शून्य, सार्थक अंक होते हैं। उदाहरण— 2.0032 में पाँच सार्थक अंक हैं।
- दशमलव बिन्दु से पहले यदि कोई अशून्य अंक न हों, तो दशमलव बिन्दु के दाहिनी ओर शून्य को छोड़कर उपस्थित समस्त अंक सार्थक अंक होते हैं। उदाहरण— 0.0034 में केवल दो सार्थक अंक हैं।
- दशमलव बिन्दु के दाहिनी ओर किसी अशून्य अंक के बाद का शून्य सार्थक अंक होता है। उदाहरण— 0.2010 में चार सार्थक अंक हैं।

भौतिक राशियों की विमाएँ

- किसी भौतिक राशि के मात्रक को मूल मात्रकों के पदों में व्यक्त करने लिए मूल मात्रकों पर जो घातें लगाई जाती हैं, वे उस भौतिक राशि की विमाएँ (Dimensions of physical quantities) कहलाती हैं।
- वे भौतिक राशियाँ जिनकी विमा शून्य होती है, विमाहीन भौतिक राशियाँ कहलाती हैं, जैसे– कोण, घन कोण, विकृति आदि।
- वह संकेतात्मक व्यंजक जो दी गई भौतिक राशि को मूल राशियों के विमीय संकेतों [M, L, T, Q, A] के पदों मे लिखने पर प्राप्त होता है उस भौतिक राशि का **विमीय सूत्र** (Dimensional formula) कहलाता है।

कुछ भौतिक राशियाँ एवं उनकी विमाएँ

राशि	विमाएँ
क्षेत्रफल (Area)	$[L^2]$
आयतन (Volume)	$[L^3]$
घनत्व (Density)	$[ML^{-3}]$
वेग (Velocity)	$[LT^{-1}]$
त्वरण (Acceleration)	$[LT^{-2}]$
बल (Force)	$[MLT^{-2}]$
ऊर्जा (Energy)/कार्य (Work)/ बल-आघूर्ण (Torque)	$[ML^2T^{-2}]$
दाब (Pressure)	$[ML^{-1}T^{-2}]$
संवेग (Momentum)/आवेग (Impulse)	$[MLT^{-1}]$
शक्ति (Power)	$[ML^2T^{-3}]$
विकृति (Strain)	विमाहीन
श्यानता (Viscosity)	$[ML^{-1}T^{-1}]$

चैप्टर प्रैक्टिस

भौतिक राशियाँ तथा मात्रक

1. शक्ति का मात्रक है *[UPPCS 2010]*

(a) हर्ट्ज (b) वोल्ट (c) वाट (d) न्यूटन

2. आवृत्ति को मापा जाता है *[SSC CGL 2017]*

(a) हर्ट्ज में (b) मी/से में (c) रेडियन में (d) वाट में

3. निम्नलिखित में से न्यूटन-मी किस भौतिक राशि की SI इकाई है? *[SSC 2017]*

(a) त्वरण (b) बल-आघूर्ण (c) शक्ति (d) बल

4. आपेक्षिक घनत्व की इकाई क्या है?

(a) किग्रा/मी (b) किग्रा/मी^{2}
(c) किग्रा/मी^{3} (d) इनमें से कोई नहीं

5. प्रकाश-वर्ष किसके मापन का मात्रक होता है? *[NDA 2019]*

(a) बहुत लम्बी दूरियों का
(b) वर्षों में समयान्तराल का
(c) किसी वर्ष में पृथ्वी पर प्राप्त होने वाले प्रकाश की कुल मात्रा का
(d) परमाणुओं के द्रव्यमान का

6. निम्नलिखित में से कौन भार की इकाई नहीं है? *[SSC 2012]*
(a) पाउण्ड (b) किलोग्राम
(c) ग्राम (d) डाइन

7. विषम की पहचान करें। *[RRB Group D 2018]*
(a) डाइन सेमी$^{-2}$ (b) पास्कल
(c) न्यूटन मी$^{-2}$ (d) न्यूटन

8. निम्नलिखित में से किस युग्म की SI इकाइयाँ एकसमान नहीं हैं? *[RRB Group D 2018]*
(a) बल और दाब (b) गति और वेग
(c) विस्थापन और दूरी (d) कार्य और ऊर्जा

9. निम्नलिखित में से कौन-सा एक, ऊर्जा का मात्रक नहीं है? *[NDA 2020]*
(a) जूल (b) वाट-घण्टा
(c) न्यूटन-मी (d) किग्रा-मी/से^{2}

10. किसी पदार्थ की प्रतिरोधकता (ρ) किस इकाई (यूनिट) में अभिव्यक्त की जा सकती है? *[CDS 2020]*
(a) ओम (b) ओम/सेमी
(c) ओम-सेमी (d) ओम-सेमी^{2}

11. निम्नलिखित में से कौन एक वायुमण्डल की ओजोन परत की मोटाई नापने वाली इकाई है? *[UKPCS (Pre) 2010]*
(a) नॉट (b) डॉब्सन
(c) प्वॉज (d) मैक्सवेल

12. सूची I को सूची II के साथ सुमेलित कीजिए और सूचियों के नीचे दिये गए कूट का प्रयोग कर सही उत्तर चुनिए। *[NDA 2015]*

	सूची I		सूची II
A.	दूरी	1.	मोल
B.	पदार्थ की मात्रा	2.	कूलॉम
C.	विद्युत आवेश की मात्रा	3.	प्रकाश-वर्ष
D.	ऊर्जा	4.	वाट-घण्टा

कूट

	A	B	C	D		A	B	C	D
(a)	3	1	2	4	(b)	3	2	1	4
(c)	4	2	1	3	(d)	4	1	2	3

13. एक माइक्रोन लम्बाई प्रदर्शित करता है *[UPPCS 2011]*
(a) 10^{-6} सेमी को (b) 10^{-4} सेमी को
(c) 1 मिमी को (d) 1 मी को

14. छः फीट लम्बे व्यक्ति की ऊँचाई नैनोमीटर में कैसे व्यक्त की जाएगी (लगभग)? *[IAS (Pre) 2008]*
(a) 183×10^6 नैनोमीटर (b) 234×10^6 नैनोमीटर
(c) 183×10^7 नैनोमीटर (d) 181×10^7 नैनोमीटर

15. एक डाइन (CGS पद्धति में बल का मात्रक) किसके बराबर है? *[NDA 2019]*
(a) 10^3 ग्राम-सेमी/से^{2} के
(b) 10^{-3} ग्राम-सेमी/से^{2} के
(c) 10^5 किग्रा-मी/से^{2} के
(d) 10^{-5} किग्रा-मी/से^{2} के

16. एक घन मीटर (मी^{3}) में कितने घन सेन्टीमीटर (सेमी^{3}) होते हैं? *[NDA 2014]*
(a) 10^3 (b) 10^6 (c) 10^9 (d) 10^{12}

17. 6 किग्रा 5 ग्राम = ? *[RRB Group D 2018]*
(a) 6.05 किग्रा (b) 6.5 किग्रा
(c) 6.005 किग्रा (d) 0.65 किग्रा

18. 1.08 टन = ? *[RRB NTPC 2016]*
(a) 10800 किग्रा (b) 108 किग्रा
(c) 1080 किग्रा (d) 1.08 किग्रा

19. सूची I की निम्न लम्बाई/दूरी की इकाइयों को सूची II में उनसे सम्बन्धित समतुल्य मान में मिलान करें।

	सूची I		सूची II
A.	1 नैनोमीटर	1.	10^{-6} मी
B.	1 माइक्रोमीटर	2.	10^{-12} मी
C.	1 ऐंग्स्ट्रॉम	3.	10^{-9} मी
D.	1 पिकोमीटर	4.	10^{-10} मी

कूट

	A	B	C	D		A	B	C	D
(a)	2	3	1	4	(b)	3	1	4	2
(c)	3	2	1	4	(d)	3	1	2	4

मापक यंत्र

20. किसी मापक यंत्र की यथार्थता के लिए अल्पतमांक .... होता है।
(a) न्यूनतम (b) अधिकतम
(c) शून्य (d) अनिश्चित

21. वर्नियर कैलिपर्स द्वारा मापा जाता है–
(a) आन्तरिक व्यास
(b) बाहरी व्यास
(c) पतली नली की गहराई तथा मोटाई
(d) उपरोक्त सभी

22. वर्नियर कैलिपर्स में मुख्य पैमाने के एक विभाजन का मान 1 मिमी है और वर्नियर पैमाने पर 20 बराबर विभाजन हैं, जो मुख्य पैमाने के 16 विभाजनों से मेल खाते हैं। इस वर्नियर कैलिपर्स का अल्पतमांक क्या होगा?
(a) 0.02 मिमी (b) 0.2 मिमी
(c) 0.05 मिमी (d) 0.1 मिमी

मापन में त्रुटि

23. किसी माप की अनिश्चितता को कहते हैं
(a) यथार्थता (b) परिशुद्धता
(c) त्रुटि (d) इनमें से कोई नहीं

24. क्रमबद्ध त्रुटि के अन्तर्गत सम्मिलित त्रुटि है
(a) यन्त्रगत त्रुटि (b) निरपेक्ष त्रुटि
(c) माध्य त्रुटि (d) इनमें से कोई नहीं

25. भिन्नात्मक त्रुटि का गणितीय रूप है
(a) $\frac{\Delta a}{a}$ (b) $\Delta a + a$ (c) $\Delta a \pm a$ (d) $\Delta a \times a$

26. एक घन की भुजा मापने में 2% की त्रुटि होती है। घन के आयतन के परिकलन में प्रतिशत त्रुटि होगी

(a) 1% (b) 2%
(c) 3% (d) 6%

27. एक ठोस का द्रव्यमान तथा आयतन मापने में क्रमशः 5% तथा 2% की त्रुटि होती हैं। उसका घनत्व मापने में अधिकतम प्रतिशत त्रुटि होगी

(a) 10% (b) 2.3%
(c) 7% (d) 3%

सार्थक अंक

28. 0.07200 में सार्थक अंकों की संख्या होगी

(a) 2 (b) 4
(c) 3 (d) 1

29. 9.13×10^4 किग्रा में सार्थक अंकों की संख्या होगी

(a) 2 (b) 3
(c) 4 (d) 5

30. यदि वृत्त की त्रिज्या 2.12 सेमी है, तो इसका क्षेत्रफल उचित सार्थक अंकों में दिया जाना चाहिए

(a) 14 सेमी^{2} (b) 14.1 सेमी^{2}
(c) 14.11 सेमी^{2} (d) 14.1124 सेमी^{2}

31. निम्न में कौन-सा पाठ्यांक सर्वाधिक यथार्थ है?

(a) 4.5 किग्रा (b) 4.5×10^3 ग्राम
(c) 4.50×10^3 ग्राम (d) 4500 ग्राम

भौतिक राशियों की विमाएँ

32. सार्वत्रिक गुरुत्वीय स्थिरांक का विमीय सूत्र कौन-सा है? *[SSC CHSL 2013]*

(a) $[M^{-1} L^0 T^2]$ (b) $[ML^2T^{-2}]$
(c) $[M^{-2}]$ (d) $[M^{-1} L^3 T^{-2}]$

33. आवेग की विमा वही होती है, जोकि *[NDA 2014]*

(a) दाब की है (b) कोणीय संवेग की है
(c) कार्य की है (d) रेखीय संवेग की है

34. वह कौन-सी भौतिक मात्रा है, जिसकी विमा $[ML^2T^{-2}]$ है?

(a) कार्य (b) संवेग
(c) दाब (d) बल

35. कथन I विमीय विश्लेषण को ऐसे सूत्रों के स्थापन में प्रयुक्त नहीं कर सकते हैं जिनमें त्रिकोणमितीय अनुपात प्रयुक्त हों।

कथन II त्रिकोणमितीय अनुपात विमाहीन होते हैं।

(a) कथन I सत्य है, कथन II भी सत्य है, कथन II कथन I का सही स्पष्टीकरण है।
(b) कथन I सत्य है, कथन II भी सत्य है, कथन II कथन I का सही स्पष्टीकरण नहीं है।
(c) कथन I सत्य है, कथन II भी सत्य है।
(d) कथन I असत्य है, कथन II भी असत्य है।

36. प्रतिरोध का विमीय सूत्र $[ML^2 A^{-2} T^{-3}]$ है और यदि ऊष्मा ऊर्जा का एक रूप है, तो विद्युतीय प्रवाह ले जाने वाले एक तार में उत्पादित ऊष्मा, विमीय विश्लेषण का उपयोग करते हुए क्या होगी? जबकि ऊष्मा, प्रतिरोध (R), समय (T) और विद्युत धारा (i) पर निर्भर करती है। (प्रतीक और अंकन अपने सामान्य अर्थ में हैं)

(a) $H = i^2RT$ (b) $H = iRT$
(c) $H = i / RT$ (d) $H = iT / R$

37. सूची I की निम्न भौतिक राशियों का सूची II के उनसे सम्बन्धित विमीय सूत्र में मिलान करें।

	सूची I		सूची II
A.	घनत्व	1.	$[MLT^{-1}]$
B.	बल	2.	$[MLT^{-2}]$
C.	तरंगदैर्ध्य	3.	$[ML^{-3}]$
D.	संवेग	4.	$[L]$

कूट

	A	B	C	D
(a)	2	3	4	1
(b)	4	2	3	1
(c)	3	2	4	1
(d)	4	1	3	2

उत्तरमाला

1. (c)	2. (a)	3. (b)	4. (d)	5. (a)	6. (d)	7. (d)	8. (a)	9. (d)	10. (c)
11. (b)	12. (a)	13. (b)	14. (c)	15. (d)	16. (b)	17. (c)	18. (c)	19. (b)	20. (a)
21. (d)	22. (b)	23. (c)	24. (a)	25. (a)	26. (d)	27. (c)	28. (b)	29. (b)	30. (b)
31. (d)	32. (d)	33. (d)	34. (a)	35. (a)	36. (a)	37. (c)			

उत्तर सहित व्याख्या

13. (*b*) 1 माइक्रोन $=10^{-6}$ मी

$=10^{-6}\times10^{2}$ सेमी

$=10^{-4}$ सेमी

14. (*c*) 1 फुट $=0.3048$ मी

6 फुट $=6\times0.3048=1.83$ मी

$\therefore$ 1 मी $=10^{9}$ नैनोमीटर

1.83 मी $=1.83\times10^{9}$ नैनोमीटर

$=183\times10^{7}$ नैनोमीटर

17. (*c*) 6 किग्रा 5 ग्राम

$=6$ किग्रा $+5$ ग्राम

$=6$ किग्रा $+\dfrac{5}{1000}$ किग्रा

$\left[\because 1 \text{ ग्राम} = \dfrac{1}{1000} \text{ किग्रा}\right]$

$=6$ किग्रा $+0.005$ किग्रा

$=6.005$ किग्रा

18. (*c*) 1 टन $=1000$ किग्रा

1.08 टन $=1.08\times1000$ किग्रा

$=1080$ किग्रा

22. (*b*) 1 वर्नियर पैमाने पर विभाजन

$=\dfrac{16}{20}$ मुख्य पैमाने पर विभाजन

अल्पतमांक $=1$ मुख्य पैमाने पर विभाजन

-1 वर्नियर पैमाने पर विभाजन

$=\left(1-\dfrac{16}{20}\right)$ मुख्य पैमाने पर विभाजन

$=\left(1-\dfrac{4}{5}\right)\times1$ मिमी

$=0.2$ मिमी

26. (*d*) दिया है, घन की भुजा में त्रुटि

$$\left(\frac{\Delta a}{a}\right)\times100=2\%$$

घन का आयतन $(V)=(\text{भुजा})^{3}=a^{3}$

आयतन में प्रतिशत त्रुटि,

$$\frac{\Delta V}{V}\times100=3\times\frac{\Delta a}{a}\times100$$

$$\frac{\Delta V}{V}\times100=3\times2\%=6\%$$

27. (*c*) दिया है, द्रव्यमान में त्रुटि, $\dfrac{\Delta m}{m}\times100=5\%$

आयतन में प्रतिशत त्रुटि, $\dfrac{\Delta V}{V}\times100=2\%$

तथा घनत्व, $\rho=\dfrac{m}{V}$

$\therefore$ अधिकतम प्रतिशत त्रुटि,

$$\frac{\Delta\rho}{\rho}\times100=\frac{\Delta m}{m}\times100+\frac{\Delta V}{V}\times100$$

$=5\%+2\%$

$=7\%$

30. (*b*) दिया है, वृत्त की त्रिज्या $(r)=2.12$ सेमी

वृत्त का क्षेत्रफल $(A)=\pi r^{2}$

$=3.14\times(2.12)^{2}$

$=14.11$ सेमी^{2}

उचित सार्थक अंकों में वर्ग का क्षेत्रफल

$=14.1$ सेमी^{2}

32. (*d*) सार्वत्रिक गुरुत्वीय स्थिरांक (*G*)

$$=\frac{\text{बल}\times(\text{दूरी})^{2}}{(\text{द्रव्यमान})^{2}}$$

$$=\frac{[MLT^{-2}][L^{2}]}{[M^{2}]}$$

$=[M^{-1}L^{3}T^{-2}]$

33. (*d*) आवेग (*I*) = बल × समय

$=[MLT^{-2}]\,[T]$

$=[MLT^{-1}]$

रेखीय संवेग (*p*) = द्रव्यमान × वेग

$=[M]\times[LT^{-1}]$

$=[MLT^{-1}]$

अत: आवेग की विमा = रेखीय संवेग की विमा

35. (*a*) विमीय विश्लेषण के द्वारा लघुगणकीय, चरघातांकीय, त्रिकोणमितीय $(\sin\theta,\cos\theta\ldots)$ आदि पद वाले समीकरणों का विश्लेषण नहीं किया जा सकता है क्योंकि यह पद विमाहीन होते हैं।

36. (*a*) धारा [*i*] की विमा $=[A]$

समय [*T*] की विमा $=[T]$

ऊष्मा या ऊर्जा [*H*] की विमा $=[ML^{2}T^{-2}]$

$[i^{2}RT]$ की विमा $=[A^{2}][ML^{2}A^{-2}T^{-3}][T]$

$=[ML^{2}T^{-2}]$

$[i^{2}RT]$ की विमा, ऊर्जा *H* की विमा के समान है। अत: सम्बन्ध $H=i^{2}RT$ सत्य होगा।

अध्याय

02

यान्त्रिकी

Mechanics

भौतिकी की वह शाखा जिसके अन्तर्गत वस्तु की गति का अध्ययन किया जाता है, **यान्त्रिकी** (Mechanics) कहलाती है। यान्त्रिकी में प्रयुक्त राशियों को परिमाण तथा दिशा के आधार पर निम्न दो भागों में बाँटा जाता है

- **अदिश राशियाँ** (Scalar quantities) वे भौतिक राशियाँ, जिन्हें व्यक्त करने के लिए केवल परिमाण की आवश्यकता होती है, अदिश राशियाँ कहलाती हैं। उदाहरण— दूरी, चाल, द्रव्यमान, आयतन, गति, दाब, ऊर्जा आदि।
- **सदिश राशियाँ** (Vector quantities) वे भौतिक राशियाँ, जिन्हें व्यक्त करने के लिए दिशा एवं परिमाण दोनों की आवश्यकता होती है, सदिश राशियाँ कहलाती हैं। उदाहरण— विस्थापन, वेग, त्वरण, बल, संवेग, आवेग, भार, बल-आघूर्ण आदि।

विराम

- यदि किसी वस्तु की स्थिति में समय के साथ कोई परिवर्तन नहीं होता है, तो वस्तु विराम (Rest) की अवस्था में कहलाती है।
- विराम की अवस्था में वस्तु स्थिर संतुलन की अवस्था में होती है।

गति

यदि किसी वस्तु की स्थिति में समय के साथ परिवर्तन हो रहा है, तो वस्तु गति (Motion) की अवस्था में कहलाती है। उदाहरण— गतिशील व्यक्ति, बहता जल आदि।

गति संबंधी कुछ मूलभूत पद निम्न हैं

- **दूरी** (Distance) किसी वस्तु द्वारा दिए गए समयान्तराल में तय किए गए पथ की लम्बाई को दूरी कहते हैं। यह एक अदिश राशि है।

$$\text{दूरी} = \text{चाल} \times \text{समय}$$

दूरी का मान सदैव धनात्मक होता है तथा किसी वस्तु द्वारा तय दूरी का मान कभी भी शून्य नहीं होता है।

- वाहनों द्वारा तय दूरी के मापन हेतु ओडोमीटर का उपयोग किया जाता है।
- **विस्थापन** (Displacement) किसी वस्तु द्वारा निश्चित समयान्तराल में तय किए गए न्यूनतम पथ की दूरी को विस्थापन कहते हैं। यह एक सदिश राशि है।

$$\text{विस्थापन} = \text{वेग} \times \text{समय}$$

इसका मान धनात्मक, ऋणात्मक तथा शून्य हो सकता है।

- **चाल** (Speed) किसी वस्तु द्वारा इकाई समयान्तराल में तय की गई दूरी को चाल कहते हैं। यह एक अदिश राशि है तथा इसका SI मात्रक मी/से है।

$$\text{चाल} = \frac{\text{दूरी}}{\text{समय}}$$

- **औसत चाल** (Average speed) किसी गतिमान वस्तु द्वारा तय की गई कुल दूरी तथा दूरी तय करने में लगे कुल समय के अनुपात को वस्तु की औसत चाल कहते हैं।

$$\text{औसत चाल} = \frac{\text{चली गई कुल दूरी}}{\text{लिया गया कुल समय}}$$

- **वेग** (Velocity) गतिमान वस्तु द्वारा एकांक समय में निश्चित दिशा में चली गई दूरी अर्थात् विस्थापन, वेग कहलाता है। यह एक सदिश राशि है, इसका SI मात्रक मी/से होता है।

$$\text{वेग} = \frac{\text{विस्थापन}}{\text{समय}}$$

वेग का मान ऋणात्मक, धनात्मक या शून्य हो सकता है।

- **औसत वेग** (Average velocity) किसी वस्तु द्वारा तय किए गए कुल विस्थापन तथा वस्तु द्वारा लिए गए कुल समय के अनुपात को वस्तु का औसत वेग कहते हैं।

$$\text{औसत वेग} = \frac{\text{कुल विस्थापन}}{\text{कुल समय}}$$

- **त्वरण** (Acceleration) किसी वस्तु के वेग में समय के साथ परिवर्तन की दर को त्वरण कहते हैं। यह एक सदिश राशि है तथा इसका SI मात्रक मी/से^{2} होता है।

$$\text{त्वरण} = \frac{\text{वेग-परिवर्तन}}{\text{समयान्तराल}}$$

त्वरण का मान धनात्मक, शून्य तथा ऋणात्मक हो सकता है व ऋणात्मक त्वरण को **मन्दन** (Retardation) कहते हैं।

एकसमान तथा असमान गति

- यदि कोई वस्तु एक निश्चित समयान्तराल में नियत दूरी तय करती है, तो उसकी गति एकसमान गति (Uniform motion) कहलाती है।
- यदि कोई वस्तु समान समयान्तराल में असमान दूरियाँ तय करती है, तो उसकी गति असमान गति (Non-uniform motion) कहलाती है।

सरल रेखीय गति

जब कोई कण एक सरल रेखा के अनुदिश गति करता है, तो कण की इस प्रकार की गति को सरल रेखीय गति (Simple linear motion) कहते हैं। उदाहरण– सीधी चलती ट्रेन की गति।

सरल रेखीय गति का ग्राफीय निरूपण

विस्थापन-समय ग्राफ तथा वेग-समय ग्राफ का तालिका निरूपण निम्नवत् है

- **विस्थापन-समय ग्राफ** (Displacement-time graph) में हम X-अक्ष पर समय (t) तथा Y-अक्ष पर विस्थापन (s) को प्रदर्शित करते हैं।

विभिन्न स्थितियाँ	s-t ग्राफ	ग्राफ का मुख्य गुण
विरामावस्था	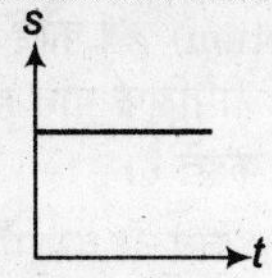	ढाल = v = 0
एकसमान गति	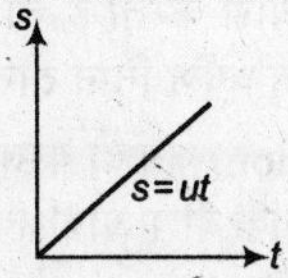 $s=ut$	(i) t = 0 या s = 0 (ii) v = नियतांक
एकसमान त्वरित गति	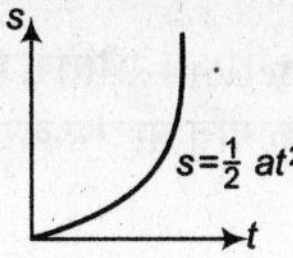 $s=\frac{1}{2}at^2$	(i) u = 0 अर्थात् t = 0 पर s-t ग्राफ का ढाल शून्य होना चाहिए। (ii) v बढ़ रहा है।
एकसमान मन्दित गति	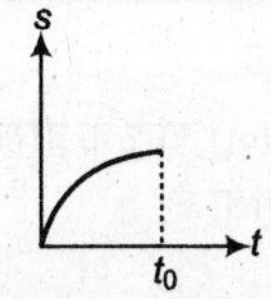 t_0	(i) t = 0 पर s = t ग्राफ का ढाल शून्य हो जाता है। (ii) इस स्थिति में u शून्य नहीं हो सकता। (iii) v घट रहा है।

- **वेग-समय ग्राफ** (Velocity-time graph) में हम X-अक्ष पर समय (t) तथा Y-अक्ष पर वेग (v) को प्रदर्शित करते हैं।

विभिन्न स्थितियाँ	v-t ग्राफ	ग्राफ का मुख्य गुण
एकसमान गति	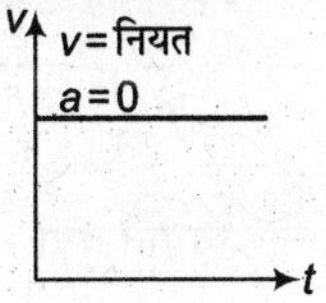 v = नियत, a = 0	(i) v = नियत (ii) v-t ग्राफ का ढाल = a = 0
एकसमान त्वरित गति	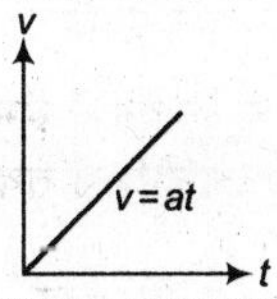 $v=at$	(i) u = 0 अर्थात् t = 0 पर v = 0 (ii) v-t ग्राफ का ढाल = a = नियत (iii) v बढ़ रहा है।
एकसमान मन्दित गति	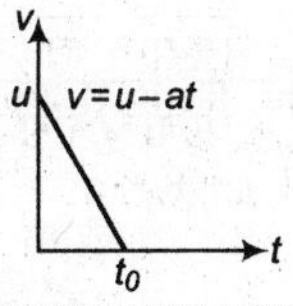 u, $v=u-at$, t_0	v-t ग्राफ का ढाल = $-a$ (मन्दन)
असमान त्वरित गति	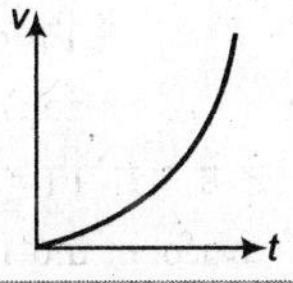	v-t ग्राफ का ढाल समय के साथ बढ़ता है। अतः त्वरण बढ़ रहा है।
असमान मन्दित गति	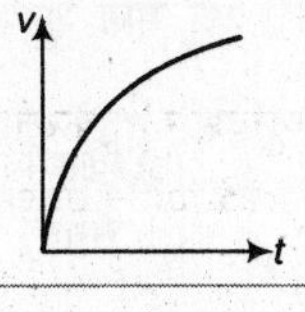	v-t का ढाल समय के साथ घटता है। अतः त्वरण घट रहा है।

- विस्थापन-समय ग्राफ की प्रवणता औसत वेग को दर्शाती है।
- वेग-समय ग्राफ का क्षेत्रफल, वस्तु द्वारा तय की गई दूरी को दर्शाता है।
- वेग-समय ग्राफ की प्रवणता (ढाल), औसत त्वरण को दर्शाती है।

गति के समीकरण

- गति के तीन समीकरण होते हैं

  (i) $v = u + at$ (ii) $s = ut + \frac{1}{2}at^2$ (iii) $v^2 = u^2 + 2as$

  यहाँ, u = प्रारम्भिक वेग, v = अन्तिम वेग, a = त्वरण, t = समय तथा s = दूरी
- स्वतन्त्रतापूर्वक गुरुत्व के अधीन गिरते हुए कण की गति के समीकरण में a के स्थान पर g रखते हैं।

प्रक्षेप्य गति

जब किसी पिण्ड को नियत प्रारम्भिक वेग से ऊर्ध्वाधर दिशा से भिन्न किसी दिशा में फेंका जाता है, तो वह गुरुत्वीय त्वरण के अन्तर्गत ऊर्ध्वाधर तल में वक्र पथ पर गति करता है जिसे **प्रक्षेप्य गति** (Projectile motion) कहते हैं तथा इसका पथ **प्रक्षेप्य पथ** (Projectile path) कहलाता है।

प्रक्षेप्य गति से सम्बन्धित महत्वपूर्ण सूत्र निम्न हैं

- प्रक्षेप्य का उड्डयन काल, $T = \frac{2u\sin\theta}{g}$

  यहाँ, u = प्रारम्भिक वेग, g = गुरुत्वीय त्वरण तथा θ = प्रक्षेपण कोण
- प्रक्षेप्य की ऊँचाई, $h = \frac{u^2\sin^2\theta}{2g}$
- प्रक्षेप्य की अधिकतम ऊँचाई, $h_{\text{अधिकतम}} = \frac{u^2}{2g}$, जहाँ $\theta = 90°$
- प्रक्षेप्य की परास, $R = \frac{u^2\sin 2\theta}{g}$
- प्रक्षेप्य की अधिकतम परास, $R_{\text{अधिकतम}} = \frac{u^2}{g}$, जहाँ $\theta = 45°$
- किसी पिण्ड को θ तथा $(90° - \theta)$ के कोण पर प्रक्षेपित करने पर पिण्ड की क्षैतिज परास (R) का मान समान रहता है।

वृत्तीय गति

यदि कोई वस्तु वृत्तीय पथ पर एकसमान चाल से चलती है, तो उसकी गति एकसमान वृत्तीय गति (Uniform circular motion) कहलाती है।

वृत्तीय गति से सम्बन्धित महत्वपूर्ण सूत्र निम्न हैं

- कोणीय वेग, $\omega = \frac{\theta}{t}$ रेडियन/से
- कोणीय त्वरण, $\alpha = \frac{\omega}{t}$ रेडियन/से^{2}
- अभिकेन्द्रीय त्वरण, $a = \frac{v^2}{r}$ या $r\omega^2$

  यहाँ, θ = कोणीय विस्थापन, v = वस्तु की चाल तथा r = वृत्तीय पथ की त्रिज्या

बल

- वह बाह्य कारक जो किसी पिण्ड के रूप, आकार या स्थिति में परिवर्तन कर सकता है, बल (Force) कहलाता है।

  $$\text{बल } (F) = ma$$

  यहाँ, m = वस्तु का द्रव्यमान तथा a = वस्तु का त्वरण
- बल का SI मात्रक न्यूटन होता है।

  $$1 \text{ न्यूटन} = 10^5 \text{ डाइन}$$

- **जड़त्व** (Inertia) किसी वस्तु का वह गुण जिसके कारण वह अपनी विराम अथवा गति की अवस्था में परिवर्तन का विरोध करती है, जड़त्व कहलाता है।
- **रेखीय संवेग** (Linear momentum) किसी वस्तु के वेग (v) तथा द्रव्यमान (m) के गुणनफल को रेखीय संवेग (p) कहते हैं।

$$p = mv \text{ किग्रा-मी/से}$$

- यदि किसी निकाय पर कोई बाह्य बल कार्यरत् नहीं होता है, तो निकाय का संवेग संरक्षित रहता है। इसे **रेखीय संवेग संरक्षण का नियम** कहते हैं।

न्यूटन के गति के नियम

- **प्रथम नियम के अनुसार**, यदि कोई वस्तु विरामावस्था में है, तो वह विराम की अवस्था में ही रहेगी व यदि कोई वस्तु गति की अवस्था में है, तो वह गति की अवस्था में ही रहेगी जब तक कि उस पर कोई बाह्य बल न लगाया जाए। इस नियम को **जड़त्व का नियम** (Law of inertia) अथवा **गैलीलियो का नियम** भी कहते हैं।
- **द्वितीय नियम के अनुसार**, किसी वस्तु पर कार्यरत् बल, वस्तु के संवेग-परिवर्तन की दर के अनुक्रमानुपाती होता है।

$$\text{बल } (F) \propto \text{संवेग परिवर्तन की दर} \quad \text{या } F \propto \left(\frac{\Delta p}{\Delta t}\right)$$

जहाँ, Δp = संवेग में परिवर्तन तथा Δt = समय में परिवर्तन

- **तृतीय नियम के अनुसार**, दो वस्तुओं की पारस्परिक क्रिया में एक वस्तु जितना बल दूसरी वस्तु पर लगाती है, तो दूसरी वस्तु भी विपरीत दिशा में उतना ही बल पहली वस्तु पर लगाती है अर्थात् प्रत्येक क्रिया के बराबर परन्तु विपरीत दिशा में प्रतिक्रिया होती है, इस नियम को '**प्रतिक्रिया का बल नियम**' भी कहते हैं।

आवेग

- बल तथा समयान्तराल के गुणनफल को आवेग (Impulse) कहते हैं। आवेग, $I = F \times \Delta t$
- आवेग एक सदिश राशि है तथा इसकी दिशा बल की दिशा में होती है।
- आवेग का SI मात्रक न्यूटन-सेकण्ड होता है।
- आवेग, संवेग में परिवर्तन के बराबर होता है।

घर्षण बल

- जब कोई वस्तु किसी सतह पर गति करती है, तो वस्तु की गति की विपरित दिशा में एक बल कार्य करता है जोकि वस्तु की गति में अवरोध उत्पन्न करता है, जिसे घर्षण बल (Friction force) कहते हैं।

घर्षण के प्रकार

- **आन्तरिक घर्षण** (Internal friction) जब कोई द्रव्य प्रवाहित होता है, तब उसकी विभिन्न सतहों के बीच में आपेक्षिक गति होती है, तो इस स्थिति में उत्पन्न घर्षण को आन्तरिक घर्षण कहते हैं।
- **बाह्य घर्षण** (External friction) जब दो वस्तुएँ एक-दूसरे के सम्पर्क में होती हैं तथा गतिमान होने का प्रयास करती हैं, तो इस स्थिति में उत्पन्न घर्षण को बाह्य घर्षण कहते हैं। यह घर्षण निम्न तीन प्रकार का होता है
  - **स्थैतिक घर्षण** (Static friction) जब दो वस्तुएँ एक-दूसरे के सम्पर्क में विरामावस्था में होती हैं, तो उनके बीच आपेक्षिक गति होने से पूर्व कार्यरत् घर्षण को स्थैतिक घर्षण कहते हैं।
  - **सीमान्त घर्षण** (Limiting friction) स्थैतिक घर्षण बल का वह अधिकतम मान, जब पिण्ड ठीक गति प्रारम्भ करने वाला होता है, सीमान्त घर्षण बल (f_s) कहलाता है।

$$f_s = \mu_s R$$

  यहाँ, μ_s = सीमान्त घर्षण गुणांक
  - **गतिज घर्षण** (Kinetic friction) गति के दौरान तलों के मध्य लगने वाला घर्षण, गतिज घर्षण कहलाता है।

$$f_k = \mu_k R$$

  यहाँ, μ_k = गतिज घर्षण गुणांक

अभिकेन्द्र बल

वृत्तीय गति करते हुए पिण्ड पर एक बल कार्य करता है, जिसकी दिशा सदैव वृत्त के केन्द्र की ओर रहती है। इस बल को अभिकेन्द्र बल (Centripetal force) कहते हैं।

$$\text{अभिकेन्द्र बल, } F = \frac{mv^2}{r}$$

यहाँ, v = पिण्ड का वेग, m = पिण्ड का द्रव्यमान तथा r = वृत्तीय गति करते हुए पिण्ड की त्रिज्या

चैप्टर प्रैक्टिस

विराम तथा गति

1. निम्न में से किस यान्त्रिकी शाखा में समय का महत्त्व नहीं होता है?

(a) स्थैतिकी (b) शुद्धगतिकी
(c) गति विज्ञान (d) ये सभी

2. एक वस्तु उस समय स्थिर सन्तुलन में होती है, जब वह

(a) विराम की स्थिति में होती है *[SSC CHSL 2017]*
(b) एक वृत्तीय मार्ग पर चलती रहती है
(c) एकसमान वेग से चलती रहती है
(d) उच्च गति पर त्वरित होती है

3. निम्नलिखित में से कौन-सी सदिश राशि है? *[UPRO/ARO 2014]*

(a) समय (b) चाल
(c) विस्थापन (d) दूरी

4. किसी आनत तल पर वस्तु की गति किस प्रकार की गति का उदाहरण है?

(a) सरल रेखीय (b) वृत्तीय
(c) दोलनी (d) इनमें से कोई नहीं

5. दूरी के मापन हेतु प्रयुक्त उपकरण है

(a) ओडोमीटर (b) स्पीडोमीटर
(c) रेन्जोमीटर (d) इनमें से कोई नहीं

6. निम्नलिखित में से किस राशि का मान शून्य अथवा ऋणात्मक हो सकता है?

(a) दूरी (b) विस्थापन
(c) (a) व (b) दोनों (d) समय

7. एक वृत्तीय पथ की त्रिज्या r है, तो वृत्तीय पथ के दो चक्कर लगाने में तय दूरी तथा विस्थापन का मान होगा

(a) $4\pi r$, शून्य (b) $2\pi r$, शून्य
(c) πr, शून्य (d) $6\pi r$, शून्य

8. एक वस्तु 20 सेमी त्रिज्या के एक गोलाकार पथ में घूमती है। एक-चौथाई चक्कर पूरा करने के बाद, उसकी यात्रा की दूरी से उसके विस्थापन का अनुपात क्या है?

(a) $\pi/5\sqrt{2}$ (b) $\pi/2\sqrt{2}$
(c) $2/\pi\sqrt{2}$ (d) $1/\sqrt{2}$

9. किसी वस्तु द्वारा एकांक समय में तय दूरी को कहते हैं

(a) चाल (b) वेग
(c) त्वरण (d) मन्दन

10. चाल सदैव ...... होती है।

(a) धनात्मक (b) ऋणात्मक
(c) या तो धनात्मक या ऋणात्मक (d) शून्य

11. चाल का मात्रक होता है

(a) मी/से (b) मी/से ^{2}
(c) मी-से (d) इनमें से कोई नहीं

12. यदि किसी वस्तु द्वारा तय की गई दूरी समय के अनुक्रमानुपाती है, तो वस्तु

(a) अचर चाल से गतिशील है (b) अचर त्वरण से गतिशील है
(c) विरामावस्था में है (d) अचर वेग से गतिशील है

13. किसी वृत्ताकार पथ पर घूमने वाली वस्तु की चाल होगी

(a) $v = \frac{2\pi r}{t}$ (b) $v = 2\pi r$
(c) $v = \frac{\pi r}{t}$ (d) $v = 2r$

14. एक व्यक्ति 60 किमी/घण्टा के वेग से गतिमान रेलगाड़ी में बैठा है। रेलगाड़ी के सापेक्ष उसकी चाल क्या है? *[NDA 2015]*

(a) $\frac{10}{3}$ मी/से (b) 60 मी/से
(c) अनन्त (d) शून्य

15. एक वाहन आधी दूरी को चाल v_1 से तथा शेष आधी दूरी को चाल v_2 से तय करता है। औसत चाल है

(a) $\frac{v_1 + v_2}{2}$ (b) $\frac{2v_1 + v_2}{v_1 + v_2}$
(c) $\frac{2v_1v_2}{v_1 + v_2}$ (d) $\frac{v_1 + v_2}{v_1v_2}$

16. निम्न में से कौन-सी मात्रा चाल के साथ इसकी गति निर्दिष्ट करती है? *[RRB 2018]*

(a) विस्थापन (b) संवेग (c) वेग (d) बल

17. एक कार बेंगलुरू से चलना आरम्भ करती है और दक्षिण की ओर सीधी रेखा में 50 किमी चलती है और तुरन्त मुड़कर वापस बेंगलुरू आ जाती है। इस पूरे चक्कर में 2 घण्टे का समय लगता है। इस पूरे चक्कर के लिए कार के औसत वेग का परिमाण है *[NDA 2019]*

(a) 0 किमी/घण्टा (b) 50 किमी/घण्टा
(c) 25 किमी/घण्टा (d) इनमें से कोई नहीं

18. एक कण का किसी क्षण पर विस्थापन $x = 8t^2 - 3t$ द्वारा दिया जाता है। समयान्तरालों $t = 0$ से 2 सेकण्ड में कण का औसत वेग होगा

(a) 12 मी/से (b) 10 मी/से
(c) 8 मी/से (d) 13 मी/से

19. सूची-I के वेगों को सूची-II में उनसे सम्बन्धित परिभाषाओं के साथ मिलान करें।

सूची I		सूची II	
A.	एकसमान वेग	1.	समय के किसी भी क्षण का वेग है
B.	परिवर्ती वेग	2.	वह वेग, जो समय के बराबर अन्तराल में बराबर दूरी तय करता है।
C.	औसत वेग	3.	यह विस्थापन और तत्सम्बन्धित समय-अन्तराल का अनुपात है
D.	तात्क्षणिक वेग	4.	वह वेग, जो समय के असमान अन्तरालों में समान विस्थापनों को तय करता है

कूट

	A	B	C	D
(a)	1	2	3	4
(b)	2	4	3	1
(c)	3	1	2	4
(d)	2	3	1	4

20. एकसमान गति वाला पिण्ड *[SSC CHSL 2014]*

(a) त्वरित नहीं होता (b) त्वरित हो सकता है
(c) हमेशा त्वरित होता है (d) एकसमान वेग होता है

21. यदि कोई वस्तु 4 सेकण्ड में 10 मी/से से 20 मी/से तक त्वरित होती है, तो इसका त्वरण (मी/से^{2} में) ज्ञात करें।

(a) 7.5 (b) 5
(c) 15 (d) 2.5

22. एक यात्री एक चलती रेलगाड़ी में ₹ 5 का सिक्का उछालता है यदि सिक्का उसके पीछे गिरता है, तो रेलगाड़ी *[CDS, NDA/NA 2014]*

(a) एकसमान त्वरण से ही चल रही है
(b) एकसमान मन्दन से ही चल रही है
(c) एकसमान बल से ही चल रही है
(d) एकसमान वेग से ही चल रही है

23. मन्दन ...... है। *[RRB 2018]*

(a) अपरिवर्तनशील त्वरण
(b) धनात्मक त्वरण
(c) चर त्वरण
(d) ऋणात्मक त्वरण

24. जब एक वस्तु ऊपर की ओर फेंके जाने पर अपने शीर्ष पर पहुँचती हैं, तो इसका *[RRB NTPC 2016]*

(a) वेग एवं त्वरण शून्य होता है
(b) वेग शून्य होता है तथा त्वरण लगभग 10 मी/से^{2} होता है
(c) वेग लगभग 10 मी/से होता है तथा त्वरण शून्य होता है
(d) वेग लगभग 10 मी/से होता है तथा त्वरण समान बना होता है

25. यदि वस्तु समान समय में असमान दूरी तय करती है, तो कहा जाता है कि उसकी गति .... है। *[SSC CHSL 2018]*

(a) एकसमान (b) सरल रेखीय
(c) असमान (d) साम्य

26. **यदि एक पिण्ड एकसमान वेग से गतिमान है, तो निम्नलिखित कथनों में से कौन-सा कथन सही नहीं है?** *[NDA 2018]*

(a) पिण्ड की गति एक सरल रेखा पर है।
(b) पिण्ड की चाल, समय के साथ बदलती है।
(c) पिण्ड का त्वरण शून्य है।
(d) पिण्ड का विस्थापन, समय के साथ रैखिक रूप से बढ़ता है।

27. **किसी सीधी सड़क पर चल रही एक कार की चाल के उत्तरोत्तर अन्तरालों पर नीचे दी गई तालिका में दर्शाया गया है** *[NDA 2017]*

समय (सेकण्ड)	0	1	2	3	4
चाल (मी/से)	0	2	4	6	8

निम्नलिखित में से कौन-सा/से सही है/हैं?
कार चलती है

I. 2 मी/से^{2} के एकसमान त्वरण के साथ
II. 4 सेकण्ड में 16 मी
III. 4 मी/से की एक औसत चाल से

नीचे दिए गए कूट का प्रयोग कर सही उत्तर चुनिए।
कूट

(a) केवल I (b) II और III (c) I और II (d) ये सभी

गति का ग्राफीय प्रदर्शन

28. **एक वस्तु विरामावस्था से आरम्भ होकर अचर त्वरण से सीधी रेखा में चलती है, तब निम्न में से कौन-सा ग्राफ दूरी तथा चाल के परिवर्तन को दर्शाता है?** *[CDS 2014]*

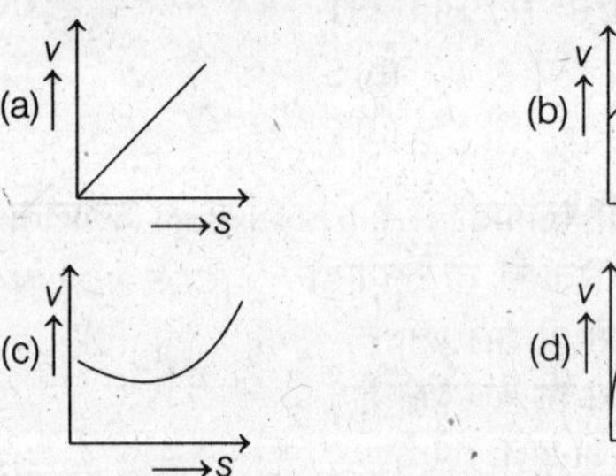

29. **यदि कोई पिण्ड विरामावस्था में है, तो समय (X-अक्ष) के प्रति दूरी (Y-अक्ष) का ग्राफ** *[CDS 2019]*

(a) ऊर्ध्वाधर होता है
(b) क्षैतिज होता है
(c) 45° धनात्मक प्रवणता वाला होता है
(d) 45° ऋणात्मक प्रवणता वाला होता है

30. **असमान वेग से गतिमान वस्तु का ग्राफ किस प्रकार का होगा?**

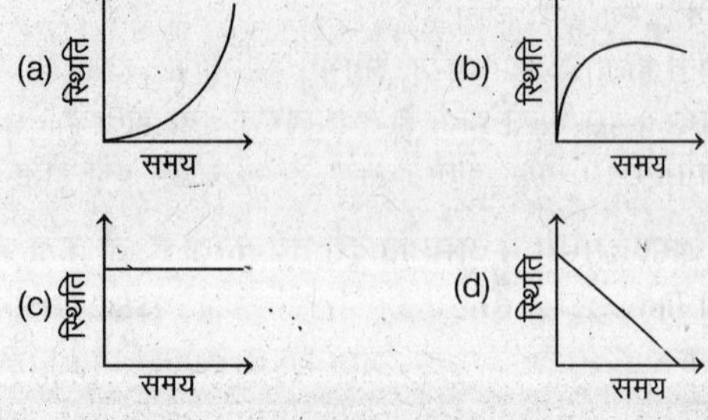

31. **दिए गए चित्र में तीन वस्तुओं A, B तथा C के लिए उनका समय (t)-स्थिति (x) ग्राफ दर्शाया गया है। किसी क्षण ($t > 0$) पर वस्तु A, B तथा C की चालें क्रमशः v_A, v_B तथा v_C के मध्य सही सम्बन्ध निम्नलिखित में से कौन-सा है?** *[NDA 2019]*

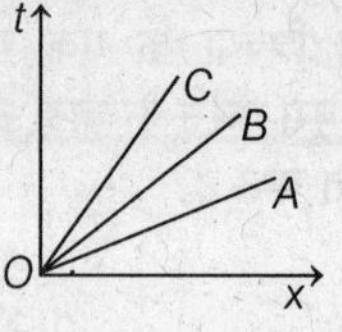

(a) $v_A < v_B < v_C$ (b) $v_A > v_B > v_C$
(c) $v_A = v_B = v_C \neq 0$ (d) $v_A = v_B = v_C = 0$

32. **दिए गए v-t ग्राफ में, त्वरित गति तथा मन्दित (अवत्वरण) गति क्रमशः किन रेखाखण्डों द्वारा दर्शाई गई है?** *[NDA 2019]*

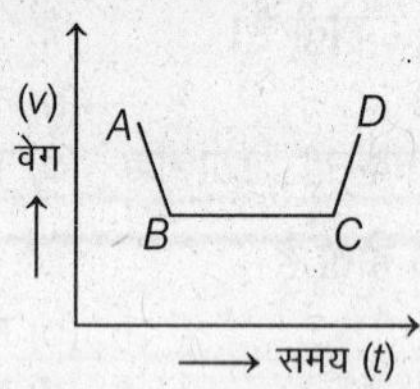

(a) CD और BC (b) BC और AB
(c) CD और AB (d) AB और CD

गति के समीकरण

33. **गति की समीकरण $v = u + at$ में u ...... को प्रदर्शित करता है।** *[SSC CHSL 2018]*

(a) प्रारम्भिक वेग (b) अन्तिम वेग
(c) गतिज ऊर्जा (d) स्थितिज ऊर्जा

34. **एक कार v चाल से सरल रेखीय गति में चल रही है, कार द्वारा t समय में तय की गई दूरी $s = vt$ है, तो कार में होगा** *[NDA 2014]*

(a) एकसमान त्वरण (b) असमान त्वरण
(c) एकसमान वेग (d) असमान वेग

35. **निर्वात् में, पाँच रूपये का एक सिक्का, गौरैया पक्षी का एक पंख और एक आम एकसमान ऊँचाई से एकसाथ गिराए जाते हैं। इनके द्वारा तल पर पहुँचने में लिया गया समय क्रमशः t_1, t_2 और t_3 है। इस स्थिति में अवलोकन करेंगे कि** *[NDA 2018]*

(a) $t_1 > t_2 > t_3$ (b) $t_1 > t_3 > t_2$
(c) $t_3 > t_1 > t_2$ (d) $t_1 = t_2 = t_3$

36. **एक गेंद धरातल से 25.2 मी/से के वेग से सीधे ऊपर की तरफ फेंकी गई है। गेंद अपनी यात्रा के उच्चतम बिन्दु पर कितने समय में पहुँचेगी?** *[NDA 2016]*

(a) 5.14 सेकण्ड (b) 3.57 सेकण्ड
(c) 2.57 सेकण्ड (d) 1.29 सेकण्ड

37. **एक रेसिंग कार किसी सीधी सड़क पर विरामावस्था से त्वरण लेते हुए 25 सेकण्ड में 50 मी/से की चाल प्राप्त कर लेती है। यह मानते हुए कि कार का त्वरण पूरे समय के दौरान एकसमान है, इस समय में तय की गई दूरी क्या होगी?** *[NDA 2016]*

(a) 625 मी (b) 1250 मी
(c) 2500 मी (d) 50 मी

प्रक्षेप्य गति

38. पृथ्वी की सतह से फायर किए गए प्रक्षेप्य की गति के दौरान ......। *[SSC CGL 2016]*

(a) उसकी गतिज ऊर्जा स्थिर रहती है
(b) उसका संवेग स्थिर रहता है
(c) उसके वेग का ऊर्ध्व घटक स्थिर रहता है
(d) उसके वेग का क्षैतिज घटक स्थिर रहता है

39. जब कोई पिण्ड गुरुत्वीय क्षेत्र के अधीन ऊर्ध्वाधर तल में एक वक्र पथ पर गति करता है, तो पिण्ड की गति कहलाती है

(a) समान गति (b) प्रक्षेप्य गति
(c) वृत्तीय गति (d) असमान गति

40. किसी पिण्ड (प्रक्षेप्य) के प्रारम्भिक वेग (u) का मान बढ़ा देने पर पिण्ड के उड्डयन काल पर किस प्रकार प्रभाव पडता है?

(a) बढ़ जाता है (b) समान रहता है
(c) घट जाता है (d) उपरोक्त में से कोई नहीं

41. यदि एक प्रक्षेपक की क्षैतिज परास उसकी अधिकतम ऊँचाई की चार गुनी है, तो प्रक्षेपण का कोण है *[SSC CHSL 2014]*

(a) 30° (b) 45° (c) $\sin^{-1}\left(\frac{1}{4}\right)$ (d) $\tan^{-1}\left(\frac{1}{4}\right)$

42. क्रिकेट की गेंद 15 मी/से के वेग से क्षैतिज से 30° का कोण बनाती हुई फेंकी जाती है, तो गेंद द्वारा प्राप्त अधिकतम ऊँचाई ज्ञात कीजिए। ($g = 10$ मी/से^{2})

(a) 2.81 मी (b) 4.0 मी
(c) 3.80 मी (d) 5.25 मी

43. प्रक्षेप्य की अधिकतम ऊँचाई के लिए आवश्यक θ का मान है

(a) 90° (b) 60°
(c) 30° (d) 180°

44. यदि कोई कण क्षैतिज धरातल से θ कोण बनाते हुए u वेग से प्रक्षेपित किया जाता है, तो कण द्वारा क्षैतिज दिशा में तय की गई दूरी है

(a) $\frac{u^2\sin\theta}{g}$ (b) $\frac{u^2\sin 2\theta}{2g}$
(c) $\frac{u^2\sin 2\theta}{g}$ (d) $\frac{u^2\cos 2\theta}{g}$

वृत्तीय गति

45. असमान वृत्तीय गति में गतिमान कण की चाल वृत्तीय पथ पर किस प्रकार की होती है?

(a) परिवर्ती (b) नियत
(c) शून्य (d) इनमें से कोई नहीं

46. एक कण वृत्तीय पथ पर प्रति सेकण्ड 5 चक्कर लगाता है, तो वृत्तीय पथ पर कण का औसत कोणीय वेग होगा

(a) 10π (b) 100π
(c) $10\pi^2$ (d) $100\pi^2$

47. एक कण 2 मी त्रिज्या के वृत्तीय पथ पर प्रति सेकण्ड 4 चक्कर लगाता है, तो कण का अभिकेन्द्र त्वरण (मी/से^{2} में) होगा

(a) $128\pi^2$ (b) $182\pi^2$
(c) $120\pi^2$ (d) $124\pi^2$

48. कोई पिण्ड एक वर्तुल (वृत्तीय) पथ पर एक नियत चाल से गतिमान है। निम्नलिखित में से कौन-सा कथन सही है? *[NDA 2017]*

(a) तीक्ष्ण वक्र (अर्थात् छोटी त्रिज्या वाला वक्र) की तुलना में मन्द वक्र (अर्थात् बड़ी त्रिज्या वाला वक्र) के लिए पिण्ड का अभिकेन्द्र त्वरण कम होता है।
(b) तीक्ष्ण वक्र की तुलना में मन्द वक्र के लिए अभिकेन्द्र त्वरण अधिक होता है।
(c) मन्द और तीक्ष्ण दोनों वक्रों के लिए अभिकेन्द्र त्वरण एकसमान होता है।
(d) अभिकेन्द्र त्वरण पिण्ड के धीमे पड़ जाने का कारक होता है।

49. एक कार एक वृत्ताकार ट्रैक पर एकसमान गति से जा रही है। यदि वेग दोगुना हो जाता है और ट्रैक की त्रिज्या आधी हो जाती है, तो कार का त्रिज्य त्वरण क्या होगा?

(a) यह वही रहता है (b) यह 2 के गुणक से बढ़ता है
(c) यह 4 के गुणक से बढ़ता है (d) यह 8 के गुणक से बढ़ता है

50. एक पीतल की गेंद एक पतले तार से बँधी है और उसे इस प्रकार प्रदोलित किया जाता है कि वह एकसमान गति से क्षैतिज वृत्त में घूमती है। इस सम्बन्ध में निम्नलिखित कथनों में से कौन-सा/से सत्य है/हैं? *[NDA 2015]*

I. गेंद नियत वेग से गति करती है।
II. गेंद नियत चाल से गति करती है।
III. गेंद नियत त्वरण से गति करती है।
IV. गेंद के त्वरण का परिमाण नियत है।

नीचे दिए गए कूट का प्रयोग कर सही उत्तर चुनिए।

कूट

(a) केवल I (b) I और III
(c) I, II और IV (d) II और IV

बल तथा जड़त्व

51. .... का मान नगण्य होने पर कोई वस्तु नियत गति से चलती है। *[RRB Group D 2018]*

(a) बल (b) दाब
(c) वेग (d) द्रव्यमान

52. यदि एक वस्तु दोनों सिरों से पकड़कर खींची जाती है, तो उस पर लागू बल को ...... कहा जाता है। *[RRB Group D 2018]*

(a) घर्षण (b) आवेग
(c) खिंचाव (d) संवेग

53. यदि हम पेड़ की शाखा को तेजी से हिलाएँ, तो कुछ पत्तियाँ पेड से अलग हो जाती हैं। यह .... के कारण होता है। *[RRB Group D 2018]*

(a) वेग (b) मुक्त पतन
(c) आवेग (d) जड़त्व

54. निम्नलिखित में से किस एक का जड़त्व अधिकतम है? *[NDA 2018]*

(a) एक परमाणु का (b) एक अणु का
(c) ₹ 1 के सिक्के का (d) क्रिकेट की एक गेंद का

55. जब एक बस सहसा मुड़ती है, तब बस में खड़ा यात्री बाहर की ओर गिरता है। इसका कारण है *[ASI 2017]*

(a) उस पर बाहर की ओर घर्षण (b) गति का जड़त्व
(c) संवेग में परिवर्तन (d) त्वरण में परिवर्तन

रेखीय संवेग

56. किसी वस्तु का संवेग ...... पर निर्भर करता है। [NDA 2016]
(a) वस्तु के द्रव्यमान (b) वस्तु के वेग
(c) वस्तु पर लगे बल (d) (a) और (b) दोनों

57. दो पिण्ड A और B समान वेग से गति कर रहे हैं। पिण्ड B का द्रव्यमान पिण्ड A के द्रव्यमान का दोगुना है। इस सन्दर्भ में निम्नलिखित कथनों में से कौन-सा एक सही है? [NDA 2016]
(a) B का संवेग, A के संवेग का दोगुना होगा।
(b) A का संवेग, B के संवेग का दोगुना होगा।
(c) B का संवेग, A के संवेग का चार गुना होगा।
(d) A और B दोनों के संवेग समान होंगे।

58. 8 किग्रा द्रव्यमान की कोई वस्तु 4 मी/से के वेग से गति कर रही है। इसका संवेग (किग्रा-मी/से) ज्ञात कीजिए। [SSC CHSL 2018]
(a) 2 (b) 64
(c) 32 (d) 4

59. यदि किसी वस्तु का वेग दोगुना कर दिया जाए, तो उसका संवेग [SSC CHSL 2018]
(a) समान रहता है (b) दोगुना हो जाता है
(c) आधा हो जाता है (d) 4 गुना हो जाता है

60. निम्नलिखित में से क्या रैखिक बल के संरक्षण के आधार पर कार्य करता है? [SSC 2015]
(a) जेट (b) हेलीकॉप्टर
(c) रॉकेट (d) विमान

न्यूटन के गति के नियम तथा आवेग

61. गति का प्रथम नियम .... की परिभाषा देता है। [RRB Group D 2018]
(a) वेग (b) दूरी
(c) त्वरण (d) विश्रान्ति

62. न्यूटन के गति का पहला नियम जाना जाता है [CGPCS 2020]
(a) गुरुत्वाकर्षण
(b) जड़त्व का नियम
(c) संवेग के संरक्षण का नियम
(d) ऊर्ध्वाधर गति

63. एक फुटबॉल मैच में तीव्रगामी फुटबॉल गेंद को लपकते समय मैदान में स्थित एक गोलकीपर अपने हाथों को तीव्रगामी गेंद के साथ धीरे-धीरे पीछे की तरफ खींचता है, तब गोलकीपर की सहायता करता है [CDS 2014]
(a) गेंद पर लगा अधिक बल
(b) हाथों द्वारा गेंद पर लगे बल का घटना
(c) संवेग-परिवर्तन की दर में वृद्धि
(d) संवेग-परिवर्तन की दर में कमी

64. यदि बल (F) और त्वरण (a) दिया हुआ हो, तो वस्तु का द्रव्यमान (m) ज्ञात करने का सूत्र है [RRB Group D 2018]
(a) $F \times a$ (b) F / a
(c) a / F (d) $F - a$

65. गति के दूसरे नियम के अनुसार, किसी दिए हुए बल के लिए त्वरण वस्तु के ...... के व्युत्क्रमानुपाती होता है। [SSC CGL 2017]
(a) घनत्व (b) आयतन
(c) बल (d) द्रव्यमान

66. जब दो समान बल किसी पिण्ड पर एक-दूसरे की विपरीत दिशा में प्रयुक्त होते हैं, तो पिण्ड पर प्रयुक्त होने वाला कुल बल ...... होगा। [RRB Group D 2018]
(a) चार गुना (b) तीन गुना (c) शून्य (d) दोगुना

67. 4 किग्रा द्रव्यमान वाली किसी वस्तु पर बल लगाने से उसका वेग 5 से में 15 मी/से से 25 मी/से हो जाता है। लगाए गए बल की गणना (न्यूटन में) कीजिए। [SSC CHSL 2018]
(a) 32 (b) 8 (c) 16 (d) 64

68. क्रिया तथा प्रक्रिया .... होते हैं। [SSC MTS 2017]
(a) सदैव एक ही शरीर पर कार्यवाही
(b) मात्रा में बराबर
(c) एक ही दिशा में
(d) सदैव स्वतन्त्र रूप से कार्यवाही

69. शान्त जल में खड़ी नाव से जब कोई व्यक्ति किनारे पर कूदता है, तब नाव
(a) आगे चलती है (b) पीछे चलती है
(c) अन्य दिशा में जाती है (d) इनमें से कोई नहीं

70. निम्नलिखित में से कौन-सा उदाहरण न्यूटन के गति विषयक तृतीय नियम को व्याख्या करता है?
(a) जब हम पैडल चलाना बन्द करते हैं, तो साइकिल धीमी होनी शुरू हो जाती है
(b) बस के अचानक चलने पर, यात्रियों को पीछे की ओर झटका लगता है
(c) तेजी से आती हुई क्रिकेट गेंद को पकड़ते समय, क्षेत्ररक्षक चलती गेंद के साथ धीरे-धीरे अपने हाथ की ओर ले जाता है
(d) रॉकेट लॉन्च करना

71. 10 ग्राम की एक वस्तु पर एक बल बहुत कम समय के लिये कार्य करता है, जिससे वस्तु का वेग शून्य से बढ़कर 10 मी/से हो जाता है, तब बल का आवेग होगा [SSC MTS 2017]
(a) 0.1 न्यूटन-से (b) 0.3 न्यूटन-से
(c) 0.4 न्यूटन-से (d) 0.5 न्यूटन-से

घर्षण बल

72. घर्षण के सम्बन्ध में निम्नलिखित में से कौन-सा विकल्प सही है?
(a) घर्षण गति का विरोध करता है।
(b) घर्षण टूट-फूट का कारण नहीं होता है।
(c) घर्षण से ऊर्जा नष्ट नहीं होता है।
(d) घर्षण से उष्णता का उत्पादन नहीं होता है।

73. साइकिल और कारों में बॉल बियरिंग का उपयोग होता है क्योंकि इसके प्रयोग से [UPSC 2012]
(a) पहिए तथा धुरी के बीच का वास्तविक क्षेत्रफल बढ़ जाता है।
(b) पहिए तथा धुरी के बीच का प्रभावी क्षेत्रफल बढ़ जाता है।
(c) पहिए तथा धुरी के बीच का प्रभावी क्षेत्रफल घट जाता है।
(d) उपरोक्त में से कोई नहीं

74. सड़क पर चलने की अपेक्षा बर्फ पर चलना कठिन है, क्योंकि
(a) बर्फ, सड़क से सख्त होती है
(b) सड़क, बर्फ से सख्त होती है
(c) जब हम अपने पैर से धक्का देते हैं, तो बर्फ कोई प्रतिक्रिया व्यक्त नहीं करती
(d) बर्फ में सड़क की अपेक्षा घर्षण कम होता है

75. निम्न कथन पर तथा उससे निकाले गए निष्कर्ष पर विचार कीजिए तथा बताइए कि कौन-सा निष्कर्ष सही है? *[UPPCS (Mains) 2017]*

कथन भरी हुई गाड़ी (Cart) को चलाने में, उसे चलायमान रखने के लिए आवश्यक ताकत से अपेक्षाकृत अधिक ताकत से धक्का देना पड़ता है।

(a) किसी चलायमान वस्तु का भार कम होता है।
(b) प्रारम्भ में पहिए फिसलने लगते हैं।
(c) एक बार गाड़ी के गति में आने के बाद घर्षण कम होता है।
(d) अभ्यास से निपुणता प्राप्त होती है।

76. नीचे सूची I में दी गई क्रियाओं का मिलान सूची II में मौजूद उनसे सम्बन्धित बल से करें।

सूची I		सूची II	
A.	केन्द्र की ओर लगने वाला बल	1.	अपकेन्द्र बल
B.	केन्द्र से बाहर की ओर लगने वाला बल	2.	सामान्य बल
C.	गति की दिशा के विपरीत लगने वाला बल	3.	अभिकेन्द्र बल
D.	किसी वस्तु के सम्पर्क में आने वाली सतह पर लगने वाला लम्बवत् बल	4.	घर्षण बल

कूट

	A	B	C	D		A	B	C	D
(a)	4	1	2	3	(b)	4	3	1	2
(c)	3	1	4	2	(d)	3	1	2	4

अभिकेन्द्र बल

77. किसी निकाय को एकसमान वृत्तीय गति में चलाने में लगने वाले आवश्यक नियत बल को कहा जाता है *[RRB Group D 2018]*

(a) यान्त्रिक बल (b) अभिकेन्द्री बल
(c) गुरुत्वाकर्षण बल (d) अपकेन्द्री बल

78. रोलरकोस्टर की सवारी में कौन-सा बल कार्य करता है? *[RRB NTPC 2016]*

(a) अपकेन्द्री (b) अभिकेन्द्री
(c) गुरुत्वीय (d) अभिलम्ब

79. दूध को मथने से क्रीम के अलग हो जाने का कारण है *[SSC 2010]*

(a) घर्षण बल (b) अपकेन्द्री बल
(c) गुरुत्व बल (d) श्यान बल

80. एक वृत्ताकार मोड़ लेते समय, एक साइकिल चालक अन्दर की ओर झुकता है, जबकि एक कार यात्री उसी मोड़ पर बाहर की ओर झुकता है। ऐसा निम्नलिखित में से किस कारण से होता है?

(a) साइकिल में दो पहिए होते हैं, जबकि कार में 4 पहिए होते हैं।
(b) कार, साइकिल से भारी होती है।
(c) साइकिल चालक पर अभिकेन्द्र बल कार्य करता है, जबकि कार यात्री पर अपकेन्द्र बल कार्य करता है।
(d) एक साइकिल चालक को अपकेन्द्र बल प्रदान करना होता है, जबकि कार यात्री पर अभिकेन्द्र बल कार्य करता है।

उत्तरमाला

1 (a)	2 (a)	3 (c)	4 (a)	5 (a)	6 (b)	7 (a)	8 (b)	9 (a)	10 (a)
11 (a)	12 (a)	13 (a)	14 (d)	15 (c)	16 (c)	17 (a)	18 (d)	19 (b)	20 (a)
21 (d)	22 (a)	23 (d)	24 (b)	25 (c)	26 (d)	27 (d)	28 (d)	29 (b)	30 (a)
31 (b)	32 (c)	33 (a)	34 (c)	35 (d)	36 (c)	37 (a)	38 (d)	39 (b)	40 (a)
41 (b)	42 (a)	43 (a)	44 (c)	45 (a)	46 (a)	47 (a)	48 (a)	49 (d)	50 (d)
51 (a)	52 (c)	53 (d)	54 (d)	55 (b)	56 (d)	57 (a)	58 (c)	59 (b)	60 (c)
61 (a)	62 (b)	63 (b)	64 (b)	65 (d)	66 (b)	67 (b)	68 (b)	69 (b)	70 (d)
71 (a)	72 (a)	73 (c)	74 (d)	75 (c)	76 (c)	77 (b)	78 (b)	79 (b)	80 (c)

उत्तर सहित व्याख्या

7. (a) वृत्तीय पथ के एक चक्कर में तय दूरी $=2\pi r$
दो चक्करों में तय दूरी $=2\times2\pi r=4\pi r$
वस्तु ने जिस स्थान से गति करना प्रारम्भ किया है, वह उसी स्थान पर आकर रुकती है। अत: विस्थापन का मान शून्य होगा।

8. (b) प्रश्नानुसार,

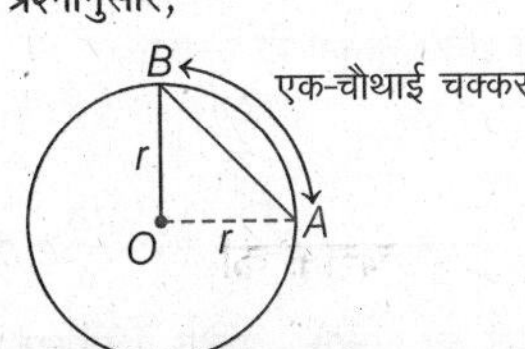

वृत्त की परिधि $=2\pi r$
एक-चौथाई चक्कर लगाने पर वस्तु द्वारा तय दूरी $=\frac{2\pi r}{4}=\frac{\pi r}{2}$

ΔOAB में,
$AB=\sqrt{r^2+r^2}$ (पाइथोगोरस प्रमेय द्वारा)
विस्थापन, $AB=r\sqrt{2}$

$$\frac{\text{दूरी}}{\text{विस्थापन}}=\frac{\pi\frac{r}{2}}{r\sqrt{2}}=\frac{\pi}{2\sqrt{2}}$$

13. (a) चूँकि वृत्ताकार पथ पर एक पूर्ण चक्कर में तय की गई दूरी $2\pi r$ होगी। अत:

$$\text{चाल, } v=\frac{\text{दूरी}}{\text{समय}}=\frac{2\pi r}{t}$$

15. (c) माना वस्तु द्वारा तय की गई कुल दूरी s है, तो प्रश्नानुसार

$$\underset{v_2}{\overset{s/2}{\longleftrightarrow}}\underset{v_1}{\overset{s/2}{\longleftrightarrow}}$$

प्रथम आधी दूरी को तय करने में लगा समय,

$$t_1=\frac{s}{2v_1} \quad \text{...(i)}$$

शेष आधी दूरी को तय करने में लगा समय,

$$t_2=\frac{s}{2v_2} \quad \text{...(ii)}$$

$$\text{औसत चाल}=\frac{\text{कुल तय दूरी}}{\text{कुल समय}}=\frac{s}{\frac{s}{2v_1}+\frac{s}{2v_2}}$$

$$=\frac{s}{\frac{s}{2}\left(\frac{1}{v_1}+\frac{1}{v_2}\right)}=\frac{2v_1v_2}{v_1+v_2}$$

17. (a) $\text{औसत वेग}=\frac{\text{कुल विस्थापन}}{\text{समयान्तराल}}$

कार का प्रारम्भिक तथा अन्तिम बिन्दु एक (बेंगलूरू) है।
अत: कुल विस्थापन $=0$
अत: औसत वेग $=0$ किमी/घण्टा

18. (*d*) दिया है,

कण का विस्थापन $(x) = 8t^2 - 3t$

$t = 0$ पर $x = 0$

$t = 2$ पर $x = 8(2)^2 - 3 \times 2$

$x = 32 - 6 = 26$ मी

कुल विस्थापन $= 26 - 0 = 26$ मी

समयान्तराल $(t) = 2 - 0 = 2$ सेकण्ड

औसत वेग $= \dfrac{\text{विस्थापन}}{\text{समयान्तराल}} = \dfrac{26}{2} = 13$ मी/से

21. (*d*) $\therefore$ त्वरण $(a) = \dfrac{\text{वेग में परिवर्तन}}{\text{समय}}$

$= \dfrac{20 - 10}{4} = \dfrac{10}{4} = 2.5$ मी/से^{2}

27. (*d*) सारणी से स्पष्ट है कि कार की चाल एक नियत मान में समय के साथ बढ़ रही है।

त्वरण, $a = \dfrac{2-0}{1-0} = \dfrac{2}{1} = 2$ मी/से^{2}

अत: कार 2 मी/से^{2} के समान त्वरण से गतिमान है।

कार के द्वारा 4 सेकण्ड में तय की गई दूरी,

$s = \dfrac{1}{2}at^2 = \dfrac{1}{2} \times 2 \times 4 \times 4 = 16$ मी

कार की औसत चाल, $v = \dfrac{\text{कुल दूरी}}{\text{कुल समय}}$

$= \dfrac{\frac{1}{2} \times a \times t^2}{t}$

$= \dfrac{1}{2} \times 2 \times 4 = 4$ मी/से

29. (*b*) यदि कोई पिण्ड विरामावस्था में होता है, तो समय (*X*-अक्ष) के सापेक्ष दूरी (*Y*-अक्ष) का ग्राफ चित्रानुसार क्षैतिज होता है।

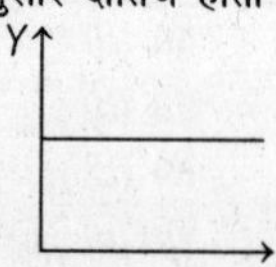

उपरोक्त ग्राफ में समय के सापेक्ष वस्तु की दूरी नियत है अर्थात् वस्तु विरामावस्था में है।

31. (*b*) प्रश्नानुसार,

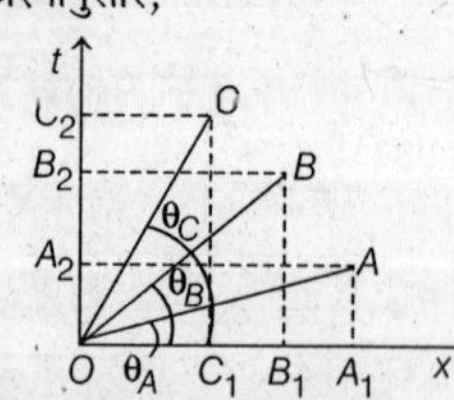

चित्र द्वारा वस्तु *A* का वेग,

$v_A = \dfrac{OA_1}{AA_1} = \cot \theta_A$

वस्तु *B* का वेग, $v_B = \dfrac{OB_1}{BB_1} = \cot \theta_B$

वस्तु *C* का वेग, $v_C = \dfrac{OC_1}{CC_1} = \cot \theta_C$

परन्तु, $\theta_C > \theta_B > \theta_A$

$\Rightarrow \cot \theta_A > \cot \theta_B > \cot \theta_C$

$\Rightarrow v_A > v_B > v_C$

32. (*c*) प्रश्नानुसार,

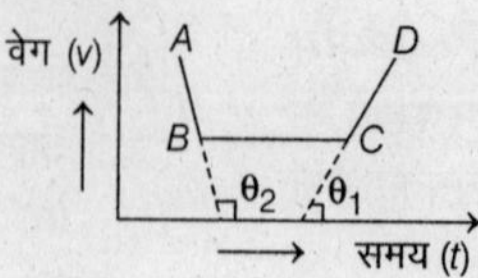

वेग-समय ग्राफ के ढाल द्वारा वस्तु का त्वरण दिया जाता है।

अत: ग्राफ द्वारा रेखा *AB* का ढाल $= \tan \theta_2$

यह ढाल ऋणात्मक है, क्योकि

$90° < \theta_2 < 180°$ है।

अत: रेखा *AB*, मन्दित गति को प्रदर्शित करती है।

रेखा *CD* का ढाल $= \tan \theta_1$

यह ढाल धनात्मक है, क्योंकि $0° < \theta_1 < 90°$ है।

अत: रेखा *CD*, त्वरित गति को प्रदर्शित करती है।

35. (*d*) $v^2 = u^2 + 2gh$

$\Rightarrow v^2 = \sqrt{2gh}$

$v = u + gt \qquad (\because u = 0)$

$t = \dfrac{v}{g} = \sqrt{\dfrac{2h}{g}}$

h तथा *g* सभी के लिये समान हैं।

अत: $t_1 = t_2 = t_3$

36. (*c*) दिया है,

प्रारम्भिक वेग $(u) = 25.2$ मी/से

उच्चतम बिन्दु पर वेग $(v) = 0$ मी/से

गति के समीकरण द्वारा,

$v = u - gt \Rightarrow 0 = 25.2 - 9.8t$

$\Rightarrow t = \dfrac{25.2}{9.8} = 2.57$ सेकण्ड

37. (*a*) कार का त्वरण एकसमान है, इसलिए गति के प्रथम समीकरण से,

$v = u + at$

$50 = 0 + a \times 25$

$\Rightarrow a = \dfrac{50}{25} = 2$ मी/से^{2}

कार के द्वारा तय की गई दूरी,

$s = ut + \dfrac{1}{2}at^2 = 0 + \dfrac{1}{2} \times 2 \times 25 \times 25 = 625$ मी

41. (*b*) हम जानते हैं,

$\dfrac{R}{H_{max}} = \dfrac{4}{\tan \theta}$

दिया है, $R = 4\,H_{max}$

$\Rightarrow \dfrac{4\,H_{max}}{H_{max}} = \dfrac{4}{\tan \theta}$

$\Rightarrow \tan \theta = 1 \Rightarrow \theta = \tan^{-1}(1) = 45°$

42. (*a*) हम जानते हैं, गेंद द्वारा प्राप्त महत्तम ऊँचाई,

$h = \dfrac{u^2 \sin^2 \theta}{2g} = \dfrac{(15)^2 \sin^2 30°}{2 \times 10}$

$= \dfrac{(15)^2 \times \left(\frac{1}{2}\right)^2}{2 \times 10} = 2.81$ मी

43. (*a*) प्रक्षेप्य की ऊँचाई, $h = \dfrac{u^2 \sin^2 \theta}{2g}$

अधिकतम ऊँचाई के लिए, $\sin \theta = 1$

$\Rightarrow \theta = 90°$

अत: $h_{\text{अधिकतम}} = \dfrac{u^2}{2g}$

46. (*a*) औसत कोणीय वेग, $\omega = 2\pi n$

$= 2 \times \pi \times 5 = 10\pi$

47. (*a*) अभिकेन्द्र त्वरण, $a = \dfrac{v^2}{r}$

$a = \dfrac{(r\omega)^2}{r}$

$a = \omega^2 r = (2\pi n)^2 r$

$= 4\pi^2 \times (4)^2 \times 2 = 128\pi^2$ मी/से^{2}

48. (*a*) अभिकेन्द्र त्वरण, $a = \dfrac{v^2}{r}$

$a \propto \dfrac{1}{r}$

अत: तीक्ष्ण वक्र (छोटी त्रिज्या वाला वक्र) की तुलना में मन्द वक्र के लिए पिण्ड का अभिकेन्द्र त्वरण कम होता है।

49. (*d*) त्रिज्या त्वरण, $a = \dfrac{v^2}{r}$

त्रिज्या आधी होने पर, $r' = \dfrac{r}{2}$ तथा $v' = 2v$

$a' = \dfrac{v'^2}{r'} = \dfrac{(2v)^2}{r/2} = 8\dfrac{v^2}{r}$

$a' = 8a$

अत: कार का त्रिज्य त्वरण 8 के गुणक से बढ़ता है।

50. (*d*) जब पीतल की गेंद एकसमान गति से क्षैतिज वृत्त में घूमती है, तब

I. गेंद नियत चाल से गति करती है।

II. गेंद के त्वरण का परिमाण नियत रहता है।

III. गेंद का वेग परिवर्तित होता रहता है।

IV. गेंद के त्वरण की दिशा बदलती रहती है।

अत: प्रश्नानुसार, कथन II व IV सत्य हैं।

57. (*a*) पिण्ड *A* का संवेग, $p = mv$

पिण्ड *B* का संवेग, $p' = 2mv$

$\therefore p' = 2p$

अत: पिण्ड *B* का संवेग, पिण्ड *A* के संवेग का दोगुना होगा।

58. (*c*) दिया है, $m = 8$ किग्रा

$v = 4$ मी/से

संवेग, $p = mv = 8 \times 4 = 32$ किग्रा-मी/से

59. (*b*) संवेग, $p = mv$

यदि $v' = 2v$

$p' = mv' = m \times 2v = 2mv$

इसका संवेग दोगुना हो जायेगा।

67. (*b*) $\therefore F = ma = m \times \dfrac{\Delta v}{\Delta t}$

$= 4 \times \dfrac{(25-15)}{5} = 4 \times \dfrac{10}{5} = 8$ न्यूटन

71. (*a*) बल का आवेग = संवेग में परिवर्तन

$= mv - mu = m(v - u)$

$= \dfrac{10}{1000}[10 - 0] = \dfrac{1}{10}$

$= 0.1$ न्यूटन-से

अध्याय

03

कार्य, ऊर्जा तथा शक्ति

Work, Energy and Power

कार्य

- किसी वस्तु पर बल लगाकर उसकी स्थिति में परिवर्तन करने की क्रिया को कार्य (Work) कहते हैं।

$$W = F \cdot s$$

यहाँ, F = आरोपित बल तथा s = वस्तु का विस्थापन

- कार्य एक अदिश राशि है, इसका SI मात्रक न्यूटन-मीटर या जूल तथा विमीय सूत्र $[ML^2T^{-2}]$ होता है।

कार्य के प्रकार

- **धनात्मक कार्य** (Positive work) यदि बल और विस्थापन के मध्य बने कोण का मान 90° से कम होता है, तो कृत कार्य धनात्मक होगा अर्थात् $0 \le \theta < 90°$।
- **ऋणात्मक कार्य** (Negative work) यदि बल तथा विस्थापन के मध्य बने कोण का मान 90° से अधिक होता है, तो कृत कार्य ऋणात्मक होगा अर्थात् $90° < \theta < 270°$।
- **शून्य कार्य** (Zero work) जब बल तथा विस्थापन लम्बवत् दिशा में होते हैं, तब कृत कार्य शून्य होता है अर्थात् $\theta = 90°$।

ऊर्जा

- किसी वस्तु के कार्य करने की क्षमता को उस वस्तु की ऊर्जा (Energy) कहते हैं तथा इसका SI मात्रक जूल होता है।
- ऊर्जा विभिन्न स्वरूपों यान्त्रिक ऊर्जा, आन्तरिक ऊर्जा, रासायनिक ऊर्जा, विद्युत ऊर्जा, पवन ऊर्जा, जल ऊर्जा, तापीय ऊर्जा, ध्वनि ऊर्जा, नाभिकीय ऊर्जा, प्रकाश ऊर्जा आदि के रूप में पायी जाती है।
- यान्त्रिक ऊर्जा में गतिज तथा स्थितिज ऊर्जा दोनों निहित होती है।
- **गतिज ऊर्जा** (Kinetic energy) किसी वस्तु में उसकी गति के कारण उत्पन्न ऊर्जा को गतिज ऊर्जा कहते हैं।

$$\text{KE} = \frac{1}{2}mv^2 = \frac{p^2}{2m}$$

यहाँ, m = वस्तु का द्रव्यमान, v = वस्तु का वेग तथा p = वस्तु का रेखीय संवेग बन्दुक से चली गोली, गतिज ऊर्जा के कारण ही लक्ष्य को भेद पाती है।

- **स्थितिज ऊर्जा** (Potential energy) किसी वस्तु की स्थिति या आकृति में परिवर्तन के कारण उसमे जो कार्य करने की क्षमता होती है, उसे उस वस्तु की स्थितिज ऊर्जा कहते हैं।
- जब किसी वस्तु को ऊर्ध्वाधर दिशा में ऊपर की ओर फेंका जाता है, तो अधिकतम ऊँचाई पर इसकी स्थितिज ऊर्जा अधिकतम होती है, जबकि गतिज ऊर्जा शून्य होती है।
- किसी वस्तु को गुरुत्व बल के विरुद्ध पृथ्वी तल से किसी ऊँचाई तक ले जाने में किया गया कार्य, उस स्थिति में वस्तु की **गुरुत्वीय स्थितिज ऊर्जा** (Gravitational potential energy) कहलाती है।

$$U = mgh$$

यहाँ, m = वस्तु का द्रव्यमान, g = गुरुत्वीय त्वरण तथा h = पृथ्वी तल से वस्तु की ऊँचाई

- वस्तु में उसकी प्रत्यास्थता के गुण के कारण उपस्थित ऊर्जा को **प्रत्यास्थ स्थितिज ऊर्जा** (Elastic potential energy) कहते हैं।

$$U = \frac{1}{2}kx^2$$

यहाँ, k = स्प्रिंग का बल नियतांक तथा x = स्प्रिंग की लम्बाई में वृद्धि

- **कार्य-ऊर्जा प्रमेय** (Work-energy theorem) किसी कण पर आरोपित बल द्वारा किया गया कार्य इसकी गतिज ऊर्जा में परिवर्तन के बराबर होता है।

अर्थात् $W = K_f - K_i = \Delta K$

यहाँ, K_f = अन्तिम गतिज ऊर्जा तथा K_i = प्रारम्भिक गतिज ऊर्जा

- **ऊर्जा संरक्षण का नियम** (Law of conservation of energy) ऊर्जा को न तो उत्पन्न किया जा सकता है और न ही नष्ट किया जा सकता है, केवल ऊर्जा को एक रूप से दूसरे रूप में बदला जा सकता है।

ऊर्जा का रूपान्तरण

- ऊर्जा के एक रूप से दूसरे रूप में बदलने की प्रक्रिया को ऊर्जा का रूपान्तरण (Transformation of energy) कहते हैं।
- कुछ प्रमुख ऊर्जा रूपान्तरण को नीचे दी गई तालिका में बताया गया है

युक्ति	रूपान्तरण
बल्ब	विद्युत ऊर्जा को ऊष्मीय ऊर्जा तथा प्रकाश ऊर्जा में
डायनेमो	गतिज ऊर्जा को विद्युत ऊर्जा में
ऊष्मा इंजन	ऊष्मीय ऊर्जा को यान्त्रिक ऊर्जा में
लालटेन	रासायनिक ऊर्जा को प्रकाशीय ऊर्जा में
लाउडस्पीकर	विद्युत ऊर्जा को ध्वनि ऊर्जा में

- **आइन्सटीन का द्रव्यमान-ऊर्जा तुल्यांक** (Einstein's mass-energy equivalence) आइन्सटीन के अनुसार, प्रत्येक पदार्थ में उसके द्रव्यमान के कारण ऊर्जा होती है, जिसे द्रव्यमान-ऊर्जा कहते हैं।

$$E = mc^2$$

यहाँ, m = वस्तु का द्रव्यमान तथा c = प्रकाश का वेग = 3×10^8 मी/से

ऊर्जा के स्रोत

- ऊर्जा प्रदान करने में समर्थ निकाय को ऊर्जा के स्रोत (Sources of energy) कहते हैं।
- **नवीकरणीय स्रोत** (Renewable source) ऊर्जा के नवीकरणीय स्रोत प्रकृति में बिना किसी रूकावट के मिलते रहते हैं, जैसे– जैव ईंधन, पवन ऊर्जा आदि।
- **अनवीकरणीय स्रोत** (Non-renewable source) ऊर्जा के अनवीकरणीय स्रोत बहुत समय से संचित होते आ रहे हैं। ये आसानी से एक रूप से दूसरे रूप में बदले नहीं जा सकते हैं, जैसे–पैट्रोल, कोयला आदि।
- **तापीय विद्युत संयंत्र** (Thermal power plant) में ईंधन के जलने पर ऊष्मीय ऊर्जा, विद्युत ऊर्जा में परिवर्तित होती है।
- **जल विद्युत संयंत्र** (Hydro power plant) में बहते जल की स्थितिज ऊर्जा, विद्युत ऊर्जा में परिवर्तित होती है।
- **बायोगैस** (Biogas) मेथेन, हाइड्रोजन, सल्फाइड, कार्बन डाइ ऑक्साइड तथा हाइड्रोजन का मिश्रण हैं। इस गैस को **गोबर गैस** भी कहते हैं।
- **सौर ऊर्जा** (Solar energy) सूर्य द्वारा उत्सर्जित ऊर्जा को सौर ऊर्जा कहते हैं। सौर ऊर्जा का उपयोग सौर तापन युक्तियों में किया जाता है, जैसे— सोलर कूकर, सोलर सेल आदि।

शक्ति

- कार्य करने की क्षमता या दर को शक्ति या सामर्थ्य (Power) कहते हैं। इसे P से दर्शाते हैं।

$$\text{शक्ति } (P) = \frac{\text{कार्य } (W)}{\text{समय } (t)}$$

- शक्ति एक अदिश राशि है, इसका SI मात्रक जूल/सेकण्ड या वाट तथा विमीय सूत्र $[ML^2T^{-3}]$ होता है।
- बल (F) तथा वेग (v) के पदों में शक्ति का व्यंजक निम्न है

$$P = Fv\cos\theta$$

यहाँ, θ = F तथा v के मध्य बना कोण

- शक्ति के अन्य मात्रक निम्न हैं

1 किलोवाट = 10^3 वाट

1 मेगावाट = 10^6 वाट

1 अश्व शक्ति = 746 वाट

1 किलोवाट घण्टा = 3.6×10^6 जूल = 3.6 मेगा जूल

चैप्टर प्रैक्टिस

कार्य

1. कार्य

(a) की केवल दिशा होती है
(b) का केवल परिमाण होता है
(c) की न दिशा होती है न परिमाण
(d) का परिमाण व दिशा दोनों होते हैं

2. कार्य का विमीय सूत्र है

(a) $[ML^2T^{-2}]$ (b) $[MLT^{-2}]$
(c) $[M^2LT^{-2}]$ (d) $[M^0LT^{-2}]$

3. धनात्मक कार्य का प्रतिबन्ध है

(a) $0 \le \theta < 90°$ (b) $90° < \theta < 270°$
(c) $\theta = 90°$ (d) इनमें से कोई नहीं

4. निम्न में से किस प्रक्रिया में कोई कार्य नहीं होता? *[RRB Group D 2018]*

(a) सुमन एक पूल में तैर रही है
(b) एक इंजन ट्रेन को खींच रहा है
(c) एक पवन चक्की कुएँ से पानी निकाल रही है
(d) एक गधा अपनी पीठ पर वजन लेकर चल रहा है

5. गति करती हुई एक कार विपरीत दिशा से आती हवा का सामना करती है। कार पर हवा द्वारा किया गया कार्य होगा *[RRB Group D 2018]*

(a) धनात्मक (b) ऋणात्मक
(c) अपरिमित (d) शून्य

6. कार्य किस पर निर्भर नहीं करता है? *[RRB Group D 2018]*

(a) F और s के बीच के कोण पर (b) संवेग पर
(c) विस्थापन (s) पर (d) बल (F) पर

7. घर्षण बल द्वारा किया गया कार्य होता है

(a) धनात्मक
(b) ऋणात्मक
(c) शून्य
(d) उपरोक्त में से कोई नहीं

8. एक मनुष्य एक दीवार को धकेलता है तथा इसको विस्थापित नहीं कर पाता है, तो वह

(a) ऋणात्मक कार्य करता है
(b) धनात्मक कार्य करता है, परन्तु अधिकतम नहीं
(c) कोई कार्य नहीं करता है
(d) अधिकतम कार्य करता है

9. किसी वस्तु द्वारा कार्य करने की क्षमता या किसी वस्तु में निहित ऊर्जा .... पर निर्भर करती है। *[RRB Group D 2018]*

(a) कार्य करने वाली वस्तु की स्थिति और अवस्था
(b) किसी निश्चित दिशा में वस्तु की गति
(c) वस्तु के परिमाण और दिशा
(d) वस्तु के द्रव्यमान और आयतन

10. ढालू सड़क पर पत्थर लुढ़काना, ऊर्ध्व (ऊपर) की ओर उठाने से अधिक आसान होता है, क्योंकि

(a) पत्थर को लुढ़काने में किया गया कार्य उसे उठाने की अपेक्षा कम होता है
(b) दोनों में किया गया कार्य समान होता है, किन्तु लुढ़काने में कार्य करने की दर कम होती है
(c) पत्थर को लुढ़काने में किया गया कार्य इसे उठाने की अपेक्षा अधिक सरल होता है
(d) पत्थर को उठाने में किया गया कार्य इसे लुढ़काने के समान होता है

11. **यदि एक वस्तु पर F बल लगाने पर 1 मी का विस्थापन होता है, तो किया गया कार्य तुल्य होगा**
(a) Fs (b) F (c) s (d) F/s

12. **R त्रिज्या के वृत्त में घूमने वाले पिण्ड पर अभिकेन्द्रीय बल द्वारा किया गया कार्य होगा**
(a) शून्य (b) FR
(c) $F\ (2\pi R)$ (d) $F\ (2R)$

13. **अपने सिर पर 20 किग्रा का बक्सा उठाए हुए कोई कुली क्षैतिज प्लेटफॉर्म पर 50 मी चलता है। गुरुत्व बल के विरुद्ध कुली द्वारा किया गया कार्य होगा**
(a) 200 जूल (b) 2000 जूल
(c) 1980 जूल (d) शून्य

14. **निम्नलिखित कथनों पर ध्यान दीजिए।**
I. जब एक कुली अपने सिर पर भारी बोझ को रखकर क्षैतिज प्लेटफॉर्म पर चलता है, तब गुरुत्व के सापेक्ष कुली द्वारा किया गया कार्य शून्य होता है।
II. जब एक उपग्रह पृथ्वी के चारों ओर वृत्तीय कक्षा में घूमता है, तब गुरुत्वाकर्षण बल द्वारा उपग्रह पर किया गया कार्य शून्य होता है।
III. जब एक वस्तु गुरुत्व के अन्तर्गत मुक्त रूप से गिरती है, तब गुरुत्व द्वारा किया गया कार्य ऋणात्मक होता है।
IV. कार्य एक अदिश राशि है।
निम्न में कौन-सा/से कथन सही है/हैं?
(a) I और II (b) II और III
(c) केवल IV (d) I, II और IV

ऊर्जा

15. **यदि किसी वस्तु को ऊर्ध्वाधर दिशा में ऊपर की ओर फेंका जाता है, तो अधिकतम ऊँचाई पर** *[SSC CHSL 2018]*
(a) इसकी स्थितिज ऊर्जा शून्य होती है
(b) इसका संवेग अधिकतम होता है
(c) इसकी गतिज ऊर्जा शून्य होती है
(d) इसका गुरुत्वाकर्षण बल अधिकतम होता है

16. **एक तोप का गोला बीच में ही फट जाता है। इसके लिए सही विकल्प है**
(a) संवेग बढ़ जाता है
(b) संवेग घट जाता है
(c) गतिज ऊर्जा बढ़ जाती है
(d) गतिज ऊर्जा घट जाती है

17. **किसी गतिमान पिण्ड की गतिज ऊर्जा किस प्रकार प्रभावित होती है, यदि इस पर किया गया नेट कार्य धनात्मक हो?** *[NDA 2016]*
(a) कम हो जाती है (b) बढ़ जाती है
(c) अपरिवर्ती रहती है (d) शून्य हो जाती है

18. **यदि पदार्थ के द्रव्यमान और वेग दोनों को उनके परिमाण से दोगुना कर दिया जाए, तो गतिज ऊर्जा कितनी हो जाएगी?** *[SSC CAPFs 2014]*
(a) दोगुनी (b) चार गुनी
(c) आठ गुनी (d) सोलह गुनी

19. **यदि एक पिण्ड का संवेग दोगुना कर दिया जाए, तो गतिज ऊर्जा .... हो जाती है।** *[SSC CHSL 2016]*
(a) एक-चौथाई (b) अपरिवर्तित
(c) दोगुनी (d) चार गुनी

20. **यदि गतिमान वस्तु की चाल को दोगुना कर दिया जाए, तो**
(a) उसका त्वरण दोगुना हो जाएगा
(b) उसका भार दोगुना हो जाएगा
(c) उसकी गतिज ऊर्जा दोगुनी हो जाएगी
(d) उसकी गतिज ऊर्जा चार गुनी हो जाएगी

21. **बराबर द्रव्यमान के दो पिण्ड क्रमशः $3v$ और $2v$ के वेग से गतिशील हैं। उनकी गतिज ऊर्जाओं का अनुपात होगा**
(a) 9 : 4 (b) 3 : 2
(c) 4 : 9 (d) 2 : 3

22. **यदि एक वस्तु का संवेग 20% से बढ़ता है, तो उसकी गतिज ऊर्जा .... से बढ़ेगी।** *[RRB Group D 2018]*
(a) 66% (b) 77%
(c) 44% (d) 55%

23. **क्रमशः m और $4m$ द्रव्यमान के दो पिण्ड A और B एकसमान रेखीय संवेग से गतिमान हैं। A और B के बीच गतिज ऊर्जाओं का अनुपात है** *[NDA 2014]*
(a) 1 : 4 (b) 4 : 1
(c) 1 : 1 (d) 1 : 2

24. **25 किग्रा द्रव्यमान की एक वस्तु, जिसका संवेग 1000 किग्रा-मी/से है, की गतिज ऊर्जा क्या होगी?**
(a) 5000 जूल (b) 20000 जूल
(c) 25000 जूल (d) 10000 जूल

25. **एक घड़ी की कमानी में .... ऊर्जा होती है।** *[SSC MTS 2017]*
(a) विद्युत (b) गतिज
(c) स्थितिज (d) (b) और (c) दोनों

26. **यदि m द्रव्यमान की वस्तु को h ऊँचाई तक उठाया जाता है, तो कृत कार्य का मान होता है**
(a) mgh (b) mg
(c) $mg + h$ (d) $(m + g)$

27. **कौन-सी अवस्था में स्थितिज ऊर्जा घटती है?**
I. स्प्रिंग को सम्पीडित करने पर
II. स्प्रिंग को खींचने पर
III. गुरुत्वाकर्षण बल के विरुद्ध वस्तु की गति करने पर
IV. पानी में हवा का बुलबुला उठने पर
सही उत्तर को छाँटिए।
(a) I और II (b) केवल IV
(c) III और IV (d) II और III

28. **जब कोई वस्तु मुक्त रूप से गिरती है, तो** *[SSC CHSL 2018]*
(a) इसकी गतिज ऊर्जा स्थितिज ऊर्जा में बदल जाती है
(b) इसकी स्थितिज ऊर्जा गतिज ऊर्जा में बदल जाती है
(c) इसका संवेग गुरुत्वाकर्षण बल में बदल जाता है
(d) इसका गुरुत्वाकर्षण बल संवेग में बदल जाता है

29. **किसी पिण्ड के मुक्त रूप से गिरते समय, इसके पथ में किसी बिन्दु पर स्थितिज ऊर्जा में जितनी कमी होती है, ... में उतनी ही वृद्धि हो जाती है।** *[SSC CHSL 2018]*
(a) गतिज ऊर्जा (b) किए गए कार्य
(c) ऊष्मा ऊर्जा (d) गतिज ऊर्जा

30. **कोई पिण्ड 20 मी की ऊँचाई से मुक्त रूप से गिरता है। 5 मी दूरी तक गिरने के पश्चात्, वस्तु की अपनी** *[NDA 2016]*
(a) कुल ऊर्जा के एक-चौथाई भाग की हानि होगी
(b) स्थितिज ऊर्जा के एक-चौथाई भाग की हानि होगी
(c) स्थितिज ऊर्जा के एक-चौथाई भाग की वृद्धि होगी
(d) कुल ऊर्जा के तीन चौथाई भाग की वृद्धि होगी

31. **एक कुली 13 किग्रा के सामान को जमीन से 1.5 मी ऊपर उठाकर अपने सिर पर रखता है। उसके द्वारा किया गया कार्य ज्ञात कीजिए।**
($g = 10$ मी/से^{2}) *[RRB Group D 2018]*
(a) 140 जूल (b) 195 जूल (c) 100 जूल (d) 150 जूल

32. **एक आदमी 20 किग्रा का भार भूमि से 5 मी की ऊँचाई तक उठाता है। उसके द्वारा किया गया कार्य है**
($g = 10$ मी/से^{2}) *[RRB Group D 2018]*
(a) 1000 न्यूटन (b) 1000 कैलोरी
(c) 1000 जूल (d) 1000 पास्कल

33. **ऊर्जा के बारे में निम्नलिखित में से कौन-सा कथन सही है?** *[NDA 2017]*
(a) ऊर्जा उत्पन्न की जा सकती है और नष्ट भी की जा सकती है।
(b) ऊर्जा उत्पन्न की जा सकती है, किन्तु नष्ट नहीं की जा सकती है।
(c) ऊर्जा न तो उत्पन्न की जा सकती है और न ही नष्ट की जा सकती है।
(d) ऊर्जा उत्पन्न नहीं की जा सकती है, किन्तु नष्ट की जा सकती है।

ऊर्जा का रूपान्तरण

34. **जल खींचने वाले विद्युत पम्प द्वारा हम बदलते हैं** *[SSC MTS 2017]*
(a) विद्युत ऊर्जा को स्थितिज ऊर्जा में
(b) गतिज ऊर्जा को विद्युत ऊर्जा में
(c) गतिज ऊर्जा को स्थितिज ऊर्जा में
(d) विद्युत ऊर्जा को गतिज ऊर्जा में

35. **रासायनिक ऊर्जा का विद्युत ऊर्जा में रूपान्तरण किसके द्वारा किया जाता है?**
(a) विद्युत चुम्बक (b) फोटो सेल
(c) विद्युत अपघट्य (d) संचायक सेल

36. **यान्त्रिक ऊर्जा को विद्युत ऊर्जा में रूपान्तरित करने के लिए .... का प्रयोग किया जाता है।**
(a) डायनमो (b) माइक्रोफोन (c) विद्युत मोटर (d) बैटरी

37. **विद्युत मोटर में** *[BPSC 2018]*
(a) ऊष्मा को विद्युत ऊर्जा में बदला जाता है
(b) विद्युत ऊर्जा को ऊष्मा में बदला जाता है
(c) विद्युत ऊर्जा को यान्त्रिक ऊर्जा में बदला जाता है
(d) उपरोक्त में से कोई नहीं

38. **प्रकाश वोल्टीय सेल के प्रयोग से सौर ऊर्जा का रूपान्तरण करने से निम्न में से किसका उत्पादन होता है?** *[SSC 2011]*
(a) प्रकाशीय ऊर्जा (b) विद्युत ऊर्जा
(c) ऊष्मीय ऊर्जा (d) यान्त्रिक ऊर्जा

39. **कार्य करने में मानव शरीर द्वारा प्रयुक्त ऊर्जा होती है** *[RRB 2012]*
(a) स्थितिज ऊर्जा (b) विद्युत ऊर्जा
(c) रासायनिक ऊर्जा (d) नाभिकीय ऊर्जा

40. **एक सेब के भूमि पर गिरने पर होने वाले ऊर्जा स्थानान्तरण का सही अनुक्रम है** *[NDA 2019]*
(a) गुरुत्वीय स्थितिज ऊर्जा → वायु में ऊष्मीय ऊर्जा → गतिज ऊर्जा → भूमि और सेब में ऊष्मीय ऊर्जा → ध्वनि ऊर्जा
(b) गुरुत्वीय स्थितिज ऊर्जा → ध्वनि ऊर्जा → गतिज ऊर्जा → वायु में ऊष्मीय ऊर्जा → भूमि और सेब में ऊष्मीय ऊर्जा
(c) गुरुत्वीय स्थितिज ऊर्जा → गतिज ऊर्जा → वायु में ऊष्मीय ऊर्जा → भूमि और सेब में ऊष्मीय ऊर्जा → ध्वनि ऊर्जा
(d) गुरुत्वीय स्थितिज ऊर्जा → गतिज ऊर्जा → ध्वनि ऊर्जा → वायु में ऊष्मीय ऊर्जा → भूमि और सेब में ऊष्मीय ऊर्जा

41. **सुमेलित कीजिए**

सूची I	सूची II
A. विद्युत ऊर्जा का प्रकाश ऊर्जा में रूपान्तरण	1. डायनेमो
B. गतिज ऊर्जा का विद्युत ऊर्जा में रूपान्तरण	2. बिजली का बल्ब
C. ऊष्मीय ऊर्जा का प्रकाश ऊर्जा में रूपान्तरण	3. लाउडस्पीकर
D. विद्युत ऊर्जा का ध्वनि ऊर्जा में रूपान्तरण	4. लालटेन का जलना

कूट
A B C D   A B C D
(a) 4 3 2 1 (b) 2 1 3 4
(c) 2 1 4 3 (d) 1 2 4 3

42. **द्रव्यमान तथा ऊर्जा के मध्य सम्बन्ध है**
(a) $E = mc^2$ (b) $E = m/c^2$
(c) $E = mc$ (d) $E = m/c$

ऊर्जा के स्रोत

43. **ऊर्जा का नवीकरणीय स्रोत है**
(a) जैव ईंधन (b) पैट्रोल (c) कोयला (d) डीजल

44. **ऊर्जा का अनवीकरणीय स्रोत है**
(a) जैव ईंधन (b) पवन ऊर्जा
(c) पेट्रोल (d) इनमें से कोई नहीं

45. **अच्छे ऊर्जा स्रोत की विशेषता है**
(a) सरलता से सुलय हो
(b) भंडारण व परिवहन में आसान हो
(c) समान मात्रा से अधिक कार्य करने में सक्षम होना चाहिये
(d) उपरोक्त सभी

46. **जीवाश्म ईंधन जलने पर कौन-सी गैस मुक्त होती है?**
(a) NO_2 (b) O_2
(c) SO_2 (d) CO_2

47. **निम्न में से नवीकरणीय ऊर्जा का स्रोत है**
(a) सौर ऊर्जा (b) लकड़ी का कोयला
(c) बायोगैस (d) जैव मात्रा

48. **सौर ऊर्जा, रासायनिक ऊर्जा में किस समय बदलती है?**
(a) ज्वलन (b) संक्रमण *[SSC CGL 2017]*
(c) प्रकाश संश्लेषण (d) विलयन

49. **सौर ऊर्जा किसके द्वारा उत्पन्न होती है?** *[SSC CGL 2016]*
(a) संलयन प्रक्रिया (b) विखण्डन प्रक्रिया
(c) दहन प्रक्रिया (d) इनमें से कोई नहीं

शक्ति

50. शक्ति या सामर्थ्य राशि है
(a) अदिश (b) सदिश
(c) प्रदिश (d) इनमें से कोई नहीं

51. शक्ति का विमीय सूत्र है
(a) $[ML^2T^{-3}]$ (b) $[ML^2T^{-4}]$
(c) $[MLT^{-2}]$ (d) $[M^0L^0T^{-2}]$

52. निम्नलिखित में से कौन-सा शक्ति का मात्रक नहीं है?
(a) अश्व-शक्ति (b) वाट
(c) जूल/से (d) जूल-सेकण्ड

53. 746 वाट तुल्य होता है
(a) 1 किलोवाट (b) 1 मेगावाट
(c) 1 अश्व-शक्ति (d) 10 अश्व-शक्ति

54. 1 वाट-घण्टा किसके बराबर है?
(a) 2400 जूल के (b) 2200 जूल के
(c) 320 जूल के (d) 3600 जूल के

55. यदि एक बल F को किसी पिण्ड पर लगाने से उस पिण्ड को v वेग प्राप्त होता है, तो शक्ति होगी
(a) F/v (b) Fv^2
(c) Fv (d) F/v^2

56. यदि 2500 जूल कार्य करने में किसी मशीन को 5 सेकण्ड लगते हैं, तो उसकी शक्ति होगी
(a) 250 वाट (b) 125 वाट
(c) 0.5 वाट (d) 0.5 किलोवाट

57. एक मशीन 500 जूल कार्य 10 सेकण्ड में करती है। मशीन की शक्ति होगी
(a) 5000 वाट (b) 5000 जूल
(c) 50 वाट (d) 50 जूल/से

58. एक महिला पानी से भरी बाल्टी, जिसका कुल द्रव्यमान 4 किग्रा है, 10 मी गहरे कुँऐ से 10 सेकण्ड में खींचती है। उसके द्वारा व्यय शक्ति होगी
(a) 40 वाट (b) 80 वाट
(c) 90 वाट (d) 100 वाट

उत्तरमाला

1 (b)	2 (a)	3 (a)	4 (d)	5 (d)	6 (b)	7 (b)	8 (c)	9 (a)	10 (a)
11 (b)	12 (a)	13 (d)	14 (d)	15 (c)	16 (c)	17 (b)	18 (c)	19 (d)	20 (d)
21 (a)	22 (c)	23 (b)	24 (b)	25 (c)	26 (a)	27 (b)	28 (b)	29 (a)	30 (b)
31 (b)	32 (c)	33 (c)	34 (d)	35 (d)	36 (a)	37 (c)	38 (b)	39 (c)	40 (c)
41 (c)	42 (a)	43 (a)	44 (c)	45 (d)	46 (d)	47 (a)	48 (c)	49 (a)	50 (a)
51 (a)	52 (d)	53 (c)	54 (d)	55 (c)	56 (d)	57 (c)	58 (a)		

उत्तर सहित व्याख्या

2. (a) ∵ कार्य = बल × विस्थापन
$= [M L T^{-2}] \times [L]$
$= [ML^2T^{-2}]$

11. (b) दिया है, विस्थापन $(s) = 1$ मी
हम जानते हैं, $W = Fs$
अत: $W = F$

12. (a) क्योंकि बल विस्थापन के लम्बवत् होगा,
$\theta = 90°, \cos 90° = 0$
$W = Fs\cos 90° = 0$

13. (d) बल व विस्थापन लम्बवत् हैं
∴ $W = Fs\cos 90° = 0$

18. (c) हम जानते हैं,
गतिज ऊर्जा $(K) = \frac{1}{2}mv^2$
प्रश्नानुसार, $m' = 2m, v' = 2v$
$K' = \frac{1}{2}(2m)(2v)^2$
$= \frac{1}{2} \times 2m \times 4v^2$
$= 8 \times \left(\frac{1}{2}mv^2\right)$
$K' = 8K$

19. (d) हम जानते हैं,
गतिज ऊर्जा, $K = \frac{p^2}{2m}$
प्रश्नानुसार, $p' = 2p$
$K' = \frac{(2p)^2}{2m} = \frac{4p^2}{2m}$
$K' = 4K$

20. (d) गतिज ऊर्जा, $K = \frac{1}{2}mv^2$
⇒ $K' = \frac{1}{2}m(2v)^2 = 4K$

21. (a) ∵ $\frac{K_1}{K_2} = \frac{\frac{1}{2}m(3v)^2}{\frac{1}{2}m(2v)^2} = \frac{9}{4}$

22. (c) माना संवेग p है,
तब गतिज ऊर्जा $K = \frac{p^2}{2m}$
यदि वस्तु का संवेग 20% बढ़ जाता है,
तब संवेग $p' = p + \frac{20p}{100}$
$= \frac{100p + 20p}{100}$
$= \frac{120p}{100}$
$p' = 1.2p$
$K' = \frac{p'^2}{2m} = \frac{(1.2p)^2}{2m}$
$$\Delta K\% = \frac{\left(\frac{1.44p^2}{2m} - \frac{p^2}{2m}\right) \times 100}{\frac{p^2}{2m}}$$
$= 0.44 \times 100\%$
$= 44\%$

23. (b) दिया है, $m_1 = m$ तथा $m_2 = 4m$
हम जानते हैं,
गतिज ऊर्जा, $K = \frac{p^2}{2m}$
अत: $\frac{K_1}{K_2} = \frac{m_2}{m_1}$ (संवेग समान है)
$\frac{K_1}{K_2} = \frac{4m}{m} = \frac{4}{1} = 4:1$

24. (b) हम जानते हैं,
गतिज ऊर्जा $(K) = \frac{p^2}{2m}$

यहाँ, $p = 1000$ किग्रा-मी/से

$m = 25$ किग्रा

$K = \frac{(1000)^2}{2 \times 25}$

$= \frac{1000 \times 1000}{50}$

$= 20000$ जूल

27. (*b*) स्प्रिंग को सम्पीडित करने तथा खींचने में स्थितिज ऊर्जा बढ़ती है गुरुत्वाकर्षण बल के विरूद्ध वस्तु की गति करने में भी स्थितिज ऊर्जा बढ़ती है तथा पानी में हवा के बुलबुले के ऊपर उठने में स्थितिज ऊर्जा घटती है।

30. (*b*) पिण्ड की प्रारम्भिक स्थितिज ऊर्जा,

$U_1 = mgh$

$= mg \times 20$

$= 20\, mg$

5 मी दूरी तक गिरने के पश्चात् स्थितिज ऊर्जा,

$U_2 = mgh' = mg(h-5)$

$= mg(20-5)$

$= 15\, mg$

वस्तु की स्थितिज ऊर्जा में हानि,

$U = U_1 - U_2$

$= 20mg - 15mg = 5\, mg$

$= \frac{20mg}{4} = \frac{U_1}{4}$

अतः वस्तु की स्थितिज ऊर्जा में एक-चौथाई भाग की हानि होगी, जबकि कुल ऊर्जा स्थिर रहेगी।

31. (*b*) दिया है,

द्रव्यमान $(m) = 13$ किग्रा

ऊँचाई $(h) = 1.5$ मी

गुरुत्वीय त्वरण $(g) = 10$ मी/से^{2}

कार्य $(W) = mgh = 13 \times 10 \times 1.5 = 195$ जूल

32. (*c*) दिया है,

द्रव्यमान $(m) = 20$ किग्रा

ऊँचाई $(h) = 5$ मी

गुरुत्वीय त्वरण $(g) = 10$ मी/से^{2}

कार्य $(W) = mgh = 20 \times 10 \times 5$

$= 1000$ जूल

51. (*a*) शक्ति $(P) = \frac{W}{t} = \frac{[ML^2T^{-2}]}{[T]} = [ML^2T^{-3}]$

52. (*d*) शक्ति $= \frac{\text{कृत कार्य}}{\text{समय}} = \frac{\text{जूल}}{\text{सेकण्ड}} =$ वाट

अतः जूल-सेकण्ड शक्ति का मात्रक नहीं है।

55. (*c*) शक्ति, $P = \frac{W}{t} = \frac{Fs}{t} = F\frac{s}{t} = Fv$

56. (*d*) शक्ति $= \frac{\text{कृत कार्य}}{\text{समय}}$

$= \frac{2500}{5}$ वाट

$= 500$ वाट $= 0.5$ किलोवाट

57. (*c*) शक्ति $(P) = \frac{\text{कृत कार्य}}{\text{समय}}$

$= \frac{500 \text{ जूल}}{10 \text{ सेकण्ड}}$

$= 50$ जूल/से

$= 50$ वाट

58. (*a*) गुरुत्व बल के विरुद्ध महिला द्वारा किया गया कार्य,

$W = mgh$

$= 4 \times 10 \times 10 = 400$ जूल

महिला द्वारा व्यय शक्ति,

$P = \frac{W}{t} = \frac{mgh}{t}$

$= \frac{400}{10}$

$= 40$ वाट

अध्याय

04

गुरुत्वाकर्षण

Gravitation

- पृथ्वी का प्रत्येक पिण्ड एक-दूसरे को अपनी ओर आकर्षित करता है उनके मध्य कार्यरत् इस बल को **गुरुत्वाकर्षण बल** (Gravitational force) कहते हैं।
- **न्यूटन का गुरुत्वाकर्षण का नियम** (Newton's law of gravitation) इस नियम के अनुसार, यदि m_1 तथा m_2 द्रव्यमान के दो कण एक-दूसरे से r दूरी पर स्थित होते हैं, तो उनके मध्य कार्यरत् गुरुत्वाकर्षण बल को निम्न व्यंजक द्वारा व्यक्त करते हैं

$$F = \frac{Gm_1 m_2}{r^2}$$

जहाँ, G = सार्वत्रिक गुरुत्वाकर्षण नियतांक = 6.67×10^{-11} न्यूटन-मी^{2}/किग्रा^{2} तथा इसका विमीय सूत्र $[M^{-1}L^3T^{-2}]$ होता है।

न्यूटन के द्वितीय नियमानुसार, गुरुत्वाकर्षण बल का परिमाण, पिण्ड के द्रव्यमान (m) व गुरुत्वाकर्षण बल के कारण त्वरण (a) के गुणनफल के बराबर होता है।

गुरुत्वीय त्वरण

- पृथ्वी के गुरुत्व के कारण गिरती हुई वस्तु में उत्पन्न त्वरण, गुरुत्वीय त्वरण (Gravitational acceleration) (g) कहलाता है। इसका मान 9.8 मी/से^{2} (पृथ्वी की सतह पर) होता है।
- g तथा G में सम्बन्ध निम्न सूत्र द्वारा प्राप्त होता है

$$g = \frac{GM}{R^2}$$

- पृथ्वी तल से h ऊँचाई पर g का मान, $g' = g\left(1 - \frac{2h}{R_e}\right)$

यहाँ, R_e = पृथ्वी की त्रिज्या तथा g = पृथ्वी सतह पर गुरुत्वीय त्वरण

- पृथ्वी तल से d गहराई पर g का मान, $g' = g\left(1 - \frac{d}{R_e}\right)$
- पृथ्वी के आकार के कारण भूमध्य रेखा पर गुरुत्वीय त्वरण, ध्रुवों की तुलना में कम होता है।
- पृथ्वी के केन्द्र पर g का मान शून्य होता है।

भार तथा भारहीनता

- जिस बल द्वारा पृथ्वी किसी वस्तु को अपने केन्द्र की ओर खींचती है, उस बल को वस्तु का भार (Weight) कहते हैं।
- 1 किग्रा द्रव्यमान का भार 9.8 न्यूटन होता है।
- चन्द्रमा पर वस्तु का भार, पृथ्वी की तुलना में ($g/6$) होता है।
- यदि किसी स्थिति में प्रतिक्रिया बल शून्य हो जाता है, तो इस अवस्था को **भारहीनता** (Weightlessness) कहते हैं।
- यदि एक लिफ्ट त्वरण a से ऊपर की ओर जाती है, तब उसमें स्थिति व्यक्ति का आभासी भार $m(g+a)$ होता है। यहाँ, m व्यक्ति का द्रव्यमान है।
- यदि लिफ्ट त्वरण a से नीचे जाती है, तब व्यक्ति का आभासी भार $m(g-a)$ होता है।

ग्रह

वे आकाशीय पिण्ड जो सूर्य के परितः अपनी कक्षाओं में परिक्रमण करते हैं ग्रह (Planet) कहलाते हैं, जैसे–बुध, शुक्र, शनि आदि।

ग्रहों की गति के केप्लर के नियम

- **प्रथम नियम या कक्षाओं का नियम** (First law or law of orbits) इस नियम के अनुसार, प्रत्येक ग्रह सूर्य के परितः दीर्घवृत्ताकार कक्षा में गति करता है तथा सूर्य इस दीर्घवृत्त के फोकस (नाभि) पर स्थित होता है।
- **द्वितीय नियम या क्षेत्रीय चाल का नियम** (Second law or law of areal velocity) इस नियम के अनुसार, किसी ग्रह को सूर्य से मिलाने वाली रेखा, समान समयान्तरालों में समान क्षेत्रफल तय करती है अर्थात् ग्रह की क्षेत्रीय चाल नियत रहती है।
- **तृतीय नियम या परिक्रमण कालों का नियम** (Third law or law of periods) इस नियम के अनुसार, सूर्य के चारों ओर किसी ग्रह द्वारा एक चक्र पूर्ण करने में लगा समय (T) का वर्ग, उसकी दीर्घवृत्ताकार कक्षा के अर्द्ध-दीर्घाक्ष (a) की तृतीय घात के समानुपाती होता है।

$$T^2 \propto a^3$$

उपग्रह

- वे आकाशीय पिण्ड जो ग्रहों के चक्कर लगाते हैं, उन्हें उपग्रह (Satellite) कहते हैं, जैसे– चन्द्रमा।
- **कृत्रिम उपग्रह** (Artificial satellite) अन्वेषणों के लिए पृथ्वी से प्रक्षेपित उपग्रहों को कृत्रिम उपग्रह कहते हैं, जैसे–आर्यभट्ट, एप्पल, भास्कर आदि।
- **भू-स्थिर उपग्रह** (Geostationary satellite) पृथ्वी का ऐसा उपग्रह जिसका परिक्रमण काल पृथ्वी के अपनी अक्ष पर परिक्रमण काल के बराबर हो, अर्थात् 24 घण्टे हो, तुल्यकाली या भू-स्थिर उपग्रह कहलाता है।

- **ध्रुवीय उपग्रह** (Polar satellite) वे उपग्रह जो पृथ्वी के चारों ओर ध्रुवीय कक्षाओं में परिक्रमण करते हैं, ध्रुवीय उपग्रह कहलाते हैं।
- **उपग्रह का कक्षीय वेग** (Orbital velocity of satellite) किसी उपग्रह को अपनी कक्षा में घूमने के लिए आवश्यक न्यूनतम वेग, उपग्रह का कक्षीय वेग कहलाता है।

$$v_o = \sqrt{\frac{gR_e^2}{R_e + h}} = R_e \sqrt{\frac{g}{R_e + h}}$$

यहाँ, R_e = पृथ्वी की त्रिज्या, h = पृथ्वी सतह से ऊँचाई तथा g = गुरुत्वीय त्वरण

पृथ्वी सतह के निकट परिक्रमा कर रहे उपग्रह की कक्षीय चाल 7.92 किमी/से होती है।

- **उपग्रह का परिक्रमण काल** (Revolution period of satellite) उपग्रह किसी ग्रह के चारों ओर परिक्रमण करते हुए, अपना एक चक्र पूरा करने में जो समय लेता है, वह उपग्रह का परिक्रमण काल कहलाता है।

परिक्रमण काल, $T = \frac{2\pi r}{v_o} = \frac{2\pi(R_e + h)}{v_o}$

- **उपग्रह की कुल ऊर्जा** (Total energy of a satellite) किसी ग्रह के परितः परिक्रमण करते उपग्रह में स्थितिज तथा गतिज दोनों प्रकार की ऊर्जाएँ होती हैं। उपग्रह की गुरुत्वीय स्थितिज ऊर्जा व गतिज ऊर्जा के योग को उपग्रह की कुल ऊर्जा कहते हैं।

$$E = -\frac{1}{2}\frac{GMm}{r}$$

उपग्रह की कुल ऊर्जा सदैव ऋणात्मक होती है।

- **उपग्रह की बन्धन ऊर्जा** (Binding energy of satellite) किसी उपग्रह को अपनी कक्षा में पलायन करने के लिए आवश्यक न्यूनतम ऊर्जा, उपग्रह की बन्धन ऊर्जा कहलाती है।

$$E = \frac{GMm}{2r}$$

यहाँ, r = उपग्रह की कक्षीय त्रिज्या, m = उपग्रह का द्रव्यमान तथा M = पृथ्वी का द्रव्यमान

पलायन वेग

- वह न्यूनतम वेग, जिससे फेंका गया कोई पिण्ड पृथ्वी के गुरुत्वाकर्षण क्षेत्र से बाहर चला जाए और पुनः लौटकर पृथ्वी पर न आए, पलायन वेग (Escape velocity) कहलाता है।

$$v_e = \sqrt{2gR}$$

- पृथ्वी तल पर पलायन वेग का मान 11.2 किमी/से होता है।
- पलायन वेग से फेंकने के लिए किसी वस्तु को दी गई गतिज ऊर्जा, **पलायन ऊर्जा** (Escape energy) कहलाती है।

$$U = \frac{GM_e m}{R}$$

यहाँ, G = गुरुत्वाकर्षण नियतांक, M_e = पृथ्वी का द्रव्यमान तथा R = पृथ्वी की त्रिज्या

- उपग्रह के कक्षीय वेग (v_o) तथा पलायन वेग (v_e) में निम्न सम्बन्ध होता है

$$v_o = \sqrt{2}\, v_e$$

चैप्टर प्रैक्टिस

गुरुत्वाकर्षण बल

1. दो वस्तुओं के बीच आकर्षण बल को .... कहा जाता है। *[RRB 2018]*

(a) अपकेन्द्रीय बल (b) गुरुत्वाकर्षण बल
(c) अभिकेन्द्रीय बल (d) विद्युतचुम्बकीय बल

2. गुरुत्वाकर्षण बल का परिमाण .... के बराबर होता है। *[SSC 2018]*

(a) द्रव्यमान तथा गुरुत्वाकर्षण बल के कारण त्वरण के गुणनफल
(b) द्रव्यमान तथा गुरुत्वाकर्षण बल के कारण त्वरण के अनुपात
(c) गुरुत्वाकर्षण बल के कारण त्वरण तथा द्रव्यमान के अनुपात
(d) द्रव्यमान तथा गुरुत्वाकर्षण बल के कारण त्वरण के गुणनफल के व्युत्क्रमानुपाती

3. सूर्य के चारों ओर घूमने वाले पृथ्वी के लिए कौन-सा बल जिम्मेदार है? *[SSC 2017]*

(a) चुम्बकीय बल (b) विद्युतचुम्बकीय बल
(c) अनुदैर्ध्य बल (d) गुरुत्वाकर्षण बल

4. गुरुत्वाकर्षण नियम की परिभाषा किसने दी थी? *[MPPCS (Pre) 2010]*

(a) न्यूटन
(b) आर्किमिडीज
(c) गैलीलियो
(d) फैराडे

5. गुरुत्वीय बल के बारे में, निम्नलिखित में से कौन-सा कथन सत्य नहीं है? *[NDA 2018]*

(a) यह ब्रह्माण्ड के सभी पिण्डों पर लगता है।
(b) यह खगोलीय पिण्डों के बीच एक प्रभावी बल है।
(c) परमाणुओं के लिए यह बल नगण्य है।
(d) यह हमारे ब्रह्माण्ड में पिण्डों के सभी युग्मों के लिए एकसमान होता है।

6. सम्बन्ध $F = \frac{Gm_1 m_2}{r^2}$ के लिए निम्नलिखित में से कौन-सा कथन सत्य है (सभी प्रतीकों के सामान्य अर्थ हैं)? *[NDA 2017]*

(a) राशि G गुरुत्वीय त्वरण के स्थानीय मान g पर निर्भर करती है।
(b) राशि G पृथ्वी की सतह पर अधिकतम है।
(c) राशि G का प्रयोग केवल तभी किया जाता है, जब दो द्रव्यमानों में से एक पृथ्वी हो।
(d) राशि G एक सार्वत्रिक गुरुत्वाकर्षण नियतांक है।

7. ब्रह्माण्ड में किन्हीं दो निकायों के बीच गुरुत्वाकर्षण बल .... पर निर्भर नहीं करता है। *[RRB 2018]*

(a) गुरुत्वीय स्थिरांक
(b) उनके द्रव्यमानों के गुणनफल
(c) उनके द्रव्यमानों के योग
(d) उनके बीच की दूरी

8. **दिए गए दो कथनों I और II में से कौन-सा/से सत्य है/हैं? गुरुत्वाकर्षण बल क्या है?**

कथन I दो वस्तुओं के द्रव्यमानों के गुणन का सीधा आनुपातिक (Directly proportional) है।

कथन II दो वस्तुओं के बीच की दूरी के वर्ग से सीधे आनुपातिक है।

[RRB 2018]

(a) I और II दोनों असत्य हैं
(b) I और II दोनों सत्य हैं
(c) केवल II सत्य है जबकि I असत्य है
(d) केवल I सत्य है जबकि II असत्य है

9. **निम्नलिखित में से कौन-सा/से कथन सत्य है/हैं?** *[RRB 2018]*

I. दो कणों के बीच गुरुत्वाकर्षण बल स्थिर होने पर उनके बीच की दूरी घट जाती है।
II. दो कणों के बीच गुरुत्वाकर्षण बल बढ़ने पर उनके बीच की दूरी घट जाती है।
III. दो कणों के बीच गुरुत्वाकर्षण बल घटने पर उनके बीच की दूरी घट जाती है।
IV. दो वस्तुओं का द्रव्यमान दोगुना किए जाने पर उनके बीच लगने वाला बल चार गुना बढ़ जाएगा।

(a) केवल II
(b) केवल IV
(c) II और IV दोनों
(d) केवल I

10. **जब दो द्रव्यमानों की दूरी समान रखते हुए (अर्थात् जितनी दूरी पर द्रव्यमान पृथ्वी पर थे) इनकों पानी के अन्दर ले जाया जाता है, तब गुरुत्वाकर्षण बल कैसे प्रभाव डालता है?**

(a) घटता है
(b) बढ़ता है
(c) अप्रभावित रहता है
(d) इनमें से कोई नहीं

11. **दो पिण्ड जिनमें से प्रत्येक का द्रव्यमान M है, एक-दूसरे से R दूरी पर रखे गए हैं। दूसरे निकाय में, दो पिण्ड जिनमें से प्रत्येक का द्रव्यमान $2M$ है, एक-दूसरे से $\frac{R}{2}$ दूरी पर रखे गए हैं। यदि प्रथम निकाय में पिण्डों के बीच गुरुत्वीय बल F हो, तो दूसरे निकाय में पिण्डों के बीच गुरुत्वीय बल होगा** *[NDA 2019]*

(a) $16F$
(b) $1F$
(c) $4F$
(d) इनमें से कोई नहीं

12. **दो वस्तुओं के बीच गुरुत्वाकर्षण बल F है। यदि उनके बीच की दूरी को घटाकर प्रारम्भिक मान का आधा कर दिया जाए, तो उनके बीच बल का मान हो जाएगा**

(a) $\frac{F}{4}$
(b) $4F$
(c) $2F$
(d) $3F$

गुरुत्वीय त्वरण

13. **गुरुत्वीय त्वरण निर्भर करता है**

(a) पृथ्वी के द्रव्यमान पर
(b) पिण्ड के द्रव्यमान पर
(c) उपरोक्त दोनों पर
(d) उपरोक्त में से कोई नहीं

14. **बढ़ती ऊँचाई के साथ गुरुत्वीय त्वरण**

(a) बढ़ता है
(b) घटता है
(c) स्थिर रहता है
(d) इनमें से कोई नहीं

15. **g का मान** *[RRB 2018]*

(a) विषुवत् रेखा पर अधिक और ध्रुवों पर कम होता है
(b) पृथ्वी के केन्द्र की ओर जाने पर कम होता है
(c) पृथ्वी की सतह से ऊपर जाने पर बढ़ता है
(d) नियत रहता है

16. **निम्नलिखित में से किस जगह g का मान सर्वाधिक होता है?** *[BPSC 2015, RRB 2008]*

(a) माउण्ट एवरेस्ट
(b) कुतुबमीनार की चोटी पर
(c) विषुवत् रेखा पर
(d) अण्टार्कटिका में किसी स्थान पर

17. **एक ग्रह पर गुरुत्वाकर्षण के कारण .... के साथ त्वरण कम हो जाता है।** *[SSC 2017]*

(a) ग्रह की त्रिज्या में घटने
(b) ग्रह के द्रव्यमान में वृद्धि
[illegible] ग्रह की मात्रा में कमी
(d) ग्रह की सतह से ऊँचाई में वृद्धि

18. **पृ[illegible] की सतह पर अथवा उसके निकट वस्तुओं के लिए गुरुत्वीय त्वरण [illegible] सार्वत्रिक गुरुत्वीय स्थिरांक G से किस प्रकार सम्बन्धित है? (M पृथ्व[illegible] [illegible] द्रव्यमान और R इसकी त्रिज्या है)** *[NDA 2015]*

(a) $G = \frac{gM}{R^2}$
(b) $g = \frac{GM}{R^2}$
(c) $M = \frac{gG}{R^2}$
(d) $R = \frac{gG}{R^2}$

19. **एक ग्रह का द्रव्यमान M_1 तथा उसकी त्रिज्या R_1 है। इसकी सतह पर गुरुत्वीय त्वरण का मान g है। वहाँ पर एक दूसरा ग्रह भी है, जिसका द्रव्यमान और त्रिज्या दोनों पहले वाले ग्रह से दोगुने है। दूसरे ग्रह की सतह पर गुरुत्वीय त्वरण निम्नलिखित में से कौन-सा है?** *[NDA 2018]*

(a) g_1
(b) $2g_1$
(c) $g_1/2$
(d) $g_1/4$

20. **g_e तथा g_p क्रमशः पृथ्वी तल पर तथा अन्य ग्रह के तल पर गुरुत्वीय त्वरण हैं। ग्रह का द्रव्यमान व त्रिज्या दोनों पृथ्वी की तुलना में दोगुने हैं, तब**

(a) $g_e = g_p$
(b) $g_e = 2g_p$
(c) $g_p = 2g_e$
(d) $g_p = \frac{g_e}{\sqrt{2}}$

21. **निम्नलिखित में से कौन-सा चन्द्रमा के गुरुत्वाकर्षण के बारे में सही है?** *[SSC 2017]*

(a) चन्द्रमा का गुरुत्वाकर्षण = पृथ्वी के गुरुत्वाकर्षण का $\frac{1}{6}$ वाँ
(b) चन्द्रमा का गुरुत्वाकर्षण = मंगल के गुरुत्वाकर्षण का $\frac{1}{6}$ वाँ
(c) चन्द्रमा का गुरुत्वाकर्षण = पृथ्वी के गुरुत्वाकर्षण का $\frac{1}{8}$ वाँ
(d) चन्द्रमा का गुरुत्वाकर्षण = मंगल के गुरुत्वाकर्षण का $\frac{1}{8}$ वाँ

22. **चन्द्रमा की त्रिज्या पृथ्वी की त्रिज्या से लगभग एक-चौथाई और चन्द्रमा पर गुरुत्वीय त्वरण पृथ्वी के गुरुत्वीय त्वरण का लगभग छठा हिस्सा है। इससे हम पृथ्वी के द्रव्यमान का चन्द्रमा के द्रव्यमान से लगभग क्या अनुपात होने का निष्कर्ष निकाल सकते हैं?** *[NDA 2015]*

(a) 10
(b) 100
(c) 1000
(d) 10000

भार तथा भारहीनता

23. **जब किसी वस्तु को पृथ्वी से चाँद पर ले जाया जाए, तो** *[SSC 2007]*
(a) द्रव्यमान बदल जाता है, परन्तु भार उतना ही रहता है
(b) भार बदल जाता है, परन्तु द्रव्यमान उतना ही रहता है
(c) भार और द्रव्यमान दोनों बदल जाते हैं
(d) भार और द्रव्यमान दोनों एकसमान रहते हैं

24. **जब किसी पिण्ड को विषुवत् रेखा से उत्तर और दक्षिण ध्रुवों पर ले जाया जाता है, तो उसका भार** *[RRB 2018]*
(a) दक्षिणी ध्रुव पर बढ़ता है और उत्तरी ध्रुव पर घटता है
(b) बढ़ जाता है
(c) घट जाता है
(d) समान रहता है

25. **किसी पिण्ड का वजन पृथ्वी के केन्द्र पर कितना होता है?** *[SSC 2016]*
(a) सतह पर वजन से आधा (b) शून्य
(c) सतह पर वजन से दोगुना (d) असीमित

26. **निम्नलिखित में से कौन-सा कथन किसी वस्तु के द्रव्यमान के लिए सत्य है?** *[SSC 2017]*
(a) यह अलग-अलग स्थानों पर भिन्न होता है।
(b) यह स्थिर रहता है।
(c) यह स्प्रिंग पैमाने के उपयोग से मापा जा सकता है।
(d) यह गुरुत्वाकर्षण बल की दिशा में है।

27. **यदि पृथ्वी का गुरुत्वाकर्षण बल अचानक लुप्त हो जाता है, तो निम्न में से कौन-सा परिणाम सही होगा?** *[UPPCS (Mains) 2012]*
(a) वस्तु का भार शून्य हो जाएगा, परन्तु द्रव्यमान वही रहेगा
(b) वस्तु का द्रव्यमान शून्य हो जाएगा, परन्तु भार वही रहेगा
(c) वस्तु का भार तथा द्रव्यमान दोनों शून्य हो जाएँगे
(d) वस्तु का द्रव्यमान बढ़ जाएगा

28. **पृथ्वी की सतह पर मापने पर एक वस्तु का भार 60 न्यूटन है। चन्द्रमा की सतह पर मापने पर इसका भार क्या होगा?** *[SSC CGL 2017]*
(a) 1 न्यूटन (b) 3.6 न्यूटन (c) 10 न्यूटन (d) 360 न्यूटन

29. **कथन I किसी पहाड़ी के शिखर पर एक वस्तु का भार पृथ्वी की सतह पर उसके भार की तुलना में कम होता है यद्यपि उसका द्रव्यमान अपरिवर्तित रहता है।**

कथन II गुरुत्वीय त्वरण ऊँचाई के साथ-साथ घटता है। *[NDA 2015]*

कूट
(a) दोनों कथन अलग-अलग सत्य हैं और कथन II, कथन I का सही स्पष्टीकरण है।
(b) दोनों कथन अलग-अलग सत्य हैं किन्तु कथन II, कथन I का सही स्पष्टीकरण नहीं है।
(c) कथन I सत्य है, किन्तु कथन II असत्य है।
(d) कथन I असत्य है, किन्तु कथन II सत्य है।

30. **कक्षा में अन्तरिक्षयान में भारहीनता की अनुभूति का कारण है** *[SSC CGL 2016]*
(a) बाहरी गुरुत्वाकर्षण का अभाव
(b) कक्षा में त्वरण बाहरी गुरुत्वाकर्षण के कारण त्वरण के बराबर होता है
(c) बाहरी गुरुत्वाकर्षण, किन्तु अन्तरिक्षयान के भीतर नहीं
(d) कक्षा में अन्तरिक्षयान में ऊर्जा का न होना

ग्रह तथा केप्लर के नियम

31. **ग्रह गति का केप्लर नियम बताता है कि कालावधि का वर्ग .... के बराबर है।** *[SSC 2013]*
(a) अर्ध-दीर्घ अक्ष (b) अर्ध-दीर्घ अक्ष के वर्ग
(c) अर्ध-दीर्घ अक्ष के घन (d) अर्ध-दीर्घ अक्ष की चतुर्थ घात

32. **ग्रहों की गति में निम्न में से कौन-सी भौतिक राशि संरक्षित रहती है?**
(a) गतिज ऊर्जा (b) स्थितिज ऊर्जा
(c) रेखीय ऊर्जा (d) कोणीय संवेग

33. **यदि पृथ्वी व सूर्य के बीच की दूरी वर्तमान दूरी की आधी होती है, तो एक वर्ष में दिनों की संख्या होगी**
(a) 64.5 (b) 129
(c) 182.5 (d) 730

34. **यदि चन्द्रमा पृथ्वी के वर्तमान दूरी की आधी दूरी पर चक्कर लगाता है, तो चन्द्र-मास (Lunar month) की अवधि होगी लगभग**
(a) 10 दिनों की (b) 14 दिनों की
(c) 28 दिनों की (d) 56 दिनों की

35. **किसी ग्रहं की त्रिज्या R की कक्षा में परिक्रमा अवधि T है। त्रिज्या $4R$ की कक्षा में परिक्रमा अवधि क्या होगी?** *[SSC CAPFs 2016]*
(a) $8T$ (b) $4T$
(c) $2\sqrt{2}\,T$ (d) $2T$

उपग्रह

36. **पृथ्वी के चारों ओर परिक्रमा कर रहा कृत्रिम उपग्रह इसलिए पृथ्वी पर नीचे नहीं गिरता क्योंकि पृथ्वी का आकर्षण** *[IAS 2011]*
(a) उतनी दूरी पर अस्तित्वहीन होता है
(b) चन्द्रमा के आकर्षण से निष्क्रिय हो जाता है
(c) उसकी नियमित चाल के लिए आवश्यक गति प्रदान करता है
(d) उसकी गति के लिए आवश्यक त्वरण प्रदान करता है

37. **कृत्रिम उपग्रह पृथ्वी से सुस्पष्टता से ट्रैक किया जा सकता है** *[UPPCS (Pre) 2017]*
(a) डॉप्लर प्रभाव द्वारा (b) राडार द्वारा
(c) सोनार द्वारा (d) पल्सर द्वारा

38. **अन्तरिक्षयान, जो चक्कर लगा रहा है, से एक सेब छोड़ा जाता है, तो वह** *[UPPCS (Pre) 2010]*
(a) पृथ्वी की ओर गिरेगा
(b) कम गति से गतिमान होगा
(c) अन्तरिक्षयान के साथ-साथ उसी गति से गतिमान होगा
(d) अधिक गति से गतिमान होगा

39. **उपग्रह को अपनी कक्षा में घूमने के लिए आवश्यक वेग को कहते हैं**
(a) कक्षीय वेग (b) पलायन वेग
(c) रेखीय वेग (d) संवेग

40. **निम्नलिखित में से कौन-सा कथन उपग्रह के बारे में असत्य है?**
(a) कोई उपग्रह पृथ्वी के केन्द्र से होकर जाने वाले तल में स्थित स्थायी कक्षा में नहीं घूम सकता।
(b) भू-स्थायी उपग्रह को भूमध्य रेखीय तल में छोड़ा जाता है।
(c) हम केवल एक भू-स्थायी उपग्रह का प्रयोग करके पृथ्वी के चारों ओर संदेश का आदान-प्रदान कर सकते हैं।
(d) उपग्रह का वेग बढ़ जाता है, यदि उसकी कक्षा की त्रिज्या बढ़ा दी जाए।

41. दो उपग्रह एक ही वृत्ताकार कक्षा में चक्कर लगा रहे हैं, तो

(a) उनके द्रव्यमान समान होंगे (b) वेग समान होंगे
(c) कोणीय संवेग समान होंगे (d) गतिज ऊर्जाएँ समान होंगी

42. पृथ्वी के पृष्ठ पर वृत्तीय कक्षा में किसी कृत्रिम उपग्रह की कक्षीय चाल v है। पृथ्वी की त्रिज्या की आधी ऊँचाई पर परिक्रमणकारी उपग्रह की कक्षीय चाल होगी

(a) $\frac{3}{2}v$ (b) $\sqrt{\frac{3}{2}}v$ (c) $\sqrt{\frac{2}{3}}v$ (d) $\frac{2}{3}v$

43. एक उपग्रह पृथ्वी (त्रिज्या R_e) तल के अति समीप वृत्तीय कक्षा में परिक्रमण कर रहा है। इसकी कक्षीय चाल है

(a) $\sqrt{R_e g}$ (b) $\sqrt{2R_e g}$ (c) $\sqrt{\frac{R_e g}{2}}$ (d) $(R_e g)^2$

44. उपग्रह के परिक्रमण काल का व्यंजक है

(a) $\frac{2\pi r}{v_0}$ (b) $\frac{2\pi r^2}{v_0}$ (c) $\frac{2\pi r}{v_0^2}$ (d) $2\pi r / g v_0$

45. अपने कक्ष में एक उपग्रह पृथ्वी के चक्कर लगाता रहता है। वह ऐसा निम्न में से किस कारण से करता है? *[UPPCS (Mains) 2013]*

(a) अपकेन्द्रीय बल (b) केन्द्रभिमुखी बल
(c) गुरुत्वाकर्षण बल या इसकी कमी (d) कोई अन्य बल

46. R त्रिज्या की कक्षा में एक उपग्रह का आवर्तकाल 4 घण्टे है। $3R$ त्रिज्या की कक्षा में इस उपग्रह का आवर्तकाल होगा (घण्टे में)

(a) 16 (b) 4 (c) $4\sqrt{27}$ (d) $4\sqrt{8}$

47. उपग्रह की बन्धन ऊर्जा, कक्षीय त्रिज्या बढ़ाने पर

(a) बढ़ती है
(b) घटती है
(c) स्थिर रहती है
(d) या तो घट सकती है या बढ़ सकती है

48. उपग्रह की बन्धन ऊर्जा का व्यंजक है

(a) $\frac{Gm}{2r}$ (b) $\frac{GmM}{2r}$ (c) $\frac{Gm}{2r^2}$ (d) $\frac{GMm}{2r^2}$

पलायन वेग

49. किसी पिण्ड का पलायन वेग उसके

(a) द्रव्यमान के अनुक्रमानुपाती होता है
(b) द्रव्यमान के वर्ग के अनुक्रमानुपाती होता है
(c) द्रव्यमान के व्युत्क्रमानुपाती होता है
(d) द्रव्यमान पर निर्भर नहीं करता है

50. यदि चन्द्रमा पृथ्वी के गुरुत्वीय क्षेत्र से पलायन करता है, तब इसके लिए आवश्यक वेग होगा

(a) 11.2 किमी/से (b) 11.2 किमी/से से कम
(c) 11.2 किमी/से से थोड़ा अधिक (d) 22.4 किमी/से

51. चन्द्रमा पर वायुमण्डल नहीं होने का क्या कारण है? *[UPPCS (Mains) 2012]*

(a) यह पृथ्वी के निकट है
(b) यह सूर्य से प्रकाश प्राप्त करता है
(c) यह पृथ्वी की परिक्रमा करता है
(d) इस पर गैस अणुओं का पलायन वेग उनके वर्ग-माध्य-मूल वेग से कम होता है

52. एक पिण्ड को पृथ्वी से पलायन कराने के लिए किस कोण से प्रक्षेपित करना चाहिए?

(a) 45° (b) > 45°
(c) < 45° (d) कोई भी कोण से

53. किसी वस्तु को पृथ्वी तल से ऊर्ध्वाधर ऊपर की ओर प्रक्षेपित करने के लिए पलायन वेग 11.2 किमी/से है। यदि वस्तु को ऊर्ध्वाधर से 45° कोण बनाते हुए प्रक्षेपित किया जाए, तो पलायन वेग होगा

(a) 11.2 किमी/से (b) $11.2 \times \sqrt{2}$ किमी/से
(c) 11.2×2 किमी/से (d) $11.2/\sqrt{2}$ किमी/से

54. पलायन ऊर्जा होती है

(a) पलायन वेग से फेंकने के लिए वस्तु को दी गई गतिज ऊर्जा
(b) पलायन वेग से फेंकने के लिए वस्तु को दी गई स्थितिज ऊर्जा
(c) पलायन वेग से फेंकने के लिए वस्तु को दी गई ऊष्मीय ऊर्जा
(d) उपरोक्त में से कोई नहीं

55. सुमेलित कीजिए

	सूची I		सूची II
A.	पलायन वेग	1.	$E = -\frac{1}{2}\frac{GMm}{r}$
B.	उपग्रह की कुल ऊर्जा	2.	$v_e = \sqrt{2gR_e}$
C.	उपग्रह का कक्षीय वेग	3.	$E = +\frac{GMm}{R}$
D.	पलायन ऊर्जा	4.	$v = \sqrt{gr}$

कूट

	A	B	C	D
(a)	2	1	4	3
(b)	3	3	1	2
(c)	2	4	3	1
(d)	2	1	3	4

उत्तरमाला

1 (b)	2 (a)	3 (d)	4 (a)	5 (d)	6 (d)	7 (c)	8 (d)	9 (b)	10 (c)
11 (a)	12 (b)	13 (d)	14 (b)	15 (b)	16 (d)	17 (d)	18 (b)	19 (c)	20 (b)
21 (a)	22 (b)	23 (b)	24 (b)	25 (b)	26 (b)	27 (a)	28 (c)	29 (a)	30 (b)
31 (c)	32 (d)	33 (b)	34 (a)	35 (a)	36 (d)	37 (d)	38 (c)	39 (a)	40 (d)
41 (b)	42 (c)	43 (a)	44 (a)	45 (b)	46 (c)	47 (b)	48 (b)	49 (d)	50 (a)
51 (d)	52 (d)	53 (a)	54 (a)	55 (a)					

उत्तर सहित व्याख्या

8. (d) न्यूटन के गुरुत्वाकर्षण नियम द्वारा

$$F = \frac{Gm_1 m_2}{r^2}$$

यहाँ, m_1 तथा m_2 = वस्तुओं या पिण्डों के द्रव्यमान तथा r = वस्तुओं के मध्य दूरी

अतः $F \propto m_1 m_2; F \propto \frac{1}{r^2}$

अतः कथन I सत्य है तथा कथन II असत्य है।

10. (c) दो द्रव्यमानों के बीच लगा गुरुत्वाकर्षण बल $F = \frac{Gm_1 m_2}{r^2}$ है। यह बल माध्यम पर निर्भर नहीं करता है। अतः पानी के अन्दर गुरुत्वाकर्षण बल अप्रभावित रहेगा।

11. (a) प्रश्नानुसार,

$$F = \frac{GMM}{R^2}$$

$$F = \frac{GM^2}{R^2} \quad \text{...(i)} \left[\because F = \frac{Gm_1 m_2}{r^2}\right]$$

द्वितीय निकाय के लिए,

$$F' = \frac{G(2M)(2M)}{\left(\frac{R}{2}\right)^2}$$

$$F' = 4 \times \frac{GM^2}{R^2} \times 4$$

$$F' = 16 \times \frac{GM^2}{R^2}$$

समी (i) से,

$$F' = 16F$$

12. (b) $F \propto \frac{1}{r^2}$, जब r का मान $\frac{r}{2}$ हो जाता है, तब बल $4F$ हो जाएगा।

14. (b) पृथ्वी की सतह से h ऊँचाई पर गुरुत्वीय त्वरण,

$$g' = \frac{g}{\left(1 + \frac{h}{R_e}\right)^2}$$

जहाँ, R_e पृथ्वी की त्रिज्या है।

अतः ऊँचाई बढ़ने के साथ गुरुत्वीय त्वरण घटता जाता है।

19. (c) प्रथम ग्रह पर गुरुत्वीय त्वरण,

$$g = \frac{GM}{R_1^2}$$

द्वितीय ग्रह पर,

$$M_2 = 2M_1 \text{ तथा } R_2 = 2R_1$$

द्वितीय ग्रह पर गुरुत्वीय त्वरण,

$$g_2 = \frac{G(2M_1)}{(2R_1)^2}$$

$$\Rightarrow \quad g_2 = \frac{1}{2} \times \frac{GM_1}{R_1^2}$$

$$\Rightarrow \quad g_2 = \frac{g_1}{2}$$

20. (b) माना पृथ्वी का द्रव्यमान M_e तथा त्रिज्या R_e है, तो ग्रह का द्रव्यमान $2M_e$ तथा त्रिज्या $2R_e$ होगी।

पृथ्वी के लिए गुरुत्वीय त्वरण,

$$g_e = \frac{GM_e}{R_e^2} \quad \text{... (i)}$$

ग्रह के लिए गुरुत्वीय त्वरण,

$$g_p = \frac{G(2M_e)}{4R_e^2}$$

$$\Rightarrow \quad 2g_p = \frac{GM_e}{R_e^2} \quad \text{...(ii)}$$

समी (i) व (ii) से, $g_e = 2g_p$

22. (b) पृथ्वी का द्रव्यमान, $M_e = \frac{gR_e^2}{G}$

चन्द्रमा का द्रव्यमान, $M_m = \frac{g' R_m^2}{G}$

$$\frac{M_e}{M_m} = \frac{gR_e^2}{g' R_m^2} = \frac{g}{g/6} \times \frac{R_e^2}{\left(\frac{R_e}{4}\right)^2}$$

$$\frac{M_e}{M_m} = 96 \approx 100$$

28. (c) चन्द्रमा पर वस्तु का भार

$$= \frac{\text{पृथ्वी पर वस्तु का भार}}{6}$$

$$= \frac{60}{6} = 10 \text{ न्यूटन}$$

33. (b) माना पृथ्वी व सूर्य के बीच की दूरी R_1 है तथा प्रश्नानुसार आधी होने के बाद दूरी R_2 है।

अर्थात् $\quad R_2 = \frac{1}{2} R_1$

केप्लर के तृतीय नियम से,

$$T^2 \propto R^3$$

$$\Rightarrow \quad T^2 = kR^3$$

यहाँ, k एक नियतांक है।

प्रथम स्थिति में, $\quad T_1^2 = kR_1^3 \quad$ ...(i)

द्वितीय स्थिति में, $\quad T_2^2 = kR_2^3 \quad$ ...(ii)

समी (i) को समी (ii) से विभाजित करने पर,

$$\frac{T_1^2}{T_2^2} = \frac{kR_1^3}{kR_2^3}$$

$$\text{या} \quad \frac{T_1^2}{T_2^2} = \frac{R_1^3}{\frac{1}{8} R_1^3}$$

$$\Rightarrow \quad T_2^2 = \frac{T_1^2}{8}$$

$$\Rightarrow \quad T_2 = \frac{T_1}{2\sqrt{2}}$$

चूँकि 1 वर्ष में दिनों की संख्या 365 होती है,

अतः $T_1 = 365$ दिन

$$T_2 = \frac{365}{2\sqrt{2}} \approx 129 \text{ दिन}$$

34. (a) केप्लर के तृतीय नियम से,

$$T^2 \propto r^3$$

$$\text{या} \quad T^2 = kr^3$$

$$\because \quad T_1^2 = k\left(\frac{r}{2}\right)^3 = \frac{kr^3}{8}$$

$$\therefore \quad \frac{T_1^2}{T^2} = \frac{1}{8}$$

$$\Rightarrow \quad T_1 = \sqrt{\frac{T^2}{8}} = \frac{T}{2\sqrt{2}} = \frac{28}{2\sqrt{2}}$$

$$T_1 = 7\sqrt{2} \text{ दिन} = 10 \text{ दिन (लगभग)}$$

35. (a) $T \propto R^{3/2}$

अब, $R' = 4R$

तब, $T' = R'^{3/2}$

$$= (4R)^{3/2}$$

$$\therefore \quad \frac{T'}{T} = \left(\frac{4R}{R}\right)^{3/2}$$

$$T' = (4)^{3/2} T$$

$$T' = 8T$$

40. (d) कक्षीय चाल, $v_o = \sqrt{\frac{Gm}{r}}$

अतः $v_o \propto \frac{1}{\sqrt{r}}$ अर्थात् उपग्रह की कक्षा की त्रिज्या बढ़ने पर उसकी चाल घटती है।

41. (b) $\because v_o \propto \sqrt{R_e}$

यदि दो उपग्रह एक ही वृत्ताकार कक्षा में चक्कर लगाते हैं, तो उनके वेग समान होते हैं।

42. (c) $\because v = \sqrt{\frac{Gm}{R}}$

$$v' = \sqrt{\frac{Gm}{(R + R/2)}}$$

$$= \sqrt{\frac{2}{3} \frac{Gm}{R}} = \sqrt{\frac{2}{3}}\, v$$

43. (a) $\because$ कक्षीय चाल $(v_o) = R_e \sqrt{\frac{g}{R_e + h}}$

यदि उपग्रह पृथ्वी तल के अति समीप है, तब $h = 0$

$$\therefore \quad v_o = R_e \sqrt{\frac{g}{R_e}}$$

$$= \sqrt{\frac{gR_e^2}{R_e}} = \sqrt{gR_e}$$

46. (c) $\because T_2 = T_1 \left(\frac{R_2}{R_1}\right)^{\frac{3}{2}}$

$$= 4\left(\frac{3R}{R}\right)^{\frac{3}{2}}$$

$$= 4\sqrt{27} \text{ घण्टे}$$

अध्याय

05

पदार्थों के गुण

Properties of Matter

- प्रत्येक वस्तु जो स्थान घेरती है तथा जिसमें द्रव्यमान उपस्थित होता है, पदार्थ या द्रव्य (Matter) कहलाती है।
- द्रव्य अणुओं तथा परमाणुओं से मिलकर बने होते हैं तथा इनकी तीन अवस्थाएँ (ठोस, द्रव व गैस) होती हैं।

प्रत्यास्थता

- किसी पदार्थ या वस्तु का वह गुण जिसके कारण वह किसी बाह्य बल के द्वारा अपनी अवस्था परिवर्तन का विरोध करती है तथा बल हटाने पर पुनः प्रारम्भिक अवस्था प्राप्त कर लेती है, प्रत्यास्थता (Elasticity) कहलाता है। इस प्रकार की वस्तुओं को **प्रत्यास्थ** (Elastic) वस्तुएँ कहते हैं। जैसे– स्वर की अपेक्षा स्टील अधिक प्रत्यास्थ होती है।
- ऐसी वस्तुएँ जोकि बाह्य बल हटा लेने पर अपनी पूर्व अवस्था की ओर लौटने का प्रयत्न नहीं करती हैं, **अप्रत्यास्थ** (Inelastic) वस्तुएँ कहलाती हैं।
- **प्रतिबल** (Stress) बाह्य बल के कारण वस्तु के अनुप्रस्थ-काट के एकांक क्षेत्रफल पर कार्य करने वाले आन्तरिक प्रतिक्रिया बल को प्रतिबल कहते हैं। इसका मात्रक न्यूटन/मी^{2} होता है।
- **विकृति** (Strain) किसी वस्तु पर बाह्य बल लगाने पर उसकी प्रारम्भिक लम्बाई में वृद्धि तथा प्रारम्भिक लम्बाई के अनुपात को विकृति कहते हैं। यह विमाहीन राशि है।
- **प्रत्यास्थता की सीमा** (Limit of elasticity) किसी पदार्थ पर लगाए गए विरूपक बल के कारण उत्पन्न हुई विकृति की उस सीमा को जिसके अन्तर्गत पदार्थ में प्रत्यास्थता का गुण विद्यमान रहता है उसे उस पदार्थ की प्रत्यास्थता की सीमा कहते हैं।
- **हुक का नियम** (Hooke's law) प्रत्यास्थता की सीमा में, प्रतिबल सदैव विकृति के समानुपाती होता है, इसे हुक का नियम कहते हैं।

$$\text{प्रतिबल} \propto \text{विकृति} \Rightarrow E = \frac{\text{प्रतिबल}}{\text{विकृति}}$$

यहाँ, E को **प्रत्यास्थता गुणांक** कहते हैं तथा इसका मात्रक न्यूटन/मी^{2} या किग्रा/मी-से^{2} होता है।

- **यंग प्रत्यास्थता गुणांक** (Young's modulus of elasticity) यह अनुदैर्ध्य प्रतिबल तथा अनुदैर्ध्य विकृति का अनुपात है।

$$\text{यंग प्रत्यास्थता गुणांक } (Y) = \frac{F/A}{l/L} = \frac{Mg/\pi r^2}{l/L} = \frac{MgL}{\pi r^2 l}$$

- **आयतनात्मक प्रत्यास्थता गुणांक** (Bulk modulus of elasticity) यह अभिलम्ब प्रतिबल तथा आयतन विकृति का अनुपात है।

$$\text{आयतनात्मक प्रत्यास्थता गुणांक } (B) = \frac{-\Delta pV}{\Delta V}$$

- **सम्पीड्यता** (Compressibility) किसी पदार्थ के आयतन प्रत्यास्थता गुणांक (B) के व्युत्क्रम को उस पदार्थ की सम्पीड्यता कहते हैं।
- **दृढ़ता गुणांक** (Modulus of rigidity) यह अपरूपण प्रतिबल तथा अपरूपण विकृति का अनुपात है।

$$\text{दृढ़ता गुणांक } (\eta) = \frac{FL}{Al}$$

- **पार्यसन अनुपात** (Poisson's ratio) प्रत्यास्थता की सीमा में पार्श्विक-विकृति तथा अनुदैर्ध्य विकृति का अनुपात वस्तु के पदार्थ का पॉयसन अनुपात कहलाता है।

$$\text{पार्यसन अनुपात } (\sigma) = -\frac{L}{r}\frac{\Delta r}{\Delta L}$$

इसका प्रायोगिक मान $0 < \sigma < \frac{1}{2}$ होता है जबकि सैद्धान्तिक मान $-1 < \sigma < \frac{1}{2}$ होता है।

द्रव स्थैतिकी

- भौतिकी विज्ञान की वह शाखा जिसमें विराम तरलों का अध्ययन किया जाता है, द्रव स्थैतिकी (Hydrostatics) कहलाती है।
- **प्रणोद तथा दाब** (Thrust and Pressure) किसी सतह के सम्पूर्ण क्षेत्रफल पर लगने वाले कुल लम्बवत् बल को **प्रणोद** कहते हैं। किसी सतह के एकांक क्षेत्रफल पर लगने वाले बल अर्थात् प्रणोद प्रति इकाई क्षेत्र को **दाब** कहते हैं। इसका मात्रक न्यूटन/मी^{2} या पास्कल होता है।

$$\text{दाब } (p) = \frac{\text{बल } (F)}{\text{क्षेत्रफल } (A)}$$

- **घनत्व** (Density) किसी पदार्थ के द्रव्यमान व आयतन के अनुपात को पदार्थ का घनत्व कहते हैं।

$$\text{घनत्व } (\rho) = \frac{M}{V} \text{ किग्रा/मी}^3$$

4°C (277 K) पर जल का घनत्व अधिकतम होता है, जिसका मान 10^3 किग्रा/मी^{3} होता है।

- **आपेक्षिक घनत्व** (Relative density) किसी पदार्थ के घनत्व व 4°C पर जल के घनत्व के अनुपात को पदार्थ का आपेक्षिक घनत्व कहते हैं। यह मात्रकहीन राशि है। आपेक्षिक घनत्व के मापन हेतु हाइड्रोमीटर का उपयोग किया जाता है।
- **द्रव का दाब** (Pressure of liquid) द्रव द्वारा सम्पर्क सतह के प्रति एकांक क्षेत्रफल पर आरोपित अभिलम्बवत् बल, द्रव का दाब कहलाता है।
  द्रव स्तम्भ पर लगने वाला दाब, $p = h\rho g$
  यहाँ, h = द्रव तल से बिन्दु की गहराई, ρ = द्रव का घनत्व
  तथा g = गुरुत्वीय त्वरण
- **पास्कल का नियम** (Pascal's law) किसी बाह्य द्रव के किसी भाग के दाब में होने वाली वृद्धि, द्रव के अन्य भागों में बिना क्षय हुए, एकसमान रूप से संचरित हो जाती है। इसे पास्कल का नियम कहते हैं।
  हाइड्रॉलिक लिफ्ट तथा हाइड्रॉलिक ब्रेक पास्कल के नियम पर कार्य करते हैं।
- **वायुमण्डलीय दाब** (Atmospheric pressure) वायुमण्डल में उपस्थित वायु द्वारा वस्तुओं पर आरोपित दाब को वायुमण्डलीय दाब कहते हैं।
  समुद्र तल पर वायुमण्डलीय दाब 1.013×10^5 न्यूटन/मी^{2} के तुल्य होता है।
  बैरोमीटर के द्वारा वायुमण्डलीय दाब का मापन किया जाता है।
- **उत्प्लावकता** (Buoyancy) किसी वस्तु के तैरने की प्रवृत्ति उत्प्लावकता कहलाती है।
- **उत्प्लावन बल** (Buoyant force) जब किसी वस्तु को द्रव में पूर्णतः या आंशिक रूप से डुबोया जाता है, तो द्रव द्वारा वस्तु पर एक बल ऊपर की ओर लगाया जाता है। यह बल उत्प्लावन बल कहलाता है।
- **आर्किमिडीज का सिद्धान्त** (Archimedes' principle) जब किसी द्रव में कोई वस्तु पूर्ण अथवा आंशिक रूप से डुबोई जाती है, तो वस्तु द्वारा हटाए गए द्रव का भार, वस्तु पर कार्यरत् उत्प्लावन बल के तुल्य होता है।
  आर्किमिडीज के सिद्धान्त के अनुसार, किसी भी वस्तु का भार पानी में कम तथा पानी की सतह के ऊपर अधिक प्रतीत होता है।
- **ससंजक बल** (Cohesive force) एक ही पदार्थ के अणुओं के मध्य लगने वाले आकर्षण बल को ससंजक बल कहते हैं।
- **आसंजक बल** (Adhesive force) दो भिन्न पदार्थों के अणुओं के मध्य लगने वाले आकर्षण बल को आसंजक बल कहते हैं।
- **पृष्ठ तनाव** (Surface tension) किसी द्रव का पृष्ठ तनाव वह बल (F) है जो द्रव के पृष्ठ पर खींची गई काल्पनिक रेखा की इकाई लम्बाई (l) पर रेखा के लम्बवत् कार्य करता है। इसका SI मात्रक न्यूटन/मी या जूल/मी^{2} होता है।

$$\text{पृष्ठ तनाव, } T = \frac{F}{l}$$

  किसी द्रव के पृष्ठ-तनाव का मान द्रव के ताप पर तथा द्रव के पृष्ठ के दूसरी ओर के माध्यम पर निर्भर करता है। द्रव का ताप बढ़ने पर पृष्ठ तनाव घटता है तथा क्रान्तिक ताप पर पृष्ठ-तनाव शून्य होता है। पृष्ठ-तनाव के कारण ही द्रव की छोटी बूँद गोलीय आकार में गिरती है।
- **पृष्ठ ऊर्जा** (Surface energy) द्रव के पृष्ठ के प्रति एकांक क्षेत्रफल पर अणुओं में उपस्थित अतिरिक्त ऊर्जा की मात्रा, द्रव की पृष्ठ ऊर्जा कहलाती है। इसका मात्रक जूल/मी^{2} होता है।
- **स्पर्श कोण** (Angle of contact) द्रव-ठोस के स्पर्श बिन्दु से द्रव की सतह पर खींची गई स्पर्श रेखा तथा ठोस की सतह पर द्रव के अन्दर की ओर खींची गई स्पर्श रेखा के मध्य बने कोण को स्पर्श कोण कहते हैं।
  - यदि स्पर्श कोण 90° है, तो द्रव बर्तन को भिगोता है।
  - यदि स्पर्श कोण < 90° (न्यूनकोण) है, तो द्रव बर्तन को भिगोता है।
  - यदि स्पर्श कोण > 90° (अधिक कोण) है, तो द्रव बर्तन को नहीं भिगोएगा।

  किसी द्रव का ताप बढ़ने पर स्पर्श कोण भी बढ़ता है।
- **केशिकात्व** (Capillarity) केशनली में द्रव के ऊपर चढ़ने तथा नीचे उतरने की घटना को केशिकात्व कहते हैं।
  केशनली में ऊपर चढ़े द्रव स्तम्भ की ऊँचाई,

$$h = \frac{2T\cos\theta}{rdg}$$

  यहाँ, r = केशनली की त्रिज्या, T = पृष्ठ तनाव तथा d = द्रव का घनत्व
  स्यायी-सोखते, लिखने की निब, लालटेन आदि केशिकात्व के सिद्धान्त पर कार्य करते हैं।

द्रवों का प्रवाह

- द्रव के कणों के प्रवाह के आधार पर द्रवों का प्रवाह (Flow of liquids) मुख्यतः निम्न दो प्रकार का होता है
  - **धारा रेखीय प्रवाह** (Streamlined flow) यदि द्रव के प्रवाह में किसी एक बिन्दु से होकर गुजरने वाले द्रव के सभी कण एक ही वेग से, एक ही मार्ग से होकर गुजरे, तब यह प्रवाह धारा रेखीय प्रवाह कहलाता है।
  - **विक्षुब्ध प्रवाह** (Turbulant flow) यदि द्रव के प्रवाह में किसी एक बिन्दु से गुजरने वाले द्रव के कण भिन्न-भिन्न वेगों से भिन्न-भिन्न मार्गों से होकर गुजरे, तब द्रव का प्रवाह विक्षुब्ध प्रवाह कहलाता है।
- **क्रान्तिक वेग** (Critical velocity) द्रव का वह निश्चित वेग जिससे कम वेग पर द्रव का प्रवाह धारा रेखीय तथा उससे अधिक वेग पर द्रव का प्रवाह विक्षुब्ध प्रवाह हो जाता है, क्रान्तिक वेग कहलाता है।
  क्रान्तिक वेग, $v_C = \dfrac{R_e \eta}{\rho D}$
  यहाँ, η = श्यानता गुणांक, ρ = द्रव का घनत्व, D = नली का व्यास
  तथा R_e = रेनॉल्ड्स संख्या
- **रेनॉल्ड्स संख्या** (Reynold's number) एक विशुद्ध संख्या है, जो किसी नली में द्रव के प्रवाह की प्रकृति बताती है।

रेनॉल्ड्स संख्या	प्रवाह का प्रकार
0 से 2000	धारा रेखीय प्रवाह
3000 से अधिक	विक्षुब्ध प्रवाह

- **अविरतता का सिद्धान्त** (Principle of continuity) जब कोई द्रव किसी असमान क्षेत्रफल वाली नली में धारा रेखीय प्रवाह में बहता है, तो प्रवाह के प्रत्येक बिन्दु पर नली के अनुप्रस्थ काट के क्षेत्रफल व द्रव के वेग का गुणनफल नियत रहता है।
- **बरनौली की प्रमेय** (Bernoulli's theorem) इस प्रमेय के अनुसार, "जब कोई असम्पीड्य तथा अश्यान द्रव धारा रेखीय प्रवाह के अन्तर्गत प्रवाहित होता है, तो उसके पथ के प्रत्येक बिन्दु पर, द्रव की कुल ऊर्जा अर्थात् दाब ऊर्जा, गतिज ऊर्जा तथा स्थितिज ऊर्जा का योग सदैव नियत रहता है।"
  अतः बरनौली प्रमेय के अनुसार, $p + \frac{1}{2}\rho v^2 + \rho g h$ = नियतांक
  बरनौली की प्रमेय का उपयोग वेन्चुरीमीटर, टॉरीसेली प्रमेय आदि में किया जाता है।
- **श्यानता** (Viscosity) द्रव का वह गुण जिसके कारण द्रव अपनी भिन्न-भिन्न परतों में होने वाली आपेक्षिक गति का विरोध करता है, श्यानता कहलाता है।

$$\text{श्यान बल, } F = -\eta A \frac{\Delta v}{\Delta x}$$

यहाँ, η को **श्यानता गुणांक** कहते हैं तथा इसका मात्रक प्वॉइजली (Poiseuille) होता है।

तापमान बढ़ने पर द्रव विशेष की श्यानता घटती है, जल को छोड़कर गैसों की श्यानता, ताप बढ़ने पर बढ़ जाती है।

ग्लाइकॉल एवं ग्लिसरॉल जैसे पॉलीहाइड्रिक ऐल्कोहॉलों में अधिक श्यानता पाई जाती है।

- **स्टोक्स का नियम** (Stokes' law) यदि r त्रिज्या की एक सूक्ष्म गोली, किसी पूर्णतः समांग व अनन्त विस्तार वाले तरल माध्यम में सीमान्त वेग v से गति करे, तब श्यान बल

$$F = 6\pi\eta rv$$

चैप्टर प्रैक्टिस

प्रत्यास्थता, प्रतिबल तथा विकृति

1. पदार्थ प्रकृति में पाया जाता है
(a) केवल ठोस और द्रव के रूप में
(b) ठोस, द्रव और गैस के रूप में
(c) केवल ठोस अवस्था में
(d) केवल द्रव अवस्था में

2. आण्विक बल होते हैं
(a) पदार्थ के परमाणुओं के बीच लगने वाले बल
(b) पदार्थ के अणुओं के बीच लगने वाले बल
(c) टायर तथा सड़क के बीच लगने वाले बल
(d) उपरोक्त में से कोई नहीं

3. निम्नलिखित में से कौन-सा सबसे अधिक प्रत्यास्थ है? *[SSC 2013]*
(a) रबड़ (b) गीली मिट्टी
(c) स्टील (d) प्लास्टिक

4. रबर की अपेक्षा स्टील अधिक प्रत्यास्थ है, क्योंकि *[SSC CGL 2013]*
(a) इसका विरूपक बल बहुत आसान होता है
(b) यह रबर से कठोर होती है
(c) अधिक विरूपक बल की आवश्यकता होती है
(d) विरूपक बल कभी नहीं लगता है

5. ऐसी वस्तुएँ जिन पर बाह्य बल लगाने पर उनके आकार तथा आकृति में कोई परिवर्तन नहीं होता है, कहलाती हैं
(a) दृढ़ वस्तुएँ (b) प्रत्यास्थ वस्तुएँ
(c) (a) तथा (b) दोनों (d) अप्रत्यास्थ वस्तुएँ

6. प्रतिबल का SI मात्रक है
(a) न्यूटन/मी (b) न्यूटन/मी^{2}
(c) न्यूटन/मी^{3} (d) न्यूटन-मी^{2}

7. वस्तु का प्रतिबल होता है
(a) किसी वस्तु की अनुप्रस्थ-काट के एकांक क्षेत्रफल पर कार्य करने वाला आन्तरिक प्रतिक्रिया बल
(b) किसी वस्तु के एकांक आयतन पर कार्य करने वाला आन्तरिक प्रतिक्रिया बल
(c) किसी वस्तु की अनुप्रस्थ-काट के एकांक क्षेत्रफल पर कार्य करने वाला बाह्य बल
(d) उपरोक्त में से कोई नहीं

8. विकृति का SI मात्रक है
(a) न्यूटन/मी (b) न्यूटन/मी^{2}
(c) डाइन/सेमी (d) मात्रकहीन

9. किसी वस्तु की विकृति होती है
(a) वस्तु का आन्तरिक बल
(b) वस्तु की विमा (आकार अथवा रूप) में होने वाला भिन्नात्मक परिवर्तन
(c) वस्तु के क्षेत्रफल में वृद्धि
(d) उपरोक्त में से कोई नहीं

हुक का नियम तथा पॉयसन अनुपात

10. हुक का नियम निम्नलिखित में से किसके लिए मान्य है? *[CDS 2019]*
(a) प्रतिबल-तनाव वक्र का केवल समानुपातिक क्षेत्र
(b) सम्पूर्ण प्रतिबल-तनाव वक्र
(c) प्रतिबल-तनाव वक्र का सम्पूर्ण प्रत्यास्थ क्षेत्र
(d) प्रतिबल-तनाव वक्र के प्रत्यास्थ क्षेत्र के साथ-साथ उसके सुघट्य (प्लास्टिक) क्षेत्र

11. हुक का नियम परिभाषित करता है
(a) प्रतिबल (b) प्रत्यास्थता गुणांक
(c) विकृति (d) प्रत्यास्थता सीमा

12. प्रत्यास्थता गुणांक का मात्रक है
(a) किग्रा/मी^{2}-से (b) किग्रा/मी-से^{2}
(c) किग्रा/मी^{3}-से^{2} (d) किग्रा/मी^{2}-से^{2}

13. यदि एक तार को खींचकर दोगुना कर दिया जाए, तो उसका यंग प्रत्यास्थता गुणांक हो जाएगा
(a) आधा (b) दोगुना (c) समान (d) चार गुना

14. पूर्णतया दृढ़ वस्तु के लिए यंग प्रत्यास्थता गुणांक का मान होता है
(a) अनन्त (b) शून्य (c) 100 (d) 1

15. किसी तार के पदार्थ का यंग प्रत्यास्थता गुणांक, प्रतिबल के उस परिमाण के बराबर होगा, जो
(a) तार की लम्बाई में कोई परिवर्तन न कर सके
(b) तार की लम्बाई 50% बढ़ा दे
(c) तार की लम्बाई को दोगुना कर दे
(d) तार की त्रिज्या आधी कर दे

16. दृढ़तांक (Modulus of rigidity) निम्नलिखित में से किसका अनुपात है? *[SSC 2010]*
(a) अनुदैर्ध्य प्रतिबल के साथ अनुदैर्ध्य विकृति
(b) आयतन प्रतिबल के साथ आयतन विकृति
(c) अपरूपण प्रतिबल के साथ अपरूपण विकृति
(d) तनन प्रतिबल के साथ तनन विकृति

17. एक आदर्श पिण्ड का आयतन प्रत्यास्थता गुणांक है

(a) 0 (b) 1
(c) ∞ (d) निश्चित परन्तु शून्य नहीं

18. एक असम्पीड्य द्रव के लिए आयतन प्रत्यास्थता गुणांक है

(a) एकांक (b) अनन्त
(c) शून्य (d) शून्य एवं 1 के बीच में

19. निम्नलिखित कथनों पर विचार कीजिए।

I. प्रत्यास्थता की सीमा के अन्दर, अनुदैर्ध्य प्रतिबल और अनुदैर्ध्य विकृति का अनुपात यंग प्रत्यास्थता गुणांक को दर्शाता है।

II. प्रत्यास्थता की सीमा के अन्दर, अभिलम्ब प्रतिबल तथा आयतन विकृति का अनुपात आयतन प्रत्यास्थता गुणांक को दर्शाता है।

उपरोक्त में से कौन-सा/से कथन सही है/हैं?

(a) केवल I (b) केवल II
(c) I और II दोनों (d) इनमें से कोई नहीं

20. निम्नलिखित कथनों पर विचार कीजिए।

I. यंग प्रत्यास्थता गुणांक का SI मात्रक न्यूटन/मी^{2} या पास्कल होता है।

II. यंग प्रत्यास्थता गुणांक केवल ठोसों में होता है।

III. आयतन प्रत्यास्थता गुणांक का SI मात्रक न्यूटन/मी^{2} या पास्कल होता है।

IV. आयतन प्रत्यास्थता गुणांक ठोसों, द्रवों तथा गैसों तीनों अवस्थाओं में होता हैं।

उपरोक्त कथनों में से कौन-से सत्य हैं?

(a) I, II और III (b) II, III और IV
(c) I, III और IV (d) I, II, III और IV

21. 10^{-6} मी^{2} परिच्छेद-क्षेत्रफल के तार की लम्बाई में 0.1 % वृद्धि होने पर उसमें 1000 न्यूटन का तनाव उत्पन्न होता है। तार का यंग प्रत्यास्थता गुणांक है

(a) 10^{10} न्यूटन/मी^{2} (b) 10^{11} न्यूटन/मी^{2}
(c) 10^{12} न्यूटन/मी^{2} (d) 10^9 न्यूटन/मी^{2}

22. प्रत्यास्थता में पॉयसन अनुपात का मान होता है

(a) –1 से कम (b) –1 और 1/2 के मध्य
(c) 1/2 से अधिक (d) इनमें से कोई नहीं

प्रणोद तथा दाब

23. बल F, दाब p तथा क्षेत्रफल A में सम्बन्ध है

(a) $F = \frac{p}{A}$ (b) $A = F \times p$
(c) $F = A \times p$ (d) $F^2 = pA$

24. दाब का मात्रक होता है

(a) न्यूटन-मी (b) किग्रा (c) जूल (d) न्यूटन/मी^{2}

25. 1 पास्कल, 1 .... के बराबर होता है। *[SSC CHSL 2018]*

(a) न्यूटन-मी^{2} (b) न्यूटन मी$^{-2}$
(c) न्यूटन-मी (d) न्यूटन मी$^{-1}$

26. प्रणोद प्रति इकाई क्षेत्र को क्या कहा जाता है? *[RRB 2018]*

(a) वस्तुमान (b) बल (c) दाब (d) क्षेत्रफल

27. यदि हम किसी दिए गए बल के क्षेत्र को बढ़ाते हैं, तो इससे दाब (प्रति इकाई क्षेत्र) *[RRB 2018]*

(a) बढ़ जाता है (b) अपरिवर्तित रहता है
(c) कम हो जाता है (d) शून्य हो जाता है

28. रेल के नीचे लकड़ी के स्लीपर (शहतीर) इस्तेमाल किए जाते हैं। यह क्या उत्पादित करते हैं? *[RRB 2018]*

(a) बड़ा क्षेत्र, जिससे दाब घटे
(b) छोटा क्षेत्र, जिससे दाब बढ़े
(c) बड़ा क्षेत्र, जिससे दाब बढ़े
(d) लकड़ी के स्लीपर आसानी से मिल जाते हैं

29. कील एक सिरे पर नुकीली तथा दूसरे सिरे पर चौड़ी बनाई जाती है। इसका कारण है

(a) पकड़ने में सुविधा रहे
(b) गुरुत्वीय केन्द्र चौड़े सिरे के पास हो
(c) सन्तुलन बना रहे
(d) गाड़ने वाले स्थान पर दाब अधिक लगे

30. एक व्यक्ति द्वारा भूमि पर सर्वाधिक दाब तब लगेगा, जब वह

(a) लेटा हो (b) बैठा हो
(c) एक पैर पर खड़ा हो (d) दोनों पैरों पर खड़ा हो

घनत्व तथा आपेक्षिक घनत्व

31. द्रव्यमान प्रति यूनिट आयतन क्या है? *[RRB NTPC 2016]*

(a) बल (b) कार्य (c) घनत्व (d) दबाव

32. जल का घनत्व *[NDA 2015]*

(a) 0°C पर अधिकतम होता है (b) 0°C पर न्यूनतम होता है
(c) 4°C पर अधिकतम होता है (d) –4°C पर न्यूनतम होता है

33. जल का अधिकतम घनत्व होता है *[UPPCS (Mains) 2015]*

(a) 373 केल्विन पर (b) 277 केल्विन पर
(c) 273 केल्विन पर (d) 269 केल्विन पर

34. आपेक्षिक घनत्व का मात्रक क्या है? *[SSC CAPFs 2017]*

(a) किग्रा/मी^{3} (b) ग्राम/सेमी^{3}
(c) मिलीग्राम/मिलीमीटर^3 (d) कोई मात्रक नहीं है

35. किसी वस्तु का आपेक्षिक घनत्व ...... है। *[SSC CHSL 2018]*

(a) वस्तु के पदार्थ का घनत्व तथा पानी के घनत्व का अनुपात
(b) पानी के घनत्व तथा वस्तु के पदार्थ के घनत्व का अनुपात
(c) पानी के घनत्व और वस्तु के पदार्थ के घनत्व का गुणनफल
(d) पानी के आयतन तथा वस्तु के आयतन का अनुपात

द्रव का दाब

36. द्रव में दाब का मान निर्भर करता है

(a) द्रव के घनत्व पर (b) द्रव स्तम्भ की ऊँचाई पर
(c) (a) तथा (b) दोनों पर (d) आपेक्षिक घनत्व पर

37. किस द्रव को काँच के एक बीकर में रखा गया है। द्रव स्तम्भ द्वारा बीकर के आधार पर आरोपित दाब के सम्बन्ध में, निम्नलिखित में से कौन-सा एक कथन सही है? *[NDA 2020]*

(a) दाब, बीकर के आधार के क्षेत्रफल पर निर्भर करता है।
(b) दाब, द्रव स्तम्भ की ऊँचाई पर निर्भर करता है।
(c) दाब, द्रव के घनत्व पर निर्भर नहीं करता है।
(d) दाब, न तो बीकर के आधार के क्षेत्रफल पर निर्भर करता है, न ही द्रव स्तम्भ की ऊँचाई पर निर्भर करता है।

38. जल संचय के लिए बाँध (Dam) तली पर सतह की अपेक्षा मोटा बनाया जाता है, क्योंकि
(a) अधिक गहराई पर जल का दाब बहुत अधिक होता है
(b) अधिक गहराई पर जल की मात्रा अधिक होती है
(c) अधिक गहराई पर जल का घनत्व अधिक होता है
(d) अधिक दाब पर जल का ताप कम होता है

पास्कल का नियम तथा वायुमण्डलीय दाब

39. द्रव की किसी सन्तुलन अवस्था में इसके किसी भाग पर आरोपित दाब सभी दिशाओं में समान रूप से संचरित कर दिया जाता है। यह कथन है
(a) हुक का
(b) बॉयल का
(c) पास्कल का
(d) आर्किमिडीज का

40. ऑटोमोबाइलों (मोटर कारों) में हाइड्रोलिक ब्रेकों के कार्यकरण (वर्किंग) पर निम्नलिखित में से कौन-सा सिद्धान्त/नियम लागू होता है? *[SSC 2016]*
(a) बरनौली नियम (b) पोसियल्स सिद्धान्त
(c) पास्कल नियम (d) आर्किमिडीज का नियम

41. **कथन** (A) हाइड्रॉलिक लिफ्ट पास्कल नियम के सिद्धान्त पर आधारित है।
कारण (R) दाब प्रति इकाई क्षेत्रफल पर लगने वाले बल के बराबर होता है।
कूट
(a) (A) और (R) दोनों सही हैं तथा (R), (A) की सही व्याख्या करता है।
(b) (A) और (R) दोनों सही हैं, परन्तु (R), (A) की सही व्याख्या नहीं करता है।
(c) (A) सही है, किन्तु (R) गलत है।
(d) (A) गलत है, किन्तु (R) सही है।

42. समुद्र तल पर वायुमण्डलीय दाब का मान है
(a) 10^5 न्यूटन/मी^{2} (b) 10^6 न्यूटन/मी^{2}
(c) 10^4 न्यूटन/मी^{2} (d) 10^2 न्यूटन/मी^{2}

43. 0°C पर पारे (Hg) के 760 मिमी कॉलम द्वारा लगने वाला दाब क्या कहलाता है? *[CDS 2016]*
(a) 1 पास्कल (b) 1 वायुमण्डलीय
(c) 1 बार (d) 1 प्वॉइज

44. वायुमण्डलीय दाब को मापने के लिए निम्नलिखित यन्त्रों में से किस एक का प्रयोग किया जाता है?
(a) अमीटर (b) बैरोमीटर
(c) विभवमापी (d) लैक्टोमीटर

45. वायुमण्डल हमारे ऊपर बहुत अधिक दबाव डालता है, परन्तु हम इसका अनुभव नहीं करते हैं, क्योंकि *[IAS (Pre) 2010]*
(a) हमारा रक्त वायुमण्डल के दबाव से कुछ अधिक दबाव डालता है।
(b) हम इसके अभ्यस्त हैं।
(c) हमारी हड्डियाँ काफी मजबूत हैं और इस दबाव को सहन कर सकती हैं।
(d) हमारे सिर का सतही क्षेत्रफल बहुत छोटा है।

उत्प्लावन बल तथा आर्किमिडीज का सिद्धान्त

46. जब एक वस्तु पानी में डाली जाती है, तो उस पर ऊपर की ओर एक बल कार्य करता है इस बल को क्या कहते हैं? *[RRB 2018]*
(a) घर्षण बल
(b) उत्प्लावन बल
(c) गुरुत्व बल
(d) गुरुत्वाकर्षण बल

47. निम्न में से कौन-सा कथन गलत है? *[RRB 2018]*
(a) यदि उत्प्लावन बल वस्तु के भार से कम हो, तो वस्तु तैरती है।
(b) यदि उत्प्लावन बल वस्तु के भार से अधिक हो, तो वस्तु तैरती है।
(c) यदि उत्प्लावन बल वस्तु के भार के बराबर हो, तो वस्तु तरल के अन्दर तैरती है।
(d) यदि उत्प्लावन बल वस्तु के भार से कम हो, तो वस्तु डूब जाती है।

48. यदि किसी वस्तु को पानी में डूबी हुई अवस्था में तोला जाए, तो हवा में लिए गए भार की तुलना में उसके भार पर क्या प्रभाव होगा? *[NDA 2017]*
(a) वृद्धि होगी
(b) कमी होगी
(c) वही (एकसमान) बना रहेगा
(d) वृद्धि अथवा कमी का पूर्वानुमान नहीं किया जा सकता

49. निम्न में से क्या आर्किमिडीज के सिद्धान्त पर आधारित नहीं है? *[RRB 2018]*
(a) हाइड्रोमीटर (b) लैक्टोमीटर
(c) ओडोमीटर (d) पनडुब्बी

50. जहाजों की गति में वृद्धि .... पर आधारित है। *[RRB NTPC 2016]*
(a) आर्किमिडीज का सिद्धान्त
(b) फैराडे के नियम
(c) फ्लेमिंग का दाएँ हाथ का नियम
(d) न्यूटन का गति का द्वितीय नियम

51. सीसे के एक टुकड़े सहित बर्फ का एक ब्लॉक (खण्ड) पानी में तैरता है। यदि बर्फ पिघलती है, तो पानी का स्तर *[SSC 2017]*
(a) ऊपर उठता है
(b) नीचे गिरता है
(c) उतना ही रहता है
(d) पहले गिरता है और फिर उठता है

52. जब कोई जहाज नदी से समुद्र में प्रवेश करता है, तब वह *[SSC 2016]*
(a) थोड़ा-सा ऊपर उठ जाता है
(b) थोड़ा-सा नीचे चला जाता है
(c) उसी स्तर पर रहता है
(d) जिस द्रव्य से बना है, उसके आधार पर ऊपर उठता है या नीचे जाता है

53. कौन-सा नियम/सिद्धान्त बताता है कि जब किसी वस्तु को किसी तरल में पूर्ण या आंशिक रूप से डुबाया जाता है, तो वह ऊपर की दिशा में एक बल का अनुभव करती है जो वस्तु द्वारा हटाए तरल के भार के बराबर होता है? *[SSC 2017]*
(a) बॉयल का नियम (b) चार्ल्स का नियम
(c) आर्किमिडीज का सिद्धान्त (d) पास्कल का नियम

ससंजक व आसंजक बल, पृष्ठ तनाव तथा पृष्ठ ऊर्जा

54. दो भिन्न पदार्थों के अणुओं के मध्य कार्यरत् बल को कहते हैं
(a) आसंजक बल (b) ससंजक बल
(c) श्यान बल (d) सीमान्त बल

55. पारा एक काँच या लकड़ी की छड़ी को भिगोता नहीं है। यह दर्शाता है कि पारे के लिए ससंजक बल
(a) आसंजक बल से अधिक है (b) आसंजक बल से कम है
(c) आसंजक बल के बराबर है (d) शून्य है

56. पृष्ठ तनाव निम्न बल के कारण उत्पन्न होता है
(a) गुरुत्वीय बल (b) नाभिकीय बल
(c) विद्युतचुम्बकीय बल (d) वायुदाब

57. द्रव का पृष्ठ तनाव
(a) पृष्ठ क्षेत्रफल के साथ बढ़ता है
(b) पृष्ठ क्षेत्रफल के साथ घटता है
(c) ताप के साथ बढ़ता है
(d) ताप के साथ घटता है

58. द्रव का पृष्ठ तनाव निर्भर नहीं करता है
(a) द्रव के ताप पर
(b) द्रव की सतह के क्षेत्रफल पर
(c) द्रव की अशुद्धि पर
(d) मुक्त पृष्ठ के ऊपर के वातावरण पर

59. साबुन के द्वारा सतहों को साफ करने का सिद्धान्त आधारित है
(a) श्यानता पर (b) प्लवन पर [NDA 2010]
(c) प्रत्यास्थता पर (d) पृष्ठ तनाव पर

60. वर्षा की बूँदें गोलाकार होती हैं, क्योंकि
(a) वे बहुत ऊँचाई से गिरती हैं (b) हवा में प्रतिरोध होता है
(c) जल में पृष्ठ तनाव होता है (d) इनमें से कोई नहीं

61. तेल की बूँद पानी पर फैल जाती है, क्योंकि [SSC 2014]
(a) तेल पानी से हल्का होता है
(b) तेल अधिक श्यान होता है
(c) तेल पानी में नहीं घुलता है
(d) तेल का पृष्ठ तनाव पानी से बहुत कम होता है

62. वर्षा की बूँदें जब समतल सतह पर गिरती हैं, तो क्यों फैल जाती है?
[SSC CAPFs 2019]
(a) गुरुत्व के कारण
(b) वातावरणीय दबाव के कारण
(c) वायु में भँवर धारा (Eddy current) के कारण
(d) कण के पृष्ठ तनाव के कारण

63. लोहे की सुई पानी की सतह पर किस कारण से तैरती रहती है?
[UPPCS (Mains) 2012]
(a) पानी के उत्प्लावन के कारण
(b) पृष्ठ तनाव के कारण
(c) श्यानता के कारण
(d) गुरुत्वाकर्षण बल के कारण

64. पानी का पृष्ठ तनाव अपमार्जक मिलाने पर [SSC 2011]
(a) बढ़ जाता है (b) घट जाता है
(c) कोई परिवर्तन नहीं होता (d) शून्य हो जाता है

65. निम्नलिखित में से कौन-सा एक, पृष्ठ तनाव का परिणाम नहीं है?
(a) वर्षा की लगभग गोलाकार बूँद [NDA 2015]
(b) केशिकीय उन्नयन
(c) साबुन या डिटर्जेण्ट द्वारा मैल का दूर होना
(d) किसी द्रव का प्रवाह

66. पृष्ठ ऊर्जा का SI मात्रक है
(a) जूल/मी^{2} (b) जूल-मी (c) जूल-मी^{3} (d) जूल/मी

स्पर्श कोण तथा केशिकात्व

67. यदि द्रव ठोस सतह को गीला न करे, तो स्पर्श कोण
(a) अधिक कोण होगा (b) समकोण होगा
(c) न्यून कोण होगा (d) शून्य होगा

68. यदि द्रव, ठोस सतह को गीला करे, तो स्पर्श कोण होता है
(a) अधिक कोण (b) समकोण
(c) न्यून कोण (d) शून्य

69. द्रव में साबुन मिलाने से स्पर्श कोण
(a) घटता है (b) बढ़ता है
(c) अपरिवर्तित रहता है (d) इनमें से कोई नहीं

70. लालटेन की बत्ती में केरोसीन तेल किसके कारण ऊपर उठता है?
[NDA 2014]
(a) वायु की उत्प्लावकता (b) बत्ती से होकर तेल का विसरण
(c) बत्ती में केशिका क्रिया (d) बत्ती का गुरुत्वीय आकर्षण

71. काँच की एक प्लेट पर पानी की बूँद फैलकर एक पतली परत बन जाती है जबकि पारे की बूँद गोलाकार बनी रहती है क्योंकि
(a) पारा एक धातु है [SSC CGL 2016]
(b) पारे का घनत्व, पानी के घनत्व से ज्यादा होता है
(c) काँच के साथ पानी की सम्बद्धता, इसकी अनुशक्ति से अधिक होती है
(d) काँच के साथ पानी की सम्बद्धता, इसकी अनुशक्ति से कम होती है

72. निम्नलिखित कथनों पर विचार कीजिए [IAS 2012]
यदि केशिकात्व की परिघटना नहीं होती, तो
I. केरोसिन दीप का उपयोग मुश्किल हो जाता।
II. कोई मृदु पेय का उपभोग करने के लिए स्ट्रॉ का प्रयोग नहीं कर पाता।
III. स्यायी-सोखता पत्र काम करने में विफल हो जाता।
IV. बड़े पेड़, जिन्हें हम अपने चारों ओर देखते हैं, पृथ्वी पर नहीं उगते।
उपर्युक्त में से कौन-से कथन सही हैं?
(a) I, II और III (b) I, III और IV
(c) II और IV (d) ये सभी

क्रान्तिक वेग तथा बरनौली प्रमेय

73. रेनॉल्ड्स के अनुसार क्रान्तिक वेग का मान होता है
(a) $\frac{\rho D}{R_e \eta}$ (b) $\frac{R_e \eta \rho}{D}$ (c) $\frac{R_e \eta}{\rho D}$ (d) $\frac{R_e \eta}{\rho}$

74. किसी संकीर्ण नली में धारारेखीय द्रव प्रवाह के लिए रेनॉल्ड्स संख्या का मान होगा
(a) $R_e < 2000$ (b) $R_e > 3000$
(c) $2000 < R_e > 3000$ (d) इनमें से कोई नहीं

75. $A \times V =$ नियतांक प्रदर्शित करता है

(a) अविरत्ता का सिद्धान्त (b) बरनौली प्रमेय
(c) स्टोक्स प्रमेय (d) श्यान बल

76. बरनौली सिद्धान्त निम्नलिखित में से किस एक नियम पर आधारित है?

(a) द्रव्यमान संरक्षण (b) संवेग संरक्षण *[NDA 2014]*
(c) कोणीय संवेग (d) ऊर्जा संरक्षण

77. बरनौली सिद्धान्त की व्याख्या सम्बन्धित नहीं है

(a) गतिशील वायुयान के ऊपर उठने से
(b) ऑटोमोबाइल के कारब्यूरेटर से
(c) बॉल की स्पिन गति से
(d) हृदय-आघात से

78. कणित्री किस सिद्धान्त पर आधारित होता है?

(a) न्यूटन के गति के नियम पर (b) बॉयल के नियम पर
(c) बरनौली के नियम पर (d) आर्किमिडीज के सिद्धान्त पर

श्यानता तथा स्टोक्स का नियम

79. किसी बहते हुए द्रव की किन्हीं दो परतों के बीच कार्य करने वाला श्यान बल

(a) परतों के स्पर्श क्षेत्रफल के समानुपाती होता है।
(b) परतों के स्पर्श क्षेत्रफल के व्युत्क्रमानुपाती होता है।
(c) परतों के बीच की वेग प्रवणता के व्युत्क्रमानुपाती होता है।
(d) उपरोक्त में से कोई नहीं

80. निम्न में से किसकी श्यानता अधिक होती है?

(a) शहद (b) दूध
(c) कोलतार (d) जल

81. ताप बढ़ने के साथ द्रव की श्यानता *[PCS (Pre) 2016]*

(a) बढ़ती है
(b) घटती है
(c) अपरिवर्तित रहती है
(d) द्रव की प्रकृति के अनुसार बढ़ या घट सकती है

82. निम्नलिखित पर विचार कीजिए।

1. ताप बढ़ने पर गैसों की श्यानता घटती है।
2. ताप बढ़ने पर द्रवों की श्यानता बढ़ती है।

उपरोक्त में से कौन-सा/से कथन सही है/हैं?

(a) केवल 1 (b) केवल 2
(c) 1 और 2 दोनों (d) न तो 1 और न ही 2

83. श्यान बल का व्यंजक है

(a) $6\pi\eta rv^2$ (b) $\pi\eta rv$
(c) $6\pi\eta rv$ (d) $6\pi\eta r^2 v$

उत्तरमाला

1 (b)	2 (b)	3 (c)	4 (c)	5 (a)	6 (b)	7 (a)	8 (d)	9 (b)	10 (a)
11 (b)	12 (b)	13 (c)	14 (b)	15 (c)	16 (b)	17 (c)	18 (b)	19 (c)	20 (a)
21 (c)	22 (b)	23 (c)	24 (d)	25 (b)	26 (c)	27 (c)	28 (a)	29 (d)	30 (c)
31 (c)	32 (c)	33 (b)	34 (d)	35 (a)	36 (c)	37 (b)	38 (a)	39 (c)	40 (c)
41 (b)	42 (a)	43 (b)	44 (b)	45 (a)	46 (b)	47 (a)	48 (b)	49 (c)	50 (a)
51 (c)	52 (a)	53 (c)	54 (a)	55 (a)	56 (c)	57 (d)	58 (b)	59 (d)	60 (c)
61 (d)	62 (d)	63 (b)	64 (b)	65 (d)	66 (a)	67 (a)	68 (c)	69 (a)	70 (c)
71 (c)	72 (b)	73 (c)	74 (a)	75 (a)	76 (d)	77 (b)	78 (c)	79 (a)	80 (c)
81 (b)	82 (d)	83 (c)							

उत्तर सहित व्याख्या

13. (c) यंग प्रत्यास्थता गुणांक $= \dfrac{\text{प्रतिबल}}{\text{विकृति}}$ अर्थात् यदि विकृति को दोगुना कर दिया जाए, तो प्रतिबल भी दोगुना हो जाएगा अर्थात् यंग प्रत्यास्थता गुणांक समान रहेगा।

15. (c) हम जानते हैं, कि

यंग प्रत्यास्थता गुणांक $= \dfrac{\text{प्रतिबल}}{\text{विकृति}}$

अर्थात् यंग प्रत्यास्थता गुणांक और प्रतिबल तब बराबर होंगे, जब विकृति $\left(\dfrac{\Delta L}{L}\right)$ का मान 1 प्राप्त होगा। अतः तार की लम्बाई को दोगुना करने पर ही विकृति $\left(\dfrac{\Delta L}{L}\right)$ का मान 1 प्राप्त होगा।

21. (c) दिया है, $A = 10^{-6}$ मी²

$$\frac{\Delta L}{L} = \frac{0.1}{100}$$

$$\Rightarrow \quad F = 1000 \text{ न्यूटन}$$

यंग प्रत्यास्थता गुणांक, $Y = \dfrac{\text{प्रतिबल}}{\text{विकृति}} = \dfrac{F/A}{\Delta L/L}$

$$= \frac{1000 \times 1000}{10^{-6} \times 1} = 10^{12} \text{ न्यूटन/मी}^2$$

29. (d) सूत्र $p = \dfrac{F}{A}$ से ज्ञात होता है, कि क्षेत्रफल कम होने पर दाब अधिक लगेगा, इसलिए गाड़ने वाले स्थान पर दाब का मान बढ़ाने के लिए कील एक सिरे पर नुकीली बनाई जाती है।

30. (c) क्षेत्रफल कम होने पर दाब अधिक लगता है। अतः एक पैर पर खड़े व्यक्ति द्वारा दाब अधिक लगेगा।

38. (a) सूत्र $p = hdg$ से ज्ञात होता है कि द्रव की गहराई बढ़ने के साथ द्रव का दाब बढ़ता है।

41. (b) दाब, $p = \dfrac{F}{A}$

अतः दाब प्रति इकाई क्षेत्रफल पर लगने वाले बल के बराबर होता है।

हाइड्रॉलिक लिफ्ट पास्कल नियम के सिद्धान्त पर आधारित है।

55. (a) पारे के अणुओं के बीचससंजक बल, पारे तथा काँच या लकड़ी के अणुओं के बीच लगने वाले आसंजक बल से अधिक होता है।

56. (c) पृष्ठ तनाव अन्तराणविक बलों के कारण उत्पन्न होता है, जो विद्युतचुम्बकीय बल है।

78. (c) कणित्री बरनौली के सिद्धान्त पर कार्य करता है। इस उपकरण की सहायता से द्रव की धार को छोटी-छोटी बूँदों में विभक्त कर फुहार (Spray) के रूप में बदला जाता है।

अध्याय

06

ऊष्मा और ऊष्मागतिकी

Heat and Thermodynamics

ऊष्मा

- किन्हीं दो वस्तुओं के बीच उनके तापान्तर के कारण स्थानान्तरित होने वाली ऊर्जा को ऊष्मा (Heat) कहते हैं। SI पद्धति में ऊष्मा का मात्रक जूल है। ऊष्मा का व्यावहारिक मात्रक कैलोरी होता है।

$$1 \text{ कैलोरी} = 4.186 \text{ जूल}$$

ताप

- किसी वस्तु का वह गुण जो यह बताता है कि वस्तु कितनी गर्म या ठण्डी है, ताप (Temperature) कहलाता है।
- **तापमापी** (Thermometer) किसी वस्तु के ताप को मापने में उपयोग होने वाले उपकरण को तापमापी कहते हैं।

तापमापी	उपस्थित द्रव/गैस	परास
द्रव तापमापी	ऐल्कोहॉल या पारा	– 40°C से 350°C
डॉक्टरी तापमापी	पारा	95°F से 110°F
गैस तापमापी	हाइड्रोजन या नाइट्रोजन	500°C तक या 1500°C तक
प्लेटिनम प्रतिरोध तापमापी		– 200°C से 1200°C

- पिघलते हुए बर्फ के ताप को **हिमांक** (Ice point) तथा उबलते हुए जल की भाप के ताप को **भाप बिन्दु** (Steam point) कहते हैं।
- साधारणतः चार ताप पैमाने उपयोग में लाये जाते हैं–
सेल्सियस पैमाना (°C), केल्विन पैमाना (K), फॉरेनहाइट पैमाना (°F) तथा रियूमर पैमाना (°R)
- ताप के विभिन्न पैमानों में निम्न सम्बन्ध होता है

$$\frac{C}{5} = \frac{F-32}{9} = \frac{K-273}{5} = \frac{R}{4} = \frac{Ra-460}{10.6}$$

- सेल्सियस तापमान, एक निरपेक्ष तापमान होता है।
- किसी भी वस्तु का ताप – 273.15°C अथवा 0 K से कम नहीं हो सकता है, जिसे **परम शून्य ताप** कहते हैं।

ऊष्मीय प्रसार

ताप में वृद्धि के साथ, पदार्थ के भौतिक गुणों में परिवर्तन की प्रक्रिया को ऊष्मीय प्रसार (Thermal expansion) कहते हैं।

विभिन्न ऊष्मीय प्रसार तथा उनके गुणांकों के सूत्र नीचे दिए गए हैं

ऊष्मीय प्रसार	सूत्र
रेखीय प्रसार	रेखीय प्रसार गुणांक, $\alpha = \dfrac{\text{लम्बाई में वृद्धि } (\Delta L)}{\text{प्रारम्भिक लम्बाई } (L) \times \text{ताप में वृद्धि } (\Delta\theta)}$
क्षेत्रीय प्रसार	क्षेत्रीय प्रसार गुणांक, $\beta = \dfrac{\text{क्षेत्रफल में वृद्धि } (\Delta A)}{\text{प्रारम्भिक क्षेत्रफल } (A) \times \text{ताप में वृद्धि } (\Delta\theta)}$
आयतन प्रसार	आयतन प्रसार गुणांक, $\gamma = \dfrac{\text{आयतन में वृद्धि } (\Delta V)}{\text{प्रारम्भिक आयतन } (V) \times \text{ताप में वृद्धि } (\Delta\theta)}$

- रेखीय, क्षेत्रीय तथा आयतन प्रसार गुणांक में निम्न सम्बन्ध होता है

$$\alpha : \beta : \gamma = 1 : 2 : 3$$

- रेखीय, क्षेत्रीय तथा आयतन प्रसार गुणांक का मात्रक प्रति °C या प्रति K होता है।

विशिष्ट ऊष्मा

- किसी पदार्थ के एकांक द्रव्यमान का ताप 1°C बढ़ाने के लिए आवश्यक ऊष्मा की मात्रा को पदार्थ की विशिष्ट ऊष्मा (Specific heat) कहते हैं।

$$\text{विशिष्ट ऊष्मा, } S = \frac{Q}{m\Delta T} \text{ जूल/किग्रा केल्विन}$$

यहाँ, Q = पदार्थ को दी गई ऊष्मा, m = पदार्थ का द्रव्यमान तथा ΔT = ताप में वृद्धि

- **मोलर विशिष्ट ऊष्मा** (Molar specific heat) किसी पदार्थ के 1 ग्राम मोल का ताप 1°C बढ़ाने के लिए आवश्यक ऊष्मा की मात्रा को उस पदार्थ की मोलर विशिष्ट ऊष्मा कहते हैं।
- स्थिर आयतन पर गैस की विशिष्ट ऊष्मा (C_V) तथा स्थिर दाब पर गैस की विशिष्ट ऊष्मा (C_p) के मध्य निम्न सम्बन्ध होता है

$$C_p - C_V = R \text{ (मेयर सूत्र)}$$

यहाँ, R = गैस नियतांक

- **ऊष्मा धारिता** (Heat capacity) किसी पदार्थ के तापमान में 1°C या 1 K की वृद्धि करने के लिए आवश्यक ऊष्मा की मात्रा को उस पदार्थ की ऊष्मा धारिता कहते हैं।

  ऊष्मा धारिता, $C=$ द्रव्यमान $\times$ विशिष्ट ऊष्मा (जूल/केल्विन)

- **जल तुल्यांक** (Water equivalent) किसी वस्तु का जल तुल्यांक जल का वह द्रव्यमान है जो उतने परिमाण की ऊष्मा अवशोषित या निष्कासित करता है जो समान ताप की वृद्धि या कमी के लिए किसी वस्तु के द्वारा अवशोषित या निष्कासित की जाती है। इसका मात्रक ग्राम होता है।

  $$w = m \times s$$

  जहाँ, $s=$ विशिष्ट ऊष्मा धारिता

- **कैलोरीमिति का सिद्धान्त** (Principle of calorimetry) जब दो भिन्न-भिन्न ताप की वस्तुओं को आपस में मिलाया जाता है, तो अधिक ताप वाली वस्तु से कम ताप वाली वस्तु में ऊष्मा का स्थानान्तरण तब तक होता है जब तक कि दोनों वस्तुओं का तापमान समान न हो जाए।

  गर्म वस्तु द्वारा दी गई ऊष्मा = ठण्डी वस्तु द्वारा ली गई ऊष्मा

गुप्त ऊष्मा

- किसी निश्चित ताप पर किसी पदार्थ के एकांक द्रव्यमान की अवस्था परिवर्तन के लिए उसे दी जाने वाली अथवा ली जाने वाली ऊष्मा की मात्रा को उस पदार्थ की गुप्त ऊष्मा (Latent heat) कहते हैं।

  $$L = \frac{Q}{m} \text{ कैलोरी/ग्राम}$$

- एक वायुमण्डलीय दाब पर बर्फ के गलन की गुप्त ऊष्मा 80 कैलोरी/ग्राम या 3.36×10^5 जूल/किग्रा होती है।
- एक वायुमण्डलीय दाब पर जल के वाष्पन की गुप्त ऊष्मा 539 कैलोरी/ग्राम या 22.6×10^5 जूल/किग्रा होती है।

ऊष्मा संचरण

- किसी वस्तु में तापान्तर के कारण ऊष्मा संचरण की क्रिया को ऊष्मा संचरण (Heat transmission) कहते हैं।
- **चालन** (Conduction) किसी वस्तु में उच्च ताप वाले कण द्वारा निम्न ताप वाले कणों को ऊष्मा प्रदान कर ऊष्मा का संचरण किया जाता है, तो इस संचरण को चालन कहते हैं।
- **संवहन** (Convection) ऊष्मीय संचरण की वह विधि, जिसमें ऊष्मा का प्रवाह उच्च ताप वाले स्थान से निम्न ताप वाले स्थान की ओर माध्यम के कणों की सहायता से होता है, संवहन कहलाती है।
- **विकिरण** (Radiation) ऊष्मा स्थानान्तरण की वह विधि, जिसमें ऊष्मा प्रकाश की चाल से सरल रेखा में चलकर माध्यम को बिना गर्म किए एक स्थान से दूसरे स्थान तक स्थानान्तरित होती है, विकिरण कहलाती है।
- **ऊष्मा चालकता** (Thermal conductivity) किसी पदार्थ में चालन द्वारा ऊष्मा का संचरण, ऊष्मा चालकता कहलाता है।

  $$\text{ऊष्मा चालकता, } Q = KA\,\frac{(\theta_1 + \theta_2)t}{l}$$

  यहाँ, θ_1 तथा $\theta_2 =$ छड़ के सिरों के ताप, $A =$ छड़ के अनुप्रस्थ-काट का क्षेत्रफल, $l =$ छड़ की लम्बाई, $t =$ समय तथा $K =$ ऊष्मा चालकता गुणांक

- **न्यूटन का शीतलन नियम** (Newton's law of cooling) इस नियम के अनुसार, किसी गर्म वस्तु की ऊष्मा हानि की दर वस्तु तथा उसके परिवेश के तापान्तर के अनुक्रमानुपाती होती है।
- **कृष्णिका** (Black body) कृष्णिका वह वस्तु है जो अपने पृष्ठ पर गिरने वाले सम्पूर्ण विकिरण को पूर्ण रूप से अवशोषित कर लेती है। आदर्श कृष्णिका के लिए अवशोषण क्षमता $a_\lambda = 1$ होती है।
- **किरचॉफ का विकिरण नियम** (Kirchhoff's law of radiation) किसी निश्चित ताप पर किसी दी हुई तरंगदैर्ध्य के लिए सभी पृष्ठों की उत्सर्जन क्षमता e_λ तथा अवशोषण क्षमता a_λ की निष्पत्ति समान एवं नियत होती है।

  $$\frac{e_\lambda}{a_\lambda} = E_\lambda \text{ (नियतांक)}$$

- **स्टीफन का नियम** (Stefan's law) किसी आदर्श कृष्णिका के प्रति एकांक क्षेत्रफल से प्रति सेकण्ड उत्सर्जित विकिरण की मात्रा उसके परमताप की चतुर्थ घात के समानुपाती होती है।

  $$E \propto T^4$$

  $$\Rightarrow \quad E = \sigma T^4$$

  यहाँ, $\sigma =$ स्टीफन नियतांक $= 5.67 \times 10^{-8}$ वाट मी$^{-2}$ केल्विन$^{-4}$

- **वीन का विस्थापन नियम** (Wien's law of displacement) किसी वस्तु का ताप बढ़ाने पर उससे उत्सर्जित अधिकतम ऊर्जा के संगत तरंगदैर्ध्य घटती जाती है तथा किसी दिए गए ताप पर इस तरंगदैर्ध्य का मान परमताप के व्युत्क्रमानुपाती होता है।

  $$\lambda_{\text{अधिकतम}} \propto \frac{1}{T}$$

ऊष्मागतिकी

- भौतिक विज्ञान की वह शाखा, जिसमें ऊष्मा एवं यान्त्रिक ऊर्जा के बीच सम्बन्ध तथा उनके परस्पर रूपान्तरण का अध्ययन किया जाता है, ऊष्मागतिकी (Thermodynamics) कहलाती है।
- **ऊष्मागतिकी का शून्य नियम** (Zeroth law of thermodynamics) यदि दो निकाय किसी तीसरे निकाय के साथ अलग-अलग तापीय साम्य में हैं, तो दोनों निकाय परस्पर तापीय साम्य में होगें।
- **ऊष्मागतिकी का प्रथम नियम** (First law of thermodynamics) किसी निकाय को दी गई ऊष्मा (ΔQ), परिवेश के विरुद्ध निकाय के द्वारा किए गए कार्य (ΔW) और आन्तरिक ऊर्जा (ΔU) में वृद्धि के योग के बराबर होती है।

  $$\Delta Q = \Delta U + \Delta W$$

  चक्रीय प्रक्रम, समदाबी प्रक्रम, समआयतनिक प्रक्रम, समतापी प्रक्रम तथा रुद्धोष्म प्रक्रम ऊष्मागतिकी के प्रथम नियम पर आधारित हैं।

- **ऊष्मागतिकी का द्वितीय नियम** (Second law of thermodynamics) **केल्विन-प्लांक के कथन अनुसार**, ऐसा कोई प्रक्रम सम्भव नहीं है, जो स्रोत से ऊष्मा लेकर कार्यकारी पदार्थ में बिना कुछ परिवर्तन किए उसे पूर्णतः कार्य में बदल सके, दूसरे शब्दों में, ऊष्मा इंजन में ऊष्मा को पूर्ण रूप से कार्य में नहीं बदला जा सकता है।

  क्लॉसियस के कथन अनुसार, किसी भी स्वतः चालित मशीन के द्वारा, बिना किसी बाह्य ऊर्जा स्रोत अथवा कार्य की सहायता के, ऊष्मा को किसी शीतल वस्तु से लेकर तप्त वस्तु को देना असम्भव है।

  इस प्रकार के इंजन की दक्षता सदैव 1 से कम होती है। इस कथन पर **एयर कंडीशनर** (Air conditioner) आधारित है।

- **ऊष्मा इंजन** (Heat engine) वह युक्ति जिसके द्वारा ऊष्मा का रूपान्तरण यान्त्रिक कार्य में किया जा सकता है, ऊष्मा इंजन कहलाती है।

  इंजन द्वारा प्रति चक्र किया गया कुल कार्य या कार्यकारी पदार्थ द्वारा स्रोत से ली गई प्रति चक्र कुल ऊष्मा का अनुपात ऊष्मा इंजन की **तापीय दक्षता** (Thermal efficiency) कहलाती है।

चैप्टर प्रैक्टिस

ऊष्मा तथा ताप

1. 1 कैलोरी तुल्य है
(a) 4.186 जूल
(b) 4.216 जूल
(c) 4.926 जूल
(d) 4.291 जूल

2. एक स्वस्थ मनुष्य के शरीर का ताप होता है *[PCS 2005]*
(a) 37°C
(b) 37°F
(c) 98.4°C
(d) 98.4°F

3. सेल्सियस तापमान है *[CDS 2013]*
(a) एक सापेक्ष तापमान
(b) एक निरपेक्ष तापमान
(c) एक विशिष्ट तापमान
(d) एक सन्निकट तापमान

4. ताजे पानी का हिमांक बिन्दु क्या है? *[SSC CGL 2014]*
(a) 4°C
(b) 3°C
(c) 5°C
(d) 0°C

5. 0° C का मान केल्विन पैमाने में होता है
(a) 272
(b) 273
(c) 274
(d) 275

6. न्यूनतम सम्भव ताप है
(a) 0°C
(b) 0°F
(c) –273°C
(d) –273 K

7. केल्विन पैमाने पर जल का हिमांक होता है
(a) 0
(b) 100
(c) 273
(d) –273

8. थर्मामीटर में आम तौर पर पारे का प्रयोग किया जाता है क्योंकि इसमें *[SSC 2012]*
(a) उच्च तरलता होती है
(b) उच्च सघनता होती है
(c) उच्च चालकता होती है
(d) उच्च विशिष्ट ऊष्मा होती है

9. सेण्टीग्रेड, जो तापमान की इकाई है, निम्नलिखित में से किस पर नामित है? *[RRB NTPC 2016]*
(a) केल्विन
(b) जीन-पीयर-क्रिस्टिन
(c) पाटेन स्ट्रोमर
(d) एण्डर्स सेल्सियस

10. 'परम शून्य ताप' क्या है? *[PCS (Pre) 2010]*
(a) किसी भी तापमान पैमाने का आरम्भिक बिन्दु
(b) सैद्धानिक रूप से न्यूनतम सम्भव तापमान
(c) वह तापमान जिस पर सभी द्रव पदार्थों के वाष्प जम जाते हैं
(d) वह तापमान जिस पर सभी पदार्थ वाष्पीय प्रावस्था में होते हैं

11. एक निश्चित प्रतिदर्श के लिए केल्विन तापमापी और फॉरेनहाइट तापमापी, दोनों का पाठ्यांक समान है। सेल्सियस तापमापी में उसका संगत पाठ्यांक क्या होगा? *[NDA 2017]*
(a) 574°C (b) 301°C (c) 273°C (d) 232°C

12. परम शून्य ताप अर्थात् जिसके नीचे ताप प्राप्त नहीं किया जा सकता, लगभग कितना होता है? *[NDA 2015]*
(a) 0°C (b) 273°C (c) – 273°C (d) – 300°C

13. सेल्सियस तथा फॉरेनहाइट पैमाने में सम्बन्ध है
(a) $C = \frac{9}{5}(F - 32)$
(b) $C = \frac{5}{9}(F - 32)$
(c) $C = \frac{9}{5}(F + 32)$
(d) $C = \frac{5}{9}(F + 32)$

14. शून्य डिग्री सेण्टीग्रेड (Centigrade), कितने डिग्री फॉरेनहाइट (Fahrenheit) के बराबर होता है? *[RRB NTPC 2016]*
(a) 100°F
(b) 30°F
(c) 34°F
(d) 32°F

15. एक उजले (धूप वाले) दिन किसी स्थान का तापमान फॉरेनहाइट पैमाने (स्केल) पर 113°F है। इस तापमान का केल्विन स्केल पाठ्यांक कितना होगा? *[NDA 2019]*
(a) 318 K
(b) 45 K
(c) 62.8 K
(d) 335.8 K

16. मानव शरीर का सामान्य तापक्रम 98.4°F है। इसके बराबर °C में तापक्रम है *[UPPCS (Pre) 2015]*
(a) 40.16
(b) 36.89
(c) 35.72
(d) 32.36

17. कितना तापमान होने पर पाठ्यांक सेल्सियस और फॉरेनहाइट तापमापियों में एक ही होंगे? *[SSC JE 2018]*
(a) – 40
(b) 212
(c) 40
(d) 100

18. ऑक्सीजन –180°C पर उबलती है। यह ताप है
(a) –292° F
(b) 329°F
(c) 361°F
(d) 373°F

19. फॉरेनहाइट और सेल्सियस के बीच रूपान्तरण का सूत्र $F = X + (1.8 \times C)$ है। इसमें घटक X कितना है? *[NDA 2019]*
(a) 32
(b) 22
(c) 98
(d) 42

20. ठंडे देशों में पारे के स्थान पर अल्कोहॉल को तापमापी द्रव के रूप में वरीयता दी जाती है क्योंकि *[NDA 2017]*
(a) अल्कोहॉल का द्रवांक निम्नतर होता है
(b) अल्कोहॉल ऊष्मा का बेहतर संचालक होता है
(c) अल्कोहॉल पारे से अधिक सस्ता होता है
(d) अल्कोहॉल का विश्व उत्पादन पारे से अधिक होता है

21. H_2O का घनत्व किस ताप पर अधिकतम होता है?
(a) 32°F
(b) 42°F
(c) 4°F
(d) 39.2°F

ऊष्मीय प्रसार

22. किसी छड़ को गर्म करने पर उसमें होने वाला प्रसार निर्भर नहीं करता है
(a) छड़ के पदार्थ पर
(b) ताप में वृद्धि पर
(c) प्रारम्भिक लम्बाई पर
(d) इनमें से कोई नहीं

23. क्षेत्रीय प्रसार गुणांक का मात्रक है

(a) केल्विन/ग्राम (b) मी^{2}/ °C
(c) किलोकेल्विन/किग्रा (d) प्रति °C

24. किसी पदार्थ के 1 घन मीटर आयतन में 1°C ताप बढ़ाने पर प्राप्त आयतन में वृद्धि बराबर होती है

(a) आयतन प्रसार गुणांक के (b) क्षेत्रीय प्रसार गुणांक के
(c) रेखीय प्रसार गुणांक के (d) इनमें से कोई नहीं

25. ठोस की अपेक्षा द्रव का प्रसार गुणांक मापने में कठिनाई क्यों होती है? *[NDA 2017]*

(a) द्रव सभी तापमानों पर वाष्पित होते हैं
(b) द्रव अधिक ऊष्मा चालित करते हैं
(c) गर्म करने पर द्रवों का बहुत अधिक प्रसार होता है
(d) गर्म करने पर उनके पात्रों का भी प्रसार होता है

26. किसी लोहे की गेंद को गर्म करने पर सबसे अधिक प्रतिशत वृद्धि होगी

(a) त्रिज्या में (b) क्षेत्रफल में
(c) आयतन में (d) द्रव्यमान में

27. रेल की दो पटरियों के मध्य जोड़ पर कुछ स्थान छोड़ा जाता है क्योंकि

(a) ऐसे स्थान छोड़ने से कुछ लागत बचती है
(b) आवश्यक गुरुत्व बल उत्पन्न करने के लिए
(c) धातु गर्म करने पर फैलती है तथा ठण्डी करने पर संकुचित होती है
(d) उपरोक्त में से कोई नहीं

28. किसी ताप T पर एक काँसे की पिन एक स्टील गुटके में किए गए छिद्र में फिट होने में थोड़ी बड़ी है। सही फिट होने के लिए आवश्यक ताप परिवर्तन न्यूनतम होगा जब

(a) केवल पिन को ठण्डा किया जाए
(b) केवल गुटके को गर्म किया जाए
(c) गुटके व पिन दोनों को एक साथ गर्म किया जाए
(d) गुटके व पिन दोनों को एक साथ ठण्डा किया जाए

29. यदि किसी धातु का क्षेत्रीय प्रसार गुणांक β है, तो उसका आयतन प्रसार गुणांक होगा

(a) $\frac{\beta}{2}$ (b) 3β
(c) $\frac{3\beta}{2}$ (d) $\frac{2\beta}{3}$

30. किसी पदार्थ का क्षेत्रीय प्रसार गुणांक 1.6×10^{-5} केल्विन$^{-1}$ है। इस पदार्थ के आयतन प्रसार गुणांक का मान निम्नलिखित में से कौन-सा है? *[NDA 2019]*

(a) 0.8×10^{-5} केल्विन$^{-1}$ (b) 2.4×10^{-5} केल्विन$^{-1}$
(c) 3.2×10^{-5} केल्विन$^{-1}$ (d) 4.8×10^{-5} केल्विन$^{-1}$

विशिष्ट ऊष्मा तथा ऊष्मा धारिता

31. विशिष्ट ऊष्मा का SI मात्रक है

(a) जूल/किग्रा-केल्विन (b) जूल-किग्रा-केल्विन
(c) जूल-किग्रा (d) जूल-केल्विन

32. गैसों के दो विशिष्ट ताप इसके द्वारा सम्बन्धित हैं *[SSC CGL 2015]*

(a) $C_p + C_V = RJ$ (b) $C_p - C_V = \frac{R}{J}$
(c) $C_p - C_V = RJ$ (d) $\frac{C_p}{C_V} = R$

33. किसी पिण्ड की विशिष्ट ऊष्मा के बारे में निम्न कथनों में कौन-सा/से सही है/हैं? *[NDA 2018]*

I. यह पिण्ड के द्रव्यमान और आकार पर निर्भर होती है।
II. यह पिण्ड के द्रव्यमान और आकार पर निर्भर नहीं होती है।
III. यह केवल पिण्ड के तापमान पर निर्भर होती है।

(a) केवल I (b) II और III (c) I और III (d) केवल II

34. द्रव्यमान तथा विशिष्ट ऊष्मा के गुणफल को कहते हैं

(a) ऊष्मा धारिता (b) विशिष्ट ऊष्मा
(c) घनत्व (d) आर्द्रता

जल तुल्यांक, कैलोरीमिति का सिद्धान्त तथा गुप्त ऊष्मा

35. ऊष्मामापी का जल तुल्यांक है

(a) $w = \frac{m}{s}$ (b) $w = \frac{s}{m}$
(c) $w = m \times s$ (d) $w = ms^2$

36. कैलोरीमापी बने होते हैं

(a) काँच के (b) धातु के
(c) लकड़ी के (d) इनमें से कोई नहीं

37. जल कैलोरीमितिक पदार्थ के रूप में उपयुक्त क्यों नहीं हैं? *[SSC CGL 2015]*

(a) इसमें उच्च विशिष्ट ऊष्मा होती है
(b) यह सुचालक होता है
(c) इसमें उच्च क्वथनांक होता है
(d) इसमें वाष्पीकरण की गुप्त ऊष्मा कम होती है

38. 'ऊष्मा हानि = ऊष्मा वृद्धि' का सम्बन्ध, निम्नलिखित में से किससे निरूपित होता है? *[CDS 2018]*

(a) तापीय सन्तुलन का सिद्धान्त
(b) रंगों का सिद्धान्त
(c) कैलोरीमिति का सिद्धान्त
(d) वाष्पन का सिद्धान्त

39. 'ठण्डे प्रदेशों में झील तथा तालाब के जल का धीरे-धीरे जमना' उदाहरण है

(a) विशिष्ट ऊष्मा का (b) आन्तरिक ऊर्जा का
(c) गुप्त ऊष्मा का (d) इनमें से कोई नहीं

ऊष्मा संचरण

40. दो निकायों के मध्य ऊष्मा के प्रवाह की दिशा निम्नलिखित में से किस पर निर्भर करती हैं? *[SSC JE 2018]*

(a) उनकी विशिष्ट ऊष्मा पर
(b) उनकी गुप्त ऊष्मा पर
(c) उनके ताप पर
(d) उनके स्पर्श के क्षेत्रफल पर

41. ठंड के दिनों में लोहे के गुटके और लकड़ी के गुटके को प्रातः काल छुने पर लोहे का गुटका अधिक ठंडा लगता है, क्योंकि *[UPPCS 2017]*

(a) लोहे के गुटके का व्यास लकड़ी के गुटके से कम होता है
(b) लकड़ी की तुलना में लोहा ऊष्मा का अच्छा चालक है
(c) लकड़ी की तुलना में लोहा ऊष्मा का खराब चालक है
(d) लोहे का टुकड़ा लकड़ी से भारी होता है

42. ऊर्जा सूर्य से पृथ्वी की ओर किस प्रकार का ऊष्मा संचरण करती है? *[SSC CGL 2016]*

(a) चालन (b) संवहन
(c) विकिरण (d) नियमन

43. काले वस्त्रों के मुकाबले श्वेत वस्त्र शीतल क्यों होते हैं? *[SSC 2011]*

(a) अपने पास पहुँचने वाले सभी प्रकाश को अवशोषित कर लेते हैं
(b) उनके पास जो भी प्रकाश पहुँचता है उसे वे परावर्तित कर देते हैं
(c) प्रकाश भेदन नहीं होने देते हैं
(d) सूर्य के प्रकाश को पूर्णतया शीतल कर देते हैं

44. ऊष्मा संचरण की दर किस विधि में अधिकतम होती है?

(a) चालन (b) संवहन
(c) विकिरण (d) सभी में बराबर

45. चालकों में ऊष्मा का संचरण होता है

(a) चालन द्वारा (b) संवहन द्वारा
(c) विकिरण द्वारा (d) इनमें से कोई नहीं

46. लकड़ी की एक चम्मच को आइसक्रीम के प्याले में डुबोया गया है। इसका दूसरा सिरा *[SSC JE 2018]*

(a) चालन प्रक्रिया के द्वारा ठण्डा हो जाएगा
(b) संवहन प्रक्रिया के द्वारा ठण्डा हो जाएगा
(c) विकिरण प्रक्रिया द्वारा ठण्डा हो जाएगा
(d) ठण्डा नहीं होगा

47. थर्मस फ्लास्कों में किसके द्वारा होने वाले ऊष्मा स्थानान्तरण को कम करने के लिए रजतन (Silvering) किया जाता है? *[NDA 2015]*

(a) संवहन
(b) चालन
(c) विकिरण
(d) (a) और (b) दोनों

48. निम्नलिखित में से किस प्रक्रिया में अणुओं की वास्तविक गति के माध्यम से उच्च तापमान से निम्नतर तापमान को ऊष्मा का संचरण होता है? *[SSC CGL 2016]*

(a) चालन (b) संवहन
(c) विकिरण (d) (a) और (b) दोनों

49. निम्नलिखित में से कौन-सा कथन सही नहीं है? *[NDA 2017]*

(a) ऊष्मा के अभिगमन की चालन विधि में, ठोस के अणु अपनी स्थिति से हिले बिना एक अणु से दूसरे अणु की ओर ऊष्मा को आगे बढ़ाते हैं।
(b) किसी पदार्थ के तापमान में वृद्धि करने के लिए आवश्यक ऊष्मा की मात्रा को उसकी विशिष्ट ऊष्मा धारिता कहते हैं।
(c) द्रवों और गैसों में ऊष्मा स्थानान्तरण का प्रक्रम, संवहन विधि के द्वारा होता है।
(d) उच्च तापमान वाली किसी वस्तु से निम्न तापमान की किसी वस्तु में ऊष्मा स्थानान्तरण का प्रक्रम, जो उन वस्तुओं के बीच के स्थान को गर्म किए बिना होता है विकिरण कहलाता है।

50. स्थायी अवस्था में किसी छड़ का ताप

(a) समय के साथ बढ़ता है।
(b) समय के साथ घटता है।
(c) समय के साथ नहीं बदलता तथा छड़ के प्रत्येक बिन्दु पर समान होता है।
(d) समय के साथ नहीं बदलता तथा भिन्न बिन्दुओं पर भिन्न होता है।

51. एक लम्बी एकसमान परिच्छेद की सुचालक छड़ के एक सिरे से दूसरे सिरे तक स्थायी अवस्था में ऊष्मा का प्रवाह हो रहा है। एक सिरे से दूसरे सिरे तक प्रवाहित ऊष्मा अनुक्रमानुपाती नहीं है

(a) परिच्छेद क्षेत्रफल के (b) छड़ की लम्बाई के
(c) दोनों सिरों के तापान्तर के (d) समय के

52. धातु की चायदानियों में लकड़ी के हैंडल क्यों लगे होते हैं? *[SSC 2012]*

(a) लकड़ी ऊष्मा की कुचालक होती है
(b) इससे बिजली का शॉक नहीं लगता
(c) इससे पात्र सुन्दर लगता है
(d) इसमें स्वच्छता होती है

53. निम्नलिखित में से कौन-सा कथन सही है? *[NDA 2018]*

(a) कोई ऊर्जा अन्तरण, जिसमें किसी प्रकार का तापान्तर शामिल नहीं होता है, ऊष्मा नहीं है।
(b) किसी ऊर्जा अन्तरण में तापान्तर हमेशा जरूरी है।
(c) तापन करने पर वस्तु की लम्बाई और आयतन यथार्थ बने रहते हैं।
(d) जब-जब तापान्तर होता है, ऊर्जा अन्तरण का एकमात्र मार्ग ऊष्मा ही होती है।

54. निम्नलिखित में से कौन-सी घटना में ऊष्मीय तरंगें प्रकाश की गति से एक सरल रेखा में आगे बढ़ती हैं? *[NDA 2019]*

(a) ऊष्मीय चालन में (b) ऊष्मा संवहन में
(c) ऊष्मीय विकिरण में (d) (a) और (b) दोनों में

55. संवहन द्वारा ऊष्मा का स्थानान्तरण हो सकता है *[MPPCS (Pre) 2017]*

(a) ठोस एवं द्रव में (b) ठोस एवं निर्वात् में
(c) गैस एवं द्रव में (d) निर्वात् एवं गैस में

56. किसी छड़ का ऊष्मा चालकता गुणांक निर्भर करता है

(a) छड़ के दोनों सिरों के तापान्तर पर
(b) छड़ की लम्बाई पर
(c) छड़ के परिच्छेद क्षेत्रफल पर
(d) छड़ के पदार्थ पर

57. निम्न को सुमेलित कीजिए।

सूची I		सूची II	
A.	संवहन	1.	ऊष्मा रूपान्तरण के कारण अणुओं में संघट्ट होता है।
B.	विकिरण	2.	ऊष्मा का संचरण वस्तु के एक भाग से दूसरे भाग में होता है।
C.	चालक	3.	ऊष्मा रूपान्तरण के कारण ऊष्मीय पदार्थों में वास्तविक गति होती है।
D.	ऊष्मा संचरण	4.	ऊष्मा वैद्युतचुम्बकीय विकिरण के रूप में निकलती है।

कूट

	A	B	C	D		A	B	C	D
(a)	1	4	3	2	(b)	2	3	1	4
(c)	3	4	1	2	(d)	4	1	3	2

न्यूटन का शीतलन नियम तथा किरचॉफ का विकिरण नियम

58. शीतलन की दर किस पर निर्भर करती है? *[SSC CAPFs 2015]*

(a) बॉडी और उसके आसपास की चीजों के बीच तापमान में अन्तर
(b) विकिरणकारी सतह की प्रकृति
(c) विकिरणकारी सतह का क्षेत्र
(d) उपरोक्त सभी

59. निम्नलिखित पर विचार कीजिए
कथन (A) यदि फ्रीजर पर बर्फ इकट्ठी होती है, तो रेफ्रिजरेटर में शीतलन बुरी तरह प्रभावित हो जाता है।
कारण (R) बर्फ एक दुर्बल चालक है।
निम्नलिखित में कौन-सा उत्तर सही है? *[UPPCS (Pre) 2010]*
(a) (A) और (R) दोनों सही हैं तथा (R), (A) का सही स्पष्टीकरण है।
(b) (A) और (R) दोनों सही हैं, किन्तु (R), (A) का सही स्पष्टीकरण नहीं है।
(c) (A) सही है, किन्तु (R) गलत है।
(d) (A) गलत है, किन्तु (R) सही है।

60. पृथ्वी निम्नलिखित में से क्या है? *[SSC 2013]*
(a) ऊष्मा का अच्छा परावर्तक
(b) ऊष्मा का गैर-अवशोषक
(c) ऊष्मा का अच्छा अवशोषक और अच्छा विकिरक
(d) ऊष्मा का खराब अवशोषक और खराब विकिरक

61. एक गर्म वस्तु बहुत तेजी से ऊष्मा विकरित करती है, यदि इसका पृष्ठ हो
(a) सफेद तथा चिकना (b) सफेद तथा खुरदरा
(c) काला तथा चिकना (d) काला तथा खुरदरा

स्टीफन का नियम तथा वीन का विस्थापन नियम

62. स्टीफन नियतांक का मान है
(a) 5.67×10^{-8} वाट मी$^{-2}$केल्विन$^{-4}$
(b) 5.96×10^{-9} वाट मी$^{-2}$केल्विन$^{-4}$
(c) 6.09×10^{-9} वाट मी$^{-2}$केल्विन$^{-4}$
(d) 7.09×10^{-9} वाट मी$^{-2}$केल्विन$^{-4}$

63. एक वस्तु की सतह का ताप 727°C तथा दूसरी वस्तु की सतह का ताप 327°C है। इनके द्वारा विकरित ऊर्जाओं का अनुपात होगा
(a) 625 : 81 (b) 125 : 27
(c) 8 : 27 (d) 9 : 25

64. किसी कृष्ण पिण्ड का ताप 27°C से बढ़ाकर 327°C कर दिया जाता है, तो इससे उत्सर्जन दर हो जाएगी
(a) 2 गुनी (b) 12 गुनी (c) 16 गुनी (d) 144 गुनी

65. $\lambda_{\text{अधिकतम}} \propto \frac{1}{T}$
उपरोक्त व्यंजन द्वारा प्रदर्शित नियम है
(a) वीन का विस्थापन नियम (b) स्टीफन का नियम
(c) किरचॉफ का विकिरण नियम (d) न्यूटन का शीतलन नियम

ऊष्मागतिकी व इसके नियम

66. गर्मी, तापमान और उसके ऊर्जा और कार्य से सम्बन्धित भौतिकी की प्रशाखा को क्या कहा जाता है? *[RRB NTPC 2016]*
(a) क्वाण्टम भौतिकी (b) ऊष्मागतिकी
(c) खगोल भौतिकी (d) कण भौतिकी

67. "निम्न ताप पर रखी किसी वस्तु में उच्च ताप पर रखी वस्तु की ओर ऊष्मा स्वतः प्रवाहित नहीं हो सकती," यह कथन क्या कहलाता है? *[NDA 2017]*
(a) ऊष्मागतिकी का शून्यांकी नियम (b) ऊष्मागतिकी का प्रथम नियम
(c) ऊष्मागतिकी का द्वितीय नियम (d) ऊष्मागतिकी का तृतीय नियम

68. ऊष्मागतिकी का प्रथम नियम निम्न में से सामान्यतया किससे सम्बद्ध है? *[SSC CAPFs 2015]*
(a) चार्ल्स नियम (b) न्यूटन के शीतलन नियम
(c) ऊष्मा विनिमय के नियम (d) ऊर्जा के संरक्षण के नियम

69. यदि किसी निकाय पर किया गया कार्य या निकाय द्वारा किया गया कार्य शून्य हो, तो किसी निश्चित तापमान पर रखी गई एक गैस के लिए निम्नलिखित में से कौन-सा कथन सही है? *[NDA 2019]*
(a) निकाय की आन्तरिक ऊर्जा में परिवर्तन, निकाय में ऊष्मा के प्रवाह अथवा निकाय में ऊष्मा के प्रवाह के बराबर होता है।
(b) निकाय की आन्तरिक ऊर्जा में परिवर्तन, ऊष्मा स्थानान्तरण से कम होता है।
(c) निकाय की आन्तरिक ऊर्जा में परिवर्तन, ऊष्मा प्रवाह से अधिक होता है।
(d) निर्धारित नहीं किया जा सकता।

70. आन्तरिक ऊर्जा की अवधारणा सर्वप्रथम प्रस्तुत की गई
(a) ऊष्मागतिकी के प्रथम नियम द्वारा
(b) ऊष्मागतिकी के द्वितीय नियम द्वारा
(c) स्टीफन के नियम द्वारा
(d) वीन के विस्थापन नियम द्वारा

71. एक गैस को 80 जूल ऊष्मा दी जाती है। इसकी आन्तरिक ऊर्जा में 30 जूल की वृद्धि हो जाती है। किया गया कार्य है
(a) 110 जूल (b) 80 जूल (c) 50 जूल (d) 30 जूल

72. 100 न्यूटन/मी^{2} के स्थिर दाब पर एक गैस को 100 मी^{3} से 40 मी^{3} आयतन तक सम्पीडित किया जाता है। इसके पश्चात् उसे 1000 जूल ऊष्मा दी जाती है। गैस की आन्तरिक ऊर्जा बढ़ जाएगी
(a) 4000 जूल (b) 2000 जूल (c) 7000 जूल (d) 6000 जूल

73. यदि किसी निकाय को 30 जूल ऊष्मा दी जाए तो वह 20 जूल का कार्य करता है। निकाय की आन्तरिक ऊर्जा
(a) 10 जूल बढ़ जाएगी (b) 10 जूल घट जाएगी
(c) 20 जूल बढ़ जाएगी (d) 20 जूल घट जाएगी

ऊष्मा इंजन

74. इंजन की दक्षता हो सकती है
(a) सदैव 1 से कम (b) शून्य से अनन्त के बीच
(c) सदैव 1 (d) अनिश्चित

75. डीजल इंजन में कार्य करता है
(a) स्पार्क प्लंग (b) आइल प्लंग
(c) (a) और (b) दोनों (d) इनमें से कोई नहीं

76. निम्न कथनों पर विचार कीजिए।
I. ऊष्मा इंजन एक उपकरण है, जिसके द्वारा ऊष्मा ऊर्जा को यान्त्रिक ऊर्जा में बदला जाता है।
II. उच्च तापमान पर ऊष्मा का स्रोत ऊष्मा इंजन में अनिवार्य रूप में होता है तथा इसके पिस्टन तथा सिंक निम्न ताप पर रहते हैं।
III. डीजल इंजन में, ईंधन की वाष्प तथा वायु का मिश्रण कार्य करने में प्रयुक्त होता है।
IV. पेट्रोल इंजन की क्षमता डीजल इंजन से अधिक होती है।
उपरोक्त में से कौन-से कथन सत्य हैं?
(a) I और II (b) I और III
(c) I, II और III (d) ये सभी

उत्तरमाला

1 (a)	2 (a)	3 (b)	4 (d)	5 (b)	6 (c)	7 (c)	8 (c)	9 (d)	10 (b)
11 (b)	12 (c)	13 (b)	14 (d)	15 (a)	16 (b)	17 (a)	18 (a)	19 (a)	20 (b)
21 (d)	22 (d)	23 (d)	24 (a)	25 (b)	26 (c)	27 (c)	28 (b)	29 (c)	30 (b)
31 (a)	32 (b)	33 (d)	34 (a)	35 (c)	36 (b)	37 (a)	38 (c)	39 (c)	40 (c)
41 (b)	42 (c)	43 (b)	44 (c)	45 (a)	46 (d)	47 (c)	48 (b)	49 (b)	50 (d)
51 (b)	52 (a)	53 (b)	54 (c)	55 (c)	56 (d)	57 (c)	58 (d)	59 (a)	60 (a)
61 (d)	62 (a)	63 (a)	64 (c)	65 (a)	66 (b)	67 (c)	68 (d)	69 (a)	70 (a)
71 (c)	72 (c)	73 (a)	74 (a)	75 (a)	76 (c)				

उत्तर सहित व्याख्या

5. (b) किसी ताप का सेल्सियस से केल्विन में परिवर्तन करने के लिए उसमें 273 जोड़ देते हैं। अत: केल्विन पैमाने पर 0° C का मान $(0+273)=273$ केल्विन होगा।

11. (b) माना कि केल्विन तथा फॉरेनहाइट तापमापी में उभयनिष्ठ ताप x है, तब

$$\frac{F-32}{180}=\frac{K-273}{100}$$

$$\frac{x-32}{9}=\frac{x-273}{5}$$

$$5(x-32)=9(x-273)$$

$$\Rightarrow 15x-160=9x-2457$$

$$\Rightarrow \quad 4x=2297$$

$$\Rightarrow \quad x=574.25=574\,°K$$

$$\because \quad K=C+273$$

$$C=K-273$$

$$=574-273=301\,°C$$

14. (d) हम जानते हैं,

$$\frac{C}{5}=\frac{F-32}{9}$$

$$\because \quad C=0°$$

$$\frac{0}{5}=\frac{F-32}{9}$$

$$\Rightarrow \quad F-32=0$$

$$\Rightarrow \quad F=32°F$$

15. (a) ताप, $T_K=113\,°F$

$$T_K=273+\frac{10}{18}(113-32)$$

$$=273+45$$

$$T_K=318\,K$$

17. (a) हम जानते हैं,

$$\frac{C}{5}=\frac{F-32}{9}$$

माना कि ताप T पर स्केल का पाठ्यांक समान है

$$\frac{T}{5}=\frac{T-32}{9}$$

$$9T=5T-160$$

$$\Rightarrow \quad 9T-5T=-160$$

$$\Rightarrow \quad T=-40$$

18. (a) हम जानते हैं,

$$\frac{C}{5}=\frac{F-32}{9}$$

$$\frac{-180°}{5}=\frac{F-32}{9}$$

$$F=-292°F$$

19. (a) फॉरेनहाइट तथा सेल्सियस पैमाने के मध्य निम्न सम्बन्ध होता है

$$\frac{C}{5}=\frac{F-32}{9}$$

$$\Rightarrow \quad \frac{9}{5}C=F-32$$

$$\Rightarrow \quad 1.8\,C=F-32$$

$$\Rightarrow \quad F=32+1.8C$$

दिया है, $F=X+(1.8\times C)$

तुलना करने पर,

$$X=32$$

21. (d) जल का अधिकतम घनत्व 4°C पर प्राप्त होता है।

हम जानते हैं कि,

$$\frac{C}{5}=\frac{F-32}{9}$$

$$\Rightarrow \quad \frac{4}{5}=\frac{F-32}{9}$$

$$\Rightarrow \quad F=\frac{36}{5}+32 \Rightarrow F=39.2\,°F$$

22. (d) किसी छड़ को गर्म करने पर छड़ में होने वाला प्रसार छड़ की प्रारम्भिक लम्बाई, ताप में वृद्धि तथा छड़ के पदार्थ पर निर्भर करता है।

24. (a) किसी पदार्थ के 1 घन मीटर आयतन (V) में 1°C ताप बढ़ाने पर प्राप्त आयतन में वृद्धि (ΔV) आयतन प्रसार गुणांक (γ) के बराबर होती है। अर्थात् $\gamma=\Delta V$

26. (c) किसी लोहे की गेंद को जब गर्म किया जाता है, तो ताप में वृद्धि होने से आयतन में वृद्धि हो जाती है क्योंकि आयतन, ताप के अनुक्रमानुपाती होता है।

28. (b) चूँकि स्टील का रेखीय प्रसार गुणांक काँसे के रेखीय प्रसार गुणांक से अधिक है, अत: इसके ताप में अल्प वृद्धि करने पर ही छिद्र में पर्याप्त प्रसार होता है।

29. (c) हम जानते हैं, $\beta=2\alpha$

$$\Rightarrow \quad \alpha=\frac{\beta}{2} \quad \text{तथा} \quad \gamma=3\alpha$$

$$\therefore \quad \gamma=\frac{3\beta}{2}$$

30. (b) हम जानते हैं,

आयतन प्रसार गुणांक, $\gamma=\frac{3\beta}{2}$

आयतन प्रसार गुणांक, $\gamma=\frac{3\times1.6\times10^{-5}}{2}$

$$=0.8\times3\times10^{-5}$$

$$=2.4\times10^{-5} \text{ केल्विन}^{-1}$$

59. (a) खाद्य पदार्थों एवं बर्फ की प्लेट से निकलने वाली जलवाष्प तथा नमी के फलस्वरूप फ्रीजर के चारों ओर बर्फ एकत्रित हो जाती है यह बर्फ फ्रिज की दक्षता को कम करती है जिसके कारण शीतलन पर प्रतिकूल प्रभाव पड़ता है क्योंकि बर्फ एक दुर्बल चालक है।

63. (a) दिया है, $T_1=727+273=1000$ K,

$T_2=327+273=600$ K

स्टीफन के नियम से, $E\propto T^4$

$$\text{अत:} \quad \frac{E_1}{E_2}=\left(\frac{T_1}{T_2}\right)^4=\left(\frac{1000}{600}\right)^4=\left(\frac{5}{3}\right)^4=\frac{625}{81}$$

अत: $E_1:E_2=625:81$

64. (c) दिया है, $T_1=27°\,C=27+273=300$ K

$T_2=327°\,C=327+273=600$ K

स्टीफन के नियम से, $E\propto T^4$

$$\text{अत:} \quad \frac{E_2}{E_1}=\left(\frac{T_2}{T_1}\right)^4=\left(\frac{600}{300}\right)^4 \Rightarrow \frac{E_2}{E_1}=16$$

$$\Rightarrow \quad E_2=16E_1$$

अर्थात् उत्सर्जन दर पहले से 16 गुनी हो जाएगी।

71. (c) दिया है, $Q=80$ जूल

$\Delta U=30$ जूल

$\therefore$ किया गया कार्य,

$W=Q-\Delta U=80-30=50$ जूल

72. (c) $\because \Delta U=Q-W=1000-(-100\times60)$

$=1000+6000=7000$ जूल

73. (a) $\because \Delta U=Q-W=30-20=10$ जूल

अध्याय

07

प्रकाशिकी

Optics

प्रकाश (Light) ऊर्जा का एक रूप है जो हमें देखने में सहायता करता है। प्रकाश सरल रेखा में गति करता है। निर्वात् में प्रकाश की चाल 3×10^8 मी/से होती है।

प्रकाश का परावर्तन

- प्रकाश के किसी चिकनी या पॉलिशदार सतह से टकराकर पुनः उसी माध्यम में लौटने की घटना को प्रकाश का परावर्तन (Reflection of light) कहते हैं।
- आपतित किरण अभिलम्ब के साथ जो कोण बनाती है, उसे **आपतन कोण** (Angle of incidence) कहते हैं तथा परावर्तित किरण अभिलम्ब के साथ जो कोण बनाती है, उसे **परावर्तन कोण** (Angle of reflection) कहते हैं।
- परावर्तन के निम्नलिखित दो नियम होते हैं
  - परावर्तन कोण सदैव आपतन कोण के बराबर होता है।
    अर्थात् $\angle i = \angle r$
  - आपतित किरण, परावर्तित किरण तथा आपतन बिन्दु पर डाला गया लम्ब तीनों एक ही तल में होते हैं।
- **प्रतिबिम्ब** (Image) जब प्रकाश की किरणें किसी बिन्दु से चलकर परावर्तन के पश्चात् किसी दूसरे बिन्दु पर जाकर मिलती हैं या मिलती हुई प्रतीत होती हैं, तो दूसरे बिन्दु को पहले बिन्दु का प्रतिबिम्ब कहते हैं। प्रतिबिम्ब आभासी तथा वास्तविक प्रकृति के होते हैं।

दर्पण

- यदि किसी चिकने पारदर्शी माध्यम तल के एक पृष्ठ पर कलई करके दूसरे पृष्ठ को परावर्तक पृष्ठ बना दिया जाए, तो यह निकाय दर्पण (Mirror) कहलाता है। दर्पण दो प्रकार के होते हैं
  - **समतल दर्पण** (Plane mirror) यदि परावर्तक सतह समतल हो, तो उसे समतल दर्पण कहते हैं। समतल दर्पण का रेखीय आवर्धन 1 होता है।
  - **गोलीय दर्पण** (Spherical mirror) गोलीय दर्पण काँच के किसी खोखले गोले का वह भाग है जिसके एक पृष्ठ पर कलई होती है तथा दूसरा पृष्ठ परावर्तक होता है। अवतल दर्पण में परावर्तन दबी हुई सतह से होता है, जबकि उत्तल दर्पण में परावर्तन उभरी हुई सतह से होता है।

गोलीय दर्पण से सम्बन्धित पद

- **ध्रुव** (Pole) गोलीय दर्पण के परावर्तक पृष्ठ के मध्य बिन्दु को ध्रुव कहते हैं।
- **वक्रता त्रिज्या** (Radius of curvature) गोलीय दर्पण का परावर्तक पृष्ठ जिस खोखले गोले का भाग होता है, उस गोले की त्रिज्या को गोलीय दर्पण की वक्रता त्रिज्या कहते हैं। इसे R से प्रदर्शित करते हैं।
- **फोकस दूरी** (Focal length) गोलीय दर्पण के ध्रुव तथा मुख्य फोकस के मध्य की दूरी को दर्पण की फोकस दूरी कहते हैं।

$$\text{फोकस दूरी, } f = \frac{R}{2}$$

गोलीय दर्पण द्वारा प्रतिबिम्ब का बनना

वस्तु की विभिन्न स्थितियों पर अवतल दर्पण द्वारा प्रतिबिम्ब का बनना

वस्तु की स्थिति	किरण आरेख	प्रतिबिम्ब की स्थिति	प्रतिबिम्ब की प्रकृति एवं आकार
अनन्त पर	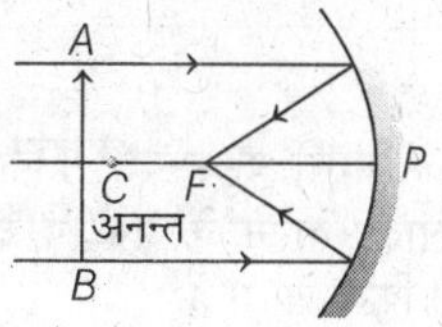	मुख्य फोकस (F) पर या फोकस तल में	वास्तविक, उल्टा व बहुत छोटा
वक्रता केन्द्र से पीछे परन्तु एक अनन्त दूरी पर	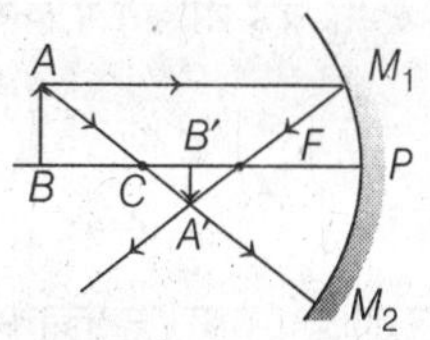	फोकस (F) तथा वक्रता केन्द्र (C) के बीच	वास्तविक, उल्टा व छोटा
वक्रता केन्द्र पर	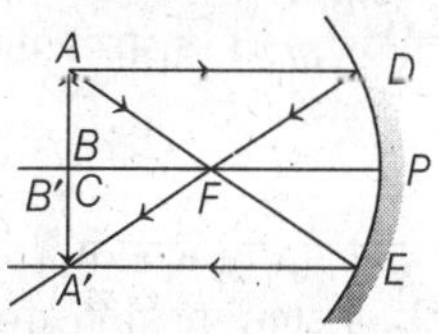	वक्रता केन्द्र (C) पर	वास्तविक, उल्टा व वस्तु के बराबर
फोकस व वक्रता केन्द्र के बीच	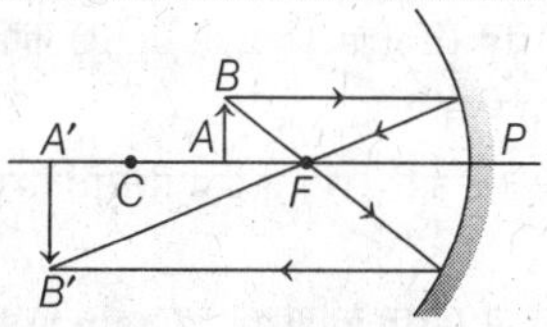	वक्रता केन्द्र (C) से पीछे	वास्तविक, उल्टा व वस्तु से बड़ा
फोकस पर या फोकस तल में	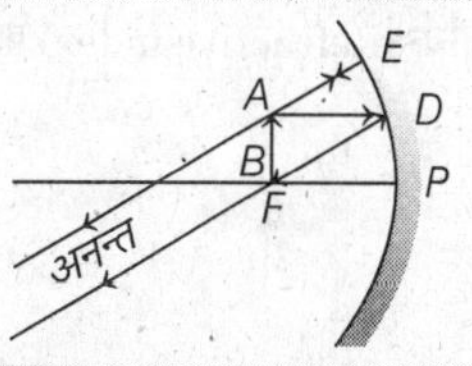	अनन्त पर	वास्तविक, उल्टा व अधिक आवर्धित

वस्तु की स्थिति	किरण आरेख	प्रतिबिम्ब की स्थिति	प्रतिबिम्ब की प्रकृति एवं आकार
ध्रुव व फोकस के बीच		दर्पण के पीछे	आभासी, सीधा व आवर्धित

वस्तु की विभिन्न स्थितियों पर उत्तल दर्पण द्वारा प्रतिबिम्ब का बनना

वस्तु की स्थिति	किरण आरेख	प्रतिबिम्ब की स्थिति	प्रतिबिम्ब की प्रकृति एवं आकार
अनन्त पर		मुख्य फोकस (F) पर	आभासी, सीधा तथा वस्तु से बहुत छोटा
अनन्त तथा ध्रुव के बीच	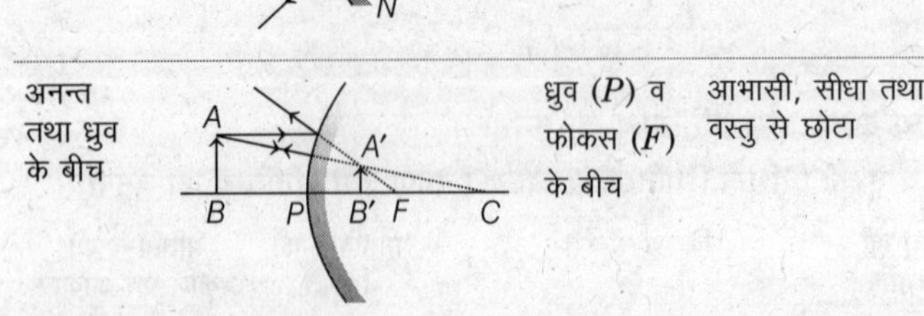	ध्रुव (P) व फोकस (F) के बीच	आभासी, सीधा तथा वस्तु से छोटा

दर्पणों के उपयोग

- समतल दर्पण का उपयोग चेहरा देखने, परिदर्शी, बहुरूपदर्शी में किया जाता है।
- अवतल दर्पण का उपयोग टॉर्च, सर्चलाइट, वाहनों के अग्रदीप, दन्त विशेषज्ञ द्वारा दाँत देखने, टैबिल लैम्प आदि में किया जाता है।
- उत्तल दर्पण का उपयोग साइड दर्पण, लैम्पों, बड़े शोरूमों में किया जाता है।

दर्पण से सम्बन्धित महत्त्वपूर्ण सूत्र

- दर्पण सूत्र, $\frac{1}{v}+\frac{1}{u}=\frac{1}{f}$

  यहाँ, u = वस्तु की दूरी, v = प्रतिबिम्ब की दूरी तथा f = फोकस दूरी
- रेखीय आवर्धन, $m=\frac{u}{v}$, वास्तविक प्रतिबिम्ब $m>1$, आभासी प्रतिबिम्ब $m<1$

प्रकाश का अपवर्तन

- जब प्रकाश की किरण एक माध्यम से दूसरे माध्यम में जाती है, तो दोनों माध्यमों के पृथ्थकारी पृष्ठ से प्रकाश किरण अपने पथ से विचलित हो जाती है, इस घटना को प्रकाश का अपवर्तन (Refraction of light) कहते हैं।
- अपवर्तन के निम्नलिखित दो नियम होते हैं
  - आपतित किरण, आपतन बिन्दु पर अभिलम्ब व अपवर्तित किरण तीनों एक ही तल में होते हैं।
  - आपतन कोण की ज्या ($\sin i$) व अपवर्तन कोण की ज्या ($\sin r$) का अनुपात नियतांक होता है, जिसे **अपवर्तनांक** (Refractive index) कहते हैं।

$$n \text{ या } \mu=\frac{\sin i}{\sin r} \text{ (स्नैल का नियम)}$$

यदि प्रथम माध्यम को n_1 से तथा द्वितीय माध्यम को n_2 से प्रदर्शित करें, तो प्रथम माध्यम के सापेक्ष द्वितीय माध्यम के अपवर्तनांक को ${}_1n_2$ से प्रदर्शित करते हैं।

$$\frac{\sin i}{\sin r}={}_1n_2=\frac{n_2}{n_1}$$

- अपवर्तनांक का प्रकाश की चाल से सम्बन्ध निम्न सूत्र द्वारा प्राप्त होता है–

$$\text{माध्यम का अपवर्तनांक}=\frac{\text{निर्वात् या वायु में प्रकाश की चाल } (c)}{\text{माध्यम में प्रकाश की चाल } (v)}$$

- **वायुमण्डलीय अपवर्तन** (Atmospheric refraction) वायुमण्डल की विभिन्न परतों द्वारा प्रकाश के अपवर्तन की घटना को वायुमण्डलीय अपवर्तन कहते हैं। तारों का टिमटिमाना, अग्रिम सूर्योदय तथा विलम्बित सूर्यास्त आदि वायुमण्डलीय अपवर्तन पर आधारित परिघटनाएँ हैं।
- **क्रान्तिक कोण** (Critical angle) आपतन कोण के जिस मान के लिए अपवर्तन कोण का मान 90° हो जाता है, उसे क्रान्तिक कोण (i_C) कहते हैं।

$$\mu=\frac{1}{\sin i_C}$$

- **पूर्ण आन्तरिक परावर्तन** (Total internal reflection) जब प्रकाश की कोई किरण सघन माध्यम से विरल माध्यम में जा रही हो तथा आपतन कोण का मान क्रान्तिक कोण से अधिक हो, तो ऐसी स्थिति में प्रकाश की किरण दूसरे माध्यम में जाकर पुनः पूर्व माध्यम में ही लौट आती है। यह घटना प्रकाश का पूर्ण आन्तरिक परावर्तन कहलाती है। प्रकाशिक तन्तु, रेगिस्तान में मरीचिका तथा हीरे का चमकना आदि पूर्ण आन्तरिक परावर्तन पर आधारित परिघटनाएँ हैं।

प्रकाश का प्रकीर्णन

- जब प्रकाश किसी ऐसे माध्यम से होकर गुजरता है, जिसमें कुछ कण उपस्थित हों, जिनका आकार प्रकाश की तरंगदैर्ध्य की कोटि का हो, तब प्रकाश उनसे टकराकर भिन्न-भिन्न दिशाओं में विचलित हो जाता है, यह घटना प्रकाश का प्रकीर्णन (Scattering of light) कहलाती है।
- आकाश का रंग नीला होना, सूर्यास्त तथा सूर्योदय के समय सूर्य का लाल रंग आदि प्रकीर्णन पर आधारित परिघटनाएँ हैं।
- **वस्तुओं के रंग** (Colours of objects) सामान्य प्रकाश में रखी वस्तु जिस रंग के प्रकाश को परावर्तन तथा अपवर्तन द्वारा हमारी आँख में भेजती है, वह वस्तु हमें उसी रंग की दिखाई देती है।

रंगो के प्रकार	उदाहरण
प्राथमिक रंग	लाल, हरा, नीला
द्वितीयक रंग	मैजेन्टा, पीला

लेन्स

- दो पृष्ठों से घिरा हुआ कोई पारदर्शी माध्यम, जिसका एक या दोनों पृष्ठ गोलीय होते हैं, लेन्स (Lens) कहलाता है।
- दोनों ओर से उभरी हुई सतहों से घिरे पारदर्शी माध्यम को **उत्तल लेन्स** (Convex lens) कहते हैं। दोनों ओर से दबी हुई सतहों से घिरे पारदर्शी माध्यम को **अवतल लेन्स** (Concave lens) कहते हैं।

लेन्सों द्वारा प्रतिबिम्ब का बनना

वस्तु की विभिन्न स्थितियों पर उत्तल लेन्स द्वारा प्रतिबिम्ब का बनना

वस्तु की स्थिति	प्रतिबिम्ब की स्थिति	प्रतिबिम्ब का आकार	प्रतिबिम्ब की प्रकृति	किरण आरेख
अनन्त पर	F_2 पर	अत्यधिक छोटा बिन्दु आकार	वास्तविक व उल्टा	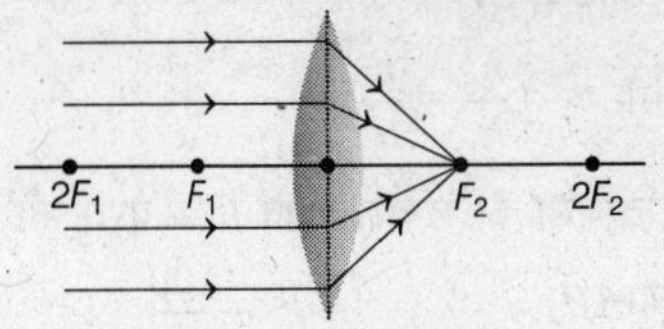 $2F_1$, F_1, F_2, $2F_2$
$2F_1$ के पीछे	F_2 व $2F_2$ के बीच	छोटा आकार	वास्तविक व उल्टा	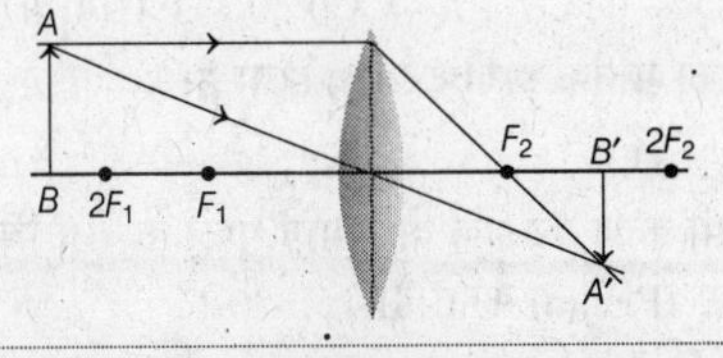 A, B, $2F_1$, F_1, F_2, B′, $2F_2$, A′
$2F_1$ पर	$2F_2$ पर	समान आकार	वास्तविक व उल्टा	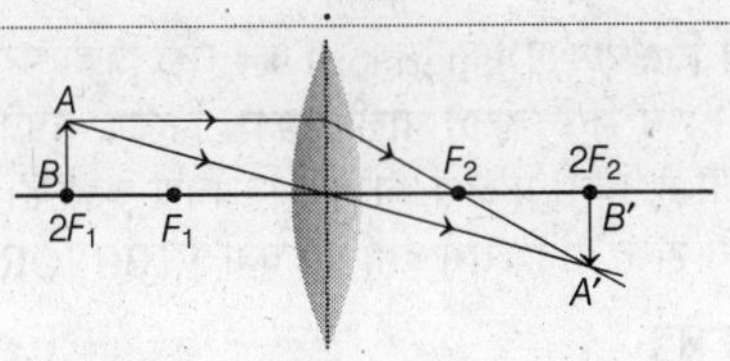 A, B, $2F_1$, F_1, F_2, $2F_2$, B′, A′
F_1 व $2F_1$ के बीच	$2F_2$ के पीछे	आवर्धित (Magnified)	वास्तविक व उल्टा	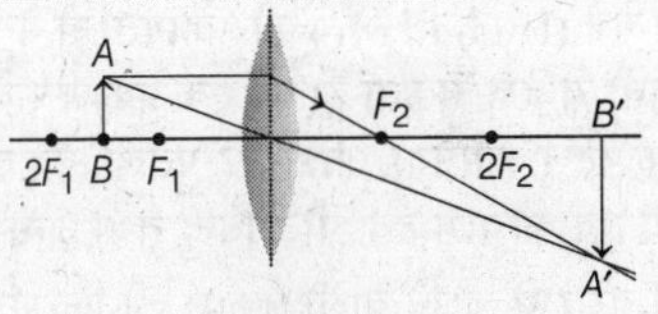 A, $2F_1$, B, F_1, F_2, $2F_2$, B′, A′
F_1 पर	अनन्त पर	उच्च आवर्धित	वास्तविक व उल्टा	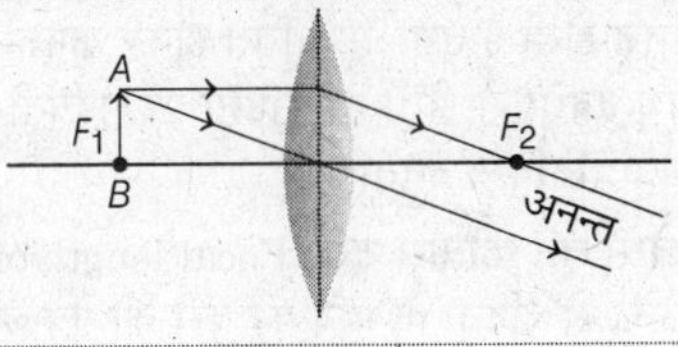 A, F_1, B, F_2, अनन्त
लेन्स व F_1 के बीच	लेन्स की दिशा में	बड़ा आवर्धित	आभासी व सीधा	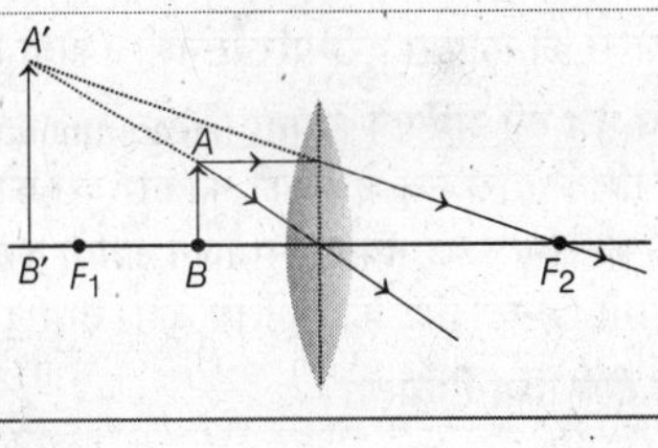 A′, A, B′, F_1, B, F_2

वस्तु की विभिन्न स्थितियों पर अवतल लेन्स द्वारा प्रतिबिम्ब का बनना

वस्तु की स्थिति	प्रतिबिम्ब की स्थिति	प्रतिबिम्ब का आकार	प्रतिबिम्ब की प्रकृति	किरण आरेख
अनन्त पर	फोकस (F) पर	वस्तु से छोटा	आभासी तथा सीधा	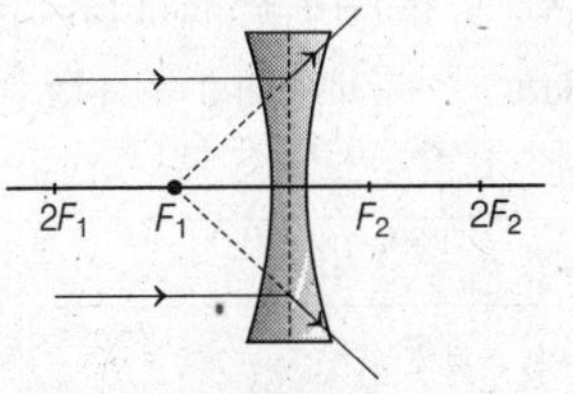 $2F_1$, F_1, F_2, $2F_2$
अनन्त दूरी पर	फोकस (F) व प्रकाशिक केन्द्र (O) के बीच	वस्तु से छोटा	आभासी तथा सीधा	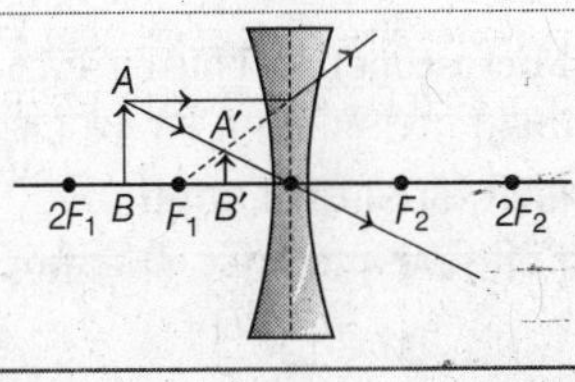 A, A′, $2F_1$, B, F_1, B′, F_2, $2F_2$

लेन्स से सम्बन्धित सूत्र

- लेन्स सूत्र $\frac{1}{v}-\frac{1}{u}=\frac{1}{f}$, यहाँ u = वस्तु की दूरी, v = प्रतिबिम्ब की दूरी तथा f = लेन्स की फोकस दूरी
- रेखीय आवर्धन, $m=\frac{h_2}{h_1}=\frac{v}{u}$
  यहाँ, h_2 = प्रतिबिम्ब की लम्बाई तथा h_1 = वस्तु की लम्बाई
- लेंस की क्षमता $(P)=\frac{1}{F\text{(मी में)}}=\frac{100}{F\text{(सेमी में)}}$
  इसका मात्रक डायोप्टर (D) होता है।

प्रिज्म

- किसी कोण पर झुके दो समान पृष्ठों के बीच घिरे किसी पारदर्शक माध्यम को प्रिज्म (Prism) कहते हैं।
- **वर्ण विक्षेपण** (Dispersion) जब एक प्रिज्म पर श्वेत प्रकाश आपतित होता है, तो प्रिज्म से निकलने वाली प्रकाश किरण, अपने अवयवी रंगों में विभक्त हो जाती है, जिसे प्रकाश का वर्ण विक्षेपण कहते हैं। वर्ण विक्षेपण से एक स्पेक्ट्रम प्राप्त होता है, जिसमें रंगों का क्रम VIBGYOR के रूप में होता है।

मानव नेत्र

- मानव नेत्र (Human eye) की सहायता से मनुष्य पास अथवा दूर की वस्तुओं को आसानी से देख सकता है। यह एक प्रकाश संवेदी अंग है। मानव नेत्र में दृढ़ पटल, रक्तक पटल, कॉर्निया, आइरिस, पुतली, नेत्र लेन्स, पक्ष्माभी, मांसपेशियाँ, रेटिना, जलीय एवं कांचाभ द्रव, पीत बिन्दु तथा अन्ध बिन्दु होते हैं।
- किसी वस्तु से चलने वाली प्रकाश की किरणें सर्वप्रथम नेत्र के कॉर्निया पर आपतित होती हैं तथा अपवर्तित होकर क्रमशः जलीय द्रव, नेत्र लेन्स तथा कांचाभ द्रव में से होती हुई रेटिना पर पहुँचती हैं, जहाँ पर वस्तु का वास्तविक व उल्टा प्रतिबिम्ब बनता है।
- **नेत्र लेन्स की फोकस दूरी** (Focal length of eye lens) मानव नेत्र के नेत्र लेन्स से रेटिना के मध्य की दूरी को नेत्र लेन्स की फोकस दूरी कहते हैं। नेत्र लेन्स की फोकस दूरी परिवर्तनशील होती है।
- **मानव नेत्र की समंजन क्षमता** (Accommodation power of human eye) मांसपेशियों द्वारा नेत्र लेन्स की फोकस दूरी को आवश्यकतानुसार परिवर्तित करने की क्षमता को नेत्र की समंजन क्षमता कहते हैं। स्वस्थ नेत्र का निकट बिन्दु 25 सेमी (स्पष्ट दृष्टि की न्यूनतम दूरी) तथा दूर बिन्दु अनन्त पर होता है।
- **दृष्टि दोष तथा निवारण**

दृष्टि दोष	कारण	निवारण
दूर दृष्टि दोष	लेंस की फोकस दूरी बढ़ना	उत्तल लेंस
निकट दृष्टि दोष	लेंस की वक्रता त्रिज्या बढ़ना	अवतल लेंस
जरा दूर दृष्टिता	माँसपेशियों का दुर्बल होना	द्विफोकसी लेंस
अतिबिन्दुकता	–	बेलनाकार लेंस
वर्णान्धता	–	उपचारहीन

सूक्ष्मदर्शी

- सूक्ष्मदर्शी (Microscope) वह प्रकाशिक यन्त्र है, जिसकी सहायता से आँख के पास स्थित सूक्ष्म वस्तु द्वारा आँख पर बने दर्शन कोण को बड़ा किया जाता है।
- **सरल सूक्ष्मदर्शी की आवर्धन क्षमता**
  जब अन्तिम प्रतिबिम्ब स्पष्ट दृष्टि की न्यूनतम दूरी पर बनता है, तब
  $$M=1+\frac{D}{f}$$
  जब अन्तिम प्रतिबिम्ब अनन्त पर बनता है, तब
  $$M=\frac{D}{f}$$
  यहाँ, D = स्पष्ट दृष्टि की न्यूनतम दूरी तथा f = लेन्स की फोकस दूरी
- **संयुक्त सूक्ष्मदर्शी की आवर्धन क्षमता**
  जब प्रतिबिम्ब स्पष्ट दृष्टि की न्यूनतम दूरी पर बनता है, तब
  $$M_o=\frac{v_o}{u_o}\left(1+\frac{D}{f_e}\right)$$
  जब अन्तिम प्रतिबिम्ब अनन्त पर बनता है, तब
  $$M_o=\frac{v_o}{u_o}\left(\frac{D}{f_e}\right)$$
  यहाँ, f_e = नेत्रिका की फोकस दूरी, u_o = वस्तु की अभिदृश्यक लेन्स से दूरी तथा v_o = प्रतिबिम्ब की अभिदृश्यक लेन्स से दूरी

दूरदर्शी

- दूरदर्शी (Telescope) एक ऐसा उपकरण है, जिसके माध्यम से खगोलीय पिण्डों या बहुत अधिक दूरी पर स्थित वस्तुओं को देखा जा सकता है।
- **खगोलीय दूरदर्शी की आवर्धन क्षमता**
  जब प्रतिबिम्ब स्पष्ट दृष्टि की न्यूनतम दूरी पर बने, तब
  $$M=-\frac{f_o}{f_e}\left(1+\frac{f_e}{D}\right)$$
  जब प्रतिबिम्ब अनन्त पर बने, तब
  $$M=-\frac{f_o}{f_e}$$
  यहाँ, f_o = अभिदृश्यक लेन्स की फोकस दूरी

विभेदन क्षमता

- किसी प्रकाशिक यन्त्र की दो निकट स्थित वस्तुओं के प्रतिबिम्बों को अलग-अलग करने की क्षमता को उस यन्त्र की विभेदन क्षमता (Resolving power) कहते हैं।
- सूक्ष्मदर्शी की विभेदन क्षमता $=\frac{2n\sin\alpha}{1.22\lambda}$
- दूरदर्शी की विभेदन क्षमता $=\frac{d}{1.22\lambda}$ रेडियन

  यहाँ, n = वस्तु तथा अभिदृश्यक के मध्य माध्यम का अपवर्तनांक, d = अभिदृश्यक का द्वारक तथा λ – प्रकाश की तरंगदैर्ध्य
- **प्रकाश का व्यतिकरण** (Interference of light) जब किसी माध्यम में एक ही आवृत्ति की दो तरंगें एकसाथ एक ही दिशा में जाती हैं, तो उनके अध्यारोपण के कारण उनकी कुल ऊर्जा के पुर्नवितरण की घटना को व्यतिकरण कहते हैं। उदाहरण–साबुन के बुलबुले का रंगीन दिखाई देना।
- **प्रकाश का विवर्तन** (Diffraction of light) जब प्रकाश तरंग छोटे छिद्र या अवरोध के तीक्ष्ण किनारों पर पड़ती है, तो किनारों से प्रकाश आंशिक रूप से मुड़ जाता है, जिसे प्रकाश का विवर्तन कहते हैं।
- **प्रकाश का ध्रुवण** (Polarisation of light) किसी तरंग के कम्पनों को तरंग संचरण के लम्बवत् तल में विशिष्ट दिशा में सीमित रखने की परिघटना को प्रकाश का ध्रुवण कहते हैं।
- **पोलेरॉइड** (Polaroids) इसके द्वारा समतल ध्रुवित प्रकाश उत्पन्न किया जाता है, जिसका उपयोग वाहनों में रात के समय हैडलाइट की चौंध से बचने हेतु किया जाता है।

चैप्टर प्रैक्टिस

प्रकाश का परावर्तन तथा दर्पण

1. प्रकाश की गति होती है *[SSC 2014]*

(a) 9×10^2 मी/से (b) 3×10^{11} मी/से
(c) 3×10^8 मी/से (d) 2×10^4 मी/से

2. समतल दर्पण का रेखीय आवर्धन होता है

(a) 1 (b) 1 से कम
(c) 1 से अधिक (d) शून्य

3. समतल दर्पण की वक्रता त्रिज्या होती है

(a) अनन्त (b) शून्य
(c) 25 सेमी (d) 50 सेमी

4. फोकस दूरी (f) तथा वक्रता त्रिज्या (R) में सही सम्बन्ध है

(a) $f=\frac{R}{2}$ (b) $f=2R$
(c) $f=\frac{R}{3}$ (d) $2f=3R$

5. परावर्तन के नियमानुसार, आपतित किरण, परावर्तित किरण तथा अभिलम्ब तीनों स्थित होते हैं

(a) एक ही तल में (b) एक-दूसरे के लम्बवत्
(c) एक-दूसरे के समान्तर (d) इनमें से कोई नहीं

6. यदि एक प्रकाश किरण समतल दर्पण पर अभिलम्बवत् आपतित होती है, तो परावर्तन कोण का मान होगा *[CDS 2020]*

(a) 0° (b) 30° (c) 90° (d) 100°

7. समतल दर्पण के लिए निम्नलिखित कथनों में से कौन-सा विकल्प सही है? *[NDA 2018]*

(a) इसकी फोकस दूरी शून्य होती है।
(b) दर्पण के सामने रखी किसी वस्तु के प्रतिबिम्ब का आकार, वस्तु के आकार से थोड़ा-सा कम होता है।
(c) प्रतिबिम्ब आभासी, सीधा तथा पार्श्वतः उल्टा होता है।
(d) इसकी फ़ोकस दूरी 200 सेमी होती है।

8. प्रकाश के एक बिन्दु स्रोत को दो समान्तर समतल दर्पणों के मध्य रखने पर कितने प्रतिबिम्ब बनेंगे? *[UPPCS (Pre) 2015]*

(a) दो (b) चार
(c) आठ (d) अनन्त

9. समतल दर्पण की स्थिति में निम्नलिखित में से कौन-से कोण आपस में बराबर होते हैं? *[SSC JE 2018]*

I. आपतन कोण II. अपवर्तन कोण
III. परावर्तन कोण

(a) I तथा II दोनों (b) I तथा III दोनों
(c) II तथा III दोनों (d) दिए गए सभी कोण बराबर हैं

10. जब किसी दर्पण को θ कोण से घूर्णित किया जाए, तो परावर्तित किरण का घूर्णन होगा

(a) शून्य (b) θ/2
(c) θ (d) 2θ

11. निम्न में से कौन-सा दर्पण सदैव आभासी तथा छोटा एवं सीधा प्रतिबिम्ब बनाता है?

(a) समतल दर्पण (b) उत्तल दर्पण
(c) अवतल दर्पण (d) समतल व अवतल दर्पण

12. अवतल दर्पण के सामने अनन्त पर स्थित वस्तु का प्रतिबिम्ब बनता है

(a) फोकस पर (b) फोकस व वक्रता केन्द्र के मध्य
(c) वक्रता केन्द्र पर (d) अनन्त पर

13. वस्तु से बड़े आकार का प्रतिबिम्ब बनाया जाता है

(a) उत्तल दर्पण द्वारा (b) समतल दर्पण द्वारा
(c) अवतल दर्पण द्वारा (d) उत्तल व समतल दर्पण द्वारा

14. गोलीय दर्पण से परावर्तन के नियमानुसार, दर्पण पर मुख्य अक्ष के समान्तर किरणें आपतन के पश्चात् जब परावर्तित होती हैं, तो ये आती हुई प्रतीत होती हैं

(a) वक्रता केन्द्र से (b) फोकस से
(c) ध्रुव से (d) इनमें से कोई नहीं

15. अवतल दर्पण के सामने स्थित वस्तु जैसे-जैसे अनन्त से दर्पण के फोकस की ओर जाती है, वैसे-वैसे उसका प्रतिबिम्ब

(a) फोकस के पास बनता है
(b) फोकस व ध्रुव के बीच बनता है
(c) फोकस पर बनता है
(d) फोकस से दूर अनन्त की ओर बढ़ता जाता है

16. एक अवतल दर्पण की स्थिति में, यदि किसी वस्तु को दर्पण के मुख्य फोकस F और ध्रुव P के बीच में रखा गया है, तो प्रतिबिम्ब के बारे में निम्नलिखित में से कौन-सा एक कथन सही नहीं है?

(a) प्रतिबिम्ब आभासी होगा।
(b) प्रतिबिम्ब बढ़ा हुआ अथवा आवर्धित होगा।
(c) प्रतिबिम्ब अनन्त पर बनेगा।
(d) प्रतिबिम्ब सीधा होगा।

17. निम्नलिखित कथनों में से कौन-सा एक सही है? *[NDA 2015]*

(a) अनन्त पर स्थित किसी वस्तु का अवतल दर्पण द्वारा बना प्रतिबिम्ब मुख्य फोकस पर होता है और अत्यन्त छोटा, वास्तविक और उल्टा होता है।
(b) अवतल दर्पण से परावर्तन के पश्चात् मुख्य अक्ष के समान्तर प्रकाश की किरण, दर्पण के मुख्य फोकस से अपसारित होती है।
(c) किसी गोलीय दर्पण की फोकस दूरी इसकी वक्रता त्रिज्या की दोगुनी होती है।
(d) किसी विरल माध्यम से सघन माध्यम में गमन करती हुई प्रकाश की किरण अभिलम्ब से दूर मुड़ती है।

18. किसी 16 सेमी फोकस दूरी वाले अवतल दर्पण के वक्रता केन्द्र पर एक वस्तु रखी है। यदि उस वस्तु को फोकस की ओर 8 सेमी खिसकाया जाए, तो उसके प्रतिबिम्ब की प्रकृति क्या होगी? *[NDA 2016]*

(a) वास्तविक और आवर्धित
(b) आभासी और आवर्धित
(c) वास्तविक और लघुकृत
(d) आभासी और लघुकृत

19. एक उत्तल दर्पण के सामने एक वस्तु रखी हुई है। निम्नलिखित कथनों में से कौन-सा सही है? *[NDA 2018]*
(a) यह कभी भी उल्टा प्रतिबिम्ब नहीं बनाएगा।
(b) जब वस्तु दर्पण की ओर बढ़ती है, तो प्रतिबिम्ब फोकस की ओर चलता है।
(c) दर्पण के सापेक्ष वस्तु की स्थिति पर निर्भर होते हुए प्रतिबिम्ब उल्टा तथा वास्तविक हो सकता है।
(d) जब वस्तु को फोकस दूरी की आधी दूरी पर रखा जाता है, तो प्रतिबिम्ब का आकार वस्तु के आकार से बड़ा हो जाता है।

20. यदि किसी अवतल दर्पण द्वारा किसी वस्तु का बना प्रतिबिम्ब आभासी, ऊर्ध्व-शीषी (सीधा) तथा आवर्धित (बड़ा) है, तो वह वस्तु कहाँ स्थित है? *[NDA 2016]*
(a) मुख्य फोकस पर
(b) वक्रता केन्द्र पर
(c) वक्रता केन्द्र के पीछे
(d) दर्पण के ध्रुव (पोल) और मुख्य फोकस के बीच

21. वाहनों में पश्च-दृश्य दर्पणों के रूप में प्रयुक्त होने वाला दर्पण है *[NDA 2018]*
(a) अवतल दर्पण (b) उत्तल दर्पण
(c) बेलनाकार दर्पण (d) समतल दर्पण

22. सामान्यतः उत्तल दर्पण का प्रयोग .... में होता है। *[SSC CGL 2017]*
(a) सौर चूल्हा (b) नेत्र अन्तदर्शी
(c) अग्रदीप का प्रतिक्षेपक (d) पश्चदर्शी दर्पण

23. यदि पश्चदृश्य देखने वाले दर्पण में वस्तुएँ बड़ी तथा उल्टी दिखाई देती हैं, तो किस प्रकार के दर्पण का प्रयोग किया गया है? *[SSC CGL 2017]*
(a) अवतल (b) उत्तल
(c) बेलनाकार (d) परिदर्शी

24. किसी आँख, कान, नाक तथा गले का निरीक्षण करने के लिए डॉक्टरों द्वारा कौन-से दर्पण का उपयोग किया जाता है? *[SSC MTS 2017]*
(a) अवतल दर्पण (b) उत्तल दर्पण
(c) साधारण दर्पण (d) समतल दर्पण

दर्पण से सम्बन्धित महत्त्वपूर्ण सूत्र

25. दर्पण सूत्र है
(a) $\frac{1}{f}=\frac{1}{v}+\frac{1}{u}$ (b) $\frac{1}{f}=\frac{1}{v}-\frac{1}{u}$
(c) $\frac{1}{f}=\frac{1}{u}-\frac{1}{v}$ (d) $\frac{1}{v}=\frac{1}{f}+\frac{1}{u}$

26. यदि किसी अवतल दर्पण की फोकस दूरी 30 सेमी हो, तो वक्रता त्रिज्या होगी
(a) 15 सेमी (b) 30 सेमी (c) 60 सेमी (d) 7.5 सेमी

27. एक अवतल दर्पण की फोकस दूरी 10 सेमी है। दर्पण के सामने 10 सेमी पर एक वस्तु रखने पर उसका प्रतिबिम्ब बनेगा
(a) फोकस पर (b) वक्रता केन्द्र पर
(c) अनन्त पर (d) ध्रुव पर

28. एक उत्तल दर्पण की फोकस दूरी 20 सेमी है। एक वस्तु दर्पण के सामने ध्रुव से 20 सेमी की दूरी पर रखे जाने पर प्रतिबिम्ब की ध्रुव से दूरी होगी
(a) 40 सेमी (b) 10 सेमी (c) 20 सेमी (d) अनन्त पर

29. वास्तविक प्रतिबिम्ब के लिए रेखीय आवर्धन होता है
(a) 1 से अधिक (b) 1 से कम
(c) 1 (d) शून्य

प्रकाश का अपवर्तन

30. जब प्रकाश की किरण सघन माध्यम से विरल माध्यम में गमन करती है, तो *[PCS (Pre) 2018]*
(a) इसकी चाल बढ़ जाती है तथा यह अभिलम्ब से दूर हट जाती है
(b) इसकी चाल बढ़ जाती है तथा यह अभिलम्ब की ओर झुक जाती है
(c) इसकी चाल घट जाती है तथा यह अभिलम्ब से दूर हट जाती है
(d) इसकी चाल घट जाती है तथा यह अभिलम्ब की ओर झुक जाती है

31. जब कोई प्रकाश किरण काँच की सिल्ली (स्लैब) में प्रवेश करती है, तो इसकी *[NDA 2016]*
(a) केवल आवृत्ति बदलती है
(b) आवृत्ति और वेग बदलते हैं
(c) आवृत्ति नहीं बदलती है
(d) आवृत्ति और तरंगदैर्ध्य दोनों बदलते हैं

32. अपवर्तन होने पर प्रकाश की किरण के वेग में परिवर्तन होता है। इस सन्दर्भ में निम्नलिखित कथनों में से कौन-सा एक सही है? *[NDA 2015]*
(a) किरण के विरल माध्यम से सघन माध्यम में गमन करने पर वेग बढ़ता है।
(b) किरण के सघन माध्यम से विरल माध्यम में गमन करने पर वेग घटता है।
(c) किरण के विरल माध्यम से सघन माध्यम में गमन करने पर वेग घटता है।
(d) वेग में परिवर्तन माध्यम की प्रकृति पर निर्भर नहीं करता है।

33. ऊपर से देखने पर पानी का टैंक उथला (ऊँचा उठा हुआ) क्यों दिखाई देता है? *[SSC CGL 2017]*
(a) प्रतिबिम्ब के कारण
(b) अपवर्तन के कारण
(c) विवर्तन के कारण
(d) कुल आन्तरिक परावर्तन के कारण

34. प्रकाश के अपवर्तन के लिए आपतन कोण i व अपवर्तन कोण r में सही सम्बन्ध है
(a) $\angle i = \angle r$ (b) $\angle i \neq \angle r$
(c) $\angle i > \angle r$ (d) इनमें से कोई नहीं

35. स्नैल का नियम लागू होता है
(a) समतल तलों के लिए (b) खुरदरे तलों के लिए
(c) सभी तलों के लिए (d) इनमें से कोई नहीं

36. काँच के एक गिलास में पानी के अन्दर रखा हुआ एक नींबू अपने वास्तविक आकार से बड़ा दिखाई देता है। ऐसा किस कारण होता है?
(a) प्रकाश के परावर्तन (b) प्रकाश के प्रकीर्णन
(c) प्रकाश के अपवर्तन (d) प्रकाश के ध्रुवण (ध्रुवीकरण)

37. वायु के सापेक्ष किसी द्रव्यात्मक माध्यम के अपवर्तनांक के सम्बन्ध में, निम्नलिखित में से कौन-सा कथन सही है? *[NDA 2018]*
(a) यह या तो धनात्मक या ऋणात्मक हो सकता है।
(b) इसका मान शून्य हो सकता है।
(c) यह सभी द्रव्यों के लिए एक (यूनिट) है।
(d) यह हमेशा एक से अधिक है।

38. यदि काँच और पानी का निरपेक्ष अपवर्तनांक क्रमशः 3/2 और 4/3 है, तो काँच और पानी में प्रकाश के वेग का अनुपात क्या होगा? [NDA 2017]

(a) 3 : 4 (b) 4 : 3 (c) 8 : 7 (d) 8 : 9

39. जब एक प्रकाश किरण अपवर्तनांक n के माध्यम में प्रवेश करती है, तो यह देखा गया कि अपवर्तन कोण का मान, आपतन कोण का आधा है। आपतन कोण का मान होगा

(a) $2\sin^{-1}\left(\frac{n}{2}\right)$ (b) $2\cos^{-1}(n)$

(c) $\cos^{-1}\left(\frac{n}{2}\right)$ (d) $2\cos^{-1}\left(\frac{n}{2}\right)$

वायुमण्डलीय अपवर्तन, क्रान्तिक कोण तथा पूर्ण आन्तरिक परावर्तन

40. सूर्योदय से पहले तथा सूर्यास्त के पश्चात् भी सूर्य अल्प समय के लिए दिखाई देता है। ऐसा होने का क्या कारण है? [NDA 2019]

(a) पूर्ण-आन्तरिक परावर्तन
(b) वायुमण्डलीय अपवर्तन
(c) सूर्य की दिशा में प्रत्यक्ष परिवर्तन
(d) विक्षेपण (परिक्षेपण)

41. तारों के टिमटिमाने का क्या कारण है? [SSC (10+2) 2012]

(a) प्रकाश का परिक्षेपण (b) पूर्ण आन्तरिक परावर्तन
(c) वायुमण्डलीय परावर्तन (d) वायुमण्डलीय अपवर्तन

42. जब धूप, वर्षा की बूँदों पर गिरती है, तो इन्द्रधनुष बनता है। इसके लिए निम्नलिखित में से कौन-सी भौतिक परिघटनाएँ जिम्मेदार हैं? [IAS (Pre) 2013]

I. परिक्षेपण
II. अपवर्तन
III. पूर्ण आन्तरिक परावर्तन

नीचे दिए गये कूट का प्रयोग कर सही उत्तर का चयन कीजिए।

(a) I और II दोनों (b) II और III दोनों
(c) I और III दोनों (d) ये सभी

43. निम्नलिखित परिघटनाओं पर विचार कीजिए। [IAS 2013]

I. गोधूलि में सूर्य का आमाप
II. ऊषाकाल में सूर्य का रंग
III. ऊषाकाल में चन्द्रमा का दिखना
IV. आकाश में तारों का टिमटिमाना
V. आकाश में ध्रुव तारे का दिखना

उपरोक्त में से कौन-से कथन दृष्टिभ्रम हैं?

(a) I, II और III (b) III, IV और V
(c) I, II और IV (d) II, III और V

44. यदि माध्यम 1 से माध्यम 2 में जाने पर क्रान्तिक कोण i_C हो तथा $\tan i_C = \frac{5}{6}$ हो, तो $_2n_1 = n$ का मान होगा

(a) $n = 1.4$ (b) $n = 1.55$

(c) $n = \frac{\sqrt{61}}{5}$ (d) $n = \frac{5}{\sqrt{69}}$

45. निम्नलिखित में से कौन-सा/से कथन क्रान्तिक कोण के लिए सही है/हैं? [SSC JE 2018]

I. अपवर्तन कोण 90° होता है।
II. प्रकाश किरण विरल माध्यम से सघन माध्यम में जाती है।
III. प्रकाश किरण सघन माध्यम से विरल माध्यम में जाती है।

(a) केवल I (b) I तथा II दोनों
(c) I तथा III दोनों (d) इनमें से कोई नहीं

46. पानी में हवा के बुलबुले के चमकने का कारण है

(a) प्रकाश का विवर्तन (b) प्रकाश का विक्षेपण
(c) प्रकाश का प्रकीर्णन (d) प्रकाश का पूर्ण आन्तरिक परावर्तन

47. एक काटा हुआ हीरा क्यों जगमगाता है? [UPPCS (Mains) 2013]

(a) इसकी आणविक संरचना के कारण
(b) प्रकाश के शोषण के कारण
(c) पूर्ण आन्तरिक परावर्तन के कारण
(d) कुछ अन्य निहित गुण के कारण

48. पूर्ण आन्तरिक परावर्तन के लिए आपतन कोण का मान होता है

(a) क्रान्तिक कोण से कम (b) क्रान्तिक कोण से ज्यादा
(c) क्रान्तिक कोण के बराबर (d) इनमें से कोई नहीं

49. प्रकाश किरणें सरल रेखा में चलती हैं, लेकिन किसी प्रकाशिक तन्तु से वे टेढ़े-मेढ़े पथ से होकर गुजर सकती हैं। इसका कारण यह है कि

(a) तन्तु में अत्यन्त बारीक छिद्र होते हैं [NDA 2019]
(b) प्रकाश किरणें तन्तु के प्रविष्टि छोर पर अवशोषित होती हैं और निर्गम छोर पर मुक्त होती हैं
(c) तन्तु के अन्दर प्रकाश का प्रकीर्णन होता है
(d) जैसे ही किरण तन्तु से गुजरती है, उत्तरोत्तर पूर्ण आन्तरिक परावर्तन घटित होते हैं

50. प्रकाशिक तन्तुओं, चाहे वे जैसे भी मुड़े हों, में से प्रकाश गुजर सकता है। इससे क्या निष्कर्ष निकाला जा सकता है? [NDA 2016]

(a) यह संकल्पना कि प्रकाश सीधी रेखा में चलता है, गलत है।
(b) प्रकाश, प्रकाशिक तन्तुओं में से प्रवाहित हो सकता है।
(c) तन्तुओं की तन्यता के कारण उनमें से होकर प्रकाश गुजर सकता है।
(d) बहुल पूर्ण आन्तरिक परावर्तन के कारण प्रकाश, प्रकाशिक तन्तुओं में से होकर गुजर सकता है।

प्रिज्म, प्रकाश का प्रकीर्णन तथा वस्तुओं के रंग

51. दृश्य वर्णक्रम में सबसे कम तरंगदैर्ध्य वाला रंग है [UPRO/ARO (Mains) 2014]

(a) लाल (b) पीला (c) नीला (d) बैंगनी

52. प्रिज्म में प्रकाश के विभिन्न रंगों का विभाजन .... द्वारा होता है। [SSC CHSL 2015]

(a) प्रकाश के परावर्तन (b) प्रकाश के परिक्षेपण
(c) प्रकाश के विवर्तन (d) प्रकाश के अपवर्तन

53. साधारणतया काँच के बने प्रिज्म का प्रत्येक कोण होता है

(a) 30° (b) 45° (c) 60° (d) 90°

54. किसी पारदर्शी माध्यम में रखे गए काँच का प्रिज्म प्रकाश किरण को विचलित करता है

(a) सदैव आधार की ओर
(b) सदैव आधार से दूर

(c) आधार की तरफ परन्तु जब माध्यम का अपवर्तनांक काँच से कम है
(d) उपरोक्त में से कोई नहीं

55. **एक और केवल एक विशेष .... के लिए प्रिज्म न्यूनतम विचलन उत्पन्न करता है।**
(a) आपतन कोण (b) अपवर्तन कोण
(c) प्रकीर्णित कोण (d) प्रिज्म कोण

56. **प्रिज्म के न्यूनतम विचलन का मान निर्भर करता है**
(a) अपवर्तनांक पर
(b) प्रिज्म कोण पर
(c) अपवर्तनांक व प्रिज्म कोण दोनों पर
(d) उपरोक्त में से कोई नहीं

57. **सुबह या शाम के समय जब सूर्य क्षितिज के पास होता है, तो यह लालिमायुक्त प्रतीत होता है। इस अवलोकन के लिए उत्तरदायी परिघटना है** *[CDS 2018]*
(a) प्रकाश का परावर्तन (b) प्रकाश का अपवर्तन
(c) प्रकाश का प्रकीर्णन (d) प्रकाश का छितराव (फैलाव)

58. **निम्नलिखित में से किस घटना के कारण इन्द्रधनुष दिखाई देता है?** *[NDA 2017]*
(a) प्रकाश का परिक्षेपण
(b) प्रकाश का व्यतिकरण
(c) प्रकाश का विवर्तन
(d) वायुमण्डलीय धूल के कारण प्रकाश का प्रकीर्णन

59. **आकाश नीला दिखाई देने का कारण है** *[SSC CGL 2014]*
(a) वायुमण्डलीय जलवाष्प
(b) प्रकाश का प्रकीर्णन
(c) समुद्री जल पर परावर्तन
(d) सूर्य द्वारा नीले तरंगदैर्ध्य का उत्सर्जन

60. **खतरे के सिग्नल प्रायः लाल होते हैं, क्योंकि लाल प्रकाश** *[SSC LDC 2012]*
(a) सबसे कम चमकता है
(b) का विचलन सबसे कम होता है
(c) का वेग न्यूनतम होता है
(d) आँख के लिए आरामदायक है

61. **लाल तथा हरे रंग के मिश्रण से कौन-सा रंग प्राप्त होता है?** *[SSC CGL 2017]*
(a) हल्का नीला (b) पीला
(c) सफेद (d) सलेटी

लेन्स तथा लेन्स द्वारा प्रतिबिम्ब का बनना

62. **अवतल लेन्स की फोकस दूरी का कार्तीय चिन्ह होता है**
(a) ऋणात्मक (b) धनात्मक
(c) स्थिति पर निर्भर करता है (d) इनमें से कोई नहीं

63. **किस लेन्स में फोकस आभासी होता है?**
(a) अवतल लेन्स (b) उत्तल लेन्स
(c) द्विअवतल लेन्स (d) इनमें से कोई नहीं

64. **किन लेन्सों में प्रकाशिक केन्द्र अधिक वक्रपृष्ठ अर्थात् कम वक्रता त्रिज्या के अधिक निकट होगा?**
(a) अवतलोत्तल तथा उत्तलावतल लेन्स
(b) समतलोत्तल तथा समतलावतल लेन्स
(c) द्विउत्तल लेन्स
(d) द्विअवतल लेन्स

65. **उत्तल लेन्स के लिए सत्य कथन कौन-सा है?**
(a) यह बीच में से मोटा होता है।
(b) यह किनारों पर से पतला होता है।
(c) यह बीच में से पतला होता है।
(d) (a) व (b) दोनों

66. **लेन्स के दोनों गोलीय पृष्ठों के वक्रता केन्द्र को मिलाने वाली रेखा को कहते हैं**
(a) द्वारक (b) मुख्य अक्ष
(c) फोकस तल (d) प्रकाशिक केन्द्र

67. **एक लेन्स की क्षमता 2.0 डायोप्टर है। निम्नलिखित में से कौन-सा कथन लेन्स के बारे में सही है?**
(a) लेन्स अवतल है और उसकी फोकस दूरी 0.5 मीटर है।
(b) लेन्स उत्तल है और उसकी फोकस दूरी 2.0 मीटर है।
(c) लेन्स उत्तल है और उसकी फोकस दूरी 0.5 मीटर है।
(d) लेन्स अवतल है और उसकी फोकस दूरी 2.0 मीटर है।

68. **सूर्य से निकलने वाली प्रकाश ऊर्जा किसके द्वारा फैलाई जा सकती है?** *[NDA 2019]*
(a) वर्षा बिन्दुओं की एक बौछार द्वारा
(b) एक समतल दर्पण द्वारा
(c) एक उत्तल लेन्स द्वारा
(d) एक उत्तल लेन्स और एक अवतल लेन्स के संयोजन द्वारा

69. **निम्नलिखित कथनों में से कौन-सा एक सही नहीं है?** *[NDA 2015]*
(a) किसी अवतल लेन्स की वक्रता त्रिज्या इसकी फोकस दूरी की दोगुनी होती है।
(b) किसी उत्तल लेन्स की क्षमता ऋणात्मक होती है, जबकि अवतल लेन्स की क्षमता धनात्मक होती है।
(c) समतल दर्पण की वक्रता त्रिज्या अनन्त होती है।
(d) जब कोई प्रकाश की किरण सघन माध्यम से विरल माध्यम में जाती है, तो अपवर्तन कोण संगत आपतन कोण से बड़ा होता है।

70. **जब कोई उत्तल लेन्स, किसी वस्तु का वास्तविक प्रतिबिम्ब बनाता है, तो उस वस्तु और उसके प्रतिबिम्ब के बीच की न्यूनतम दूरी किसके बराबर होती है?** *[CDS 2018]*
(a) उस उत्तल लेंस की फोकस दूरी के
(b) उस उत्तल लेंस की फोकस दूरी की दोगुनी के
(c) उस उत्तल लेंस की फोकस दूरी की चार गुनी के
(d) उस उत्तल लेंस की फोकस दूरी की आधी के

71. **लेन्सों के सम्बन्ध में, निम्नलिखित में से कौन-सा कथन सही नहीं है?** *[NDA 2019]*
(a) एक उत्तल लेन्स वास्तविक और आभासी दोनों प्रतिबिम्ब बनाता है।
(b) एक अवतल लेन्स वास्तविक और आभासी दोनों प्रतिबिम्ब बनाता है।
(c) एक उत्तल लेन्स वस्तु के आकार के बराबर, वस्तु के आकार से बड़ा और वस्तु के आकार से छोटा प्रतिबिम्ब बना सकता है।
(d) एक अवतल लेन्स सदैव वस्तु के आकार से छोटा प्रतिबिम्ब बनाता है।

72. **किसी 15 सेमी फोकस दूरी वाले उत्तल लेन्स से 10 सेमी की दूरी पर एक पेन्सिल ऊर्ध्वाधर रखी गई है। पेन्सिल का प्रतिबिम्ब होगा** *[NDA 2016]*
(a) वास्तविक, उल्टा और आवर्धित
(b) वास्तविक, सीधा और आवर्धित
(c) आभासी, सीधा और लघुकृत
(d) आभासी, सीधा और आवर्धित

मानव नेत्र

73. स्वस्थ नेत्र के लिए स्पष्ट दृष्टि की न्यूनतम दूरी होती है
(a) 25 सेमी (b) 30 सेमी
(c) 35 सेमी (d) अनन्त

74. मानव नेत्र का वह भाग जिस पर प्रतिबिम्ब बनता है, क्या कहलाता है? *[NDA 2020]*
(a) पुतली (b) कॉर्निया
(c) रेटिना (d) आइरिस

75. एक पतली झिल्ली से होकर प्रकाश नेत्र में प्रवेश करता है। इस झिल्ली को क्या कहा जाता है? *[NDA 2020]*
(a) रेटिना (b) कॉर्निया
(c) पुतली (d) आइरिस

76. मानव नेत्रों में वर्ण-दर्शन किन प्रकाशग्राही कोशिकाओं का प्रकार्य है? *[NDA 2017]*
(a) शलाका (रॉडस) (b) शंकु (कोन्स)
(c) अन्धबिन्दु (d) खात

77. अभिनेत्र लेंस द्वारा किसी वस्तु का किस प्रकार का प्रतिबिम्ब रेटिना पर बनाया जाता है? *[PCS (Pre) 2015]*
(a) सीधा तथा वास्तविक (b) सीधा तथा आभासी
(c) उल्टा तथा वास्तविक (d) उल्टा तथा आभासी

78. मानव नेत्र दृश्य प्रकाश की जिस तरंगदैर्ध्य के लिए सर्वाधिक सुग्राही होता है, वह है *[UPPCS 2014]*
(a) 6050 Å (b) 5500 Å
(c) 4500 Å (d) 7500 Å

79. मानव नेत्र में निकट दृष्टि को ठीक किया जा सकता है *[SSC GD 2016]*
(a) सही उत्तल लेन्स का प्रयोग करके
(b) सही अवतल लेन्स का प्रयोग करके
(c) सही सिलिंडरी लेन्स का प्रयोग करके
(d) सही द्वि-फोकसी लेन्स का प्रयोग करके

80. एक व्यक्ति अपने चश्मे के बिना अखबार नहीं पढ़ सकता है। उसको किस दोष से ग्रसित होने की अधिक सम्भावना है? *[NDA 2016]*
(a) निकट दृष्टि (b) जरा-दूरदर्शिता
(c) अबिन्दुकता (d) दूर दृष्टि

81. सूची I को सूची II के साथ सुमेलित कीजिए और नीचे दिए गए कूट का प्रयोग कर सही उत्तर चुनिए। *[NDA 2017]*

सूची I (रोग)	सूची II (उपचार)
A. दूर दृष्टि दोष	1. अवतल लेन्स
B. जरा-दूरदर्शिता	2. द्वि-फोकसी लेन्स
C. निकट दृष्टि दोष	3. शल्यकर्म
D. मोतियाबिन्द	4. उत्तल लेन्स

कूट

	A	B	C	D		A	B	C	D
(a)	4	2	1	3	(b)	4	1	2	3
(c)	3	1	2	4	(d)	3	2	1	4

82. निम्नलिखित में से कौन-सा एक कथन सही नहीं है? *[NDA 2016]*
(a) मानव नेत्र को दिखाई पड़ने वाले प्रकाश की सबसे लम्बी तरंगदैर्ध्य लगभग 700 नैनोमीटर है।
(b) मानव नेत्र को दिखाई पड़ने वाली प्रकाश की सबसे छोटी तरंगदैर्ध्य लगभग 400 नैनोमीटर है।
(c) γ-किरणों की तरंगदैर्ध्य, X-किरणों की तरंगदैर्ध्य से अधिक है।
(d) किसी दूरबीन की, समीप की वस्तुओं के पृथक् किए जाने वाले प्रतिबिम्ब बनाने की योग्यता को उसकी विभेदन क्षमता कहते हैं।

सूक्ष्मदर्शी तथा दूरदर्शी और इनकी विभेदन क्षमता

83. सरल सूक्ष्मदर्शी की आवर्धन क्षमता बढ़ा सकते हैं, यदि प्रयुक्त नेत्रिका की
(a) फोकस दूरी अधिक है (b) फोकस दूरी कम है
(c) द्वारक का व्यास अधिक है (d) द्वारक का व्यास कम है

84. एक प्रकाशीय सूक्ष्मदर्शी के आवर्धन के बारे में निम्नलिखित में से कौन-सा कथन सही है? *[NDA 2017]*
(a) नेत्रिका की फोकस दूरी में वृद्धि करने से आवर्धन बढ़ता है।
(b) अभिदृश्यक की फोकस दूरी में वृद्धि करने से आवर्धन बढ़ता है।
(c) नेत्रिका की फोकस दूरी पर आवर्धन निर्भर नहीं करता है।
(d) नेत्रिका की फोकस दूरी में वृद्धि करने से आवर्धन घटता है।

85. एक संयुक्त सूक्ष्मदर्शी में प्रकाश के गमन का सही अनुक्रम, निम्नलिखित में कौन-सा है? *[CDS 2019]*
(a) संग्राही-अभिदृश्यक लेन्स-नेत्रिका-निकाय-नलिका
(b) अभिदृश्यक लेन्स-ग्राही-निकाय-नलिका-नेत्रिका
(c) संग्राही-अभिदृश्यक लेन्स-निकाय-नलिका- नेत्रिका
(d) नेत्रिका-अभिदृश्यक लेन्स-निकाय-नलिका-दर्पण

86. संयुक्त सूक्ष्मदर्शी की आवर्धन क्षमता बढ़ाने के लिए
(a) अभिदृश्यक व नेत्रिका की फोकस दूरी कम होनी चाहिए
(b) अभिदृश्यक की फोकस दूरी कम तथा नेत्रिका की फोकस दूरी अधिक होनी चाहिए
(c) दोनों की फोकस दूरी अधिक होनी चाहिए
(d) अभिदृश्यक की फोकस दूरी अधिक तथा नेत्रिका की फोकस दूरी कम होनी चाहिए

87. एक संयुक्त सूक्ष्मदर्शी की नेत्रिका और अभिदृश्यक के बीच अधिकतम दूरी होती है
(a) नेत्रिका और अभिदृश्यक की फोकस दूरियों के योग से अधिक
(b) नेत्रिका और अभिदृश्यक की फोकस दूरियों के योग के बराबर
(c) नेत्रिका और अभिदृश्यक की फोकस दूरियों के योग से कम
(d) केवल नेत्रिका की फोकस दूरी से अधिक

88. किसी संयुक्त सूक्ष्मदर्शी के लिए निम्नलिखित कथनों में कौन-सा/से सही है/हैं? *[NDA 2015]*
I. नेत्रिका की फोकस दूरी, अभिदृश्यक की फोकस दूरी से अधिक होती है।
II. नेत्रिका की फोकस दूरी, अभिदृश्यक की फोकस दूरी से कम होती है।
III. किसी सामान्य प्रकाशिक सूक्ष्मदर्शी में बना प्रतिबिम्ब वास्तविक होता है।
IV. किसी सामान्य प्रकाशिक सूक्ष्मदर्शी में बना प्रतिबिम्ब आभासी होता है।

नीचे दिए गए कूट का प्रयोग कर सही उत्तर चुनिए।

(a) केवल I
(b) I और II दोनों
(c) II और III दोनों
(d) ii और IV दोनों

89. किसी दूरदर्शक के अभिदृश्यक लेन्स की फोकस दूरी 50 सेमी है। यदि दूरदर्शक का आवर्धन 25 है, तो नेत्रिका लेन्स की फोकस दूरी है *[NDA 2014]*

(a) 12.5 सेमी
(b) 5 सेमी
(c) 2 सेमी
(d) 10 सेमी

90. एक सूक्ष्मदर्शी तथा एक दूरदर्शक के विषय में निम्नलिखित कथनों पर विचार कीजिए। *[NDA 2018]*

I. सूक्ष्मदर्शी के नेत्रक तथा अभिदृश्यक, दोनों ही उत्तल लेन्स होते हैं।
II. दूरदर्शक के अभिदृश्यक की फोकस दूरी, इसके नेत्रक की फोकस दूरी से अधिक होती है।
III. दूरदर्शक का आवर्धन, इसके अभिदृश्यक की फोकस दूरी के बढ़ने के साथ बढ़ता है।
IV. सूक्ष्मदर्शी का आवर्धन, इसके अभिदृश्यक की फोकस दूरी के बढ़ने के साथ बढ़ता है।

उपरोक्त में से कौन-से कथन सही हैं?

(a) I और III दोनों
(b) I और IV दोनों
(c) II, III और IV
(d) I, II और III

91. दो निकटस्थ वस्तुओं में भेद करने की क्षमता को .... कहते हैं। *[SSC CAPFs ASI 2017]*

(a) विभेदन क्षमता
(b) वीडियो क्षमता
(c) अन्तर करने की क्षमता
(d) आवर्धक क्षमता

प्रकाश का व्यतिकरण, विवर्तन तथा ध्रुवण

92. व्यतिकरण की घटना हो सकती है

(a) सभी तरंगों में
(b) केवल अनुप्रस्थ तरंगों में
(c) केवल अनुदैर्ध्य तरंगों में
(d) केवल अप्रगामी तरंगों में

93. व्यतिकरण की घटना का कारण है

(a) कलान्तर
(b) आयाम परिवर्तन
(c) वेग-परिवर्तन
(d) तीव्रता

94. प्रकाश तरंगों का किसी अवरोध की कोर से उसकी ज्यामितीय छाया में मुड़ना कहलाता है

(a) विवर्तन
(b) व्यतिकरण
(c) ध्रुवण
(d) वर्ण-विक्षेपण

95. प्रकाश तरंगों की अनुप्रस्थ प्रकृति की पुष्टि होती है

(a) ध्रुवण द्वारा
(b) विवर्तन द्वारा
(c) व्यतिकरण द्वारा
(d) अपवर्तन द्वारा

उत्तरमाला

1 (c)	2 (a)	3 (a)	4 (a)	5 (a)	6 (a)	7 (c)	8 (d)	9 (b)	10 (d)
11 (b)	12 (a)	13 (c)	14 (b)	15 (d)	16 (c)	17 (a)	18 (a)	19 (a)	20 (d)
21 (b)	22 (d)	23 (a)	24 (a)	25 (a)	26 (c)	27 (c)	28 (b)	29 (a)	30 (a)
31 (c)	32 (c)	33 (b)	34 (b)	35 (c)	36 (c)	37 (d)	38 (d)	39 (d)	40 (b)
41 (d)	42 (d)	43 (c)	44 (b)	45 (b)	46 (d)	47 (c)	48 (b)	49 (d)	50 (c)
51 (d)	52 (b)	53 (c)	54 (c)	55 (a)	56 (c)	57 (c)	58 (a)	59 (b)	60 (b)
61 (c)	62 (c)	63 (a)	64 (a)	65 (d)	66 (b)	67 (c)	68 (a)	69 (b)	70 (c)
71 (b)	72 (d)	73 (a)	74 (c)	75 (b)	76 (b)	77 (c)	78 (b)	79 (b)	80 (d)
81 (a)	82 (c)	83 (b)	84 (d)	85 (c)	86 (a)	87 (a)	88 (b)	89 (c)	90 (d)
91 (a)	92 (a)	93 (a)	94 (a)	95 (a)					

उत्तर सहित व्याख्या

26. (c) दिया है, दर्पण की फोकस दूरी $(f) = 30$ सेमी

$\therefore$ वक्रता त्रिज्या $(r) = 2f$

$\Rightarrow \quad r = 2 \times 30$ सेमी

$\Rightarrow \quad r = 60$ सेमी

27. (c) दिया है,

दर्पण की फोकस दूरी $(f) = 10$ सेमी

वस्तु की दर्पण से दूरी $(u) = 10$ सेमी

दर्पण सूत्र से, $\frac{1}{u} + \frac{1}{v} = \frac{1}{f}$

या $\quad \frac{1}{v} = \frac{1}{f} - \frac{1}{u}$

$\Rightarrow \quad \frac{1}{v} = \frac{1}{(-10)} - \frac{1}{(-10)}$

चूँकि अवतल दर्पण के लिए u, v तथा f ऋणात्मक होते हैं।

$\Rightarrow \quad \frac{1}{v} = \frac{1}{-10} + \frac{1}{10}$

$\Rightarrow \quad \frac{1}{v} = \frac{-1+1}{10}$

$\Rightarrow \quad \frac{1}{v} = \frac{0}{10}$

$\Rightarrow \quad v = \frac{10}{0} = \frac{10}{0} = \infty$ (अनन्त)

अतः दर्पण से प्रतिबिम्ब की दूरी अनन्त होगी।

28. (b) दिया है, फोकस दूरी $(f) = +20$ सेमी

चूँकि उत्तल दर्पण की फोकस दूरी धनात्मक होती है।

दर्पण से वस्तु की दूरी $(u) = -20$ सेमी

दर्पण सूत्र से, $\frac{1}{f} = \frac{1}{v} + \frac{1}{u}$

$\Rightarrow \quad \frac{1}{+20} = \frac{1}{v} + \frac{1}{(-20)}$

$\Rightarrow \quad \frac{1}{v} = \frac{1}{20} + \frac{1}{20} = \frac{2}{20}$

$\Rightarrow \quad v = 10$ सेमी

38. (*d*) काँच का निरपेक्ष अपवर्तनांक, $^a n_g = \frac{3}{2}$

जल का निरपेक्ष अपवर्तनांक, $^a n_w = \frac{4}{3}$

$$^a n_g = \frac{c}{v_g}$$

तथा $^a n_w = \frac{c}{v_w}$

$$\therefore \quad \frac{^a n_g}{^a n_w} = \frac{v_w}{v_g}$$

$$\Rightarrow \quad \frac{3/2}{4/3} = \frac{v_w}{v_g}$$

$$\Rightarrow \quad \frac{v_g}{v_w} = \frac{8}{9}$$

$$v_g : v_w = 8 : 9$$

39. (*d*) हम जानते हैं, अपवर्तनांक, $n = \frac{\sin i}{\sin r}$

दिया है, आपतन कोण $= i$,

अपवर्तन कोण $(r) = \frac{i}{2}$

$$\therefore \quad n = \frac{\sin i}{\sin r}$$

$$\Rightarrow \quad n = \frac{\sin i}{\sin \frac{i}{2}}$$

$$\Rightarrow \quad n = \frac{2 \sin \frac{i}{2} \cos \frac{i}{2}}{\sin \frac{i}{2}}$$

$$\Rightarrow \quad n = 2 \cos \frac{i}{2}$$

$$\Rightarrow \quad \cos \frac{i}{2} = \frac{n}{2}$$

$$\Rightarrow \quad \frac{i}{2} = \cos^{-1}\left(\frac{n}{2}\right)$$

$$i = 2\cos^{-1}\left(\frac{n}{2}\right)$$

44. (*b*) दिया है, $\tan i_C = \frac{5}{6}$, तब

$$i_C = \tan^{-1}\left(\frac{5}{6}\right) \approx 40^\circ$$

हम जानते हैं, $n = \frac{1}{\sin i_C} = \frac{1}{\sin 40^\circ} = 1.55$

54. (*c*) किसी पारदर्शी माध्यम में रखा गया काँच का प्रिज्म आपतित प्रकाश किरण को आधार की ओर विचलित करता है, जब माध्यम का अपवर्तनांक काँच से कम है।

56. (*c*) न्यूनतम विचलन कोण, $\delta_m = (\mu - 1) A$

इसलिए प्रिज्म का न्यूनतम विचलन कोण प्रिज्म के पदार्थ के अपवर्तनांक (μ) एवं प्रिज्म कोण (A) पर निर्भर करता है।

64. (*a*) अवतलोत्तल तथा उत्तलावतल लेन्स में R_1 तथा R_2 दोनों लेन्स के एक ही ओर होते हैं तथा अधिक वक्रपृष्ठ की वक्रता त्रिज्या, कम वक्रपृष्ठ की वक्रता त्रिज्या से कम होती है। अत: $\frac{CP_1}{CP_2} = \frac{R_1}{R_2}$ के अनुसार प्रकाशिक केन्द्र C अधिक वक्रपृष्ठ के अधिक निकट होगा।

72. (*d*) दिया है, $f = +15$ सेमी,

$u = -10$ सेमी

$$\therefore \quad \frac{1}{f} = \frac{1}{v} - \frac{1}{u}$$

$$\Rightarrow \quad \frac{1}{v} = \frac{1}{15} - \frac{1}{10}$$

$$\Rightarrow \quad \frac{1}{v} = \frac{2-3}{30}$$

$$\Rightarrow \quad \frac{1}{v} = -\frac{1}{30}$$

$\Rightarrow \quad v = -30$ सेमी

$$\therefore \quad m = \frac{v}{u}$$

$$\Rightarrow \quad m = \frac{-30}{-10} = 3 > 0$$

अत: प्रतिबिम्ब आभासी, सीधा और आवर्धित होगा।

83. (*b*) सरल सूक्ष्मदर्शी की आवर्धन क्षमता को प्रयुक्त नेत्रिका की फोकस दूरी कम करके बढ़ाया जा सकता है।

87. (*a*) क्योंकि सूक्ष्मदर्शी की लम्बाई, $L = v_o + f_e$ और $v_o > f_o$

89. (*c*) $M = -\frac{f_o}{f_e}$

$$\Rightarrow \quad 25 = \frac{50}{f_e}$$

$\Rightarrow \quad f_e = \frac{50}{25} = 2$ सेमी

अध्याय

विद्युत
Electricity

विद्युत आवेश

- किसी पदार्थ का वह गुण, जिसके कारण उसमें विद्युत तथा चुम्बकीय प्रभाव उत्पन्न होता है, विद्युत आवेश (Electric charge) कहलाता है। इसका SI मात्रक कूलॉम है।
- विद्युत आवेश मुख्यतः दो प्रकार के होते हैं
  - **धनावेश** (Positive charge) किसी पदार्थ पर इलेक्ट्रॉनों की कमी के कारण उत्पन्न आवेश को धनावेश कहते हैं।
  - **ऋणावेश** (Negative charge) किसी पदार्थ पर इलेक्ट्रॉनों की अधिकता के कारण उत्पन्न आवेश को ऋणावेश कहते हैं।
- सजातीय आवेश एक-दूसरे को प्रतिकर्षित तथा विजातीय आवेश एक-दूसरे को आकर्षित करते हैं।
- **कूलॉम का नियम** (Coulomb's law) इस नियम के अनुसार, यदि दो बिन्दु आवेश q_1 तथा q_2, एक-दूसरे से दूरी r पर स्थित हो, तो उनके मध्य बल,

$$F \propto \frac{q_1 q_2}{r^2}$$

$$\Rightarrow \quad F = \frac{k q_1 q_2}{r^2}$$

यहाँ, $k = \frac{1}{4\pi\varepsilon_0} = 9 \times 10^9$ न्यूटन-मी^{2}/कूलॉम^2

विद्युत क्षेत्र

- विद्युत आवेश के परितः वह क्षेत्र जिसमें अन्य आवेश आकर्षण या प्रतिकर्षण बल का अनुभव करते हैं, विद्युत क्षेत्र (Electric field) कहलाता है।
- **विद्युत क्षेत्र की तीव्रता** (Intensity of electric field) विद्युत क्षेत्र में किसी बिन्दु पर स्थित एकांक धनावेश q पर कार्य करने वाले बल F को उस बिन्दु पर विद्युत क्षेत्र की तीव्रता E कहते हैं।

$$E = \frac{F}{q} \text{ न्यूटन/कूलॉम}$$

- **विद्युत बल रेखाएँ** (Electric lines of force) विद्युत बल रेखाएँ विद्युत क्षेत्र में खींचा गया वह काल्पनिक निष्कोण वक्र है, जिस पर एक स्वतन्त्र व पृथक्कृत एकांक धनावेश चलता है। विद्युत बल रेखाएँ आपस में एक-दूसरे को कभी नहीं काटती हैं।
- **विद्युत द्विध्रुव** (Electric dipole) यदि परिमाण में समान परन्तु विपरीत प्रकृति के दो आवेशित कण अत्यन्त लघु दूरी पर स्थित हो, तो आवेशों के इस युग्म को विद्युत द्विध्रुव कहते हैं। यदि समान परिमाण q तथा विपरीत प्रकृति के दो आवेशित कण $2d$ दूरी पर स्थित हैं, तब विद्युत द्विध्रुव आघूर्ण,

$$p = q \times 2d$$

इसका मात्रक कूलॉम-मीटर तथा विमीय सूत्र $[L^1T^1A^1]$ होता है।

- **विद्युत फ्लक्स** (Electric flux) विद्युत क्षेत्र में स्थित किसी पृष्ठ से अभिलम्बवत् गुजरने वाली कुल विद्युत बल रेखाओं की संख्या, पृष्ठ से बद्ध विद्युत फ्लक्स के तुल्य होती है।

$$\Delta\phi_E = \mathbf{E} \cdot \Delta\mathbf{S} = E\Delta S \cos\theta$$

यहाँ, ΔS = पृष्ठ का क्षेत्रफल

इसका मात्रक न्यूटन-मी^{2} कूलॉम$^{-1}$ होता है।

- **गॉस का नियम** (Gauss's law) इस नियम के अनुसार, किसी बन्द पृष्ठ से गुजरने वाला कुल विद्युत फ्लक्स, उसके अन्दर उपस्थित कुल आवेश का $\frac{1}{\varepsilon_0}$ गुना होता है। यदि किसी बन्द पृष्ठ द्वारा परिबद्ध कुल आवेश q हो, तो गॉस की प्रमेय अनुसार,

$$\phi_E = \frac{q}{\varepsilon_0}$$

विद्युत विभव

- एकांक धनावेश को अनन्त से विद्युत क्षेत्र में लाने हेतु कृत कार्य को विद्युत विभव (Electric potential) कहते हैं।

$$V = \frac{W}{q_0}$$

इसका मात्रक जूल/कूलॉम या वोल्ट होता है।

- **विद्युत विभवान्तर** (Electric potential difference) विद्युत क्षेत्र में एकांक धनावेश को एक बिन्दु से दूसरे बिन्दु तक ले जाने में विद्युत बल के विरुद्ध कृत कार्य को विद्युत विभवान्तर कहते हैं।

$$V_A - V_B = \frac{W}{q_0}$$

खोखले गोले के अन्दर विभव शून्य होता है।

- **समविभव पृष्ठ** (Equipotential surface) विद्युत क्षेत्र में स्थित वह पृष्ठ जिसके प्रत्येक बिन्दु पर विभव का मान समान होता है, समविभव पृष्ठ कहलाता है। विद्युत बल रेखाएँ समविभव पृष्ठ पर लम्बवत् होती हैं।
- **विद्युत स्थितिज ऊर्जा** (Electric potential energy) किन्हीं दो आवेशों q_1 तथा q_2 को अनन्त से एक-दूसरे के समीप लाकर निकाय की रचना में कृत कार्य स्थितिज ऊर्जा के रूप में संचित होता है, जिसे विद्युत स्थितिज ऊर्जा कहते हैं।

$$U = \frac{1}{4\pi\varepsilon_0} \frac{q_1 q_2}{r}$$

- **संधारित्र** (Capacitor) ऐसा समायोजन जिसमें किसी चालक के आधार में परिवर्तन किए बिना उस पर आवेश की पर्याप्त मात्रा संचित की जा सकती है, संधारित्र कहलाता है।

समान्तर प्लेट संधारित्र की धारिता, $C = \frac{\varepsilon_0 A}{d}$ (फैरड)

विद्युत धारा

- आवेशों के प्रवाह की दर को विद्युत धारा (Electric current) कहते हैं। यह एक अदिश राशि है। इसका SI मात्रक ऐम्पियर (A) होता है।

$$\text{विद्युत धारा} = \frac{\text{आवेश}}{\text{समय}}$$

विद्युत धारा दो प्रकार की होती है

- **दिष्ट धारा** (Direct current) में विद्युत प्रवाह एक ही दिशा में होता है। उदाहरण–बैटरी, यू. पी. एस. इत्यादि।
- **प्रत्यावर्ती धारा** (Alternating current) में धारा का परिमाण एवं दिशा समय के साथ परिवर्तनशील होते हैं। उदाहरण— विद्युत संयन्त्र द्वारा उत्पन्न विद्युत धारा।

- ऐसे पदार्थ, जिनसे होकर विद्युत धारा प्रवाहित हो सकती है, **विद्युत चालक** (Electric conductors) कहलाते हैं।
- ऐसे पदार्थ, जिनसे होकर विद्युत धारा प्रवाहित नहीं हो सकती, **विद्युत रोधक** (Electric insulators) कहलाते हैं।
- **धारा घनत्व** (Current density) किसी धारावाही चालक के किसी बिन्दु पर प्रति एकांक क्षेत्रफल (A) के अभिलम्बवत् गुजरने वाली धारा (i) को उस बिन्दु पर धारा घनत्व (J) कहते हैं।

$$J = \frac{i}{A} \text{ (ऐम्पियर/मी}^2\text{)}$$

- **ओम का नियम** (Ohm's law) ओम के नियम के अनुसार, यदि किसी चालक की भौतिक अवस्था में कोई परिवर्तन न किया जाए, तो चालक के सिरों के बीच उत्पन्न विभवान्तर (V) तथा चालक में प्रवाहित धारा (i) का अनुपात नियत रहता है, अर्थात् $V = iR$ (जहाँ, R प्रतिरोध है)।
- **प्रतिरोध** (Resistance) किसी चालक का वह गुण, जो विद्युत धारा के प्रवाह का विरोध करता है, प्रतिरोध कहलाता है। इसका SI मात्रक ओम (Ω) है। यदि प्रतिरोध को दोगुना कर दिया जाए, तो विद्युत धारा आधी हो जाती है।
- जो चालक ओम के नियम का पालन करते हैं, **ओमीय प्रतिरोध** (Ohmic resistances) कहलाते हैं और जो पालन नहीं करते हैं, **अनओमीय प्रतिरोध** (Non-ohmic resistances) कहलाते हैं।
- चालक में ताप वृद्धि के कारण प्रतिरोध का मान बढ़ता है, जबकि अर्द्धचालकों में प्रतिरोध का मान घटता है।
- **प्रतिरोधकता** (Resistivity) किसी चालक तार का प्रतिरोध तार की लम्बाई (l) के अनुक्रमानुपाती तथा अनुप्रस्थ-काट के क्षेत्रफल (A) के व्युत्क्रमानुपाती होता है।

अर्थात् $R \propto \frac{l}{A}$

$\Rightarrow$ $R = \rho \frac{l}{A}$

यहाँ, ρ एक नियतांक है, जिसे विशिष्ट प्रतिरोध या प्रतिरोधकता कहते हैं। इसका SI मात्रक ओम-मी (Ω-m) होता है।

- **चालकता** (Conductivity) चालक के विद्युत प्रतिरोध के व्युत्क्रम को चालकता कहते हैं। इसका SI मात्रक Ω^{-1} है।

$$G = 1/R$$

यहाँ, G = चालकता तथा R = विद्युत प्रतिरोध

- **विशिष्ट चालकता** (Specific conductivity) चालक की प्रतिरोधकता के व्युत्क्रम को विशिष्ट चालकता कहते हैं। इसका SI मात्रक Ω^{-1}मी$^{-1}$ होता है।

$\therefore$ $\sigma = \frac{1}{\rho}$

यहाँ, σ = विशिष्ट चालकता तथा ρ = प्रतिरोधकता

- **प्रतिरोधों का संयोजन** (Combination of resistances) प्रतिरोधों का श्रेणीक्रम तथा समान्तर क्रम संयोजन निम्न है–

संयोजन	चित्र	तुल्य प्रतिरोध
श्रेणीक्रम	A —R_1—R_2—R_3— B	$R_{AB} = R_1 + R_2 + R_3$ ...
समान्तर क्रम	A, B के बीच R_1, R_2, R_3 समान्तर	$\frac{1}{R_{AB}} = \frac{1}{R_1} + \frac{1}{R_2} + \frac{1}{R_3}$ ....

- **विद्युत सेल** (Electric cell) यह एक ऐसी युक्ति है, जिसके द्वारा रासायनिक ऊर्जा को विद्युत ऊर्जा में परिवर्तित किया जाता है। सेल के इलेक्ट्रॉडों के मध्य अधिकतम विभवान्तर, **विद्युत वाहक बल** (Electromotive force) कहलाता है।
- **विद्युत ऊर्जा तथा जूल का नियम** (Electric energy and Joule's law) किसी चालक में धारा प्रवाहित करने पर उसमें ऊष्मा उत्पन्न होने लगती है, इसे जूल का ऊष्मीय प्रभाव कहते हैं।

विद्युत ऊर्जा या उत्पन्न ऊष्मा निम्न सूत्र द्वारा प्राप्त होती है–

$$W = Vit = i^2Rt = \frac{V^2}{R} t \text{ जूल}$$

या

$$Q = \frac{W}{J} = \frac{Vit}{J} = \frac{i^2Rt}{J} = \frac{V^2t}{RJ} \text{ किलोकैलोरी}$$

विद्युत ऊर्जा का व्यावहारिक मात्रक किलोवाट घण्टा होता है।

1 किलोवाट घण्टा $= 3.6 \times 10^6$ जूल

- **विद्युत शक्ति** (Electric power) किसी विद्युत परिपथ में प्रति सेकण्ड व्यय होने वाली ऊष्मा को विद्युत शक्ति कहते हैं।

$$P = \frac{W}{t} = Vi = i^2R = \frac{V^2}{R} \text{ वाट}$$

- **विद्युत धारा का चुम्बकीय प्रभाव** (Magnetic effect of electric current) जब किसी चालक में विद्युत धारा प्रवाहित की जाती है, तब उसके परितः एक चुम्बकीय क्षेत्र उत्पन्न हो जाता है। यह घटना विद्युत धारा का चुम्बकीय प्रभाव कहलाता है।

- **बायो-सावर्ट का नियम** (Biot-Savart's law) किसी चालक से r दूरी पर स्थित बिन्दु पर चुम्बकीय क्षेत्र,

$$B = \frac{\mu_0}{4\pi} \frac{idl \sin\theta}{r^2}$$

यहाँ, i = चालक में प्रवाहित धारा

तथा r = चालक से बिन्दु की दूरी

- धारावाही परिनालिका के भीतर चुम्बकीय क्षेत्र, $B = \mu_0 ni$
- चुम्बकीय क्षेत्र में गतिमान आवेश पर बल, $F = qvB \sin\theta$

यहाँ, B= चुम्बकीय क्षेत्र, v= आवेश का वेग तथा q = आवेश

धारामापी (Galvanometer)

- धारामापी वह यन्त्र है, जो किसी विद्युत परिपथ में धारा की उपस्थिति का पता लगाने तथा मापने के लिए प्रयोग किया जाता है।
- धारामापी को अमीटर एवं वोल्टमीटर में बदला जा सकता है।
- **अमीटर** (Ammeter) विद्युत धारा को ऐम्पियर में मापने के लिए अमीटर नामक यन्त्र का प्रयोग किया जाता है। इसे परिपथ में सदैव श्रेणीक्रम में लगाया जाता है। आदर्श अमीटर का प्रतिरोध शून्य होता है।
- **वोल्टमीटर** (Voltmeter) इसका प्रयोग विभवान्तर मापने में किया जाता है। इसे परिपथ में सदैव समान्तर क्रम में लगाया जाता है। एक आदर्श वोल्टमीटर का प्रतिरोध अनन्त होता है।

चैप्टर प्रैक्टिस

विद्युत आवेश तथा कूलॉम का नियम

1. विद्युत आवेश का SI मात्रक है *[SSC 2010]*

(a) ऐम्पियर (b) कूलॉम
(c) ई.एस.यू. (d) केल्विन

2. काँच की छड़ को रेशम से रगड़ने पर छड़ धनावेशित हो जाती है। इसका अर्थ है कि

(a) कुछ अतिरिक्त प्रोटॉन रेशम से छड़ पर आ जाते हैं
(b) कुछ अतिरिक्त इलेक्ट्रॉन रेशम से छड़ पर आ जाते हैं
(c) कुछ इलेक्ट्रॉन छड़ से बाहर निकलकर हवा में आ जाते हैं तथा प्रोटॉन रेशम पर
(d) कुछ इलेक्ट्रॉन छड़ से निकलकर रेशम पर चले जाते हैं

3. आवेशों की प्रकृति होती है

(a) योगात्मक (b) व्यवकलनात्मक
(c) वितरण (d) क्रम-विनिमय

4. निम्न कथनों पर विचार कीजिए।

I. सूखे बालों में कंघा निकालने पर विद्युत आवेश प्राप्त होता है।
II. विद्युत बल रेखाएँ बन्द नहीं होती हैं।

उपरोक्त में से कौन-सा/से कथन सत्य है/हैं?

(a) केवल I (b) केवल II
(c) I और II दोनों (d) इनमें से कोई नहीं

5. कूलॉम के नियम का व्यंजक है

(a) $\frac{kq_1q_2}{r^2}$ (b) $\frac{kq_1q_2}{r}$
(c) $\frac{kq}{r^2}$ (d) $\frac{q_1q_2}{r^2}$

6. निर्वात् की विद्युतशीलता का मात्रक है

(a) न्यूटन-मी^{2} कूलॉम$^{-2}$ (b) ऐम्पियर मी$^{-1}$
(c) न्यूटन कूलॉम$^{-1}$ (d) कूलॉम^2 न्यूटन$^{-1}$ मी$^{-2}$

7. एक निश्चित दूरी r पर स्थित दो समरूप धातु के गोलों पर आवेश $+4q$ तथा $-2q$ हैं। गोलों के बीच आकर्षण बल F है। यदि दोनों गोलों को स्पर्श कराकर पुनः उसी r दूरी पर रखा जाए, तो उनके बीच बल होगा

(a) F (b) $F/2$ (c) $F/4$ (d) $F/8$

8. दो समान आवेशों Q तथा Q को जोड़ने वाली रेखा के मध्य बिन्दु पर आवेश q रख दिया जाता है। यह तीन आवेशों का निकाय सन्तुलन में होगा, यदि q का मान होगा

(a) $-\frac{Q}{2}$ (b) $-\frac{Q}{4}$ (c) $+\frac{Q}{4}$ (d) $\frac{Q}{2}$

विद्युत क्षेत्र तथा विद्युत द्विध्रुव

9. विद्युत क्षेत्र जिसके प्रत्येक बिन्दु पर एकांक धनावेश या परीक्षण आवेश समान विद्युत बल का अनुभव करें, कहलाता है

(a) समरूपी विद्युत क्षेत्र (b) असमरूपी विद्युत क्षेत्र
(c) परिवर्ती विद्युत क्षेत्र (d) अपरिवर्ती विद्युत क्षेत्र

10. विद्युत क्षेत्र की तीव्रता का मात्रक है

(a) न्यूटन/कूलॉम (b) जूल/कूलॉम
(c) वोल्ट-मी (d) न्यूटन/मी

11. विद्युत बल पर खींची गई स्पर्श रेखा प्रदर्शित करती है

(a) विद्युत क्षेत्र की दिशा (b) विद्युत क्षेत्र का परिमाण
(c) विद्युत क्षेत्र की उदासीनता (d) इनमें से कोई नहीं

12. द्विध्रुव आघूर्ण का व्यंजक है

(a) $q \times 2d$ (b) $\frac{q}{2} \times d$ (c) $q \times \frac{d}{2}$ (d) $\frac{q \times d}{4}$

13. द्विध्रुव आघूर्ण का मात्रक है

(a) वोल्ट (b) जूल
(c) कूलॉम/मी (d) कूलॉम-मी

14. एक लघु विद्युत द्विध्रुव से r दूरी पर विद्युत क्षेत्र निम्न प्रकार परिवर्तित होता है

(a) $\frac{1}{r^2}$ (b) $\frac{1}{r^3}$ (c) r^2 (d) $\frac{1}{r^4}$

15. द्विध्रुव आघूर्ण की विमा है

(a) $[M^0L^1T^{-1}A^{-1}]$ (b) $[M^0L^{-1}T^1A^0]$
(c) $[M^1L^1T^1A^{-1}]$ (d) $[M^0L^1T^1A^1]$

16. अणु जिसका द्विध्रुव आघूर्ण शून्य है

(a) H_2O (b) HCl
(c) O_2 (d) NH_3

विद्युत फ्लक्स तथा गॉस का नियम

17. विद्युत फ्लक्स का मात्रक है
(a) वोल्ट/मीटर (b) न्यूटन/कूलॉम
(c) न्यूटन-मी^{2}/कूलॉम (d) वोल्ट-मीटर

18. विद्युत क्षेत्र में स्थित किसी पृष्ठ के अभिलम्बवत् गुजरने वाली कुल विद्युत बल रेखाओं की संख्या प्रदर्शित करती है
(a) विद्युत द्विध्रुव (b) विद्युत फ्लक्स
(c) विद्युत विभव (d) इनमें से कोई नहीं

19. एक बन्द पृष्ठ के भीतर n विद्युत द्विध्रुव स्थित है। बन्द पृष्ठ से निर्गत विद्युत फ्लक्स होगा
(a) $\frac{q}{\varepsilon_0}$ (b) $\frac{2q}{\varepsilon_0}$ (c) $-\frac{2q}{\varepsilon_0}$ (d) शून्य

20. L भुजा के एक घन के केन्द्र बिन्दु पर एक आवेश $+q$ रखा है। घन के एक तल से निर्गत विद्युत फ्लक्स है
(a) $\frac{q}{\varepsilon_0}$ (b) $\frac{q}{6\varepsilon_0}$ (c) $\frac{6q}{12\varepsilon_0}$ (d) $\frac{Q}{6L^2\varepsilon_0}$

21. यदि एक बन्द पृष्ठ से निर्गत कुल विद्युत फ्लक्स शून्य है, तो
(a) पृष्ठ के भीतर कोई आवेश नहीं है
(b) पृष्ठ पर विद्युत क्षेत्र सर्वत्र शून्य है
(c) पृष्ठ के भीतर कुल आवेश शून्य है
(d) पृष्ठ में प्रवेश करने वाली विद्युत बल रेखाओं की संख्या पृष्ठ से बाहर निकलने वाली बल रेखाओं की संख्या के बराबर है

22. विद्युत आवेश $+q_1, -q_1$ तथा $+q_2$ निर्वात् में रखे गए हैं तथा S एक गोलीय गॉसियन पृष्ठ है। पृष्ठ S से गुजरने वाला विद्युत फ्लक्स है

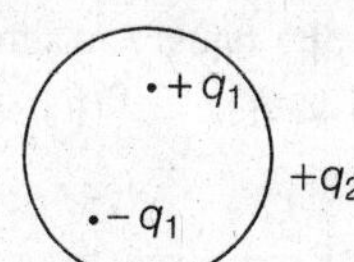

(a) सभी आवेशों के कारण (b) शून्य
(c) केवल $+q_2$ आवेश के कारण (d) केवल धनावेशों के कारण

23. यदि एक बन्द पृष्ठ के अन्दर कुल आवेश q है, तो पृष्ठ से निर्गत कुल फ्लक्स होगा
(a) $\frac{q}{\varepsilon_0}$ (b) $q\varepsilon_0$ (c) $q^2\varepsilon_0$ (d) $(q\varepsilon_0)^2$

विद्युत विभव तथा समविभव पृष्ठ

24. विद्युत विभव का SI मात्रक है
(a) वोल्ट (b) कूलॉम/जूल
(c) वाट/जूल (d) कूलॉम/वाट

25. निम्न में से कौन विद्युत विभव का मात्रक नहीं है?
(a) वोल्ट (b) $\frac{\text{जूल}}{\text{कूलॉम}}$ (c) $\frac{\text{न्यूटन}}{\text{कूलॉम}}$ (d) $\frac{\text{न्यूटन} \times \text{मीटर}}{\text{कूलॉम}}$

26. 1 इलेक्ट्रॉन-वोल्ट ऊर्जा का मान है
(a) 9.1×10^{-19} जूल (b) 1.6×10^{-19} जूल
(c) 1.6×10^{-31} जूल (d) 9.1×10^{-31} जूल

27. समविभव पृष्ठ पर विद्युत बल रेखाएँ .... होती हैं।
(a) लम्बवत् (b) समान्तर
(c) निश्चित नहीं (d) इनमें से कोई नहीं

28. समविभव पृष्ठ से निर्गत फ्लक्स
(a) पृष्ठ के लम्बवत् होता है
(b) पृष्ठ के समान्तर होता है
(c) शून्य होता है
(d) पृष्ठ से 45° के कोण पर होता है

संधारित्र

29. संधारित्र की प्लेटों के आवेश बढ़ाने का अर्थ है
(a) संधारित्र की धारिता बढ़ती है
(b) प्लेटों के बीच विभवान्तर बढ़ता है
(c) (a) और (b) दोनों
(d) उपरोक्त में से कोई नहीं

30. फैरड मात्रक है *[SSC CGL 2013]*
(a) प्रतिरोध का (b) चालकता का
(c) धारिता का (d) प्रेरकत्व का

31. किस उपकरण का उपयोग टी.वी. सैट, कम्प्यूटर तथा रेडियो सैटों में विद्युत आवेश को संरक्षित करने में किया जाता है? *[CDS 2012]*
(a) प्रतिरोधक (b) प्रेरित्र
(c) संधारित्र (d) चालक

32. निम्नलिखित में से कौन-सा धारिता का मात्रक है?
(a) कूलॉम (b) ऐम्पियर
(c) वोल्ट (d) कूलॉम/वोल्ट

33. C_1 तथा C_2 धारिता के दो संधारित्रों के समान्तर संयोजन को q आवेश दिया जाता है। C_1 पर q_1 तथा C_2 पर q_2 आवेश होने पर q_1/q_2 का अनुपात होगा
(a) $\frac{C_2}{C_1}$ (b) $\frac{C_1}{C_2}$ (c) C_1C_2 (d) $\frac{1}{C_1C_2}$

34. वृत्ताकार समान्तर प्लेट संधारित्र की त्रिज्या R है। वायु उसमें परावैद्युतांक के रूप में है। यदि संधारित्र की धारिता त्रिज्या R के गोले की धारिता के बराबर हो, तो प्लेटों के बीच की दूरी है
(a) $\frac{R}{4}$ (b) $\frac{R}{2}$ (c) R (d) $2R$

विद्युत धारा तथा प्रतिरोध

35. आवेश प्रवाह की दर को कहते हैं
(a) विभव (b) धारा
(c) विद्युत विभव (d) विभवान्तर

36. धारा का SI मात्रक है
(a) फैरड (b) ऐम्पियर
(c) वोल्ट (d) कूलॉम

37. जब कोई बैटरी से जुड़ा तार धारा के कारण गर्म हो जाता है, तो निम्नलिखित में से कौन-सी राशि नहीं बदलती?
(a) अनुगमन वेग (b) प्रतिरोधकता
(c) प्रतिरोध (d) मुक्त इलेक्ट्रॉनों की संख्या

38. **धारा घनत्व का मात्रक है**
(a) ऐम्पियर मी$^{-2}$ (b) ऐम्पियर मी$^{-1}$
(c) ऐम्पियर-मी (d) ऐम्पियर-मी^{2}

39. **द्रवों में विद्युत चालन होता है**
(a) केवल मुक्त इलेक्ट्रॉनों के द्वारा
(b) केवल धनायनों के द्वारा
(c) केवल ऋणायनों के द्वारा
(d) धन तथा ऋण दोनों प्रकार के आयनों के द्वारा

40. **ओम का नियम लागू नहीं होता है**
(a) अचालकों के लिए (b) अर्द्धचालकों के लिए
(c) आर्क लैम्प के लिए (d) इन सभी के लिए

41. **निम्न में से कौन-सा कथन सत्य है?**
(a) द्रव ओम के नियम का पूर्णतः पालन करते हैं।
(b) द्रवों के लिए V-i ग्राफ एक सरल रेखा नहीं होता है।
(c) द्रव के लिए धारा व विभवान्तर में कोई सम्बन्ध नहीं होता है।
(d) उपरोक्त में से कोई नहीं

42. **प्रतिरोध की विमा है**
(a) $[ML^2T^{-2}A^{-1}]$ (b) $[M^2L^3T^{-2}A^{-2}]$
(c) $[ML^2T^{-3}A^{-2}]$ (d) $[ML^3T^{-3}A^{-3}]$

43. **निम्नलिखित में से कौन-सा यंत्र अनोमीय युक्ति का उदाहरण है?** *[NDA 2018]*
(a) चालन ताम्र कुण्डली (b) विद्युत-तापन कुण्डली
(c) अर्द्धचालक डायोड (d) धारा नियन्त्रक

44. **ओम के नियम के सम्बन्ध में निम्नलिखित कथनों में से कौन-सा एक सही नहीं है?** *[NDA 2019]*
(a) ओम का नियम एक दृढ़कथन (दावा) है, क्योंकि किसी चालक से बहने वाली धारा सदैव इस पर लगाए गए विभवान्तर के अनुक्रमानुपाती होती है।
(b) कोई चालक युक्ति ओम के नियम का पालन तब करती है जब युक्ति का प्रतिरोध प्रयुक्त किए गए विभवान्तर के परिमाण और ध्रुवता पर निर्भर न हो।
(c) कोई चालक पदार्थ ओम के नियम का पालन तब करता है जब पदार्थ का प्रतिरोध प्रयुक्त किए गए विद्युत क्षेत्र के परिमाण और दिशा पर निर्भर न हो।
(d) सभी समांगी पदार्थ इस पर ध्यान दिए बिना ही विद्युत क्षेत्र सीमा में हैं अथवा प्रबल हैं, जो ओम के नियम का पालन करते हैं।

45. **तीन रैखिक प्रतिरोधकों 1, 2 और 3 के लिए धारा (i) तथा वोल्टता (V) के बीच ग्राफ नीचे दिए गए हैं।** *[NDA 2018]*

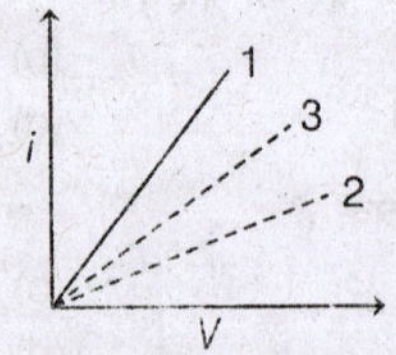

यदि इन प्रतिरोधकों के प्रतिरोध R_1, R_2 और R_3 हैं, तो निम्नलिखित में से कौन-सा सही है?
(a) $R_1 > R_2 > R_3$ (b) $R_1 < R_3 < R_2$
(c) $R_3 < R_1 < R_2$ (d) $R_3 > R_2 > R_1$

46. **किसी विद्युतीय पदार्थ का प्रतिरोध (Ω में) कितना होगा, यदि इसमें से 0.4 ऐम्पियर धारा प्रवाहित होती है तथा विभवान्तर 12 वोल्ट है?** *[SSC CHSL 2018]*
(a) 4.8 (b) 60 (c) 9.6 (d) 30

प्रतिरोधकता एवं चालकता

47. **प्रतिरोधकता की इकाई क्या है?** *[SSC 2015]*
(a) वोल्ट^2 × ऐम्पियर (b) वोल्ट मी/ऐम्पियर
(c) ऐम्पियर/वोल्ट (d) वोल्ट × ऐम्पियर

48. **निम्नलिखित में से कौन तार के प्रतिरोध पर प्रभाव डालता है?** *[SSC JE 2018]*
(a) प्रतिरोधकता
(b) तार की लम्बाई
(c) तार की अनुप्रस्थ-काट का क्षेत्रफल
(d) उपरोक्त सभी

49. **चालकता का मात्रक है**
(a) ओम (b) ऐम्पियर (c) ओम$^{-1}$ (d) वोल्ट

50. **निम्नलिखित भौतिक राशियों में से किसका प्रभाव एक बेलनाकार प्रतिरोधक के प्रतिरोध पर नहीं पड़ता है?** *[NDA 2017]*
(a) इसमें से गुजरने वाली धारा का
(b) इसकी लम्बाई का
(c) प्रतिरोधक में प्रयुक्त पदार्थ की प्रतिरोधकता का
(d) बेलन की अनुप्रस्थ-काट के क्षेत्रफल का

51. **निम्नलिखित कथनों में से कौन-सा एक सही नहीं है?** *[NDA 2016]*
(a) आवेश की SI इकाई ऐम्पियर-सेकण्ड है।
(b) डेबाई द्विध्रुव आघूर्ण की इकाई है।
(c) लम्बाई l और अनुप्रस्थ-परिच्छेद क्षेत्रफल A के एक तार की प्रतिरोधकता l और A दोनों पर निर्भर होती है।
(d) द्रव्यमान m किग्रा और आवेश e कूलॉम के किसी इलेक्ट्रॉन की गतिज ऊर्जा, उसे V वोल्ट के विभवान्तर से त्वरित करने पर eV जूल प्राप्त होती है।

52. **कॉपर के एक तार की त्रिज्या r तथा लम्बाई l है। इसका प्रतिरोध R है। यदि कॉपर के किसी अन्य तार की त्रिज्या $2r$ तथा लम्बाई $l/2$ हो, तो इस तार का प्रतिरोध (Ω में) होगा** *[NDA 2019]*
(a) R (b) $2R$ (c) $\frac{R}{4}$ (d) $\frac{R}{8}$

53. **यदि R प्रतिरोध का एक तार पिघलाया जाता है और उसे उसकी लम्बाई के आधे भाग तक पुनः ढाला जाता है, तो तार का नवीन प्रतिरोध (Ω में) कितना होगा?** *[SSC CHSL 2014]*
(a) $R/4$ (b) $R/2$ (c) R (d) $2R$

54. **समान लम्बाई l और समान अनुप्रस्थ-काट क्षेत्रफल A वाले दो तार बनाए गए तार 1 ताँबे से बना है और तार 2 ऐल्युमीनियम से बना है। यह दिया गया है कि ताँबे की विद्युत चालकता, ऐल्युमीनियम की विद्युत चालकता से अधिक है। इस सन्दर्भ में निम्नलिखित में से कौन-सा कथन सही है?** *[CDS 2017]*
(a) तार 1 का प्रतिरोध, तार 2 के प्रतिरोध से अधिक होगा।
(b) तार 2 का प्रतिरोध, तार 1 के प्रतिरोध से अधिक होगा।
(c) दोनों ही तारों में प्रतिरोध एकसमान होगा।
(d) यदि दोनों तारों में एकसमान धारा प्रवाहित की जाती है, तो दोनों ही तारों में होने वाला शक्ति क्षय समान होगा।

प्रतिरोधों का संयोजन

55. जब प्रतिरोधक श्रेणीक्रम में संयोजित होते हैं, तब कुल प्रतिरोधकता .... है। *[SSC CAPFs ASI 2017]*

(a) बढ़ती (b) घटती
(c) समान रहती (d) इनमें से कोई नहीं

56. यदि विद्युत प्रतिरोध कम करना हो, तो प्रतिरोधकों की संख्या को किससे जोड़ना चाहिए? *SSC CGL 2016]*

(a) माला (सिरीज) (b) समान्तर
(c) मिश्रित व्यवस्था (d) इनमें से कोई नहीं

57. एक विद्युत परिपथ में निम्नलिखित भाग पर विचार कीजिए।

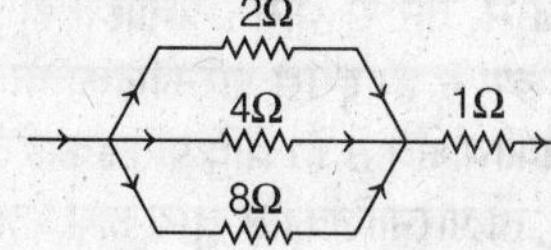

विद्युत परिपथ में दिए गए भाग में कुल विद्युत प्रतिरोध कितना है? *[NDA 2019]*

(a) $\frac{15}{8}\ \Omega$ (b) $\frac{15}{7}\ \Omega$
(c) $15\ \Omega$ (d) $\frac{17}{3}\ \Omega$

58. एकल चक्र वाली एक वृत्तीय कुण्डली का प्रतिरोध $20\ \Omega$ है। कुण्डली के किसी व्यास के सिरों के बीच प्रतिरोध का ही मान निम्नलिखित में से कौन-सा है? *[NDA 2017]*

(a) $5\ \Omega$ (b) $10\ \Omega$
(c) $20\ \Omega$ (d) $40\ \Omega$

59. नीचे दिए गए परिपथ पर विचार कीजिए।

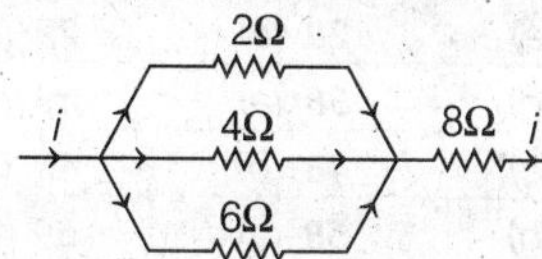

परिपथ का तुल्य प्रतिरोध क्या होगा? *[NDA 2016]*

(a) $12\ \Omega$ (b) $8\frac{11}{12}\ \Omega$
(c) $9\frac{1}{11}\ \Omega$ (d) $\frac{24}{25}\ \Omega$

60. किसी परिपथ में 5 ऐम्पियर की धारा का एक फ्यूज लगा है। इस परिपथ में 100 वाट 220 वोल्ट के अधिक-से-अधिक कितने बल्ब सुरक्षित रूप से समान्तर क्रम में जोड़े जा सकते हैं? *[CDS 2018]*

(a) 20 (b) 15
(c) 11 (d) 10

61. ताँबे के बने हुए दो धात्विक तारों की लम्बाइयाँ समान हैं, लेकिन पहले तार की त्रिज्या, दूसरे तार की त्रिज्या की आधी है। पहले तार का प्रतिरोध R है। यदि दोनों तारों को एकसाथ श्रेणी में लगाया जाता है, तो कुल प्रतिरोध कितना होगा? *[CDS 2018]*

(a) $2R$ (b) $\frac{R}{2}$
(c) $\frac{5}{4}R$ (d) $\frac{3}{4}R$

62. प्रतिरोध R का एक तार n बराबर भागों में बाँटा गया है। फिर इन भागों को समान्तर जोड़ा गया। संयोजन का तुल्य प्रतिरोध होगा *[SSC CHSL 2014]*

(a) nR (b) R/n (c) n/R (d) R/n^2

63. समान्तर श्रेणी में जुड़े हुए $20\ \Omega$ तथा $30\ \Omega$ वाले दो प्रतिरोधकों का प्रभावी प्रतिरोधक (Ω में) कितना होगा? *[SSC CHSL 2018]*

(a) 50 (b) 12
(c) 24 (d) 25

64. 2-2 ओम के तीन प्रतिरोध त्रिभुज के आकार में संयोजित हैं। त्रिभुज के किन्हीं दो शीर्ष बिन्दुओं के मध्य प्रतिरोध होगा

(a) $\frac{4}{3}$ ओम (b) $\frac{3}{4}$ ओम
(c) 3 ओम (d) 6 ओम

विद्युत सेल तथा विद्युत शक्ति

65. रासायनिक ऊर्जा को विद्युत ऊर्जा में रूपान्तरित करती है

(a) विद्युत सेल (b) जनित्र
(c) मोटर (d) इनमें से कोई नहीं

66. सुरक्षा फ्यूज की कार्यप्रणाली निम्नलिखित में से किस/किन पर निर्भर होती है? *[CDS 2018]*

I. धारा का चुम्बकीय प्रभाव
II. धारा का रासायनिक प्रभाव
III. धारा का परिमाण
IV. धारा का ऊष्मीय प्रभाव

(a) I, II, III और IV (b) I, II और III
(c) III और IV (d) केवल IV

67. एक फ्यूज तार कैसा होना चाहिए? *[NDA 2019]*

(a) चालक और निम्न गलनांक वाला
(b) चालक और उच्च गलनांक वाला
(c) रोधी और उच्च गलनांक वाला
(d) रोधी और निम्न गलनांक वाला

68. विद्युत शक्ति की इकाई क्या है? *[SSC CGL 2014]*

(a) वोल्ट (b) वाट
(c) किलोवाट घण्टा (d) ऐम्पियर

69. एक तार में बहती विद्युत धारा एवं विभवान्तर प्रत्येक को दोगुना बढ़ा दिया जाए, तो विद्युत शक्ति *[PCS (Pre) 2015]*

(a) प्रभावित नहीं होगी (b) चार गुना बढ़ जाएगी
(c) दोगुना बढ़ जाएगी (d) घटकर आधी हो जाएगी

70. 220 वोल्ट जनरेटर से एक बल्ब जुड़ा है। धारा 0.5 ऐम्पियर है। बल्ब की शक्ति है *[PCS (Pre) 2016]*

(a) 110 वाट (b) 110 वोल्ट
(c) 440 वाल्ट (d) 220 वाट

71. किसी बल्ब का शक्ति सीमांक (वाट में) क्या होगा, यदि इसमें से 0.1 ऐम्पियर की धारा प्रवाहित की जाती है तथा विभवान्तर 250 वोल्ट है? *[SSC CHSL 2018]*

(a) 2500 (b) 50
(c) 25 (d) 1250

72. ताँबे के एक तार, जिसकी लम्बाई l है और जिसके अनुप्रस्थ-परिच्छेद का क्षेत्रफल A है, में से विद्युत धारा i प्रवाहित हो रही है। तार से क्षय हो रही शक्ति P है। यदि हम समान विमाओं वाला एक ऐल्युमीनियम का तार लेते हैं और इसमें से समान धारा प्रवाहित करते हैं, तो क्षय हुई शक्ति होगी *[CDS 2018]*

(a) P (b) $< P$ (c) $> P$ (d) $2P$

विद्युत धारा का चुम्बकीय प्रभाव एवं धारामापी

73. किसी धारा प्रवाहित तार के अक्ष से किसी विशिष्ट दूरी पर चुम्बकीय क्षेत्र की तीव्रता निर्भर करती है *[NDA 2018]*

(a) तार में प्रवाहित धारा पर
(b) तार की त्रिज्या पर
(c) आस-पास के तापमान पर
(d) उपरोक्त में से कोई नहीं

74. धारा वाहक चालक किससे सम्बद्ध होता है? *[SSC 2014]*

(a) चुम्बकीय क्षेत्र से (b) विद्युत क्षेत्र से
(c) विद्युतचुम्बकीय क्षेत्र से (d) विद्युतस्थैतिक क्षेत्र से

75. किसी परिनालिका के भीतर एक छोर से दूसरे छोर पर जाने पर चुम्बकीय क्षेत्र *[SSC JE (Civil) 2018]*

(a) बढ़ता है
(b) घटता है
(c) समान रहता है
(d) पहले बढ़ता है फिर घटता है

76. किसी परिनालिका के सम्बन्ध में निम्नलिखित कथनों पर विचार कीजिए।

I. परिनालिका में चुम्बकीय क्षेत्र की तीव्रता, परिनालिका में प्रति इकाई लम्बाई में फेरों की संख्या पर निर्भर करती है।
II. परिनालिका में चुम्बकीय क्षेत्र की तीव्रता, परिनालिका के तार में प्रवाहित धारा पर निर्भर करती है।
III. परिनालिका में चुम्बकीय क्षेत्र की तीव्रता परिनालिका के व्यास पर निर्भर करती है।

उपरोक्त में से कौन-से कथन सही हैं? *[NDA 2019]*

(a) I, II और III (b) I और III (c) II और III (d) I और II

77. एक परिनालिका में, तार से धारा i प्रवाहित हो रही है और प्रति इकाई लम्बाई चक्र संख्या n है। इससे परिनालिका के अन्दर की ओर उत्पन्न होने वाला चुम्बकीय क्षेत्र B है। यदि प्रति इकाई लम्बाई चक्रों की संख्या $2n$ कर दी जाए, तो परिनालिका में चुम्बकीय क्षेत्र का मान क्या होगा? *[NDA 2017]*

(a) B (b) $2B$ (c) $B/2$ (d) $B/4$

78. किसी परिपथ में विद्युत धारा की उपस्थिति का पता लगाने के लिए प्रयुक्त किया जाने वाला उपकरण है *[NDA 2020]*

(a) अपवर्तनांकमापी (b) गैल्वेनोमीटर
(c) श्यानतामापी (विस्कासितामापी) (d) विवर्तनमापी

79. एक आदर्श वोल्टमीटर का प्रतिरोध होता है

(a) अनन्त (b) शून्य (c) एक (d) ऋणात्मक

उत्तरमाला

1 (b)	2 (d)	3 (a)	4 (c)	5 (a)	6 (d)	7 (d)	8 (b)	9 (a)	10 (a)
11 (a)	12 (a)	13 (d)	14 (b)	15 (d)	16 (c)	17 (c)	18 (b)	19 (d)	20 (b)
21 (c)	22 (b)	23 (a)	24 (a)	25 (c)	26 (b)	27 (a)	28 (a)	29 (b)	30 (c)
31 (c)	32 (d)	33 (b)	34 (a)	35 (b)	36 (b)	37 (d)	38 (a)	39 (d)	40 (d)
41 (b)	42 (b)	43 (c)	44 (d)	45 (b)	46 (d)	47 (c)	48 (d)	49 (c)	50 (a)
51 (c)	52 (d)	53 (a)	54 (a)	55 (a)	56 (b)	57 (b)	58 (a)	59 (c)	60 (c)
61 (c)	62 (b)	63 (b)	64 (a)	65 (a)	66 (c)	67 (a)	68 (b)	69 (b)	70 (a)
71 (c)	72 (c)	73 (a)	74 (c)	75 (c)	76 (d)	77 (b)	78 (b)	79 (a)	

उत्तर सहित व्याख्या

6. (d) कूलॉम के नियमानुसार, $F = \frac{1}{4\pi\varepsilon_0}\frac{q_1 q_2}{r^2}$

विद्युतशीलता, $\varepsilon_0 = \frac{q_1 q_2}{4\pi F r^2}$

$= \frac{\text{कूलॉम} \times \text{कूलॉम}}{\text{न्यूटन} \times \text{मी}^2}$

$\varepsilon_0 = \text{कूलॉम}^2 \text{ न्यूटन}^{-1} \text{ मी}^{-2}$

7. (d) प्रश्नानुसार, $q_1 = +4q$ तथा $q_2 = -2q$

आवेशों के मध्य दूरी $= r$

दोनों आवेशों के मध्य बल, $F = \frac{kq_1 q_2}{r^2}$

प्रथम स्थिति में बल, $F = \frac{k4q(2q)}{r^2}$

$F = \frac{8kq^2}{r^2}$ ...(i)

द्वितीय स्थिति में, गोलों को स्पर्श कराने पर दोनों गोलों पर समान आवेश आएगा, जो उन दोनों गोलों के आवेशों के औसत मान के बराबर होगा, अतः प्रत्येक गोले पर आवेश

$= \frac{4q + (-2q)}{2} = \frac{2q}{2} = q$

अतः $F' = \frac{k(q)(q)}{r^2} = \frac{kq^2}{r^2}$ ...(ii)

समी (i) तथा (ii) से,

$F = 8F' \Rightarrow F' = \frac{F}{8}$

8. (b) आवेश Q के बीच तीसरे आवेश q को मध्य में रखने पर आवेश q के सन्तुलन के लिए,

$$\frac{1}{4\pi\varepsilon_0}\cdot\frac{Q^2}{r^2} = \frac{1}{4\pi\varepsilon_0}\cdot\frac{qQ}{\left(\frac{r}{2}\right)^2}$$

$$q = \frac{Q}{4}$$

आवेश Q पर q द्वारा बल के सन्तुलन के लिए अथवा q पर Q द्वारा बल के सन्तुलन के लिए q ऋणात्मक होगा। अतः $q = -\frac{Q}{4}$

16. (c) जब धनावेशों तथा ऋणावेशों के द्रव्यमान केन्द्र सम्पाती होते हैं, तो ऐसे अणुओं का द्विध्रुव आघूर्ण शून्य होता है। अतः विकल्प (c) सही है।

19. (d) विद्युत द्विध्रुव की परिभाषा के अनुसार, बन्द पृष्ठ में दो विपरीत प्रकृति के आवेश विद्यमान होते हैं। अतः बन्द पृष्ठ में परिणामी आवेश $(+q - q = 0)$ शून्य होगा।

अतः विद्युत फ्लक्स, $\phi_E = \frac{q}{\varepsilon_0} = 0$

20. (b) गॉस के नियम के अनुसार, किसी बन्द पृष्ठ से निर्गत कुल विद्युत फ्लक्स $\phi = \frac{q}{\varepsilon_0}$

चूँकि घन के 6 पृष्ठ होते हैं। अत: घन के एक पृष्ठ से कुल निर्गत विद्युत फ्लक्स, $\phi = \frac{1}{6} \cdot \frac{q}{\varepsilon_0}$

22. (b) गॉसीय पृष्ठ में परिणामी आवेश $+q_1 - q_1 = 0$, अत: इससे गुजरने वाला विद्युत फ्लक्स शून्य है।

25. (c) विभव की परिभाषा से, $V = \frac{W}{q} = \frac{Fd}{q}$ वोल्ट

जहाँ, बल F का मात्रक न्यूटन, दूरी (d) का मात्रक मीटर तथा q का मात्रक कूलॉम है।

अत: विभव का मात्रक वोल्ट या $\frac{\text{जूल}}{\text{कूलॉम}}$ या $\frac{\text{न्यूटन} \times \text{मीटर}}{\text{कूलॉम}}$ होता है।

26. (b) जहाँ, $e = 1.6 \times 10^{-19}$ जूल तथा $V = 1$ वोल्ट

$\therefore \quad 1\,\text{eV} = 1.6 \times 10^{-19} \times 1 = 1.6 \times 10^{-19}$ जूल

33. (b) $q = CV$ अत: $\frac{q_1}{q_2} = \frac{C_1}{C_2}$

34. (a) $\frac{\varepsilon_0 A}{d} = 4\pi\varepsilon_0 R$

$A = \pi R^2$

$\Rightarrow \frac{\varepsilon_0 \pi R^2}{d} = 4\pi\varepsilon_0 R$

$\Rightarrow \quad d = \frac{R}{4}$

46. (d) प्रतिरोध, $R = \frac{V}{i}$

$R = \frac{12}{0.4}$

$R = 30$ ओम

52. (d) प्रतिरोध, $R = \rho\frac{l}{A} = \rho\frac{l}{\pi r^2}$

अब कॉपर के तार की लम्बाई, $l_1 = \frac{l}{2}$

कॉपर के तार की त्रिज्या, $r_1 = 2r$

तार का प्रतिरोध, $R_2 = \rho\frac{l_1}{\pi r_1^2}$

$= \rho\frac{\left(\frac{l}{2}\right)}{\pi(2r)^2}$

$= \rho \cdot \frac{l}{2 \times \pi \times 4r^2}$

$= \frac{1}{8} \cdot \rho\frac{l}{\pi r^2}$

$R_2 = \frac{R}{8}$ ओम

53. (a) प्रतिरोध, $R = \rho\frac{l}{A}$

लम्बाई को आधा करने पर तार की अनुप्रस्थ-काट का क्षेत्रफल दोगुना हो जाएगा, अर्थात्

$l' = \frac{l}{2}$ तथा $A' = 2A$

नया प्रतिरोध, $R' = \rho\frac{l'}{A'} = \rho\frac{l/2}{2A} = \rho\frac{l}{4A}$

$R' = \frac{R}{4}$

57. (b) तुल्य प्रतिरोध, $\frac{1}{R_1} = \frac{1}{2} + \frac{1}{4} + \frac{1}{8}$

$R_1 = \frac{8}{7}\,\Omega$

$\because R_1$ तथा $1\,\Omega$ श्रेणीक्रम में संयोजित हैं।

$R = 1 + R_1$

$= 1 + \frac{8}{7} = \frac{15}{7}\Omega$

58. (a)

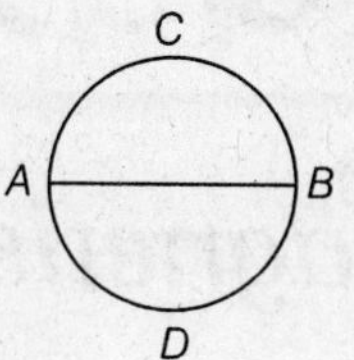

प्रतिरोध दो भागों में विभक्त होकर समान्तर क्रम में स्थित होता है।

$\frac{1}{R_{AB}} = \frac{1}{R_{ACB}} + \frac{1}{R_{ADB}}$

$= \frac{1}{10} + \frac{1}{10} = \frac{2}{10}\Omega$

$R_{AB} = 5\Omega$

59. (c) $\frac{1}{R_1} = \frac{1}{2} + \frac{1}{4} + \frac{1}{6}$

$\Rightarrow \quad \frac{1}{R_1} = \frac{6+3+2}{12} = \frac{11}{12}$

$\Rightarrow \quad R_1 = \frac{12}{11}\Omega$

$\because$ प्रतिरोध R_1, 8Ω के साथ श्रेणीक्रम में जुड़ा है।

$\therefore$ परिपथ का तुल्य प्रतिरोध,

$R_{eq} = R_1 + 8\Omega$

$= \frac{12}{11} + 8 = \frac{100}{11} = 9\frac{1}{11}\Omega$

60. (c) दिया है, $P = 100$ वाट

$V = 220$ वोल्ट

माना x अधिकतम बल्बों की संख्या है, जिसे समान्तर क्रम में सुरक्षित जोड़ा जा सकता है।

$\therefore \quad 100 \times x = 220 \times 5$

$\Rightarrow \quad x = \frac{220 \times 5}{100}$

$\Rightarrow \quad x = 11$ बल्ब

61. (c) $R = \rho\frac{l}{A}$ तथा $A = \pi r^2$

$R = \rho\frac{l}{\pi r^2}$

माना r पहले तार की त्रिज्या है।

$R_1 = \rho\frac{l}{\pi r^2} = R$

दूसरे तार के लिए त्रिज्या $= 2r$

$R_2 = \rho\frac{l}{\pi \times 4r^2} = \frac{R}{4}$

प्रश्नानुसार, दोनों तारों को एकसाथ श्रेणीक्रम में लगाया जाता है, तो कुल प्रतिरोध,

$R = R_1 + R_2$

$= R + \frac{R}{4}$

$R = \frac{5}{4}R$

62. (b) $\frac{1}{R} = \frac{1}{R/n} + \frac{1}{R/n} \ldots$

$\Rightarrow \quad \frac{1}{R'} = \frac{n}{R}$

$\Rightarrow \quad R' = \frac{R}{n}$

63. (b) $\frac{1}{R} = \frac{1}{R_1} + \frac{1}{R_2}$

$= \frac{1}{20} + \frac{1}{30}$

$\frac{1}{R} = \frac{3+2}{60} = \frac{5}{60}$

$R = 12$ ओम

64. (a)

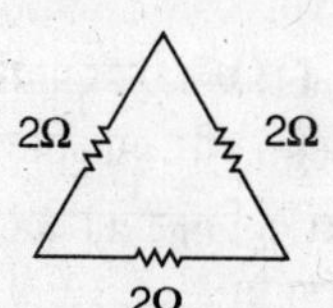

संयोजन का तुल्य प्रतिरोध

$= \frac{(2+2) \times 2}{(2+2)+2}$

$= \frac{8}{6} = \frac{4}{3}$ ओम

70. (a) $P = Vi$

$= 220 \times 0.5$

$= 110$ वाट

71. (c) शक्ति, $P = Vi$

$P = 250 \times 0.1$

$= 25$ वाट

72. (c) $\because R = \rho\frac{l}{A}$

शक्ति, $P = i^2R = i^2\rho\frac{l}{A}$

$\because \quad P \propto \rho$

$\therefore \frac{P(\text{ताँबा})}{P(\text{ऐल्युमीनियम})} = \frac{\rho(\text{ताँबा})}{\rho(\text{ऐल्युमीनियम})}$

ρ (ताँबा) $< \rho$ (ऐल्युमीनियम)

P (ताँबा) $< P$ (ऐल्युमीनियम)

अत: P (ऐल्युमीनियम) $> P$ (शक्ति)

77. (b) किसी परिनालिका के अन्दर चुम्बकीय क्षेत्र,

$B = \mu_0 ni$

अत: $B \propto n$

जब परिनालिका में प्रति एकांक लम्बाई में फेरों की संख्या $2n$ कर दी जाती है, तब चुम्बकीय क्षेत्र,

$B' \propto 2n$

$B' = 2B$

अध्याय

09

चुम्बकत्व

Magnetism

चुम्बक

- चुम्बक (Magnet) एक ऐसा पदार्थ है जो लोहा, निकिल, कोबाल्ट और अयस्कों को अपनी ओर आकर्षित करता है।
- चुम्बक के सिरों के निकट का क्षेत्र, जहाँ आकर्षण गुण अधिक होता है, **ध्रुव** (Pole) कहलाता है।
- चुम्बक द्वारा लोहा, स्टील, कोबाल्ट आदि को आकर्षित करने के गुण को **चुम्बकत्व** (Magnetism) कहते हैं।
- चुम्बक दो प्रकार की होती है–
  (i) कृत्रिम चुम्बक (ii) प्राकृतिक चुम्बक
- चुम्बक को स्वतन्त्रतापूर्वक लटकाने पर, यह उत्तर-दक्षिण दिशा में ठहरती है।
- **चुम्बकीय क्षेत्र** (Magnetic field) चुम्बक के चारों ओर का वह क्षेत्र जिसमें चुम्बक के प्रभाव का अनुभव किया जा सके, चुम्बकीय क्षेत्र कहलाता है। इसका SI मात्रक टेस्ला है।
- **चुम्बकीय क्षेत्र रेखाएँ** (Magnetic field lines) वे काल्पनिक रेखाएँ जोकि चुम्बक के उत्तरी ध्रुव से प्रारम्भ होकर दक्षिणी ध्रुव पर समाप्त होती हैं, चुम्बकीय क्षेत्र रेखाएँ कहलाती हैं।
  चुम्बकीय क्षेत्र रेखाएँ एक-दूसरे को प्रतिच्छेदित नहीं करती हैं।

पृथ्वी का चुम्बकत्व

- पृथ्वी चुम्बकीय क्षेत्र का एक प्राकृतिक स्रोत है, पृथ्वी की सतह पर प्रत्येक स्थान पर चुम्बकीय क्षेत्र विद्यमान रहता है।
- **दिक्पात कोण** (Angle of declination) किसी स्थान पर पृथ्वी के भौगोलिक याम्योत्तर तथा चुम्बकीय याम्योत्तर के मध्य के कोण को दिक्पात कोण कहते हैं।
- **नमन या नति कोण** (Angle of inclination) किसी स्थान पर चुम्बकीय याम्योत्तर से मुक्त रूप से लटकायी गई चुम्बकीय सुईं क्षैतिज अक्ष के साथ जो कोण बनाती है उसे उस स्थान पर नमन या नति कोण कहते हैं।
- पृथ्वी पर चुम्बकीय क्षेत्र के दो घटक होते हैं–
  (i) क्षैतिज घटक (H) (ii) ऊर्ध्वाधर घटक (V)
- पृथ्वी पर चुम्बकीय क्षेत्र (B_e), क्षैतिज घटक (H) तथा ऊर्ध्वाधर घटक (V) में निम्न सम्बन्ध है–

$$B_e = \sqrt{H^2 + V^2} \quad \text{या} \quad \tan\theta = \frac{V}{H}$$

चुम्बकीय पदार्थ

चुम्बकीय पदार्थ (Magnetic substances) को निम्नलिखित वर्गों में वर्गीकृत किया जाता है–

- **प्रतिचुम्बकीय पदार्थ** (Diamagnetic substance) वे पदार्थ जो बाह्य चुम्बकीय क्षेत्र में रखे जाने पर विपरीत दिशा में क्षीण चुम्बकित हो जाते हैं, प्रतिचुम्बकीय पदार्थ कहलाते हैं। उदाहरण–बिस्मिथ, एण्टीमनी, जस्ता आदि।
- **लौह-चुम्बकीय पदार्थ** (Ferromagnetic substance) वे पदार्थ जो चुम्बकीय क्षेत्र में रखे जाने पर प्रबल रूप से चुम्बकित हो जाते हैं, लौह-चुम्बकीय पदार्थ कहलाते हैं। उदाहरण–लोहा, निकिल, मैग्नेटाइट आदि।
- **अनुचुम्बकीय पदार्थ** (Paramagnetic substance) वे पदार्थ जो बाह्य चुम्बकीय क्षेत्र में रखे जाने पर क्षीण रूप से चुम्बकित हो जाते हैं, अनुचुम्बकीय पदार्थ कहलाते हैं। उदाहरण–ऐल्युमीनियम, कॉपर आदि।
- **विद्युत चुम्बक** (Electric magnet) ये अस्थायी चुम्बक हैं जो लौह-चुम्बकीय पदार्थ से अल्प समय के लिए चुम्बकत्व धारण करते हैं।
- **स्थायी चुम्बक** (Permanent magnet) वे पदार्थ जो कमरे के तापमान पर अधिक समय तक लौह-चुम्बकीय गुणों का अनुसरण करते हैं, स्थायी चुम्बक कहलाते हैं।

चुम्बकीय फ्लक्स

- एकसमान चुम्बकीय क्षेत्र में स्थित किसी सतह के अभिलम्बवत् गुजरने वाली बल रेखाओं की कुल संख्या को उस सतह से सम्बद्ध चुम्बकीय फ्लक्स (Magnetic flux) कहते हैं। इसका मात्रक वेबर होता है।

$$\phi = \mathbf{B} \cdot \mathbf{A} = BA\cos\theta$$

विद्युतचुम्बकीय प्रेरण

- जब किसी कुण्डली तथा चुम्बक के बीच सापेक्ष गति होती है, तो कुण्डली में एक विद्युत वाहक बल उत्पन्न हो जाता है, जिसे प्रेरित विद्युत वाहक बल कहते हैं, इस घटना को विद्युतचुम्बकीय प्रेरण (Electromagnetic induction) कहते हैं।
- फैराडे ने विद्युतचुम्बकीय प्रेरण संबंधी निम्न दो नियम दिए
  – **प्रथम नियम** जब किसी परिपथ से बद्ध चुम्बकीय फ्लक्स के मान में परिवर्तन किया जाता है, तो परिपथ में प्रेरित विद्युत वाहक बल उत्पन्न हो

जाता है। यह विद्युत वाहक बल केवल तभी तक प्रेरित होता है जब तक परिपथ से बद्ध चुम्बकीय फ्लक्स के मान में परिवर्तन किया जाता है।

- **द्वितीय नियम** किसी परिपथ में प्रेरित विद्युत वाहक बल, चुम्बकीय फ्लक्स में परिवर्तन की ऋणात्मक दर के अनुक्रमानुपाती होता है।

$$e = -\frac{d\phi}{dt}$$

इसे **लेन्ज का नियम** (Lenz's law) भी कहते हैं।

- **विद्युत मोटर** (Electric motor) विद्युत मोटर एक ऐसी घूर्णन युक्ति है, जिसमें विद्युत ऊर्जा का यान्त्रिक ऊर्जा में रूपान्तरण होता है।
- **विद्युत जनित्र** (Electric generator) यह एक ऐसी युक्ति है, जिसके द्वारा विद्युत का उत्पादन किया जाता है।
- विद्युत जनित्र दो प्रकार के होते हैं
  - AC जनित्र
  - DC जनित्र
- **घरेलू विद्युत परिपथ** (Domestic electric circuit) घरेलू विद्युत परिपथ में तीन तार क्रमशः जीवित तार (लाल), उदासीन तार (काला) तथा भू-सम्पर्क तार (हरा) होते हैं। जब परिपथ में जीवित तार तथा उदासीन तार सीधे सम्पर्क में आ जाते हैं, तब परिपथ लघुपथित (Short circuit) हो जाता है।
- **ट्रांसफॉर्मर** (Transformer) ट्रांसफॉर्मर एक ऐसी युक्ति है जिसके द्वारा प्रत्यावर्ती धारा वोल्टेज को बढ़ाया या घटाया जाता है। ट्रांसफॉर्मर का उपयोग रेफ्रिजरेटर, टी.वी., कम्प्यूटर आदि में किया जाता है।

चैप्टर प्रैक्टिस

चुम्बक तथा पृथ्वी का चुम्बकत्व

1. चुम्बक में चुम्बकीय क्षेत्र रेखाओं की दिशा क्या होती है? *[SSC JE (Civil) 2018]*

(a) पूर्वी ध्रुव से पश्चिमी ध्रुव (b) पश्चिमी ध्रुव से पूर्वी ध्रुव
(c) उत्तरी ध्रुव से दक्षिणी ध्रुव (d) दक्षिणी ध्रुव से उत्तरी ध्रुव

2. जब एक छड़ चुम्बक को दो बराबर भागों में बाँटा जाता है, तो प्रत्येक टुकड़े की ध्रुव शक्ति होगी *[SSC CPO 2011]*

(a) दोगुनी (b) आधी (c) शून्य (d) समान

3. चुम्बक रक्षक किसके टुकड़े होते हैं? *[SSC 2013]*

(a) निकेल (b) कोबाल्ट
(c) इस्पात (d) नर्म लोहा

4. पृथ्वी के चुम्बकीय ध्रुवों पर नति अथवा नमन कोण का मान है

(a) 30° (b) 45°
(c) 90° (d) 0°

5. उदासीन बिन्दुओं पर

(a) $B > H$ (b) $B < H$
(c) $B = H$ (d) $B = 0$

6. किस स्थान पर पृथ्वी का चुम्बकीय क्षेत्र क्षैतिज होता है? *[NDA 2017]*

(a) चुम्बकीय याम्योत्तर (b) चुम्बकीय निरक्ष
(c) भौगोलिक ध्रुव (d) कर्क रेखा

7. किसी स्थान पर चुम्बकीय याम्योत्तर तथा भौगोलिक याम्योत्तर के बीच के कोण को कहते हैं *[SSC CGL 2013]*

(a) नति (b) अवनति
(c) अक्षांश (d) दिगांश

8. एक स्थान पर नति कोण 30° है। यदि पृथ्वी के चुम्बकीय क्षेत्र का क्षैतिज घटक H है, तो सम्पूर्ण चुम्बकीय क्षेत्र की तीव्रता होगी

(a) $\frac{H}{2}$ (b) $\frac{2H}{\sqrt{3}}$ (c) $H\sqrt{\frac{3}{2}}$ (d) $2H$

9. किसी स्थान पर पृथ्वी के चुम्बकीय क्षेत्र के क्षैतिज तथा ऊर्ध्वाधर घटक बराबर हैं। उस स्थान पर नति कोण का मान होगा

(a) 0° (b) 45° (c) 60° (d) 90°

10. पृथ्वी के चुम्बकीय क्षेत्र का क्षैतिज घटक शून्य होगा

(a) चुम्बकीय ध्रुवों पर (b) भौगोलिक ध्रुवों पर
(c) प्रत्येक स्थान पर (d) चुम्बकीय निरक्ष पर

चुम्बकीय पदार्थ तथा चुम्बकीय फ्लक्स

11. निम्न में से कौन विद्युत अनुचुम्बकीय है?

(a) निकेल (b) बिस्मिथ
(c) लोहा (d) ताँबा

12. यदि किसी पदार्थ की आपेक्षिक चुम्बकशीलता 0.9999 है, तो इसकी प्रकृति है

(a) अनुचुम्बकीय (b) प्रतिचुम्बकीय
(c) चुम्बकीय आघूर्ण (d) चुम्बकीय क्षेत्र की तीव्रता

13. अनुचुम्बकीय पदार्थों की चुम्बकशीलता का मान होता है

(a) 0 (b) > 1 (c) < 1 (d) 1

14. चुम्बकीय प्रवृत्ति का मान कम परन्तु धनात्मक होता है

(a) अनुचुम्बकीय पदार्थों में (b) लौह-चुम्बकीय पदार्थों में
(c) प्रतिचुम्बकीय पदार्थों में (d) सभी पदार्थों में

15. लौह-चुम्बकीय पदार्थों की आपेक्षिक चुम्बकशीलता (μ_r) है

(a) < 1 (b) = 1 (c) > 1 (d) 0

16. चुम्बकीय गुणधर्मों के आधार पर ऑक्सीजन का सम्बन्ध किससे है? *[CDS 2013]*

(a) चुम्बकीय पदार्थों से (b) लौह-चुम्बकीय पदार्थों से
(c) अनुचुम्बकीय पदार्थों से (d) प्रतिचुम्बकीय पदार्थों से

17. निम्न में से कौन-से कथन सत्य नहीं हैं?

I. चुम्बकीय मोनोपोल्स एक-ध्रुवीय नहीं होते हैं।
II. चुम्बकीय क्षेत्र में लोहे की दो छड़ें एक-दूसरे को आकर्षित करती हैं।
III. चुम्बकीय क्षेत्र में एक तार को मुक्त रूप से छोड़ने पर यह क्षेत्र के समान्तर हो जाता है।
IV. कॉपर प्रतिचुम्बकीय तथा लोहा अनुचुम्बकीय होता है।

(a) I, III और IV (b) II और IV
(c) II और III (d) II, III और IV

18. निम्नलिखित में से किस एक की इकाई मैक्सवेल है? *[SSC CAPFs ASI 2017]*

(a) चुम्बकीय फ्लक्स
(b) पारगम्यता
(c) चुम्बकीय सुग्राहिता
(d) चुम्बकीय तीव्रता

विद्युतचुम्बकीय प्रेरण, विद्युत मोटर तथा विद्युत जनित्र

19. विद्युतचुम्बकीय प्रेरण की परिघटना ....। *[SSC JE (Civil) 2015]*

(a) किसी वस्तु को आवेशित करने की प्रक्रिया है
(b) किसी कुण्डली में विद्युत धारा प्रवाहित होने के कारण चुम्बकीय क्षेत्र उत्पन्न करने की प्रक्रिया है
(c) कुण्डली तथा चुम्बक के मध्य आपेक्षिक गति के कारण कुण्डली में विद्युत धारा प्रेरित करना है
(d) किसी विद्युत मोटर की कुण्डली को घूर्णन कराने की प्रक्रिया है

20. विद्युत मोटर में *[BPSC (Pre) 2018]*

(a) ऊष्मा को विद्युत ऊर्जा में बदला जाता है
(b) विद्युत ऊर्जा को ऊष्मा में बदला जाता है
(c) विद्युत ऊर्जा को यान्त्रिक ऊर्जा में बदला जाता है
(d) यान्त्रिक ऊर्जा को विद्युत ऊर्जा में बदला जाता है

21. किसी AC जनित्र तथा DC जनित्र में एक मूलभूत अन्तर यह है कि *[PCS (Pre) 2019, 18]*

(a) AC जनित्र में विद्युत चुम्बक होता है, जबकि DC जनित्र में स्थायी चुम्बक होता है
(b) AC जनित्र में सर्पी वलय होते हैं, जबकि DC जनित्र में दिक् परिवर्तक होता है
(c) DC जनित्र उच्च वोल्टता का जनन करता है
(d) AC जनित्र उच्च वोल्टता का जनन करता है

22. डायनेमो किस प्रकार की ऊर्जा का रूपान्तरण करने का एक साधन है? *[SSC CGL 2015]*

(a) ऊष्मा ऊर्जा को विद्युत ऊर्जा में
(b) यान्त्रिक ऊर्जा को विद्युत ऊर्जा में
(c) चुम्बकीय ऊर्जा को विद्युत ऊर्जा में
(d) रासायनिक ऊर्जा को विद्युत ऊर्जा में

घरेलू विद्युत परिपथ तथा ट्रांसफॉर्मर

23. जब लघु पथ (शॉर्ट सर्किट) की दशा घटित होती है, परिपथ में धारा

(a) शून्य हो जाती है
(b) स्थिर बनी रहती है
(c) पर्याप्त रूप से बढ़ती है
(d) यादृच्छिक रूप से परिवर्तित होती है

24. विद्युत प्रेस, जल-तापक (वॉटर हीटर) या कक्ष-तापक (रूम हीटर) जैसे विद्युत उपकरणों के संयोजी केबिल में तीन विभिन्न वर्ण लाल, हरा और काला के तीन विद्युत रोधित ताँबे के तार होते हैं। निम्नलिखित में से कौन-सा एक सही वर्ण कोड है? *[NDA 2018]*

(a) लाल–विद्युतमय तार, हरा–निरावेशित तार, काला–भू-सम्पर्कित तार
(b) लाल–निरावेशित तार, हरा–भू-सम्पर्कित तार, काला–विद्युतमय तार
(c) लाल–विद्युतमय तार, हरा–भू-सम्पर्कित तार, काला–निरावेशित तार
(d) लाल–भू-सम्पर्कित तार, हरा–विद्युतमय तार, काला–निरावेशित तार

25. निम्नलिखित में से कौन-सा यन्त्र, निम्न वोल्टता की प्रत्यावर्ती धारा को उच्च वोल्टता वाली प्रत्यावर्ती धारा में और इसके विलोमतः परिवर्तित करता है? *[NDA 2017]*

(a) जनित्र (जनरेटर)
(b) मोटर
(c) ट्रांसफॉर्मर
(d) कम्पित्र

26. उच्चायी ट्रांसफॉर्मरों का प्रयोग किसलिए किया जाता है? *[NDA 2017]*

(a) विद्युत शक्ति बढ़ाने के लिए
(b) विद्युत शक्ति कम करने के लिए
(c) वोल्टता कम करने के लिए
(d) वोल्टता बढ़ाने के लिए

27. ट्रांसफॉर्मर किसके सिद्धांत पर कार्य करता है? *[SSC CGL 2016]*

(a) स्वप्रेरण
(b) अन्योन्य प्रेरण
(c) जनरेटर
(d) इनवर्टर

उत्तरमाला

1 (d)	2 (d)	3 (d)	4 (c)	5 (c)	6 (b)	7 (b)	8 (b)	9 (b)	10 (a)
11 (d)	12 (b)	13 (b)	14 (a)	15 (c)	16 (c)	17 (a)	18 (a)	19 (c)	20 (c)
21 (b)	22 (b)	23 (c)	24 (c)	25 (c)	26 (d)	27 (b)			

उत्तर सहित व्याख्या

8. (b) दिया है, नति कोण $(\theta) = 30°$

चुम्बकीय क्षेत्र का क्षैतिज घटक, $(H) = B\cos\theta$

∴ चुम्बकीय क्षेत्र की तीव्रता

$$(B) = \frac{H}{\cos\theta} = \frac{H}{\cos 30°}$$

$$= \frac{H}{\sqrt{3}/2} = \frac{2H}{\sqrt{3}}$$

9. (b) यदि θ नति कोण हो, तो $\tan\theta = V/H$

प्रश्नानुसार, $V = H$

जहाँ, V = चुम्बकीय क्षेत्र का ऊर्ध्वाधर घटक

तथा H = चुम्बकीय क्षेत्र का क्षैतिज घटक

$$\therefore \tan\theta = \frac{V}{H} = 1 = \tan 45°$$

$$\Rightarrow \quad \theta = 45°$$

12. (b) चूँकि पदार्थ की आपेक्षिक चुम्बकशीलता 0.9999 है, जोकि 1 से कम है। अतः पदार्थ प्रतिचुम्बकीय प्रकृति का होगा।

13. (b) अनुचुम्बकीय पदार्थों की चुम्बकशीलता (μ_r) का मान धनात्मक तथा 1 से अधिक होता है।

अध्याय

10

तरंग गति तथा ध्वनि

Wave Motion and Sound

तरंग

किसी माध्यम में उत्पन्न विक्षोभ को तरंग (Wave) कहते हैं तथा विक्षोभ के आगे बढ़ने की प्रक्रिया को **तरंग गति** (Wave motion) कहते हैं।

तरंगों को मुख्यतः दो भागों में बाँटा जाता है

- **यान्त्रिक तरंगें** (Mechanical waves) वे तरंगें जिनके संचरण हेतु माध्यम की आवश्यकता होती है, यान्त्रिक तरंगें कहलाती हैं। यान्त्रिक तरंगें मुख्यतः दो प्रकार की होती हैं–
  - **अनुदैर्ध्य तरंगें** (Longitudinal waves) इस प्रकार की तरंगों में माध्यम के कण तरंग के संचरण की दिशा में ही कम्पन करते हैं।
  - **अनुप्रस्थ तरंगें** (Transverse waves) इस प्रकार की तरंगों में माध्यम के कण तरंग के संचरण की दिशा के लम्बवत् कम्पन करते हैं।
- **विद्युतचुम्बकीय तरंगें** (Electromagnetic waves) वे तरंगें जिनके संचरण हेतु माध्यम की आवश्यकता नहीं होती है, विद्युतचुम्बकीय तरंगें कहलाती हैं।

तरंग गति से सम्बन्धित महत्त्वपूर्ण पद

- **तरंगदैर्ध्य** (Wavelength) किन्हीं दो निकटवर्ती श्रृगों अथवा गर्तों के बीच की दूरी को तरंगदैर्ध्य कहते हैं। इसका SI मात्रक मीटर है।
- **आवृत्ति** (Frequency) कम्पन करने वाले कण द्वारा 1 सेकण्ड में किए गए कम्पनों की संख्या को आवृत्ति कहते हैं। इसका SI मात्रक हर्ट्ज (Hz) है।
- **आवर्तकाल** (Time period) किसी तरंग का आवर्तकाल, आवृत्ति का व्युत्क्रम होता है।

$$T = \frac{1}{f} \text{ (सेकण्ड)}$$

- **आयाम** (Amplitude) कम्पन करने वाले किसी कण की मध्यमान स्थिति के एक ओर के अधिकतम विस्थापन को उस कण या तरंग का आयाम कहते हैं। इसका SI मात्रक मीटर होता है।
- **चाल** (Speed) एक सेकण्ड में तरंग द्वारा चली गई दूरी को तरंग की चाल कहते हैं।
- तरंग चाल, आवृत्ति व तरंगदैर्ध्य में निम्न सम्बन्ध होता है–

$$\text{तरंग चाल } (v) = \text{आवृत्ति } (f) \times \text{तरंगदैर्ध्य } (\lambda)$$

ध्वनि

ध्वनि (Sound) एक प्रकार की ऊर्जा है, जिसके कानों पर पड़ने से सुनने की संवेदना उत्पन्न होती है। ध्वनि के निम्न अभिलक्षण होते हैं

- **प्रबलता** (Loudness) यह ध्वनि का वह लक्षण है जिसके आधार पर कोई ध्वनि कान को धीमी या तेज सुनाई पड़ती है।
- **तारत्व** (Pitch) ध्वनि का तारत्व उसकी आवृत्ति पर निर्भर करता है। तारत्व के कारण ध्वनि तीक्ष्ण या मोटी होती है।
- **गुणता** (Quality) ध्वनि का वह लक्षण, जिसके कारण समान तीव्रता तथा समान तारत्व की ध्वनियों में अन्तर प्रतीत होता है, गुणता कहलाता है।
- **तीव्रता** (Intensity) किसी एकांक क्षेत्रफल से प्रत्येक सेकण्ड में प्रवाहित ध्वनि ऊर्जा की मात्रा, ध्वनि की तीव्रता कहलाती है।
  इसका मात्रक वाट/मी^{2} होता है।
- **ध्वनि की चाल** (Speed of sound) यदि माध्यम की प्रत्यास्थता E तथा घनत्व d हो, तो ध्वनि की चाल $v = \sqrt{\frac{E}{d}}$ होती है।
  - वायु में ध्वनि की चाल 332 मी/से, जल में ध्वनि की चाल 1450 मी/से तथा धातुओं में ध्वनि की चाल लगभग 5000 मी/से होती है।
  - ताप बढ़ने पर ध्वनि की चाल बढ़ जाती है।
  - आर्द्रता बढ़ने पर ध्वनि की चाल बढ़ जाती है।
  - दाब परिवर्तित होने पर ध्वनि की चाल पर कोई प्रभाव नहीं पड़ता है।
  - ठोसों तथा द्रवों में ध्वनि की चाल, गैसों की तुलना में अधिक होती है।
- **ध्वनि का परावर्तन** (Reflection of sound) जब ध्वनि तरंगें एक माध्यम से दूसरे माध्यम में प्रवेश करती हैं, तो दोनों माध्यमों के पृथ्थकारी पृष्ठ से ध्वनि का पुनः प्रथम माध्यम में लौटना, ध्वनि का परावर्तन कहलाता है। ध्वनि के परावर्तन का उपयोग मेगाफोन, स्टेथोस्कोप, ध्वनि बोर्ड आदि में किया जाता है।
- **प्रतिध्वनि** (Echo) वह ध्वनि जो किसी अवरोधक से टकराकर पुनः सुनाई देती है, प्रतिध्वनि कहलाती है।
- **अनुरणन** (Reveberation) किसी हॉल में ध्वनि स्रोत को बन्द करने के बाद भी ध्वनि का कुछ देर तक सुनाई देना अनुरणन कहलाता है।
- **ध्वनि का अपवर्तन** (Refraction of sound) जब ध्वनि तरंगें एक माध्यम से दूसरे माध्यम में जाती हैं, तो उनका अपवर्तन हो जाता है, तब यह घटना ध्वनि का अपवर्तन कहलाती है।
- **ध्वनि तरंगों का विवर्तन** (Diffraction of sound waves) जब ध्वनि के मार्ग में कोई अवरोध आ जाता है, तो ये तरंगें उससे मुड़कर हमारे कान तक पहुँचती हैं, इसी को ध्वनि तरंगों का विवर्तन कहते हैं।

- **श्रव्यता परिसर** (Range of hearing)

तरंगें	तरंगदैर्ध्य	अनुप्रयोग
श्रव्य तरंगें	20 Hz से 20,000 Hz	वाद्ययन्त्र
अवश्रव्य तरंगें	20 Hz से कम	
पराश्रव्य तरंगें	20,000 Hz से अधिक	श्रवण सहायक युक्ति, सोनार, अल्ट्रासोनोग्राही, कलपुर्जों की सफाई

- **सोनार** (SONAR) सोनार एक ऐसी युक्ति है, जिसके द्वारा जल में स्थित पिण्डों की दूरी, दिशा तथा चाल को पराध्वनि तरंगों का उपयोग करके मापा जाता है।

प्रगामी तरंगें

- वे तरंगें, जो माध्यम में निश्चित वेग से आगे बढ़ती हैं तथा जिनके द्वारा ऊर्जा का स्थानान्तरण होता है, प्रगामी तरंगें (Progressive waves) कहलाती हैं।
- **तरंगों का अध्यारोपण** (Superposition of waves) जब किसी माध्यम में एक बिन्दु पर अधिक तरंगें आपस में मिलती हैं, तो तरंगों का अध्यारोपण होता है।
- **ध्वनि तरंगों का व्यतिकरण** (Interference of sound wave) जब दो समान आवृत्ति या आयाम की दो ध्वनि तरंगें एकसाथ किसी माध्यम में एक बिन्दु पर पहुँचती हैं, तो उस बिन्दु पर ध्वनि ऊर्जा का पुनः वितरण हो जाता है, इसे ध्वनि तरंगों का व्यतिकरण कहते हैं।

अप्रगामी तरंगें

- जब दो समान आवृत्ति की प्रगामी तरंगें किसी माध्यम में एक ही चाल से परन्तु विपरीत दिशाओं में गति करती हैं, तो उनके अध्यारोपण से एक नई प्रकार की तरंग प्राप्त होती है, जिसे अप्रगामी तरंग (Standing wave) कहते हैं। दो क्रमागत निस्पन्दों तथा प्रस्पन्दों के मध्य दूरी $\frac{\lambda}{2}$ होती है।
- **ऑर्गन पाइप** (Organ pipe) यह एकसमान व्यास की लकड़ी अथवा धातु की बनी एक लम्बी नली होती है, जिसमें गैस अथवा वायु की उपस्थिति में ध्वनि उत्पन्न की जाती है।
- एक सिरे पर बन्द तथा दूसरे सिरे पर खुलने वाले पाइप को **बन्द ऑर्गन पाइप** कहते हैं। इसमें उत्पन्न मूल स्वरक तथा अधिस्वरक का अनुपात 1 : 3 : 5 : ... होता है।
- दोनों सिरों से खुले पाइप को **खुला ऑर्गन पाइप** कहते हैं। इसमें उत्पन्न मूल स्वरक तथा अधिस्वरक का अनुपात 1 : 2 : 3 : ... होता है।
- **विस्पन्द** (Beat) जब लगभग समान आवृत्ति की दो ध्वनि तरंगें एकसाथ उत्पन्न की जाती हैं, तो परिणामी ध्वनि की तीव्रता समय के साथ बढ़ती तथा घटती है। ध्वनि की तीव्रता में यह परिवर्तन विस्पन्द कहलाता है।

डॉप्लर प्रभाव

- जब किसी ध्वनि स्रोत तथा श्रोता के बीच आपेक्षित गति होती है, तब श्रोता द्वारा सुनी गई ध्वनि की आवृत्ति, स्रोत की आवृत्ति से भिन्न होती है। ध्वनि स्रोत की आवृत्ति में होने वाले परिवर्तन की घटना को डॉप्लर प्रभाव (Doppler's effect) कहते हैं।

चैप्टर प्रैक्टिस

तरंग गति

1. .... तरंग में माध्यम के कण अपनी माध्य स्थितियों पर तरंग संचरण की दिशा के समान्तर गति करते हैं। *[SSC CHSL 2018]*

(a) अनुप्रस्थ (b) अनुदैर्ध्य
(c) सतह (d) क्षेत्र

2. निम्न में से यान्त्रिक तरंग नहीं है

(a) ध्वनि तरंग (b) रस्सी में उत्पन्न तरंग
(c) एक्स तरंगें (d) इनमें से कोई नहीं

3. तरंग संचरण हेतु माध्यम का गुण नहीं है

(a) जड़त्व (b) प्रतिरोध न्यूनतम
(c) प्रतिरोध अधिकतम (d) प्रत्यास्थता

4. निम्नलिखित में से किस प्रकार के विकिरण की तरंगदैर्ध्य न्यूनतम होती है? *[CDS 2020]*

(a) रेडियो तरंग (b) दृश्य प्रकाश
(c) अवरक्त/इन्फ्रारेड (d) पराबैंगनी/अल्ट्रावायलेट

5. एक तरंग का वेग v, आवृत्ति f और तरंगदैर्ध्य λ है *[RRB Group D 2018]*

(a) $v = \frac{1}{f\lambda}$ (b) $v = \frac{f}{\lambda}$
(c) $v = f\lambda$ (d) $v = \frac{\lambda}{f}$

6. आवृत्ति और कालावधि में क्या सम्बन्ध है? *[RRB Group D 2018]*

(a) $T = 1 + f$ (b) $T = f$
(c) $T = \frac{1}{f}$ (d) $T = 1 \times f$

7. निम्नलिखित में से कौन-से प्रकार की विकिरण की तरंगदैर्ध्य सबसे छोटी (लघुत्तम) होती है? *[NDA 2020]*

(a) सूक्ष्म तरंग (माइक्रोवेव) (b) अवरक्त (इन्फ्रारेड)
(c) दृश्य प्रकाश (d) एक्स-किरण

ध्वनि

8. ध्वनि की उच्चता किस पर निर्भर करती है? *[SSC CHSL 2014]*

(a) आवृत्ति (b) तरंगदैर्ध्य
(c) आयाम (d) तारत्व

9. ध्वनि .... का एक रूप है, जो सुनने की अनुभूति पैदा करती है। *[RRB Group D 2018]*

(a) यान्त्रिक ऊर्जा (b) अनुगूंज
(c) विद्युतचुम्बकीय तरंग (d) कम्पन ऊर्जा

10. उस वस्तु को क्या कहा जाता है, जिसके माध्यम से ध्वनि प्रेषित की जाती है?

(a) पदार्थ (b) यन्त्र
(c) कम्पन (d) माध्यम

11. एक ध्वनि तरंग जब किसी माध्यम से होकर गुजरती है, तो इसकी .... अपरिवर्तित रहती है। *[RRB Group D 2018]*
(a) आयाम (b) आवृत्ति (c) गति (d) तरंगदैर्ध्य

12. निम्नलिखित में से कौन-सी विशेषता ध्वनि की नहीं है? *[RRB Group D 2018]*
(a) गुणवत्ता (b) स्वरमान (c) प्रबलता (d) कम्पन

13. निम्नलिखित में से ध्वनि स्वरमान (Pitch) को कौन निर्धारित करता है? *[SSC CGL 2017]*
(a) आयाम (b) आवृत्ति (c) प्रबलता (d) तरंगदैर्ध्य

14. ध्वनि की प्रबलता निर्भर करती है *[NDA 2019]*
(a) माध्यम में ध्वनि तरंगों के वेग पर
(b) ध्वनि तरंगों के आयाम पर
(c) ध्वनि तरंगों की आवृत्ति पर
(d) ध्वनि तरंगों की आवृत्ति और वेग पर

15. निम्न में कौन-सी यान्त्रिक तरंग है? *[PCS (Pre) 2016]*
(a) रेडियो तरंग (b) एक्स तरंग
(c) प्रकाश तरंग (d) ध्वनि तरंग

16. ध्वनि तरंगें .... तरंगें हैं। *[RRB NTPC 2016]*
(a) दाब (b) अनुदैर्ध्य
(c) विद्युतचुम्बकीय (d) यान्त्रिक

17. **कथन** I ध्वनि तरंग का तारत्व इसकी आवृत्ति पर निर्भर करता है।
कथन II ध्वनि तरंग की प्रबलता इसके आयाम पर निर्भर करती है।
कूट *[NDA 2018]*
(a) दोनों कथन अलग-अलग सही हैं और कथन II, कथन I का सही स्पष्टीकरण है।
(b) दोनों कथन अलग-अलग सही हैं, किन्तु कथन II, कथन I का सही स्पष्टीकरण नहीं है।
(c) कथन I सही है, किन्तु कथन II गलत है।
(d) कथन I गलत है, किन्तु कथन II सही है।

18. निम्नलिखित में से कौन-सा एक कथन सही नहीं है?
(a) ध्वनि का तारत्व (Pitch) उसका वह अभिलक्षण है, जिसके द्वारा हम साधारणतया पुरुष स्वर स्थान स्त्री स्वर के बीच भेद कर सकते हैं।
(b) ध्वनि की प्रबलता इसकी आवृत्ति से सम्बन्धित होती है।
(c) किसी संगीतमय ध्वनि में कुछ ऐसी सुनिश्चित आवृत्तियाँ होती हैं, जो साधारण तथा मूल आवृत्ति की सन्नादी होती हैं।
(d) किसी विशिष्ट सांगीतिक ध्वनि की ध्वनि गुणता, ध्वनि तरंग के तरंग रूप से सम्बन्धित होती है।

19. ध्वनि तरंगों (Sound waves) के सम्बन्ध में निम्नलिखित में से कौन-सा कथन सही नहीं है? *[RRB NTPC 2016]*
(a) ये 330-350 मी/से की रफ्तार से यात्रा करती हैं।
(b) ये मैकेनिकल तरंगें हैं।
(c) इन्हें यात्रा करने के लिए किसी प्रकार के माध्यम की आवश्यकता नहीं होती।
(d) ये लम्बी दूरी तक यात्रा नहीं कर सकती हैं।

20. एक माध्यम में एक ध्वनि तरंग की तरंगदैर्ध्य कितनी है, जिसकी आवृत्ति 840 हर्ट्ज और गति 380 मी/से है? *[RRB 2018]*
(a) 5.45 मी (b) 1.45 मी
(c) 0.45 मी (d) 2.45 मी

21. ध्वनि तरंग का आवर्तकाल 0.01 सेकण्ड है। इसकी आवृत्ति (हर्ट्ज में) होगी। *[SSC CHSL 2018]*
(a) 100 (b) 10 (c) 50 (d) 20

22. ध्वनि का वेग अधिकतम होगा *[UPPCS (Pre) 2018]*
(a) निर्वात् में (b) वायु में (c) जल में (d) इस्पात में

23. एक अन्तरिक्ष यात्री अपने सहपाठी को चन्द्रमा की सतह पर सुन नहीं सकता, क्योंकि *[UPPCS (Mains) 2013]*
(a) उत्पादित आवृत्ति ध्वनि आवृत्ति से अधिक होती है
(b) रात्रि में तापमान बहुत कम और दिन में अत्यधिक होता है
(c) ध्वनि प्रचारित करने का माध्यम नहीं होता है
(d) चन्द्रमा की सतह पर कई क्रेटर हैं

24. निम्नलिखित में से कौन-सा तरंगों का अभिलक्षण नहीं है?
(a) तरंगदैर्ध्य (b) कला
(c) आवृत्ति (d) माध्यम

25. वायु में ध्वनि की चाल पर किस भौतिक राशि का प्रभाव नहीं पड़ता है?
(a) ताप (b) दाब
(c) आर्द्रता (d) वायु

26. 0°C पर वायु में ध्वनि की चाल 332 मी/से है। 35°C पर वायु में ध्वनि की चाल होती है
(a) 325 मी/से (b) 332 मी/से
(c) 353 मी/से (d) 367 मी/से

27. 20° C पर जल में ध्वनि की चाल लगभग होती है *[NDA 2019]*
(a) 330 मी/से (b) 800 मी/से
(c) 1500 मी/से (d) 5000 मी/से

28. एक 256 हर्ट्ज आवृत्ति वाली ध्वनि तरंग की चाल एक माध्यम में 330 मी/से है। उसी माध्यम में 512 हर्ट्ज आवृत्ति वाली ध्वनि तरंग की चाल होगी
(a) 600 मी/से (b) 495 मी/से
(c) 330 मी/से (d) 165 मी/से

29. 25° C पर विभिन्न माध्यमों में ध्वनि की चाल के बारे में निम्नलिखित में से कौन-सा/से कथन सत्य/असत्य है/हैं। *[RRB Group D 2018]*
I. जल में, ध्वनि की चाल 1531 मी/से होती है।
II. वायु में, ध्वनि की चाल 346 किमी/से होती है।
(a) केवल I सत्य है (b) केवल II सत्य है
(c) I और II दोनों असत्य हैं (d) I और II दोनों सत्य हैं

30. दिए गए कथन और निष्कर्षों को ध्यान से पढ़े और यह चुने कि कौन-सा निष्कर्ष तर्कसंगत रूप से कथन का पालन करता है।
कथन कुछ कम्पन होने पर ध्वनि उत्पन्न होती है। स्पंदन कर रही वस्तु के द्वारा इसके आस-पास की वस्तुओं अथवा माध्यम में भी कम्पन होता है।
निष्कर्ष
I. माध्यम से उनका मतलब केवल वायु से है।
II. ध्वनि कम्पन द्वारा उत्पन्न की जाती है। *[RRB Group D 2018]*
(a) केवल निष्कर्ष II अनुसरण करता है
(b) केवल निष्कर्ष I अनुसरण करता है
(c) दोनों निष्कर्ष अनुसरण नहीं करते हैं
(d) दोनों निष्कर्ष अनुसरण करते हैं

ध्वनि का परावर्तन, अपवर्तन, विवर्तन तथा श्रव्यता परिसर

31. मेगाफोन का सिद्धान्त है
(a) ध्वनि का परावर्तन (b) ध्वनि का अपवर्तन
(c) ध्वनि का विवर्तन (d) ध्वनि का व्यतिकरण

32. वह ध्वनि जो किसी अवरोधक से टकराकर पुनः सुनाई देती है, ... कहलाती है।
(a) अनुरणन (b) प्रतिध्वनि (c) प्रबलता (d) तीव्रता

33. अपने उड़ान पथ में अवरोधकों की पहचान के लिए चमगादड़ निम्नलिखित तरंगों में से कौन-सी एक तरंग का उपयोग करते हैं? *[NDA 2014]*
(a) अवरक्त तरंगें (b) विद्युतचुम्बकीय तरंगें
(c) पराश्रव्य तरंगें (d) रेडियो तरंगें

34. निम्नलिखित आवृत्ति परिसरों में से कौन-सी मानव-कर्ण के लिए संवेदी है? *[NDA 2018]*
(a) 0-200 हर्ट्ज (b) 20-20000 हर्ट्ज
(c) 200-2000 हर्ट्ज (d) 2000-20000 हर्ट्ज

35. पराध्वनिक तरंगों की आवृत्ति कितनी होती है? *[NDA 2018]*
(a) 20 हर्ट्ज से कम
(b) 20 हर्ट्ज और 2 किलोहर्ट्ज के बीच
(c) 2 किलोहर्ट्ज और 20 किलोहर्ट्ज के बीच
(d) 20 किलोहर्ट्ज से अधिक

36. श्रव्य ध्वनि तरंगों की तुलना में, पराश्रव्य (पराध्वनि) तरंगें *[NDA 2019]*
(a) उच्चतर गति की होती हैं
(b) उच्चतर आवृत्ति की होती हैं
(c) अधिक लम्बी तरंगदैर्ध्य की होती हैं
(d) उच्चतर गति एव उच्चतर आवृत्ति दोनों की होती हैं

37. एक जैव पद्धति जिसमें पराश्रव्य ध्वनि का उपयोग किया जाता है *[RAS/RTS (Pre) 2012]*
(a) सोनोग्राफी (b) ई.सी.जी.
(c) ई.ई.जी (d) एक्स-रे

38. किस स्तर (डेसीबल) से अधिक की ध्वनि हानिकारक ध्वनि प्रदूषक कहलाती है? *[UPPSC (Mains) 2008, UPPCS (Pre) 2013]*
(a) 30 डेसीबल (b) 100 डेसीबल
(c) 80 डेसीबल (d) 120 डेसीबल

39. निम्नलिखित में से कौन-सा कथन सही नहीं है? *[NDA 2017]*
(a) पराश्रव्य तरंगें परावर्तित, अपवर्तित या अवशोषित नहीं हो सकती हैं।
(b) पराश्रव्य तरंगों का उपयोग सामान्य संरचना द्रव्यों की आन्तरिक संरचना में दरारों, सरन्ध्रता आदि जैसे दोषों की उपस्थिति की पहचान में होता है।
(c) हीरे जैसे अति कठोर द्रव्यों में छिद्र करने के लिए पराश्रव्य तरंगों का उपयोग किया जा सकता है।
(d) पराश्रव्य तरंगें निर्वात् में गति नहीं कर सकती हैं।

40. करेन्सी नोटों में जालसाजी की पहचान करने के लिए निम्नलिखित में से कौन-सी तरंगों का प्रयोग होता है? *[NDA 2017]*
(a) पराबैंगनी तरंगें (b) अवरक्त तरंगें
(c) रेडियो तरंगें (d) सूक्ष्म तरंगें

41. 3×10^5 हर्ट्ज आवृत्ति की पराश्रव्य तरंगें एक ऐसे माध्यम से होकर गुजरती हैं जिसमें ध्वनि की चाल, वायु में ध्वनि की चाल से दस गुना है (ध्वनि की वायु में चाल 300 मी/से है)। इस पराश्रव्य तरंग की उस माध्यम में तरंगदैर्ध्य किस कोटि की होगी? *[NDA 2015]*
(a) 1 सेमी (b) 10 सेमी
(c) 100 सेमी (d) 0.1 सेमी

42. वायु में ध्वनि के वेग से अधिक की चाल से यात्रा करने वाली एक वस्तु को .... कहा जाता है। *[RRB Group D 2018]*
(a) अति पराध्वनिक (b) पराश्रव्य
(c) पराध्वनिक (d) अपश्रव्य

43. 30,000 हर्ट्ज (Hz) से अधिक आवृत्ति की ध्वनि तरंग को क्या कहते हैं? *[SSC 2017]*
(a) अल्ट्रासाउण्ड (b) इन्फ्रासाउण्ड
(c) हाइपरसोनिक ध्वनि (d) इनमें से कोई नहीं

44. चमगादड़ द्वारा किस प्रकार की ध्वनि उत्पन्न होती है? *[SSC 2017]*
(a) उपध्वनिक (b) अति पराध्वनिक
(c) पराध्वनिक (d) अपश्रव्य

45. 20 हर्ट्ज से कम आवृत्ति की ध्वनियों को .... कहते हैं। *[SSC CAPFs ASI 2017]*
(a) अपश्रव्य ध्वनि (b) पराध्वनि
(c) इंट्रासोनिक ध्वनि (d) परावर्तित ध्वनि

प्रगामी तथा अप्रगामी तरंगें

46. दो क्रमागत निस्पन्दों के मध्य दूरी होती है
(a) $\frac{\lambda}{3}$ (b) $\frac{\lambda}{2}$
(c) $\frac{\lambda}{4}$ (d) $\frac{\lambda}{5}$

47. जब दो या दो से अधिक तरंगें किसी माध्यम में एक ही समय पर संचरित होती हैं, तो
(a) वे एक-दूसरे के स्वरूप को प्रभावित करती हैं
(b) वे एक-दूसरे की गति को प्रभावित करती हैं
(c) (a) तथा (b) दोनों
(d) उपरोक्त में से कोई नहीं

48. विस्पन्द की घटना उत्पन्न होती है
(a) ध्वनि में
(b) प्रकाश में
(c) दोनों में
(d) उपरोक्त में से कोई नहीं

49. विस्पन्द उत्पन्न होते हैं
(a) विवर्तन द्वारा
(b) विनाशी व्यतिकरण द्वारा
(c) संपोषी तथा विनाशी व्यतिकरण द्वारा
(d) लगभग समान आवृत्ति की तरंगों के अध्यारोपण द्वारा

50. दो कम्पित स्रोतों से किसी व्यक्ति द्वारा सुनी जाने वाली अधिकतम सम्भव विस्पन्द आवृत्ति का मान हो सकता है
(a) 4 हर्ट्ज (b) 6 हर्ट्ज
(c) 10 हर्ट्ज (d) 20 हर्ट्ज

51. लगभग समान आवृत्तियों की दो ध्वनि तरंगों के अध्यारोपण से उत्पन्न विस्पन्द का वेग होता है

(a) ध्वनि के वेग के बराबर (b) ध्वनि के वेग से अधिक
(c) ध्वनि के वेग से कम (d) शून्य

52. दो ध्वनि स्रोत एकसाथ बजने पर 0.25 सेकण्ड में 2 विस्पन्द उत्पन्न करते हैं। उनकी आवृत्तियों में अन्तर है

(a) 2 (b) 4
(c) 8 (d) 1

53. खुले ऑर्गन पाइप में उत्पन्न मूल स्वरक तथा अधिस्वरकों का अनुपात है

(a) 1 : 2 : 3 : .... (b) 1 : 3 : 5 : ....
(c) 2 : 4 : 6 : .... (d) इनमें से कोई नहीं

डॉप्लर प्रभाव

54. किसी ध्वनि स्रोत की आवृत्ति में होने वाले उतार-चढ़ाव को कहते हैं

(a) रमन प्रभाव (b) कॉम्पटन प्रभाव
(c) डॉप्लर प्रभाव (d) आर्किमिडीज का प्रभाव

55. डॉप्लर प्रभाव लागू होता है

(a) ध्वनि तरंगों में (b) प्रकाश तरंगों में
(c) (a) व (b) दोनों में (d) इनमें से कोई नहीं

56. किसी ध्वनि स्रोत तथा श्रोता के बीच आपेक्षिक गति के कारण, ध्वनि स्रोत की आवृत्ति में होने वाले आभासी परिवर्तन की परिघटना को क्या कहते हैं?

(a) डॉप्लर प्रभाव
(b) डॉप्लर विक्षेपण
(c) डॉप्लर विस्थापन
(d) उपरोक्त में से कोई नहीं

57. एक रेलगाड़ी, जिसका इंजन सीटी बजा रहा है, प्लेटफॉर्म की ओर आ रही है। प्लेटफॉर्म पर खड़े व्यक्ति द्वारा सुनी गई सीटी की आवृत्ति वास्तविक आवृत्ति की तुलना में

(a) अधिक होगी
(b) कम होगी
(c) बराबर होगी
(d) यह रेलगाड़ी की दूरी पर निर्भर है

उत्तरमाला

1 (b)	2 (c)	3 (c)	4 (d)	5 (c)	6 (c)	7 (c)	8 (b)	9 (a)	10 (c)
11 (b)	12 (d)	13 (b)	14 (b)	15 (d)	16 (d)	17 (b)	18 (b)	19 (c)	20 (c)
21 (a)	22 (d)	23 (c)	24 (d)	25 (b)	26 (c)	27 (c)	28 (c)	29 (a)	30 (a)
31 (a)	32 (b)	33 (c)	34 (b)	35 (d)	36 (b)	37 (a)	38 (c)	39 (a)	40 (a)
41 (d)	42 (c)	43 (b)	44 (b)	45 (a)	46 (b)	47 (d)	48 (a)	49 (d)	50 (c)
51 (d)	52 (c)	53 (a)	54 (c)	55 (c)	56 (a)	57 (a)			

उत्तर सहित व्याख्या

17. (b) ध्वनि तरंग का तारत्व इसकी आवृत्ति पर निर्भर करता है तथा ध्वनि की प्रबलता इसके आयाम पर निर्भर करती है।

20. (c) $\because \quad v = n\lambda$

$$380 = 840 \times \lambda$$

तरंगदैर्ध्य, $\lambda = \dfrac{380}{840} = 0.45$ मी

21. (a) आवृत्ति, $\nu = \dfrac{1}{T} = \dfrac{1}{0.01} = \dfrac{100}{1} = 100$ हर्ट्ज

26. (c) $T_1 = 0 + 273 = 273$ K

$$T_2 = 35 + 273 = 308 \text{ K}$$

$\therefore \quad v \propto \sqrt{T}$

$$\frac{v_1}{v_2} = \sqrt{\frac{T_1}{T_2}}$$

$$\Rightarrow \frac{332}{v_2} = \sqrt{\frac{273}{308}}$$

$$\Rightarrow v_2^2 = \frac{(332)^2 \times 308}{273}$$

$\Rightarrow \quad v_2 = 353$ मी/से

30. (a) कम्पन होने पर ध्वनि उत्पन्न होती है, स्पन्दन कर रही वस्तु के द्वारा इसके आस-पास की वस्तुओं अथवा माध्यमों (जैसे– वायु, जल इत्यादि) में भी कम्पन होता है।

41. (d) $\because \quad v = n\lambda$

$$300 = 3 \times 10^5 \times \lambda$$

$$\Rightarrow \lambda = \frac{300}{3 \times 10^5} = \frac{100}{10^5}$$

$= 10^{-3}$ मी
$= 10^{-3} \times 100$ सेमी
$= 10^{-1}$ सेमी
$= 0.1$ सेमी

47. (d) जब किसी माध्यम में दो या दो से अधिक तरंगें एक ही समय पर संचरित होती हैं, तो वे एक-दूसरे के स्वरूप तथा गति को प्रभावित नहीं करती हैं।

50. (c) विस्पन्द सुनाई देने के लिए स्रोतों की आवृत्तियों में अन्तर 10 हर्ट्ज से अधिक नहीं होना चाहिए। अतः अधिकतम सम्भव विस्पन्द आवृत्ति 10 हर्ट्ज होगी।

51. (d) हम जानते हैं, विस्पन्द आवृत्ति $= n_1 - n_2$

दिया है, $n_1 = n_2$

$\because$ विस्पन्द आवृत्ति $(n) = 0$

$\therefore$ विस्पन्द का वेग $(v) = n\lambda = 0$

52. (c) दिया है, $t = 0.25$ सेकण्ड तथा $n = 2$

हम जानते हैं, आवृत्तियों में अन्तर $= \dfrac{n}{t}$

$$= \frac{2}{0.25} = \frac{200}{25} = 8$$

अध्याय

11

आधुनिक भौतिकी

Modern Physics

परमाणु संरचना

- किसी पदार्थ के मौलिक कण को परमाणु (Atom) कहते हैं।
- परमाणु का समस्त धनावेश व अधिकांश द्रव्यमान, इसके केन्द्र पर एक अत्यन्त सूक्ष्म स्थान पर केन्द्रित रहता है, जिसे **नाभिक** (Nucleus) कहते हैं।
- किसी भी नाभिक में प्रोटॉन व न्यूट्रॉन उपस्थित रहते हैं, जिनके योग को परमाणु की **द्रव्यमान संख्या** (Mass number) कहते हैं।
- नाभिक के परितः इलेक्ट्रॉन चक्कर लगाते हैं और इलेक्ट्रॉनों की संख्या को ही परमाणु का **परमाणु क्रमांक** (Atomic number) कहते हैं।
- नाभिक की त्रिज्या $(R) = R_0 A^{1/3}$, जहाँ $R_0 = 1.20 \times 10^{-15}$ मी और $A =$ द्रव्यमान संख्या है।

नाभिकीय बल

- वह बल, जो न्यूक्लिऑनों (प्रोटॉन तथा न्यूट्रॉन) को नाभिक के अन्दर बाँधे रखता है, नाभिकीय बल (Nuclear force) कहलाता है।
- नाभिकीय बल, न्यूक्लिऑनों के मध्य π-मेसॉन कणों के फलस्वरूप प्राप्त होता है।

रेडियोएक्टिवता

- किसी पदार्थ से स्वतः ही अदृश्य किरणों के उत्सर्जित होने की परिघटना को रेडियोएक्टिता (Radioactivity) कहते हैं।
- रेडियोएक्टिव पदार्थ से α, β तथा γ-किरणें उत्सर्जित होती हैं।
- रदरफोर्ड तथा सोडी के अनुसार, क्षय होने की दर

$$\left(\frac{dN}{dt}\right) = -\lambda N$$

या

$$N = N_0 e^{-\lambda t}$$

- किसी रेडियोएक्टिव पदार्थ के परमाणु के क्षय होने की दर को **रेडियोसक्रियता** कहते हैं।
- रेडियोएक्टिता (रेडियोसक्रियता) का मात्रक बैकुरल (Becquerel) होता है। इसके अन्य मात्रक क्यूरी तथा रदरफोर्ड भी हैं।
- **अर्द्ध-आयु** (Half-life) किसी रेडियोएक्टिव पदार्थ की आधी मात्रा विघटित होने में लगा समय पदार्थ की अर्द्ध-आयु कहलाती है।

$$t_{1/2} = \frac{0.693}{\lambda}$$

यहाँ, $\lambda =$ क्षय नियतांक

नाभिकीय ऊर्जा

- नाभिकीय रूपान्तरण के द्वारा द्रव्यमान में कमी, ऊर्जा के रूप में होती है, जिसे नाभिकीय ऊर्जा (Nuclear energy) कहते हैं।

नाभिकीय विखण्डन

- वह कृत्रिम विघटन. जिसमें एक भारी नाभिक लगभग दो छोटे असमान नाभिकों में टूट जाता है तथा अपार ऊर्जा उत्पन्न करता है, नाभिकीय विखण्डन (Nuclear fission) कहलाता है।
- नाभिकीय विखण्डन हेतु यूरेनियम का उपयोग किया जाता है।
- नाभिकीय विखण्डन अभिक्रिया, नियन्त्रित या अनियन्त्रित शृंखला अभिक्रिया के रूप में प्रयुक्त की जाती है।
- परमाणु बम, नाभिक रिएक्टर तथा ब्रीडर रिएक्टर नाभिकीय विखण्डन अभिक्रिया के सिद्धान्त पर कार्य करते हैं।

नाभिकीय संलयन

- वे नाभिकीय अभिक्रिया जिसमें दो हल्के नाभिक मिलकर भारी नाभिक का निर्माण करते हैं, नाभिकीय संलयन (Nuclear fusion) अभिक्रिया कहलाती है।
- सूर्य तथा हाइड्रोजन बम में नाभिकीय संलयन अभिक्रिया होती है।

अर्द्धचालक

ऐसे ठोस जिनकी चालकता, चालकों से कम परन्तु अचालकों से अधिक होती है, अर्द्धचालक (Semiconductors) कहलाते हैं। जैसे–सिलिकॉन, जर्मेनियम आदि।

- **नैज अर्द्धचालक** (Intrinsic semiconductor) एक शुद्ध अर्द्धचालक, जिसमें कोई अपद्रव्य न मिला हो, नैज अर्द्धचालक कहलाता है।

- **बाह्य अर्द्धचालक** (Extrinsic semiconductor) इस प्रकार के अर्द्धचालकों में संयोजकता 3 तथा 5 की अशुद्धियों को मिश्रित किया जाता है, जिसे **डोपिंग** (Doping) कहते हैं।

  बाह्य अर्द्धचालक p-प्रकार तथा n-प्रकार के होते हैं।

  p-प्रकार के अर्द्धचालकों में कोटरों (Holes) के कारण धारा प्रवाह होता है।

  n-प्रकार के अर्द्धचालकों में इलेक्ट्रॉनों (Electrons) के कारण धारा प्रवाह होता है।

p-n सन्धि डायोड

- जब p-प्रकार अर्द्धचालक को एक विशेष विधि द्वारा n-प्रकार अर्द्धचालक क्रिस्टल के साथ जोड़ा जाता है, तो p-n सन्धि डायोड (p-n junction diode) का निर्माण होता है।
- जब p-n सन्धि डायोड का p सिरा बैटरी के धनात्मक तथा n सिरा बैटरी के ऋणात्मक टर्मिनल से जुड़ा होता है, तो डायोड **अग्र अभिनति** (Forward biased) में होता है तथा इसके विपरीत स्थिति में डायोड **पश्च अभिनति** (Reverse biased) में होता है।
- p-n सन्धि डायोड का प्रतीक चिन्ह निम्न है–

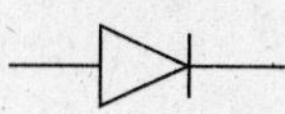

- p-n सन्धि डायोड की दोनों ओर की वह पर्त जिसमें आवेश वाहक नहीं होते हैं, **अवक्षय परत** (Depletion layer) कहलाती है।

ट्रांजिस्टर

- ट्रांजिस्टर (Transistor) p तथा n-प्रकार के अर्द्धचालकों से बनी एक इलेक्ट्रॉनिक युक्ति है, जिसके तीन टर्मिनल (आधार, उत्सर्जक, संग्राहक) होते हैं। ट्रांजिस्टर दो प्रकार (n-p-n तथा p-n-p) के होते हैं।
- ट्रांजिस्टर का प्रयोग प्रवर्धक तथा दोलित्र के रूप में करते हैं।

एकीकृत परिपथ

- साधारणतः एकीकृत परिपथ (Integrated circuit) में बहुचालकीय अर्द्धचालक उपकरणों को व्यवस्थित किया जाता है।
- यह एक सिलिकॉन क्रिस्टल चिप है, जिसके अनुप्रस्थ-काट का क्षेत्रफल लगभग 1.5 मिमी^{2} होता है।

चैप्टर प्रैक्टिस

परमाणु संरचना तथा नाभिकीय बल

1. किसी तत्त्व की परमाणु संहति (Atomic mass), निम्नलिखित में से किसकी संख्या के योग के बराबर होती है? *[NDA 2020]*

(a) केवल इलेक्ट्रॉनों और प्रोटॉनों की संख्या के
(b) केवल प्रोटॉनों और न्यूट्रॉनों की संख्या के
(c) केवल इलेक्ट्रॉनों और न्यूट्रॉनों की संख्या के
(d) इलेक्ट्रॉनों, प्रोटॉनों और न्यूट्रॉनों की संख्या के

2. सूची I तथा सूची II का मिलान कीजिए। *[NDA 2020]*

	सूची I		सूची II
A.	इलेक्ट्रॉन	1.	एण्डरसन
B.	प्रोटॉन	2.	चैडविक
C.	न्यूट्रॉन	3.	थॉमसन
D.	पॉजिट्रॉन	4.	रदरफोर्ड

कूट

	A	B	C	D		A	B	C	D
(a)	3	4	2	1	(b)	1	2	3	4
(c)	2	3	4	1	(d)	4	3	2	1

3. नाभिक के अन्दर न्यूक्लिऑनों को बाँधे रखता है

(a) नाभिकीय बल (b) गुरुत्वाकर्षण बल
(c) सहसंयोजक बल (d) इनमें से कोई नहीं

4. नाभिक में कितने प्रकार के मूल कण पाए जाते हैं?

(a) 1 (b) 2 (c) 3 (d) अनन्त

5. नाभिक किन कणों से मिलकर बनता है?

(a) प्रोटॉन (b) न्यूट्रॉन
(c) (a) व (b) दोनों (d) इनमें से कोई नहीं

6. $_{30}Zn^{64}$ नाभिक की त्रिज्या (फर्मी में) लगभग होगी

(a) 1.2 (b) 2.4
(c) 3.7 (d) 4.8

7. जब $A = 235$ का एक नाभिक दो नए नाभिकों में टूटता है, जिनकी द्रव्यमान संख्याओं का अनुपात $2:1$ है। नए नाभिकों की त्रिज्याओं का क्या अनुपात है?

(a) $2:1$ (b) $1:2$
(c) $2^{1/3}:1$ (d) $1:2^{1/3}$

रेडियोएक्टिवता

8. निम्न तत्त्वों में कौन रेडियोएक्टिव नहीं है?

(a) जर्कोनियम (b) यूरेनियम
(c) रेडियम (d) प्लूटोनियम

9. α-कण किस परमाणु के नाभिक होते हैं? *[SSC CGL 2013]*

(a) हाइड्रोजन (b) हीलियम
(c) ऑक्सीजन (d) इथीयम

10. रेडियोएक्टिव सामग्री से उत्सर्जित β-किरणें क्या हैं? *[SSC 2016]*

(a) केन्द्रक (न्यूक्लिअस) के चारों ओर घूमने वाले इलेक्ट्रॉन
(b) केन्द्रक द्वारा उत्सर्जित आवेशित कण
(c) उदासीन कण
(d) विद्युतचुम्बकीय विकिरण

11. रेडियोएक्टिव पदार्थ उत्सर्जित नहीं करते हैं

(a) इलेक्ट्रॉन (b) प्रोटॉन
(c) γ-किरणें (d) हीलियम नाभिक

12. एक विद्युत क्षेत्र विक्षेपित कर सकता है

(a) X-किरणों को (b) न्यूट्रॉनों को
(c) α-कणों को (d) γ-किरणों को

13. कौन-सा विद्युतचुम्बकीय विकिरण नहीं है?
(a) α-किरणें (b) γ-किरणें
(c) X-किरणें (d) अवरक्त किरणें

14. γ-किरणों का उत्पादन α या β-क्षय
(a) के बाद होता है (b) पहले होता है
(c) α या β के बिना होता है (d) इनमें से कोई नहीं

15. रेडियोएक्टिव विघटन में
(a) α, β व γ-कण एकसाथ उत्सर्जित होते हैं
(b) α व β-कण एकसाथ उत्सर्जित होते हैं
(c) पहले α, फिर β व अन्त में γ-कण उत्सर्जित होते हैं
(d) पहले α, तत्पश्चात् या पहले β तत्पश्चात् γ-कण उत्सर्जित होते हैं

16. β-विघटन में कोणीय संवेग व ऊर्जा संरक्षण की व्याख्या के लिए β-कणों के साथ उत्सर्जित होने वाला अन्य कण होगा
(a) न्यूट्रॉन (b) न्यूट्रिनों
(c) प्रोटॉन (d) α-कण

17. न्यूट्रिनों की अभिकल्पना से β-क्षय के लिए निम्न संरक्षण नियम समझाया जा सकता है
(a) ऊर्जा संरक्षण (b) कोणीय संवेग संरक्षण
(c) (a) व (b) दोनों (d) संवेग संरक्षण

18. ...... के क्षय के कारण तत्त्व परिवर्तित नहीं होता है।
(a) γ-किरण (b) β-किरण
(c) β^+-किरण (d) α-किरण

19. किसी नाभिक से γ-किरणें उत्सर्जित होने पर परिवर्तित होती है
(a) प्रोटॉन संख्या
(b) न्यूट्रॉन संख्या
(c) प्रोटॉन व न्यूट्रॉन की संख्या
(d) न प्रोटॉन और ना ही न्यूट्रॉन की संख्या

20. किसी तत्त्व से γ-किरण के क्षय के बाद तत्त्व की
(a) केवल परमाणु संख्या बदल जाती है
(b) केवल द्रव्यमान संख्या बदल जाती है
(c) परमाणु संख्या व द्रव्यमान संख्या दोनों बदल जाती हैं
(d) परमाणु संख्या व द्रव्यमान संख्या दोनों नहीं बदलती हैं

21. α, β तथा γ-किरणों की भेदन शक्तियाँ अपने अवरोही क्रम के किस क्रम में होती हैं? *[SSC CGL 2013]*
(a) α, β, γ (b) γ, β, α
(c) β, α, γ (d) γ, α, β

22. यूरेनियम के रेडियोधर्मी विघटन का अन्तिम उत्पाद है *[PCS (Pre) 2013]*
(a) सीसा (b) रेडियम
(c) थोरियम (d) प्लूटोनियम

23. किसी रेडियोएक्टिव श्रेणी के अन्तिम तत्त्व का क्षयांक का मान होता है
(a) अनन्त (b) कम
(c) शून्य (d) पहले ताप के क्षयांक के बराबर

24. एक रेडियोएक्टिव नाभिक $_{81}X^{237}$ तीन α-कण तथा एक β-कण उत्सर्जित करता है। प्राप्त नाभिक है
(a) $_{76}Y^{225}$ (b) $_{78}Y^{225}$ (c) $_{80}Y^{229}$ (d) $_{82}Y^{230}$

25. थोरियम $_{90}\mathrm{Th}^{234}$ नाभिक से एक β-कण उत्सर्जित होता है। बचे नाभिक की द्रव्यमान संख्या A तथा परमाणु क्रमांक Z होंगे
(a) $A = 234, Z = 91$ (b) $A = 234, Z = 90$
(c) $A = 230, Z = 98$ (d) $A = 232, Z = 86$

26. एक क्यूरी निम्न तत्त्व के 1 ग्राम की सक्रियता है
(a) यूरेनियम (b) रेडियम
(c) पोलोनियम (d) रेडॉन

27. रेडियोएक्टिवता का मात्रक है *[SSC CGL 2013]*
(a) ऐंग्स्ट्रॉम (b) कैण्डेला
(c) फर्मी (d) क्यूरी

28. यदि किसी रेडियोसक्रिय तत्त्व पर दाब बढ़ाकर तीन गुना कर दें, तो तत्त्व की माध्य आयु
(a) अपरिवर्तित रहेगी
(b) तीन गुनी हो जाएगी
(c) एक-तिहाई हो जाएगी
(d) दाब के प्रारम्भिक मान पर निर्भर रहेगी

29. रेडियोएक्टिव तत्त्व के शेष सक्रिय परमाणुओं और समय में ग्राफ होता है
(a) सीधी रेखा (b) परवलय
(c) चरघातांकी (d) दीर्घवृत्ताकार

30. 1 रदरफोर्ड में होते हैं
(a) 10^9 विघटन/सेकण्ड (b) 10^7 विघटन/सेकण्ड
(c) 10^8 विघटन/सेकण्ड (d) 10^6 विघटन/सेकण्ड

अर्द्ध-आयु

31. अर्द्ध-आयु का व्यंजक है
(a) $\frac{0.693}{\lambda}$ (b) $\frac{1.43}{\lambda}$
(c) $\frac{1.901}{\lambda}$ (d) $\frac{1.201}{\lambda}$

32. किसी रेडियोएक्टिव पदार्थ के द्रव्यमान में 20 घण्टे में 75% की कमी हो जाती है। पदार्थ की अर्द्ध-आयु है
(a) 5 घण्टे (b) 10 घण्टे
(c) 15 घण्टे (d) 20 घण्टे

33. किसी रेडियोएक्टिव पदार्थ की विघटन दर 320 प्रति सेकण्ड है। 90 मिनट पश्चात् विघटन दर 40 प्रति सेकण्ड गिर जाती है। पदार्थ की अर्द्ध-आयु है
(a) 30 मिनट (b) 45 मिनट
(c) 60 मिनट (d) 75 मिनट

34. रेडियम की अर्द्ध-आयु 1600 वर्ष है। वह समय जब 100 ग्राम रेडियम से 25 ग्राम रेडियम अवघटित रह जाता है, होगा
(a) 2400 वर्ष (b) 3200 वर्ष
(c) 4800 वर्ष (d) 6400 वर्ष

35. यदि 5 वर्ष की अर्द्ध-आयु के पदार्थ का प्रारम्भिक द्रव्यमान N_0 है, तो 15 वर्ष पश्चात् पदार्थ का अन्तिम द्रव्यमान है
(a) $N_0/2$ (b) $N_0/3$ (c) $N_0/4$ (d) $N_0/8$

36. एक रेडियोएक्टिव तत्त्व की अर्द्ध-आयु 10 वर्ष तथा प्रारम्भिक मात्रा 1 ग्राम है। 20 वर्ष पश्चात् इसकी शेष मात्रा होगी

(a) 0.25 ग्राम (b) 0.50 ग्राम
(c) 0.75 ग्राम (d) 1.00 ग्राम

37. एक रेडियोएक्टिव पदार्थ का क्षय नियतांक 3.465×10^{-4} प्रतिवर्ष है। इसकी लगभग अर्द्ध-आयु है

(a) 2000 वर्ष (b) 2400 वर्ष
(c) 2600 वर्ष (d) 6300 वर्ष

नाभिकीय ऊर्जा तथा नाभिकीय विखण्डन

38. एक परमाणु विस्फोट में ऊर्जा की बड़ी मात्रा निकलने के रूपान्तरण का कारण है *[CDS 2012]*

(a) रासायनिक ऊर्जा नाभिकीय ऊर्जा में बदलती है
(b) नाभिकीय ऊर्जा ऊष्मा में बदलती है
(c) द्रव्यमान, ऊर्जा में बदलता है
(d) रासायनिक ऊर्जा ऊष्मा में बदलती है

39. परमाणु बम के विस्फोट में भारी मात्रा में ऊर्जा किसके कारण निकलती है? *[SSC MTS 2013]*

(a) द्रव्य का ऊर्जा में परिवर्तन
(b) रासायनिक ऊर्जा का ताप ऊर्जा में परिवर्तन
(c) यान्त्रिक ऊर्जा का नाभिकीय ऊर्जा में परिवर्तन
(d) न्यूट्रॉन का प्रोटॉन में परिवर्तन

40. न्यूक्लियर बम बनाने के लिए निम्न में से किसका उपयोग किया जाता है?

(a) जर्कोनियम (b) यूरेनियम
(c) मॉलिब्डेनम (d) वेनेडियम

41. परमाणु ऊर्जा केन्द्रों (नाभिकीय शक्ति रिएक्टर) में ईंधन के रूप में निम्नलिखित में से कौन-सा खनिज पदार्थ प्रयुक्त होता है? *[NDA 2019]*

(a) बॉक्साइट
(b) स्फुटिक (क्वार्ट्ज)
(c) फेल्डस्पार
(d) पिचब्लेण्ड

42. कौन-सा कथन नाभिकीय विखण्डन से सम्बन्धित नहीं है? *[UK PCS (Pre) 2016]*

(a) न्यूट्रॉन-प्रेरित नाभिकीय अभिक्रिया।
(b) तारों में ऊर्जा उत्पन्न करना।
(c) नाभिकीय रिएक्टर में ऊर्जा का स्रोत जो बिजली उत्पन्न करता है।
(d) एक परमाणु बम में बहुत अधिक ऊर्जा का उत्पन्न होना।

43. किसी नाभिकीय रिएक्टर की कार्यविधि में प्रयुक्त मूल वैज्ञानिक सिद्धान्त है *[NDA 2019]*

(a) नाभिकीय संलयन
(b) नियन्त्रित नाभिकीय संलयन
(c) अनियन्त्रित नाभिकीय विखण्डन
(d) नियन्त्रित नाभिकीय विखण्डन

44. नाभिकीय रिएक्टर में मन्दक का उपयोग होता है *[SSC CPO 2013]*

(a) न्यूट्रॉन को कम करने में
(b) न्यूट्रॉन को उत्पादित करने में
(c) न्यूट्रॉन को त्वरित करने में
(d) न्यूट्रॉन का अवशोषण करने में

नाभिकीय संलयन

45. नाभिकीय संलयन के दौरान निम्नलिखित में से क्या होता है? *[SSC CGL 2016]*

(a) न्यूट्रॉन बमबारी से भारी न्यूक्लिअस खण्डित होता है
(b) एक भारी न्यूक्लिअस स्वतः ही खण्डित हो जाता है
(c) दो हल्के न्यूक्लिअस मिलकर एक भारी न्यूक्लिअस बनाते हैं
(d) एक हल्का न्यूक्लिअस स्वतः ही खण्डित हो जाता है

46. सूर्य से ऊर्जा का निरन्तर सृजन किस कारण होता रहता है? *[SSC CGL 2013]*

(a) नाभिकीय संलयन (न्यूक्लियर फ्यूजन)
(b) नाभिकीय विखण्डन (न्यूक्लियर फिशन)
(c) विघटनाभिकता (रेडियोएक्टिवता)
(d) कृत्रिम विघटनाभिकता

47. हाइड्रोजन बम विकसित किया गया था *[UPPCS (Mains) 2015]*

(a) एडबर्ड टेलर द्वारा (b) बरनर बॉन ब्रॉन द्वारा
(c) जे रॉबर्ट ओपन हीमर द्वारा (d) सैमुअल कोहेन द्वारा

48. नाभिकीय संलयन रिएक्टरों के विषय में निम्नलिखित कथनों पर विचार कीजिए। *[UPRO/ARO (Pre) 2016]*

I. ये भारी नाभिकों के विखण्डन के सिद्धान्त पर कार्य करते हैं।
II. साधारणतया उनकी टोकमाक डिजाइन होती है।
III. वे बहुत अधिक तापक्रम पर कार्य करते हैं।

(a) I और III (b) I और II
(c) II और III (d) ये सभी

अर्द्धचालक तथा p-n सन्धि डायोड

49. निम्नलिखित में से कौन अर्द्धचालक नहीं है? *[SSC 2017]*

(a) सिलिकॉन (b) क्रिप्टन
(c) सेलेनियम (d) जर्मेनियम

50. p-प्रकार के अर्द्धचालक में

(a) इलेक्ट्रॉन केवल वाहक होते हैं
(b) केवल वाहक होते हैं
(c) छिद्र बहुसंख्यक वाहक तथा इलेक्ट्रॉन बहुत कम वाहक होते हैं
(d) उपरोक्त में से कोई नहीं

51. जब आर्सेनिक को सिलिकॉन की अशुद्धियों के साथ मिलाया जाता है, तो पदार्थ परिणाम देता है

(a) p-प्रकार अर्द्धचालक (b) n-प्रकार अर्द्धचालक
(c) n-प्रकार चालक (d) इनमें से कोई नहीं

52. निम्नलिखित में से कौन-सा अर्द्धचालक है? *[UPPCS (Pre) 2015]*

(a) प्लास्टिक (b) ऐल्युमीनियम
(c) लकड़ी (d) जर्मेनियम

53. किसी अर्द्धचालक का प्रतिरोध गर्म करने पर *[UPPCS (Mains) 2015]*

(a) स्थिर रहता है (b) घटता है
(c) बढ़ता है (d) इनमें से कोई नहीं

54. एक अर्द्धचालक में विद्युत चालन होता है *[PCS (Pre) 2016]*

(a) केवल इलेक्ट्रॉनों द्वारा
(b) केवल कोटरों द्वारा
(c) इलेक्ट्रॉनों एवं कोटरों दोनों द्वारा
(d) न इलेक्ट्रॉनों द्वारा और न ही कोटरों द्वारा

55. **किसी p-प्रकार के अर्द्धचालक में बहुसंख्यक आवेश वाहक क्या होते हैं?** *[NDA 2018]*
(a) मुक्त इलेक्ट्रॉन (b) चालन इलेक्ट्रॉन
(c) आयन (d) कोटर

56. **एक अर्द्धचालक डायोड में विभव प्राचीर विरोध करता है**
(a) n-क्षेत्र में बहुसंख्यक वाहकों का
(b) p-क्षेत्र में बहुसंख्यक वाहकों का
(c) दोनों क्षेत्रों में बहुसंख्यक वाहकों का
(d) दोनों क्षेत्रों में अल्पसंख्यक वाहकों का

57. **डायोड का इस्तेमाल किसलिए किया जाता है?** *[SSC CHSL 2016]*
(a) मॉडुलेशन (b) दोलन
(c) प्रवर्धन (d) दिष्टकरण

58. **p-n सन्धि की अवक्षय परत की चौड़ाई** *[SSC CHSL LDA 2010, 13]*
(a) प्रकाश डोपिंग के साथ कम होती है
(b) भारी डोपिंग के साथ बढ़ती है
(c) अनुप्रयुक्त वोल्टेज में स्वतन्त्र होती है
(d) उत्क्रम अभिनति के तहत बढ़ती है

ट्रांजिस्टर तथा एकीकृत परिपथ

59. **ट्रांजिस्टर के किसमें होने की अधिकांशत सम्भावना होती है?** *[SSC CGL 2016]*
(a) कलाई की घड़ी (b) फ्यूज
(c) श्रव्य उपकरण (d) फ्लोरेसेंट लैम्प

60. **ट्रांजिस्टर की रचना में प्रयुक्त सर्वाधिक सामान्य पदार्थ है**
(a) ताँबा (b) सिलिकॉन
(c) ऐबोनाइट (d) चाँदी

61. **ट्रांजिस्टर मूल रूप में एक**
(a) शक्ति चालित साधन है
(b) विभव चालित साधन है
(c) प्रतिरोध चालित साधन है
(d) धारा चालित साधन है

62. **n-p-n ट्रांजिस्टर, p-n-p ट्रांजिस्टर की तुलना में उत्तम होते हैं, क्योंकि**
(a) इनमें ऊर्जा हानि कम होती है
(b) इनमें बहुसंख्यक आवेश वाहक इलेक्ट्रॉन होते हैं
(c) ये सस्ते होते हैं
(d) इनमें शक्ति को सहन करने की क्षमता अधिक होती है

63. **एक n-p-n ट्रांजिस्टर को प्रवर्धक की तरह कार्य करने के लिए अभिनत किया गया है। निम्न में से सही कथन का चयन कीजिए।**
(a) कोटर आधार से उत्सर्जक की ओर जाते हैं।
(b) इलेक्ट्रॉन संग्राहक से आधार की ओर जाते हैं।
(c) इलेक्ट्रॉन उत्सर्जक से आधार की ओर जाते हैं।
(d) इलेक्ट्रॉन आधार से संग्राहक की ओर जाते हैं।

64. **'एकीकृत परिपथ' निम्नलिखित में से किससे बने होते हैं?** *[SSC MTS 2017]*
(a) ऐल्युमीनियम
(b) सिलिकॉन
(c) काँच
(d) लोहा

65. **निम्नलिखित में से कौन-सा घटक एकीकृत परिपथ के भीतर नहीं हो सकता है?** *[SSC CGL 2016]*
(a) डायोड (b) ट्रायोड
(c) ट्रांसफॉर्मर (d) ट्रांजिस्टर

उत्तरमाला

1 (b)	2 (a)	3 (a)	4 (b)	5 (c)	6 (d)	7 (c)	8 (a)	9 (b)	10 (b)
11 (b)	12 (c)	13 (a)	14 (a)	15 (d)	16 (b)	17 (c)	18 (a)	19 (d)	20 (d)
21 (b)	22 (a)	23 (c)	24 (a)	25 (a)	26 (b)	27 (d)	28 (a)	29 (c)	30 (d)
31 (a)	32 (b)	33 (a)	34 (b)	35 (d)	36 (a)	37 (a)	38 (c)	39 (d)	40 (b)
41 (d)	42 (b)	43 (d)	44 (a)	45 (c)	46 (a)	47 (a)	48 (c)	49 (b)	50 (c)
51 (b)	52 (d)	53 (b)	54 (c)	55 (d)	56 (c)	57 (d)	58 (d)	59 (c)	60 (b)
61 (d)	62 (b)	63 (b)	64 (b)	65 (c)					

उत्तर सहित व्याख्या

6. (*d*) $R = R_0 A^{1/3} = 1.2 \times 10^{-15} \times (64)^{1/3}$

$= 1.2 \times 10^{-15} \times 4$

$= 4.8$ फर्मी

7. (*c*) $R = R_0 A^{1/3}$

$$\frac{R_1}{R_2} = \left(\frac{A_1}{A_2}\right)^{1/3} = \left(\frac{2}{1}\right)^{1/3} = 2^{1/3} : 1$$

25. (*a*) $_{90}\text{Th}^{234} \xrightarrow{\beta} {}_{91}Y^{234}$

अत: बचे नाभिक (प्रोटैक्टेनियम) की द्रव्यमान संख्या (A) 234 तथा परमाणु क्रमांक (Z) 91 होंगे।

32. (*b*) रेडियोएक्टिव पदार्थ की शेष मात्रा 25% होगी।

अर्थात् $N = \frac{25N_0}{100} = \left(\frac{1}{4}\right) N_0$

n अर्द्ध-आयु के अन्त में बचे परमाणुओं की संख्या, $N = N_0 \left(\frac{1}{2}\right)^n$

$\therefore \quad \frac{N}{N_0} = \left(\frac{1}{2}\right)^n$

$\Rightarrow \quad \frac{\left(\frac{1}{4} N_0\right)}{N_0} = \left(\frac{1}{2}\right)^n$

$\Rightarrow \quad \frac{1}{4} = \left(\frac{1}{2}\right)^n$

$\left(\frac{1}{2}\right)^2 = \left(\frac{1}{2}\right)^n$

$\Rightarrow \quad n = 2$

विघटन काल, $T = n \times t_{1/2}$

पदार्थ की अर्द्ध-आयु, $t_{1/2} = \frac{\text{विघटन काल}}{n}$

$= \frac{20}{2}$ घण्टे

$= 10$ घण्टे

33. (*a*) विघटन की प्रारम्भिक दर $(\lambda N_0) = 320$ प्रति सेकण्ड

विघटन की अन्तिम दर $(\lambda N) = 40$ प्रति सेकण्ड

$$\frac{\lambda N}{\lambda N_0} = \frac{40}{320} = \frac{1}{8}$$

$\therefore \quad \frac{N}{N_0} = \left(\frac{1}{2}\right)^n$

$\Rightarrow \quad \frac{1}{8} = \left(\frac{1}{2}\right)^n = \left(\frac{1}{2}\right)^3 = \left(\frac{1}{2}\right)^n$

$\Rightarrow \quad n = 3$

विघटन काल, $T = n \times t_{1/2}$

पदार्थ की अर्द्ध-आयु, $t_{1/2} = \frac{T}{n} = \frac{90}{3}$

$= 30$ मिनट

34. (*b*) अवघटित पदार्थ की मात्रा, $N = N_0 \left(\frac{1}{2}\right)^n$

$$\left(\frac{1}{2}\right)^n = \frac{N}{N_0}$$

$\Rightarrow \quad \frac{25}{100} = \frac{1}{4} = \left(\frac{1}{2}\right)^2$

$\Rightarrow \quad n = 2$

विघटन काल, $T = t_{1/2} \times n$

$= 1600 \times 2 = 3200$ वर्ष

35. (*d*) अर्द्ध-आयुओं की संख्या, $n = \frac{15}{5} = 3$

$\therefore$ 15 वर्ष पश्चात् शेष अन्तिम द्रव्यमान

$= N_0 \left(\frac{1}{2}\right)^3 = \frac{N_0}{8}$

36. (*a*) दिया है, अर्द्ध-आयु $(t_{1/2}) = 10$ वर्ष

विघटन समय $(T) = 20$ वर्ष

विघटन समय, $T = n \times t_{1/2}$

$\Rightarrow \quad 20 = n \times 10$

अर्द्ध-आयुओं की संख्या, $n = 2$

सूत्र $N = N_0 \left(\frac{1}{2}\right)^n$ से,

$\frac{N}{N_0} = \left(\frac{1}{2}\right)^2 = \frac{1}{4}$

$= 0.25$ ग्राम

37. (*a*) अर्द्ध-आयु $= \frac{0.6931}{\text{क्षय नियतांक}}$

$= \frac{0.6931}{3.465 \times 10^{-4}}$

$= 2000$ वर्ष

58. (*d*) उत्क्रम अभिनति में अल्पसंख्यक वाहकों की गति के कारण बहुत क्षीण उत्क्रम धारा विद्यमान रहती है। यह धारा ताप बढ़ाने पर बढ़ती है। उत्क्रम अभिनति की स्थिति में अवक्षय परत की चौड़ाई बढ़ जाती है।

रसायन विज्ञान

अध्याय

01

द्रव्य और इसकी अवस्थाएँ

Matter and Its States

द्रव्य

कोई भी वस्तु (या पदार्थ), जो स्थान घेरती है तथा जिसका कोई द्रव्यमान हो, द्रव्य (Matter) कहलाती है। उदाहरण– जल, वायु, पत्थर आदि।

द्रव्य को रासायनिक संघटन या शुद्धता के आधार पर निम्न भागों में वर्गीकृत किया जा सकता है

- **तत्व** (Element) वह शुद्ध पदार्थ, जो केवल एक प्रकार के परमाणुओं से मिलकर बना होता है, तत्व कहलाता है। तत्वों को भौतिक या रासायनिक विधियों द्वारा दो या दो से अधिक सरल पदार्थों में न तो वियोजित और न ही निर्मित किया जा सकता है। उदाहरण–कार्बन, सोडियम, पोटैशियम आदि।
- **यौगिक** (Compound) वह शुद्ध पदार्थ, जो दो या दो से अधिक तत्वों के परमाणुओं के निश्चित अनुपात में रासायनिक संयोग से बनता है, यौगिक कहलाता है। उदाहरण–H_2O, NH_3 आदि।
- **मिश्रण** (Mixture) वे अशुद्ध द्रव्य, जो दो या दो से अधिक भिन्न प्रकार के द्रव्यों को किसी भी अनुपात में मिला देने पर बनते हैं तथा जिनके अवयवों को साधारण भौतिक विधियों द्वारा पृथक् किया जा सकता है, मिश्रण कहलाते हैं। उदाहरण– वायु, दूध, समुद्री जल आदि।

  मिश्रण में उपस्थित घटकों की प्रकृति के आधार पर मिश्रण दो प्रकार के होते हैं

  - **समांगी मिश्रण** (Homogeneous mixture) वह मिश्रण जिसके प्रत्येक भाग का संघटन एवं गुणधर्म समान हो, समांगी मिश्रण कहलाता है। जल में नमक, जल में चीनी, मेथेनॉल और जल, सिरका, टूथपेस्ट, टॉयलेट सोप तथा मृदु पेय आदि समांगी मिश्रणों के उदाहरण हैं।
  - **विषमांगी मिश्रण** (Heterogeneous mixture) वह मिश्रण जिसका प्रत्येक भाग एक समान नहीं होता, विषमांगी मिश्रण कहलाता है। सोडियम क्लोराइड और लोहे के चूर्ण का मिश्रण, वायु में धूल के कण, नमक और सल्फर, जल और तेल, कोलॉइड (दूध) और निलम्बन (Suspension) आदि विषमांगी मिश्रणों के उदाहरण हैं।

द्रव्य की अवस्थाएँ

किसी भी द्रव्य के अणुओं के मध्य ऊष्मीय ऊर्जा तथा आकर्षण बल पाए जाते हैं, जो द्रव्य की अवस्था को निर्धारित करते हैं।

द्रव्य को भौतिक वर्गीकरण के आधार पर निम्न प्रकार वर्गीकृत किया गया है

- **ठोस अवस्था** (Solid state) द्रव्य की वह अवस्था, जिसमें आयतन एवं आकार दोनों निश्चित होते हैं तथा जिसमें अवयवी कण प्रबल अन्तरा-अणुक (Intermolecular) बलों द्वारा त्रिविम जालक (Three dimensional lattice) के रूप में व्यवस्थित रहते हैं, इसी कारण ये कण गति करने में असमर्थ रहते हैं। यह द्रव्य की ठोस अवस्था कहलाती है।

  इसे दो वर्गों में वर्गीकृत किया गया है

  - क्रिस्टलीय ठोस (Crystalline solids), *जैसे*– सोडियम क्लोराइड, क्वार्ट्ज, डायमण्ड, ग्रेफाइट आदि।
  - अक्रिस्टलीय ठोस (Amorphous solids), *जैसे*– काँच, रबड़, प्लास्टिक आदि। अक्रिस्टलीय ठोस को अतिशीतित द्रव (Supercooled liquids) भी कहा जाता है।
- **द्रव अवस्था** (Liquid state) द्रव्य की वह अवस्था, जिसमें आयतन निश्चित होता है, परन्तु आकार अनिश्चित होता है, द्रव अवस्था कहलाती है। इस अवस्था में, इसके अवयवी कण ठोस के कणों की अपेक्षा अधिक दूरी पर होते हैं तथा इनके मध्य आकर्षण बल कम होता है।
- **गैस अवस्था** (Gaseous state) द्रव्य की वह अवस्था, जिसमें आयतन व आकार दोनों ही अनिश्चित होते हैं, गैसीय अवस्था कहलाती है। इस अवस्था में, द्रव्य के कणों के मध्य आकर्षण बल क्षीण होता है तथा ये दूर-दूर उपस्थित होते हैं।
- ठोस, द्रव और गैस के अतिरिक्त द्रव्य की दो अन्य अवस्थाएँ भी होती है, जो निम्न हैं
  - **प्लाज्मा** (Plasma) इस अवस्था में द्रव्य के कण अत्यधिक ऊर्जा वाले और अधिक उत्तेजित होते हैं। ये कण आयनीकृत गैस होते हैं।
  - **बोस-आइन्स्टीन संघनन** (Bose-Einstein condensate) यह द्रव्य की वह नवीनतम अवस्था है, जो सामान्य वायु के घनत्व के एक लाखवें भाग जितने कम घनत्व वाली गैस को बहुत ही कम तापमान पर ठण्डा करने से प्राप्त होती है।

- **गैसीय दाब** (Gaseous pressure) गैसीय अवस्था में, कणों की गति अनियमित और अत्यधिक तीव्र होती है जिसके कारण ये कण आपस में एवं पात्र की दीवारों से भी टकराते हैं। यही कारण है कि गैस पात्र की दीवारों पर दाब डालती है।

द्रव्य अवस्थाओं का अन्त: परिवर्तन

- **संगलन** (Fusion) किसी पदार्थ के गलने की प्रक्रिया अर्थात् ठोस से द्रव अवस्था में परिवर्तन को संगलन कहते हैं।
- **गलनांक** (Melting point) सामान्य वायुमण्डलीय दाब पर, वह तापमान जिस पर ठोस पिघलकर द्रव बन जाता है, ठोस का गलनांक कहलाता है।
- **क्वथनांक** (Boiling point) जिस ताप पर किसी द्रव का वाष्प दाब वायुमण्डलीय दाब के बराबर हो जाता है, द्रव का क्वथनांक कहलाता है।
- सामान्य ताप पर जल का क्वथनांक 100°C होता है।
- **ऊर्ध्वपातन** (Sublimation) इस प्रक्रिया में कोई पदार्थ अपनी ठोस अवस्था से सीधे गैस अवस्था में परिवर्तित हो जाता है, ऊर्ध्वपातन कहलाता है। ये पदार्थ उर्ध्वपातज (Sublimate) कहलाते हैं।
- **वाष्पीकरण** (Vaporisation) किसी यौगिक के द्रव अवस्था से गैस अवस्था में परिवर्तन को वाष्पीकरण कहते हैं।
- **संघनन** (Condensation) किसी यौगिक के गैस अवस्था से द्रव अवस्था में परिवर्तन को संघनन कहते हैं।
- **जमना** (Solidification) इस प्रक्रिया में द्रव, ठोस अवस्था में परिवर्तित हो जाता है।

मिश्रण का पृथक्करण

- **वाष्पीकरण** (Evaporation) इस प्रक्रिया में, वाष्पशील घटक (विलायक) को इसके अवाष्पीकरण घटकों (विलेय) से वाष्पीकरण द्वारा पृथक् कर सकते हैं।
  उदाहरण– समुद्री जल से नमक की पुनः प्राप्ति।
  वाष्पीकरण की दर तापमान, पृष्ठीय क्षेत्रफल, वायु की गति में वृद्धि तथा आर्द्रता में कमी के साथ बढ़ जाती है।
- **अपकेन्द्रण** (Centrifugation) इस प्रक्रिया में, मिश्रण को तेजी से घुमाने पर भारी कण नीचे बैठ जाते हैं और हल्के कण ऊपर ही रह जाते हैं।
  अपकेन्द्रण तकनीक का प्रयोग, डेयरी और घरों में क्रीम से मक्खन अलग करने में, वाशिंग मशीन में भीगे कपड़ों से जल निचोड़ने में और अशुद्धियों को दूर करने में किया जाता है।
- **वर्णलेखन** (Chromatography) इस विधि का प्रयोग उन विलेय पदार्थों को पृथक् करने में होता हैं, जो एक ही प्रकार के विलायक में घुले होते हैं। मिश्रण के विभिन्न घटकों का पृथक्करण समान विलायक में उनकी भिन्न विलेयता पर आधारित होता है।
  इस तकनीक का प्रयोग, डाई में रंगों को पृथक् करने में, प्राकृतिक रंगों से पिगमेन्ट को पृथक् करने में तथा रक्त से नशीले पदार्थों को पृथक् करने में किया जाता है।
- **आसवन** (Distillation) इसका उपयोग उन मिश्रणों को पृथक् करने में किया जाता है, जो विघटित हुए बिना उबलते हैं तथा जिनके घटकों के क्वथनांकों के मध्य 25 K से अधिक अन्तर होता है।
  इस विधि द्वारा, क्लोरोफॉर्म और ऐनिलीन; ऐसीटोन और जल पृथक् किए जाते हैं।
- **प्रभाजी आसवन** (Fractional distillation) दो या दो से अधिक घुलनशील द्रवों (जिनके क्वथनांकों का अन्तर 25°C से कम होता है) के मिश्रण को पृथक् करने के लिए प्रभाजी आसवन का प्रयोग किया जाता है, जैसे– एथिल ऐल्कोहॉल तथा जल का मिश्रण।
- **क्रिस्टलीकरण** (Crystallisation) यह ऐसे ठोसों के शोधन की विधि है, जिसमें क्रिस्टल के रूप में शुद्ध ठोस को विलयन से पृथक् किया जाता है। इस तकनीक का उपयोग समुद्री जल से प्राप्त नमक के शोधन में किया जाता है।

भौतिक तथा रासायनिक परिवर्तन

- **भौतिक परिवर्तन** (Physical change) भौतिक गुणों, जैसे– आकार, आमाप, रंग और अवस्था में परिवर्तन, भौतिक परिवर्तन कहलाता है।
  इस प्रकार के परिवर्तन में कोई नया पदार्थ नहीं बनता है। पदार्थ का एक अवस्था से दूसरी अवस्था में परिवर्तन; जैसे– जल का वाष्पीकरण, बर्फ का पिघलना, जल का बनना, बादलों का बनना आदि भौतिक परिवर्तन के उदाहरण हैं।
- **रासायनिक परिवर्तन** (Chemical change) वह परिवर्तन, जिसमें एक अथवा एक से अधिक नए पदार्थ बनते हैं अर्थात् मूल पदार्थ का आन्तरिक आण्विक संघटन विकृत (Deformed) हो जाता है, रासायनिक परिवर्तन कहलाता है। उदाहरण– लोहे पर जंग लगना, दही का जमना आदि।

रासायनिक संयोजन के नियम

- **द्रव्यमान संरक्षण का नियम** (Law of mass conservation) इस नियम के अनुसार, द्रव्य न तो बनाया जा सकता है और न ही नष्ट किया जा सकता है। अर्थात् किसी रासायनिक अभिक्रिया में, अभिकारकों का कुल द्रव्यमान, उत्पादों के कुल द्रव्यमान के बराबर होता है।
- **स्थिर अनुपात का नियम** (Law of definite proportions) किसी यौगिक में तत्वों के द्रव्यमानों का अनुपात सदैव समान होता है। उदाहरण– जल के प्रत्येक नमूने में हाइड्रोजन और ऑक्सीजन का अनुपात 1 : 8 होता है।
- **गुणित अनुपात का नियम** (Law of multiple proportions) यदि दो तत्व संयोजित होकर एक से अधिक यौगिक बनाते हैं तो एक तत्व के साथ दूसरे तत्व के संयुक्त होने वाले द्रव्यमान छोटे पूर्णांकों के अनुपात में होते हैं।
  उदाहरण– हाइड्रोजन ऑक्सीजन के साथ संयुक्त होकर जल तथा हाइड्रोजन परॉक्साइड बनाती है, जिसका सरल अनुपात 1 : 2 में होता है।

गैसीय नियम

प्रमुख गैसीय नियम निम्न हैं

- **बॉयल का नियम** (Boyle's law) इस नियम के अनुसार,
  $$V \propto \frac{1}{p} \text{ (स्थिर ताप पर) या } pV = \text{नियतांक}$$
  जहाँ, V = गैस का आयतन तथा p = गैस का दाब
- **चार्ल्स का नियम** (Charles' law) इस नियम के अनुसार,
  $$V \propto T \text{ (स्थिर दाब पर)}$$
  या $$\frac{V}{T} = \text{नियतांक}$$
  जहाँ, T = परम ताप
- **गै-लुसैक का नियम** (Gay Lussac's law) इस नियम के अनुसार,
  $$p \propto T \text{ (स्थिर आयतन व स्थिर मात्रा पर)}$$
  या $$\frac{p}{T} = \text{नियतांक}$$
- **आवोगाद्रो का नियम** (Avogadro's law) 'किसी दिए गए ताप व दाब पर किसी गैस का आयतन उसके मोलों की संख्या (n) के समानुपाती होता है।'
  $$V \propto n \text{ या } \frac{V}{n} = \text{नियतांक } (K)$$

- **डाल्टन का आंशिक दाब का नियम** (Dalton's law of partial pressure) इस नियम के अनुसार, 'अक्रियाशील गैसों के मिश्रण द्वारा डाला जाने वाला कुल दाब, पृथक्-पृथक् गैसों द्वारा डाले गए आंशिक दाबों के बीजगणितीय योग के बराबर होता है।'

$$p = p_1 + p_2 + p_3 + \dots$$

जहाँ, p = मिश्रण का कुल दाब

तथा $p_1, p_2, p_3 \dots$ = विभिन्न अक्रियाशील गैसों के आंशिक दाब

- **आदर्श गैस समीकरण** (Ideal gas equation) बॉयल तथा चार्ल्स के नियम से,

$$\frac{pV}{T} = \text{नियतांक}$$

अतः 1 मोल के लिए गैस समीकरण, $pV = RT$

n मोल गैस के लिए गैस समीकरण का व्यापक रूप निम्न होता है

$$pV = nRT$$

जहाँ, p = गैस का दाब, T = ताप, V = आयतन तथा R = गैस नियतांक

- **मोल संकल्पना** (Mole concept) पदार्थ की वह मात्रा जिसमें कार्बन-12 के 12 ग्राम में उपस्थित परमाणुओं के बराबर पदार्थ के कण उपस्थित होते हैं, पदार्थ का एक मोल कहलाती है। कार्बन-12 के 12 ग्राम में 6.023×10^{23} परमाणु होते हैं।

अतः, मोलों की संख्या = $\frac{\text{ग्राम में पदार्थ का भार } (w)}{\text{ग्राम अणुभार } (m)}$

चैप्टर प्रैक्टिस

द्रव्य

1. सामान्यतया द्रव्य की अवस्थाओं के भौतिक वर्गीकरण के .... अन्तर्गत नहीं होती है। *[RRB NTPC 2017]*
(a) कोलॉइडल (b) गैसीय (c) द्रव (d) ठोस

2. दो या दो से अधिक तत्वों के एक निश्चित अनुपात में संयोग करने से बना पदार्थ क्या कहलाता है? *[SSC 2017]*
(a) शुद्ध तत्व (b) यौगिक
(c) शुद्ध मिश्रण (d) शुद्ध तरल

3. निम्न में से रासायनिक यौगिक है
(a) वायु (b) ऑक्सीजन
(c) अमोनिया (d) पारा

4. निम्नलिखित कथनों में से कौन-सा कथन सत्य है? *[RRB 2016]*
(a) जल हाइड्रोजन और ऑक्सीजन का मिश्रण है।
(b) जल नाइट्रोजन और ऑक्सीजन का एक यौगिक है।
(c) जल ऑक्सीजन और हाइड्रोजन का एक यौगिक है।
(d) जल एक मूल तत्व है।

5. निम्नलिखित में से कौन-सा पदार्थ एक मिश्रण नहीं है? *[NDA 2019]*
(a) रांगा (टिन) (b) समुद्री जल
(c) मृदा (d) वायु

6. निम्नलिखित में से कौन-सा एक विषमांगी (विजातीय) मिश्रण है? *[NDA 2018]*
(a) हाइड्रोक्लोरिक अम्ल (b) सिरका
(c) दूध (d) सोडा वॉटर

7. हवा एक .... है।
(a) शुद्ध मिश्रण
(b) केवल यौगिकों का मिश्रण
(c) केवल तत्वों का मिश्रण
(d) दोनों, तत्वों और यौगिकों का मिश्रण

8. विज्ञान के सन्दर्भ में निम्न में से कौन-सा गुण मिश्रण का नहीं है? *[RRB 2017]*
(a) इसकी संरचना नियत होती है।
(b) यह दो या अधिक तत्वों अथवा यौगिकों द्वारा बनता हैं।
(c) इसे भौतिक विधियों से अलग किया जा सकता हैं।
(d) किसी मिश्रण के घटक अपने गुणों को बनाए रखते हैं।

द्रव्य की अवस्थाएँ एवं अन्त: परिवर्तन

9. तरल पदार्थ की तुलना में, ठोस पदार्थ में परमाणुओं की व्यवस्था किस प्रकार की होती है?
(a) दूर-दूर होते हैं।
(b) बारिकी से नहीं बँधे होते हैं।
(c) बहुत बारिकी से बँधे होते हैं।
(d) कम बारिकी से बँधे होते हैं।

10. निम्न में से सर्वाधिक घनत्व है
(a) रुई (b) शहद
(c) वायु (d) जल

11. जब बर्फ पिघलती है तब *[UPPCS 2012]*
(a) आयतन बढ़ता है (b) आयतन घटता है
(c) द्रव्यमान बढ़ता है (d) द्रव्यमान घटता है

12. निम्नलिखित में से कौन-सा एक ठोस है? *[Lower Subordinate II 2018]*
(a) क्लोरोफॉर्म (b) आयोडोफॉर्म
(c) एथिल ऐल्कोहॉल (d) ईथर

13. निम्न में से अक्रिस्टलीय ठोस का उदाहरण है
(a) डायमण्ड (b) NaCl
(c) रबड़ (d) क्वार्ट्ज

14. किसी पदार्थ पर .... के कार्य करने के बावजूद भी उसके आकार में परिवर्तन न होने का गुण .... कहलाता है। *[RRB Group D 2018]*
(a) बाह्य बल, आकार
(b) बाह्य आयतन, दृढ़ता
(c) बाह्य क्षेत्रफल, दृढ़ता
(d) बाह्य बल, दृढ़ता

15. कथन (A) बर्फ छूने पर हमें ठण्डा लगता है।
कथन (R) बर्फ, जल की ठोस अवस्था है।
कूट
(a) A और R दोनों सही हैं तथा R, A की सही व्याख्या है।
(b) A और R दोनों सही हैं तथा R, A की सही व्याख्या नहीं है।
(c) A सही है, किन्तु R गलत है।
(d) A गलत है, किन्तु R सही है।

16. ठोसों को सम्पीडित नहीं किया जा सकता क्योंकि
1. इनमें अन्तराण्विक बल प्रबलतम् होते हैं।
2. इनमें कणों की गति बाधित (Restricted) होती हैं।
3. इनमें कण अच्छी प्रकार व्यवस्थित होते हैं।

कूट
(a) 1 और 2 (b) 2 और 3
(c) 3 और 1 (d) ये सभी

17. निम्नलिखित कथनों में से असत्य कथनों को चुनिए।
1. सभी ठोस पदार्थों का समान आयतन समान घनत्व रखता है।
2. सभी ठोस पदार्थों का बराबर आयतन, परमाणुओं की समान संख्या रखता है।
3. सभी ठोस पदार्थों का बराबर आयतन, समान अणुओं की संख्या रखता है।

कूट
(a) 1 और 2 (b) 2 और 3
(c) 1, 2 और 3 (d) केवल 2

18. निम्न में से कौन-से छद्म ठोस हैं?
1. KCl
2. बेरियम क्लोराइड हाइड्रेट
3. रबड़
4. कोलतार के आसवन के बाद बचा हुआ ठोस केक

(a) 1 और 3 (b) 2 और 3
(c) 3 और 4 (d) केवल 3

19. निम्नलिखित में से कौन-सा एक काँच की अवस्था को सही परिभाषित करता है? *[NDA 2008]*
(a) क्रिस्टलीय ठोस (b) अतिशीतित द्रव
(c) संघनित गैस (d) द्रव क्रिस्टल

20. तापमान के केल्विन पैमाने पर जल का क्वथनांक है
(a) 100 (b) 273
(c) 373 (d) 212

21. प्रेशर कुकर खाना पकाने के समय को घटा देता है क्योंकि
(a) जल का क्वथनांक अन्दर बढ़ जाता है।
(b) ताप का अधिक समानता से वितरण होता है
(c) उच्च दाब भोजन को गर्म कर देता है
(d) एक बड़ी ज्वाला प्रयुक्त करता है

22. काँच है *[SSC Multitasking 2013]*
(a) अतिशीतित द्रव (b) क्रिस्टलीय ठोस
(c) द्रव क्रिस्टल (d) इनमें से कोई नहीं

23. किसी पदार्थ को एक अवस्था से दूसरी अवस्था में कैसे परिवर्तित किया जा सकता है? *[RRB Group D 2018]*
(a) इलेक्ट्रोलाइट का प्रयोग कर
(b) दाब बढ़ाकर
(c) ऊष्मीय ऊर्जा को अवशोषित और विकरित कर
(d) अम्ल और क्षार का प्रयोग कर

24. उस तापमान को क्या कहते हैं, जिस वायुमण्डलीय दाब पर द्रव उबलना शुरू कर देता है? *[RRB Group D 2018]*
(a) गलनांक (b) उदासीनीकरण ऊष्मा
(c) क्वथनांक (d) संलयन ऊष्मा

25. एक बन्द बोतल को जिसमें सामान्य ताप पर जल है, चन्द्रमा पर ले जाया गया और तब उसका ढक्कन हटाया गया, तो जल *[CDS 2011]*
(a) जम जाएगा
(b) उबलने लगेगा
(c) हाइड्रोजन और ऑक्सीजन में अपघटित हो जाएगा
(d) बिल्कुल अपरिवर्तित रहेगा

26. किसी गैस के द्रवण (द्रव बनने) के लिए सर्वाधिक अनुकूल अवस्था, निम्नलिखित में से कौन-सी है? *[Asst. Comm. 2019]*
(a) निम्न दाब और उच्च तापमान (b) निम्न दाब और निम्न तापमान
(c) उच्च दाब और उच्च तापमान (d) उच्च दाब और निम्न तापमान

27. किस द्रव को काँच के एक बीकर में रखा गया है। द्रव स्तम्भ द्वारा बीकर के आधार पर आरोपित दाब के सम्बन्ध में, निम्नलिखित में से कौन-सा एक कथन सही है? *[NDA 2020]*
(a) दाब, बीकर के आधार के क्षेत्रफल पर निर्भर करता है।
(b) दाब, द्रव स्तम्भ की ऊँचाई पर निर्भर करता है।
(c) दाब, द्रव के घनत्व पर निर्भर नहीं करता है।
(d) दाब, न तो बीकर के आधार के क्षेत्रफल पर निर्भर करता है ना ही द्रव स्तम्भ की ऊँचाई पर।

28. निम्नलिखित कथनों में से सही कथन को चुनिए
1. किसी द्रव की सतह पर स्थित अणुओं का स्वत: ही वाष्प में परिवर्तन वाष्पन कहलाता है।
2. जल में साबुन मिलाने पर पृष्ठ तनाव बढ़ जाता है।
3. जल की श्यानता रक्त से अधिक होती है।
4. दाब बढ़ने पर जल की श्यानता बढ़ती है।

कूट
(a) 1, 2 और 3 (b) 1 और 3
(c) 2, 3 और 4 (d) 1 और 4

29. मानक दाब और ताप पर कौन-से तत्व द्रव हैं?
I. हीलियम II. मर्करी
III. क्लोरीन IV. ब्रोमीन

नीचे दिए गए कूट का प्रयोग कर सही उत्तर चुनिए। *[CDS 2013]*
(a) II और III (b) II, III और IV
(c) II और IV (d) I और III

30. पदार्थ की नवीनतम खोजी गई अवस्था कौन-सी है?
(a) ठोस (b) प्लाज्मा
(c) द्रव (d) बोस-आइन्स्टीन घनीभूत

31. वायु की प्रकृति के अनुसार .... पदार्थ एक विशेष रंग के साथ चमकते हैं। *[RRB Group D 2018]*
(a) तरल (b) ठोस
(c) अर्द्ध-ठोस (d) प्लाज्मा

32. .... पदार्थ की उन अवस्थाओं में से एक है, जो बहुत ही कम घनत्व वाली गैस को अत्यन्त कम तापमान के तहत ठण्डा करके प्राप्त होती है।
(a) गैस (b) प्लाज्मा *[RRB NTPC 2016]*
(c) बोस-आइन्स्टीन घनीभूत (BEC) (d) प्लाज्मा घनीभूत

33. सैद्धान्तिक रूप से सभी गैसें शून्य आयतन प्राप्त करती हैं, जब तापक्रम है
(a) 273°C (b) 27.3°C
(c) –273°C (d) 0°C

34. सामान्य ताप और दाब (NTP) पर निम्नलिखित में से किस एक के 15 ग्राम का आयतन न्यूनतम होगा? *[NDA 2020]*
(a) NH_2 (b) O_2
(c) N_2 (d) NO

35. निम्नलिखित में से किसमें अन्तराण्विक स्थान सर्वाधिक है?
(a) जल (b) हाइड्रोजन
(c) रुई (d) दाल

36. एक गैस को द्रवित किया जा सकता है
(a) ताप बढ़ाकर
(b) ताप कम करके
(c) दाब बढ़ाकर
(d) दाब बढ़ाकर व ताप कम करके

37. ठोस, द्रव और गैस द्रव में विसरित होते हैं। विसरण के सम्बन्ध में निम्न में से कौन-सा विकल्प सत्य है? *[RRB Group D 2018]*
(a) गैसों की विसरण दर द्रव या ठोस की तुलना में कम होती है।
(b) द्रवों की विसरण दर ठोस या गैसों की तुलना में अधिक होती है।
(c) ठोसों की विसरण दर द्रव या गैसों की तुलना में अधिक होती है।
(d) गैसों की विसरण दर द्रव या ठोस की तुलना में अधिक होती है।

38. ……… को भरते समय ……… को आसानी से कम्प्रेसड किया जा सकता है इसलिए उन्हें उच्च दबाव पर एक पात्र के अन्दर भरा जा सकता है। ……… का यह गुण, उनको सुविधाजनक तरीके से छोटे से कण्टेनर या सिलेण्डर में भरने और वह भी अधिक मात्रा में भरने की अनुमति देता है। इससे उन्हें दूसरे स्थान पर आसानी से भेजा जा सकता है। *[RRB Group D 2018]*
(a) गैस कण्टेनर, गैस, गैसों
(b) गैस कण्टेनर, पानी गैसों
(c) पानी टैंकर, पानी, पानी
(d) ठोस पदार्थ, ठोस, गैसों

39. CO_2 के विसरण की गति हवा की अपेक्षा कम होती है, क्योंकि यह हवा से
(a) हल्की होती है
(b) भारी होती है
(c) काफी हल्की होती है
(d) काफी भारी होती है

40. ऊँचाई की जगहों पर पानी 100 सेण्टीग्रेड के नीचे ताप पर क्यों उबलता है?
(a) क्योंकि वायुमण्डलीय दबाव कम हो जाता है, अतः क्वथनांक बिन्दु नीचे आ जाता है
(b) क्योंकि गुरुत्वाकर्षण कम होता है
(c) पर्वतों पर भारी हवाओं के कारण
(d) उपरोक्त में से कोई नहीं

41. निम्न में से कौन-सा कथन गैसों के लिए असत्य है?
(a) गैसों की आकृति और आयतन निश्चित नहीं होता है
(b) गैसों का आयतन पात्र के आयतन के बराबर होता है, जिसमें गैस भरी है
(c) गैस पात्र की दीवारों पर सभी दिशाओं में एकसमान दबाव डालती है।
(d) गैस का भार उस पात्र को तोलकर ज्ञात नहीं किया जा सकता है जिसके अन्दर गैस भरी है

42. **कथन I** जल में चीनी घोलने पर आयतन में कोई परिवर्तन नहीं होता है
कथन II चीनी के कण, जल के कणों के बीच रिक्तियों में चले जाते हैं।
कूट
(a) दोनों ही कथन व्यष्टितः सत्य हैं और कथन I, कथन II का सही स्पष्टीकरण है।
(b) दोनों ही कथन व्यष्टितः सत्य है, किन्तु कथन II कथन I का सही स्पष्टीकरण नहीं है।
(c) कथन I सत्य है, किन्तु कथन II असत्य है।
(d) कथन I असत्य है, किन्तु कथन I सत्य है।

43. **कथन** (A) ऊँचाई तक उड़ने वाले जेट हवाई जहाजों के केबिन में दाब की आवश्यकता होती है।
कारण (R) ऊँचाई पर ऑक्सीजन उपस्थित नहीं होती है।
कूट
(a) A और R दोनों सही हैं तथा R, A की सही व्याख्या है।
(b) A और R दोनों सही है तथा R, A की सही व्याख्या नहीं है।
(c) A सही है, किन्तु R गलत है।
(d) A गलत है, किन्तु R सही है।

44. निम्न का मिलान कीजिए।

प्रक्रिया	परिवर्तन
A. वाष्पन	1. द्रव से गैस
B. ऊर्ध्वपातन	2. द्रव से ठोस
C. हिमीकरण	3. ठोस से गैस
D. पिघलना	4. ठोस से द्रव

कूट

	A	B	C	D		A	B	C	D
(a)	1	3	2	4	(b)	3	1	2	4
(c)	2	1	4	3	(d)	2	1	3	4

मिश्रण का पृथक्करण

45. समुद्र के जल से शुद्ध पानी प्राप्त किया गया है
(a) शोधन (b) आसवन (c) वाष्पीकरण (d) ये सभी

46. जब किसी ठोस को गर्म करने पर सीधे ही गैस में परिवर्तित किया जाता है, तो इस प्रक्रिया को क्या कहते हैं?
(a) संघनन (b) वाष्पीकरण (c) ऊर्ध्वपातन (d) विसरण

47. निम्नलिखित में से कौन-सा ऊर्ध्वपातन नहीं है? *[SSC 2017]*
(a) कपूर (b) नैफ्थैलीन
(c) फिटकरी (d) अमोनियम क्लोराइड

48. मिट्टी के घड़े में निम्न में से किस क्रिया के कारण जल ठण्डा रहता है?
(a) द्रवण (b) वाष्पीकरण
(c) ऊर्ध्वपातन (d) इनमें से कोई नहीं

49. आयोडीन और पोटैशियम क्लोराइड के मिश्रण में से आयोडीन को पृथक् किया जा सकता है *[SSC (10+2) DEO & LDC 2013]*
(a) अवसादन द्वारा (b) संघनन द्वारा
(c) ऊर्ध्वपातन द्वारा (d) आसवन द्वारा

50. दूध को प्रबलता से रखने पर इसमें से क्रीम पृथक् हो जाने का कारण है *[SSC CHSL (10+2) 2012]*
(a) गुरुत्वीय बल (b) घर्षण बल
(c) अपकेन्द्रीय बल (d) केन्द्राभिमुखी बल

51. एक विद्यार्थी संयोगवश ऐसीटोन को ऐल्कोहॉल के साथ मिश्रित कर देता है। ऐसीटोन और ऐल्कोहॉल के मिश्रण को पृथक् किया जा सकता है

(a) फिल्टर करके (b) पृथक्करण कीप द्वारा
(c) प्रभाजी क्रिस्टलन द्वारा (d) प्रभाजी आसवन द्वारा

52. निम्नलिखित में किसका ऊर्ध्वपातन किया जा सकता है? *[RRB Group D 2018]*

(a) अमोनियम क्लोरेट (b) अमोनियम फॉस्फेट
(c) अमोनियम क्लोराइड (d) अमोनियम सल्फेट

53. ऐसीटोन और मिथाइल ऐल्कोहॉल के मिश्रण को पृथक् करने के लिए निम्न में से कौन-सी तकनीक का प्रयोग होता है? *[RRB NTPC 2018, Lower Subordinate III 2016]*

(a) अपेकन्द्रण (b) निर्वात् आसवन
(c) आंशिक आसवन (d) आसवन

54. कच्चे माल से विभिन्न उत्पादों को अलग करने के लिए किस विधि का उपयोग किया जाता है? *[RRB NTPC 2018]*

(a) सरल आसवन (b) आंशिक आसवन
(c) भाप आसवन (d) जोन आसवन

55. किसी द्रव में अविलेय अतिसूक्ष्म कणों को द्रव से अलग करने के लिए निम्नलिखित में से किसका प्रयोग किया जाता है? *[CDS 2019]*

(a) क्रिस्टलीकरण (b) प्रभाजी आसवन
(c) अपकेन्द्रीकरण (d) निस्तारण

56. मिश्रण के बारे में निम्नलिखित कथनों पर विचार कीजिए। *[CDS 2019]*

1. एक पदार्थ को किसी भौतिक प्रक्रिया द्वारा अन्य प्रकार के द्रव्यों में विभक्त (पृथक्) किया जा सकता है।
2. घुले हुए सोडियम क्लोराइड को वाष्पीकरण की भौतिक प्रक्रिया द्वारा जल से पृथक् किया जा सकता है।

उपरोक्त में से कौन-सा/से कथन सही है/हैं?

(a) केवल 1 (b) केवल 2
(c) 1 और 2 (d) न तो 1 और न ही 2

57. वर्णलेखन (Chromatography) निम्न में से किस पर आधारित है?

(a) विभिन्न माध्यमों से विभिन्न पदार्थों की भिन्न विलेयताओं पर
(b) समान माध्यम में विभिन्न पदार्थों की समान विलेयताओं पर
(c) समान माध्यम में विभिन्न पदार्थों की भिन्न विलेयताओं पर
(d) (a) और (b) दोनों

58. वर्णलेखन (Chromatography) को प्रयुक्त करके निम्नलिखित में से कौन पृथक् नहीं किए जा सकते? *[CDS 2019]*

(a) रेडियो समस्थानिक (b) एक रंजक से रंग
(c) किसी प्राकृतिक रंग से वर्णक (d) रक्त से औषध

भौतिक तथा रासायनिक परिवर्तन

59. निम्नलिखित में से कौन-सा एक रासायनिक परिवर्तन नहीं है? *[NDA/NA 2013]*

(a) दूध का जमना (b) फल का पकना
(c) जल का वाष्पन (d) कोयले का जलना

60. इनमें से कौन-सी एक रासायनिक प्रतिक्रिया नहीं है? *[RRB NTPC 2016]*

(a) अपघटन (b) ऑक्सीकरण (c) गुरुत्वाकर्षण (d) हाइड्रोलिसिस

61. लोहे की जंग .... होती है। *[RRB NTPC 2016]*

(a) भौतिक प्रक्रिया (b) रासायनिक प्रक्रिया
(c) प्रतिवर्ती प्रक्रिया (d) मिश्रण

62. निम्नलिखित में से कौन-सा विकल्प रासायनिक परिवर्तन है? *[RRB Group D 2018]*

(a) चीनी का पानी में घुलना
(b) रेत का पानी में घुलना
(c) दूध का दही में परिवर्तित होना
(d) शुष्क बर्फ का ऊर्ध्वपातन

63. निम्नलिखित में किसमें रासायनिक परिवर्तन होता है? *[RRB 2006]*

(a) लोहे में जंग लगना (b) लकड़ी का जलना
(c) लकड़ी का अपघटन (d) ये सभी

64. **कथन I** द्रव्य में भौतिक परिवर्तन इसके संघटन और प्रकृति में परिवर्तन लाते हैं।

कथन II भौतिक परिवर्तन में अवस्थाओं तथा रंग में अन्त: परिवर्तन होता है।

कूट

(a) दोनों ही कथन व्यष्टितः सत्य हैं और कथन I, कथन II का सही स्पष्टीकरण है।
(b) दोनों ही कथन व्यष्टितः सत्य हैं, किन्तु कथन II, कथन I का सही स्पष्ट्रीकरण नहीं है।
(c) कथन I सत्य हैं, किन्तु कथन II असत्य है।
(d) कथन I असत्य है, किन्तु कथन II सत्य है।

65. निम्न कथनों पर विचार कीजिए।

I. जल का बर्फ में जमना रासायनिक परिवर्तन है।
II. आन्तरिक आण्विक संघटन में उत्पन्न परिवर्तन रासायनिक परिवर्तन है।
III. किसी रासायनिक परिवर्तन में नए पदार्थ प्राप्त होते हैं।
IV. आकृति, माप और अवस्था में परिवर्तन रासायनिक परिवर्तन है।

उपरोक्त दिए गए कथनों में कौन-से सही हैं?

(a) I और II (b) II और III
(c) I और III (d) I और IV

66. **कथन I** गर्म करने पर नीले कॉपर सल्फेट का काले क्यूप्रिक ऑक्साइड में परिवर्तन भौतिक परिवर्तन है।

कथन II वह परिवर्तन जिसमें रासायनिक संघटन परिवर्तित नहीं होता भौतिक परिवर्तन कहलाता है। *[NDA/NA 2012]*

कूट

(a) दोनों ही कथन व्यष्टितः सत्य है और कथन I, कथन II का सही स्पष्टीकरण है।
(b) दोनों ही कथन व्यष्टितः सत्य है, किन्तु कथन II, कथन I का सही स्पष्टीकरण नहीं है।
(c) कथन I सत्य है, किन्तु कथन II असत्य है।
(d) कथन I असत्य है, किन्तु कथन II सत्य है।

67. वायुमण्डलीय वायु के एक नमूने में 0.03% CO_2 तथा नमूने में 0.04% CO_2 है, यह दर्शाता है

(a) स्थिर अनुपात का नियम हमेशा सत्य नहीं होता
(b) गुणित अनुपात का नियम सत्य है
(c) वायु एक यौगिक है
(d) वायु एक मिश्रण है

68. शुद्ध जल के नमूने से 88.89% ऑक्सीजन का भार तथा 11.11% हाइड्रोजन का भार हमेशा प्राप्त होता है, भले ही जल किसी भी स्रोत से लिया गया है। इसकी व्याख्या का आधार है

(a) द्रव्यमान संरक्षण का नियम
(b) स्थिर संघटन का नियम
(c) गुणित अनुपात का नियम
(d) स्थिर अनुपात का नियम

69. पदार्थों का कौन-सा युग्म गुणित अनुपात के नियम की व्याख्या करता है?

(a) CO तथा CO_2 (b) H_2O तथा D_2O
(c) NaCl तथा NaBr (d) MgO तथा $Mg(OH)_2$

70. रासायनिक समीकरण को निम्न में से किस नियम को सन्तुष्ट करने के लिए सन्तुलित करते हैं?

(a) व्युत्क्रम अनुपात का नियम (b) स्थिर अनुपात का नियम
(c) द्रव्यमान संरक्षण का नियम (d) गुणित अनुपात का नियम

गैसीय नियम एवं मोल संकल्पना

71. निम्न में से कौन-सा नियम गैस से सम्बन्धित नहीं है? *[RRB NTPC 2016]*

(a) बॉयल का नियम (b) जूल का नियम
(c) आवोगाद्रो का नियम (d) चार्ल्स का नियम

72. कौन-सा समीकरण चार्ल्स नियम को प्रकट करता है? *[BSSC 2016]*

(a) $V \propto \frac{C}{T}$ (b) $V \propto \frac{1}{p}$
(c) $V \propto T$ (d) $V \propto \frac{1}{V}$

73. "समान तापमान एवं दबाव पर सभी गैसों के समान आयतन में अणुओं की संख्या बराबर होती है" इस नियम को कहा जाता है। *[RRC 2013]*

(a) बॉयल का नियम (b) चार्ल्स का नियम
(c) आवोगाद्रो का नियम (d) गै-लुसैक का नियम

74. किसी गैस का आण्विक द्रव्यमान .... होता है। *[SSC 2016]*

(a) उसके वाष्प दाब से दोगुना (b) उसके वाष्प दाब के बराबर
(c) उसके वाष्प दाब से आधा (d) इसके वाष्प दाब से असम्बद्ध

75. समुद्री स्तर पर हवा भारी होती है, यह प्रायोगिक अनुप्रयोग है

(a) बॉयल के नियम का (b) चार्ल्स के नियम का
(c) आवोगाद्रो के नियम का (d) डॉल्टन के नियम का

76. जब एक आदर्श गैस का विस्तार होता है, तो शीतलन नहीं होता है, क्योंकि

(a) अणु व्युत्क्रम ताप के ऊपर है
(b) एक-दूसरे पर कोई आकर्षण बल नहीं है
(c) काम को गतिज ऊर्जा की कमी के बराबर करता है
(d) बिना ऊर्जा की कमी के कोलॉइड करता है

77. निम्नलिखित दिए गए कथनों में से सही कथन है

(a) $pV = nRT$ सम्बन्ध वास्तविक गैस मानती है।
(b) वास्तविक गैस के अणु आकर्षण बल का अनुभव करते हैं।
(c) एक बर्तन में गैस दीवारों की अपेक्षा तली में अधिक दाब लगाती है।
(d) गैस की औसत गतिज ऊर्जा $\frac{3}{2}nRT$ द्वारा दी जाती है।

78. सुमेलित कीजिए

सूची I	सूची II
A. बॉयल का नियम	1. $V \propto T$
B. चार्ल्स का नियम	2. $pV = RT$
C. ग्राहम का नियम	3. $p_1V_1 = p_2V_2$
D. आदर्श गैस समीकरण	4. $r \propto \frac{1}{\sqrt{a}}$
	5. $pV = \frac{1}{3}mnu^2$

कूट

	A	B	C	D		A	B	C	D
(a)	3	1	4	2	(b)	3	1	4	5
(c)	4	1	3	2	(d)	5	1	4	3

79. निम्न में से कौन-सा/से कथन सही है/हैं?

1. स्थिर दाब पर किसी गैस की निश्चित मात्रा का आयतन, गैस के परम ताप के समानुपाती होता है।
2. समान ताप तथा दाब पर भिन्न-भिन्न गैसों के समान आयतन में मोलों की संख्या भिन्न होती है।

कूट

(a) केवल 1 (b) केवल 2
(c) 1 और 2 दोनों (d) न तो 1 और न ही 2

80. आवोगाद्रो संख्या अणुओं की वह संख्या है, जो उपस्थित रहती है

(a) सा.ता.दा. पर 22.4 लीटर गैस में
(b) किसी पदार्थ के 1 मोल में
(c) पदार्थ के 1 ग्राम अणुभार में
(d) उपरोक्त सभी में

81. ऑक्सीजन के एक परमाणु का भार होगा

(a) 16 u (b) $\frac{16}{6.022 \times 10^{23}}$ ग्राम
(c) $\frac{32}{6.022 \times 10^{23}}$ ग्राम (d) $\frac{1}{6.022 \times 10^{23}}$ ग्राम

82. किसी गैस के 0.1 ग्राम का सा. ता. दा. पर आयतन 28 मिली है। इस गैस का अणुभार है

(a) 56 (b) 40
(c) 80 (d) 60

83. सल्फ्यूरिक अम्ल का मोलर विलयन बराबर होता है। *[CDS 2017]*

(a) N विलयन के (b) $\frac{N}{2}$ विलयन के
(c) $2N$ विलयन के (d) $3N$ विलयन के

84. 10 मोल जल का द्रव्यमान है *[SSC 2012]*

(a) 18 g (b) 180 g (c) 90 g (d) 45 g

85. एक विलयन में पानी की 320 ग्राम मात्रा में सामान्य नमक की मात्रा 31 ग्राम है। द्रव्यमान प्रतिशत द्वारा द्रव्यमान के सन्दर्भ में विलयन की सान्द्रता की प्रतिशत्ता होगी *[RRB Group D 2018]*

(a) 9.60% (b) 9.09% (c) 9.60% (d) 8.83%

उत्तरमाला

1 (a)	2 (b)	3 (c)	4 (c)	5 (a)	6 (c)	7 (d)	8 (a)	9 (c)	10 (a)
11 (b)	12 (b)	13 (c)	14 (d)	15 (b)	16 (d)	17 (c)	18 (c)	19 (b)	20 (c)
21 (a)	22 (a)	23 (c)	24 (c)	25 (a)	26 (d)	27 (b)	28 (b)	29 (c)	30 (d)
31 (d)	32 (c)	33 (c)	34 (b)	35 (b)	36 (d)	37 (d)	38 (a)	39 (b)	40 (a)
41 (d)	42 (a)	43 (c)	44 (a)	45 (d)	46 (c)	47 (c)	48 (b)	49 (c)	50 (c)
51 (d)	52 (c)	53 (c)	54 (b)	55 (d)	56 (b)	57 (c)	58 (a)	59 (c)	60 (c)
61 (b)	62 (c)	63 (d)	64 (d)	65 (b)	66 (d)	67 (d)	68 (d)	69 (a)	70 (c)
71 (b)	72 (c)	73 (c)	74 (a)	75 (a)	76 (b)	77 (d)	78 (a)	79 (a)	80 (d)
81 (b)	82 (c)	83 (c)	84 (b)	85 (d)					

उत्तर सहित व्याख्या

15. (*b*) जब हम बर्फ को छूते हैं, तो हमारी हथेली का ताप अधिक होता है अपेक्षाकृत बर्फ के ताप से अतः ऊष्मा हमारे हाथ से बर्फ की तरफ स्थानान्तरित होने लगती है। इसलिए बर्फ को छूने से ठण्डक अनुभव होती है।

21. (*a*) प्रेशर कुकर में भोजन जल्दी पक जाता है, क्योंकि प्रेशर कुकर में दाब बहुत अधिक होता है। दाब पड़ने के कारण क्वथनांक भी बढ़ जाता है। फलस्वरूप ऊष्मा, जल के वाष्पन में अधिक व्यय होने की अपेक्षा भोजन को पकाने में व्यय होती है। जिससे भोजन जल्दी पक जाता है।

26. (*d*) गैस का द्रवीकरण करने के लिए अन्तराण्विक दूरी को कम किया जाता है, जिससे गैस के अणु एक-दूसरे के अधिक समीप आकर द्रव अवस्था में परिवर्तित हो जाते हैं। गैस के अणुओं पर दाब बढ़ाकर या ताप कम करके अथवा दोनों परिस्थितियों का प्रयोग करके द्रवित किया जा सकता है।

42. (*a*) जल में चीनी घोलने पर आयतन में कोई परिवर्तन नहीं होता है। क्योंकि चीनी के कण, जल के कणों के बीच रिक्तियों में चले जाते हैं। अतः आयतन में कोई परिवर्तन नहीं होता है।

43. (*c*) ऊँचाई तक उड़ने वाले जेट हवाई जहाजों को केबिन में दाब की आवश्यकता होती है क्योंकि चालक दल और यात्रियों को उस ऊँचाई के ऊपर कम बाहरी वायुदाब के कारण कई शारीरिक समस्याओं के खतरे से बचाने के लिए समुद्र तल से 10,000 फीट से ऊपर की ऊँचाई पर दाब बढ़ाना आवश्यक हो जाता है।

48. (*b*) पानी से भरे मिट्टी के घड़े से जल के अणुओं के वाष्पीकृत हो जाने के कारण शेष बचे जल का तापमान कम हो जाता है। अतः वायुमण्डल में उपस्थित नमी इसके सम्पर्क में आकर वही संघनित हो जाती है तथा हमें घड़े के बाहर जल की बूँदों के रूप में दिखाई देती हैं।

64. (*d*) भौतिक परिवर्तन में भौतिक गुणो जैसे— आकार, आमाप, रंग और अवस्था में परिवर्तन होता है। जबकि रासायनिक परिवर्तन में मूल पदार्थ का आन्तरिक आण्विक संघटन विकृत हो जाता है। अतः, कथन I असत्य है जबकि कथन II सत्य है।

66. (*d*) गर्म करने पर नीले कॉपर सल्फेट का काले क्यूप्रिक ऑक्साइड में परिवर्तन रासायनिक परिवर्तन है।

$$\underset{\text{क्यूप्रिक सल्फेट}}{CuSO_4} + H_2O \longrightarrow \underset{\text{क्यूप्रिक ऑक्साइड}}{CuO} + H_2SO_4$$

अतः कथन: I असत्य, किन्तु कथन II सत्य है।

68. (*d*) H_2O में भारानुसार H एवं O निश्चित अनुपात में होते हैं, यह स्थिर अनुपात के नियम की व्याख्या करता है।

69. (*a*) गुणित अनुपात के नियमानुसार, एक तत्व के विभिन्न भार जो अन्य तत्व के एक निश्चित द्रव्यमान से संयोग करते हैं, परस्पर सरल अनुपात में होते हैं। CO तथा CO_2 में ऑक्सीजन के वे भार, जो 12 ग्राम कार्बन के साथ संयोग करते हैं, परस्पर 1 : 2 के अनुपात में होते हैं। अतः यह गुणित अनुपात के नियम की व्याख्या करता है।

72. (*c*) चार्ल्स के नियम के अनुसार, स्थिर दाब पर, एक गैस की निश्चित मात्रा का आयतन उसके परमताप के समानुपाती होता है।

अतः $T \propto V_{(m,\,p)}$

77. (*d*) परमताप T पर एक मोल के लिए कुल औसत गतिज ऊर्जा का मान

$$E = \frac{3}{2}nRT$$

जहाँ, n = गैस के अणुओं की संख्या

T = परमताप (0 K)

R = गैस स्थिरांक

80. (*d*) मोल संकल्पना के अनुसार, आवोगाद्रो संख्या ($N_A = 6.022 \times 10^{23}$) पदार्थ के 1 मोल अथवा 1 ग्राम अणुभार में उपस्थित अणुओं की संख्या होती है। गैसों के लिए, यह (NTP पर) 22.4 लीटर गैस में उपस्थित अणुओं की संख्या के तुल्य होती है।

81. (*b*) हम जानते हैं, कि ऑक्सीजन का परमाणु भार $= 16$

अर्थात् ऑक्सीजन के 1 मोल (6.022×10^{23}) परमाणुओं का भार = 16 ग्राम

$\therefore$ ऑक्सीजन के एक परमाणु (O) का भार

$$= \frac{\text{ऑक्सीजन का परमाणु भार}}{\text{आवोगाद्रो संख्या}}$$

$$= \frac{16}{6.022 \times 10^{23}}$$

82. (*c*) मोलों की संख्या,

$$n = \frac{\text{सा.ता.दा. पर आयतन (लीटर में)}}{22.4}$$

$$\because \quad \frac{w}{m} = \frac{28}{1000 \times 22.4} \qquad \left[\because n = \frac{w}{m}\right]$$

$$\therefore \quad \frac{0.1}{m} = \frac{28}{1000 \times 22.4}$$

$$\therefore \quad m = \frac{0.1 \times 1000 \times 22.4}{28} = 80$$

84. (*b*) 1 मोल जल (H_2O) का द्रव्यमान

$= (1 \times 2 + 16)$

$= 18$ ग्राम

$\therefore$ 10 मोल जल का द्रव्यमान

$= 10 \times 18$

$= 180$ ग्राम

85. (*d*) विलयन में सामान्य नमक की मात्रा

$= 31$ ग्राम

विलयन की कुल मात्रा $= 320 + 31$

$= 351$ ग्राम

$\therefore$ अभीष्ट प्रतिशत $= \frac{31}{317} \times 100$

$= 8.83\,\%$

अध्याय 02

परमाणु संरचना
Atomic Structure

- जॉन डाल्टन ने 1803 ई. में परमाणु सिद्धान्त का प्रतिपादन किया, जिसके अनुसार परमाणु अविभाज्य होता है।
- 19वीं शताब्दी तक यह मानते रहे थे कि परमाणु सबसे छोटा कण है, परन्तु 19वीं शताब्दी के अन्तिम दशक में वैज्ञानिकों ने यह प्रमाणित कर दिया, कि परमाणु विभाज्य है तथा इसकी एक निश्चित आन्तरिक संरचना होती है।

अवपरमाण्विक कण

- परमाणु कई प्रकार के अतिसूक्ष्म कणों; जैसे– इलेक्ट्रॉन, प्रोटॉन, न्यूट्रॉन, पॉजिट्रॉन, न्यूट्रिनो, मेसॉन आदि से मिलकर बना होता है, जिन्हें अवपरमाण्विक कण (Subatomic particles) कहते हैं।

परमाणु के मौलिक कण

कण का नाम	खोजकर्ता	चिन्ह	परमाणु आवेश (कूलॉम में)	सापेक्ष आवेश	द्रव्यमान (किग्रा में)	द्रव्यमान (u में)
इलेक्ट्रॉन	जे.जे. थॉमसन (1897 ई.)	e^-	-1.6022×10^{-19}	−1	9.1095×10^{-31}	0.00054
प्रोटॉन	रदरफोर्ड (1919 ई.)	p^+ या $_1H$	$+1.6022\times10^{-19}$	+1	1.672×10^{-27}	1.00727
न्यूट्रॉन	जेम्स चैडविक (1932 ई.)	n या $_0n^1$	0	0	1.675×10^{-27}	1.00868

अस्थायी मूल कण

कण का नाम	खोजकर्ता	चिन्ह	द्रव्यमान
पॉजिट्रॉन	सी डी एण्डरसन (1932)	$_{+1}e^0$	इलेक्ट्रॉन के समान
मेसॉन	युकावा (1935)	$\pi^+; \pi^-$ या π^0	इलेक्ट्रॉन से 200 गुना अधिक
न्यूट्रिनो	पॉलिंग (1927)	ν (न्यू)	अनिश्चित
ऐन्टी-प्रोटॉन	सैगरे (Sagre) (1955)	p^-	प्रोटॉन के समान
ऐन्टी-न्यूट्रॉन	कॉर्क (1956)	—	न्यूट्रॉन के समान

परमाणु मॉडल

- **थॉमसन का परमाणु मॉडल** (Thomson's atomic model) थॉमसन के अनुसार, परमाणु एक अतिसूक्ष्म गोलाकार विद्युत उदासीन कण है जो इलेक्ट्रॉनों तथा धनावेशित द्रव्य से मिलकर बना होता है। थॉमसन के मॉडल को **प्लम पुडिंग मॉडल** (Plum pudding model) भी कहा जाता है।
- **रदरफोर्ड का परमाणु मॉडल** (Rutherford's atomic model) अर्नेस्ट रदरफोर्ड ने सन् 1911 में परमाणु में इसके दो मूलभूत कणों, अर्थात् इलेक्ट्रॉन तथा प्रोटॉन की स्थिति ज्ञात करने के लिए α-कण प्रकीर्णन प्रयोग किया। जिसके प्रेक्षणों और परिणामों के आधार पर रदरफोर्ड ने परमाणु का नाभिकीय मॉडल प्रस्तुत किया।
- **बोर का परमाणु मॉडल** (Bohr's atomic model) सन् 1913 में नील्स बोर ने रदरफोर्ड के नाभिकीय मॉडल का एक संशोधित व विस्तृत रूप प्रस्तुत किया। यह प्लांक के क्वाण्टम सिद्धान्त पर आधारित था। इस सिद्धान्त के आधार पर परमाणु के स्थायित्व के विषय में पता चलता है तथा इसकी सहायता से H-स्पेक्ट्रम को भी समझा जा सकता है।

परमाणु के अभिलक्षण

- **परमाणु क्रमांक** (Atomic number) किसी तत्व के परमाणु के नाभिक में उपस्थित इकाई धन आवेशों की कुल संख्या या किसी तत्व के नाभिक में उपस्थित प्रोटॉनों की कुल संख्या को उस तत्व की परमाणु संख्या (Z) कहते हैं।
- **द्रव्यमान संख्या** (Mass number) नाभिक में उपस्थित प्रोटॉनों तथा न्यूट्रॉनों की संख्या अर्थात् न्यूक्लिऑनों की संख्या को परमाणु की द्रव्यमान संख्या (A) कहते हैं।

विभिन्न परमाण्विक स्पीशीज

- **समस्थानिक** (Isotopes) एक ही तत्व के वे परमाणु जिनमें प्रोटॉनों या इलेक्ट्रॉनों की संख्या समान (अर्थात् परमाणु संख्या) लेकिन न्यूट्रॉनों की संख्या भिन्न (द्रव्यमान संख्या) होती है, समस्थानिक कहलाते हैं।
  उदाहरण– प्रोटियम [$^1_1$H], ड्यूटीरियम [$^2_1$D], ट्राइटियम [$^3_1$H]
- **समभारिक** (Isobars) विभिन्न तत्वों के परमाणु, जिनकी द्रव्यमान संख्या (A) समान लेकिन परमाणु संख्या (Z) भिन्न होती है, समभारिक कहलाते हैं।
  उदाहरण– $^{40}_{18}$Ar, $^{40}_{19}$K तथा $^{40}_{20}$Ca
- **समन्यूट्रॉनिक** (Isotones) भिन्न-भिन्न पदार्थों के वे परमाणु जिनके नाभिक में न्यूट्रॉन की संख्या तो समान होती है, लेकिन प्रोटॉन की संख्या भिन्न-भिन्न होती है। ऐसे तत्वों के परमाणुओं को समन्यूट्रॉनिक कहते हैं।
  उदाहरण– $^3_1$H (ट्राइटियम) तथा $^4_2$He (हीलियम)

परमाणु के संरचनात्मक लक्षण

- **कोश तथा उपकोश** (Shell and subshell) विभिन्न तथा निश्चित ऊर्जाओं वाले वृत्ताकार पथ जिनमें इलेक्ट्रॉन घूमते हैं, कोश कहलाते हैं।

प्रत्येक कोश या कक्षा एक या अधिक उपकोशों से बनी होती है, जिन्हें s, p, d, f से प्रदर्शित करते हैं।

- **कक्षक** (Orbital) किसी परमाणु के नाभिक के चारों ओर वह त्रिविम क्षेत्र जिसमें इलेक्ट्रॉन के पाए जाने की प्रायिकता (Probability) सर्वाधिक होती है, कक्षक कहलाती है।

इलेक्ट्रॉनिक विन्यास : विभिन्न कोशों में इलेक्ट्रॉनों का वितरण

- **बोर-बरी योजना** (Bohr-Burry scheme) किसी कक्षा में उपस्थित अधिकतम इलेक्ट्रॉनों की संख्या को सूत्र $2n^2$ से दर्शाया जाता है।
  ($n = 1, 2, 3, ...$ क्रमशः K, L, M ... कक्षा के लिए)
  सबसे बाहरी कोश में इलेक्ट्रॉनों की अधिकतम संख्या 8 हो सकती है।
- **ऑफबाऊ सिद्धान्त** (Aufbau principle) इस सिद्धान्त के अनुसार, परमाणुओं की तलस्थ अवस्था में कक्षकों को उनकी ऊर्जा के बढ़ते क्रम में भरा जाता है। कक्षकों की ऊर्जाओं का बढ़ता क्रम इस प्रकार है
  $1s < 2s < 2p < 3s < 3p < 4s < 3d < 4p < 5s < 4d < 5p < 6s < 4f, 5d < 6p < 7s, ..$
- **हुण्ड का अधिकतम बहुलकता का नियम** (Hund's rule for maximum multiplicity) इस नियम के अनुसार, एक ही उपकोश के कक्षकों में इलेक्ट्रॉनों का युग्मन तब तक नहीं हो सकता है, जब तक उस उपकोश के सभी कक्षकों में एक-एक इलेक्ट्रॉन न आ जाए।
- **पाउली का अपवर्जन सिद्धान्त** (Pauli's exclusion principle) इस सिद्धान्त के अनुसार, किसी परमाणु में उपस्थित दो इलेक्ट्रॉनों की चारों क्वाण्टम संख्याएँ एकसमान नहीं हो सकती हैं।

क्वाण्टम संख्याएँ

वे संख्याएँ, जो किसी इलेक्ट्रॉन की स्थिति तथा उसकी ऊर्जा की जानकारी देती हैं, क्वाण्टम संख्याएँ कहलाती हैं। ये निम्न चार प्रकार की होती हैं

- **मुख्य क्वाण्टम संख्या** (Principle quantum number) (n) वह क्वाण्टम संख्या, जो नाभिक से बाह्यतम कोश की दूरी, परमाणु के आकार तथा परमाणु के इलेक्ट्रॉन की ऊर्जा को दर्शाती है, मुख्य क्वाण्टम संख्या कहलाती है। यह एक धनात्मक पूर्णांक होती है, इसका मान 1, 2, 3, ... आदि हो सकता है।
- **द्विगंशी क्वाण्टम संख्या** (Azimuthal quantum number) (l) वह क्वाण्टम संख्या, जो इलेक्ट्रॉन के उपकोश के कोणीय संवेग या आकृति का निर्धारण करती है तथा कोणीय संवेग के कारण ऊर्जा का मापन भी करती है, द्विगंशी क्वाण्टम संख्या कहलाती है।
  $$l = 0, 1, 2, 3, 4, ... (n-1)$$
- **चुम्बकीय क्वाण्टम संख्या** (Magnetic quantum number) (m) वह क्वाण्टम संख्या, जो उपऊर्जा स्तरों (उपकोशों) के कक्षकों के अभिविन्यास का निर्धारण करती है, चुम्बकीय क्वाण्टम संख्या कहलाती है। इसका मान l के प्रत्येक मान के लिए $-l$ से शून्य सहित $+l$ तक के सभी पूर्णांक तक होता है।
- **चक्रण क्वाण्टम संख्या** (Spin quantum number) (s) वह क्वाण्टम संख्या, जो कक्षक के किसी इलेक्ट्रॉनों के चक्रण या घूर्णन का निर्धारण करती है, चक्रण क्वाण्टम संख्या कहलाती है। इसके दो मान $+\frac{1}{2}$ या $-\frac{1}{2}$ हो सकते हैं।

चैप्टर प्रैक्टिस

परमाणु व अवपरमाण्विक कण

1. विश्व का प्रत्येक पदार्थ अत्यन्त सूक्ष्म कणों से मिलकर बना होता है। यह सर्वप्रथम किसने कहा?
(a) डाल्टन ने (b) कणाद ने
(c) रदरफोर्ड ने (d) आवोगाद्रो ने

2. पदार्थ का परमाण्विक सिद्धान्त सर्वप्रथम किसने प्रस्तावित किया?
(a) जॉन डाल्टन (b) रदरफोर्ड
(c) जे. जे. थामसन (d) नील्स बोर

3. निम्नलिखित में से कौन-सा अणु परमाणु का भाग नहीं है? *[MPPCS (Pre) 2005]*
(a) इलेक्ट्रॉन (b) प्रोटॉन
(c) न्यूट्रॉन (d) फोटॉन

4. परमाणु अभाज्य है। यह निम्नलिखित में से किसने प्रस्तावित किया था? *[CDS 2015]*
(a) डाल्टन (b) बर्जीलियस (c) रदरफोर्ड (d) आवोगाद्रो

5. आधुनिक परमाणु सिद्धान्त तैयार किया गया था
(a) जॉन डाल्टन (b) ई. रदरफोर्ड
(c) दे-ब्रॉग्ली (d) डी.आई. मेण्डेलीफ

6. परमाणु के मूलभूत कण हैं
(a) यौगिक में उपस्थित तत्व (b) तत्व में उपस्थित परमाणु
(c) अवपरमाण्विक कण (d) परमाणु का प्रभाज

7. निम्नलिखित में से किसने 'इलेक्ट्रॉन' का आविष्कार किया था? *[SSC 2017]*
(a) आर्किमिडीज (b) रुआल आमुन्सन
(c) जे.जे. थॉमसन (d) रुडोल्फ डीजल

8. किसी परमाणु का रासायनिक व्यवहार निर्भर करता है, उसके *[SSC 2010]*
(a) न्यूक्लियस में प्रोटॉनों की संख्या पर
(b) न्यूक्लियस में न्यूट्रॉनों की संख्या पर
(c) न्यूक्लियस के आस-पास घूम रहे इलेक्ट्रॉनों की संख्या पर
(d) न्यूक्लियस में न्यूक्लिऑनों की संख्या पर

9. सिग्नल का विपाटन (Splitting) किससे होता है?
(a) प्रोटॉन से (b) न्यूट्रॉन से
(c) पॉजिट्रॉन से (d) इलेक्ट्रॉन से

10. एक इलेक्ट्रॉन क्या है?
(a) कुल आवेश के साथ एक उपपरमाण्विक कण, जो उदासीन है
(b) कुल आवेश के साथ एक उपपरमाण्विक कण, जो धनात्मक है
(c) कुल आवेश के साथ एक उपपरमाण्विक कण, जो ऋणात्मक है
(d) कुल आवेश के साथ एक उपपरमाण्विक कण, जो शून्य है

11. किसी पदार्थ में मुक्त .... की उपस्थिति उसे विद्युत का सुचालक बनाती है।
(a) पॉजिट्रॉन (b) इलेक्ट्रॉन
(c) न्यूट्रॉन (d) प्रोटॉन

12. निम्नलिखित में से किसने प्रोटॉन की खोज की थी?
(a) जेम्स चैडविक
(b) जॉन डाल्टन
(c) अर्नेस्ट रदरफोर्ड
(d) यूजीन गोल्डस्टीन

13. परमाणु का संघटन करने वाले तीन मौलिक कण हैं [SSC (CGL) 2006]
(a) प्रोटॉन, इलेक्ट्रॉन और मेसॉन
(b) प्रोटॉन, इलेक्ट्रॉन और फोटॉन
(c) प्रोटॉन, इलेक्ट्रॉन और न्यूट्रॉन
(d) प्रोटॉन, इलेक्ट्रॉन और ड्यूट्रॉन

14. प्रोटॉन का द्रव्यमान होता है
(a) 1.6726×10^{-24} ग्राम
(b) 1.6516×10^{-24} ग्राम
(c) 1.6749×10^{-24} ग्राम
(d) 9.1095×10^{-28} ग्राम

15. किसी प्रोटॉन तथा α-कण के विशिष्ट आवेश का अनुपात है
(a) 2 : 1
(b) 1 : 2
(c) 1 : 4
(d) 1 : 1

16. न्यूट्रॉन की खोज किसने की? [NDA 2020]
(a) मैडम क्यूरी
(b) रदरफोर्ड
(c) जेम्स चैडविक
(d) मैक्स प्लांक

17. निम्नलिखित में से कौन-सा एक आवेशरहित कण है? [SSC 2017]
(a) एल्फा कण
(b) प्रोटॉन
(c) इलेक्ट्रॉन
(d) न्यूट्रॉन

18. स्थायी नाभिक (हल्का $A < 10$ के साथ) में [NDA 2011]
(a) न्यूट्रॉनों की प्रोटॉनों की लगभग समान संख्या होती है।
(b) प्रोटॉनों की अपेक्षा अधिक न्यूट्रॉन होते हैं।
(c) कोई न्यूट्रॉन नहीं होते
(d) कोई प्रोटॉन नहीं होते

19. न्यूट्रॉन के द्रव्यमान की कोटि है
(a) 10^{-23} किग्रा
(b) 10^{-24} किग्रा
(c) 10^{-28} किग्रा
(d) 10^{-27} किग्रा

20. निम्नलिखित में कौन-सा एक न्यूक्लिऑन नहीं है? [SSC (CGL) 2010]
(a) प्रोटॉन
(b) न्यूट्रॉन
(c) इलेक्ट्रॉन
(d) पॉजिट्रॉन

21. वह कण जो न्यूक्लिऑन को बाँधे रखने का कार्य करता है
(a) इलेक्ट्रॉन
(b) पॉजिट्रॉन
(c) न्यूट्रॉन
(d) मेसॉन

22. मेसॉन के खोजकर्ता हैं
(a) एण्डरसन
(b) चैडविक
(c) युकावा
(d) थॉमसन

23. इलेक्ट्रॉन का प्रति-कण क्या है?
(a) पॉजिट्रॉन
(b) प्रोटॉन
(c) एल्फा-कण
(d) बीटा-कण

24. निम्न युग्मों में से कौन-सा एक कण प्रति-कण युग्म है? [UPPCS 2005]
(a) इलेक्ट्रॉन - पॉजिट्रॉन
(b) प्रोटॉन - न्यूट्रॉन
(c) फोटॉन - इलेक्ट्रॉन
(d) न्यूट्रॉन - न्यूट्रिनो

25. सुमेलित कीजिए

	सूची I (विशिष्टता)	सूची II (कण)
A.	शून्य द्रव्यमान	1. पॉजिट्रॉन
B.	आंशिक आवेश	2. न्यूट्रॉनों
C.	आंशिक प्रचक्रण	3. क्वार्क
D.	पूर्णांक प्रचक्रण	4. फोटॉन

कूट

	A	B	C	D
(a)	2	3	1	4
(b)	3	2	4	1
(c)	2	3	4	1
(d)	3	2	1	4

परमाणु मॉडल

26. किसी परमाणु के लिए 'प्लम पुडिंग मॉडल' किसके द्वारा दिया गया था?
(a) एन्टोनी लेवोशिए
(b) जे.जे. थॉमसन
(c) अर्नेस्ट रदरफोर्ड
(d) रॉबर्ट बॉयल

27. निम्नलिखित में से किन युग्मों के लिए थॉमसन के अनुसार e/m का मान समान है?
(a) प्रोटॉन तथा न्यूट्रॉन
(b) प्रोटॉन तथा ड्यूटीरियम
(c) ड्यूटीरियम तथा α-कण
(d) इलेक्ट्रॉन तथा γ-किरणें

28. नाभिक की खोज के लिए रदरफोर्ड ने जब धातु के पतले पत्र पर एल्फा (α) कणों की बौछार की तो
(a) अधिकांश α-कण धातु की पन्नी को बिना विक्षेपण के पार करके चले गए
(b) सभी α-कण धातु की पन्नी को पार कर गए
(c) अधिकांश α-कण छोटे कोण बनाकर विचलित हो गए
(d) अधिकांश α-कण वापस विचलित हो गए

29. कथन (A) नाभिक के चारों ओर परिक्रमा करने वाले इलेक्ट्रॉन नाभिक में अभिकेन्द्रीय बल के कारण नहीं गिरते हैं।
कारण (R) घूमने वाले इलेक्ट्रॉन ग्रहों के समान होते हैं। (रदरफोर्ड के परमाणु मॉडल के सन्दर्भ में)
कूट
(a) A और R दोनों सही है तथा R, A की सही व्याख्या है।
(b) A और R दोनों सही हैं, किन्तु R, A की सही व्याख्या नहीं करता।
(c) A सही है, किन्तु R गलत है।
(d) A गलत है, किन्तु R सही है।

30. रदरफोर्ड का α-कणों के प्रकीर्णन वाला प्रयोग सिद्ध करता है तो नाभिक में
1. भारी कण उपस्थित होते हैं।
2. धनावेशित केन्द्र होता है।
3. इलेक्ट्रॉन उपस्थित होते हैं।

उपरोक्त दिए गए कथनों में से कौन-सा कथन सत्य है?
(a) 1, 2 और 3
(b) 1 और 2
(c) 2 और 3
(d) 1 और 3

परमाणु के अभिलक्षण

31. किसी तत्व का सर्वाधिक मौलिक अभिलक्षण निम्नलिखित में से कौन-सा है? [NDA 2020]

(a) गलनांक (b) परमाणु क्रमांक
(c) रंग (d) परमाणु भार

32. किसी तत्व की परमाणु संहति, निम्नलिखित में से किसी संख्या के योग के बराबर होती है?

(a) केवल इलेक्ट्रॉनों और प्रोटॉनों की संख्या के
(b) केवल प्रोटॉनों और न्यूट्रॉनों की संख्या के
(c) केवल इलेक्ट्रॉनों और न्यूट्रॉनों की संख्या
(d) इलेक्ट्रॉनों, प्रोटॉनों और न्यूट्रॉनों की संख्या के

33. निम्नलिखित में से कौन-सा एक किसी तत्व के परमाणु क्रमांक को सबसे सही निर्धारित करता है? [NDA 2011]

(a) प्रोटॉनों की संख्या
(b) प्रोटॉनों और इलेक्ट्रॉनों की संख्या
(c) आयनों की संख्या
(d) न्यूक्लिऑनों की संख्या

34. हाइड्रोजन परमाणु का नाभिक .... कहलाता है। [SSC 2017]

(a) न्यूट्रॉन (b) इलेक्ट्रॉन
(c) प्रोटॉन (d) पॉजिट्रॉन

35. कार्बन के एक परमाणु में 6 प्रोटॉन होते हैं। इसकी द्रव्यमान संख्या 12 होती है। कार्बन के एक परमाणु में कितने न्यूट्रॉन होते हैं? [NDA 2016]

(a) 12 (b) 6
(c) 10 (d) 14

36. किसी तत्व के परमाणु का परमाणु क्रमांक 17 है और द्रव्यमान संख्या 36 है। उनके न्यूक्लियस में न्यूट्रॉनों की संख्या है [SSC 2008]

(a) 17 (b) 19
(c) 36 (d) 63

37. ट्राइटियम (T) में प्रोटॉन और न्यूट्रॉन की संख्या क्रमशः क्या है? [CDS 2014]

(a) $1p$ और $1n$ (b) $1p$ और $2n$
(c) $1p$ और $3n$ (d) $2p$ और $1n$

38. एक उदासीन परमाणु बना होता है

(a) केवल प्रोटॉन
(b) न्यूट्रॉन + प्रोटॉन
(c) न्यूट्रॉन + इलेक्ट्रॉन
(d) न्यूट्रॉन + प्रोटॉन + इलेक्ट्रॉन

39. जिस तत्व के परमाणु में दो प्रोटॉन, दो न्यूट्रॉन और दो इलेक्ट्रॉन उपस्थित हों, तो उस तत्व की द्रव्यमान संख्या कितनी होगी? [BPSC (Pre) 1999]

(a) 2 (b) 4
(c) 6 (d) 8

40. निम्नलिखित कथनों में कौन-सा सही नहीं है?

(a) विभिन्न तत्वों के परमाणुओं की द्रव्यमान संख्याएँ समान हो सकती हैं।
(b) किसी तत्व के परमाणुओं की द्रव्यमान संख्याएँ भिन्न-भिन्न हो सकती हैं।
(c) किसी तत्व के सभी परमाणुओं में प्रोटॉनों की संख्या समान होती हैं।
(d) किसी तत्व के सभी परमाणुओं में न्यूट्रॉनों की संख्या सदैव समान होगी।

विभिन्न परमाण्विक स्पीशीज

41. प्रोटॉन की समान संख्या किन्तु न्यूट्रॉन की भिन्न-भिन्न संख्या वाले परमाणुओं को क्या कहते हैं? [SSC 2015]

(a) धनायन (b) ऋणायन
(c) समस्थानिक (d) हिग्स-बॉसान

42. किसी तत्व A का इलेक्ट्रॉनिक विन्यास $1s^2, 2s^2 2p^6, 3s^2 3p^6 3d^8, 4s^2$ है। तत्व A, ${}_{26}Fe^{58}$ का समभारिक है। तत्व A के परमाणु नाभिक में न्यूट्रॉनों की संख्या है

(a) 26 (b) 28 (c) 30 (d) 32

43. निम्नलिखित कथनों में से कौन-सा/से समस्थानिकों तथा समभारिकों के सम्बन्ध में सही है/हैं? [NDA 2008]

1. समस्थानिकों में द्रव्यमान संख्या समान होती है।
2. समभारिकों में परमाणु संख्या समान होती है।

नीचे दिए गए कूट का प्रयोग कर सही उत्तर चाहिए

(a) केवल 1 (b) केवल 2
(c) 1 और 2 दोनों (d) न तो 1 और न ही 2

44. निम्नलिखित में से किस युग्म में आयन सम-इलेक्ट्रॉनी है? [NDA 2019]

(a) Mg^{2+}, Ar (b) Na^+, O^{2-}
(c) Al^{3+}, Cl^- (d) K^+, Ne

45. निम्न में से कौन-सा/से युग्म सम-इलेक्ट्रॉनिक है/हैं? [NDA 2018]

1. Na^+ और Ne
2. Na^+ और K^+
3. K^+ और Cl^-

कूट

(a) 1, 2 और 3 (b) 1 और 2
(c) केवल 2 (d) 1 और 3

46. कैंसर (ट्यूमर) के उपचार के लिए, किस रेडियो-समस्थानिक का प्रयोग किया जाता है?

(a) Co-60 (b) U-235
(c) Th-231 (d) Pu-239

परमाणु के संरचनात्मक लक्षण

47. N-कोश (शैल) में इलेक्ट्रॉनों की अधिकतम संख्या कितनी होती है?

(a) 2 (b) 8 (c) 18 (d) 32

48. Cu^+ की तलस्थ अवस्था में घेरी गई कोश, उपकोश, भरे हुए कक्षक तथा अयुग्मित इलेक्ट्रॉन क्रमशः है

(a) 4, 8, 15, 0 (b) 3, 6, 15, 1
(c) 3, 6, 14, 0 (d) 4, 7, 14, 2

49. किसी तत्व के रासायनिक गुणधर्म किस पर निर्भर करते हैं?

(a) तत्व की सबसे बाहरी कोश में इलेक्ट्रॉनों की संख्या
(b) तत्व के समस्थानिकों की संख्या
(c) तत्व की द्रव्यमान संख्या
(d) तत्व में न्यूट्रॉनों की कुल संख्या

50. परमाणु कक्षक है [UP 2009]

(a) परमाणु में इलेक्ट्रॉन का गोल पथ
(b) क्षेत्र जिसमें इलेक्ट्रॉन के पाए जाने की सम्भावना अधिक है
(c) इलेक्ट्रॉन का दीर्घवृत्ताकार कक्ष
(d) नाभिक के चारों तरफ का त्रिविम क्षेत्र

इलेक्ट्रॉनिक विन्यास एवं क्वाण्टम संख्याएँ

51. कॉपर का सही इलेक्ट्रॉनिक विन्यास है
(a) $[Ar]3d^8, 4s^2$ (b) $[Ar]3d^{10}, 4s^1$
(c) $[Ar]4s^2$ (d) $[Ar]4s^1$

52. $1s^2, 2s^2, 2p^6$ किसका इलेक्ट्रॉनिक विन्यास है?
(a) Ne और Ne (b) Ne और Na^+
(c) Ne और F (d) Na^+ और F

53. परमाणु क्रमांक '20' वाले परमाणु का इलेक्ट्रॉनिक विन्यास है *[SSC 2010]*
(a) 2, 8, 10 (b) 2, 6, 8, 4
(c) 2, 8, 8, 2 (d) 2, 10, 8

54. बोर-बरी योजना के अनुसार, परमाणु की तीसरी कक्षा में इलेक्ट्रॉनों की अधिकतम संख्या कितनी होती है?
(a) 2 (b) 8
(c) 18 (d) 32

55. परमाणु के कक्षकों में इलेक्ट्रॉन भरने का क्रम नियन्त्रित होता है
(a) ऑफबाऊ सिद्धान्त द्वारा
(b) हाइजेनबर्ग के अनिश्चितता के सिद्धान्त द्वारा
(c) हुण्ड के नियम द्वारा
(d) पाउली के अपवर्जन सिद्धान्त द्वारा

56. $(n + l)$ नियमानुसार, इलेक्ट्रॉन np ऊर्जा स्तर पूर्ण करने के बाद *[UP 2009]*
(a) $(n-1)d$ में प्रवेश करता है (b) $(n+1)s$ में प्रवेश करता है
(c) $(n+1)p$ में प्रवेश करता है (d) nd में प्रवेश करता है

57. $2p$ तथा $3p$ कक्षकों में अन्तर होता है।
(a) आकार में (b) l के मान में
(c) m के मान में (d) आकृति में

58. कितने प्रकार की क्वाण्टम संख्याएँ होती हैं?
(a) 5 (b) 2
(c) 3 (d) 4

59. चक्रण क्वाण्टम संख्या के कितने मान सम्भव हैं?
(a) 2 (b) 3
(c) 4 (d) 5

60. जब द्विगंशी क्वाण्टम संख्या $l = 0$ है, तो कक्षक की आकृति होगी
(a) डम्बल (b) गोलाकार
(c) जटिल (d) द्विडम्बल

61. चुम्बकीय क्वाण्टम संख्या बताती है *[SSC 2013]*
(a) कक्षकों की आकृति
(b) कक्षकों का आकार
(c) कक्षकों का अभिविन्यास
(d) नाभिकीय स्थायित्व

62. यदि एक इलेक्ट्रॉन की चक्रण क्वाण्टंम सख्या $+\frac{1}{2}$ तथा चुम्बकीय क्वाण्टम संख्या 1 है, तो यह निम्न में से किसे प्रदर्शित नहीं कर सकता है?
(a) s-कक्षक (b) p-कक्षक
(c) d-कक्षक (d) f-कक्षक

उत्तरमाला

1 (b)	2 (a)	3 (d)	4 (a)	5 (a)	6 (c)	7 (c)	8 (c)	9 (d)	10 (c)
11 (b)	12 (d)	13 (c)	14 (a)	15 (b)	16 (c)	17 (d)	18 (a)	19 (d)	20 (d)
21 (d)	22 (c)	23 (a)	24 (a)	25 (a)	26 (b)	27 (c)	28 (a)	29 (b)	30 (b)
31 (b)	32 (b)	33 (a)	34 (c)	35 (b)	36 (b)	37 (b)	38 (d)	39 (b)	40 (d)
41 (c)	42 (c)	43 (d)	44 (b)	45 (d)	46 (a)	47 (d)	48 (c)	49 (a)	50 (b)
51 (b)	52 (b)	53 (c)	54 (c)	55 (a)	56 (b)	57 (a)	58 (d)	59 (a)	60 (b)
61 (c)	62 (a)								

उत्तर सहित व्याख्या

15. (b) प्रोटॉन पर आवेश +1 इकाई, α-कण पर आवेश +2, अतः विशिष्ट आवेश का अनुपात 1 : 2 है।

29. (b) नाभिक के चारों ओर परिक्रमा करने वाले इलेक्ट्रॉन नाभिक में अभिकेन्द्रीय बल के कारण नहीं गिरते हैं क्योंकि इलेक्ट्रॉन तथा नाभिक के मध्य जो आकर्षण बल कार्य करता है, वह अपकेन्द्र बल द्वारा सन्तुलित हो जाता है।

अर्थात् $mv^2 = \frac{Ze^2}{r}$

अतः विकल्प (b) सही है।

34. (c) हाइड्रोजन (प्रोटियम) के नाभिक में केवल एक प्रोटॉन उपस्थित होता है, न्यूट्रॉन नहीं। अतः हाइड्रोजन का परमाणु द्रव्यमान प्रोटॉन के द्रव्यमान के बराबर होता है।

35. (b) कार्बन के परमाणु में प्रोटॉनों की संख्या = 6 तथा द्रव्यमान संख्या = 12

अतः न्यूट्रॉनों की संख्या
= द्रव्यमान संख्या
− प्रोटॉनों की संख्या (परमाणु क्रमांक)
$= 12 - 6 = 6$

36. (b) तत्व का परमाणु क्रमांक = 17 तथा द्रव्यमान संख्या 36 है।

अतः न्यूट्रॉनों की संख्या
= द्रव्यमान संख्या − परमाणु क्रमांक
$= 36 - 17$
$= 19$

38. (d) उदासीन परमाणु में न्यूट्रॉन व प्रोटॉन नाभिक में तथा इलेक्ट्रॉन नाभिक के चारों ओर कोशों में पाए जाते हैं।

39. (b) किसी परमाणु के नाभिक में स्थित प्रोटॉनों तथा न्यूट्रॉनों की संख्या के योग को द्रव्यमान संख्या (A) कहते हैं। प्रश्नानुसार, तत्व में दो प्रोटॉन तथा दो न्यूट्रॉन उपस्थित हैं, अतः

द्रव्यमान संख्या = प्रोटॉनों की संख्या + न्यूट्रॉनों की संख्या
$= 2 + 2 = 4$

42. (c) A का इलेक्ट्रॉनिक विन्यास

$$1s^2, 2s^2 2p^6, 3s^2 3p^6 3d^8, 4s^2$$

∴ परमाणु क्रमांक $(Z) = 28$

पुनः A, $_{26}Fe^{58}$ का समभारिक है।

$\therefore$ A की द्रव्यमान संख्या $=58$

अतः $Z+n=58$

$28+n=58$

$\Rightarrow n=58-28=30$

43. (*d*) समस्थानिकों में परमाणु क्रमांक समान, परन्तु परमाणु भार भिन्न-भिन्न होते हैं, जबकि समभारिकों में द्रव्यमान संख्या (परमाणु भार) समान परन्तु परमाणु संख्याएँ भिन्न-भिन्न होती हैं।

44. (*b*) जिन आयनों और परमाणुओं के इलेक्ट्रॉनों की संख्या समान होती है। सम-इलेक्ट्रॉनिक कहलाते हैं।

Na^+ में इलेक्ट्रॉनों की संख्या $=11-1=10$

O^{2-} में इलेक्ट्रॉनों की संख्या $=8+2=10$

अतः Na^+, O^{2-} सम-इलेक्ट्रॉनीक हैं।

45. (*d*) जिस युग्म में परमाणुओं के इलेक्ट्रॉनों की संख्या समान होती हैं। वे युग्म सम-इलेक्ट्रॉनिक कहलाते हैं।

Na^+ में इलेक्ट्रॉनों की संख्या $=11-1=10$

Ne में इलेक्ट्रॉनों की संख्या $=10$

अतः Na^+ एवं Ne सम-इलेक्ट्रॉनिक हैं।

K^+ में इलेक्ट्रॉनों की संख्या $=19-1=18$

Cl^- में इलेक्ट्रॉनों की संख्या $=17+1=18$

अतः K^+, Cl^- भी सम-इलेक्ट्रॉनिक हैं।

47. (*d*) किसी कोश में अधिकतम इलेक्ट्रॉनों की संख्या $=2n^2$

n-कोश के लिए n का मान $=4$

$\therefore$ अधिकतम इलेक्ट्रॉनों की संख्या $=2\times(4)^2$

$=2\times16=32$

48. (*c*) Cu^+ का इलेक्ट्रॉनिक विन्यास,

$$\underbrace{1s^2}, \underbrace{2s^2, 2p^6}, \underbrace{3s^2, 3p^6, 3d^{10}}$$

तलस्थ अवस्था में घेरी गई कोश की संख्या $=3$

उपकोश की संख्या $=6$

भरे हुए कक्षक $=14$

अयुग्मित इलेक्ट्रॉन $=0$

51. (*b*) कॉपर (Cu) का इलेक्ट्रॉनिक विन्यास,

$$\underbrace{1s^2, 2s^2, 2p^6, 3s^2, 3p^6}, 3d^{10}, 4s^1$$

$$\downarrow$$

$$[Ar]\ 3d^{10}, 4s^1$$

52. (*b*) $1s^2, 2s^2, 2p^6$ में इलेक्ट्रॉनों की संख्या 10 है।

Ne में इलेक्ट्रॉनों की संख्या = 10

Na^+ में इलेक्ट्रॉनों की संख्या = 10

दोनों का इलेक्ट्रॉनिक विन्यास $1s^2, 2s^2, 2p^6$ है।

53. (*c*) परमाणु क्रमांक 20 वाले परमाणु का इलेक्ट्रॉनिक विन्यास,

$$\underbrace{1s^2}_{2}, \underbrace{2s^2, 2p^6}_{8}, \underbrace{3s^2, 3p^6}_{8}, \underbrace{4s^2}_{2}$$

होता है।

54. (*c*) बोर-बरी योजना के अनुसार, परमाणु की तीसरी कक्षा $(n=3)$ में इलेक्ट्रॉनों की अधिकतम संख्या

$=2n^2$

$=2\times(3)^2$

$=2\times9$

$=18$

56. (*b*) ऑफबाऊ के $(n+l)$ ऊर्जा वितरण के नियमानुसार, इलेक्ट्रॉन np ऊर्जा स्तर (कक्षक) के पूर्ण भरने के पश्चात् $(n+1)s$ ऊर्जा स्तर (कक्षक) में प्रवेश करता है।

60. (*b*) s-उपकोश के लिए, $l=0$ है, जिसकी आकृति गोलाकार होती है।

62. (*a*) s-कक्षक के लिए,

l द्विगंशी क्वाण्टम संख्या का मान $=0$

m चुम्बकीय क्वाण्टम संख्या का मान $=0$

p कक्षक के लिए,

l (द्विगंशी क्वाण्टम संख्या) का मान $=1$

तो $m=-1, 0, +1$

d कक्षक के लिए, $l=2$

$m=-2, -1, 0, 1, 2$

f कक्षक के लिए, $l=3$

$m=-3, -2, -1, 0, 1, 2, 3$

अतः यह s-कक्षक को प्रदर्शित नहीं कर सकता।

अध्याय

03

रासायनिक आबन्धन और अभिक्रियाएँ

Chemical Bonding and Reactions

रासायनिक आबन्ध

- किसी यौगिक के अणु में उपस्थित विभिन्न परमाणु, आयन आदि जिस बल के द्वारा एक-दूसरे से जुड़े रहते हैं, वह बल रासायनिक आबन्ध (Chemical bond) कहलाता है।
- आबन्ध निर्माण के दौरान मुक्त ऊर्जा, आबन्ध ऊर्ज़ा (Bond energy) कहलाती है।
- **रासायनिक आबन्ध का इलेक्ट्रॉनिक सिद्धान्त** (Electronic theory of chemical bond) इस सिद्धान्त के अनुसार, ''परमाणुओं का संयोजन संयोजी इलेक्ट्रॉनों के एक परमाणु से दूसरे परमाणु पर स्थानान्तरण के द्वारा (खोकर या पाकर) अथवा संयोजी इलेक्ट्रॉनों के सहभाजन (Sharing) के द्वारा होता है।''
- इस प्रक्रिया में परमाणु अपने संयोजक कोश में अष्टक (Octet) या स्थायी विन्यास, (जैसे कि उत्कृष्ट गैसों के संयोजक कोशों में होता है) प्राप्त करते हैं। यह **अष्टक नियम** (Octet rule) कहलाता है।

संयोजकता

- किसी परमाणु द्वारा त्यागे गए अथवा ग्रहण किए गए इलेक्ट्रॉनों की कुल संख्या को उस परमाणु की संयोजकता (Valency) कहते हैं। उदाहरण– सोडियम परमाणु एक इलेक्ट्रॉन को त्यागकर 1 संयोजकता प्राप्त करता है।

$$\underset{2,8,1}{Na} \xrightarrow{-e} \underset{2,8}{Na^+}$$

- आयनों की संयोजकता इन पर उपस्थित आवेशों की संख्या के बराबर होती है।
- कुछ तत्व एक से अधिक प्रकार की संयोजकताएँ भी दर्शाते हैं, जैसे– आयरन + 2 व + 3 संयोजकताएँ दर्शाता है तथा पारा (मर्करी) + 1 व + 2 संयोजकताएँ दर्शाता है।
- समान तत्व की ये एक से अधिक संयोजकताएँ **परिवर्ती** (Variable) संयोजकताएँ कहलाती हैं।
- सामान्यतः कम संयोजकता वाले यौगिक के नाम के अन्त में 'अस' (ous) तथा अधिक संयोजकता वाले यौगिक के नाम के अन्त में 'इक' (ic) जोड़कर यौगिक का नाम दिया जाता है।

- कुछ महत्वपूर्ण आयनों के प्रतीक व संयोजकताएँ निम्न हैं

मूलक/आयन	आयन	प्रतीक	संयोजकता
एक संयोजी आयन	हाइड्रोजन आयन	H^+	+1
	सिल्वर आयन	Ag^+	+1
द्विसंयोजी आयन	बेरिलियम आयन	Be^{2+}	+2
	जिंक आयन	Zn^{2+}	+2
त्रिसंयोजी आयन	ऐलुमिनियम आयन	Al^{3+}	+3
	फेरिक आयन	Fe^{3+}	+3

- तत्व के प्रतीकों तथा संयोजकता की सहायता से यौगिक को संक्षिप्त रूप में प्रदर्शित करना **रासायनिक सूत्र** (Chemical formula) कहलाता है।
- किसी यौगिक का रासायनिक सूत्र उसके अवयवी तत्वों तथा संयोजन करने वाले प्रत्येक तत्व के परमाणुओं की संख्या को दर्शाता है।
- आयनिक यौगिक में प्रत्येक आयन पर आवेश यौगिक के रासायनिक सूत्र को ज्ञात करने में प्रयुक्त होता है।
- किसी यौगिक के अवयवी तत्वों (मूलकों या आयनों) की संयोजकता ज्ञात होने पर, उसका रासायनिक सूत्र निम्न प्रकार लिखा जाता है

एक द्विसंयोजक तत्व A तथा त्रिसंयोजक तत्व B द्वारा निर्मित यौगिक का सूत्र निम्न प्रकार ज्ञात किया जाता है

$$\overset{+2}{A} \times \overset{-3}{B} \equiv A_3B_2$$

आयनिक या विद्युत संयोजक आबन्ध

धनायन और ऋणायन के मध्य स्थिर विद्युत आकर्षण (Electrostatic attraction) के परिणामस्वरूप बना आबन्ध, विद्युत संयोजक आबन्ध (Electrovalent bond) कहलाता है और इस प्रकार बने यौगिक, विद्युत संयोजक यौगिक कहलाते हैं। $MgCl_2$, CaO, $NaOH$ आदि आयनिक यौगिकों के उदाहरण हैं।

- सामान्यतः आयनिक यौगिक क्रिस्टलीय ठोस हैं। ये निश्चित आकार के कठोर और भंगुर (Brittle) प्रकृति के होते हैं, क्योंकि इनके अवयवी कणों का क्रम सुव्यवस्थित और दीर्घ परासी होता है।
- इनके गलनांक और क्वथनांक प्रबल स्थिरवैद्युत आकर्षण बलों के कारण बहुत अधिक होते हैं। ये अवाष्पशील उच्च घनत्व वाले ठोस हैं।
- आयनिक यौगिक अध्रुवीय विलायकों; जैसे– बेन्जीन, ऐसीटोन, केरोसीन, पेट्रोल, आदि में अविलेय होते हैं, क्योंकि ये (विलायक) प्रकृति में सहसंयोजक हैं।
- ये अपनी जलीय अवस्था और गलित अवस्था में गतिमान आयनों की उपस्थिति के कारण विद्युत का संचालन करते हैं। इन अवस्थाओं में ये विद्युत-अपघट्य की तरह व्यवहार करते हैं।
- ये ठोस अवस्था में विद्युत का संचालन नहीं करते हैं क्योंकि आयन प्रबल स्थिरवैद्युत आकर्षण बलों द्वारा बँधे रहते हैं अर्थात् आयन गमन के लिए मुक्त नहीं होते हैं।
- विलयन में आयनिक यौगिकों की अभिक्रियाएँ तीव्र गति से होती हैं।

सहसंयोजक आबन्ध

- दो समान परमाणुओं या लगभग समान विद्युत ऋणात्मकता वाले दो असमान परमाणुओं के मध्य इलेक्ट्रॉनों की साझेदारी से बना आबन्ध, सहसंयोजक आबन्ध (Covalent bond) कहलाता है।
- वे यौगिक जो इलेक्ट्रॉनों की साझेदारी के परिणामस्वरूप बनते हैं, सहसंयोजक यौगिक (Covalent compound) कहलाते हैं।
- सामान्यतः सहसंयोजक यौगिक, गैस और द्रव हैं। इनमें कुछ नर्म ठोस हैं। हीरा, सिलिका (SiO_2), कार्बोरण्डम (SiC) कुछ अपवाद हैं।
- इनके गलनांक और क्वथनांक अपेक्षाकृत कम होते हैं, क्योंकि इनके अणुओं के मध्य अन्तरा-अणुक आकर्षण बल क्षीण होता है।
- ये जल में अविलेय हैं लेकिन अध्रुवीय विलायकों; जैसे– बेन्जीन, कार्बन टेट्राक्लोराइड, आदि में विलेय हैं। यद्यपि इनमें से कुछ, जैसे– सुक्रोस तथा ऐल्कोहॉल हाइड्रोजन बन्ध बनने के कारण जल में मिश्रणीय हैं।

उपसहसंयोजक आबन्ध

- उपसहसंयोजक आबन्ध (Coordinate bond) एक विशेष प्रकार का सहसंयोजक आबन्ध है जिसमें आबन्ध में प्रयुक्त इलेक्ट्रॉन युग्म एक ही परमाणु द्वारा दिए जाते हैं, परन्तु ये दोनों परमाणुओं से साझेदारी रखते हैं।
- वह परमाणु जो इलेक्ट्रॉन युग्म की आपूर्ति करता है, **दाता परमाणु** (Donor atom) कहलाता है और जो इलेक्ट्रॉन युग्म ग्रहण करता है, **ग्राही परमाणु** (Acceptor atom) कहलाता है।
- इस आबन्ध को तीर ($\rightarrow$) के सिरे को ग्राही परमाणु की तरफ रखते हुए प्रदर्शित करते हैं।

हाइड्रोजन आबन्ध

- अधिक ध्रुवीय अणुओं, जिनमें हाइड्रोजन होता है, आंशिक धनावेशित हाइड्रोजन परमाणु किसी दूसरे विद्युत ऋणात्मक परमाणु (आंशिक ऋणावेशित) को अपनी ओर स्थिर वैद्युत बल द्वारा आकर्षित करता है। इस आकर्षण बल को हाइड्रोजन बन्धन कहते हैं।
  उदाहरण– HF, H_2O आदि।
- बर्फ में प्रत्येक ऑक्सीजन परमाणु चतुष्फलकीय रूप में चार ऑक्सीजन परमाणुओं से जुड़ा रहता है अर्थात् प्रत्येक ऑक्सीजन युग्म में एक हाइड्रोजन परमाणु होता है। इस कारण बर्फ एक खुले पिंजरे की आकृति के समान संरचना बनाता है। इस संरचना में प्रत्येक ऑक्सीजन परमाणु चार हाइड्रोजन परमाणु से घिरा रहता है। इस प्रकार बर्फ में कुल चार हाइड्रोजन बन्ध होते हैं।

वाण्डरवाल्स बल

- अणुओं के मध्य आकर्षण और प्रतिकर्षण बलों के योग को वाण्डरवाल्स बल (van der Waals' force) कहते हैं। सामान्य रासायनिक आबन्धों की अपेक्षा ये बल बहुत दुर्बल होते हैं।

रासायनिक अभिक्रियाएँ

वह प्रक्रिया जिसमें पदार्थ (अभिकारक) अभिक्रिया करके नए यौगिक (उत्पाद) बनाते हैं। रासायनिक अभिक्रिया (Chemical reaction) कहलाती है।

विभिन्न प्रकार की रासायनिक अभिक्रियाएँ निम्नलिखित हैं

- **संयोजन अभिक्रिया** (Combination reaction) इन अभिक्रियाओं में दो या दो से अधिक पदार्थ संयोग करके एकल उत्पाद का निर्माण करते हैं। इस प्रकार की अभिक्रियाएँ तत्व या यौगिकों के बीच होती हैं।

$$\underset{\text{बिना बुझा चूना (क्विक लाइम)}}{CaO(s)} + H_2O(l) \longrightarrow Ca(OH)_2(aq)$$

- **वियोजन अभिक्रिया** (Decomposition reaction) इस अभिक्रिया में एकल अभिकारक टूटकर दो या दो से अधिक उत्पाद प्रदान करता है। वियोजन अभिक्रिया संयोजन अभिक्रिया के विपरीत होती है।

$$\underset{\text{चूना पत्थर (लाइम स्टोन)}}{CaCO_3(s)} \xrightarrow{\text{उष्मा}} \underset{\text{बिना बुझा चूना (क्विक लाइम)}}{CaO(s)} + CO_2(g)$$

- **विस्थापन अभिक्रिया** (Displacement reaction) वह अभिक्रिया, जिसमें अधिक क्रियाशील तत्व दूसरे कम क्रियाशील तत्व को उसके यौगिक के जलीय विलयन से विस्थापित कर देता है, विस्थापन अभिक्रिया कहलाती है।

$$\underset{\text{आयरन}}{Fe(s)} + CuSO_4(aq) \longrightarrow \underset{\text{आयरन सल्फेट}}{FeSO_4(aq)} + \underset{\text{कॉपर (लाल भूरा)}}{Cu(s)}$$

- **उत्क्रमणीय अभिक्रिया** (Reversible reaction) वह अभिक्रिया जो दोनों दिशाओं में होती है, उत्क्रमणीय अभिक्रिया कहलाती है।

$$N_2 + 3H_2 \xrightleftharpoons{\text{Fe, Mo}} \underset{\text{अमोनिया}}{2NH_3}$$

- **अनुत्क्रमणीय अभिक्रिया** (Irreversible reaction) वह अभिक्रिया जो केवल एक दिशा में होती है, अनुत्क्रमणीय अभिक्रिया कहलाती है।

$$2NaOH + H_2SO_4 \longrightarrow Na_2SO_4 + 2H_2O$$

- **ऊष्माक्षेपी अभिक्रियाएँ** (Exothermic reactions) वे रासायनिक अभिक्रियाएँ, जिनमें ऊष्मा निर्मुक्त होती है, ऊष्माक्षेपी अभिक्रियाएँ कहलाती हैं। उदाहरण– श्वसन, अपघटन, प्राकृतिक गैस का जलना आदि।
- **ऊष्माशोषी अभिक्रियाएँ** (Endothermic reactions) वे अभिक्रियाएँ, जो ऊष्मा का अवशोषण करती हैं, ऊष्माशोषी अभिक्रियाएँ कहलाती हैं। उदाहरण– पाचन।

$$A + B \longrightarrow C + \Delta E \text{ (ऊष्माक्षेपी)}$$
$$A + B \longrightarrow C - \Delta D \text{ (ऊष्माशोषी)}$$

- **पुनर्विन्यास अभिक्रियाएँ** (Rearrangement reactions) वह रासायनिक अभिक्रिया, जिसमें किसी यौगिक के अणु के परमाणु पुनर्विन्यास में भाग लेते हैं, समावयवीकरण या पुनर्विन्यास अभिक्रिया कहलाती है।
  उदाहरण– अमोनियम सायनेट का यूरिया में समावयीकरण।

$$\underset{\text{अमोनियम सायनेट}}{NH_4CNO} \xrightarrow{\Delta} \underset{\text{यूरिया}}{NH_2CONH_2}$$

चैप्टर प्रैक्टिस

रासायनिक आबन्ध

1. किसी परमाणु द्वारा रासायनिक आबन्ध बनाने की प्रवृत्ति का मुख्य कारण है
(a) इलेक्ट्रॉन त्यागने की प्रवृत्ति
(b) इलेक्ट्रॉन ग्रहण करने की प्रवृत्ति
(c) अष्टक संरचना ग्रहण करने की प्रवृत्ति
(d) इलेक्ट्रॉन युग्म दान करने की प्रवृत्ति

2. आबन्ध निर्माण के दौरान मुक्त ऊर्जा कहलाती है
(a) वियोजन ऊर्जा (b) आबन्ध ऊर्जा
(c) आण्विक ऊर्जा (d) परमाणवीय ऊर्जा

3. परमाणु का कौन-सा मौलिक कण रासायनिक बन्ध में भाग लेता है?
(a) प्रोटॉन (b) न्यूट्रॉन
(c) मेसॉन (d) इलेक्ट्रॉन

4. जब दो परमाणुओं के बीच आबन्ध बनता है, तो तन्त्र (System) की ऊर्जा *[SSC 2014]*
(a) बढ़ती है (b) घटती है
(c) वैसी ही रहती है। (d) बढ़ती या घटती रहती है।

5. निम्नलिखित में से किस अणु के लिए अष्टक नियम वैध नहीं है?
(a) CO_2 (b) H_2S
(c) NH_3 (d) BF_3

6. निम्न में से कौन-सा/से कथन सही है/हैं?
1. वे तत्व जिनके बाह्यतम कोश में 8 इलेक्ट्रॉन होते हैं, रासायनिक रूप से सक्रिय होते हैं।
2. अष्टक सिद्धान्त के अनुसार, तत्व इलेक्ट्रॉनों के आदान-प्रदान या साझे के द्वारा अपना अष्टक पूर्ण करने का प्रयास करते हैं।

कूट
(a) केवल 1 (b) केवल 2
(c) 1 और 2 दोनों (d) न तो 1 और न ही 2

7. कथन (A) अक्रिय गैसें एक परमाणुक होती हैं।
कारण (R) अक्रिय गैसों का विन्यास स्थायी होता है।

कूट
(a) A और R दोनों सही है तथा R, A की सही व्याख्या है।
(b) A और R दोनों सही है तथा R, A की सही व्याख्या नहीं करता है।
(c) A सही है, किन्तु R गलत है।
(d) A गलत है, किन्तु R सही है।

8. निम्नलिखित में से कौन-सा एक गुण संयोजकता के साथ-साथ बदलता है? *[CDS 2008]*
(a) परमाणु भार (b) तुल्यांकी भार
(c) अणुभार (d) घनत्व

9. कैल्सियम के संयोजी कोश में इलेक्ट्रॉनों की संख्या है
(a) 2 (b) 4
(c) 6 (d) 8

10. सहसंयोजकता में *[NDA 2020]*
(a) इलेक्ट्रॉन का स्थानान्तरण होता है
(b) इलेक्ट्रॉन की बराबर साझेदारी होती है
(c) इलेक्ट्रॉन का न स्थानान्तरण होता है, न साझेदारी
(d) इलेक्ट्रॉन का क्षय होता है

11. CCl_4 में कार्बन की संयोजकता है
(a) 1 (b) 2 (c) 3 (d) 4

12. एक तत्व 'A' की संयोजकताएँ 3 तथा 5 हैं। यह एक दूसरे तत्व 'B' जिसकी संयोजकता 2 है, से संयोग करता है। इस प्रकार बने यौगिकों के सूत्र क्या होंगे?
(a) A_1B_1 तथा A_2B_2 (b) A_2B_1 और A_2B_2
(c) A_2B_3 और A_2B_5 (d) A_2B_3 तथा A_1B_5

13. किसी तत्व की किसी अन्य तत्व अथवा तत्वों के साथ संयोजन क्षमता कहलाती है
(a) संयोजकता (b) इलेक्ट्रॉन बन्धुता
(c) विद्युत-ऋणात्मकता (d) विद्युत धनात्मकता

14. यदि एक ऋणायन X के सोडियम लवण का सूत्र Na_2X है, तो इसके ऐलुमिनियम लवण का सूत्र क्या होगा? *[Asst. Com. 2019]*
(a) AlX (b) AlX_3
(c) Al_2X_3 (d) Al_5X_2

15. एक धातु के फॉस्फेट का सूत्र $MHPO_4$ इसके क्लोराइड का सूत्र होगा
(a) MCl (b) M_2Cl_2
(c) MCl_2 (d) MCl_2

16. बेरियम को आदर्श गैस का इलेक्ट्रॉन विन्यास प्राप्त करने के लिए ……… इलेक्ट्रॉनों को त्यागना होता है।
(a) 1 (b) 2
(c) 3 (d) 4

17. पारे द्वारा दर्शायी जाने वाली संयोजकताएँ हैं
(a) + 1, + 2 (b) + 2, + 3
(c) + 3 + 1 (d) + 1 केवल

आयनिक आबन्ध

18. एक आयनिक बन्ध बनता है, जब
(a) संयोग करने वाले परमाणु इलेक्ट्रॉन प्राप्त करते हैं
(b) संयोग करने वाले परमाणु इलेक्ट्रॉन का त्याग करते हैं
(c) एक धातु तत्व का संयोग अधातु तत्व से होता है
(d) दो धातु तत्व अभिक्रिया करते हैं

19. $NaCl$ में उपस्थित बन्ध है *[BPSC 2016]*
(a) आयनिक (b) सहसंयोजी
(c) उपसहसंयोजी (d) H-बन्ध

20. निम्न यौगिकों में विद्युत संयोजक यौगिक कौन-सा है?
(a) HCl (b) NH_4Cl
(c) BCl_3 (d) $AlCl_3$ (निर्जल)

21. अधिक क्वथनांक वाले यौगिकों में होते हैं
(a) विद्युत संयोजक बन्ध (b) सहसंयोजक बन्ध
(c) हाइड्रोजन बन्ध (d) इनमें से कोई नहीं

22. निम्न में कौन-सा आबन्ध दिशात्मक नहीं है?
(a) ध्रुवीय सहसंयोजक आबन्ध (b) उपसहसंयोजक आबन्ध
(c) आयनिक आबन्ध (d) ये सभी

23. जालक में ऋणायन तथा धनायन परस्पर बँधे होते हैं
(a) प्रोटॉन द्वारा
(b) स्थिरविद्युत आकर्षण बल द्वारा
(c) सहसंयोजक आबन्ध द्वारा
(d) न्यूट्रॉन द्वारा

24. आयनिक यौगिक के लिए सत्य कथन कौन-सा है?
(a) ये जल में अविलेय हैं।
(b) ये बेन्जीन में विलेय हैं।
(c) ये CCl_4 में विलेय हैं।
(d) ये ध्रुवीय विलायकों मे विलेय हैं।

25. आयनिक अभिक्रियाएँ होती हैं
(a) मन्द (b) अतिमन्द
(c) तीव्र (d) केवल अन्धकार में

26. आयनिक यौगिकों के गलनांक होते हैं
(a) उच्च
(b) निम्न
(c) सामान्य ताप पर पिघल जाते हैं
(d) –10°C के नीचे पिघल जाते हैं

27. निम्न में से कौन-सा बन्ध अध्रुवीय होता है?
(a) N—H (b) P—F (c) C—H (d) O—H

28. जब एक धातु परमाणु एक अधातु परमाणु के साथ संयोग करता है, तो अधातु परमाणु में
(a) इलेक्ट्रॉन कम होते हैं तथा आकार घटता है
(b) इलेक्ट्रॉन कम होते हैं तथा आकार बढ़ता है
(c) इलेक्ट्रॉन बढ़ते हैं तथा आकार घटता है
(d) इलेक्ट्रॉन बढ़ते हैं तथा आकार बढ़ता है

29. CO_2 निम्न के साथ समसंरचनात्मक है
(a) $HgCl_2$ (b) C_2H_2
(c) $SnCl_2$ (d) NO_2

30. आयनिक यौगिकों के सन्दर्भ में निम्नलिखित कथनों पर विचार कीजिए।
I. आयनिक यौगिक ऐल्कोहॉल में अघुलनशील होते हैं।
II. आयनिक यौगिक ठोस अवस्था में विद्युत के सुचालक होते हैं।
उपरोक्त में से कौन-सा कथन सही है? *[BPSC 2016]*
(a) केवल I (b) केवल II
(c) I और II दोनों (d) न तो I और न ही II

सहसंयोजक आबन्ध

31. दो समान अथवा असमान तत्वों के परमाणुओं के बीच्च परस्पर समान इलेक्ट्रॉनों के साझे से बनने वाला आबन्ध होता है
(a) उपसहसंयोजक आबन्ध (b) आयनिक आबन्ध
(c) धात्विक आबन्ध (d) सहसंयोजक आबन्ध

32. सहसंयोजी यौगिकों की तुलना में विद्युत संयोजी यौगिकों का होता है
(a) कम गलनांक तथा कम क्वथनांक *[NDA 2010]*
(b) कम गलनांक तथा उच्च क्वथनांक
(c) उच्च गलनांक तथा कम क्वथनांक
(d) उच्च गलनांक तथा उच्च क्वथनांक

33. सहसंयोजी यौगिकों के गलनांक तथा क्वथनांक निम्न होते हैं, क्योंकि
(a) ये कम क्रियाशील होते हैं।
(b) जल में इनका आयनन नहीं होता है।
(c) ये प्रायः जल में अविलेय होते हैं।
(d) इनमें अन्तराण्विक बल दुर्बल होते हैं।

34. निम्न में से सहसंयोजक यौगिक है
(a) NaCl (b) KCl
(c) SiC (d) CaO

35. दो परमाणुओं के बीच बन्ध की .... प्रकृति अधिक होती है, यदि उनकी विद्युत ऋणात्मकता का अन्तर कम होता है। *[SSC 2016]*
(a) ध्रुवीय (b) धात्विक
(c) आयनिक (d) सहसंयोजक

36. अधातु परमाणु अधिकांशतया बनाते हैं
(a) आयनिक आबन्ध (b) सहसंयोजक आबन्ध
(c) उपसहसंयोजक आबन्ध (d) धात्विक आबन्ध

37. .... बन्ध पानी के अणु के भीतर परमाणुओं को बाँधकर रखता है। *[SSC 2016]*
(a) अध्रुवीय सहसंयोजक (b) ध्रुवीय सहसंयोजक
(c) आयनिक (d) उपसहसंयोजक

38. निम्न में से कौन-सा/से कथन सही है/हैं?
1. परमाणुओं के मध्य इलेक्ट्रॉनों के साझे से सहसंयोजक बन्ध बनते हैं।
2. सहसंयोजक यौगिक विद्युत के अच्छे चालक होते हैं।

कूट
(a) केवल 1 (b) केवल 2
(c) 1 और 2 दोनों (d) न तो 1 और न ही 2

उपसहसंयोजक आबन्ध

39. उपसहसंयोजक बन्ध में दाता परमाणु (अथवा आयन) को कहा जाता है।
(a) लुईस अम्ल (b) लुईस क्षार
(c) लुईस लवण (d) ऋणायन

40. NH_3 तथा BF_3 के संयोग से जो अणु बनता है उसमें होता है
(a) हाइड्रोजन (b) उपसहसंयोजक बन्ध
(c) आयनिक बन्ध (d) सहसंयोजक बन्ध

41. यौगिक जिसमें आयनिक, सहसंयोजी तथा उपसहसंयोजी बन्ध होते हैं *[SSC 2013]*
(a) SO_3 (b) SO_2
(c) H_2O (d) NH_4Cl

42. निम्न में से किस बन्ध में प्रोटॉन की महत्वपूर्ण भूमिका होती है?
(a) आयनिक (b) हाइड्रोजन
(c) सहसंयोजक (d) उपसहसंयोजक

43. उपसहसंयोजी यौगिकों की क्रियाएँ होती है

(a) तीव्र (b) मन्द
(c) अतिमन्द (d) मध्यम

44. निम्नलिखित में से कौन-सा एक युग्म सुमेलित नहीं है?

(a) CCl_4 - सहसंयोजक बन्ध
(b) NaCl - आयनिक बन्ध
(c) C_2H_5OH - हाइड्रोजन बन्ध
(d) PH_3 - उपसहसंयोजक बन्ध

हाइड्रोजन व वाण्डरवाल्स आबन्ध

45. बर्फ में उपस्थित H बन्धों की संख्या है

(a) 0 (b) 1
(c) 2 (d) 4

46. DNA की द्विकुण्डलित संरचना में उपस्थित बन्ध का प्रकार है

(a) आयनिक (b) सहसंयोजक
(c) हाइड्रोजन बन्धित (d) 'b' और 'c'

47. बर्फ की तुलना में द्रव जल अधिक सघन होता है, इसका कारण है

(a) अधिक पृष्ठ तनाव (b) हाइड्रोजन आबन्धन
(c) वाण्डरवाल्स बल (d) सहसंयोजक आबन्धन

48. निम्न में से किस यौगिक में हाइड्रोजन आबन्ध उपस्थित है?

(a) HF (b) HCl
(c) HBr (d) HI

49. जल के उच्च क्वथनांक का कारण है

(a) इसकी अधिक विशिष्ट ऊष्मा
(b) इसका अधिक डाइ-इलेक्ट्रिक स्थिरांक
(c) जल के अणुओं का कम वियोजन
(d) जल के अणुओं में हाइड्रोजन आबन्धन

50. निम्नलिखित में से कौन-सा जल में घुलनशील है?

(a) CS_2 (b) CCl_4
(c) C_2H_5CH (d) $CHCl_2$

51. **कथन** (A) द्रव जल की अपेक्षा बर्फ का घनत्व कम होता है।
कारण (R) बर्फ में हाइड्रोजन बन्धित जल के अणुओं के बीच में रिक्तिकाएँ पाई जाती हैं।

कूट

(a) A और R दोनों सही हैं तथा R, A की सही व्याख्या है।
(b) A और R दोनों सही हैं तथा R, A की सही व्याख्या नहीं करता।
(c) A सही है, किन्तु R गलत है।
(d) A गलत है, किन्तु R सही है।

52. वाण्डरवाल्स बलों का अन्य नाम है

(a) अन्तराण्विक बल
(b) अन्तरा-अणुक बल
(c) हाइड्रोजन बन्ध
(d) उपरोक्त में से कोई नहीं

53. ठोस आर्गन में परमाणु साथ-साथ रहते हैं

(a) हाइड्रोफोबिक बल द्वारा
(b) आयनिक बन्ध द्वारा
(c) वाण्डरवाल्स बल द्वारा
(d) हाइड्रोजन बन्ध द्वारा

रासायनिक अभिक्रियाएँ

54. निम्नलिखित रासायनिक अभिक्रिया में किस उत्पाद को X से दर्शाया गया है? *[RRB Group D 2018]*

$$CaCO_3 \longrightarrow \text{ऊष्मा} \longrightarrow CaO + X$$

(a) H_2O (b) CO
(c) CO_2 (d) O_3

55. सूरज की रोशनी की उपस्थिति में ...... को अधिक तीव्र अभिक्रिया में हाइड्रोकार्बन में मिलाया जाता है। *[RRB Group D 2018]*

(a) Cl_2 (b) H_2
(c) O_2 (d) N_2

56. $Pb + CuCl_2 \longrightarrow PbCl_2 + Cu$
दी गई अभिक्रिया .... अभिक्रिया का एक उदाहरण है। *[RRB Group D 2018]*

(a) विस्थापन (b) संयोजन
(c) विघटन (d) द्विविस्थापन

57. जब लोहे की कील को जंग लग जाए, तो कील का वजन *[Lower Subordinate II 2018]*

(a) बढ़ता है
(b) घटता है
(c) न बढ़ता है और न ही घटता है
(d) उपरोक्त में से कोई नहीं

58. कौन-सी गैस चूने के पानी को दूधिया बनाती है? *[Lower Subordinate I 2016]*

(a) सल्फर डाइऑक्साइड (b) नाइट्रस ऑक्साइड
(c) कार्बन डाइऑक्साइड (d) अमोनिया

59. दी गई अभिक्रियाओं में से कौन-सी संयोजन अभिक्रियाओं के विपरीत होती है? *[RRB NTPC 2016]*

(a) दोहरा विस्थापन (b) विस्थापन
(c) अवक्षेपण (d) अपघटन/वियोजन

60. घरेलू तौर पर पानी को मृदु बनाने के लिए वॉशिंग सोडे का इस्तेमाल किया जाता है। यह वास्तव में क्या है?

(a) कैल्सियम बाइकार्बोनेट (b) सोडियम कार्बोनेट
(c) सोडियम बाइकार्बोनेट (d) कैल्सियम कार्बोनेट

61. नाइट्रोजन व हाइड्रोजन में अमोनिया बनने के निम्नलिखित समीकरण पर विचार कीजिए।

$$N_2 + 3H_2 \rightleftharpoons 2NH_3$$

नाइट्रोजन के 100 अणुओं से अभिक्रिया करने के लिए कितने हाइड्रोजन अणुओं की जरूरत पड़ती है? *[Asst. Acc. 2015]*

(a) 100 (b) 200
(c) 300 (d) 400

62. निम्नलिखित में से कौन-सा रासायनिक परिवर्तन है?

(a) पटाखों का जलना (b) मैग्नीशियम तार का गर्म होना
(c) कपड़े सुखाना (d) पानी में चीनी का घुलना

63. चूने से सफेदी के दौरान, $Ca(OH)_2$ हवा में .... के साथ धीरे-धीरे अभिक्रिया करता है, जिससे दीवारों पर $CaCO_3$ की पतली परत बन सके। *[RRB Group D 2018]*

(a) SO_2 (b) CO
(c) O_2 (d) CO_2

64. .... प्रकाशीय रासायनिक समीकरण नहीं है। *[RRB Group D 2018]*
(a) नाइट्रोजन तथा हाइड्रोजन के द्वारा अमोनिया का संश्लेषण
(b) मेथेन का मुक्त मूलक क्लोरीकरण
(c) प्रकाश-संश्लेषण
(d) फोटोग्राफी

65. जब बेरियम क्लोराइड को तनु सल्फ्यूरिक ऐसिड में मिलाया जाता है, तब आपको क्या दिखता है? *[Lower Subordinate I 2016]*
(a) घना सफेद धुआँ निकलता है।
(b) घोल रंगहीन रहता है।
(c) बड़ी मात्रा में ऊष्मा निकलती है।
(d) सफेद अवक्षेप बनता है।

66. जल निर्माण के लिए, निम्नलिखित में से कौन-सी समीकरण सही है? *[UDA/LDA 2015]*
(a) $H_2 + O \longrightarrow H_2O$
(b) $2H_2 + 2O \longrightarrow 2H_2O$
(c) $4H + O_2 \longrightarrow 2H_2O$
(d) $2H_2 + O_2 \longrightarrow 2H_2O$

67. .... गैस विकसित होती है, जब जिंक हाइड्रोक्लोरिक ऐसिड के साथ अभिक्रिया करता है। *[RRB Group D 2018]*
(a) क्लोरीन
(b) हाइड्रोजन
(c) ऑक्सीजन
(d) हाइड्रोजन क्लोराइड

उत्तरमाला

1 (c)	2 (b)	3 (d)	4 (b)	5 (d)	6 (b)	7 (a)	8 (b)	9 (a)	10 (b)
11 (d)	12 (c)	13 (a)	14 (c)	15 (c)	16 (b)	17 (a)	18 (c)	19 (a)	20 (b)
21 (a)	22 (c)	23 (b)	24 (d)	25 (c)	26 (a)	27 (b)	28 (d)	29 (a)	30 (a)
31 (d)	32 (d)	33 (d)	34 (c)	35 (d)	36 (b)	37 (b)	38 (a)	39 (b)	40 (b)
41 (d)	42 (d)	43 (b)	44 (d)	45 (b)	46 (c)	47 (b)	48 (a)	49 (d)	50 (c)
51 (a)	52 (a)	53 (c)	54 (c)	55 (a)	56 (a)	57 (a)	58 (c)	59 (d)	60 (b)
61 (c)	62 (a)	63 (d)	64 (a)	65 (d)	66 (d)	67 (b)			

उत्तर सहित व्याख्या

5. (*d*) 13वें वर्ग के हैलाइड [$AlCl_3$, BCl_3, BF_3] आदि में केन्द्रीय परमाणु के बाह्यतम कोश में 8 के स्थान पर 6 इलेक्ट्रॉन होते हैं। इन्हें इलेक्ट्रॉन न्यून यौगिक भी कहते हैं। इसे अष्टक का अपवाद कहा जाता है। अत: BF_3 के लिए अष्टक नियम वैध नहीं है।

7. (*a*) उत्कृष्ट या अक्रिय गैसों का सामान्य इलेक्ट्रॉनिक विन्यास ns^2np^6 होता है इनमें उपस्थित सभी कक्षक पूर्ण होते हैं। सभी कक्षक पूर्णतया भरे होने के कारण ये संतृप्त या स्थायी होते हैं, इस कारण ये रासायनिक रूप से निष्क्रिय होती है तथा सामान्यतया एकपरमाणुक रूप में पायी जाती है।

9. (*a*) $Ca = 2, 8, 8, 2$
$= 1s^2, 2s^2\,2p^6, 3s^2\,3p^6, 4s^2$
अत: संयोजी (बाह्यतम) कोश में इलेक्ट्रॉनों की संख्या = 2

11. (*d*) CCl_4 में कार्बन की संयोजकता 4 होती है।

प्रतीक C Cl
संयोजकता 4 1

12. (*c*) एक तत्व A की संयोजकताएँ 3 तथा 5 हैं तथा B की संयोजकता 2 है तो बनने वाले यौगिकों के सूत्र A_2B_3 और A_2B_5 होगें।

14. (*c*) Na_2X के लिए,
सोडियम की ऑक्सीकरण संख्या

$$+1\times 2 + y = 0$$
$$y = -2$$

ऐलुमिनियम की ऑक्सीकरण संख्या = +3
तो इसके ऐलुमिनियम लवण का सूत्र Al_2X_3 होगा।
अत: $+3\times r + (-2)\,q = 0$
$$3r = 2q \Rightarrow Al_2X_3$$

28. (*d*) जब एक धातु परमाणु एक अधातु परमाणु के साथ संयोग करता है, तो अधातु परमाणु में इलेक्ट्रॉन बढ़ते हैं, तो आकार बढ़ता है।

29. (*a*) CO_2 की संरचना रेखीय होती है। संयोजकता कोश इलेक्ट्रॉन युग्म प्रतिकर्षण सिद्धान्त (VSEPR) के अनुसार, $HgCl_2$ की संरचना भी रेखीय होती है।

35. (*d*) दो परमाणुओं के बीच बन्ध की सहसंयोजक प्रकृति अधिक होती है, यदि इनकी विद्युत ऋणात्मकता का अन्तर कम होता है।

51. (*a*) बर्फ पानी के जमने से बनती है, जिसकी संरचना में अत्यधिक रिक्त स्थान रह जाते हैं जो पानी में नहीं होते हैं। यह पिंजरे की तरह (Cage-like) संरचना बना लेती है।
जिससे इसका आयतन उतनी ही मात्रा के जल से अधिक हो जाता है तथा आयतन बढ़ने से घनत्व जल से भी कम हो जाता है।

55. (*a*) सूरज की रोशनी की उपस्थिति में Cl_2 को अधिक तीव्र अभिक्रिया में हाइड्रोकार्बन में मिलाया जाता है। यह एक प्रतिस्थापन अभिक्रिया का उदाहरण है।

$$CH_3CH_2CH_2CH_3 \xrightarrow[\text{या } \Delta]{Cl_2\,/\,\text{UV-प्रकाश}}$$
$$CH_3CH_2CH_2CH_2Cl + CH_3CH_2\underset{\displaystyle C}{\underset{|}{CH}}—CH_3$$

58. (*c*) चूने के पानी में CO_2 प्रवाहित करने पर कैल्सियम कार्बोनेट प्राप्त होता है।
$$Ca(OH)_2 + CO_2 \longrightarrow CaCO_3\downarrow + H_2O$$

61. (*c*) $\underset{1}{N_2} + \underset{3}{3H_2} \rightleftharpoons \underset{2}{2NH_3}$
∵ नाइट्रोजन का 1 अणु हाइड्रोजन के 3 अणुओं से अभिक्रिया करता है, अत: यदि नाइट्रोजन के 100 अणु अभिक्रिया में भाग लेगें, तो हाइड्रोजन के प्रयुक्त अणु 300 होगें।

63. (*d*) चूने से सफेदी के दौरान, $Ca(OH)_2$ हवा में उपस्थित CO_2 के साथ धीरे-धीरे अभिक्रिया करता है तथा दीवारों पर $CaCO_3$ की पतली परत बनाता है।

64. (*a*) नाइट्रोजन तथा हाइड्रोजन की क्रिया द्वारा अमोनिया का संश्लेषण (हैबर विधि) उत्प्रेरक (Fe/Mo) की उपस्थिति में होती है। अत: यह एक प्रकाश रासायनिक अभिक्रिया नहीं है।
$$N_2 + 3H_2 \xrightleftharpoons{Fe/Mo} 2NH_3$$

अध्याय

04

अम्ल, क्षार एवं लवण

Acid, Base and Salt

अम्ल

- वे पदार्थ जो स्वाद में खट्टे होते हैं, अम्ल (Acids) कहलाते हैं। ये नीले लिटसम पत्र को लाल कर देते हैं।
- आर्हेनियस सिद्धान्त के अनुसार, अम्ल वे पदार्थ हैं, जो जलीय विलयन में वियोजित होकर केवल हाइड्रोजन आयन (H^+) देते हैं।
- प्रबल अम्ल स्वाद में खट्टे तथा विद्युत के सुचालक होते हैं।
- अम्ल धातुओं से क्रिया करके हाइड्रोजन गैस मुक्त करते हैं।
- अम्ल का pH मान 7 से कम होता है।

स्रोत के आधार पर अम्लों का वर्गीकरण

- **कार्बनिक अम्ल** (Organic acids) सामान्यतः ये पौधों तथा पशुओं से प्राप्त किए जाते हैं। इनके यौगिकों में कार्बन के साथ हाइड्रोजन होता है। इस प्रकार के अम्ल सभी खाद्य पदार्थों में पाए जाते हैं। ये अम्ल दुर्बल होते हैं तथा जल में पूर्ण रूप से आयनित नहीं होते हैं।

  उदाहरण– ऐसीटिक अम्ल, ऑक्सैलिक अम्ल आदि।
- **अकार्बनिक अम्ल या खनिज अम्ल** (Inorganic acids or minerals acids) ये खनिजों से प्राप्त किए जाते हैं। इनमें कार्बन नहीं होते हैं। ये प्रबल अम्ल होते हैं, क्योंकि ये पूर्णतः जलीय विलयन में आयनित होते हैं।

  उदाहरण– हाइड्रोक्लोरिक अम्ल (HCl), नाइट्रिक अम्ल (HNO_3) आदि।

प्रबलता के आधार पर अम्लों का वर्गीकरण

अम्लों की प्रबलता (Strength) जल में घुले हाइड्रोजन आयन (H^+) की मात्रा द्वारा निर्धारित की जाती है।

- **प्रबल अम्ल** (Strong acids) वे अम्ल, जो अपने जलीय विलयन में पूर्णतया आयनित हो जाते हैं, प्रबल अम्ल कहलाते हैं।

  उदाहरण– HCl, HNO_3, H_2SO_4 आदि।

  प्रबल अम्ल HCl आमाशय रस में पाया जाता है। इसका एक अन्य नाम म्यूरिएटिक अम्ल है।
- **दुर्बल अम्ल** (Weak acids) वे अम्ल, जो आंशिक रूप से आयनित होकर हाइड्रोजन आयन (H^+) की बहुत कम मात्रा उत्पन्न करते हैं, दुर्बल अम्ल कहलाते हैं। ये मृदु संक्षारीय प्रकृति (Soft corrosive nature) के होते हैं।

  उदाहरण– H_2CO_3, CH_3COOH आदि।

ऑक्सीजन की उपस्थिति के आधार पर अम्लों का वर्गीकरण

- **हाइड्रा अम्ल** (Hydra acids) जिन अम्लों में केवल हाइड्रोजन पायी जाती है तथा ऑक्सीजन अनुपस्थित होती है, हाइड्रा अम्ल कहलाते हैं।

  उदाहरण– हाइड्रोक्लोरिक अम्ल (HCl) आदि।
- **ऑक्सी अम्ल** (Oxy acids) जिन अम्लों में हाइड्रोजन के साथ ऑक्सीजन परमाणु उपस्थित रहते हैं, ऑक्सी अम्ल कहलाते हैं।

  उदाहरण– सल्फ्यूरिक अम्ल (H_2SO_4) आदि।

प्रमुख अम्ल के स्रोत, निर्माण विधि एवं उपयोग

अम्ल	प्राकृतिक स्रोत	निर्माण विधि	उपयोग
सिट्रिक	खट्टे फलों, नींबू, नारंगी (सन्तरा), टमाटर	कच्ची शर्करा के किण्वन से	खाद्य पदार्थों में, दवाओं के बनाने में, धातुओं को साफ करने एवं कपड़ा उद्योग में।
ऐसीटिक	फलों के रसों में	सिरके से	खट्टे खाद्य पदार्थ बनाने में, ऐसीटोन बनाने में।
लैक्टिक	सुगन्धित तेलों में, दूध में	ऐसीटिलीन से	ऐसीटोन बनाने में विलायक के रूप में।
फॉर्मिक	लाल चींटियाँ (बर्रों व बिच्छु में)	–	फलों को संरक्षित रखने में एवं जीवाणुनाशक के रूप में, चमड़ा व्यवसाय में एवं रबर के स्कन्दन में।
सल्फ्यूरिक	हरा कसीस	सीस कक्ष और सम्पर्क विधि	संचायक बैटरी बनाने में, विस्फोटक निर्माण में, रंग व औषधि निर्माण में तथा पेट्रोलियम के शोधन में।
नाइट्रिक	फिटकरी व शोरा	साल्टपीटर व बर्कलैण्ड अर्क प्रक्रम द्वारा	फोटोग्राफी में, अम्लराज बनाने में, औषधि एवं उर्वरक बनाने में।
बेन्जोइक	घास, पत्ते व मूत्र	बेन्जोइल क्लोराइड से	दवा व खाद्य पदार्थों के संरक्षण में।
ऑक्सैलिक	सारेल के वृक्ष	सोडियम फॉर्मेट से	फोटोग्राफी में, चमड़े के विरंजक के रूप में, कपड़ों की छपाई व रंगाई में, कपड़ों से स्याही के धब्बें हटाने में।
मैलिक	सेब, केला, सन्तरे का छिलका, आलू, गाजर	–	सौन्दर्य प्रसाधनों में, त्वचा की सुरक्षा में प्रयुक्त उत्पादों में।

क्षारक

- वे पदार्थ, जिनका स्वाद तीखा तथा कड़वा होता है तथा स्पर्श साबुन जैसा चिकना होता है, क्षारक (Base) कहलाते हैं। ये लाल लिटमस पत्र को नीला कर देते हैं।
- आर्हेनियस के आयनिक सिद्धान्त के अनुसार, क्षार वे पदार्थ हैं, जो जलीय विलयन में वियोजित होकर हाइड्रॉक्साइड आयन (OH^-) देते हैं।
- क्षार, अधात्विक ऑक्साइडों अथवा अम्ल से क्रिया करके लवण एवं जल देते हैं।
- क्षारक निम्न प्रकार के होते हैं
  - **प्रबल क्षारक** (Strong bases) ये अपने जलीय विलयन में पूर्णतया आयनित हो जाते हैं। प्रबल क्षारक विद्युत के सुचालक होते हैं। उदाहरण—NaOH (कास्टिक सोडा), KOH आदि।
  - **दुर्बल क्षारक** (Weak bases) ये अपने जलीय विलयन में आंशिक रूप से आयनित होकर निम्न सान्द्रता वाले OH^- आयन देते हैं। उदाहरण— NH_4OH, $Fe(OH)_2$ आदि।

क्षारकों के उपयोग

क्षारक	उपयोग
सोडियम हाइड्रॉक्साइड (NaOH)	साबुन, लवण, दवाई, वस्त्र, कागज, रेयॉन (संश्लेषित रेशे) इत्यादि के निर्माण या उत्पादन में।
पोटैशियम हाइड्रॉक्साइड (KOH)	मृदु साबुन, लवण इत्यादि के निर्माण में।
कैल्सियम हाइड्रॉक्साइड $[Ca(OH)_2]$	घरों में चूना पोतने में, गारा एवं प्लास्टर बनाने में, विरंजक चूर्ण के निर्माण में, चमड़े के ऊपर के बाल साफ करने में, मिट्टी की अम्लीयता दूर करने में।
कैल्सियम ऑक्साइड (CaO)	मकान बनाने में, गारे के रूप में, कॉस्टिक सोडे के निर्माण में, सोडियम कार्बोनेट के निर्माण में, विरंजक चूर्ण के निर्माण में।
मैग्नीशियम हाइड्रॉक्साइड $[Mg(OH)_2]$	पेट की अम्लीयता को दूर करने में, अम्ल विषक्तीकरण (Poisoning) के प्रतिकारक (Antidote) के रूप में, चीनी उद्योग में शीरे से चीनी तैयार करने में। यह दुधिया मैग्नीशिया में पाया जाता है।
अमोनियम हाइड्रॉक्साइड (NH_4OH)	दवाई, घरों की सफाई इत्यादि कार्यों में।

लवण

अम्लों और क्षारकों की अभिक्रिया से प्राप्त यौगिकों को लवण (Salts) कहते हैं तथा ऐसी अभिक्रियाएँ उदासीनीकरण अभिक्रियाएँ कहलाती हैं।

उदाहरण— $\underset{\text{अम्ल}}{HCl} + \underset{\text{क्षार}}{NaOH} \longrightarrow \underset{\text{लवण}}{NaCl} + \underset{\text{जल}}{H_2O}$

लवण निम्न प्रकार के होते हैं

- **सामान्य लवण** (Normal salts) वे लवण, जो अम्ल और क्षार के पूर्ण उदासीनीकरण के फलस्वरूप बनते हैं, सामान्य लवण कहलाते हैं। उदाहरण— NaCl, KCl, $CaSO_4$ आदि।
- **अम्लीय लवण** (Acidic salts) वे लवण, जो किसी क्षार के द्वारा किसी अम्ल के अपूर्ण उदासीनीकरण के फलस्वरूप बनते हैं, अम्लीय लवण कहलाते हैं। उदाहरण– $NaHCO_3$, $NaHSO_4$ आदि।
- **क्षारीय लवण** (Basic salts) वे लवण जो अम्ल द्वारा क्षारक के आंशिक उदासीनीकरण के फलस्वरूप बनते हैं, क्षारीय लवण कहलाते हैं। उदाहरण– Mg(OH)Cl, Zn(OH)Cl आदि।
- **द्विक लवण** (Double salts) वे लवण जो दो सरल लवणों के संयोग से बनते हैं, इनका अस्तित्व केवल ठोस अवस्था में होता है, द्विक लवण कहलाते हैं। उदाहरण– मोहर लवण $[FeSO_4 \cdot (NH_4)_2SO_4 \cdot 6H_2O]$, पोटाश एलम $[K_2SO_4 \cdot Al_2(SO_4)_3 \cdot 24H_2O]$ आदि।
- **संकर लवण** (Complex salts) वे लवण जो एक साधारण आयन तथा एक जटिल आयन देते हैं, संकर लवण कहलाते हैं। उदाहरण– पोटैशियम हेक्सासायनोफैरेट (III), $K_4Fe(CN)_6$ में $[Fe(CN)_6]^{4-}$ संकर आयन है।

लवणों के उपयोग

लवण	उपयोग
सोडियम क्लोराइड (NaCl)	भोज्य पदार्थों में।
सोडियम कार्बोनेट ($Na_2CO_3 \cdot 10H_2O$)	अपमार्जक के निर्माण, कपड़ों की शुष्क धुलाई (Washing soda) आदि में।
सोडियम बाइकार्बोनेट ($NaHCO_3$)	बेकिंग सोडा, प्रतिअम्ल, अग्निशामक आदि में।
सोडियम बेन्जोएट ($C_7H_5NaO_2$)	खाद्य पदार्थों के परीक्षण में।
सोडियम नाइट्रेट ($NaNO_3$)	चिली शीरा (साल्टपीटर) उपयोग दवाओं में
पोटैशियम नाइट्रेट (KNO_3)	उर्वरक के रूप में, काँच उद्योग आदि में।
पोटैशियम आयोडाइड (KI)	आयोडीन कृत लवण के रूप में।
पोटाश ऐलम $[K_2SO_4 \cdot Al_2(SO_4)_3 \cdot 24H_2O]$	जल को शुद्ध करने में, रक्तस्त्राव को रोकने आदि में।
ब्लीचिंग पाउडर [CaO(Cl)Cl]	विसंक्रामक के रूप में।

pH स्केल

- वह स्केल, जो किसी विलयन में उपस्थित हाइड्रोजन आयन की सान्द्रता ज्ञात करने के लिए प्रयुक्त किया जाता है, pH स्केल (pH scale) कहलाता है।
- हाइड्रोजन आयन की सान्द्रता अथवा $[H^+]$ के व्युत्क्रम के लघुगणक को pH कहते हैं।

$$\therefore \quad pH = -\log_{10}[H^+] + \log_{10}\frac{1}{[H^+]}$$

$$pOH = -\log_{10}[OH^-]$$

यहाँ, $[H^+]$ तथा $[OH^-]$ क्रमशः H^+ तथा OH^- आयनों को निरूपित करते हैं।

- उदासीन विलयन का pH = 7, अम्लीय विलयन का pH < 7 एवं क्षारीय विलयन का pH > 7 होता है।

दैनिक जीवन में प्रयुक्त कुछ पदार्थों के pH मान

पदार्थ	pH मान	पदार्थ	pH मान
1M हाइड्रोक्लोरिक अम्ल (HCl),	0.5	मूत्र	5.5 से 7.5 के मध्य
बैटरी का अम्ल	0.5	दूध	6.4
आन्त्र रस	1.4	शुद्ध जल	7
नीबू का रस	2.4	लार	7.2
सिरका	3.0	मानव रक्त या आँसू	7.4
वाइन	3.2	खाने का सोडा	8.4
टमाटर	4.2	अण्डे	7.8
बीयर	4.3	घरों में प्रयुक्त अमोनिया	11.5
कॉफी	4.9 - 5.0	चूना	13
वायु में उपस्थित जल (जलवाष्प)	5.5	1M कॉस्टिक सोडा (NaOH)	14

सूचक

वे पदार्थ, जिनका रंग अम्ल अथवा क्षारक को मिलाने पर परिवर्तित हो जाता है, सूचक (Indicators) कहलाते हैं।

विभिन्न माध्यमों में सूचक के रंग

सूचक	अम्लीय विलयन	क्षारीय विलयन	उदासीन विलयन
नीले लिटमस पत्र	लाल	रंग में कोई परिवर्तन नहीं	रंग में कोई परिवर्तन नहीं
लाल लिटमस पत्र	रंग में कोई परिवर्तन नहीं	नीला	रंग में कोई परिवर्तन नहीं
मेथिल ऑरेन्ज	लाल	पीला	ऑरेन्ज (नारंगी)
फीनॉल्फ्थैलीन	रंगहीन	लाल (गुलाबी)	रंगहीन

बफर विलयन

'एसे विलयन जिनमें अम्ल या क्षार की अल्प मात्रा मिलाने पर, उनकी pH में कोई सार्थक परिवर्तन नहीं होता है, बफर विलयन (Buffer solution) या उभय प्रतिरोधी विलयन कहलाते हैं।' ये निम्न प्रकार के होते हैं

- **अम्लीय बफर** (Acidic buffer) दुर्बल अम्ल तथा उसके किसी भी लवण का मिश्रण अम्लीय बफर कहलाता है। उदाहरण– $CH_3COOH + CH_3COONa$, $CH_3COOH + CH_3COONH_4$ आदि।
- **क्षारीय बफर** (Basic buffer) दुर्बल क्षार तथा उसके किसी भी लवण का मिश्रण क्षारीय बफर कहलाता है। उदाहरण– $NH_4OH + NH_4Cl$, $NH_4OH + CH_3COONH_4$ आदि।
- **प्राकृतिक बफर** (Natural buffer) दुर्बल क्षार तथा दुर्बल अम्ल से बने लवणों का जलीय विलयन भी बफर होता है।
उदाहरण– CH_3COONH_4, NH_4CN आदि।

चैप्टर प्रैक्टिस

अम्ल

1. आमाशय रस में कौन-सा अम्ल है? *[NDA/NA 2013]*
(a) ऐसीटिक अम्ल (b) नाइट्रिक अम्ल
(c) हाइड्रोक्लोरिक अम्ल (d) सल्फ्यूरिक अम्ल

2. हाइड्रोक्लोरिक अम्ल का एक अन्य नाम है *[SSC (10+2) 2014]*
(a) मैलिक अम्ल (b) पिक्रिक अम्ल
(c) म्यूरिएटिक अम्ल (d) क्लोरिक अम्ल

3. बिच्छू बूटी (नेटॉल) की पत्तियों के छू जाने पर जलन पैदा होती है। यह किसके अन्त:क्षेपण के कारण होता है? *[NDA 2018 (I)]*
(a) हाइड्रोक्लोरिक अम्ल (b) मेथेनोइक अम्ल
(c) सिट्रिक अम्ल (d) सल्फ्यूरिक अम्ल

4. गन्ने के रस को किण्वन द्वारा बनाया जाता है। इसमें पाया जाता है *[NDA/NA 2013]*
(a) पामिटिक अम्ल (b) लैक्टिक अम्ल
(c) सिट्रिक अम्ल (d) ऐसीटिक अम्ल

5. विटामिन C किस नाम से जाना जाता है? *[SSC Multitasking 2014]*
(a) ऐमीनो अम्ल (b) ऐस्कॉर्बिक अम्ल
(c) ऐसीटिक अम्ल (d) ऑक्सेलिक अम्ल

6. निम्नलिखित में से ऐसीटिक अम्ल किसका अन्य नाम है?
(a) सिरका *[SSC 2017 (II)]*
(b) बेकिंग सोडा
(c) कॉपर सल्फेट
(d) मैग्नीशियम ऑक्साइड

7. निम्नलिखित में से कौन-सा एक उच्चतम मात्रा में हाइड्रोजन आयन (H^+) देता है? *[NDA 2018 (I)]*
(a) सोडियम हाइड्रॉक्साइड विलयन
(b) दूधिया मैग्नीशिया (मिल्क ऑफ मैग्नीशिया)
(c) नींबू रस
(d) आमाशय रस

8. निम्न सूचियों को सुमेलित कीजिए।

सूची-I (कार्बनिक अम्ल)	सूची-II (प्राकृतिक स्रोत)
A. ऐसीटिक अम्ल	1. दही
B. लैक्टिक अम्ल	2. इमली
C. टार्टरिक अम्ल	3. सिरका
D. ऑक्सैलिक अम्ल	4. टमाटर

कूट

	A	B	C	D		A	B	C	D
(a)	3	1	2	4	(b)	4	3	2	1
(c)	3	1	4	2	(d)	4	2	1	3

9. निम्नलिखित में से किस में —COOH समूह नहीं होता है? *[IAS (Pre), Asst. Comm. 2019]*
(a) सिट्रिक अम्ल (b) लैक्टिक अम्ल
(c) टार्टरिक अम्ल (d) ऐस्कॉर्बिक अम्ल

10. लेड बैटरियों में प्रयुक्त किया जाने वाला अम्ल है
(a) नाइट्रिक अम्ल (b) सल्फ्यूरिक अम्ल
(c) हाइड्रोक्लोरिक अम्ल (d) ये सभी

11. निम्नलिखित में दुर्बल अम्ल है
(a) HCl (b) HCN (c) HNO_3 (d) H_2SO_4

12. प्रबल अम्ल के जलीय विलयन में किसका आधिक्य होता है?
(a) H^+ आयनों का (b) OH^- आयनों का
(c) Cl^- आयनों का (d) Na^+ आयनों का

13. निम्नलिखित में से असत्य कथन का चयन कीजिए।
(a) सल्फ्यूरिक अम्ल के सम्पर्क में आने पर कपड़ा, कागज आदि नष्ट हो जाते हैं।
(b) अम्ल सक्रिय धातुओं से क्रिया करके हाइड्रोजन मुक्त करते हैं।
(c) क्षारक जल में विलेय करने पर OH^- आयन देते हैं।
(d) टूथपेस्ट हल्का-सा अम्लीय होता है।

14. ऐसीटिक अम्ल एक दुर्बल अम्ल है, क्योंकि
(a) इसमें पानी की मात्रा अधिक होती है।
(b) इसके आयनन की मात्रा कम होती है।
(c) यह एक कार्बनिक अम्ल है।
(d) यह एक अकार्बनिक अम्ल है।

15. सल्फ्यूरिक अम्ल में अम्लीय हाइड्रोजन परमाणुओं की संख्या है
(a) 2 (b) 1 (c) 3 (d) शून्य

16. निम्नलिखित में से कौन-सा/से कथन सही है/हैं?
I. अम्ल स्वाद में खट्टे होते हैं तथा H^+ आयन देते हैं।
II. अम्ल स्वाद में खट्टे होते हैं तथा OH^- आयन देते हैं।
III. क्षार स्वाद में कड़वे होते हैं तथा OH^- आयन देते हैं।
[SSC CHSL (10+2) 2018]
(a) केवल I तथा III (b) केवल I तथा II
(c) केवल II तथा III (d) I, II तथा III सभी

17. निम्नलिखित में से किस अम्ल में क्षारकता तीन है? *[SSC 2016]*
(a) डाइसोडियम हाइड्रोजन फॉस्फेट
(b) सोडियम फॉस्फेट
(c) फॉस्फोरिक अम्ल
(d) सोडियम डाइहाइड्रोजन फॉस्फेट

18. निम्नलिखित घोलों में से कौन-सा/से नीले लिटमस पत्र को लाल में परिवर्तित नहीं करता है/करते हैं? *[CDS 2014]*
I. अम्ल घोल II. क्षारक घोल
III. साधारण लवण घोल
(a) I और III (b) II और III (c) केवल I (d) केवल II

19. निम्नलिखित में से कौन-सा एक त्रि-क्षारकी अम्ल है? *[NDA 2018 (II)]*
(a) हाइड्रोक्लोरिक अम्ल (b) नाइट्रिक अम्ल
(c) सल्फ्यूरिक अम्ल (d) फॉस्फोरिक अम्ल

20. *ऐक्वा-रेजिया* आयतन में 1 : 3 के अनुपात में निम्नलिखित में से किसका मिश्रण है? *[SSC 2018]*
(a) सान्द्र HNO_3 और सान्द्र HCl
(b) सान्द्र NNO_3 और सान्द्र H_2SO_4
(c) सान्द्र HCl और तनु HNO_3
(d) सान्द्र HCl और सान्द्र HNO_3

क्षारक

21. 'चीली शीरा' (Chile saltpeter) किसका सामान्य नाम है? *[SSC 2015]*
(a) पोटैशियम नाइट्रेट (b) सोडियम नाइट्रेट
(c) सोडियम नाइट्राइट (d) पोटैशियम नाइट्राइट

22. 'कॉस्टिक सोडा' का रासायनिक नाम .... है। *[RRB NTPC 2016]*
(a) सोडियम थायोसल्फेट (b) सोडियम कार्बोनेट
(c) सोडियम क्लोराइड (d) सोडियम हाइड्रॉक्साइड

23. ऐन्टी-ऐसिड होते हैं *[Chattishgarh PCS (Pre) 2016]*
(a) भस्म (b) अम्ल (c) लवण (d) बफर

24. परखनलियों में मौजूद H_2O और जलीय NaOH में किसकी सहायता से विभेद किया जा सकता है? *[NDA/NA 2011]*
(a) लाल लिटमस (b) नीला लिटमस
(c) Na_2CO_3 (d) HCl (जलीय)

25. जलीय घोल में निम्नलिखित में से कौन-सा सबसे अधिक प्रबल क्षारक है? *[SSC 2016]*
(a) ट्राइएथिलएमीन (b) अमोनिया
(c) एथिलएमीन (d) डाइएथिलएमीन

26. दूधिया मैग्नीशिया में कौन-सा क्षारक पाया जाता है?
(a) मैग्नीशियम हाइड्रॉक्साइड (b) अमोनियम हाइड्रॉक्साइड
(c) सोडियम हाइड्रॉक्साइड (d) कैल्सियम हाइड्रॉक्साइड

27. किसी टूथपेस्ट के लिए निम्नलिखित गुणधर्मों में से कौन-सा सही है? *[NDA 2018 (I)]*
(a) यह अम्लीय है।
(b) यह उदासीन है।
(c) यह क्षारीय है।
(d) यह कैल्सियम फॉस्फेट का बना है, जो दंतवल्क (एनैमल) का पदार्थ है।

28. सूची I को सूची II के साथ सुमेलित कीजिए और सूचियों के नीचे दिए गए कूट का प्रयोग कर सही उत्तर चुनिए।

	सूची-I (यौगिक)		सूची-II (प्रकृति)
A.	सोडियम हाइड्रॉक्साइड	1.	प्रबल अम्ल
B.	कैल्सियम ऑक्साइड	2.	क्षार (ऐल्कली)
C.	ऐसीटिक अम्ल	3.	दुर्बल अम्ल
D.	हाइड्रोक्लोरिक अम्ल	4.	क्षारक (बेस)

कूट
A B C D A B C D
(a) 2 3 4 1 (b) 2 4 3 1
(c) 1 4 3 2 (d) 1 3 4 2

लवण

29. प्रबल अम्लों तथा प्रबल क्षारकों द्वारा निर्मित लवणों का लिटमस पेपर के प्रति व्यवहार कैसा होता है?
(a) अम्लीय (b) क्षारीय
(c) उदासीन (d) अम्लीय, क्षारीय या उदासीन

30. सभी लवण होते हैं *[Asst. Com. 2019]*
(a) वैद्युत अनपघट्य (b) वैद्युत अपघट्य
(c) स्थायी अपघट्य (d) उदासीन

31. लवण जल (ब्राइन) किसका जलीय विलयन है? *[NDA 2018 (I)]*
(a) NaCl (b) NaOH
(c) $NaHCO_2$ (d) Na_2CO_3

32. निम्नलिखित में से कौन-सा एक कैल्सियम कार्बोनेट लवण को प्रदर्शित नहीं करता है? *[NDA 2019]*
(a) चूने का पानी (लाइम वॉटर) (b) चूना पत्थर (लाइम स्टोन)
(c) खड़िया (चॉक) (d) संगमरमर (मार्बल)

33. निम्न में से कौन-सा एक लवण गुणधर्म नहीं है? *[NDA/NA 2010]*
(a) लवणों में क्रमिक संकुलन विन्यास होते हैं जिन्हें जालक कहते हैं।
(b) लवणों के गलनांक निम्न परन्तु क्वथनांक उच्च होते हैं।
(c) लवण भंगुर होते हैं।
(d) पानी में विलीन होने पर अथवा गलित अवस्था में भी लवण विद्युत चालक हो जाते हैं।

34. निम्नलिखित में से जल अणुओं की वह संख्या कौन-सी है, जो प्लास्टर ऑफ पेरिस में $CaSO_4$ के दो फॉर्मूला यूनिट से सहभाजन (साँझा) करती है? *[NDA 2018 (I)]*
(a) एक (b) दो
(c) पाँच (d) दस

35. आयोडीकृत लवण में रहता है *[BPSC (Pre) 2016]*
(a) मुक्त आयोडीन (b) कैल्सियम आयोडाइड
(c) मैग्नीशियम आयोडाइड (d) पोटैशियम आयोडाइड

36. निम्नलिखित में से कौन-सा एक धोने के सोडा (Washing soda) का रासायनिक सूत्र है? *[SSC 2014, NPA 2018 (I)]*
(a) $NaHCO_3$ (b) $Na_2CO_3 \cdot 10H_2O$
(c) $Na_2CO_3 \cdot 5H_2O$ (d) $NaOH$

37. फोटोग्राफी में सामान्यत: प्रयोग किए जाने वाले 'हाइपो' का रासायनिक नाम है।
(a) सोडियम थायोसल्फेट (b) सिल्वर नाइट्रेट
(c) सोडियम नाइट्रेट (d) सिल्वर आयोडाइड

38. विरंजक चूर्ण पर तनु सल्फ्यूरिक अम्ल की अभिक्रिया से गैस निकलती है
(a) H_2 (b) O_2
(c) Cl_2 (d) CO_2

39. जल को जीवाणुरहित बनाने के लिए उपयोगी पदार्थ है
(a) धावन सोडा (b) बेकिंग सोडा
(c) फिटकरी (d) विरंजक चूर्ण

40. निम्नलिखित में कौन-सा एक, विरंजक चूर्ण (ब्लीचिंग पाउडर) के लिए सही नहीं है? *[NDA 2018 (I)]*
(a) रासायनिक उद्योगों में अपचायक पदार्थ के रूप में इसका प्रयोग होता है।
(b) कागज कारखानों में काष्ठ लुगदी के विरंजन के लिए इसका प्रयोग होता है।
(c) पेयजल के विसंक्रमण (रोगाणुनाशन) के लिए इसका प्रयोग होता है।
(d) वस्त्र उद्योग में वस्त्र (लिनन) के विरंजन के लिए इसका प्रयोग होता है।

41. वॉशिंग सोडा का इस्तेमाल .... किया जा सकता है।
(a) पेयजल के कीटाणुशोधन के लिए *[RRB NTPC 2016]*
(b) पकाने के लिए
(c) कठोर जल को मृदु करने के लिए
(d) एक गैर जहरीले घटक के रूप में घरेलू देखभालपरक उत्पाद के तौर पर

42. बेकिंग सोडा है *[Chhattisgarh PCS (Pre) 2018]*
(a) Na_2CO_3 (b) $NaHCO_3.6H_2O$
(c) $NaHCO_3$ (d) $NaCO_3.10H_2O$

43. अम्ल के विषय में निम्नलिखित में से कौन-सा/से कथन सही है/हैं?
I. वे लाल लिटमस को नीला कर देते हैं।
II. वे नीले लिटमस को लाल कर देते हैं।
III. उनका pH मान 7 से कम होता है। *[SSC CHSL (10+2) 2018]*
(a) केवल I तथा III (b) केवल II तथा III
(c) केवल I (d) केवल II

44. निम्न सूचियों को सुमेलित कीजिए।

सूची-I	सूची-II
A. सोडियम हाइड्रॉक्साइड	1. जल को विसंक्रमित करने के लिए
B. ब्लीचिंग पाउडर	2. जल की स्थायी कठोरता दूर करने के लिए
C. सोडियम हाइड्रोजन कार्बोनेट	3. टूटी अस्थियों को जोड़ने में
D. वॉशिंग सोडा	4. साबुन और अपमार्जकों, कागज निर्माण में
E. प्लास्टर ऑफ पेरिस	5. सोडा-अम्ल अग्निशामकों में

[Chhattisgarh PCS (Pre) 2016]

कूट

	A	B	C	D	E
(a)	4	1	5	2	3
(b)	3	2	1	5	4
(c)	4	3	1	2	5
(d)	5	1	4	3	2

pH स्केल व बफर विलयन

45. pH स्केल का परिसर है
(a) 0-7 (b) 8-14
(c) 0-14 (d) इनमें से कोई नहीं

46. उदासीन विलयन के लिए कौन-सा कथन असत्य है?
(a) हाइड्रोजन आयन सान्द्रण का मान 10^{-7} मोल/लीटर होता है।
(b) हाइड्रॉक्साइड आयन सान्द्रण का मान 10^{-7} मोल/लीटर होता है।
(c) pH मान 0 होता है।
(d) pH मान 7 होता है।

47. पाचन क्रिया के दौरान उत्पन्न आमाशयिक रसों (Gastric juices) का pH मान होता है
(a) 7 से कम (b) 7 से अधिक (c) 7 (d) शून्य

48. निम्न में से किसका pH मान 7 है? *[BPSC (Pre) 2018]*
(a) शुद्ध पानी (b) उदासीन विलयन
(c) क्षारीय विलयन (d) इनमें से कोई नहीं

49. मानव रक्त के pH का अनुमानित मान क्या है? *[RRB NTPC 2017]*
(a) 7.4 (b) 7.9 (c) 6.7 (d) 8.1

50. निम्नलिखित में कौन-सा एक अम्लीय विलयन का सम्भव pH मान है? *[CGPCS (Pre) 2019]*
(a) 6 (b) 7 (c) 8 (d) 9

51. निम्नलिखित में से किसके विलयन का pH मान 7 से कम होगा?
(a) NaOH (b) KCl *[NDA 2018 (II)]*
(c) $FeCl_3$ (d) NaCl

52. यदि एक पदार्थ का pH मान 7 से कम होता है, तो इसे माना जाएगा
(a) उदासीन (b) आयन *[RRB NTPC 2016]*
(c) अम्ल (d) क्षार

53. बहु-आसुत जल के एक नमूने का pH मान है *[CDS 2017]*
(a) शून्य (b) 14
(c) शून्य के अतिनिकट (d) सात के अतिरिक्त

54. अम्ल वर्षा का pH मान कितना होता है? *[RRB NTPC 2016]*
(a) 5.5 या कम (b) 12.5 या ज्यादा
(c) 10.5 या ज्यादा (d) 8.5 या ज्यादा

55. नींबू के रस में pH का अनुमान कितना होता है?
(a) 7 से अधिक (b) 7 के बराबर
(c) पूर्वानुमान सम्भव नहीं (d) 7 से कम

56. ताजे दूध का pH मान 6 हैं। जब यह खट्टा हो जाता है, तो pH मान *[NDA/NA 2013]*
(a) < 6 हो जाता है (b) वही रहता है (अर्थात् 6)
(c) > 6 हो जाता है (d) उदासीन हो जाता है (अर्थात् 7)

57. बोतलों के नाम पत्र (लेबल) पर कुछ मृदु पेय दावा करते हैं कि वे अम्लीयता नियामक हैं। वे अम्लीयता नियमन किसका प्रयोग करते हैं? *[CDS 2014]*
(a) कार्बन डाइऑक्साइड
(b) बाइकार्बोनेट लवण
(c) (a) और (b) दोनों
(d) कार्बन डाइऑक्साइड और लाइम

उत्तरमाला

1 (c)	2 (c)	3 (b)	4 (d)	5 (b)	6 (a)	7 (d)	8 (a)	9 (d)	10 (b)
11 (b)	12 (a)	13 (d)	14 (b)	15 (a)	16 (a)	17 (c)	18 (c)	19 (d)	20 (d)
21 (b)	22 (d)	23 (a)	24 (a)	25 (d)	26 (a)	27 (c)	28 (b)	29 (c)	30 (b)
31 (a)	32 (a)	33 (b)	34 (a)	35 (d)	36 (b)	37 (a)	38 (c)	39 (d)	40 (a)
41 (c)	42 (c)	43 (b)	44 (a)	45 (c)	46 (c)	47 (a)	48 (d)	49 (a)	50 (a)
51 (c)	52 (c)	53 (c)	54 (a)	55 (d)	56 (a)	57 (d)			

उत्तर सहित व्याख्या

1. (c) आमाशय रस में हाइड्रोक्लोरिक अम्ल पाया जाता है। यह आमाशय द्वारा उत्पन्न होता है। यह पाचन तन्त्र का एक महत्वपूर्ण घटक होता है।

3. (b) बिच्छू बूटी (नेटॉल) की पत्तियों के छू जाने पर जलन पैदा होती है। यह मेथेनोइक अम्ल के अन्तःक्षेपण के कारण होता है। यह कार्बोक्सिलिक अम्ल श्रेणी का प्रथम सदस्य है।

6. (a) ऐसीटिक अम्ल (CH_3COOH) का अन्य नाम सिरका होता है। यह अनेक फलों के रसों में मुक्त अवस्था में पाया जाता है। यह विशेष रूप से सिरके में पाया जाता है।

15. (a) सल्फ्यूरिक अम्ल प्रबल अम्ल है, जिसका पूर्ण आयनन निम्न प्रकार होता है

$$H_2SO_4(aq) \rightleftharpoons \underset{\text{हाइड्रोजन आयन}}{2H^+(aq)} + SO_4^{2-}(aq)$$

अर्थात् इसमें 2 अम्लीय हाइड्रोजन परमाणु होते हैं।

17. (c) फॉस्फोरिक अम्ल

```
      OH
      |
 O=P—OH
      |
      OH
```

फॉस्फोरिक अम्ल को ऑर्थोफॉस्फोरिक अम्ल के नाम से भी जाना जाता है। जिसका रासायनिक सूत्र (H_3PO_4) होता है। इसकी क्षारकता तीन होती हैं। इसमें तीन आयनन योग्य हाइड्रोजन परमाणु होते हैं।

20. (d) अम्लराज या *ऐक्वा-रेजिया* में तीन भाग सान्द्र नाइट्रिक अम्ल और एक भाग हाइड्रोक्लोरिक अम्ल होता है। इसका प्रयोग सोना, प्लेटिनम और पैलेडियम को गलाने में किया जाता है।

25. (d) जलीय घोल में डाइएथिलएमीन $(CH_3CH_2)_2NH$ सबसे अधिक प्रबल क्षारक है क्योंकि यह आसानी से इलेक्ट्रॉन त्याग देता है।

27. (c) टूथपेस्ट की क्षारीय प्रकृति होती है। मुँह में बैक्टीरिया की क्रिया अम्लीय माध्यम में होती है अर्थात् मुँह की प्रकृति अम्लीय होती है। इस कारण से टूथपेस्ट को क्षारकीय लवण से बनाया जाता है, जिससे ब्रश करने के पश्चात् मुँह की अम्लीयता कम हो जाती है तथा हमारे दाँत सुरक्षित तथा स्वस्थ रह पाते हैं।

32. (a) चूना पत्थर, खड़िया, संगमरमर कैल्सियम कार्बोनेट ($CaCO_3$) लवण के ही रूप हैं, जबकि चूने का पानी (लाइम वॉटर) कैल्सियम हाइड्रॉक्साइड $[Ca(OH)_2]$ के जलीय तनु विलयन हैं।

34. (a) प्लास्टर ऑफ पेरिस के दो फॉर्मूला यूनिट ($2CaSO_4 \cdot H_2O$) में जल अणुओं की संख्या एक होती है।

36. (b) सोडियम कार्बोनेट (धावन सोडा) एक अकार्बनिक यौगिक है, जिसका रासायनिक सूत्र $Na_2CO_3 \cdot 10\,H_2O$ है।

38. (c) विरंजक चूर्ण की अभिक्रिया तनु अम्लों जैसे— सल्फ्यूरिक अम्ल (H_2SO_4), हाइड्रोक्लोरिक अम्ल (HCl), आदि से कराने पर क्लोरीन गैस (Cl_2) उत्सर्जित होती है, जिसे प्राप्य क्लोरीन भी कहते हैं।

$$\underset{\text{विरंजक चूर्ण}}{CaOCl_2} + \underset{\text{सल्फ्यूरिक अम्ल}}{H_2SO_4} \longrightarrow CaSO_4 \cdot H_2O + \underset{\text{प्राप्य क्लोरीन}}{Cl_2 \uparrow}$$

39. (d) विरंजक चूर्ण में मुक्त क्लोरीन उपस्थित होती है, अतः यह जल में उपस्थित जीवाणुओं को मारने की क्षमता रखता है।

57. (d) अम्लता नियामक (pH नियंत्रक) के रूप में मृदु पेय पदार्थों में कार्बन डाइऑक्साइड (CO_2) और लाइम का उपयोग होता है। ये pH को बदलने या बनाए रखने के किए उपयोग किए जाने वाले खाद्य योजक हैं।

अध्याय 05

ऑक्सीकरण एवं अपचयन

Oxidation and Reduction

ऑक्सीकरण एवं अपचयन

- **ऑक्सीकरण प्रक्रिया** किसी पदार्थ में ऑक्सीजन या विद्युतऋणात्मक तत्व का जुड़ना अथवा हाइड्रोजन या विद्युतधनात्मक तत्व का ह्रास या धन विद्युती तत्व की संयोजकता में वृद्धि होना ऑक्सीकरण कहलाता है।
  उदाहरण—
  – ऑक्सीजन का संयोग। जैसे—
  $$2Mg + O_2 \longrightarrow 2MgO$$
  – हाइड्रोजन अथवा अन्य धन विद्युती तत्व (धातु) का वियोजन। जैसे—
  $$2KI + H_2O_2 \longrightarrow 2KOH + I_2$$
  ऑक्सीकरण
  – परमाणुओं का इलेक्ट्रॉन त्यागकर अधिक धन विद्युती या कम ऋण विद्युती होना। जैसे—
  $$Na \longrightarrow Na^+ + e^-$$
  $$2Cl^- \longrightarrow Cl_2 + 2e^-$$
  – परमाणु की ऑक्सीकरण संख्या में वृद्धि।
- लोहे पर जंग लगना, खाद्य पदार्थों में विकृतगन्धिता (Rancidity) आदि दैनिक जीवन में पायी जाने वाली प्रक्रियाएँ, ऑक्सीकरण के ही उदाहरण हैं।
- **अपचयन प्रक्रिया** (Reduction process) किसी पदार्थ में हाइड्रोजन या विद्युतधनात्मक तत्व का जुड़ना अथवा उससे ऑक्सीजन या विद्युतऋणात्मक तत्व का ह्रास होना अथवा पदार्थ के धनविद्युती तत्व की संयोजकता में कमी होना अपचयन कहलाता है। उदाहरण—
  – हाइड्रोजन या धन विद्युती तत्व का संयोग। जैसे—
  $$Cl_2 + H_2 \longrightarrow 2HCl$$
  $$Cl_2 + 2Na \longrightarrow 2NaCl$$
  – ऑक्सीजन या अन्य ऋण विद्युती तत्व का वियोजन। जैसे—
  $$CuO + H_2 \longrightarrow Cu + H_2O$$
  – परमाणु का इलेक्ट्रॉन ग्रहण करके कम धन विद्युती होना। जैसे—
  $$Cu^{2+} + 2e^- \longrightarrow Cu$$
  $$Fe^{3+} + e^- \longrightarrow Fe^{2+}$$
  – परमाणु की ऑक्सीकरण संख्या में कमी।

ऑक्सीकारक तथा अपचायक

किसी अभिक्रिया में पदार्थों के ऑक्सीकृत या अपचयित होने की प्रकृति के आधार पर पदार्थों को दो भागों में वर्गीकृत किया जा सकता है

- **ऑक्सीकारक** (Oxidising agent) वे पदार्थ, जो अन्य पदार्थों का ऑक्सीकरण करते हैं या रासायनिक अभिक्रिया में स्वयं अपचयित हो जाते हैं, ऑक्सीकारक या उपचायक पदार्थ कहलाते हैं।
  उदाहरण— $2KBr + Cl_2 \longrightarrow 2KCl + Br_2$
  यहाँ, Cl_2 ऑक्सीकारक है, जिसके द्वारा KBr, Br_2 में ऑक्सीकृत हो रहा है।
- **अपचायक** (Reducing agent) वे पदार्थ, जो अन्य पदार्थों का अपचयन करते हैं एवं रासायनिक अभिक्रिया में स्वयं ऑक्सीकृत हो जाते हैं, अपचायक कहलाते हैं।
  उदाहरण— $2HgCl_2 + SnCl_2 \longrightarrow Hg_2Cl_2 + SnCl_4$
  यहाँ, $SnCl_2$ अपचायक है, क्योंकि $SnCl_2$ का $SnCl_4$ में ऑक्सीकरण एवं $HgCl_2$ का Hg_2Cl_2 में अपचयन हो रहा है।

रेडॉक्स अभिक्रिया

- वह रासायनिक अभिक्रिया, जिसमें ऑक्सीकरण एवं अपचयन प्रक्रिया साथ-साथ सम्पन्न होती हैं, रेडॉक्स अभिक्रिया (Redox reaction) या अपचयोपचय अभिक्रिया कहलाती है।
  उदाहरण— (ऑक्सीजन का CuO से निष्कासन : कॉपर का अपचयन)
  $$CuO + C \longrightarrow Cu + CO$$
  (ऑक्सीजन का कार्बन से योग : कार्बन का ऑक्सीकरण)
- रेडॉक्स अभिक्रियाओं में इलेक्ट्रॉनों की संख्या परिवर्तित हो जाती है।
  उदाहरण— डेनियल सेल में होने वाली अभिक्रिया निम्न है
  $$Zn + CuSO_4 \longrightarrow ZnSO_4 + Cu$$
  ऐनोड पर, $Zn \longrightarrow Zn^{2+} + 2e^-$
  कैथोड पर, $Cu^+ + 2e^- \longrightarrow Cu$
  रेडॉक्स परिवर्तन, $Zn + Cu^{2+} \longrightarrow Zn^{2+} + Cu$
  डेनियल सेल में Zn का ऑक्सीकरण एवं Cu^{2+} का अपचयन हो रहा है। अतः यह एक रेडॉक्स अभिक्रिया है।

ऑक्सीकरण संख्या

किसी तत्व की ऑक्सीकरण संख्या वह है, जो किसी अणु या आयन में उस परमाणु पर उपस्थित आवेशों की संख्या को बताती है अथवा किसी तत्व के एक परमाणु पर आवेशों की वह संख्या जो संयुक्त अवस्था में यह अपने यौगिक में दर्शाता है, उसकी ऑक्सीकरण संख्या (Oxidation number) कहलाती है।

ऑक्सीकरण संख्या की गणना के निम्नलिखित नियम हैं

- H_2 में H की, P_4 में P की तथा S_8 में S की ऑक्सीकरण संख्या शून्य है।
- सभी यौगिकों में F की ऑक्सीकरण संख्या हमेशा –1 होती है।
- ऑक्सीजन की ऑक्सीकरण संख्या यौगिकों में –2 होती है। परॉक्साइडों (–1) और ऑक्सीजन फ्लुओराइडों (+2 या +1) को छोड़कर।
- धात्विक हाइड्राइडों में H की ऑक्सीकरण संख्या –1 है, जबकि शेष यौगिकों में इसकी ऑक्सीकरण संख्या + 1 है।
- किसी अणु में उपस्थित सभी परमाणुओं की ऑक्सीकृत संख्या का योग शून्य होता है।

उदाहरण– OF_2 में ऑक्सीजन की ऑक्सीकरण अवस्था की इस प्रकार गणना करते हैं

$$x + (-1) \times 2 = 0$$
$$\Rightarrow \quad x = +2$$

इसी प्रकार, H_2O में ऑक्सीजन की ऑक्सीकरण अवस्था,

$$2 \times 1 + x = 0$$
$$\Rightarrow \quad x = -2$$

चैप्टर प्रैक्टिस

ऑक्सीकरण तथा अपचयन

1. किस प्रक्रिया में इलेक्ट्रॉन का लाभ (ग्रहण) होता है? *[SSC 2017]*
(a) अपघटन (b) अपचयन
(c) ऑक्सीकरण (d) संशोधन

2. ऑक्सीकरण अभिक्रिया में निम्नलिखित में से क्या होता है? *[SSC 2016, RRB NTPC 2016]*
(a) इलेक्ट्रॉन में वृद्धि होती है
(b) इलेक्ट्रॉन में कमी होती है
(c) प्रोटॉन में वृद्धि होती है
(d) प्रोटॉन में कमी होती है

3. तेल में तले हुए खाद्य पदार्थों को खरीदने से पहले उनकी निर्माण तिथि को आवश्यक जाँच लेना चाहिए, क्योंकि तेल विकृत-गन्धी हो जाते हैं। इसका क्या कारण है *[CDS 2014]*
(a) उपचयन (b) अपचयन
(c) हाइड्रोजनीकरण (d) श्यानता में कमी

4. निम्नलिखित अपचायकों में से कौन-सा एक उपचायक की तरह भी कार्य कर सकता है? *[CDS 2010]*
(a) H_2 (b) H_2S
(c) SO_2 (d) HI

5. पेयजल को शुद्ध करने के लिए पोटैशियम परमैंगनेट का उपयोग क्यों किया जाता है? *[NDA 2017]*
(a) इससे रोगाणु मर जाते हैं
(b) यह अपद्रव्यों (अशुद्धताओं) को घोल लेता है
(c) यह एक अपचायक है
(d) यह एक ऑक्सीकारक है

6. निम्नलिखित में से कौन-सी एक उपचयन अभिक्रिया है? *[NDA 2018 (II)]*
(a) $NaOH + HCl \longrightarrow NaCl + H_2O$
(b) $CaO + H_2O \longrightarrow Ca(OH)_2$
(c) $2Mg + O_2 \longrightarrow 2MgO$
(d) $Na_2SO_4 + BaCl_2 \longrightarrow BaSO_4 + 2NaCl$

7. निम्नलिखित समीकरण में उपचायक क्या है? *[NDA 2014(I)]*
$$HAsO_2(aq) + Sn^{2+}(aq) + H^+(aq) \longrightarrow As(s) + Sn^{4+}(aq) + H_2O(l)$$
(a) $HAsO_2(aq)$ (b) $Sn^{2+}(aq)$
(c) $H^+(aq)$ (d) $Sn^{4+}(aq)$

8. लोहे को जंग लगता है *[SSC Multitasking 2013]*
(a) ऑक्सीकरण के कारण (b) कार्बोनेटीकरण के कारण
(c) अपशल्कन के कारण (d) संक्षारण के कारण

9. अभिक्रिया $ZnO + C \longrightarrow Zn + CO$, में 'C' निम्नलिखित में से किस एक के रूप में कार्य करता है? *[NDA 2015]*
(a) अम्ल (b) क्षार
(c) उपचायक (d) अपचायक

10. नीचे दी गई अभिक्रिया के लिए निम्न में से कौन-सा कथन सही नहीं है? *[NDA 2019]*
$$Fe(s) + CuSO_4(aq) \longrightarrow FeSO_4(aq) + Cu(s)$$
(a) लौह अपचायक है।
(b) अभिक्रिया के पश्चात् विलयन का रंग हरा हो जाता है।
(c) लौह की तुलना में कॉपर अधिक अभिक्रियाशील धातु है।
(d) यह अभिक्रिया अपचयोपचय (रेडॉक्स) अभिक्रिया का एक उदाहरण है।

11. निम्नलिखित में से कौन-सी एक अपचायी अभिक्रिया है? *[NDA 2016]*
(a) $2Mg(s) + O_2(g) \longrightarrow 2MgO(s)$
(b) $S(s) + O_2(s) \longrightarrow SO_2(g)$
(c) $2HgO(s) \xrightarrow{\text{ऊष्मा}} 2Hg(l) + O_3(g)$
(d) $Mg(s) + S(s) \longrightarrow MgS(s)$

12. जब एक ताम्र दण्ड को जलीय सिल्वर नाइट्रेट विलयन में डुबाया जाता है, तो विलयन का रंग बदलकर नीला हो जाता है। ऐसा होता है, क्योंकि *[NDA 2011]*
(a) Cu, Ag की अपेक्षा अधिक आसानी से अपचयित होता है
(b) Ag, Cu की अपेक्षा अधिक आसानी से अपचयित होता है
(c) नाइट्रेट आयन उपचायक की तरह कार्य करता है
(d) नाइट्रेट आयन अपचायक की तरह कार्य करता है

13. उपचयन (ऑक्सीकरण) में *[NDA 2011]*

1. किसी पदार्थ में हाइड्रोजन विस्थापित होती है।
2. किसी पदार्थ में धनविद्युती तत्व जोड़ा जाता है या धनविद्युती तत्व का अनुपात बढ़ता है।

नीचे दिए गए कूट का प्रयोग कर सही उत्तर चुनिए

(a) केवल 1 (b) केवल 2
(c) 1 और 2 दोनों (d) न तो 1 और न ही 2

रेडॉक्स अभिक्रिया

14. ऑक्सीकरण और अपचयन के विषय में नीचे दिए गए कथनों में कौन-से सही है? *[NDA/NA 2012]*

I. ऑक्सीकरण में इलेक्ट्रॉन त्यागे जाते हैं, जबकि अपचयन में इलेक्ट्रॉन ग्रहण किए जाते हैं।
II. ऑक्सीकरण में इलेक्ट्रॉन ग्रहण किए जाते हैं, जबकि अपचयन में इलेक्ट्रॉन का त्याग किया जाता है।
III. ऑक्सीकारक, ऑक्सीकरण संख्या घटाता है, जबकि अवकारक ऑक्सीकरण संख्या बढ़ाता है।
IV. ऑक्सीकारक, ऑक्सीकरण संख्या बढ़ाता है, जबकि अवकारक ऑक्सीकरण संख्या घटाता है।

नीचे दिए गए कूटों का प्रयोग करते हुए सही उत्तर चुनिए।

(a) I और III (b) II और IV
(c) II और III (d) I और IV

15. रेडॉक्स अभिक्रिया में होता है?

(a) ऑक्सीकरण (b) अपचयन
(c) 'a' तथा 'b' दोनों (d) इनमें में से कोई नहीं

16. निम्नलिखित में से कौन-सी रेडॉक्स अभिक्रिया नहीं है/हैं?

1. $NaBr + HCl \longrightarrow NaCl + HBr$
2. $HBr + AgNO_3 \longrightarrow AgBr + HNO_3$
3. $H_2 + Br_2 \longrightarrow HBr$
4. $Na_2O + H_2SO_2 \longrightarrow Na_2SO_4 + H_2O$

कूट

(a) 1, 2 और 4 (b) 2, 3 और 4
(c) 1 और 3 (d) 3 और 4

17. निम्नलिखित अभिक्रिया पर विचार कीजिए। *[NDA 2017]*

$$CH_4 + O_2 \longrightarrow CO_2 + 2H_2O$$

उपरोक्त अभिक्रिया के बारे में निम्नलिखित में कौन-सा/से कथन सही है/हैं? *[SSC 2019]*

1. कार्बन का ऑक्सीकरण हुआ है।
2. हाइड्रोजन का ऑक्सीकरण हुआ है।
3. हाइड्रोजन का अपचयन हुआ है।
4. कार्बन का अपचयन हुआ है।

नीचे दिए गए कूट का प्रयोग कर सही उत्तर चुनिए।

(a) केवल 1 (b) केवल 2
(c) 1 और 2 दोनों (d) न तो 1 और न ही 2

ऑक्सीकरण संख्या

18. कार्बन द्वारा दर्शायी जाने वाली अधिकतम ऑक्सीकरण संख्या है

(a) 2 (b) 3 (c) 4 (d) –2

19. निम्नलिखित में से कौन-सा यौगिक, एक ही तत्व की भिन्न ऑक्सीकरण संख्याएँ नहीं दर्शाता है? *[NDA 2019]*

(a) Pb_3O_4 (b) Fe_2O_4 (c) Fe_2O_3 (d) Mn_3O_4

20. निम्न में से कौन-सी ऑक्सीकरण संख्या नाइट्रोजन प्रदर्शित नहीं करती है?

(a) –2 (b) 0 (c) –3 (d) +6

21. इसका ऑक्सीकरण अंक सदैव –1 होता है? *[BPSC 2016]*

(a) F (b) Cl (c) Br (d) I

22. OF_2 में ऑक्सीजन की ऑक्सीकरण अवस्था है *[CDS 2000]*

(a) +2 (b) – 2 (c) +1 (d) – 1

23. निम्नलिखित रासायनिक तत्वों में किसकी ऑक्सीकरण अवस्था उसके सभी यौगिकों में समान होती है? *[CDS 2002]*

(a) कार्बन (b) फ्लुओरीन
(c) हाइड्रोजन (d) ऑक्सीजन

24. निम्नलिखित में से किस नाइट्रोजन ऑक्साइड में नाइट्रोजन की सबसे अधिक ऑक्सीकरण अवस्था है? *[CDS 2018]*

(a) NO (b) NO_2
(c) N_2O (d) N_2O_5

25. $KMnO_4$ अणु में तत्व पोटैशियम (K), मैंगनीज (Mn) और ऑक्सीजन (O) की क्रमशः ऑक्सीकरण अवस्थाएँ हैं *[NDA/NA 2012]*

(a) +1, +5, –2 (b) +1, + 7, – 2
(c) 0, 0, 0 (d) +1, + 7, 0

26. ऑक्सीजन की सर्वाधिक ऑक्सीकरण संख्या प्रदर्शित करने वाला यौगिक है

(a) H_2O_2 (b) F_2O
(c) $Cl_2O_7^{2-}$ (d) NaOCl

27. निम्न अभिक्रिया में अपचयित होने वाला पदार्थ है

$$2CuSO_4 + 4KI \longrightarrow Cu_2I_2 + 2K_2SO_4 + I_2$$

(a) $CuSO_4$ (b) KI
(c) Cu_2I_2 (d) I_2

28. CrO_5 में Cr की ऑक्सीकरण संख्या है

(a) + 3 (b) + 5
(c) + 6 (d) 0

29. SO_4^{2-} में S की ऑक्सीकरण संख्या है

(a) + 6 (b) + 3
(c) + 2 (d) – 2

30. नाइट्रोजन की ऑक्सीकरण संख्या अधिकतम है

(a) N_3H में (b) N_2O_4 में
(c) NH_2OH में (d) NH_3 में

31. निम्नलिखित में से कौन-सा कथन सही है? *[CDS 2017]*

(a) हाइड्रोजन के लिए ऑक्सीकरण अंक सदैव शून्य होता है।
(b) हाइड्रोजन के लिए ऑक्सीकरण अंक सदैव +1 होता है।
(c) हाइड्रोजन के लिए ऑक्सीकरण अंक सदैव –1 होता है।
(d) हाइड्रोजन के लिए एक से अधिक ऑक्सीकरण अंक हो सकते हैं।

उत्तरमाला

1 (b)	2 (b)	3 (a)	4 (c)	5 (d)	6 (c)	7 (a)	8 (a)	9 (b)	10 (c)
11 (c)	12 (b)	13 (a)	14 (a)	15 (c)	16 (a)	17 (a)	18 (c)	19 (c)	20 (d)
21 (a)	22 (a)	23 (b)	24 (d)	25 (b)	26 (b)	27 (a)	28 (c)	29 (a)	30 (b)
31 (d)									

उत्तर सहित व्याख्या

11. (*c*) $2HgO(s) \xrightarrow{\text{ऊष्मा}} 2Hg(l) + O_2(g)$

उपरोक्त अभिक्रिया में ऑक्सीजन तत्व का निष्कासन हो रहा है तथा ऑक्सीकरण संख्या में कमी हो रही है। अत: यह एक अपचयन अभिक्रिया का उदाहरण है।

12. (*b*) सक्रियता श्रेणी में Cu, Ag की तुलना में ऊपर स्थित है, अत: अधिक क्रियाशील है। इस कारण कॉपर $AgNO_3$ से क्रिया करके Ag को विस्थापित कर देता है एवं $Cu(NO_3)_2$ बनाता है, जिससे विलयन का रंग धीरे-धीरे नीला हो जाता है।

अत: जब ताम्र (Cu) दण्ड को जलीय सिल्वर नाइट्रेट ($AgNO_3$) में डुबाया जाता है, तो विलयन का रंग बदलकर नीला हो जाता है। ऐसा, Ag के Cu की तुलना में आसानी से अपचयित होने से होता है।

15. (*c*) रेडॉक्स अभिक्रिया में ऑक्सीकरण तथा अपचयन की क्रियाएँ एक-साथ, एक ही समय पर होती है।

क्लोरीन का योग (विद्युतऋणी तत्व)

ऑक्सीकरण

$$2HgCl_2(aq) + SnCl_2(aq) \longrightarrow HgCl_2(s) + SnCl_4(aq)$$

Hg का योग (विद्युतधनी तत्व)

अपचयन

16. (*a*) (1) $\overset{+1\;-1}{NaBr} + \overset{+1\;-1}{HCl} \longrightarrow \overset{+1\;-1}{NaCl} + \overset{+1\;-1}{HBr}$

(2) $\overset{+1\;-1}{HBr} + \overset{+1\;\;-2}{AgNO_3} \longrightarrow \overset{+1\;-1}{AgBr} + \overset{+1\;\;-2}{HNO_3}$

(3) $\overset{0}{H_2} + \overset{0}{Br_2} \longrightarrow \overset{+1\;-1}{2HBr}$

(4) $\overset{+1\;-2}{Na_2O} + \overset{+1\;+6\;-2}{H_2SO_4} \longrightarrow \overset{+1\;+6\;-2}{Na_2SO_4} + \overset{+1\;-2}{H_2O}$

उपरोक्त अभिक्रियाओं में से 1, 2 तथा 4 रेडॉक्स अभिक्रिया नहीं है क्योंकि इनमें किसी भी तत्व की ऑक्सीकरण संख्या में परिवर्तन नहीं हो रहा है। अत: केवल अभिक्रिया (3) रेडॉक्स अभिक्रिया है क्योंकि इसमें ऑक्सीकरण संख्या शून्य से क्रमश: +1 व −1 में परिवर्तित हो रही है।

17. (*a*) $\overset{-4}{CH_4} + O_2 \longrightarrow \overset{+4}{CO_2} + 2H_2O$

25. (*b*) $KMnO_4$

तत्व	K	Mn	O	ऑक्सीकरण संख्याओं का योग
तत्वों की संख्या	1	1	4	
ऑक्सीकरण संख्या	+1	x	−2	0

$$1(+1) + 1(x) + 4(-2) = 0$$
$$1 + x - 8 = 0$$
$$x = +7$$

अत: $KMnO_4$ में Mn की ऑक्सीकरण संख्या = +7

26. (*b*) ऑक्सीजन सामान्यत: −2 ऑक्सीकरण संख्या दर्शाती है, लेकिन परॉक्साइड और सुपरऑक्साइड में इसकी ऑक्सीकरण संख्या क्रमश: −1 और $-\frac{1}{2}$ होती है।

फ्लुओरीन सर्वाधिक ऋणविद्युती तत्व है। अत: इसके साथ ऑक्सीजन के यौगिकों में ऑक्सीजन की ऑक्सीकरण संख्या +1 और +2 होती हैं।

अत: F_2O ऑक्सीजन की सर्वाधिक ऑक्सीकरण संख्या (+2) दर्शाने वाला यौगिक है।

27. (*a*) ऑक्सीकरण संख्या लिखने पर,

$$\overset{+2}{2CuSO_4} + \overset{-1}{4KI} \longrightarrow \overset{+1\;-1}{Cu_2I_2} + 2K_2SO_4 + \overset{0}{I_2}$$

अपचयन   ऑक्सीकरण

उपरोक्त अभिक्रिया में, Cu की ऑक्सीकरण संख्या में कमी हुई है। अत: अपचयित होने वाला पदार्थ $CuSO_4$ है।

28. (*c*) CrO_5 की संरचना निम्न हैं

O   O
Cr
O   O
O

अर्थात् इसमें 4 परॉक्साइड आबन्ध उपस्थित हैं, जिनमें O की ऑक्सीकरण संख्या −1 है तथा एक द्वि-आबन्ध उपस्थित है, जिसमें O की ऑक्सीकरण संख्या −2 है।

अत: $x + 4 \times (-1) + 1 \times (-2) = 0$

$\therefore \quad x = +6$

29. (*a*) किसी आयन में उपस्थित सभी तत्वों की ऑक्सीकरण अवस्थाओं का योग उस पर उपस्थित आवेश के बराबर होता है।

माना SO_4^{2-} में S की ऑक्सीकरण संख्या $= x$

$$x + (-2 \times 4) = 2$$

$\therefore \quad x = +6$

30. (*b*) NH_3 में, N की ऑक्सीकरण संख्या $= \frac{1}{3}$

N_2O_4 में, N की ऑक्सीकरण संख्या = +4

NH_2OH में, N की ऑक्सीकरण संख्या = −1

NH_3 में, N की ऑक्सीकरण संख्या = −3

अत: N_2O_4 में नाइट्रोजन की ऑक्सीकरण संख्या सर्वाधिक है।

अध्याय

06

रासायनिक ऊष्मागतिकी एवं विद्युत रसायन

Chemical Thermodynamics and Electrochemistry

विज्ञान की वह शाखा जिसमें ऊष्मीय ऊर्जा का अन्य प्रकार की ऊजाओं से सम्बन्ध का अध्ययन किया जाता है, ऊष्मागतिकी (Thermodynamics) कहलाती है।

ऊष्मागतिकी के मूलभूत पद

- **तन्त्र एवं परिवेश** (System and environment) ब्रह्माण्ड का वह भाग जिसका अध्ययन ऊष्मागतिकी के अन्तर्गत किया जाता है तथा जिसकी सीमाएँ सुनिश्चित होती हैं, निकाय या तन्त्र कहलाता है।
- निकाय के अतिरिक्त ब्रह्माण्ड का शेष भाग परिवेश कहलाता है।
  तन्त्र निम्न प्रकार के होते हैं
  - **खुला तन्त्र** (Open system) ऐसा तन्त्र जिसमें तन्त्र तथा परिवेश के मध्य ऊर्जा व द्रव्य दोनों में विनिमय हो सके, खुला तन्त्र कहलाता है।
    उदाहरण– खुले पात्र में गर्म पानी।
  - **बन्द तन्त्र** (Closed system) ऐसा तन्त्र जो अपने परिवेश से केवल ऊर्जा का विनिमय कर सके, द्रव्य का नहीं, बन्द तन्त्र कहलाता है।
    उदाहरण– बन्द पात्र में गर्म पानी।
  - **विलगित तन्त्र** (Isolated system) ऐसा तन्त्र जो अपने परिवेश से ऊष्मा तथा द्रव्य दोनों का विनिमय न कर सके, विलगित तन्त्र कहलाता है।
    उदाहरण– यदि गर्म पानी को बन्द पात्र में रखें तथा ऊष्मारोधी (Insulated) करे दें, तो ऐसा तन्त्र, विलगित तन्त्र बन जाता है।

ऊष्मागतिकीय गुण

- **विस्तीर्ण गुण** (Extensive property) ऐसे गुण जो निकाय में उपस्थित पदार्थ की मात्रा पर निर्भर करते हैं, विस्तीर्ण गुण कहलाते हैं।
  उदाहरण– मोलों की संख्या, आयतन, एन्थैल्पी, एन्ट्रॉपी आदि।
- **गहन गुण** (Intensive property) ऐसे गुण जो निकाय में उपस्थित पदार्थ की मात्रा पर निर्भर नहीं करते हैं, गहन गुण कहलाते हैं।
  उदाहरण– दाब, ताप, घनत्व, सान्द्रता आदि।
- **अवस्था फलन** (State function) किसी निकाय के वे गुण (ऊष्मागतिकीय गुण) जो तन्त्र (निकाय) की अवस्था का निर्धारण करते हैं, अर्थात् जो तन्त्र की केवल प्रारम्भिक तथा अन्तिम स्थितियों पर निर्भर करते हैं, परन्तु परिवर्तन के मार्ग से स्वतन्त्र होते हैं, अवस्था फलन कहलाते हैं।
  उदाहरण– आन्तरिक ऊर्जा (E), एन्थैल्पी (H), एन्ट्रॉपी (S), मुक्त ऊर्जा (G), दाब (p), ताप (T), आयतन (V) आदि।

ऊष्मागतिकी प्रक्रम

- **रुद्धोष्म प्रक्रम** (Adiabatic process) वह प्रक्रम, जिसमें निकाय अपने परिवेश के साथ ऊष्मा (Q) का आदान-प्रदान नहीं करता है, रुद्धोष्म प्रक्रम कहलाता है।
  अतः रुद्धोष्म प्रक्रम के लिए, $Q =$ नियतांक, $\Delta Q = 0$
- **समतापीय प्रक्रम** (Isothermal process) वह प्रक्रम, जिसमें निकाय का ताप स्थिर रहता है, अर्थात् पूरे प्रक्रम के दौरान, ताप परिवर्तन शून्य होता है, समतापीय प्रक्रम कहलाता है।
  अतः समतापीय प्रक्रम के लिए, $\Delta T = 0$
- **समदाबीय प्रक्रम** (Isobaric process) वह प्रक्रम, जिसमें तन्त्र का दाब पूरे प्रक्रम में स्थिर रहता है, समदाबीय प्रक्रम कहलाता है।
  अतः समदाबीय प्रक्रम के लिए, $\Delta p = 0$
- **समआयतनिक प्रक्रम** (Isochoric process) वह प्रक्रम, जिसमें तन्त्र का आयतन पूरे प्रक्रम में स्थिर रहता है, समआयतनिक प्रक्रम कहलाता है।
  अतः समआयतनिक प्रक्रम के लिए, $\Delta V = 0$
- **चक्रीय प्रक्रम** (Cyclic process) वह प्रक्रम जिसमें तन्त्र विभिन्न प्रक्रियाओं से गुजरकर पुनः अपनी प्रारम्भिक अवस्था को प्राप्त करता है, चक्रीय प्रक्रम कहलाता है।
  किसी चक्रीय प्रक्रम के लिए, $dE = 0$
  तथा $dH = 0$

- **उत्क्रमणीय प्रक्रम** (Reversible process) जब किसी प्रक्रम को अत्यन्त मन्द गति से इस प्रकार सम्पन्न किया जाए कि प्रक्रम का प्रत्येक पद, पूर्व पद के साथ साम्य में रहें और प्रक्रम को किसी भी दिशा में अग्रसर किया जा सके, तो वह उत्क्रमणीय प्रक्रम कहलाता है।
- **अनुत्क्रमणीय प्रक्रम** (Irreversible process) वह प्रक्रम, जो एक एकल पद में पूर्ण हो जाता है और उत्क्रमणीय नहीं होता है, तो वह अनुत्क्रमणीय प्रक्रम कहलाता है। यह प्रक्रम तीव्र गति से सम्पन्न होता है।
- **स्वतः प्रक्रम** (Spontaneous process) ऐसा परिवर्तन जो बिना किसी बाह्य साधन की सहायता के स्वतः ही होता है, स्वतः प्रक्रम कहलाता है। उदाहरण– खुले पात्र से जल का वाष्पन।
- **अस्वतः प्रक्रम** (Non-spontaneous process) ऐसा परिवर्तन जिनमें अपने आप होने की स्वभाविक प्रवृत्ति नहीं होती है, अस्वतः प्रक्रम कहलाता है। उदाहरण– जल का विद्युत अपघटन।

ऊष्मागतिकी के नियम

- **ऊष्मागतिकी का शून्य नियम** (Zeroth law of thermodynamics) ''जब दो वस्तुओं (जो भिन्न तापक्रम पर हैं) को एक-दूसरे से ऊष्मीय रूप से जोड़ा जाता है (अर्थात् किसी चालक द्वारा जोड़ा जाता है), तो ऊष्मा उच्च तापमान वाली वस्तु से निम्न तापमान वाली वस्तु की ओर तब तक स्थानान्तरित होती रहती है जब तक कि दोनों वस्तुओं का तापक्रम समान न हो जाए।
- **आन्तरिक ऊर्जा** (Internal energy) किसी पदार्थ में संचित कुल ऊर्जा, जिसके कारण इसकी रासायनिक प्रकृति होती है, आन्तरिक ऊर्जा (E या U) कहलाती है, अर्थात् पदार्थ में उपस्थित उसके संघटक परमाणुओं की तरंगीय, घूर्णन, रासायनिक बन्ध ऊर्जा, विद्युतीय ऊर्जा तथा नाभिकीय ऊर्जा का योग आन्तरिक ऊर्जा होती है।
- **ऊष्मागतिकी का प्रथम नियम** (First law of thermodynamics) सामान्यतया ऊर्जा संरक्षण के नियम (Law of conservation of energy) को ही ऊष्मागतिकी का प्रथम नियम कहते हैं। इस नियमानुसार, ऊर्जा को न तो उत्पन्न किया जा सकता है और न ही नष्ट किया जा सकता है यद्यपि इसे एक अवस्था से दूसरी अवस्था में परिवर्तित किया जा सकता है।

$$\Delta E = Q + W$$

जहाँ Q = निकाय को दी गई ऊष्मा तथा W = निकाय द्वारा किया गया कार्य

- **ऊष्मागतिकी का द्वितीय नियम** (Second law of thermodynamics) ऊष्मागतिकी का द्वितीय नियम, प्रथम नियम का पूरक है। इस नियम के अनुसार, ऊष्मा का सम्पूर्ण रूप से यांन्त्रिक ऊर्जा में परिवर्तन असम्भव है।

विद्युत रसायन

- विद्युत रसायन (Electrochemistry), रसायन विज्ञान की वह शाखा है, जिसके अन्तर्गत उन रासायनिक अभिक्रियाओं का अध्ययन किया जाता है, जो विद्युत धारा प्रवाहित करने के फलस्वरूप घटित होती है।
- **विद्युत अपघट्य** (Electrolytes) वे यौगिक जो द्रवित अवस्था या जलीय घोल की अवस्था में विद्युत के चालक होते हैं, विद्युत अपघट्य कहलाते हैं। जैसे– अम्ल, क्षार और लवण आदि।
- **विद्युत अनअपघट्य** (Non-electrolytes) वे यौगिक जो द्रवित अवस्था या जलीय घोल की अवस्था में विद्युत के अचालक होते हैं, विद्युत अनअपघट्य कहलाते हैं। जैसे– चीनी, यूरिया, क्लोरोफॉर्म आदि।
- **विद्युत अपघटनी सेल** (Electrolytic cell) वह कुचालक पात्र, जिसमें विद्युत-अपघटन करवाया जाता है, विद्युत अपघटनी सेल या वोल्टमीटर कहलाता है। इस सेल में धातु की दो प्लेटें या तार होते हैं, जिन्हें इलेक्ट्रोड (Electrode) कहते हैं।
- विद्युत धारा प्रवाहित करने पर धनायन कैथोड (Cathode) पर और ऋणायन ऐनोड (Anode) पर मुक्त होते हैं। कैथोड पर अपचयन तथा ऐनोड पर ऑक्सीकरण की प्रक्रिया होती है।

विद्युत अपघटन के नियम

अनेक प्रयोगों के आधार पर 1832 ई. में माइकल फैराडे ने विद्युत अपघटन के सम्बन्ध में दो नियम दिए, जो निम्न है

- **विद्युत अपघटन का प्रथम नियम** (First law of electrolysis) इलेक्ट्रोड से मुक्त हुए पदार्थ की मात्रा (w) विद्युत अपघट्य में से प्रवाहित आवेश (q) के समानुपाती होती है।

$$w \propto q$$

- **विद्युत अपघटन का द्वितीय नियम** (Second law of electrolysis) जब विद्युत की समान मात्रा विभिन्न विद्युत अपघटनी विलयनों में प्रवाहित की जाती है, तो इलेक्ट्रोडों पर मुक्त विभिन्न आयनों के द्रव्यमान अपने रासायनिक तुल्यांकों (तुल्यांकी द्रव्यमान) के समानुपाती होते हैं।
- **फैरड** (Farad) किसी विलयन में से 96487 कूलॉम विद्युत धारा प्रवाहित करने पर, पदार्थ का 1 तुल्यांकी भार मुक्त होता है। विद्युत धारा की इस मात्रा को फैराडे (F) कहते हैं। अर्थात् $1F = 96500$ कूलॉम मोल$^{-1}$

विद्युत रासायनिक सेल

- वह युक्ति (Device), जिसका उपयोग रासायनिक ऊर्जा को विद्युत उर्जा में परिवर्तित करने में किया जाता है, विद्युत रासायनिक सेल (Electrochemical cell) कहलाती है। उदाहरण– साधारण वोल्टीय सेल (Simple voltaic cell), डेनियल सेल (Daniel cell) आदि।
- **इलेक्ट्रोड** (Electrode) जब किसी धातु की प्लेट (छड़) को उसी धातु के लवण के जलीय विलयन में रखा जाता है, तो धातु की प्लेट पर आवेश उत्पन्न हो जाता है तथा विलयन पर समान मात्रा में विपरित आवेश उत्पन्न हो जाता है। इस प्रकार की धातु की प्लेट, इलेक्ट्रोड कहलाती है।
  - **ऐनोड** (Anode) बैटरी के धनात्मक टर्मिनल से जुड़े इलेक्ट्रोड को ऐनोड कहा जाता है।
  - **कैथोड** (Cathode) बैटरी के ऋणात्मक टर्मिनल से जुड़े इलेक्ट्रोड को कैथोड कहा जाता है।

बैटरी

- बैटरियों का प्रयोग ऊर्जा के स्रोतों के रूप में किया जाता है। बैटरियों में एक या एक से अधिक सेल श्रेणीबद्ध रहते हैं। यह मूलतः एक गैल्वेनिक सेल है, जो रेडॉक्स अभिक्रिया द्वारा, रासायनिक ऊर्जा को विद्युत ऊर्जा में बदल देती है।
- **प्राथमिक बैटरियाँ** (Primary batteries) वे सेल जिनसे एक बार विद्युत प्राप्त करने के पश्चात् पुनः आवेशित नहीं किया जा सकता, उन्हें प्राथमिक सेल या बैटरी कहते हैं। इनके उदाहरण इस प्रकार हैं
  - **शुष्क सेल** (Dry cell) इसे लैक्लांशे सेल (Leclanche cell) के नाम से जाना जाता है। ये सामान्य रूप में ट्रांजिस्टरों एवं घड़ियों में प्रयोग में लाई जाती हैं।
  - **मर्करी सेल** (Mercury cell) यह श्रवण यन्त्र, घड़ियों आदि जैसी विद्युत की कम मात्रा की आवश्यकता वाली युक्तियों के लिए उपयुक्त होती है। इसमें जिंक मर्करी अमलगम ऐनोड का तथा HgO एवं कार्बन का पेस्ट कैथोड का कार्य करता है।
- **द्वितीयक बैटरियाँ** (Secondary batteries) वे सेल, जिनसे एक बार विद्युत प्राप्त करने के पश्चात् उन्हें पुनः आवेशित किया जा सकता है, उन्हें द्वितीयक सेल या बैटरी कहते हैं।
  - **लेड संचायक सेल** (Lead storage cell) यह सामान्यतः वाहनों और इन्वर्टरों में प्रयुक्त की जाती है। इसमें ऐनोड लेड का तथा कैथोड लेड डाइऑक्साइड (PbO_2) से भरे हुए लेड का ग्रिड होता है।

- **निकेल-कैडमियम सेल** (Nickel-cadmium cell) इसकी कार्य अवधि लेड संचायक सेल से अधिक है, किन्तु इसकी निर्माण लागत अधिक है। यह टॉर्चलाइट, इलेक्ट्रिक शेवर आदि युक्तियों में प्रयुक्त होती है।
- **ईंधन सेल** (Fuel cell) यह एक विद्युत रासायनिक युक्ति है, जो ईंधन से प्राप्त रासायनिक ऊर्जा को सीधे विद्युत में परिवर्तित करती है। यह परिवर्तन एक रासायनिक अभिक्रिया के द्वारा होता है, जिसमें धनावेशित हाइड्रोजन आयन, ऑक्सीजन या किसी अन्य ऑक्सीकारक से क्रिया करते हैं।

ईंधन सेल में होने वाली अभिक्रिया,

$$2H_2(g) + O_2(g) \longrightarrow 2H_2O(l)$$

- **संक्षारण** (Corrosion) जब कोई धातु जल और वायुमण्डल के सम्पर्क में आती है तो नमी और वायुमण्डल में उपस्थित ऑक्सीजन के कारण यह धातु ऑक्साइड, हाइड्रॉक्साइड, कार्बोनेट आदि में परिवर्तित हो जाती है, जिसे जंग लगना या संक्षारण कहते हैं।

चैप्टर प्रैक्टिस

रासायनिक ऊष्मागतिकी

1. किसी निकाय की अवस्था फलन निर्भर करती है
(a) केवल प्रारम्भिक अवस्था पर
(b) केवल अन्तिम अवस्था पर
(c) केवल अवस्था परिवर्तन पथ पर
(d) प्रारम्भिक एवं अन्तिम अवस्था पर

2. निकाय के लिए सत्य कथन का चयन कीजिए।
(a) खुले बीकर में अभिकारक का होना, खुले निकाय का उदाहरण है।
(b) बन्द कुचालक नलिका में अभिकारक का होना, बन्द निकाय का उदाहरण है।
(c) बन्द चालक नलिका में अभिकारक का होना, खुले निकाय का उदाहरण है।
(d) बन्द चालक नलिका में अभिकारक का होना, विलगित निकाय का उदाहरण है।

3. एक तन्त्र के थर्मस फ्लास्क या कुचालक बीकर में जल की कुछ मात्रा उपस्थित होती है, जिसमें परिसीमा के द्वारा ऊष्मा का संचरण प्रक्रम व परिवेश में नहीं होता है। निकाय पर लागू प्रक्रम कहलाता है
(a) समतापीय प्रक्रम (b) रुद्धोष्म प्रक्रम
(c) समआयतनिक प्रक्रम (d) समदाबीय प्रक्रम

4. रुद्धोष्म प्रक्रम होता है
(a) खुले निकाय में (b) बन्द निकाय में
(c) विलगित निकाय में (d) इन सभी में

5. निम्नलिखित में कौन-से अवस्था फलन कहलाते हैं?
(a) केवल दाब (p) तथा आयतन (V)
(b) केवल आयतन (V) तथा ताप (T)
(c) केवल दाब (p) तथा ताप (T)
(d) दाब (p), आयतन (V) तथा ताप (T)

6. किसी तन्त्र का गहन गुण है
(a) एन्ट्रॉपी (b) एन्थैल्पी
(c) मोलों की संख्या (d) श्यानता

7. किसी आदर्श गैस के समतापी प्रसार में
(a) आन्तरिक ऊर्जा घटती है
(b) आन्तरिक ऊर्जा बढ़ती है
(c) सम्पूर्ण ऊर्जा घटती है
(d) आन्तरिक ऊर्जा स्थिर रहती है

8. कौन-से ऊष्मागतिकी प्रक्रम के लिए, $dp = 0$ होता है?
(a) समतापी प्रक्रम (b) समआयतनी प्रक्रम
(c) समदाबी प्रक्रम (d) रुद्धोष्म प्रक्रम

9. ऊष्मा का प्रवाह होता है
(a) निम्न ताप से उच्च ताप की ओर
(b) उच्च ताप से निम्न ताप की ओर
(c) ऊष्मा का प्रवाह अनिश्चित होता है
(d) उपरोक्त में से कोई नहीं

10. ऊष्मागतिकी में, निकाय की सभी ऊर्जाओं का योग कहलाता है
(a) बाह्य ऊर्जा (b) उत्क्रमणीय ऊर्जा
(c) आन्तरिक ऊर्जा (d) अनुत्क्रमणीय ऊर्जा

11. निम्नलिखित में से कौन-से कारक/कारकों पर निकाय की आन्तरिक ऊर्जा निर्भर करती है/हैं?
(a) निकाय में द्रव्य प्रवेश या निकल जाता है
(b) निकाय पर या निकाय द्वारा किया गया कार्य
(c) ऊष्मा निकाय में या निकाय से बाहर गमन करती है
(d) उपरोक्त सभी

12. ऊर्जा संरक्षण का नियम है
(a) ऊष्मागतिकी का शून्यांकी नियम (b) ऊष्मागतिकी का प्रथम नियम
(c) ऊष्मागतिकी का द्वितीय नियम (d) ऊष्मागतिकी का तृतीय नियम

13. निम्न में से कौन-सा स्वतः प्रक्रम का उदाहरण नहीं है?
(a) जल का ऊपर से नीचे गिरना
(b) ऊष्मा का धातु छड़ के गर्म सिरे से इसके ठण्डे सिरे की ओर प्रवाहित होना
(c) गैसों का आपस में मिलना
(d) रेफ्रिजरेटर में ऊष्मा का ठण्डे पात्र से गर्म पात्र की ओर स्थानान्तरित होना

14. यदि किसी निकाय पर किया गया कार्य या निकाय द्वारा किया गया कार्य शून्य हो, तो किसी निश्चित तापमान पर रखी गई एक गैस के लिए निम्नलिखित में से कौन-सा कथन सही है? *[NDA 2019]*
(a) निकाय की आन्तरिक ऊर्जा में परिवर्तन, निकाय में ऊष्मा के प्रवाह अथवा निकाय में ऊष्मा के प्रवाह के बराबर होता है।
(b) निकाय की आन्तरिक ऊर्जा में परिवर्तन, ऊष्मा स्थानान्तरण से कम होता है।
(c) निकाय की आन्तरिक ऊर्जा में परिवर्तन, ऊष्मा प्रवाह से अधिक होता है।
(d) निर्धारित नहीं किया जा सकता।

15. कपूर को वाष्पीकृत करने पर इसकी एन्ट्रॉपी
(a) घटती है (b) बढ़ती है
(c) स्थिर रहती है (d) शून्य हो जाती है

16. कथन (A) ऊष्मागतिकी के प्रथम नियम के अनुसार, ऊर्जा को न तो उत्पन्न किया जा सकता है और न ही नष्ट किया जा सकता है।
कारण (R) ब्रह्माण्ड की कुल ऊर्जा नियत रहती है।
(a) A और R दोनों सही हैं तथा R, A की सही व्याख्या है
(b) A और R दोनों सही हैं, किन्तु R, A की सही व्याख्या नहीं है
(c) A सही है, किन्तु R गलत है
(d) A गलत है, किन्तु R सही है

17. निम्नलिखित कथनों में से सही कथन को चुनिए
1. ऊष्माक्षेपी अभिक्रिया में अभिकारक की ऊर्जा उत्पाद से अधिक होती है।
2. रुद्धोष्म प्रक्रम में आयतन पूरी अभिक्रिया में स्थिर रहता है।
3. किसी विलगित निकाय की कुल ऊर्जा स्थिर रहती है।

कूट
(a) 1 और 2 (b) केवल 1
(c) 1 और 3 (d) केवल 3

18. निम्नलिखित में से कौन-सा/से अवस्था फलन है/हैं? *[CDS 2019]*
1. $Q + W$ 2. Q
3. W 4. $H - TS$

नीचे दिए गए कूट का प्रयोग कर सही उत्तर चुनिए।
(a) 1 और 4 (b) 1, 2 और 4
(c) 2, 3 और 4 (d) केवल 1

19. सुमेलित कीजिए।

	सूची-I		सूची-II
A.	$\Delta E = Q + W$	1.	समआयतनी
B.	$dT = 0$	2.	रुद्धोष्म
C.	$dQ = 0$	3.	समतापी
D.	$dV = 0$	4.	ऊष्मागतिकी का प्रथम नियम
		5.	ऊष्मागतिकी का द्वितीय नियम

कूट
A B C D A B C D
(a) 5 3 4 1 (b) 4 3 1 2
(c) 5 3 2 1 (d) 4 3 2 1

विद्युत रसायन

20. विद्युत चालन करने वाले अधिकांश द्रव अम्लों, क्षारकों और .... के विलयन होते हैं। *[SSC 2017]*
(a) कॉपर (b) ऐलुमिनियम
(c) लवणों (d) लोहा

21. पदार्थ के एक ग्राम तुल्यांक को इलेक्ट्रोड पर एकत्रित करने के लिए आवश्यक विद्युत आवेश है
(a) एक ऐम्पियर प्रति सेकण्ड
(b) 96500 कूलॉम प्रति सेकण्ड
(c) एक ऐम्पियर एक घण्टे के लिए
(d) एक मोल इलेक्ट्रॉन पर आवेश

22. ऊष्मा के सर्वोत्तम एवं निकृष्टतम चालक क्रमशः क्या है?
(a) चाँदी (Ag) एवं सीसा (Pb) *[NDA 2010]*
(b) ताम्र (Cu) एवं ऐलुमिनियम (Al)
(c) चाँदी (Ag) एवं स्वर्ण (Au)
(d) ताम्र (Cu) एवं स्वर्ण (Au)

23. Na, K, Al, Ca आदि कुछ धातुओं का निष्कर्षण इसके सम्बन्धित यौगिकों से विद्युत अपघटन प्रक्रिया द्वारा क्यों किया जाता है?
(a) वे अभिक्रियाशील धातुएँ हैं
(b) विद्युत अपघटन आसान प्रक्रम हैं
(c) वे अच्छे विद्युत अपघट्य हैं
(d) उपरोक्त सभी

24. किसी चालक द्रव में विद्युत धारा प्रवाहित होने पर होती है
(a) यशद् लेपन (गैल्वेनाइजेशन) (b) वाष्पन *[SSC CGL 2017]*
(c) भौतिक अभिक्रिया (d) रासायनिक अभिक्रिया

25. कथन (A) सभी द्रव विद्युत चालक होते हैं।
कारण (R) कम दाब और उच्च वोल्टता की परिस्थिति में द्रवों को चालक बनाया जा सकता है। *[CDS 2001]*
कूट
(a) A और R दोनों सही हैं तथा R, A की सही व्याख्या है।
(b) A और R दोनों सही हैं, किन्तु R, A की सही व्याख्या नहीं है।
(c) A सही है, किन्तु R गलत है।
(d) A गलत है, किन्तु R सही है।

26. निम्न में से कौन-सा/से कथन सही है/हैं?
1. विद्युत अपघटन के लिए प्रयुक्त पात्र वोल्टमीटर कहलाता है।
2. विद्युत अपघटन में ऑक्सीकरण ऐनोड पर होता है।

कूट
(a) केवल 1 (b) केवल 2
(c) 1 और 2 दोनों (d) न तो 1 और न ही 2

27. विद्युत अपघटनी सेल में इलेक्ट्रॉन का प्रवाह होता है
(a) विलयन में कैथोड से ऐनोड की ओर
(b) बाह्य परिपथ के द्वारा कैथोड से ऐनोड की ओर
(c) आन्तरिक परिपथ के द्वारा कैथोड से ऐनोड की ओर
(d) बाह्य परिपथ के द्वारा ऐनोड से कैथोड की ओर

28. निम्नलिखित में से किसका जलीय विलयन विद्युत धारा उत्पन्न करेगा?
(a) ग्लिसरॉल (b) शर्करा
(c) हाइड्रोक्लोरिक अम्ल (d) शुद्ध जल

29. विद्युत अपघटन में ऑक्सीकरण तथा अपचयन क्रमशः होते हैं
(a) ऐनोड व कैथोड पर (b) कैथोड व ऐनोड पर
(c) दोनों इलेक्ट्रोडों पर (d) इनमें से कोई नहीं

30. विद्युत बल्ब का फिलामेण्ट (बल्ब तन्तु) निम्नलिखित में से कौन-सी धातु का बना होता है? *[UPPCS 2011]*
(a) लेड (b) ताँबा
(c) टंगस्टन (d) ऐलुमिनियम

31. Al_2O_3 से 1 मोल ऐलुमिनियम प्राप्त करने के लिए आवश्यक आवेश की मात्रा है
(a) 1 फैरड (b) 6 फैरड
(c) 3 फैरड (d) 2 फैरड

32. फैराडे का विद्युत अपघटन का नियम किससे सम्बन्धित होता है?
(a) धनायन के परमाणु क्रमांक से
(b) ऋणायन के परमाणु क्रमांक से
(c) विद्युत अपघट्य के तुल्यांकी भार से
(d) धनायन के वेग से

33. Cu^{2+} के 4 ग्राम तुल्यांकों का Cu धातु में अपचयन करने के लिए आवश्यक फैराडे की संख्या होगी
(a) 1 (b) 2
(c) 4 (d) 8

34. कूलॉम में एक फैरड का मान होता है
(a) 95640 (b) 94540
(c) 96500 (d) 97540

35. रिचार्जेबल सेल में सेल के भीतर किस प्रकार की ऊर्जा भण्डारित होती है? *[SSC 2006]*
(a) विद्युत ऊर्जा (b) स्थितिज ऊर्जा
(c) रासायनिक ऊर्जा (d) गतिज ऊर्जा

36. किसी शुष्क सेल में विद्युत का उत्पादन *[CDS 2015]*
(a) रासायनिक ऊर्जा से होता है
(b) ऊष्मीय ऊर्जा से होता है
(c) यान्त्रिक ऊर्जा से होता है
(d) नाभिकीय ऊर्जा से होता है

37. शुष्क सेल परिवर्तित करता है
(a) विद्युत ऊर्जा को रासायनिक ऊर्जा में
(b) रासायनिक ऊर्जा को विद्युत ऊर्जा में
(c) स्थितिज ऊर्जा को गतिज ऊर्जा में
(d) गतिज ऊर्जा को स्थितिज ऊर्जा में

38. निम्नलिखित दिए गए कथनों में से सही कथन चुनिए?
1. शुष्क सेल में अमोनियम क्लोराइड एवं जिंक क्लोराइड का नम पेस्ट भरा होता है।
2. कैथोडिक संरक्षण में आयरन को अधिक सक्रिय धातु से तार के माध्यम से जोड़ा जाता है।
3. शुष्क सेल एक द्वितीयक सेल है।

कूट
(a) केवल 1 (b) केवल 2
(c) 1 और 2 (d) 2 और 3

39. लेड-अम्ल बैटरी के आवेशन के समय कैथोड पर निम्न अभिक्रिया होती है *[CGPMT 2010]*
(a) Pb^{2+} का Pb में अपचयन (b) $PbSO_4$ बनता है
(c) ऐनोड Pb जमा होता है (d) कैथोड पर PbO_2 बनता है

40. सीसे से संचयन वाले सेल में किस अम्ल का प्रयोग होता है? *[SSC 2006]*
(a) फॉस्फोरिक ऐसिड (b) हाइड्रोक्लोरिक ऐसिड
(c) नाइट्रिक ऐसिड (d) सल्फ्यूरिक ऐसिड

41. सीसा संचायक सेल को आवेशित करने पर
(a) PbO_2 घुलता है
(b) लेड इलेक्ट्रोड पर $PbSO_4$ जमता है
(c) H_2SO_4 पुनः बनता है
(d) अम्ल की मात्रा घटती है

42. हाइड्रोजन ईंधन सेल वाले वाहन, 'रेचन (एक्जॉस्ट)' के रूप में क्या निर्मित करते हैं?
(a) NH_2 (b) CH_4
(c) H_2O (d) H_2O_2

43. निम्नलिखित में से कौन-से कथन साधारणतया प्रयोग में आने वाली स्वचालित वाहन (ऑटोमोबाइल) बैटरी के बारे में सत्य हैं?
1. यह सामान्यत: सीसा-अम्ल बैटरी होती है। *[CDS 2009]*
2. यह 2 वोल्ट विभव के छः सेलों की होती है।
3. शक्ति विसर्जित करते समय इसके सेल गैल्वेनी सेलों की तरह काम करते हैं।
4. पुनः आवेशित होते समय इसके सेल विद्युत अपघटनी सेलों की तरह काम करते हैं।

नीचे दिए गए कूट का प्रयोग कर सही उत्तर चुनिए।
(a) 1, 2, 3 और 4 (b) 1, 2 और 3
(c) 2 और 4 (d) 3 और 4

44. हाइड्रोजन-ऑक्सीजन ईंधन सेल में कुल अभिक्रिया सम्पन्न होती है
(a) $2H_2(g) + 4OH^-(aq) \longrightarrow 4H_2O(l) + 4e^-$
(b) $O_2(g) + 2H_2O(l) \longrightarrow 2e^- + 4OH^-(aq)$
(c) $2H_2(g) + O_2(g) \longrightarrow 2H_2O(l)$
(d) उपरोक्त में से कोई नहीं

45. किसी भी इलेक्ट्रोड का इलेक्ट्रोड विभव निर्भर करता है
(a) धातु की प्रकृति पर (b) विलयन के ताप पर
(c) विलयन की मोलरता पर (d) ये सभी

संक्षारण

46. लोहे पर जंग लगने की घटना उत्प्रेरित होती है
(a) Fe के द्वारा (b) O_2 के द्वारा
(c) H^+ के द्वारा (d) Zn के द्वारा

47. ताँबा या निकेल जैसी धातुओं से बने गहनों का जब सोने के लवण वाले घोल में रखा जाता है, तब उन पर सोने की एक पतली परत चढ़ जाती है
(a) उसे 0°C के नीचे तक शीतलीकृत करने से *[CDS 2011]*
(b) उसे 100°C के ऊपर तापित करने से
(c) उसमें विद्युत धारा प्रवाहित करने से
(d) उसे केवल 10 मिनट तक रखने से

48. कैथोडी रक्षण के रूप में ज्ञात प्रक्रिया द्वारा उत्सर्ग ऐनोड, जहाजों और भूमिगत पाइपलाइन के लोहे को जंग लगने से बचाता है। निम्नलिखित धातुओं में से कौन-सी एक, उत्सर्ग ऐनोड के लिए प्रयुक्त नहीं की जा सकती है? *[CDS 2011]*
(a) टिन
(b) जस्ता
(c) मैग्नीशियम
(d) ऐलुमिनियम

49. लोहे को जंग से बचाने के लिए इस पर जस्ते की सुरक्षात्मक परत चढ़ाई जाती है, इस प्रक्रिया को किस नाम से जाना जाता है?
(a) गैल्वेनीकरण (b) प्रगलन (स्मैल्टिंग)
(c) एनीलिंग (d) वैल्डिंग

50. कथन (A) समुद्री जहाज की तली में मैग्नीशियम धातु की सीट लगाई जाती है।
कारण (R) मैग्नीशियम आयरन का कैथोडिक रूप से रक्षण करता है।
कूट
(a) A और R दोनों सही हैं तथा R, A की सही व्याख्या है।
(b) A और R दोनों सही हैं, किन्तु R, A की सही व्याख्या नहीं है।
(c) A सही है, किन्तु R गलत है।
(d) A गलत है, किन्तु R सही है।

51. कथन (A) जिंक लोहे के गैल्वेनीकरण में प्रयुक्त होता है।
कारण (R) जिंक आयरन की अपेक्षा अधिक सक्रिय धातु है।
कूट
(a) A और R दोनों सही हैं तथा R, A की सही व्याख्या है।
(b) A और R दोनों सही हैं, किन्तु R, A की सही व्याख्या नहीं है।
(c) A सही है, किन्तु R गलत है।
(d) A गलत है, किन्तु R सही है।

उत्तरमाला

1 (d)	2 (a)	3 (b)	4 (c)	5 (d)	6 (d)	7 (d)	8 (c)	9 (b)	10 (c)
11 (d)	12 (b)	13 (d)	14 (a)	15 (b)	16 (a)	17 (c)	18 (a)	19 (b)	20 (c)
21 (d)	22 (a)	23 (a)	24 (d)	25 (d)	26 (b)	27 (d)	28 (c)	29 (a)	30 (c)
31 (c)	32 (c)	33 (c)	34 (c)	35 (c)	36 (a)	37 (b)	38 (c)	39 (a)	40 (a)
41 (c)	42 (c)	43 (a)	44 (c)	45 (d)	46 (c)	47 (c)	48 (a)	49 (a)	50 (a)
51 (a)									

उत्तर सहित व्याख्या

15. (*b*) कपूर का वाष्पीकृत होना एक स्वत: प्रवर्तित प्रक्रम है। इसमें इसकी यादृच्छिकता (अव्यवस्था) में वृद्धि होती है। अत: एन्ट्रॉपी बढ़ती है।

21. (*d*) पदार्थ के एक ग्राम तुल्यांक को इलेक्ट्रोड पर एकत्रित करने के लिए एक मोल इलेक्ट्रॉन पर आवेश आवश्यक होता है।

25. (*d*) सभी द्रव विद्युत के सुचालक नहीं होते हैं, जबकि कम दाब एवं उच्च वोल्टता पर द्रवों को चालक में परिवर्तित कर सकते हैं। अत: विकल्प (d) सही है।

27. (*d*) विद्युत अपघटनी सेल में विद्युत अपघट्य के बाहर इलेक्ट्रॉन ऐनोड से कैथोड की ओर प्रवाहित होते हैं, जबकि धारा कैथोड से ऐनोड की ओर प्रवाहित होती है।

29. (*a*) विद्युत अपघटन में ऐनोड पर ऑक्सीकरण तथा कैथोड पर अपचयन होता है।

31. (*c*) Al^{3+} के 1 मोल से Al
इलेक्ट्रोड अभिक्रिया

$$\underset{1\text{ मोल}}{Al^{3+}(aq)} + 3e^- \longrightarrow \underset{1\text{ मोल}}{Al(s)}$$

1 मोल Al^{3+} के अपचयन के लिए आवश्यक आवेश की मात्रा = 3 फैरड

33. (*c*) 1 ग्राम-तुल्यांकों की संख्या = प्रवाहित हुए फैराडे की संख्या

$$\underset{\text{ग्राम}}{4} = \underset{\text{फैरड}}{4}$$

41. (*c*) सीसा संचायक सेल को आवेशित करने पर पुन: H_2SO_4 बनता है। इस सेल में जब बाह्य क्षेत्र से इसे विद्युत-ऊर्जा प्रदान की जाती है। उस स्थिति में होने वाली अभिक्रिया निम्न हैं

$$2PbSO_4 + 2H_2O \longrightarrow Pb(s) + PbO_2(s) + 2SO_4^{2-}(aq) + 4H^+(aq)$$

44. (*c*) हाइड्रोजन-ऑक्सीजन ईंधन सेल में निम्न अभिक्रियाएँ सम्भव होती हैं

ऐनोड पर, $2H_2 \longrightarrow 4H^+ + 4e^-$

$$4H^+ + 4OH^- \rightleftharpoons 4H_2O$$

$$2H_2(g) + 4OH^-(aq) \longrightarrow 4H_2O(l) + 4e^-$$

कैथोड पर,

$$O_2(g) + 2H_2O(l) + 4e^- \longrightarrow 4OH^-(aq)$$

कुल अभिक्रिया,

$$2H_2(g) + O_2(g) \longrightarrow 2H_2O(l)$$

45. (*d*) किसी भी इलेक्ट्रोड का इलेक्ट्रोड विभव इलेक्ट्रोड (धातु) की प्रकृति, धातु आयनों की मोलरता (अर्थात् सान्द्रता) तथा विलयन के ताप पर निर्भर करता है।

49. (*a*) गैल्वेनीकरण एक धातुकर्मिक प्रक्रम है, जिसमें इस्पात या लोहे के ऊपर जस्ते की परत चढ़ा दी जाती है। इससे इन धातुओं का क्षरण रुक जाता है।

50. (*a*) समुद्री जहाज की तली में मैग्नीशियम धातु की सीट लगाई जाती है इसका कारण जहाज की तली जोकि लोहे की बनी होती है को संक्षारण से बचाना है।
कैथोडी रक्षण तकनीक में एक विद्युत रासायनिक सेल का इस प्रकार निर्माण किया जाता है, कि जिस धातु का संक्षारण रोकना होता है, उसे कैथोड (मैग्नीशियम) बना दिया जाता है। अत: विकल्प (a) सही है।

51. (*a*) गैल्वनीकरण एक धातु कार्मिक प्रक्रम है। जिसमें इस्पात या लोहे पर जिंक की परत चढ़ा दी जाती है। जिंक (Zn) आयरन (Fe) से अधिक सक्रिय धातु है। अत: विकल्प (a) सही है।

अध्याय

07

विलयन और कोलॉइड
Solutions and Colloids

दो या दो से अधिक पदार्थों द्वारा बने समांगी मिश्रण (Homogeneous mixture) को **विलयन** (Solution) कहते हैं। यहाँ समांगी मिश्रण से अभिप्राय है कि मिश्रण के प्रत्येक भाग में इसके अवयवों के गुण व संघटन एकसमान होते हैं। उदाहरण– चीनी का जल में विलयन तथा एथेनॉल का जल में विलयन।

विलयन के मुख्य लक्षण

- विलयन पूर्ण रूप से एक समान होता है इसलिए इसके गुण; जैसे—घनत्व, अपवर्तनांक (Refractive index) आदि समान होते हैं।
- विलयन के कुछ गुण; जैसे—घनत्व, श्यानता (Viscosity), पृष्ठ तनाव (Surface tension), क्वथनांक, हिमांक आदि विलयन के संघटन के साथ-साथ परिवर्तित होते रहते हैं।
- विलयन स्थायी एवं पारदर्शक (Translucent) होता है।
- किसी विलयन में विलेय के कणों की त्रिज्या 10^{-7} सेमी से कम होती है।

विलयन के अवयव

- इसके प्रमुख दो अवयव होते हैं, जो निम्न हैं
  - **विलेय** (Solute) सामान्यतः विलयन में वह पदार्थ जो अपेक्षाकृत कम मात्रा में होता है, विलेय कहलाता है।
  - **विलायक** (Solvent) सामान्यतः विलयन में वह पदार्थ जो अपेक्षाकृत अधिक मात्रा में होता है, विलायक कहलाता है।
- जब दो पदार्थों के समांगी मिश्रण से विलयन बनाया जाता है, तो इसे द्विअंगी विलयन (Binary solvent) कहते हैं। जैसे– मेथेनॉल और जल का विलयन।
- किसी निश्चित तापमान पर संतृप्त विलयन और अधिक ठोस विलेय घोलने में असमर्थ होता है।
- जब पानी में नमक मिलाया जाता है, तो क्वथनांक बढ़ता है और हिमांक घटता है।
- विलयन का वाष्प दाब हमेशा विलायक के वाष्प दाब से कम रहता है।
- विलयन के अणुओं के बढ़ने पर विलयन का परासरण दाब बढ़ता है।
- वह ताप जिस पर पदार्थ की द्रव व ठोस अवस्था का वाष्प बराबर हो जाता है, हिमांक (Freezing) कहलाता है।

विलयनों के प्रकार

- **संतृप्त विलयन** (Saturated solution) निश्चित ताप पर वह विलयन, जिसमें विलेय (Solute) की अधिकतम सम्भव मात्रा घुली होती है अथवा और अधिक ठोस विलेय घोलने में असमर्थ विलयन, संतृप्त विलयन कहलाता है।
- **असंतृप्त विलयन** (Unsaturated solution) निश्चित ताप पर वह विलयन, जिसमें विलेय की मात्रा संतृप्त विलयन के लिए आवश्यक मात्रा से कम होती है, असंतृप्त विलयन कहलाता है।
- **अतिसंतृप्त विलयन** (Supersaturated solution) निश्चित ताप पर, जब किसी विलयन में विलेय की मात्रा, संतृप्त विलयन से अधिक हो जाती है, अतिसंतृप्त विलयन कहलाता है।
- **विलेयता** (Solubility) किसी निश्चित ताप व दाब पर 100 ग्राम विलायक में घुलने वाली विलेय की अधिकतम मात्रा को उस विलेय पदार्थ की उस विलायक में विलेयता कहते हैं।

  यदि t°C पर w ग्राम जल में किसी विलेय पदार्थ के अधिक से अधिक w_1 ग्राम घुले हुए हो, तो उस ताप पर विलेय की जल में विलेयता $= \frac{w_1 \times 100}{w}$

विलयन का सान्द्रण

किसी विलयन के प्रति इकाई आयतन में उपस्थित विलेय की मात्रा को विलयन का सान्द्रण कहते हैं। किसी विलयन का सान्द्रण निम्नलिखित विधियों द्वारा व्यक्त किया जा सकता है

- **मोलरता** (Molarity) किसी विलयन के प्रति लीटर आयतन में घुले विलेय के मोलों की संख्या को विलयन की मोलरता कहते हैं।

$$\text{मोलरता } (M) = \frac{\text{विलेय के मोलों की संख्या}}{\text{विलयन का आयतन (लीटर में)}}$$

- **मोललता** (Molality) किसी विलयन के एक किलोग्राम द्रव्यमान में घुले विलेय के मोलों की संख्या को विलयन की मोललता कहते हैं।

$$\text{मोललता } (m) = \frac{\text{विलेय के मोलों की संख्या}}{\text{विलायक का द्रव्यमान (ग्राम में)}} \times 1000$$

ताप में वृद्धि के साथ मोलरता (M) घटती है, परन्तु मोललता (m) अपरिवर्तित रहती है।

- **नॉर्मलता** (Normality) किसी विलयन के एक लीटर आयतन में घुले हुए विलेय के ग्राम-तुल्यांकों (ग्राम में तुल्यांकी भार) की संख्या को विलयन की नॉर्मलता कहते हैं।

$$\text{नॉर्मलता } (N) = \frac{\text{विलेय के ग्राम-तुल्यांकों की संख्या}}{\text{विलयन का आयतन (मिली में)}} \times 1000$$

- **मोल प्रभाज** (Mole fraction) किसी विलयन में उपस्थित विलेय की मोलों की संख्या तथा विलयन में उपस्थित मोलों की कुल संख्या के अनुपात को विलेय का मोल प्रभाज कहते हैं।

विलेय का मोल प्रभाज (χ)

$$= \frac{\text{विलेय के मोलों की संख्या}}{\text{विलेय के मोलों की संख्या} + \text{विलायक के मोलों की संख्या}}$$

विलेय की विलेयता को प्रभावित करने वाले कारक

- **विलेय तथा विलायक की प्रकृति** (Nature of solute and solvent) ध्रुवीय विलेय (जैसे– सोडियम क्लोराइड), ध्रुवीय विलायक (जैसे– जल) में घुलते हैं। अध्रुवीय विलेय (कोलेस्ट्रॉल, ब्रोमीन) अध्रुवीय विलायक [बेन्जीन, (C_6H_6) कार्बन टेट्राक्लोराइड, (CCl_4)] में घुलते हैं।
- **ताप का प्रभाव** (Effect of temperature) विलयन का ताप बढ़ने पर विलेय की विलेयता बढ़ जाती है।
- **दाब का प्रभाव** (Effect of pressure) ठोसों की द्रवों में विलेयता पर दाब का कोई सार्थक प्रभाव नहीं होता लेकिन दाब बढ़ने पर गैसों की द्रव में विलेयता बढ़ जाती है।
- **पदार्थ का आकार** (Size of substance) पदार्थ का आण्विक द्रव्यमान बढ़ने के साथ विलेयता घटती है।

आदर्श तथा अनादर्श विलयन

- **राउल्ट का नियम** (Raoult's law) किसी निश्चित ताप पर विलयन में उपस्थित किसी वाष्पशील अवयवी घटक का आंशिक वाष्प दाब उस अवयवी घटक की मोल भिन्न (Mole fraction) के समानुपाती होता है।
- **आदर्श विलयन** (Ideal solution) वे विलयन जो सान्द्रता व ताप की विस्तृत परासों में राउल्ट के नियम का पालन करते हैं, आदर्श विलयन कहलाते हैं। उदाहरण– बेन्जीन व टॉलुईन का मिश्रण, n-हेक्सेन व n-हेप्टेन का मिश्रण, एथिल ब्रोमाइड व एथिल आयोडाइड का मिश्रण।

  आदर्श विलयन के बनने में न तो ऊर्जा अवशोषित होती है और न ही उत्सर्जित होती है। अर्थात् $\Delta H_{\text{मिश्रण}} = 0$

  आदर्श विलयन में घटकों के आयतन का योग, मिश्रण के विलयन के आयतन के बराबर होता है। अर्थात् $\Delta V_{\text{मिश्रण}} = 0$
- **अनादर्श विलयन** (Non-ideal solution) वे विलयन जो राउल्ट के नियम का पालन नहीं करते हैं, अनादर्श विलयन कहलाते हैं।

  उदाहरण– ईथर तथा ऐसीटोन का मिश्रण।

  इन विलयनों के लिए, $\Delta H_{\text{मिश्रण}} \neq 0, \Delta V_{\text{मिश्रण}} \neq 0$

कोलॉइडी विलयन

- वे विलयन जिनके कण, वास्तविक विलयन के कणों से बड़े तथा निलम्बन (Suspension) के कणों से छोटे होते हैं, अर्थात् जिनके कणों का आकार 1 नैनोमीटर से 100 नैनोमीटर के मध्य होता है, कोलॉइडी विलयन कहलाते हैं।
- कोलॉइड के उदाहरण रबड़, दूध, रुधिर, क्रीम, स्पंज आदि हैं। यह दो प्रावस्थाओं से बना होता है, जो निम्न हैं
  - **परिक्षित प्रावस्था** (Dispersed phase) कोलॉइडी विलयनों में वह पदार्थ जोकि कोलॉइड कणों के रूप में परिक्षिप्त होता है, पदार्थ की परिक्षिप्त प्रावस्था कहलाती है।
  - **परिक्षेपण माध्यम** (Dispersion medium) कोलॉइडी कण जिस प्रावस्था में परिक्षिप्त होते हैं, परिक्षेपण माध्यम कहलाता है।
- परिक्षेपण माध्यम तथा परिक्षिप्त प्रावस्था की भौतिक अवस्थाओं के आधार पर कोलॉइडी विलयन निम्नलिखित प्रकार के होते हैं

कोलॉइडी तन्त्रों के प्रकार

परिक्षिप्त प्रावस्था	परिक्षेपण माध्यम	कोलॉइडी तन्त्र	उदाहरण
द्रव	गैस	द्रवों का ऐरोसॉल	कोहरा, बादल, धुँध, महीन तरीके से किया गया कीटाणुनाशक का छिड़काव।
ठोस	गैस	ठोसों का ऐरोसॉल	ज्वालामुखी की धूल, धुआँ।
गैस	द्रव	झाग या फॉम	साबुन का झाग, सोडा वॉटर, फेटी हुई (व्हिप्ड) क्रीम।
द्रव	द्रव	पायस	दूध, तेल, दवाइयाँ।
ठोस	द्रव	सॉल	पेन्ट, जल में स्टार्च, प्रोटीन, गोल्ड सॉल, स्याही, आर्सेनिक सल्फाइड सॉल।
गैस	ठोस	ठोस फॉम	स्टाइरीन रबर, फॉम रबर, कुरून पत्थर (Pumice stone)।
द्रव	ठोस	जैल	बूट पॉलिश, मक्खन, जैली, पनीर, दही।
ठोस	ठोस	ठोस सॉल (रंगीन काँच)	रूबी काँच, मिश्र-धातुएँ।

द्रवरागी व द्रवविरागी कोलॉइडों में अन्तर

द्रवरागी कोलॉइड (द्रवस्नेही) (Lyophilic colloids)	**द्रवविरागी कोलॉइड** (द्रवविरोधी) (Lyophobic colloids)
ये विलायक को स्नेह करने वाले कोलॉइड हैं। ये द्रव के सम्पर्क में आने पर शीघ्रता से विलयन बना लेते हैं।	ये विलायक से घृणा करने वाले कोलॉइड हैं। ये द्रव से विलयन नहीं बनाते हैं।
ये गोंद, जिलेटिन, स्टार्च, रबड़, आदि पदार्थों को उचित विलायक में मिलाने पर सीधे ही प्राप्त होते हैं।	ये सॉल केवल विशेष विधियों द्वारा ही बनाए जा सकते हैं।

- **पायस** (Emulsion) जब किसी कोलॉइड में एक द्रव के सारे कण दूसरे द्रव के सारे कणों में परिक्षेपित हो जाते हैं लेकिन घुलते नहीं हैं, इस कोलॉइड को पायस कहते हैं। प्रोटीन, गोंद, प्राकृतिक एवं संश्लेषित साबुन, ऐल्कोहॉल आदि प्रमुख पायसीकर्मक हैं।
- **टिण्डल प्रभाव** (Tyndall effect) जब प्रकाश की पुँज को अँधेरे स्थान में रखे कोलॉइडी सॉल से गुजारते हैं, तो पुँज का पथ प्रकाशित होने लगता है। यह परिघटना टिण्डल प्रभाव कहलाती है। ऐसा कोलॉइडी कणों द्वारा प्रकाश के प्रकीर्णन के कारण होता है। आकाश का नीला रंग, तारों का जगमगाना, सूर्यास्त का लाल रंग आदि सभी का कारण टिण्डल प्रभाव है।
- **स्कन्दन** (Coagulation) विद्युत-अपघट्य की थोड़ी-सी मात्रा मिलाकर कोलॉइड के अवक्षेपण करने की प्रक्रिया स्कन्दन कहलाती है।
- **परासरण** (Osmosis) वह प्रक्रिया है, जिसमें शुद्ध विलायक का बहाव विलायक से विलयन में होता है या कम सान्द्रण वाले विलयन से अधिक सान्द्रण वाले विलयन की ओर अर्द्धपारगम्य झिल्ली द्वारा होता है।

चैप्टर प्रैक्टिस

विलयन एवं सान्द्रण

1. निम्न में से कौन-सा विलयन का उदाहरण नहीं है

(a) वायु (b) ताँबा
(c) पारद मिश्रण (अमलगम) (d) जल में बेन्जीन

2. जब दो तरल पदार्थ एक-दूसरे में नहीं घुलते और विलयन नहीं बनाते हैं, तो उसे क्या कहते हैं? *[RRB NTPC 2016]*

(a) विलायक (b) अजलीय
(c) अमिश्रणीय (d) विलेय

3. शक्कर के घोल में शक्कर एक ... है। *[RRB NTPC 2016]*

(a) विलायक (b) घुला हुआ पदार्थ (विलेय)
(c) कोलॉइड (d) निलम्बन

4. बेन्जीन व टॉलूईन का मिश्रण बनाता है

(a) एक आदर्श विलयन (b) अनादर्श विलयन
(c) निलम्बन (d) पायस

5. निम्नलिखित में से कौन-सा एक समांगी मिश्रण है? *[NDA 2008]*

(a) स्टार्च और शर्करा
(b) एथेनॉल और जल
(c) ग्रेफाइट एवं चारकोल
(d) कैल्सियम कार्बोनेट एवं कैल्सियम बाइकार्बोनेट

6. किसी द्रव में गैस की विलेयता

(a) ताप बढ़ाने से बढ़ती है
(b) ताप बढ़ाने से घटती है
(c) ताप बढ़ाने से अपरिवर्तित रहती है
(d) उपरोक्त में से कोई नहीं

7. जल के साथ स्वच्छ विलयन नहीं बनाने वाला यौगिक है

(a) बेन्जोइक अम्ल (b) शर्करा
(c) साधारण लवण (d) कॉस्टिक सोडा

8. निम्नलिखित में से कौन-सा एक मिश्रण नहीं है? *[CDS 2010]*

(a) टूथपेस्ट (b) हाथ धोने का साबुन
(c) खाने का सोडा (d) सिरका

9. सामान्यत: विलायक के रूप में किसका प्रयोग होता है?

(a) बेन्जीन (b) ईथर
(c) ऐल्कोहॉल (d) जल

10. किसी निश्चित तापमान पर संतृप्त विलयन कैसा होता है?

(a) रंगहीन
(b) अत्यधिक रंगीन
(c) और अधिक ठोस विलेय घोलने में असमर्थ
(d) निलम्बित (Suspended) ठोस कण वाला

11. निम्नलिखित में से कौन-सा एक मिश्रण नहीं है? *[NDA 2009]*

(a) वायु (b) पारा
(c) दूध (d) सीमेन्ट

12. निम्नलिखित में से कौन-सा एक अच्छा विलायक बनने के लिए जल का सबसे महत्वपूर्ण गुण है? *[NDA 2008]*

(a) जल की शुद्धता (b) जल की आयनीकरण शक्ति
(c) जल की ध्रुवीय प्रवृत्ति (d) जल की घोलने की शक्ति

13. निम्न में से कौन-सा कथन द्रव विलयन के लिए सही है?

(a) विलयन एक या एक से अधिक वाष्पशील घटक रखते हैं।
(b) विलेय वाष्पशील हो भी सकता है और नहीं भी।
(c) सामान्यतया द्रव विलायक वाष्पशील होते हैं।
(d) उपरोक्त सभी

14. किस प्रकार के विलयन में विलेय की सान्द्रता उसकी विलेयता दर्शाती है?

(a) संतृप्त विलयन (b) असंतृप्त विलयन
(c) अतिसंतृप्त विलयन (d) इनमें से कोई नहीं

15. निम्नलिखित में से कौन-से कथन सही हैं? *[NDA 2018]*

1. **विलयन का वाष्प दाब हमेशा विलायक के वाष्प दाब से कम रहता है।**
2. **विलेय के अणुओं के बढ़ने पर विलयन का परासरण दाब बढ़ता है।**
3. **वह ताप जिस पर पदार्थ की द्रव व ठोस अवस्था का वाष्प दाब बराबर हो जाता है, हिमांक कहलाता है।**

कूट

(a) 1 और 2 (b) 2 और 3
(c) 1 और 3 (d) 1, 2 और 3

16. कथन (A) सभी यौगिकों में एक से अधिक तत्व होते हैं।
कारण (R) सभी यौगिक विषमांगी मिश्रण हैं।

कूट *[CDS 2012]*

(a) A और R दोनों सही हैं तथा R, A की सही स्पष्टीकरण है।
(b) A और R दोनों सही हैं तथा R, A की सही स्पष्टीकरण नहीं है।
(c) A सही है, किन्तु R गलत है।
(d) A गलत है, किन्तु R सही है।

17. कथन (A) सोडा जल और शीतल पेयों में CO_2 की विलेयता बढ़ाने के लिए बोतल को अधिक दाब पर बन्द किया जाता है।
कारण (R) किसी गैस की द्रव में विलेयता गैस के दाब के समानुपाती होती है।

कूट

(a) A और R दोनों सही हैं, तथा R, A का सही स्पष्टीकरण है।
(b) A और R दोनों सही हैं, किन्तु R, A का सही स्पष्टीकरण नहीं है।
(c) A सही है, किन्तु R गलत है।
(d) A गलत है, किन्तु R सही है।

18. सान्द्रता का वह पद जो तापमान से स्वतन्त्र (निर्भर नहीं करता) होता है

(a) मोल अंश और मोललता (b) मोल अंश और मोलरता
(c) केवल नॉर्मलता (d) केवल मोलरता

19. शुद्ध जल की मोलरता है
(a) 5.56 (b) 55.6
(c) 100 (d) 18

20. निम्नलिखित में से कौन तापक्रम में परिवर्तन करने पर प्रभावित होता है?
(a) मोलरता (b) मोललता
(c) नॉर्मलता (d) (a) और (c) दोनों

21. सल्फ्यूरिक अम्ल का मोलर विलयन बराबर होता है *[CDS 2017]*
(a) N विलयन के (b) $\frac{N}{2}$ विलयन के
(c) $2N$ विलयन के (d) $3N$ विलयन के

22. जब पानी में नमक मिलाया जाता है, तो निम्न में से कौन-सा परिवर्तन होता है? *[IAS (Pre) 2009]*
(a) क्वथनांक बढ़ता है और हिमांक घटता है।
(b) क्वथनांक घटता है और हिमांक बढ़ता है।
(c) क्वथनांक व हिमांक दोनों घटते हैं।
(d) क्वथनांक व हिमांक दोनों बढ़ते हैं।

कोलॉइडी विलयन

23. द्रवस्नेही कोलॉइड का उदाहरण है
(a) दूध (b) गोंद
(c) कोहरा (d) रक्त

24. कौन-सा प्राकृतिक कोलॉइड है?
(a) यूरिया (b) शर्करा
(c) रुधिर (d) सोडियम

25. कोलॉइडी तन्त्र कोहरा उदाहरण है
(a) गैस में परिक्षिप्त द्रव (b) गैस में परिक्षिप्त गैस
(c) गैस में परिक्षिप्त ठोस (d) द्रव में परिक्षिप्त ठोस

26. एक कोलॉइडी सॉल होता है
(a) एक वास्तविक (b) एक निलम्बन विलयन
(c) एक विषमांग सॉल (d) एक समांग सॉल

27. एक कोलॉइडल विलयन के विध्वंस में प्रयुक्त सामान्य विधि है
(a) विद्युत अपघट्य
(b) जन्तु भित्ति से होकर का योग विसरण
(c) संघनन
(d) अपोहन

28. वह पदार्थ, जो जल के सम्पर्क में आने पर शीघ्रता से कोलॉइडी विलयन बनाता है, कहलाता है। *[SSC 2017]*
(a) विस्तीर्ण कोलॉइड (b) सहचारी कोलॉइड
(c) जल-विरोधी कोलॉइड (d) जलरागी कोलॉइड

29. जब एक कोलॉइडी विलयन से एक प्रकाश पुँज गुजरता है, तो वह
(a) परावर्तित होता है
(b) विकिर्णीत होता है
(c) बिना विचलित हुए पार हो जाता है
(d) पूर्णतः अवशोषित हो जाता है

30. निम्नलिखित में से कौन-सा कोलॉइड तन्त्र नहीं है?
(a) क्लोरोफिल (b) धुआँ
(c) रंगीन काँच (d) दूध

31. बादल एक कोलॉइडी तन्त्र है
(a) जल के परिक्षेपण माध्यम में परिक्षिप्त वायु का
(b) जल के परिक्षेपण माध्यम में परिक्षिप्त कोहरे का
(c) वायु के परिक्षेपण माध्यम में परिक्षिप्त धुँध का
(d) वायु के परिक्षेपण माध्यम में परिक्षिप्त जल बिन्दुओं का

32. किसी द्रव में एक कोलॉइडी तन्त्र एक द्रव में परिक्षेपित करने पर कहलाता है *[SSC (CGL) 2013]*
(a) जैल (b) इमल्शन
(c) विलेय (सॉल) (d) अवक्षेप

33. निम्नलिखित में से कौन-सा एक, टिण्डल प्रभाव को प्रदर्शित नहीं करेगा? *[Asst. Comm. 2019]*
(a) जल के साथ ताजा मिश्रित किया हुआ चॉक पाउडर
(b) नींबू का रस
(c) जल के साथ मिश्रित दूध की कुछ बूँदें
(d) मण्ड (स्टार्च) विलयन

34. शुद्ध पदार्थों से रंगीन पदार्थ घटाने के लिए सक्रिय चारकोल का उपयोग करते हैं। यह किसके द्वारा कार्य करता है? *[NDA 2018]*
(a) ऑक्सीकरण (b) अपचयन
(c) विरंजन (d) अधिशोषण

35. एक घोल किसका कोलॉइडी विलयन होता है? *[SSC 2016]*
(a) द्रव में द्रव (b) द्रव में ठोस
(c) ठोस में गैस (d) ठोस में ठोस

36. निम्नलिखित में से कौन-से द्रव का ठोस में कोलॉइडी विलयन का उदाहरण है?
(a) कीचड़ (b) दूध
(c) पनीर (d) रबड़

37. कोहरा किस प्रकार का कोलॉइडी निकाय है? *[SSC 2007]*
(a) द्रव में गैस (b) गैस में द्रव
(c) द्रव में ठोस (d) ठोस में द्रव

38. धुआँ पैदा होने का कारण है *[SSC 2007]*
(a) गैस में ठोस का परिक्षेपण (b) द्रव में ठोस का परिक्षेपण
(c) ठोस में गैस का परिक्षेपण (d) गैस में गैस का परिक्षेपण

39. दूध एक कोलॉइडी तन्त्र है। यह एक द्रवस्नेही केसीन द्वारा स्थायी किया कोलॉइड है। दूध में
(a) जल वसा में परिक्षिप्त होता है
(b) वसा जल में परिक्षिप्त होती है
(c) वसा और जल एक-दूसरे में परिक्षिप्त होते हैं
(d) वसा घुली होती है

40. जिलेटिन एक द्रवस्नेही कोलॉइड है इसका अधिकतर उपयोग आईसक्रीम बनाने में किया गया है इसका प्रयोग किया जाता है *[SSC 2018]*
(a) कोलॉइड को बनने से रोकने में
(b) कोलॉइड को स्थायी बनाने में तथा क्रिस्टलीकरण रोकने में
(c) मिश्रण को स्थायी बनाने में
(d) खुशबू की वृद्धि करने में

41. पायस एक कोलॉइड होता है *[SSC (10+2) 2011]*
(a) द्रव में गैस का (b) द्रव में द्रव का
(c) गैस में द्रव का (d) ठोस में गैस का

42. किसी तनु (मन्द) विलयन से सान्द्र विलयन की ओर एक चयनात्मक रूप से पारगम्य झिल्ली में से (के आर-पार) जल का वास्तविक संचलन क्या कहलाता है? *[NDA 2019]*
(a) विसरण (b) विक्षेपण (प्रकीर्णन)
(c) परासरण (d) अवशोषण

43. मामूली कट जाने पर फिटकरी रक्तस्राव को रोक देती है। इसका कारण है *[SSC 2006]*
(a) परासरण (b) निलम्बन
(c) अपोहन (d) स्कन्दन

44. सही कथन/कथनों का चुनाव कीजिए।
(a) पायसीकर्मक पायस को स्थायी बनाते हैं।
(b) साबुन अपमार्जक तथा द्रवस्नेही कोलॉइड पायसीकर्मक हैं।
(c) साबुन की शोधक्रिया पायस के बनने का कारण है।
(d) उपरोक्त सभी कथन सही है।

45. पायस के कुछ गुण हैं
I. पायस प्रकाश प्रकीर्णन करते हैं और इसलिए ये टिण्डल प्रभाव प्रदर्षित करते हैं।
II. तेलीय पायस जलीय की अपेक्षा अधिक चिपचिपे होते हैं।
सही गुणों का चुनाव कीजिए।
(a) केवल I (b) केवल II
(c) I और II दोनों (d) इनमें से कोई नहीं

46. I. जब प्रकाश कोलॉइडी सॉल से गुजरता है, तो इसका पथ दृश्य (प्रदीप्त) हो जाता है।
II. कोलॉइडी कणों द्वारा प्रकाश का प्रकीर्णन होता है।
(a) दोनों ही कथन व्यष्टितः सत्य हैं और कथन I कथन II का सही स्पष्टीकरण है।
(b) दोनों ही कथन व्यष्टितः सत्य हैं, किन्तु कथन II कथन I का सही स्पष्टीकरण नहीं है।
(c) कथन I सत्य है, किन्तु कथन II असत्य है।
(d) कथन I असत्य है, किन्तु कथन II सत्य है।

47. सही कथन/कथनों का चुनाव कीजिए।
(a) पायसीकर्मक पायस को स्थायी बनाते हैं।
(b) साबुन, अपमार्जक तथा द्रव-स्नेही कोलॉइड पायसीकर्मक हैं।
(c) साबुन की शोधन क्रिया पायस के बनने के कारण है।
(d) उपरोक्त सभी कथन सही हैं।

48. कौन-सा कथन कोलॉइडी तन्त्र को सही स्पष्ट नहीं करता है?
(a) नदी एवं समुद्र के संगम पर डेल्टा निर्गित होता है
(b) कृत्रिम वर्षा के लिए वायुयान से बादलों पर आवेशित धूल बिखेरते हैं
(c) पोटाश एलम का प्रयोग औषधि को प्रतिसंक्रामक के रूप में एवं शेविंग के दौरान रक्त स्राव के उपचार में होता है
(d) कठोर जल के मृदुकरण में सोडियम ऐलुमिनियम सिलिकेट उपयोगी है

49. निम्नलिखित कथनों में से सही कथन चुनिए।
1. किसी ठोस या द्रव की सतह पर पदार्थ के अणुओं को आकर्षित तथा ग्रहण करने का प्रक्रम अधिशोषण कहलाता है।
2. किसी पदार्थ के अणुओं के किसी ठोस या द्रव के अन्दर समान रूप से वितरित होने की घटना अवशोषण कहलाती है।
3. कोलॉइडी विलयन समांगी प्रकृति का होता है।
4. पायस में परिक्षिप्त प्रावस्था तथा परिक्षेपण माध्यम दोनों द्रव होते हैं।

कूट
(a) 1 और 2 (b) 2 और 4
(c) 1, 2 और 3 (d) 1, 2 और 4

50. निम्न में से कौन-सा/से कथन सही है/हैं?
1. क्रिस्टलीय पदार्थ से कोलॉइड को चर्म पत्र द्वारा विसरण क्रिया के माध्यम से पृथक् करना, अपोहन कहलाता है।
2. अपोहन का प्रयोग रक्त के शुद्धिकरण में किया जाता है।

कूट
(a) केवल 1 (b) केवल 2
(c) 1 और 2 दोनों (d) न तो 1 और न ही 2

51. निम्न सूचियों को सुमेलित कीजिए। *[CDS 2011]*

	सूची-I		सूची-II
A.	धुआँ	1.	द्रव में परिक्षिप्त गैस
B.	जैल	2.	ठोस में परिक्षिप्त ठोस
C.	इमल्शन	3.	द्रव में परिक्षिप्त द्रव
D.	फोम	4.	ठोस में परिक्षिप्त द्रव
		5.	गैस में परिक्षिप्त ठोस

कूट

	A	B	C	D		A	B	C	D
(a)	4	2	3	1	(b)	5	4	3	1
(c)	2	4	1	5	(d)	5	2	1	3

52. निम्न सूचियों को सुमेलित कीजिए।

	सूची-I		सूची-II
A.	साबुन का फेन या झाग	1.	पायस
B.	जल में गाद (Silt)	2.	फोम
C.	ओपल (दूधिया पत्थर)	3.	सॉल
D.	मेयोनीज	4.	जैल

कूट

	A	B	C	D		A	B	C	D
(a)	1	2	3	4	(b)	3	4	2	1
(c)	4	2	3	1	(d)	2	3	4	1

उत्तरमाला

1 (d)	2 (c)	3 (b)	4 (a)	5 (b)	6 (b)	7 (a)	8 (c)	9 (d)	10 (c)
11 (b)	12 (c)	13 (d)	14 (a)	15 (d)	16 (c)	17 (a)	18 (a)	19 (b)	20 (d)
21 (c)	22 (a)	23 (b)	24 (c)	25 (a)	26 (c)	27 (a)	28 (d)	29 (b)	30 (a)
31 (d)	32 (a)	33 (a)	34 (d)	35 (a)	36 (c)	37 (b)	38 (a)	39 (b)	40 (b)
41 (b)	42 (c)	43 (d)	44 (a)	45 (c)	46 (a)	47 (d)	48 (d)	49 (d)	50 (c)
51 (b)	52 (d)								

उत्तर सहित व्याख्या

16. (c) वह शुद्ध पदार्थ, जिसे दो या दो से अधिक तत्वों के निश्चित अनुपात में रासायनिक संयोग द्वारा प्राप्त किया जाता है, यौगिक कहलाता है। परन्तु सभी यौगिक विषमांगी मिश्रण नहीं होते हैं। अत: विकल्प (c) सही है।

17. (a) दाब में वृद्धि करने पर गैस की विलेयता में भी वृद्धि होती है। हेनरी के नियमानुसार, स्थिर ताप पर किसी गैस की द्रव में विलेयता गैस के दाब के समानुपाती होती है।
अत: सोडा जल और शीतल पेयों में CO_2 की विलेयता बढ़ाने के लिए बोतल को अधिक दाब पर बन्द किया जाता है। अत: विकल्प (a) सही है।

42. (c) किसी तनु (मन्द) विलयन से सान्द्र विलयन की ओर एक चयनात्मक रूप से पारगम्य झिल्ली में से (के आर-पार) जल का वास्तविक संचलन परासरण कहलाता है।

46. (a) यदि प्रकाश के प्रबल पुंज को अँधेरे स्थान में रखे कोलॉइडी सॉल से गुजारा जाता है, तो उस पुंज का पथ प्रकाशित होने लगता हैं। यह परिघटना टिण्डल प्रभाव कहलाती है। अत: कथन I एवं कथन II सही है तथा कथन II, कथन I की सही व्याख्या करता है।

49. (d) किसी ठोस या द्रव की सतह पर पदार्थ के अणुओं को आकर्षित तथा ग्रहण करने का प्रक्रम अधिशोषण तथा किसी पदार्थ के अणुओं के किसी ठोस या द्रव के अन्दर समान रूप से वितरित होने की घटना अवशोषण कहलाती है। और पायस में परिक्षिप्त प्रावस्था तथा परिक्षेपण माध्यम दोनों द्रव होते हैं। अत: कूट 1, 2 और 4 सही हैं।

50. (c) क्रिस्टलीय पदार्थ से कोलॉइड को चर्म पत्र द्वारा विसरण क्रिया के माध्यम से पृथक करना अपोहन कहलाता है। अपोहन का प्रयोग रक्त के शुद्धिकरण में किया जाता है। अत: कथन 1 और 2 दोनों सही है।

अध्याय

08

तत्वों का आवर्ती वर्गीकरण

Periodic Classification of Elements

- तत्वों को उनके परमाणु क्रमांकों के बढ़ते क्रम में रखने पर उनके भौतिक एवं रासायनिक गुणों की पुनरावृत्ति देखी जा सकती है। ये गुण आवर्ती गुण (Periodic properties) कहलाते हैं तथा यह घटना गुणों की **आवर्तिता** (Periodicity in properties) कहलाती है।

तत्वों के वर्गीकरण हेतु प्रारम्भिक प्रयास

- **प्राउट परिकल्पना** (Prout's hypothesis) इस परिकल्पना के अनुसार, सभी तत्वों की रचना करने वाला तत्व हाइड्रोजन होता है।
- **डॉबेराइनर त्रिक** (Dobereiner triads) इस नियमानुसार, तत्वों के त्रिक में बीच वाले तत्व का परमाणु भार शेष दोनों तत्वों के परमाणु भारों के औसत मान के लगभग बराबर होता है।

  डॉबेराइनर त्रिक निम्न प्रकार से हैं

  (Li, Na, K), (Ca, Sr, Ba) तथा (Cl,Br, I)
- **न्यूलैण्ड का अष्टक नियम** (Newland's law of octaves) इस नियमानुसार, पहले एवं आठवें तत्व में संगीत के सुरों के तुल्य समानता होती है।
- **लोथर मेयर वक्र** (Lothar Meyer curves) इसके अनुसार, तत्वों के परमाणु भार तथा परमाणु आयतन के मध्य खींचें गए आरेख से प्राप्त वक्र में समान गुणों वाले तत्वों की स्थिति समान होती है।

मेण्डेलीफ की आवर्त सारणी

- सन् 1869 में रूसी वैज्ञानिक मेण्डेलीफ ने मूल तत्वों की आवर्त सारणी बनायी। इसके अनुसार, "तत्वों के गुणधर्म उनके परमाणु भारों के आवर्ती फलन होते हैं।"
- मेण्डेलीफ ने आवर्त सारणी में ऊर्ध्व स्तम्भों को समूह (Groups) तथा क्षैतिज पंक्तियों को आवर्त (Periods) बताया था।
- मेण्डेलीफ की आवर्त सारणी में 8 समूह और 7 आवर्त थे।
- मेण्डेलीफ ने परमाणु भार के सम्बन्ध के साथ समान प्रकृति के तत्वों को समान समूह में रखा था।
- मेण्डेलीफ ने अपनी आवर्त सारणी में कुछ रिक्त स्थान नए तत्वों के लिए छोड़ दिए थे, जो उस समय खोजे नहीं गए थे।

  उदाहरण– एका-बोरॉन, एका-ऐलुमिनियम और एका-सिलिकॉन जिनके गुणधर्म बाद में खोजे गए तत्वों स्केण्डियम, गैलियम और जर्मेनियम के समान थे।
- यह सारणी सहायक पाई गई
  - तत्वों के सुविधाजनक अध्ययन में।
  - नए तत्वों के गुणों की भविष्यवाणी करने में।
  - तत्वों की संयोजकता ज्ञात करने में।
  - वास्तविक परमाणु भारों को ज्ञात करने में।

मेण्डेलीफ के वर्गीकरण की सीमाएँ

- वह अपनी आवर्त सारणी में हाइड्रोजन को उचित स्थान नहीं दे सके।
- तत्वों के समस्थानिकों के लिए इस आवर्त सारणी में कोई निश्चित स्थान नहीं था।
- एक तत्व से दूसरे तत्व की ओर बढ़ने पर परमाणु द्रव्यमान नियमित रूप से नहीं बढ़ते। अतः यह अनुमान लगाना कठिन हो गया कि तत्वों के बीच कितने तत्व खोजे जा सकते हैं।
- कुछ समान गुणधर्मों वाले तत्वों को विभिन्न समूहों में रखा गया (जैसे– Cu और Hg; Ag और Tl; Au और Pt को अलग रखा गया)।
- इसी प्रकार, कुछ तत्व जो गुणों में भिन्नता रखते हैं उन्हें एक साथ रखा गया है, जैसे– समूह-8 में तीन-तीन तत्वों को एक साथ रखा गया है, जो गुणधर्मों में भिन्न हैं।
- इसी प्रकार कॉपर, सिल्वर और गोल्ड को क्षार धातुओं के साथ समान समूह-1 में रखा गया है, जो रासायनिक रूप से भिन्न हैं।
- धातुओं और अधातुओं को इस आवर्त सारणी में अलग से नहीं रखा गया है।

आधुनिक आवर्त सारणी

- मोजले के अनुसार, "तत्वों के भौतिक और रासायनिक गुणधर्म उनके परमाणु क्रमांकों के आवर्ती फलन होते हैं।" यह सारणी मेण्डेलीफ की सारणी के सभी दोषों को दूर करती है।
- मोजले ने बताया कि तीव्र गति के इलेक्ट्रॉन की धातु पर बौछार कराने पर प्राप्त X-किरणों की आवृत्ति का वर्गमूल संगत धातु परमाणु के नाभिकीय आवेश के अनुक्रमानुपाती होता है।

  $$\sqrt{\nu} = a(Z - b)$$

  जहाँ, ν = X-किरणों की आवृत्ति, Z = नाभिकीय आवेश या परमाणु क्रमांक तथा a, b = स्थिरांक
- चूँकि दो तत्वों के परमाणु क्रमांक समान नहीं हो सकते। अतः "परमाणु क्रमांक तत्वों का मूल गुण है।"

- इस आवर्त सारणी में क्षैतिज पंक्तियों को आवर्त (Periods) तथा ऊर्ध्वाधर स्तम्भों को वर्ग (Groups) कहते हैं। आवर्त सारणी में कुल 18 समूह तथा 7 आवर्त हैं।

आधुनिक आवर्त सारणी में आवर्ती गुण

- **आयनन ऊर्जा** (Ionisation energy) तलस्थ अवस्था में, विलगित गैसीय परमाणु से बाह्यतम इलेक्ट्रॉन को बाहर निकालने के लिए आवश्यक ऊर्जा, तत्व की आयनन ऊर्जा कहलाती है।
- **इलेक्ट्रॉन लब्धि ऐन्थैल्पी** (Electron gain enthalpy) जब कोई उदासीन गैसीय परमाणु इलेक्ट्रॉन ग्रहण कर ऋणायन में परिवर्तित होता है, तो इस प्रक्रिया में हुए ऐन्थैल्पी परिवर्तन को 'इलेक्ट्रॉन लब्धि ऐन्थैल्पी' कहते हैं। इस प्रक्रम के दौरान मुक्त ऊर्जा **इलेक्ट्रॉन बन्धुता** (Electron affinity) कहलाती है।
- **विद्युत ऋणात्मकता** (Electronegativity) परमाणु के रासायनिक यौगिक में सहसंयोजक आबन्ध के इलेक्ट्रॉन युग्म को अपनी ओर आकर्षित करने की योग्यता की गुणात्मक माप विद्युत ऋणात्मकता कहलाती है।
- आवर्ती गुणों में प्रवृत्तियाँ

आवर्ती गुणों में प्रवृत्तियाँ

तत्वों के आवर्ती गुण	आवर्त में बाएँ से दाएँ	वर्ग में ऊपर से नीचे
आयनन ऊर्जा	वृद्धि होती है	घटती है
इलेक्ट्रॉन बन्धुता	वृद्धि होती है	घटती है
विद्युत ऋणात्मकता	वृद्धि होती है	घटती है
अधात्विक लक्षण	वृद्धि होती है	घटती है
ऑक्सीकारक लक्षण	वृद्धि होती है	घटती है
ऑक्साइडों की अम्लीय प्रकृति	वृद्धि होती है	घटती है
परमाणु त्रिज्या	घटती है	वृद्धि होती है
धनविद्युती लक्षण	घटती है	वृद्धि होती है
धात्विक लक्षण	घटती है	वृद्धि होती है
ऑक्साइडों की क्षारीय प्रकृति	घटती है	वृद्धि होती है

तत्वों का वर्गीकरण

संयोजी इलेक्ट्रॉन ग्रहण करने वाले कक्षकों के प्रकार के आधार पर तत्वों को निम्न चार ब्लॉक में वर्गीकृत किया गया है

- ***s*-ब्लॉक तत्व** (*s*-block elements) इन तत्वों में संयोजी इलेक्ट्रॉन *s*-कक्षक में प्रवेश पाते हैं। आवर्त सारणी के समूह 1 तथा 2 (IA और IIA) इस ब्लॉक के तत्व हैं।

  s-ब्लॉक तत्वों का सामान्य इलेक्ट्रॉनिक विन्यास क्षारीय धातुओं के लिए ns^1 तथा क्षारीय मृदा धातुओं के लिए ns^2 है।
- ***p*-ब्लॉक तत्व** (*p*-block elements) *p*-ब्लॉक तत्वों के संयोजी इलेक्ट्रॉन *p*-कक्षक में प्रवेश पाते हैं। इनके संयोजी कोश का इलेक्ट्रॉनिक विन्यास ns^2np^{1-6} है।

  आवर्त सारणी में समूह-13 से 18 (IIIA से VIII A) *p*-ब्लॉक तत्व हैं। इस ब्लॉक में धातु, अधातु व उपधातु पाये जाते हैं।
- ***d*-ब्लॉक तत्व** (*d*-block elements) इन तत्वों को **संक्रमण तत्व** (Transition elements) कहा जाता है (जिंक, कैडमियम और मर्करी के अतिरिक्त)। *d*-ब्लॉक तत्वों में संयोजी इलेक्ट्रॉन *d*-कक्षक में प्रवेश पाते हैं। संयोजी कोश का इलेक्ट्रॉनिक विन्यास $(n-1)d^{1-10}\ ns^{1-2}$ होता है।
- ***f*-ब्लॉक तत्व** (*f*-block elements) इस सारणी के छठें आवर्त के 14 तत्वों, परमाणु क्रमांक 58 से 71 तक और सातवें आवर्त के 14 तत्वों, परमाणु क्रमांक 90 से 103 तक को दो श्रेणियों में क्रमशः लैन्थेनॉइड तथा ऐक्टिनॉइड के रूप में आवर्त सारणी के नीचे रखा गया हैं।

  लैन्थेनॉइडों का इलेक्ट्रॉनिक विन्यास $6s^2\ 5d^{0-2}\ 4f^{1-14}$ होता है। ऐक्टिनॉइडों का इलेक्ट्रॉनिक विन्यास अनियमित है। इस ब्लॉक के तत्व **आन्तरिक संक्रमण तत्व** (Inner transition elements) भी कहलाते हैं।

कुछ तत्वों के उच्चतम और निम्नतम गुण

उच्चतम/निम्नतम गुण	तत्व	उच्चतम/निम्नतम गुण	तत्व
सबसे हल्का तत्व (अधातु)	हाइड्रोजन	उच्चतम आयनन विभव वाला तत्व	हीलियम
सबसे भारी तत्व	ऑसमियम	निम्नतम आयनन विभव वाला तत्व	सीजियम
सबसे हल्की धातु	लीथियम	उच्चतम इलेक्ट्रॉन बन्धुता वाला तत्व	क्लोरीन
द्रव धातु	मर्करी	उच्चतम गलनांक वाली धातु	टंगस्टन
द्रव अधातु	ब्रोमीन	सर्वाधिक विद्युत ऋणात्मक तत्व	फ्लुओरीन
सबसे अच्छा सुचालक (धातु)	सिल्वर	सबसे प्रबल ऑक्सीकारक	फ्लुओरीन
दूसरा सबसे अच्छा सुचालक	कॉपर	सबसे प्रबल अपचायक	लीथियम
सबसे अच्छा अधात्विक चालक	ग्रेफाइट (कार्बन का अपररूप)	एकपरमाणुक गैसें या गैसीय तत्वों का समूह	अक्रिय गैस या उत्कृष्ट गैस या शून्य समूह
सबसे अधिक तन्य और आघातवर्ध्यनीय धातु	गोल्ड	मिट्टी के तेल में रखा जाने वाला तत्व	सोडियम
सबसे अधिक क्रियाशील धातु	सीजियम	हड्डियों और दाँतों में पाया जाने वाला तत्व	कैल्सियम
सबसे अधिक क्रियाशील अधातु	फ्लुओरीन	सर्वाधिक विषैली धातु	प्लूटोनियम

चैप्टर प्रैक्टिस

तत्वों का प्रारम्भिक वर्गीकरण

1. मूल तत्वों की आवर्त सारणी बनाने वाले पहले वैज्ञानिक कौन थे? *[RRB NTPC 2016]*

(a) हेनरी मोजले (b) रॉबर्ट बॉयल
(c) मेण्डेलीफ (d) जॉन न्यूलैण्ड्स

2. न्यूलैण्ड्स मेण्डेलीफ और मेयर नामक वैज्ञानिक ने विकास किया था? *[RRB NTPC 2016]*

(a) धातु विज्ञान (b) आवर्त सारणी
(c) परमाणु संरचना (d) तत्वों की खोज

3. नीचे दिए गए वर्गीकरणों में से कौन-सा परमाणु द्रव्यमानों के आधार पर था? *[RRB 2018]*

(a) डॉबेराइनर, न्यूलैण्ड्स और मोजले का
(b) डॉबेराइनर, मेण्डेलीफ और मोजले का
(c) डॉबेराइनर, न्यूलैण्ड्स ओर मेण्डेलीफ का
(d) मेण्डेलीफ, न्यूलैण्ड्स और मोजले का

4. "यदि तत्वों को बढ़ते परमाणु भारों के क्रम में लिखा जाए तो हर आठवाँ तत्व अपने से पहले तत्व के समान गुणों वाला होगा" यह नियम किसने दिया?

(a) डॉबेराइनर (b) न्यूलैण्ड (c) मेण्डेलीफ (d) प्राउट

5. जॉन डॉबेराइनर (John Dobereiner) ने तीन तत्वों के भौतिक एवं रासायनिक गुणों की प्रवृत्ति का विचार दिया। इस सम्बन्ध को कहा जाता है

(a) त्रिक का नियम (b) डॉबेराइनर का नियम
(c) अष्टक का नियम (d) द्विक का नियम

6. निम्न में से कौन-सा सम्बन्ध लोथर मेयर (Lothar Meyer) द्वारा ग्राफीय रूप से प्रतिपादित किया गया है?

(a) रासायनिक गुणों एवं परमाणु भार के मध्य
(b) भौतिक गुणों एवं परमाणु भार के मध्य
(c) भौतिक गुणों एवं परमाणु क्रमांक के मध्य
(d) रासायनिक गुणों एवं परमाणु क्रमांक के मध्य

7. लोथर मेयर के अनुसार, तत्वों के रासायनिक गुण उनके आवर्ती फलन होते हैं

(a) संयोजकता (b) परमाणु संख्या
(c) परमाणु भार (d) परमाणु आकार

8. 'आवर्ती नियम' निम्नलिखित में से किसने दिया ? *[SSC 2017]*

(a) कार्लटन मैक्गी (b) इमिल फिशर
(c) चार्ल्स डार्विन (d) दमित्री मेण्डेलीफ

मेण्डेलीफ की आवर्त सारणी

9. मेण्डेलीफ की आवर्त सारणी में, टेल्यूरियम की अपेक्षा कम अणुभार वाली आयोडीन को किसके साथ रखा गया है?

(a) आयरन, कोबाल्ट एवं निकेल
(b) फ्लुओरीन, क्लोरीन एवं ब्रोमीन
(c) ऑक्सीजन, सल्फर एवं सेलीनियम
(d) कार्बन, सिलिकॉन एवं जर्मेनियम

10. मेण्डेलीफ ने एक स्थान ऐलुमिनियम के नीचे और एक स्थान सिलिकॉन के नीचे छोड़ा, जिनके परमाणु भार क्रमशः 68 एवं 72 हैं

(a) एका-ऐलुमिनियम एवं एका-सिलिकॉन
(b) ऐलुमिनियम एवं सिलिकॉन
(c) एका-जर्मेनियम एवं एका-सिलिकॉन
(d) एका-ऐलुमिनियम एवं एका-जर्मेनियम

11. मेण्डेलीफ की आवर्त सारणी में, न खोजे गए तत्वों के लिए अन्तराल छोड़ा गया था। निम्न में से कौन-से तत्व का बाद में आवर्त सारणी में एक स्थान प्राप्त हुआ?

(a) Mg (b) Ca
(c) F (d) Ge

12. निम्न में से कौन-सा कथन असत्य है?

(a) मेण्डेलीफ ने तत्वों को क्षैतिज पंक्तियों एवं ऊर्ध्वाधर स्तम्भों में व्यवस्थित किया।
(b) मेण्डेलीफ ने तत्वों को उनके परमाणु क्रमांक के बढ़ते हुए क्रम में व्यवस्थित किया।
(c) मेण्डेलीफ द्वारा तत्वों का वर्गीकरण निश्चित रूप से लोथर मेयर के वर्गीकरण से अधिक विस्तृत था।
(d) उपरोक्त में से कोई नहीं।

13. आवर्त सारणी में बाईं से दाईं ओर जाने पर प्रवृत्तियों के बारे में कौन-सा कथन असत्य है?

(a) तत्वों की धात्विक प्रकृति घटती है।
(b) संयोजकता इलेक्ट्रॉनों की संख्या बढ़ जाती है।
(c) परमाणु सरलता से इलेक्ट्रॉन का त्याग करते हैं।
(d) इनके ऑक्साइड अधिक अम्लीय हो जाते हैं।

14. निम्नलिखित में से कौन-सा एक आवर्ती गुणधर्म नहीं है अर्थात् आवर्त सारणी में एक ओर से दूसरी ओर चलने पर यह कोई प्रवृत्ति नहीं दर्शाता है? *[CDS 2010]*

(a) परमाणवीय माप (b) संयोजकता
(c) रेडियोऐक्टिवता (d) विद्युत ऋणात्मकता

15. निम्नलिखित कथनों में से सही कथन का चुनाव कीजिए

(a) किसी वर्ग में समान परमाण्विक आकार रखते हैं।
(b) किसी आवर्त में परमाणु क्रमांकों का समान अन्तराल रखते हैं।
(c) किसी वर्ग में परमाणु क्रमांकों का निश्चित अन्तराल रखते है।
(d) किसी वर्ग में परमाणु द्रव्यमानों का समान अन्तराल रखते हैं।

16. निम्नलिखित में से कौन-सा एक युग्म सुमेलित नहीं है?

(a) कैल्सियम – चतुर्थ आवर्त
(b) ऐलुमिनियम – द्वितीय आवर्त
(c) निऑन – द्वितीय आवर्त
(d) रेडियम – सप्तम् आवर्त

17. निम्नलिखित दिए गए कथनों में से सही कथन चुनिए

1. मेण्डेलीफ की आवर्त सारणी में तत्वों के वर्गीकरण का आधार परमाणु संख्या है।
2. आवर्त सारणी के क्षैतिज स्तम्भों को आवर्त कहते हैं।

3. सभी ज्ञात तत्वों में फ्लुओरीन की विद्युत ऋणात्मकता सबसे अधिक होती है।

4. सभी ज्ञात तत्वों में हीलियम की आयनन ऊर्जा न्यूनतम है।

कूट

(a) 2 और 3 (b) 1, 2 और 3
(c) 3 और 4 (d) 2, 3 और 4

18. सुमेलित कीजिए

	सूची-I		सूची-II
A.	सोडियम	1.	क्षारीय मृदा धातु
B.	कैल्सियम	2.	क्षारीय धातु
C.	कॉपर	3.	रेडियोधर्मी धातु
D.	पोलोनियम	4.	संक्रमण धातु

कूट

	A	B	C	D		A	B	C	D
(a)	2	1	4	3	(b)	2	3	4	1
(c)	4	1	2	3	(d)	2	4	1	3

19. निम्न कथनों पर विचार कीजिए

I. मेण्डेलीफ आवर्त सारणी में समस्थानिकों के स्थान निश्चित नहीं थे।

II. उन्नीसवीं शताब्दी में मेण्डेलीफ ने आवर्त नियम प्रस्तुत किया जो परमाणु भार पर आधारित है।

उपरोक्त में कौन-सा/से कथन सही है/हैं?

(a) केवल I (b) केवल II
(c) I और II (d) इनमें से कोई नहीं

आधुनिक आवर्त सारणी

20. आधुनिक आवर्त सारणी में है *[RRB 2018]*

(a) 8 आवर्त और 7 समूह (b) 18 समूह और 7 आवर्त
(c) 7 आवर्त और 9 समूह (d) 7 समूह और 18 आवर्त

21. आवर्त सारणी में समान तत्वों के समूह की सामान्य विशेषता क्या होती है? *[SSC SGL 2017]*

(a) बाह्यतम कक्ष में इलेक्ट्रॉन (b) कुल इलेक्ट्रॉनों की संख्या
(c) कुल प्रोटॉनों की संख्या (d) परमाणु भार

22. आधुनिक आवर्त सारणी में परमाणु त्रिज्या .... बढ़ती है। *[SSC JE (Civil) 2018]*

(a) आवर्त में बाएँ से दाएँ जाने पर
(b) आवर्त में दाएँ से बाएँ जाने पर
(c) वर्ग/समूह में ऊपर से नीचे जाने पर
(d) उपरोक्त में से कोई नहीं

23. आधुनिक आवर्त सारणी में, किसी आवर्त में बाएँ से दाएँ जाने पर धात्विक लक्षण *[SSC JE (Civil) 2017]*

(a) बढ़ता है
(b) घटता है
(c) समान रहता है
(d) पहले बढ़ता है फिर घटता है

24. आवर्त सारणी के न्यूनतम प्रतिक्रियाशील तत्व है *[RRB NTPC 2016]*

(a) संक्रमण धातु (b) क्षारीय भू-धातु
(c) उत्कृष्ट गैस (d) क्षारीय धातु

25. आधुनिक आवर्त सारणी के किस वर्ग में पूर्ण आवरण वाले संयोजी इलेक्ट्रॉन और रासायनिक रूप से सक्रिय तत्व होते हैं। *[RRB 2018]*

(a) 18 (b) 17
(c) 15 (d) 16

26. .... में एक ओर से दूसरी ओर जाने पर तत्व के संयोजी इलेक्ट्रॉनों में वृद्धि होती है। *[RRB 2018]*

(a) वर्ग (b) पंक्ति
(c) स्तम्भ (d) समूह

27. आधुनिक आवर्त सारणी में धातु, उपधातु, अधातु किस ब्लॉक में पाए जाते हैं? *[SSC JE (Civil) 2019]*

(a) *s*-ब्लॉक (b) *p*-ब्लॉक
(c) *d*-ब्लॉक (d) *f*-ब्लॉक

28. आधुनिक आवर्त सारणी में, समूह 18 के मूल तत्वों (अपनी बाह्यतम कक्षा में आठ इलेक्ट्रॉन होने वाले को छोड़कर अन्य सभी) को क्या कहा जाता है? *[RRB 2018]*

(a) संक्रमण तत्व (b) निष्क्रिय गैसें
(c) उपधातु (d) दुर्लभ मृदा तत्व

29. आधुनिक आवर्त सारणी के पाँचवे आवर्त में कितने तत्व हैं? *[CDS 2015]*

(a) 2 (b) 8
(c) 18 (d) 36

30. परमाणु तत्व संख्या 29 किससे सम्बन्धित है?

(a) *s*-ब्लॉक (b) *d*-ब्लॉक
(c) *p*-ब्लॉक (d) *f*-ब्लॉक

31. आवर्त सारणी में निम्न में से कौन-से तत्व की उच्च मुख्य क्वाण्टम संख्या (n) से सम्बन्धित है?

(a) वर्ग संख्या (b) आवर्त संख्या
(c) परमाणु क्रमांक (d) इनमें से कोई नहीं

32. आवर्त सारणी के सम्बन्ध में निम्न में से कौन-सा कथन सत्य है?

(a) आधुनिक आवर्त नियम के अनुसार छठा आवर्त अपूर्ण है।
(b) समूहों की कुल संख्या 18 है।
(c) क्रमिक आवर्त में 2, 8, 8, 16, 32 तत्व होते हैं।
(d) उपरोक्त सभी

33. आवर्त सारणी में 6वें आवर्त के 14 तत्वों तथा 7वें आवर्त के 14 तत्वों को क्रमशः कहा जाता है

(a) लैन्थेनॉइड, ऐक्टिनॉइड (b) ऐक्टिनॉइड, लैन्थेनॉइड
(c) कैल्कोजन हैलोजन (d) ऐक्टिनॉइड, हैलोजन

34. हेनरी मोजले ने $\sqrt{\nu}$ एवं Z के बीच ग्राफ खींचा, जहाँ (ν) किसी परमाणु द्वारा उत्सर्जित X-किरणों की आवृत्ति तथा Z इसका परमाणु क्रमांक है। यह ग्राफ दर्शाता है।

(a) परमाणु द्रव्यमान किसी तत्व का मूलभूत गुण है।
(b) परमाणु संख्या किसी तत्व का मूलभूत गुण है।
(c) (a) तथा (b) दोनों
(d) आवृत्ति (v) परमाणु क्रमांक से स्वतन्त्र होती है।

35. आवर्त सारणी में क्षैतिज पंक्तियों एवं ऊर्ध्वाधर स्तम्भों को क्रमशः कहा जाता है

(a) आवर्त, समूह (b) समूह, आवर्त
(c) श्रेणी, आवर्त (d) परिवार, आवर्त

36. समान बाह्यतम् इलेक्ट्रॉनिक विन्यास वाले तत्वों को उनके परमाणुओं में व्यवस्थित करते हैं
(a) समूह/वर्ग (b) ऊर्ध्वाधर स्तम्भ
(c) परिवार (d) ये सभी

37. मेण्डेलीफ की संशोधित आवर्त सारणी में शून्य तथा आठवें (VIII) वर्ग को छोड़कर अन्य वर्गों को किसमें विभाजित किया है?
(a) उपवर्ग A एवं B में (b) वर्ग A एवं B में
(c) वर्ग A आवर्त B में (d) आवर्त A एवं B में

38. निम्न में से सबसे अधिक आयनिक त्रिज्या किसकी होगी?
(a) C^{4-} (b) N^{3-}
(c) O^{2-} (d) Mg^{2+}

39. निम्नलिखित समइलेक्ट्रॉनिक आयनों में सबसे छोटा आयन है
(a) Na^{+} (b) Mg^{2+}
(c) Al^{3+} (d) Si^{4+}

40. धातुएँ विद्युत का चालन क्यों करती है? *[SSC 2016]*
(a) कम गलनांक के कारण
(b) उच्च तनन सामर्थ्य के कारण
(c) मुक्त इलेक्ट्रॉन के कारण
(d) उच्च परमाणु घनत्व के कारण

41. क्षारीय धातुओं का गुण क्या है?
(a) कमरे के तापमान पर अति अस्थिर
(b) कमरे के तापमान पर वाष्पीकृत होती है
(c) इलेक्ट्रॉनों को आसानी से प्राप्त करती है
(d) इलेक्ट्रॉनों को आसानी से छोड़ देती है

42. आवर्त में बाएँ से दाएँ संचलन करते समय इलेक्ट्रॉन बन्धुता *[JSSC 2015]*
(a) कम हो जाती है
(b) बढ़ जाती है
(c) समान रहती है
(d) शून्य हो जाती है

43. निम्न में सर्वाधिक विद्युत ऋणात्मक तत्व है *[SSC CHSL (10+2) 2013]*
(a) सोडियम (b) क्लोरीन
(c) ऑक्सीजन (d) फ्लुओरीन

44. तीसरे और चौथे समूह के ऑक्साइड का सामान्य गुणधर्म क्या है? *[43rd BPSC (Pre) 1999]*
(a) अम्लीय और क्षारीय (b) अम्लीय
(c) क्षारीय (d) उदासीन

45. सबसे भारी प्रकृति में पाए जाने वाला तत्व है
(a) थोरियम (b) यूरेनियम
(c) मर्करी (d) पोलोनियम

46. भू-पर्पटी में सर्वाधिक पाया जाने वाला तत्व है *[42rd BPSC (Pre) 1997]*
(a) ऑक्सीजन (b) नाइट्रोजन
(c) मैंगनीज (d) सिलिकॉन

47. निम्नलिखित में विश्व (Universe) में कौन सर्वाधिक पाया जाने वाला तत्व है? *[UPPCS (Pre) 2007]*
(a) हाइड्रोजन (b) ऑक्सीजन
(c) नाइट्रोजन (d) कॉर्बन

48. ऑक्सीजन के बाद सबसे अधिक उपलब्ध कौन-सा मूल तत्व है? *[MPPCS (Pre) 2007]*
(a) सिलिकॉन (b) कॉर्बन
(c) सोडियम (d) क्लोरीन

49. .... का गलनांक बहुत ही निम्न होता है। *[RRB 2018]*
(a) Ba (b) K
(c) Na (d) Ga

50. एक परमाणु की किसी अन्य तत्व के परमाणु से बँधे होने पर इलेक्ट्रॉनों को अपनी ओर आकर्षित करने की सापेक्ष प्रवृत्ति को क्या कहा जाता है? *[RRB 2018]*
(a) विद्युत ऋणात्मकता (b) इलेक्ट्रॉन आकर्षण
(c) क्वाण्टम ऊर्जा (d) आयनीकरण ऊर्जा

51. सोडियम धातु का संग्रह निम्नलिखित में डुबोकर किया जाता है *[RRB NTPC 2016]*
(a) कैरोसीन में (b) अमोनिया में
(c) जल में (d) हवा में

52. आजकल सड़कों पर रोशनी के लिए प्राय: पीले लैम्पों का प्रयोग किया जाता है। उन लैम्पों में निम्न में से किस गैस का प्रयोग किया जाता है? *[RRB NTPC 2016]*
(a) सोडियम (b) निऑन
(c) हाइड्रोजन (d) नाइट्रोजन

53. $Cu(Z = 29)$ तत्व है
(a) *s*-ब्लॉक का (b) *p*-ब्लॉक का
(c) *d*-ब्लॉक का (d) *f*-ब्लॉक का

54. इलेक्ट्रॉन बन्धुता अधिकतम होती है
(a) F की (b) Cl की
(c) Br की (d) I की

55. निम्न कथनों पर विचार कीजिए
I. आवर्त में बाएँ से दाएँ जाने पर इलेक्ट्रॉन बन्धुता का मान बढ़ता है।
II. किसी समूह में ऊपर से नीचे जाने पर तत्वों की विद्युत ऋणात्मकता का मान बढ़ता है।

उपरोक्त में कौन-सा/से कथन सही है/हैं?
(a) केवल I (b) केवल II
(c) I और II (d) इनमें से कोई नहीं

56. दाईं ओर उल्लिखित प्रत्येक तत्व का उसके गुणधर्म के आधार पर बाईं ओर उल्लिखित से मिलान करें। *[SSC (10 + 2) 2016]*

सूची-I	सूची-II
A. एक गहरा लाल तरल	1. निऑन
B. गहनों में प्रयुक्त एक धातु	2. ब्रोमीन
C. पूर्णतः अक्रिय गैस	3. सोडियम
D. एक प्रतिघाती धातु जो जल में रखी जाती है	4. स्वर्ण
	5. नाइट्रोजन

कूट

	A	B	C	D
(a)	1	2	4	5
(b)	2	4	1	3
(c)	3	2	5	4
(d)	1	2	3	4

57. निम्न सूचियों को सुमेलित कीजिए

सूची-I	सूची-II
A. सबसे हल्का अधात्विक तत्व	1. सोना
B. द्रव धात्विक तत्व	2. ग्रेफाइट
C. सर्वाधिक आघातवर्ध्य तत्व	3. हाइड्रोजन
D. अधातु जो कि विद्युत की सर्वश्रेष्ठ चालक है	4. मर्करी (पारा)
	5. सिल्वर

कूट

	A	B	C	D
(a)	5	4	1	3
(b)	5	2	1	3
(c)	2	3	5	4
(d)	3	4	1	2

58. सुमेलित कीजिए

सूची-I	सूची-II
A. Al	1. IIA
B. Br	2. IIIA
C. Mg	3. VIIA
D. S	4. VIA

कूट

	A	B	C	D
(a)	2	4	3	1
(b)	2	3	1	4
(c)	3	2	1	4
(d)	2	3	4	1

उत्तरमाला

1 (c)	2 (b)	3 (b)	4 (b)	5 (a)	6 (b)	7 (c)	8 (d)	9 (b)	10 (a)
11 (d)	12 (b)	13 (c)	14 (c)	15 (b)	16 (b)	17 (a)	18 (a)	19 (c)	20 (b)
21 (a)	22 (b)	23 (b)	24 (c)	25 (a)	26 (a)	27 (b)	28 (b)	29 (c)	30 (b)
31 (b)	32 (b)	33 (a)	34 (b)	35 (a)	36 (d)	37 (a)	38 (a)	39 (d)	40 (c)
41 (d)	42 (b)	43 (d)	44 (a)	45 (a)	46 (a)	47 (a)	48 (a)	49 (d)	50 (a)
51 (a)	52 (c)	53 (c)	54 (b)	55 (a)	56 (b)	57 (d)	58 (b)		

अध्याय

09

धातुएँ एवं उनके यौगिक

Metals and their Compounds

तत्व जो इलेक्ट्रॉन त्यागकर धनायन बनाने की प्रवृत्ति रखते हैं, **धातु** (Metal) कहलाते हैं। धातु अपनी सामान्य स्थिति में मुक्त अवस्था में पायी जाती हैं।

धातुओं में निम्न प्रकार के गुण होते हैं

- मुक्त इलेक्ट्रॉनों की उपस्थिति के कारण शुद्ध अवस्था में धातुओं में धात्विक चमक होती है। धातु का यह गुण धातुमय प्रदीपन कहलाता है।
- धातुएँ सामान्यतः कठोर, आघातवर्ध्य (Malleable), तन्य, ऊष्मा की सुचालक, ध्वनिक (Sonorous), उच्च घनत्व वाली होती हैं। इनके गलनांक उच्च होते हैं।
- धातुएँ प्रकृति में विद्युत धनात्मक होती हैं।
- ऑक्सीजन के साथ क्रिया करके धातु ऑक्साइड बनाती है।
- धातु ऑक्साइडों की क्षारीय प्रकृति होती है, परन्तु कुछ ऑक्साइड उभयधर्मी (Amphoteric) प्रकृति दर्शाते हैं।
- धातुएँ जल के साथ क्रिया करके धातु हाइड्रॉक्साइड और हाइड्रोजन गैस उत्पन्न करती है। धातुएँ तनु अम्ल से क्रिया करके संगत लवण तथा हाइड्रोजन गैस उत्पन्न करती है।
- कुछ मुख्य धातुओं की सापेक्ष अभिक्रियाशीलताओं का क्रम निम्न प्रकार है $K > Na > Ca > Mg > Al > Zn > Fe > Pb > H > Cu > Hg > Ag > Au$
- केवल वे धातुएँ ही पानी से हाइड्रोजन को विस्थापित कर सकती हैं, जो धातुओं की सक्रियता श्रेणी में हाइड्रोजन से ऊपर स्थित होती हैं।
- एक तापदीप्त वैद्युत बल्ब में, बल्ब का तन्तु टंगस्टन धातु का बना होता है। सिल्वर एक सर्वाधिक आघातवर्धनीय धातु है।

सोडियम (Na)

- सोडियम की परमाणु संख्या 11 और द्रव्यमान संख्या 23 है। इसका इलेक्ट्रॉनिक विन्यास $1s^2, 2s^2, 2p^6, 3s^2$ होता है।
- यह हल्की मुलायम, चाँदी की तरह सफेद धातु है। यह बेन्जीन में विलेय है।
- सोडियम सुनहरे पीले रंग की ज्वाला के साथ जलता है।
- इसका प्रयोग नाभिकीय रिएक्टरों में, द्रव शीतलक के रूप में किया जाता है।
- सोडियम क्लोराइड (NaCl) को टेबल साल्ट या साधारण नमक के नाम से जाना जाता है। इसका प्रयोग अचार, माँस, मछली के परिरक्षण में किया जाता है।
- सोडियम हाइड्रॉक्साइड (कॉस्टिक सोडा) NaOH या धावन सोडा का प्रयोग साबुनों, अपमार्जकों व लवणों के निर्माण में pH को नियमित करने में किया जाता है।
- सोडियम बाइकार्बोनेट ($NaHCO_3$) का उपयोग बेकिंग सोडे के रूप में किया जाता है।

पोटैशियम (K)

- पोटैशियम अत्यन्त सक्रिय तत्व होने के कारण सबसे अधिक क्रियाशील धातु है। यह यौगिक अवस्था में ही पाया जाता है। इसकी परमाणु संख्या 19 और द्रव्यमान संख्या 39 है।
- पोटैशियम जल में डालने पर विस्फोट के साथ क्रिया करके बैंगनी ज्वाला के साथ जलता है। इस प्रक्रिया में हाइड्रोजन मुक्त होता है।
- पोटैशियम की वाष्प के कारण ज्वाला का रंग बैंगनी हो जाता है।
- पोटैशियम को तेल अथवा निष्क्रिय वातावरण में सुरक्षित रखते हैं।
- पोटैशियम एक संयोजी यौगिक बनाता है।
- पोटैशियम क्लोराइड (KCl) का प्रयोग साधारण नमक के स्थान पर किया जाता है।

मैग्नीशियम (Mg)

- मैग्नीशियम शब्द ग्रीक शब्द मैग्नीशिया से लिया गया है, इसकी परमाणु संख्या 12 तथा द्रव्यमान संख्या 24 है। यह चाँदी की तरह चमकदार धातु है।
- मैग्नीशियम मुलायम, नम्य तथा प्रतन्य (Ductile) धातु है। अतः इसे आसानी से तार या फीते के रूप में प्राप्त किया जा सकता है।
- मैग्नीशियम हाइड्रॉक्साइड सफेद रंग का पदार्थ है, जो जल में हल्का विलेय है।
- मैग्नीशियम कार्बोनेट का प्रयोग प्रति अम्ल के रूप में किया जाता है।

कैल्सियम (Ca)

- इसकी परमाणु संख्या 20 तथा द्रव्यमान संख्या 40 है। यह चाँदी की भाँति सफेद, चमकदार, नरम (परन्तु सीसे की अपेक्षा कड़ी) धातु है।
- कैल्सियम ऑक्साइड (CaO) या क्विक लाइम सफेद, सरन्ध्र (Porous) ठोस है। इसका उपयोग सीमेन्ट, मोर्टार, चीनी के शोधन आदि में होता है।
- कैल्सियम हाइड्रॉक्साइड $Ca(OH)_2$ (बुझा चूना) का उपयोग, मोर्टार, काँच के निर्माण में किया जाता है।

ऐलुमिनियम (Al)

- पृथ्वी की सतह पर सबसे ज्यादा पायी जाने वाली धातु ऐलुमिनियम है।
- ऐलुमिनियम की परमाणु संख्या 13 तथा द्रव्यमान संख्या 27 होती है। यह चाँदी जैसी सफेद चमकदार होती है।

- ऐलुमिनियम क्लोराइड ($AlCl_3$) का उपयोग गैसोलीन (Gasoline) के उत्पादन में उत्प्रेरक के रूप में प्रयुक्त होता है।
- ऐलुमिनियम सल्फेट [$Al_2(SO_4)_3$] का उपयोग अग्निरोधक (Fire resist) कपड़ा बनाने में किया जाता है।

मैंगनीज (Mn)

- अतिउच्च शुद्ध मैंगनीज, चाँदी जैसी सफेद धातु है। इसकी परमाणु संख्या 25 तथा द्रव्यमान संख्या 55 है।
- यह परमैंगनेटिक अम्ल ($HMnO_4$) का पोटैशियम लवण है। यह गहरे बैंगनी रंग का समचतुर्भुज, प्रिज्मी (समपार्श्व) क्रिस्टलीय (Crystalline) ठोस है।
- मैंगनीज़ (Mn) धातु प्रकाश संश्लेषण, श्वसन तथा नाइट्रोजन उपापचयन के अनेक एन्जाइमों को सक्रिय कर देती है।

आयरन (Fe)

- आयरन का परमाणु क्रमांक 26 तथा द्रव्यमान संख्या 56 है।
- यह अनुचुम्बकीय है। इसका गलनांक एवं क्वथनांक क्रमशः 1533°C और 2450°C है।
- फेरस सल्फेट (हरा कसीस) एक क्रिस्टलीय ठोस है, जिसका प्रयोग कृषि में कीटनाशक के रूप में होता है।
- मोहर लवण ($FeSO_4.(NH_4)_2SO_4.6H_2O$) एक हल्के रंग का द्विक लवण है।

कॉपर (Cu)

- इसका परमाणु क्रमांक 29 तथा द्रव्यमान संख्या 63.54 है। इसका प्रयोग कैलोरोमापी तथा घरेलू बर्तन बनाने में होता है।
- कॉपर II सल्फेट का उपयोग विद्युत लेपन तथा विद्युत सेलों में होता है।
- कॉपर सल्फेट नीला थोथा भी कहलाता है।

सिल्वर (Ag)

- सिल्वर नरम, सफेद, चमकदार संक्रमण धातु है। इसकी परमाणु संख्या 47 तथा द्रव्यमान संख्या 108 है।
- इसके यौगिक, सिल्वर हैलाइड का उपयोग कृत्रिम वर्षा (Artificial rain) उत्पन्न करने में किया जाता है।

गोल्ड (Au)

- यह एक कोमल आघातवर्ध्य, चमकदार, पीले रंग की तन्य धातु है। इसका उपयोग आभूषणों (Ornament) के निर्माण में होता है।
- ऑरिक क्लोराइड का उपयोग सर्प विषरोधी सुई बनाने में होता है। रोल्ड गोल्ड को सोना का कृत्रिम रूप कहा जाता है।

अन्य महत्वपूर्ण धातुएँ

- **प्लेटिनम** (Platinum, Pt) को सफेद सोना कहा जाता है। इसे एडम उत्प्रेरक भी कहते हैं। इसका प्रयोग आभूषणों, प्रयोगशाला उपकरणों में किया जाता है।
- **पारा** (Mercury, Hg) यह चाँदी जैसी सफेद और चमकीली धातु है। यह ऊष्मा एवं विद्युत की सुचालक होती है। इस पर जल और क्षार का कोई प्रभाव नहीं पड़ता है। मर्क्यूरस क्लोराइड का उपयोग औषधि के रूप में तथा कैलोमल इलेक्ट्रोड बनाने में होता है। मर्करी सल्फाइड का उपयोग सिन्दूर के रूप में किया जाता है।
- **जस्ता** (Zn) जस्ता प्रकृति में मुक्त अवस्था में नहीं पाया जाता है। जस्ता धातु का निष्कर्षण मुख्यतः इसके सल्फाइड अयस्क जिंक ब्लैण्ड (ZnS) से किया जाता है। इसके यौगिक जिंक फॉस्फाइड का उपयोग कवकनाशी के रूप में किया जाता है।

  जिंक ब्रोमाइड का एक अन्य नाम फिलोस्फर-वूल (Philospher's wool) भी है।
- **सीसा** (Lead, Pb) यह एक मुलायम नीली-भूरी धातु है। यह ताप और विद्युत का कुचालक है। यह एक उभयधर्मी धातु है। लेड ऑक्साइड का उपयोग दियासलाई निर्माण में होता है।
- **थोरियम** (Thorium, Th) एक रेडियोसक्रिय (Radioactive) धातु है। इसका प्रयोग परमाणु ऊर्जा उत्पादन में होता है।
- **प्लूटोनियम** (Plutonium, Pu) यह एक भारी रेडियोसक्रिय (Radioactive) तत्व है। इसका उपयोग परमाणु बम बनाने में होता है।

चैप्टर प्रैक्टिस

धातुओं के सामान्य गुण

1. धातु का वह गुण जिसके कारण उसकी सतह चमकदार होती है, कहलाता है *[RRB 2018]*

(a) नमनीयता (b) आघातवर्धनीयता
(c) धातुमय प्रदीपन (d) कठोरता

2. धातु, अपनी वास्तविक स्थिति में, ... विद्यमान होती है। *[RRB 2018]*

(a) गैर-धातु के साथ मिश्रण के रूप में
(b) अन्य धातु के साथ मिश्रण के रूप में
(c) मुक्त स्थिति में
(d) यौगिक के साथ मिश्रण के रूप में

3. भारी धातुओं का नाम इसलिए यह पड़ा क्योंकि इनमें अन्य परमाणुओं की तुलना में होता है *[SSC CGL 2015]*

(a) उच्च घनत्व परमाणवीय
(b) उच्च परमाणवीय पुँज
(c) उच्च संख्या
(d) उच्च परमाणवीय त्रिज्या

4. निम्नलिखित में से कौन-सी संक्रमण धातुओं की एक विशेषता नहीं है? *[SSC CHSL (10+2) 2017]*

(a) इलेक्ट्रॉन प्राप्त करने की प्रवृत्ति
(b) कम विद्युत ऋणात्मकता
(c) कम आयनीकरण ऊर्जा
(d) तन्यता

5. निम्नलिखित में से कौन-सा किसी धातु का इलेक्ट्रॉनिक विन्यास नहीं है? *[RRB 2018]*

(a) 2, 8, 3 (b) 2, 8, 1
(c) 2, 6 (d) 2, 1

6. एक तापदीप्त वैद्युत बल्ब में, बल्ब का तन्तु किस धातु का बना होता है? *[NDA 2020]*

(a) ऐलुमिनियम (b) ताँबा
(c) टंगस्टन (d) चाँदी (रजत)

7. निम्नलिखित में से कौन-सी धातु सबसे अधिक आघातवर्धनीय है? *[RRB Group D 2018]*

(a) Al (b) Na
(c) Ag (d) Zn

8. निम्नलिखित में किसका गलनांक अल्पतम होता है? *[SSC 2019]*

(a) सीसा (b) जिंक (c) टिन (d) चाँदी

9. निम्नलिखित में से कौन-सा एक धातुओं की इलेक्ट्रॉन त्यागने की प्रवृत्ति के सही क्रम को दर्शाता है? *[NDA 2019]*

(a) Zn > Cu > Ag (b) Ag > Cu > Zn
(c) Cu > Zn > Ag (d) Cu > Ag > Zn

10. निम्नलिखित में से कौन-सा न्यूनतम विद्युत-ऋणात्मक मूल तत्व है? *[RRB Group D 2018]*

(a) Ag और Au (b) Pt
(c) Cs (d) Al और Li

11. कैरोसीन में निम्नलिखित में से कौन-सी धातुएँ संग्रहीत हैं? *[RRB Group D 2018]*

(a) पोटैशियम (K) और सोडियम (Na)
(b) गोल्ड (Au) और सिल्वर (Ag)
(c) सिलिकॉन (Si) और मर्करी (Hg)
(d) ऐलुमिनियम (Al) और कैल्सियम (Ca)

12. निम्न में से कौन-सी धातु वायु के साथ अभिक्रिया नहीं करती? *[RRB Group D 2018]*

(a) स्वर्ण, प्लेटिनम (b) रजत, प्लेटिनम
(c) पोटैशियम, निकेल (d) स्वर्ण, रजत

13. केवल वे धातुएँ ही पानी से हाइड्रोजन को विस्थापित कर सकती हैं, जो धातुओं की सक्रियता श्रेणी में ... होती हैं। *[RRB NPTC (I) 2016]*

(a) हाइड्रोजन से नीचे
(b) हाइड्रोजन से ऊपर
(c) ऊपर या नीचे
(d) धातुएँ पानी से हाइड्रोजन को विस्थापित नहीं कर सकती हैं,

14. धातुओं के सम्बन्ध में निम्नलिखित में कौन-सा सही है? *[RRB Group D 2018]*

(a) धातुओं में उनकी बाहरी कक्षा में 4 या इससे अधिक संयोजक इलेक्ट्रॉन होते हैं।
(b) धातुओं में उनकी बाहरी कक्षा में 1 या इससे अधिक संयोजक इलेक्ट्रॉन होते हैं।
(c) धातुओं में उनकी बाहरी कक्षा में 1 से 4 संयोजक इलेक्ट्रॉन होते हैं।
(d) धातुओं में उनकी बाहरी कक्षा में 8 संयोजक इलेक्ट्रॉन होते हैं।

सोडियम

15. जल मृदुकरण के लिए निम्नलिखित में से क्या प्रयुक्त किया जाता है? *[Asst. Com. 2019]*

(a) $Mg(HCO_3)_2$ (b) Na_3PO_4 (c) $Na_6P_6O_{18}$ (d) Na_2HPO_4

16. निम्नलिखित में से कौन-सा एक, बेकिंग सोडा का रासायनिक नाम है? *[RRB NTPC 2016]*

(a) सोडियम बाइकार्बोनेट (b) सोडियम कार्बोनेट
(c) पोटैशियम बाइकार्बोनेट (d) पोटैशियम कार्बोनेट

17. फोटोग्राफी में सामान्यत: प्रयोग किए जाने वाले 'हाइपो' (Hypo) का रासायनिक नाम है। *[SSC 2014]*

(a) सोडियम थायोसल्फेट (b) सिल्वर आयोडाइड
(c) सोडियम नाइट्रेट (d) सिल्वर नाइट्रेट

18. जब सोडियम बाइकार्बोनेट को अत्यधिक गर्म किया जाता है, तो क्या उत्पाद बनता है? *[SSC 2016]*

(a) सोडियम कार्बोनेट (b) सोडियम हाइड्रॉक्साइड
(c) सोडियम परॉक्साइड (d) सोडियम मोनॉक्साइड

19. लगभग 70°C पर सोडियम बाइकार्बेनिट क्रमिक अपघटन (वियोजन) का गुण प्रदर्शित करता है, जो इसे बेकरी उत्पादों के लिए उपयोगी बनाता है। सोडियम बाइकार्बोनेट के इस उपयोग के लिए उत्तरदायी अपघटन उत्पाद है? *[NDA 2020]*

(a) कार्बन डाइऑक्साइड (b) हाइड्रोजन
(c) जल वाष्प (d) ऑक्सीकरण

20. सोडियम वाष्प लैम्प पीले रंग के चमकते हैं। इसका कारण है *[SSC (10+2) DEO & LDC 2012]*

(a) स्पेक्ट्रम के ऊर्ध्वपातन के पीले रंग का उत्सर्जन होना
(b) स्पेक्ट्रम के पीले क्षेत्र में सोडियम परमाणुओं द्वारा अतिरिक्त अवशोषित ऊर्जा का उत्सर्जन होना
(c) सोडियम की निम्न आयन ऊर्जा
(d) पीले रंग को छोड़कर अन्य सभी रंगों को अवशोषित करने की इसकी योग्यता

पोटैशियम

21. सबसे अधिक क्रियाशील धातु कौन-सी है? *[BPSC (Pre) 2015]*

(a) सोडियम (b) कैल्सियम
(c) आयरन (लोहा) (d) पोटैशियम

22. गहरा जामुनी यौगिक पदार्थ जो ऐन्टीसेप्टिक एवं डिसइन्फेक्टेंट की तरह उपयोग होता है *[BSSC 2016]*

(a) पोटैशियम नाइट्रेट (b) सोडियम थायोसल्फेट
(c) पोटैशियम परमैंगनेट (d) कैल्सियम फॉस्फेट

23. पोटैशियम परमैंगनेट का प्रयोग पेयजल के शुद्धीकरण के लिए किया जाता है, क्योंकि वह *[SSC 2016]*

(a) अवकृत ऐजेन्ट है
(b) एक ऑक्सीकरण ऐजेन्ट है
(c) बन्धयीकरण ऐजेन्ट है
(d) जल की अशुद्धियों को घोल देता है

मैग्नीशियम

24. पटाखों में तेज सफेद प्रकाश लाने के लिए निम्नलिखित धातुओं में से किस एक का प्रयोग किया जाता है? *[CDS 2013]*

(a) सोडियम (b) मैग्नीशियम
(c) ऐलुमिनियम (d) रजत

25. 'मिल्क ऑफ मैग्नीशिया' के रूप में बाजार में लाए जा रहें प्रति-अम्ल का मुख्य तत्व क्या है? *[SSC 2015]*

(a) $MgCl_2$ (b) $MgCO_3$ (c) $Mg(OH)_2$ (d) $MgSO_4$

26. अति मुलायम खनिज 'टाल्क' (सोप स्टोन) मुख्यत: है *[RAS/RTS 2000]*

(a) मैंगनीज सिलिकेट (b) सोडियम सिलिकेट
(c) सोडियम फॉस्फेट (d) मैग्नीशियम सिलिकेट

27. मिल्क ऑफ मैग्नीशिया का प्रयोग किस प्रकार किया जाता है? *[RRB NTPC 2016]*

(a) लैक्सेटिव (b) दर्दनाशक
(c) खाद्य परिरक्षण में (d) ऐन्टीबायोटिक

28. निम्नलिखित में से किसे एप्सॉम साल्ट के नाम से भी जाना जाता है? *[SSC 2019]*

(a) सोडियम सल्फेट (b) कॉपर सल्फेट
(c) कैल्सियम सल्फेट (d) मैग्नीशियम सल्फेट

कैल्सियम

29. दाँत और अस्थियाँ निम्न में से किससे मजबूती और कठोरता प्राप्त करते हैं? [SSC CGL 2013]
(a) फ्लुओरीन (b) क्लोरीन
(c) सोडियम (d) कैल्सियम

30. खड़िया (चॉक) और संगमरमर निम्नलिखित में से किसके विभिन्न रूप है? [NDA 2020]
(a) कैल्सियम हाइड्रोजन कार्बोनेट (b) कैल्सियम कार्बोनेट
(c) कैल्सियम ऐसीटेट (d) सोडियम कर्बोनेट

31. निम्नलिखित में से कौन-सा पदार्थ हाइड्रोक्लोरिक अम्ल के जलीय विलयन के साथ अभिक्रिया करके कार्बन डाइऑक्साइड उत्पन्न नहीं करेगा? [NDA 2019]
(a) चूना पत्थर (लाइम स्टोन) (b) बिना बूझा चूना
(c) खड़िया (चॉक) (d) संगमरमर

32. X पीले रंग का एक पाउडर है और यदि इसे हवा से खुला छोड़ दिया जाता है, तो इसमें से तीक्ष्ण गन्ध आती है। यह पीने के पानी को कीटाणु मुक्त करता है। यह कॉस्टिक चूने की क्लोरीन गैस से प्रतिक्रिया करके तैयार किया जाता है। X की पहचान करें। [SSC 2015]
(a) $CaCO_3$ (b) $CaCl_2$ (c) $Ca(OH)_2$ (d) $CaOCl_2$

33. निम्नलिखित में से कौन-सा एक कैल्सियम कार्बोनेट लवण को प्रदर्शित नहीं करता है? [NDA 2019]
(a) चूने का पानी (लाइम वॉटर) (b) चूना-पत्थर (लाइमस्टोन)
(c) खड़िया (चॉक) (d) संगमरमर (मार्बल)

34. निम्नलिखित में से कौन-सा लवण मानव हड्डियों में सर्वाधिक मात्रा में पाया जाता है? [UPPCS 2015]
(a) मैग्नीशियम क्लोराइड (b) कैल्सियम कार्बोनेट
(c) कैल्सियम फॉस्फेट (d) सोडियम क्लोराइड

35. 'ब्लीचिंग पाउडर' का सर्वाधिक सक्रिय घटक है [RRB NTPC 2016]
(a) आयोडीन (b) कैल्सियम हाइपोक्लोराइड
(c) नाइट्रिक ऐसिड (d) अमोनियम सल्फेट

36. विरंजक चूर्ण और DDT के बारे में निम्नलिखित में से कौन-सा कथन सही है? [NDA 2020]
(a) दोनों अकार्बनिक यौगिक हैं। (b) दोनों कार्बनिक यौगिक हैं।
(c) दोनों में क्लोरीन होती हैं। (d) दोनों में कैल्सियम होता हैं।

ऐलुमिनियम

37. पृथ्वी की परत में सबसे ज्यादा पाया जाने वाला धातु कौन-सा है [SSC 2016]
(a) जिंक (b) ताँबा (c) ऐलुमिनियम (d) लोहा

38. किस उद्योग द्वारा 'बॉक्साइट' कच्चे माल के तौर पर इस्तेमाल किया जाता है? [PCS 2018,SSC 2016]
(a) ऐलुमिनियम (b) लोहा
(c) स्टील (इस्पात) (d) सोना

39. निम्नलिखित में से किस यौगिक का उपयोग अग्निरोधक कपड़ा बनाने में किया जाता है? [UPPCS 2015]
(a) सोडियम सल्फेट (b) मैग्नीशियम सल्फेट
(c) फेरस सल्फेट (d) ऐलुमिनियम सल्फेट

40. प्रेशर कुकर, सॉस पैन आदि जैसी ऐलुमिनियम की वस्तुओं को ऐनोडाइज (कलई) क्यों किया जाता है? [RRB NTPC 2016]
(a) उनकी चालकता बढ़ाने के लिए
(b) उनकी तन्यता ताकत बढ़ाने के लिए
(c) उन्हें जंग लगने से बचाने के लिए
(d) उन्हें हल्का और अधिक चमकदार बनाने के लिए

मैंगनीज एवं आयरन

41. निम्न में से कौन-सी धातु प्रकाश संश्लेषण, श्वसन तथा नाइट्रोजन उपापचय के अनेक एन्जाइमों को सक्रिय कर देती है?
(a) Mn (b) Fe
(c) Co (d) Zn

42. जीवित मानव शरीर में सबसे कम पाया जाने वाला तत्व है।
(a) Mn (b) Zn
(c) Co (d) Fe

43. बर्तनों तथा कपड़ों पर बादामी धब्बें पानी में ... की अत्यधिक मात्रा के संकेतक हैं। [SSC 2016]
(a) मैग्नीशियम (b) कैल्सियम
(c) मैंगनीज (d) क्रोमियम

44. 'मैग्नेटाइट' है [UPSSC 2015]
(a) Fe_2O (b) Fe_3O_4
(c) $FeCO_3$ (d) $2Fe_2O_3, 3H_2O$

45. निम्नलिखित लौह अयस्कों में से बैलाडिला में किसका खनन होता है? [BPSC (Pre) 2016]
(a) हैमेटाइट (b) सिडेराइट
(c) लिमोनाइट (d) मैग्नेटाइट

46. लोहा का शुद्ध रूप क्या है? [BSSC 2016]
(a) कच्चा लोहा (b) पिटवाँ लोहा
(c) ढलवाँ लोहा (d) स्टील

47. लौह धातु के जंग लगने के लिए वायु में ... दोनों की आवश्यकता होती है। [SSC 2015]
(a) ऑक्सीजन और ग्रीस
(b) ऑक्सीजन और नमी
(c) जल और पेन्ट
(d) कार्बन डाइऑक्साइड और नमी

48. ... का संक्षारण एक गम्भीर समस्या है। [RRB Group D 2018]
(a) Al (b) Au
(c) Pt (d) Fe

49. 'जिओलाइट' क्या है? [SSC 2016]
(a) हाइड्रेटेड फेरिक ऑक्साइड
(b) हाइड्रेटेड सोडियम ऐलुमिनियम सिलिकेट
(c) सोडियम हेक्सामेटा फॉस्फेट
(d) सोडियम टेट्राबोरेट

50. गैल्वेनाइज्ड (Galvanised) लोहा क्या होता है? [RRB Group D 2018]
(a) स्टील का एक रूप (b) जिंक लेपित लोहा
(c) कच्चा लोहा (d) खनिज लोहा

51. जब लोहे के चूर्ण में हाइड्रोक्लोरिक अम्ल मिलाया जाता है, तब क्या होता है? *[RRB Group D 2018]*
(a) हाइड्रोजन गैस और आयरन क्लोराइड तैयार होता है
(b) कोई अभिक्रिया नहीं होती है
(c) केवल क्लोराइड तैयार होता है
(d) केवल हाइड्रोजन गैस तैयार होती है

52. हरा कसीस है *[UPSC 2015]*
(a) फेरस सल्फेट (b) फेरस नाइट्रेट
(c) फेरस कार्बोनेट (d) फेरस सल्फाइड

कॉपर

53. मैलेकाइट ... का एक अयस्क/खनिज है। *[SSC 2016]*
(a) लेड (b) मैंगनीज (c) पारा (d) कॉपर

54. नीला थोथा है *[UPPCS 1990]*
(a) कॉपर सल्फेट (b) कैल्सियम सल्फेट
(c) आयरन सल्फेट (d) सोडियम सल्फेट

55. ... जल मिश्रित HCl के साथ प्रतिक्रिया नहीं करता। *[RRB Group D 2018]*
(a) ऐलुमिनियम (b) मैग्नीशियम
(c) जिंक (d) कॉपर

56. उस एकमात्र धातु का नाम बताएँ जो जीवाणु-रोधी होती है। *[SSC 2019]*
(a) सोडियम (b) ऐलुमिनियम
(c) लौह (d) ताँबा (कॉपर)

57. आर्द्र वायु के सम्पर्क में आने पर, कॉपर की सतह पर एक हरी परत बन जाती है। निम्नलिखित में से किस यौगिक के बनने के कारण ऐसा होता है? *[NDA 2019]*
(a) कॉपर कार्बोनेट (b) कॉपर ऑक्साइड
(c) कॉपर सल्फेट (d) कॉपर नाइट्रेट

58. कॉपर सल्फेट, सोडियम कार्बोनेट और जिप्सम में, क्रिस्टलन-जल के अणुओं की संख्या है *[NDA 2020]*
(a) क्रमशः 5, 10 और 2 (b) क्रमशः 10, 2 और 5
(c) क्रमशः 5, 2 और 10 (d) क्रमशः 2, 5 और 10

सिल्वर एवं गोल्ड

59. निम्नलिखित में से कौन विद्युत का सर्वोत्तम चालक है? *[SSC 2016]*
(a) माइका (b) ताँबा
(c) स्वर्ण (d) चाँदी

60. निम्नलिखित सिल्वर लवणों में किसको कृत्रिम वर्षा उत्पन्न करने के लिए प्रयुक्त किया जाता है? *[UPPCS 2010]*
(a) सिल्वर क्लोराइड
(b) सिल्वर ब्रोमाइड
(c) सिल्वर नाइट्रेट
(d) सिल्वर आयोडाइड

61. चाँदी के बर्तन कुछ अवधि के बाद काले क्यों पड़ जाते हैं? *[NDA 2011]*
(a) चाँदी पर नाइट्रेट का लेप बन जाने के कारण
(b) चाँदी पर सल्फर का लेप बन जाने के कारण
(c) चाँदी पर क्लोराइड का लेप बन जाने के कारण
(d) चाँदी पर ऑक्साइड का लेप बन जाने के कारण

62. निम्नलिखित में से कौन-सी धातु स्वतन्त्र अवस्था में पाई जाती है? *[SSC 2013]*
(a) ऐलुमिनियम (b) सोना
(c) लोहा (d) सीसा

63. निम्न में से कौन-सी धातु वायु के साथ अभिक्रिया नहीं करती? *[RRB 2018]*
(a) स्वर्ण, प्लेटिनम
(b) रजत, प्लेटिनम
(c) पोटैशियम, निकेल
(d) स्वर्ण, रजत

64. निम्नलिखित धातुओं में से कौन स्वतन्त्र अवस्था में पाई जाती है? *[UPPCS (Mains) 2016]*
(a) ऐलुमिनियम (b) सोना
(c) क्रोमियम (d) जस्ता

65. सोने को घोला जा सकता है *[RRB NTPC 2016]*
(a) सल्फ्यूरिक ऐसिड में
(b) नाइट्रिक ऐसिड में
(c) तीन भाग, हाइड्रोक्लोरिक ऐसिड तथा एक भाग, नाइट्रिक ऐसिड के मिश्रण में
(d) हाइड्रोक्लोरिक ऐसिड में

66. सोने को ताँबे के साथ ...मिश्रित किया जाता है। *[RRB Group D 2018]*
(a) सोने को नर्म बनाने के लिए
(b) सोने को और पीला बनाने के लिए
(c) सोने को कठोर बनाने के लिए
(d) सोने को चमक देने के लिए

अन्य प्रमुख धातुएँ

67. कमरे के ताप पर कौन-सी धातु तरल अवस्था में बनी रहती है? *[RRB NTPC 2016]*
(a) पारा (b) प्लेटिनम
(c) सीसा (d) जिंक

68. क्विक सिल्वर (Quick silver) कहा जाने वाला धातु है *[RRB NTPC 2016]*
(a) सिल्वर (b) ऐलुमिनियम
(c) पारा (d) सीसा

69. निम्नलिखित में से कौन-सी धातु पारद धातु मिश्रण का गठन करती है, जब इसे किसी धातु के साथ मिश्रित किया जाता है? *[RRB NTPC 2016]*
(a) ऐलुमिनियम (b) सोना
(c) चाँदी (d) पारा

70. किसी मिश्रधातु की एक धातु यदि मर्करी है, तो वह धातु कहलाएगी *[RRB NTPC 2016]*
(a) पीतल (b) अमलगम
(c) सोल्डर (d) कांसा

71. रासायनिक दृष्टिकोण से 'सिन्दूर' है *[SSC 2016]*
(a) कैल्सियम कार्बोनेट (b) पोटैशियम नाइट्रेट
(c) पोटैशियम सल्फाइड (d) मर्करी (II) सल्फाइड

72. निम्न में किसे फिलोस्फर-वूल (Philosopher's wool) कहा जाता है। *[SSC Multitasking 2013]*
(a) जिंक क्लोराइड (b) जिंक ऑक्साइड
(c) जिंक नाइट्रेट (d) जिंक ब्रोमाइड

73. कवकनाशी (रोडेन्टनाशी) के रूप में निम्नलिखित में से किसका प्रयोग किया जाता है? *[SSC 2013]*
(a) जिंक कार्बोनेट (b) जिंक क्लोराइड
(c) जिंक सल्फाइड (d) जिंक फॉस्फाइड

74. निम्नलिखित में से किस प्रक्रिया में जिंक ऑक्साइड बनता है, जो एक सुरक्षा परत के रूप में कार्य करता है और जंग की रोकथाम करता है? *[RRB 2018]*
(a) टिन प्लेटिंग (b) क्रोमियम प्लेटिंग
(c) मिश्रधातु बनाना (d) गैल्वेनाइजेशन

75. ऑटोमोबाइल एग्ज़ॉस्ट में समविष्ट महत्वपूर्ण तत्व ...... है। *[RRB NTPC 2016]*
(a) फ्लोरीन (b) सोडियम
(c) मैग्नीशियम (d) लेड

76. निम्न में से कौन जल के साथ बिल्कुल अभिक्रिया नहीं करता है? *[Chhattisgarh PCS (Pre) 2015]*
(a) आयरन (b) लेड
(c) मैग्नीशियम (d) ऐलुमिनियम

77. निम्नलिखित में से क्या जल में घुलनशील नहीं है? *[SSC 2016]*
(a) लेड सल्फेट
(b) जिंक सल्फेट
(c) पोटैशियम
(d) सोडियम

78. टंकाई के लिए ...... का प्रयोग किया जाता है। *[RRB Group D 2018]*
(a) ऐलुमिनियम एवं निकेल की मिश्रित धातु
(b) सीसा एवं टिन की मिश्रित धातु
(c) जस्ता एवं सीसा की मिश्रित धातु
(d) जस्ता एवं ताँबे की मिश्रित धातु

79. परमाणु रिएक्टरों में प्रयुक्त यूरेनियम का समस्थानिक है
(a) U^{235} (b) U^{236} (c) U^{237} (d) U^{238}

80. केरल में समुद्री तट को रेत में भरपूर मात्रा में क्या पाया जाता है? *[SSC 2016]*
(a) कैल्सियम (b) रेडियम
(c) थोरियम (d) मैंगनीज

81. सही मिलान करें। *[RRB 2018]*

	सूची I		सूची II
A.	मर्करी	1.	सेमी-कन्डक्टर
B.	जर्मेनियम	2.	मैनोमीटर्स
C.	मिथाइल ऐल्कोहॉल	3.	वुड़ नैफ्था
D.	नाइक्रोम	4.	रेजिस्टेंस वायर

कूट
	A	B	C	D
(a)	2	1	3	4
(b)	1	2	3	4
(c)	4	2	3	1
(d)	3	1	2	4

उत्तरमाला

1. (c)	2. (c)	3. (b)	4. (a)	5. (c)	6. (c)	7. (c)	8. (c)	9. (a)	10. (c)
11. (a)	12. (a)	13. (b)	14. (c)	15. (c)	16. (a)	17. (a)	18. (a)	19. (a)	20. (b)
21. (d)	22. (c)	23. (b)	24. (b)	25. (c)	26. (d)	27. (a)	28. (d)	29. (d)	30. (b)
31. (b)	32. (d)	33. (a)	34. (c)	35. (b)	36. (c)	37. (c)	38. (a)	39. (d)	40. (c)
41. (a)	42. (a)	43. (c)	44. (b)	45. (a)	46. (b)	47. (b)	48. (d)	49. (b)	50. (b)
51. (a)	52. (a)	53. (d)	54. (a)	55. (d)	56. (d)	57. (a)	58. (a)	59. (d)	60. (d)
61. (b)	62. (b)	63. (a)	64. (b)	65. (b)	66. (c)	67. (a)	68. (c)	69. (d)	70. (b)
71. (d)	72. (d)	73. (d)	74. (d)	75. (d)	76. (b)	77. (a)	78. (b)	79. (a)	80. (c)
81. (d)									

उत्तर सहित व्याख्या

5. (*c*) विकल्प एक अधातु है जिसका इलेक्ट्रॉनिक विन्यास 2, 6 है जबकि शेष अन्य धातु है।

15. (*c*) सोडियम हेक्सामेटा फॉस्फेट ($Na_6P_6O_{18}$) को कैलगॉन (Calgon) कहते हैं। इसे जल में मिलाकर जल को मृदु किया जाता है।

$$Na_6P_6O_{18} \longrightarrow 2Na^+ + Na_4P_6O_{18}^{2-}$$

$$M^{2+} + Na_4P_6O_{18}^{2-} \longrightarrow Na_4MP_6O_{18}]^{2-} + 2Na \; (M = Mg, Ca)$$

17. (*a*) सोडियम थायोसल्फेट ($Na_2S_2O_3 \cdot 5H_2O$) का उपयोग फोटोग्राफी (Photography) में निगेटिव और पॉजिटिव का स्थायीकरण करने में होता है। यह अनअपघटित सिल्वर ब्रोमाइड को दूर कर देता है।

18. (*a*) सोडियम बाइकार्बोनेट को अत्यधिक गर्म करने पर कार्बन डाइऑक्साइड (CO_2), सोडियम कार्बोनेट (Na_2CO_3) और जल (H_2O) प्राप्त होता है।

$$\underset{\text{सोडियम बाइकार्बोनेट}}{2NaHCO_3} \xrightarrow{\text{गर्म करने पर}} \underset{\text{सोडियम कार्बोनेट}}{Na_2CO_3} + H_2O + CO_2$$

19. (*a*) 70°C पर सोडियम बाइकार्बोनेट ($NaHCO_3$) क्रमिक अपघटन (वियोजन) का गुण प्रदर्शित करता है क्योंकि गर्म होने पर यह कार्बन डाइऑक्साइड (CO_2) बनाता है। क्रमिक अपघटन वियोजन के गुण के कारण ($NaHCO_3$) बेकरी उत्पादों के लिए उपयोगी है। सोडियम बाइकार्बोनेट के इस उपयोग के लिए उत्तरदायी अपघटन उत्पाद कार्बन डाइऑक्साइड (CO_2) है।

28. (*d*) मैग्नीशियम सल्फेट प्रकृति में एप्सोमाइट के रूप में एप्सॉम के गर्म झरनों में पाया जाता है। अत: इसे एप्सॉम लवण भी कहते हैं। एप्सॉम लवण एक (Deliquescent) यौगिक है।

31. (*b*) बिना बूझा चूना (CaO) हाइड्रोक्लोरिक अम्ल के जलीय विलयन के साथ अभिक्रिया करके कार्बन डाइऑक्साइड (CO_2) उत्पन्न नहीं करता है।

$$\underset{\text{(बिना बुझा चूना)}}{CaO} + HCl \longrightarrow CaCl_2 + H_2O$$

जबकि चूना पत्थर (लाइमस्टोन), खड़िया (चॉक) और संगमरमर हाइड्रोक्लोरिक अम्ल के जलीय विलयन के साथ अभिक्रिया करके CO_2 उत्पन्न करते हैं।

32. (*d*) $CaOCl_2$ विरंजक चूर्ण (ब्लीचिंग पाउडर) कॉस्टिक चूना की क्लोरीन गैस से क्रिया द्वारा बनाया जाता है।

$$\underset{\text{कॉस्टिक चूना}}{Ca(OH)_2} + \underset{\text{क्लोरीन गैस}}{Cl_2} \longrightarrow \underset{\text{विरंजक चूर्ण}}{CaOCl_2} + H_2O$$

विरंजक चूर्ण पीले रंग का पाउडर होता है जिसे यदि हवा में खुला छोड़ दिया जाए, तो इसमें से तीक्ष्ण गन्ध आती है। यह पीने के पानी को कीटाणु मुक्त करता है।

51. (*a*) लोहे के चूर्ण की क्रिया हाइड्रोक्लोरिक अम्ल (HCl) से करने पर आयरन क्लोराइड और हाइड्रोजन गैस प्राप्त होती है।

$$\underset{\text{लोहे का चूर्ण}}{Fe} + \underset{\text{तनु हाइड्रोक्लोरिक अम्ल}}{2HCl} \longrightarrow \underset{\text{आयरन क्लोराइड}}{FeCl_2} + \underset{\text{हाइड्रोजन गैस}}{H_2}$$

61. (*b*) चाँदी को हवा में खुला छोड़ देने पर इसके ऊपर Ag_2S की एक पतली परत बनने के कारण यह काला अथवा धूमिल हो जाता है।

अध्याय

10

अधातुएँ एवं उनके यौगिक

Non-Metals and their Compounds

- तत्व जिनकी प्रवृत्ति इलेक्ट्रॉन ग्रहण करने की होती है तथा जो ऋणायन बनाते हैं, **अधातु** (Non-metals) कहलाते हैं। ये संख्या में 22 हैं और इन्हें आधुनिक आवर्त सारणी में दाईं ओर रखा गया है।
- अधातुएँ सामान्यता ठोस और गैस होती हैं। ब्रोमीन अपवाद है, यह द्रव है। 10 अधातुएँ ठोस अवस्था में तथा 11 गैस अवस्था में पाईं जाती हैं।
- ये विभिन्न रंग दर्शाते हैं।
- ये चमकीली अघातवर्ध्य (Malleable) तथा तन्य (Ductile) नहीं होते हैं, (यद्यपि आयोडीन चमकीली है)।

कार्बन

- कार्बन भू-पर्पटी में पाया जाने वाला सत्रहवाँ अतिबाहुल्य तत्व है। इसका परमाणु क्रमांक 6 तथा द्रव्यमान संख्या 12 है।
- यह प्रकृति में स्वतन्त्र एवं संयुक्त दोनों अवस्था में बहुतायत से पाया जाता है। तत्व अवस्था में यह कोयला, ग्रेफाइट तथा हीरे के रूप में मिलता है, जबकि संयुक्त अवस्था में यह धातु कार्बोनेट, हाइड्रोकार्बन, प्रोटीन, कार्बोहाइड्रेट, वायु में कार्बन डाइऑक्साइड गैस (0.03%) के रूप में तथा अन्य जटिल यौगिकों में पाया जाता है।
- कार्बन तीन समस्थानिक रूपों $^{12}_{6}C$, $^{13}_{6}C$, $^{14}_{6}C$ में पाया जाता है। तीसरा समस्थानिक अर्थात् $^{14}_{6}C$ रेडियोसक्रिय है जिसकी अर्द्ध-आयु 5770 वर्ष है। यह β-कण उत्सर्जक है।
- $^{12}_{6}C$ को परमाण्विक द्रव्यमान का अन्तर्राष्ट्रीय मानक लिया गया है, जिसे परमाणु द्रव्यमान मात्रक (amu) में निरूपित करते हैं।
- कार्बन-14 का प्रयोग आयु ज्ञात करने में किया जाता है।
- रेडियोकार्बन-डेटिंग का प्रयोग जीवाश्मों की आयु ज्ञात करने में किया जाता है।

कार्बन के अपररूप

कार्बन क्रिस्टलीय और अक्रिस्टलीय दोनों प्रकार के अपररूप (Allotropes) दर्शाता है। हीरा, ग्रेफाइट और फुलेरीन्स कार्बन के क्रिस्टलीय रूप हैं, जबकि कार्बन ब्लैक, कोक, काष्ठ चारकोल, कोल आदि इसके अक्रिस्टलीय रूप हैं।

- **हीरा** (Diamond) शुद्ध हीरा रंगहीन, पारदर्शक तथा कठोरतम् होता है। इसी कारण यह शीशे को काट देता है। यह विद्युत तथा ऊष्मा का कुचालक होता है।
- **ग्रेफाइट** (Graphite) में प्रत्येक कार्बन परमाणु समान तल में निकटवर्ती तीन अन्य कार्बन परमाणुओं से जुड़कर षट्कोणीय वलय (Hexagonal ring) के रूप में व्यवस्थित होते हैं। यह विद्युत का उत्तम चालक है।

  ग्रेफाइट अपनी परतीय संरचना के कारण मुलायम, मृदु और चिकना है। यह इतना मुलायम है कि इसका प्रयोग लैड पेन्सिल के रूप में कागज पर निशान बनाने के लिए किया जाता है। अत: इसे **काला सीसा** (Black lead) नाम से भी जाना जाता है।

  इसका उपयोग नाभिकीय रिऐक्टर में मन्दक के रूप में किया जाता है।
- **फुलेरीन** (Fullerene) कार्बन का शुद्धतम रूप है। इनका निर्माण ग्रेफाइट को विद्युत आर्क में हीलियम, ऑर्गन, आदि अक्रिय गैसों की उपस्थिति में गर्म करके किया जाता है। फुलेरीन की संरचना पिन्जरानुमा होती है।

  C_{60} अणु की आकृति सॉकर बॉल के समान होती है, इसे बकमिन्सटर फुलेरीन (Buckminster fullerene) कहते हैं। ये सूक्ष्म बॉल बेरिंग और हल्की बैटरी बनाने में प्रयुक्त होते हैं। ये नए स्नेहक, प्लास्टिक और दवाएँ बनाने में प्रयुक्त होते हैं।
- **लैम्प ब्लैक** (Lamp black) यह कार्बन का शुद्धतम रूप है, इसमें 95% कार्बन होता है। इसे हाइड्रोकार्बनों को वायु की सीमित मात्रा में जलाकर प्राप्त किया जाता है।

  इसका प्रयोग काली स्याही में काले वर्णक के रूप में, जूते की पॉलिश तथा टायरों (ऑटोमोबाइल) में फिलर के रूप में किया जाता है।
- **चारकोल** (Charcoal) अपनी रन्ध्रीय रचना ओर अधिक पृष्ठ क्षेत्रफल के कारण यह कार्बन का अशुद्ध रूप है। इसकी गैसों को अवशोषित करने की क्षमता बहुत अधिक होती है।
- **कोल** (Coal) कार्बन की प्रतिशत मात्रा के आधार पर कोयला चार प्रकार का होता है
  - **पीट** (50-60% C) यह निम्न श्रेणी का कोयला है।
  - **लिग्नाइट** या **भूरा कोयला** (60-70% C) यह मध्यम श्रेणी का कोयला है।
  - **बिटुमिनस** (78-86% C) कोयले की यह सामान्य किस्म है यह मुलायम होता है तथा घेरलू कार्यों में प्रयुक्त किया जाता है।
  - **एन्थ्रासाइट** (94-98% C) यह अच्छा तथा उच्च श्रेणी का कोयला है इसका प्रयोग ईंधन के रूप में, कोल गैस तथा संश्लेषित पेट्रोल के निर्माण में किया जाता है।

कार्बन के ऑक्साइड

मुख्यतया कार्बन के निम्न दो ऑक्साइड होते हैं

- **कार्बन मोनॉक्साइड** (Carbon monoxide) ऑक्सीजन अथवा वायु की सीमित मात्रा में कार्बन या कार्बन युक्त ईंधन के अपूर्ण दहन पर CO प्राप्त होती है।

$$C(s) + O_2(g) \xrightarrow{\Delta} 2CO(g)$$

  यह वाटर गैस ($CO + H_2$) अथवा संश्लेषण गैस और प्रोड्यूसर गैस ($CO + N_2$) में भी उपस्थित होती है। दोनों को औद्योगिक ईंधन के रूप में प्रयोग किया जाता है।

  यह सूर्य के प्रकाश की उपस्थिति में क्लोरीन गैस से अभिक्रिया करके विषैली गैस फॉस्जीन (कार्बोनिल क्लोराइड, $COCl_2$) बनाती है।

- **कार्बन डाइऑक्साइड** (Carbon dioxide) यह कार्बन तथा कार्बन युक्त ईंधन के पूर्ण दहन पर प्राप्त होती है। चूने का पत्थर (लाइम स्टोन) भी गर्म होकर CO_2 देता है। यह रंगहीन, गन्धहीन अम्लीय गैस है।

  पौधों और जन्तुओं में श्वसन की प्रक्रिया में उत्पन्न होती है। यह किण्वन की प्रक्रिया में भी उत्पन्न होती है।

  CO_2 विषैली नहीं हैं लेकिन यह हरित गृह गैस है। वायु में इसकी बढ़ी हुई सान्द्रता भूमण्डलीय ताप वृद्धि (Global warming) के लिए उत्तरदायी है।

  CO_2 का जलीय विलयन कार्बोनिक अम्ल (H_2CO_3) कहलाता है।

  वातित जल (Aerated water) में कार्बन डाइऑक्साइड अन्तर्विष्ट होती है।

सिलिकन (Si)

- यह प्रकृति में सिलिका तथा सिलिकेट के रूप में पाया जाता है। यह भू-पर्पटी में बाहुल्यता से पाया जाने वाला ऑक्सीजन के बाद दूसरा तत्व है।
- यह अधातु तत्व है, जो अपरूपता दर्शाता है। यह सिरेमिक, काँच और सीमेन्ट का महत्वपूर्ण अवयव है।
- अति उच्च शुद्ध सिलिकन का उपयोग अर्द्धचालकों के रूप में, ट्रांजिस्टरों में तथा कम्प्यूटर चिप्स के निर्माण में किया जाता है।
- इसका उपयोग कार्बोरण्डम तथा मिश्रधातुओं के निर्माण में किया जाता है।
- रंगलेपों (पेन्ट) में योजक के रूप में सिलिकन मिलाया जाता है।
- **सिलिकन कार्बाइड** (Silicon carbide, SiC) यह कृत्रिम हीरा है। इसे कार्बोरण्डम भी कहा जाता है। इसका उपयोग बहुमूल्य कठोर वस्तुओं को काटने में किया जाता है।
- **सिलिका** (Silica, SiO_2) इसका उपयोग काँच और सीमेन्ट के निर्माण में किया जाता है।
- **सिलिकॉन्स** (Silicones) इनका उपयोग सीलित ग्रीस (Sealent grease), विद्युत रोधी (Electric insulator) तथा जल सहवस्त्र (Water proof fabrics) और शल्य क्रिया प्रसाधन-संयन्त्र (Surgical and cosmetic plants) बनाने में होता है।
- **सिलेन्स** (Silanes) ये सिलिकन के हाइड्राइड हैं।
- **क्रिस्टलीय क्वार्ट्ज** (Crystalline quartz) इसका प्रयोग घड़ियों तथा दाब-विद्युत पदार्थ बनाने में किया जाता है।

नाइट्रोजन (N)

- नाइट्रोजन, सोडियम नाइट्राइट तथा अमोनियम क्लोराइड के सान्द्र विलयनों को गर्म करके बनाई जाती है।
- नाइट्रोजन का उपयोग यूरिया (NH_2CONH_2) के निर्माण में, प्रशीतन में, जैविक पदार्थों तथा पशुओं के सीमेन के परिरक्षण में होता है।
- नाइट्रोजन का प्रयोग जैविक पदार्थों के एक्ससीटू एवं इनसीटू संरक्षण में किया जाता है।
- नाइट्रस ऑक्साइड (N_2O) का प्रयोग लॉफिंग गैस के रूप में किया जाता है।
- नाइट्रोजन का उपयोग हवाई जहाज के टायर में, चिप्स के पैकेट तथा विद्युत बल्ब में हवा भरने के लिए होता है।

फॉस्फोरस (P)

फॉस्फोरस हवा में स्वतः जल उठता है। अतः इसे जल में डुबोकर रखा जाता है। इसके निम्न अपररूप होते हैं

- **श्वेत फॉस्फोरस** (White phosphorus) यह बहुत अधिक क्रियाशील है। यह कक्ष ताप पर आग पकड़ लेता है। इसका ज्वलन ताप 30°C है। यही कारण है कि इसे जल में रखा जाता है।

  यह पारभासी श्वेत मोमी ठोस है। यह विषैला और लहसुन जैसी गन्ध वाला है। इसका उपयोग आतिशबाजी (पटाखें), अग्निमय और धूम्र बमों में किया जाता है।

- **लाल फॉस्फोरस** (Red phosphorus) यह गन्धहीन, प्रकृति में अविषैला और जल तथा CS_2 में अविलेय है।

  रासायनिक रूप से लाल फॉस्फोरस, श्वेत फॉस्फोरस की तुलना में बहुत कम क्रियाशील होता है। इसका उपयोग दूसरे रसायनों के साथ माचिस (रगने वाली सतह) बनाने में किया जाता है।

- **काला फॉस्फोरस** (Black phosphorus) यह सफेद फॉस्फोरस को 200°C तथा उच्च दाब पर गर्म करने पर प्राप्त होता है। इसके दो रूप होते हैं, α-काला फॉस्फोरस तथा β-काला फॉस्फोरस।

ऑक्सीजन (O)

- यह पारदर्शक, रंगहीन, स्वादहीन, गन्धहीन वायु से भरी तथा लिटमस के प्रति उदासीन गैस है।
- यह अज्वलनशील होती है, लेकिन जलने में सहायक होती है।
- ओजोन (O_3) पराबैंगनी किरणों के हानिकारक प्रभाव को कम करती है।
- ओजोन का उपयोग पेयजल को रोगाणु मुक्त करने में तथा जीवाणुनाशक (Insecticide) के रूप में होता है।
- ओजोन का उपयोग सिल्क, कपूर, परफ्यूम, फोमपैक्स प्रशीतक वातानुकूलक के निर्माण में होता है।
- अस्पतालों में कृत्रिम श्वसन के लिए 97% O_2 व 3% CO_2 का मिश्रण प्रयुक्त किया जाता है, जिसे कार्बोजन (Carbogen) मिश्रण कहते हैं।

सल्फर (S)

- ये प्रकृति में मुक्त (स्वतन्त्र) एवं संयुक्त दोनों अवस्था में पाई जाती है।
- इसका उपयोग माचिस, गन पाउडर, पटाखें, रबड़ के वल्कनीकरण (Valcanisation), गन्धक अम्ल बनाने में, कमरे को रोगाणु मुक्त (Disinfecting) करने में होता है।
- इसका आण्विक सूत्र S_8 है। इसका उपयोग रक्त शोधक औषधि में किया जाता है।
- सल्फ्यूरिक अम्ल (H_2SO_4) को रसायनों का राजा कहा जाता है। सीसा संचायक बैटरी में सल्फ्यूरिक अम्ल का प्रयोग किया जाता है।

हैलोजन

- फ्लुओरीन (F), क्लोरीन (Cl), ब्रोमीन (Br), आयोडीन (I) तथा ऐस्टैटीन (At), समूह 17 के सदस्य हैं, इन्हें हैलोजन (Halogens) भी कहते हैं।
- हैलोजन अतिक्रियाशील अधातु तत्व है।
- **फ्लुओरीन** (Fluorine) यह पीले रंग की गैस है। हैलोजन में यह सर्वाधिक क्रियाशील तत्व है। फ्लुओरीन सर्वाधिक ऋणविद्युती तत्व है। फ्लुओरीन तत्व का पता लैसग्ने परीक्षण (Lassaigne's test) द्वारा नहीं लगाया जा सकता है। फ्लुओरीन सबसे प्रबल ऑक्सीकारक है।

- **क्लोरीन** (Chlorine) इसे ऑक्सीम्यूरेटिक अम्ल (Oxymuriatic acid) भी कहा जाता है। यह तीखी गन्ध वाली दमघोटू, हरित पीली (Greenish yellow) गैस है। यह वायु से 2.5 गुना भारी तथा जल में विलेय है।

  यह केवल नमी की उपस्थिति में विरंजन क्रिया दर्शाता है। अतः इसका विरंजक प्रभाव स्थायी है। यह शुष्क बुझे चूने से क्रिया करके विरंजक चूर्ण ($CaOCl_2$) देती है। सोने तथा प्लेटिनम के निष्कर्षण में इसका उपयोग होता है।
- **ब्रोमीन** (Bromine) यह लाल भूरी तरल अवस्था की अधातु है।

  समुद्री जल में इसकी मात्रा लगभग 0.068% है। इसका निष्कर्षण मुख्यतः कार्नेलाइट अयस्क से किया जाता है।

  भारत में कच्छ के रन (Run of kachchh) में ब्राइन के रूप में पाई जाती है। यह फोटोग्राफी में सिल्वर ब्रोमाइट के रूप में तथा कार्बनिक रसायन में प्रतिकारक के रूप में प्रयुक्त किया जाता है।
- **आयोडीन** (Iodine) यह संयुक्त अवस्था में समुद्री जल और समुद्री खरपतवार में आयोडाइड के रूप में पाई जाती है। यह गहरे बैंगनी रंग का अधात्विक चमकदार क्रिस्टलीय ठोस है।

  कपड़ों पर आयोडीन का दाग सोडियम थायोसल्फेट विलयन द्वारा दूर किया जाता है। आयोडीन का प्रयोग पीड़ाहारी के रूप में किया जाता है।
- **ऐस्टैटीन** (Astatine) यह एक रेडियोधर्मी तत्व है।

  बहुत अधिक क्रियाशील होने के कारण ये तत्व हमेशा संयुक्त अवस्था में पाए जाते हैं। ये सभी रंगीन तत्व हैं क्योंकि ये दृश्य प्रकाश को अवशोषित करते हैं।

अक्रिय गैसें

- ये हीलियम (He), निऑन (Ne), आर्गन (Ar), क्रिप्टॉन (Kr), जीनॉन (Xe) तथा रेडॉन (Rn) हैं, इन्हें अक्रिय गैस (Inert gas) कहते हैं।
- हीलियम और कभी-कभी निऑन रेडियोधर्मी उत्पत्ति के खनिजों में पाए जाते है। उदाहरण– पिच ब्लैण्ड, मोनोजाइट, क्लीवाइट।
- निऑन का उपयोग विसर्जन ट्यूब तथा प्रदीप्त बल्बों में प्रकाशीय सजावट तथा विज्ञापन प्रदर्शन हेतु किया जाता है।
- आर्गन प्रकृति में सबसे अधिक मात्रा में पाई जाने वाली अक्रिय गैस है। इसका उपयोग विद्युत बल्ब में किया जाता है।
- क्रिप्टॉन का उपयोग एअरपोर्ट रनवे और एप्रोच लाइट (पहुँच प्रकाश) में किया जाता है।
- जीनॉन का उपयोग उच्च तीव्रता फोटोग्राफिक फ्लैश ट्यूब में किया जाता है।
- जीनॉन को स्ट्रेंजर गैस भी कहा जाता है।
- रेडॉन का उपयोग कैंसर के उपचार में किया जाता है।

चैप्टर प्रैक्टिस

कार्बन एवं सिलिकन

1. अधातु के ऑक्साइड प्रायः होते हैं *[RRB 2007]*

(a) क्षारीय (b) अम्लीय
(c) उदासीन (d) इनमें से कोई नहीं

2. अधातुओं में से कौन-सी अधातु चमकदार होती है? *[RRB 2018]*

(a) क्लोरीन (b) निऑन
(c) फ्लोरीन (d) आयोडीन

3. कौन-सी अधातु तरल अवस्था में होती है? *[RRB 2018]*

(a) ब्रोमीन (b) फॉस्फोरस
(c) हाइड्रोजन (d) पारा

4. लकड़ी की आयु ज्ञात करने में सहायक है *[RRB 2002]*

(a) कार्बन-14 (b) यूरेनियम
(c) कोबाल्ट (d) पोलोनियम

5. रेडियो कार्बन-डेटिंग ...... की आयु ज्ञात करने के लिए प्रयुक्त किया जाता है। *[RRB 2007]*

(a) ग्रहों (b) जीवाश्मों
(c) शिशुओं (d) चट्टानों

6. निम्न में से कार्बन का कौन-सा समस्थानिक रेडियोसक्रिय है?

(a) ${}^{12}_{6}C$ (b) ${}^{13}_{6}C$
(c) ${}^{14}_{6}C$ (d) इनमें से कोई नहीं

7. सूखी बर्फ किसका ठोस रूप है? *[SSC 2015,2011]*

(a) वायु (b) पानी
(c) कार्बन डाइऑक्साइड (d) नाइट्रोजन

8. वातित जल में यह अन्तर्विष्ट होता है *[SSC (CGL) 2014]*

(a) SO_4 (b) NO_2 (c) H_2 (d) CO_2

9. निम्नलिखित में से कौन-सी गैस चूने के पानी को दूधिया कर देती है?

(a) NO_2 (b) CO_2
(c) SO_2 (d) H_2

10. निम्नलिखित में से कौन-सा तथ्य सत्य नहीं है?

(a) Cl_2 हवा में भारी होती है
(b) CO_2 जल में अविलेय है
(c) ठोस CO_2 को शुष्क बर्फ कहा जाता है
(d) CO_2 अग्निरोधी के रूप में प्रयुक्त होती है

11. निम्नलिखित में से कौन-सा एक कार्बन का अपररूप नहीं है?

(a) कज्जल (b) ग्रेफाइट
(c) हीरा (d) कार्बोरण्डम

12. निम्नलिखित में से किस एक प्रकार में अक्रिस्टलीय कार्बन प्रकृति में शुद्धतम रूप में पाया जाता है? *[CDS 2008]*

(a) कार्बन कज्जल (b) ग्रेफाइट
(c) हीरा (d) कोयला

13. कोयले के निम्नलिखित प्रकारों में से किस एक में शेष प्रकारों की अपेक्षा अधिक प्रतिशत कार्बन अंश होता है?

(a) बिटुमिनस कोयला (b) लिग्नाइट
(c) पीट (d) ऐन्थ्रासाइट

14. फुलेरीन एक नया खोजा गया क्रिस्टली कार्बन अपररूप है। इसके हैं *[SSC 2012]*

(a) 100C परमाणु (b) 80C परमाणु
(c) 60C परमाणु (d) 40C परमाणु

15. **निम्नलिखित में से कौन-सा ऑक्साइड उदासीन है?** *[RRB 2006]*

(a) CO_2 (b) CO (c) Na_2O (d) CaO

16. **वाटर गैस किसका मिश्रण होती है?** *[SSC 2011]*

(a) कार्बन डाइऑक्साइड और हाइड्रोजन
(b) कार्बन मोनोऑक्साइड और नाइट्रोजन
(c) कार्बन मोनोऑक्साइड और हाइड्रोजन
(d) कार्बन हाइड्रोजन

17. **निम्नलिखित में से कार्बन का शुद्धतम रूप कौन-सा है?** *[NDA 2018]*

(a) चारकोल (b) कोक
(c) फुलेरीन (d) कार्बन कज्जल (कार्बन ब्लैक)

18. **निम्नलिखित कथनों में से सही कथन को चुनिए**

1. **हीरा काला सीसा कहलाता है।**
2. **हीरे में कार्बन होता है।**
3. **इस्पात हीरे से अधिक कठोर होता है।**

कूट

(a) केवल 1 (b) केवल 2 (c) 2 और 3 (d) 1,2 और 3

19. **ग्रेफाइट के सम्बन्ध में निम्नलिखित में से कौन-सा एक कथन सही नहीं है?** *[NDA 2010]*

(a) यह कार्बन का सर्वाधिक स्थायी अपररूप है।
(b) यह विद्युत चालक पदार्थ है।
(c) शुष्क दशाओं में ग्रेफाइट की क्रिस्टलीय गोलीय मणिकाओं में अच्छा स्नेहक गुणधर्म होता है।
(d) यह कोयले की उच्चतम कोटि है।

20. **कार्बन के उस रूप के बारे में जिसे हीरा कहा जाता है, निम्नलिखित में से कौन-सा कथन सही नहीं है?** *[CDS 2018]*

(a) यह ग्रेफाइट से कठोर होता है।
(b) इसमें कार्बन की उतनी ही प्रतिशत्ता होती है जितनी कि ग्रेफाइट में।
(c) वह ग्रेफाइट से अधिक विद्युत सुचालक है।
(d) इसमें कार्बन से कार्बन की दूरी सभी दिशाओं में अलग-अलग होती है।

21. **ग्रेफाइट में प्रत्येक कार्बन परमाणु तीन अन्य कार्बन परमाणुओं से आबन्ध कैसे बनाता है?** *[CDS 2019]*

(a) त्रिविमीय संरचना बनाकर
(b) उसी तल में एक षट्कोणीय विन्यास बनाकर
(c) उसी तल में एक वर्ग का विन्यास बनाकर
(d) उसी तल में एक पंचभुजाकार विन्यास बनाकर

22. **ग्रेफाइट के लिए, निम्नलिखित गुणधर्मों में से कौन-सा सही नहीं है?** *[NDA 2018]*

(a) प्रत्येक कार्बन परमाणु का संकरण sp^3 है।
(b) प्रत्येक कार्बन परमाणु का संकरण sp^2 है।
(c) परमाणुओं की पूरी परत के ऊपर इलेक्ट्रॉन विस्थानित होते हैं।
(d) प्रत्येक परत षट्भुजीय वलयों की बनी होती है।

23. **निम्नलिखित कथनों में से कौन-सा सही नहीं है?** *[NDA 2018]*

(a) हीरे में सभी कार्बन, कार्बन-कार्बन एकल बन्ध द्वारा जुड़ें (बँधे) होते है।
(b) ग्रेफाइट परतों वाली एक संरचना है, जिसमें परतें (कमजोर) वाण्डरवाल्स बलों द्वारा आपस में जुड़ी होती है।
(c) ग्रेफाइट की परतें कार्बन परमाणुओं की षट्कोणीय वलयों द्वारा बनती है।
(d) ग्रेफाइट की परतें कार्बन-कार्बन एकल बन्ध द्वारा आपस में जुड़ी होती हैं।

24. **कार्बन कज्जल (कार्बन ब्लैक) कैसे प्राप्त किया जाता है?** *[NDA 2018]*

(a) वायु की अनुपस्थिति में लकड़ी को उच्च तापमान पर तपाने पर,
(b) वायु की अनुपस्थिति में कोयले को उच्च तापमाान पर तपाने पर
(c) वायु की सीमित उपलब्धता (पूर्ति) में हाइड्रोकार्बनों को जलाने पर
(d) वायु की उपस्थिति में कोयले को उच्च तापमान पर तपाने पर

25. **कार्बन डाइऑक्साइड चक्र सूचित करता है कि** *[RRB 2006]*

(a) वायु के कार्बन डाइऑक्साइड एक चक्र में गमन करता है
(b) कार्बन डाइऑक्साइड की संरचना चक्रीय होती है
(c) कार्बन डाइऑक्साइड ऑक्सीजन की खपत करता है
(d) मानव-श्वसन के द्वारा ऑक्सीजन को कार्बन डाइऑक्साइड में बदला जाता है और फिर हरे पौधों के द्वारा ऑक्सीजन और कार्बन में।

26. **सुमेलित कीजिए**

सूची-I	सूची-II
A. जल गैस	1. CH_4
B. प्रोड्यूसर गैस	2. $CO + H_2$
C. कोल गैस	3. $CH + H_2 + CO$
D. मार्श गैस	4. $CO + N_2$

कूट

	A	B	C	D		A	B	C	D
(a)	4	2	1	3	(b)	4	2	3	1
(c)	4	3	2	1	(d)	2	4	3	1

27. **निम्नलिखित कथनों में से कौन-सा/से कार्बन डाइऑक्साइड के सम्बन्ध में सही है/हैं?**

1. **चूने पर जल की क्रिया द्वारा इसका वृहत पैमाने पर उत्पादन होता है।**
2. **ठोस अवस्था में इसका प्रशीतक के रूप में प्रयोग होता है।**

कूट

(a) केवल 1 (b) केवल 2
(c) 1 और 2 दोनों (d) न तो 1 और न ही 2

28. **कार्बन डाइऑक्साइड (CO_2) से जुड़े हुए कुछ कथन नीचे दिए गए हैं**

1. **CO_2 एक जहरीली गैस है।**
2. **CO_2 एक अम्लीय ऑक्साइड है।**
3. **CO_2 चूने के पानी को दूधिया कर देती है।**

उपरोक्त कथनों में से कौन-सा/से कथन सही है/हैं?

(a) 1 और 2 (b) 2 और 3
(c) केवल 3 (d) 1 और 3

29. **कथन (A) कार्बन अन्य तत्वों की अपेक्षा अधिक यौगिक बना सकता है।**

कारण (R) कार्बन विभिन्न अपररूपों में विद्यमान रह सकता है। *[NDA 2009]*

कूट

(a) A और R दोनों सही है तथा R, A की सही व्याख्या है।
(b) A और R दोनों सही है तथा R, A की सही व्याख्या नहीं है।
(c) A सही है, किन्तु R गलत है।
(d) A गलत है, किन्तु R सही है।

30. पत्थरों एवं खनिजों में सर्वाधिक मात्रा में पाया जाने वाला तत्व है *[RRB 2006]*
(a) सिलिकन (b) कार्बन
(c) हाइड्रोजन (d) सोना

31. रंगलेपों (पेन्ट) में योजक के रूप में निम्नलिखित में से किसे प्रयुक्त किया जाता है? *[NDA 2019]*
(a) टाइटेनियम डाइऑक्साइड (b) नोवोलेक
(c) थैलोसायनिन (d) सिलिकन

32. घड़ी में प्रयोग होने वाले क्वार्ट्ज क्रिस्टल होते हैं *[BPSC (Pre)2018]*
(a) सिलिकॉन डाइऑक्साइड (b) जर्मेनियम डाइऑक्साइड
(c) जर्मेनियम ऑक्साइड (d) टाइटेनियम डाइऑक्साइड

33. सिलिकॉन कार्बाइड का उपयोग किया जाता है *[RRB 2006]*
(a) बहुमूल्य कठोर वस्तु को काटने में
(b) काँच के उत्पादन में
(c) सीमेन्ट के निर्माण में
(d) उपरोक्त में से कोई नहीं

34. विभिन्न प्रकार के काँच निर्माण में प्रयुक्त होने वाला मुख्य घटक कौन-सा है? *[NDA 2011]*
(a) सिलिका (b) सोडियम बोरेट
(c) कैल्सियम सिलिकेट (d) सोडियम सिलिकेट

35. संगणकों के आईसी चिप्स प्रायः बनाए जाते हैं
(a) क्रोमियम (b) स्वर्ण
(c) सिलिकन (d) पारा

36. स्फटिक (Quartz) निम्नलिखित में से किसका क्रिस्टलीय रूप है?
(a) चूना-पत्थर का (b) काँच का
(c) सिलिका का (d) ऐलुमिना का

37. भू-पर्पटी में दूसरा सर्वाधिक पाया जाने वाला तत्व है *[SSC 2016, RRB NTPC 2017]*
(a) कार्बन (b) सिलिकॉन
(c) ऑक्सीजन (d) हाइड्रोजन

38. कम्प्यूटर में प्रयुक्त आई.सी. चिप्स किससे बनी होती है? *[RAS/RTS 2012, RRB NTPC 2016]*
(a) तांबा (b) सिलिकान
(c) स्टील (d) प्लास्टिक

39. निम्नलिखित में से कौन-सा तत्व सोलर सेल में उपयोग किया जाता है? *[SSC 2011, BSSC 2016]*
(a) सिलिकॉन (b) सीरियम
(c) ऐस्टैटीन (d) वैनेडियम

नाइट्रोजन

40. कौन-सी गैस वायु से हल्की, पानी में अघुलनशील व अज्वलनशील है?
(a) O_2 (b) N_2
(c) CO_2 (d) CO

41. निम्नांकित में से क्रायो बैंक 'एक्स-सीटू' संरक्षण के लिए कौन-सी गैस सामान्यतः प्रयोग होती है? *[UPPCS 2009]*
(a) नाइट्रोजन (b) ऑक्सीजन
(c) कार्बन डाइऑक्साइड (d) मेथेन

42. नाइट्रोजन युक्त उर्वरक के उत्पादन का मुख्य स्त्रोत क्या है?
(a) अमोनिया (b) नाइट्रिक अम्ल *[SSC 2011]*
(c) नाइट्रोजन (d) नाइट्रोजन डाइऑक्साइड

43. पानी में घुली हुई कौन-सी गैस उसे क्षारीय बनाती है? *[SSC 2015]*
(a) अमोनिया (b) हाइड्रोजन
(c) सल्फर डाइऑक्साइड (d) कार्बन डाइऑक्साइड

44. प्रशीतन की अवशोषण प्रणाली सामान्यतया निम्न में से किस प्रशीतक का प्रयोग करता है? *[RRB 2008]*
(a) फ्रेऑन-11 (b) फ्रेऑन-22
(c) CO_2 (d) NH_3

45. अमोनियम क्लोराइड के जलीय विलयन की प्रकृति होगी *[RRB 2005]*
(a) उदासीन (b) अम्लीय
(c) क्षारीय (d) रंगीन

46. निम्न में से किसका प्रयोग संज्ञाहारी के रूप में किया जाता है? *[SSC (FCI) 2012]*
(a) मेथेन (b) कार्बन डाइऑक्साइड
(c) नाइट्रस ऑक्साइड (d) नाइट्रोजन

47. अमोनिया का एक गुण कौन-सा है? *[SSC 2011]*
(a) यह जल में अविलेय होता है।
(b) यह गन्ध रहित गैस है।
(c) यह पीत गैस होती है।
(d) इसके जलीय विलयन में लाल लिटमस नीला हो जाता है।

48. नाइट्रोजन का निर्धारण होता है
(a) नाइट्रोजन की तरलता से
(b) वायुमण्डलीय नाइट्रोजन का उपयोगी यौगिकों के रूप में रूपान्तरण
(c) नाइट्रोजन का ऐमीन में रूपान्तरण
(d) वातावरण में नाइट्रोजन गैस सुदृढ़ीकरण

49. निम्नलिखित में से किसकी विद्यमानता के कारण सामान्य नाइट्रिक अम्ल का रंग पीला होता है?
(a) N_2O (b) NO
(c) N_2O_2 (d) NO_2

50. नाइट्रोजन अणु रसायनतः कम सक्रिय क्यों हैं?
(a) इसकी परमाणु त्रिज्या लघु है
(b) इसमें विद्युत ऋणात्मकता उच्च है
(c) इसमें वियोजन ऊर्जा उच्च है
(d) इसका इलेक्ट्रॉनिक विन्यास स्थायी है

51. डाइनाइट्रोजन (N_2) और डाइऑक्सीजन (O_2) धातु के मुख्य अवयव हैं, परन्तु ये परस्पर अभिक्रिया कर नाइट्रोजन के ऑक्साइड नहीं बनाते हैं, क्योंकि
(a) अभिक्रिया को प्रारम्भ करने के लिए उत्प्रेरक की आवश्यकता होती है।
(b) नाइट्रोजन के ऑक्साइड अस्थायी होते हैं।
(c) अभिक्रिया ऊष्माशोषी है तथा इसके लिए अति उच्च तापमान की आवश्यकता होती है।
(d) अभिक्रिया होने के लिए वायु में N_2 और O की रससमीकरणमिति आदर्श नहीं है।

52. निम्न में से कौन-सा अभिलक्षण हाइड्रोजन, नाइट्रोजन, ऑक्सीजन और कार्बन डाइऑक्साइड में सर्वनिष्ठ (कॉमन) है? *[CDS 2018]*
(a) ये सभी द्विपरमाणुक है।
(b) कमरे के तापमान पर ये सभी गैसें है।
(c) ये सभी रंगीन हैं।
(d) इन सभी की अभिक्रियाशीलता एक समान है।

53. यौगिक $C_2H_5NO_2$ में क्या है? *[CDS 2018]*
(a) इसके एक अणु में 17 परमाणु हैं
(b) द्रव्यमान के अनुसार C और H के बराबर अणु है
(c) नाइट्रोजन परमाणुओं की तुलना में ऑक्सीजन परमाणुओं का दोगुना द्रव्यमान हैं
(d) हाइड्रोजन परमाणुओं की तुलना में नाइट्रोजन परमाणुओं का दोगुना द्रव्यमान हैं

54. निम्नलिखित युग्मों में से कौन-सा एक सही सुमेलित नहीं है?
(a) वायु के प्रमुख घटक–नाइट्रोजन और ऑक्सीजन गैस
(b) वायु के घटक–कार्बन डाइऑक्साइड प्रकाश संश्लेषण के और जलवाष्प कारक हैं
(c) वायु के घटक जो वायु प्रदूषण के कारक है-दुर्लभ गैसें
(d) वायु के घटक जो पौधों के वर्धन और विकास के लिए आवश्यक है-नाइट्रोजन गैस

फॉस्फोरस एवं ऑक्सीजन

55. निरापद दियासलाईयों (सेफ्टी माचिस) के निर्माण में प्रयुक्त फॉस्फोरस क्या होता है? *[NDA 2016]*
(a) लाल फॉस्फोरस (b) काला फॉस्फोरस
(c) श्वेत फॉस्फोरस (d) सिन्दूरी फॉस्फोरस

56. रक्त कैंसर (ल्यूकीमिया) की रोकथाम में प्रयोग किए जाने वाला रेडियो समस्थानिक है *[BPSC (Pre) 2017]*
(a) आयोडीन-131 (b) सोडियम-24
(c) फॉस्फोरस-32 (d) कोबाल्ट-60

57. निम्न में से कौन-सा/से कथन सही है/हैं?
1. लाल फॉस्फोरस मोमी पदार्थ है, जबकि सफेद, फॉस्फोरस क्रिस्टलीय है।
2. लाल फॉस्फोरस गन्धहीन है, जबकि सफेद फॉस्फोरस में लहसुन जैसी गन्ध है

कूट
(a) केवल 1
(b) केवल 2
(c) 1 और 2 दोनों
(d) न तो 1 और न ही 2

58. निरापद दियासलाई के विनिर्माण में लाल फॉस्फोरस का उपयोग होता है। ऐसा इस तथ्य के कारण है कि *[CDS 2015]*
(a) यह स्फुरदीप्ति दिखाता है
(b) साधारण तापमान पर यह फॉस्फोरस की अन्य किस्मों में कम अभिक्रियाशील होता है
(c) इसका तापन कर इसे श्वेत फॉस्फोरस में परिवर्तित नहीं किया जा सकता
(d) तापन करने पर यह हैलोजन से अभिक्रिया नहीं करता

59. ओजोन ऑक्सीजन का एक ... है। *[SSC 2017]*
(a) अपररूप (b) समस्थानिक
(c) समभारिक (d) समन्यूट्रॉनिक

60. ऑक्सीजन की उपस्थिति में ग्लूकोज का कार्बन डाइऑक्साइड और पानी में ऊर्जा के विमोचन से सम्पूर्ण रूपान्तरण कहलाता है
(a) वायु श्वसन (b) अवायु श्वसन *[RRB 2001]*
(c) ग्लाइकोलिसिस (d) हाइड्रोलिसिस

61. ओजोन पराबैंगनी किरणों के हानिकारक प्रभाव को *[UPPCS 2003]*
(a) बढ़ाती है (b) घटाती है
(c) नष्ट कर देती है (d) कोई प्रभाव नहीं डालती

62. अस्पतालों में कृत्रिम श्वसन के लिए प्रयुक्त कार्बोजन मिश्रण है
(a) 97% O_2 व 3% CO_2 (b) 90% O_2 व 10% N_2
(c) 60% O_2 व 20% CO_2 (d) 96% O_2 व 4% N_2

63. निम्नलिखित कथनों में से ऑक्सीजन के लिए कौन-से कथन सत्य है?
1. यह अधातुओं से क्रिया करके ऑक्साइड बनाती है, जो प्रकृति में क्षारीय होते हैं।
2. ओजोन (O_3), ऑक्सीजन (O_2) का एक समस्थानिक है।
3. यह हवा से थोड़ी-सी भारी होती है।
4. यह क्षारीय पाइरोगैलोल में विलेय है।

कूट
(a) 1 और 3 (b) 2 और 4
(c) 3 और 4 (d) 1 और 3

सल्फर

64. निम्नलिखित में से कौन-सा तत्व स्वतन्त्र अवस्था में पाया जाता है? *[RRB 2006, 2012]*
(a) आयोडीन (b) मैग्नीशियम
(c) सल्फर (d) फॉस्फोरस

65. सल्फर के अणु का सही सूत्र क्या है? *[RRB 2005]*
(a) S_4 (b) S_8
(c) S_{10} (d) S_2

66. प्राकृतिक रबड़ का वल्कनीकरण किस तत्व को डालकर किया जाता है, जिससे कि इसे अधिक लचीला और अधिक मजबूत बनाया जा सके? *[RRB 2006]*
(a) कार्बन (b) सल्फर
(c) सोडियम (d) पोटैशियम

67. किस अम्ल का उपयोग सीसा संचायक बैटरी में किया जाता है? *[RRB 2004]*
(a) सल्फ्यूरिक अम्ल (b) हाइड्रोक्लोरिक अम्ल
(c) नाइट्रिक अम्ल (d) ऐसीटिक अम्ल

68. 'रसायन का राजा' किसे कहा जाता है? *[RRB 2007]*
(a) H_2SO_4 (b) HNO_3
(c) HCl (d) CO_2

69. निम्न में से किस प्रशीतक का उपयोग आजकल नहीं होता है? *[RRB 2004]*
(a) अमोनिया (b) सल्फर डाइऑक्साइड
(c) कार्बन डाइऑक्साइड (d) फ्रेऑन-12

70. रबड़ के व्यापारिक वल्कनीकरण में किसका प्रयोग शामिल है? *[CDS 2009]*

(a) गन्धक (b) कार्बन
(c) फॉस्फोरस (d) सेलिनियम

71. गन्धक का उपयोग किन रूपों में होता है?

1. रबड़ के वल्कनीकरण में।
2. रक्तशोधक औषधि में ।
3. कीटाणुनाशक मरहम में।

कूट
(a) केवल 1 (b) 1 और 2
(c) केवल 3 (d) 1, 2 और 3

72. सल्फ्यूरिक अम्ल (H_2SO_4) के सम्बन्ध में सही कथनों का चयन करें।

1. यह द्विभास्मिक अम्ल है।
2. इसे रसायनों का राजा कहा जाता है।
3. प्रयोगशाला में इसका उपयोग अभिकर्मक के रूप में होता है।
4. यह एक रंगहीन क्रिस्टलीय पदार्थ है।

कूट
(a) 1 और 2 (b) 1, 2 और 3
(c) 2 और 3 (d) 1, 3 और 4

73. निम्न में से कौन-सा/से कथन सही है/हैं?

1. सल्फ्यूरिक अम्ल विस्फोटकों के उत्पादन में प्रयुक्त किया जाता है।
2. नाइट्रिक अम्ल उर्वरकों के उत्पादन में प्रयुक्त किया जाता है।

कूट
(a) केवल 1
(b) केवल 2
(c) 1 और 2 दोनों
(d) न तो 1 और न ही 2

हैलोजन

74. ब्रोमीन किस वर्ग का है? *[RRB 2002]*

(a) हैलोजन (b) विरल गैस
(c) न्यूट्रल गैस (d) इनमें से कोई नहीं

75. विरंजन का स्वरूप प्रदान करता है *[RRB 2005]*

(a) मैंगनीज (b) लोहा
(c) क्लोरीन (d) आयोडीन

76. ब्रोमीन होती है *[BPSC (Pre) 2018]*

(a) रंगहीन गैस (b) भूरी ठोस
(c) अत्यन्त ज्वलनशील गैस (d) लाल द्रव

77. हैलोजनों में सर्वाधिक प्रभावशाली ऑक्सीकरणकर्ता है *[RRB 2001]*

(a) क्लोरीन (b) ब्रोमीन
(c) फ्लुओरीन (d) आयोडीन

78. निम्नलिखित में सबसे प्रबल ऑक्सीकारक ऐजेन्ट क्या है? *[SSC 2015]*

(a) ऑक्सीजन (b) क्लोरीन
(c) फ्लुओरीन (d) आयोडीन

79. निम्नलिखित में से किस तत्व का पता लैसग्ने परीक्षण द्वारा नहीं लगाया जा सकता है? *[CDS 2019]*

(a) I (b) Cl
(c) S (d) F

80. निम्नलिखित में कौन-सा सक्रियता के घटते क्रम को निरूपित करता है? *[RRB 2019]*

(a) F > Cl > Br > I
(b) I > Br > Cl > F
(c) I > Cl > Br > F
(d) F > I > Br > Cl

81. वह हैलोजन जिसका उपयोग पीड़ाहारी की तरह किया जाता है

(a) क्लोरीन (b) ब्रोमीन
(c) आयोडीन (d) फ्लोरीन

82. निम्नलिखित में से कौन-सा सामान्य ताप पर ठोस अवस्था में रहता है?

(a) क्लोरीन (b) ब्रोमीन
(c) फ्लुओरीन (d) आयोडीन

83. वह तत्व, जो जल से ऑक्सीजन मुक्त करता है

(a) P (b) F
(c) I (d) Na

84. कपड़ों पर आयोडीन का दाग दूर किया जाता है

(a) सोडियम थायोसल्फेट विलयन द्वारा
(b) सोडियम क्लोराइड विलयन द्वारा
(c) सोडियम फ्लोराइड विलयन द्वारा
(d) सोडियम परबोरेट विलयन द्वारा

85. क्लोरीनीकरण पानी को शुद्ध करने का एक प्रक्रम है। क्लोरीन की रोगाणुनाशी क्रिया का मुख्य कारण क्या है? *[IAS (Pre) 2010]*

(a) पानी में क्लोरीन मिलाए जाने पर हाइड्रोक्लोरिक अम्ल का बनना
(b) पानी में क्लोरीन मिलाए जाने पर हाइड्रोक्लोरस अम्ल का बनना
(c) पानी में क्लोरीन मिलाए जाने पर नवजात ऑक्सीजन का बनना
(d) पानी में क्लोरीन मिलाए जाने पर हाइड्रोजन का बनना

86. निम्नलिखित कथनों में से सही कथन चुनिए

1. क्लोरीन एक परमाण्विक गैस है।
2. ओजोन परत पराबैंगनी किरणों के विरुद्ध एक रक्षा कवच बनाती है।
3. पौधे नाइट्रोजन को नाइट्रस ऑक्साइड के रूप में लेते हैं।

कूट
(a) 1 और 2 (b) 2 और 3
(c) 1 और 3 (d) केवल 2

अक्रिय गैसें

87. निम्न में से कौन-सी अक्रिय गैस नहीं है? *[RRB 2005]*

(a) ब्रोमीन (b) निऑन
(c) आर्गन (d) क्रिप्टॉन

88. निम्नलिखित में से कौन-सी एक निष्क्रिय गैस है? *[SSC (CGL) 2017]*

(a) हाइड्रोजन (b) नाइट्रोजन
(c) ऑक्सीजन (d) आर्गन

89. अक्रिय गैस परमाणुओं के सबसे बाहरी कक्ष में कितने इलेक्ट्रॉन होते हैं? *[RRB 2001]*

(a) चार (b) छ:
(c) आठ (d) दो

90. निम्नलिखित में से किस एक को 'स्ट्रैंजर गैस' भी कहते हैं? *[IAS (Pre) 2008]*

(a) आर्गन (b) निऑन
(c) जीनॉन (d) नाइट्रस ऑक्साइड

91. निम्नलिखित में से कौन-सी एक उत्कृष्ट गैस वायुमण्डल में नहीं पाई जाती?

(a) आर्गन (b) क्रिप्टॉन
(c) रेडॉन (d) जीनॉन

92. प्रकाशीय सजावट तथा विज्ञापन के लिए विसर्जन नलिकाओं में प्रयुक्त होने वाली गैस है

(a) कार्बन डाइऑक्साइड (b) अमोनिया
(c) सल्फर डाइऑक्साइड (d) निऑन

उत्तरमाला

1. (b)	**2.** (d)	**3.** (a)	**4.** (a)	**5.** (b)	**6.** (c)	**7.** (c)	**8.** (d)	**9.** (b)	**10.** (b)
11. (d)	**12.** (a)	**13.** (d)	**14.** (c)	**15.** (b)	**16.** (c)	**17.** (d)	**18.** (b)	**19.** (d)	**20.** (c)
21. (b)	**22.** (a)	**23.** (d)	**24.** (c)	**25.** (d)	**26.** (d)	**27.** (b)	**28.** (c)	**29.** (b)	**30.** (a)
31. (d)	**32.** (b)	**33.** (a)	**34.** (a)	**35.** (c)	**36.** (c)	**37.** (b)	**38.** (b)	**39.** (a)	**40.** (b)
41. (a)	**42.** (a)	**43.** (a)	**44.** (d)	**45.** (b)	**46.** (d)	**47.** (d)	**48.** (b)	**49.** (d)	**50.** (c)
51. (c)	**52.** (b)	**53.** (a)	**54.** (c)	**55.** (c)	**56.** (c)	**57.** (c)	**58.** (b)	**59.** (a)	**60.** (a)
61. (b)	**62.** (a)	**63.** (c)	**64.** (c)	**65.** (b)	**66.** (b)	**67.** (a)	**68.** (a)	**69.** (b)	**70.** (a)
71. (d)	**72.** (b)	**73.** (c)	**74.** (a)	**75.** (c)	**76.** (d)	**77.** (c)	**78.** (c)	**79.** (d)	**80.** (a)
81. (c)	**82.** (c)	**83.** (b)	**84.** (a)	**85.** (b)	**86.** (d)	**87.** (a)	**88.** (d)	**89.** (c)	**90.** (c)
91. (c)	**92.** (d)								

अध्याय

11

धातुकर्म

Metallurgy

- किसी धातु का इसके अयस्क से शुद्ध रूप में निष्कर्षण धातुकर्म (Metallurgy) कहलाता है।
- **खनिज** (Minerals) भू-पर्पटी में प्राकृतिक रूप से पाए जाने वाले रासायनिक पदार्थ जो कि खनन द्वारा प्राप्त किए जा सकते हों, खनिज कहलाते हैं।
- **अयस्क** (Ore) खनिज जिनसे धातु का निष्कर्षण विभिन्न पदों द्वारा लाभदायक रूप से किया जाता है, अयस्क कहलाते हैं।

कुछ प्रमुख धातुओं के अयस्क (Ores of Some Important Metals)

तत्व	संघटन
ऐलुमिनियम (Al)	बॉक्साइट ($Al_2O_3 \cdot 2H_2O$), क्रायोलाइट (Na_3AlF_6), कोरण्डम (Al_2O_3), फेल्सपार ($KAlSi_3O_8$), डायस्पॉर ($Al_2O_3 \cdot H_2O$)
पोटैशियम (K)	नाइटर या पोटैशियम नाइट्रेट (KNO_3), पोटैशियम क्लोराइड (KCl), कार्नेलाइट ($KCl \cdot MgCl_2 \cdot 6H_2O$)
मैग्नीशियम (Mg)	मैग्नेसाइट ($MgCO_3$), डोलोमाइट ($MgCO_3 \cdot CaCO_3$), एप्सोमाइट ($MgSO_4 \cdot 4H_2O$)
कॉपर (Cu)	क्यूप्राइट (Cu_2O), कॉपर ग्लांस (Cu_2S), कॉपर पाइराइटस ($CuFeS_2$), मैलेकाइट [$Cu(OH)_2 \cdot CuCO_3$]
सिल्वर (Ag)	रुबी सिल्वर ($3Ag_2S \cdot Sb_2S_3$), हार्न सिल्वर (AgCl), अर्जेण्टाइट (Ag_2S)
जिंक (Zn)	जिंक ब्लैंड (ZnS), कैलेमाइन ($ZnCO_3$), जिंकाइट (ZnO),
मर्करी (Hg)	सिनेबार (HgS)
टिन (Sn)	कैसिटैराइट (SnO_2)
गोल्ड (Au)	कैल्वेराइट ($AuTe_2$), ऑरिक क्लोराइड ($AuCl_3$)
लेड (Pb)	गैलेना (PbS), सीरूसाइट ($PbCO_3$)
आयरन (Fe)	हेमेटाइट (Fe_2O_3), मैग्नेटाइट (Fe_3O_4), सिडराइट ($FeCO_3$)

- **आधात्री** (Matrix or Gangue) खनिज के साथ संलग्न अशुद्धियाँ, आधात्री या गैंग कहलाती है।

अयस्कों का सान्द्रण (प्रसाधन)

- पिसे अयस्क में से रेत, मिट्टी, कंकड़, आदि की अशुद्धियों को पृथक् करने का प्रक्रम अयस्क प्रसाधन (Ore benefaction or ore dressing) कहलाता है।

इस प्रक्रिया में धातु की प्रतिशतता निरन्तर बढ़ती जाती है। अतः इसे **अयस्क का सान्द्रण** भी कहते हैं।

अयस्क तथा उसमें उपस्थित अशुद्धि की प्रकृति के आधार पर अयस्कों का सान्द्रण निम्न प्रकार किया जा सकता है

- **गुरुत्वीय पृथक्करण** (Gravity separation) यह विधि अयस्क तथा गैंग कणों के आपेक्षिक घनत्वों के अन्तर पर निर्भर करती है।
- **चुम्बकीय पृथक्करण** (Magnetic separation) यह विधि अयस्क और गैंग के चुम्बकीय गुणों की भिन्नता पर आधारित है।
- **फेन प्लवन विधि** (Froth floatation process) यह विधि सल्फाइड अयस्कों को गैंग से मुक्त करने के लिए प्रयुक्त होती है।
- **निक्षालन** (Leaching) यदि अयस्क किसी उपयुक्त विलायक में विलेय हो तो प्रायः निक्षालन का उपयोग करते हैं।
- **बेयर विधि** (Baeyer's process) में निक्षालन द्वारा शुद्ध Al_2O_3 प्राप्त किया जाता है।
- **निस्तापन** (Calcination) निस्तापन में गर्म करने की आवश्यकता होती है जिससे वाष्पशील पदार्थ ऑक्साइड का निस्तापन करते हैं।
- **भर्जन** (Roasting) यह केवल सल्फाइड अयस्कों के लिए है। इसमें अयस्क को धातु ऑक्साइड में परिवर्तित करने के लिए वायु की नियमित आपूर्ति में धातु के गलनांक से नीचे के तापमान पर एक भट्टी में गर्म किया जाता है।
- **प्रगलन** (Smelting) यह कार्बन या इसके ऑक्साइडों द्वारा अपचयन है। सक्रियता श्रेणी के मध्य में स्थित धातुओं का अपचयन इस विधि से किया जाता है।
- **गालक** (Flux) यह प्रगलन के समय अयस्क में मिलाया जाने वाला अतिरिक्त (विशेष) पदार्थ है। गालक अम्लीय या क्षारीय हो सकते हैं।
- **धातुमल** (Slag) गालक के मिलाने पर अम्लीय या क्षारीय आधात्री द्रव शील पदार्थ में परिवर्तित हो जाते हैं। इस पदार्थ को धातुमल कहते हैं।

अयस्कों का शोधन

किसी भी विधि द्वारा निष्कर्षण से प्राप्त धातुओं में सामान्य रूप से कुछ अशुद्धियाँ मिली रहती है। उचित दशाओं में अशुद्ध या कच्ची धातु से शुद्ध धातु के निष्कर्षण की विधि धातु का शोधन कहलाती है।

शोधन की विधियाँ निम्नलिखित हैं–

- **आसवन** (Distillation) Zn, Cd, Hg धातुओं का शोधन इस विधि से किया जाता है क्योंकि ये निम्न क्वथन धातु हैं।
- **द्रवगलन परिष्करण** (Liquation) टिन, मर्करी, लेड जैसी धातुएँ इस विधि से शोषित की जाती है क्योंकि इनके गलनांक निम्न हैं।
- **विद्युत अपघटनी शोधन** (Electrolytic refining) कॉपर, सिल्वर, गोल्ड, ऐलुमिनियम और लेड धातु का शोधन इस विधि से किया जाता है।
- **वाष्प प्रावस्था परिष्करण** (Vapour phase refining) इस विधि में धातु को वाष्पशील यौगिक में परिवर्तित कर लिया जाता है। इसके पश्चात् इसे विघटित करके शुद्ध धातु प्राप्त कर लेते हैं।
  - **मॉण्ड प्रक्रिया** (Mond's process) यह निकैल के लिए प्रयुक्त किया जाता है।
  - **वैन-अर्केल विधि** (van-Arkel process) यह जिर्कोनियम (Zr) तथा टाइटेनियम (Ti) के लिए प्रयुक्त की जाती है।

$$Zr + 2I_2 \longrightarrow ZrI_4 \text{ तथा } ZrI_4 \xrightarrow{1800\text{ K}} Zr + 2I_2$$

- **वर्णलेखन विधि** (Chromatographic method) यह विधि इस सिद्धान्त पर आधारित है कि अधिशोषक पर मिश्रण के विभिन्न घटकों का अधिशोषण अलग-अलग होता है। सूक्ष्म मात्रा में पाए जाने वाले तत्वों का शुद्धिकरण इस विधि से किया जाता है।

चैप्टर प्रैक्टिस

अयस्क

1. धातु का वह यौगिक जिसके रूप में यह प्रकृति में पाई जाती है, कहलाता है
(a) अयस्क (b) खनिज (c) धातु (d) अधातु

2. खनिज के साथ संलग्न अशुद्धियाँ कहलाती हैं
(a) आधात्री (b) गैंग (c) मैट्रिक्स (d) ये सभी

3. 'क्रायोलाइट' किस धातु का अयस्क है? *[CDS 2008]*
(a) एन्टीमनी (b) बेरियम (c) आर्सेनिक (d) ऐलुमिनियम

4. निम्नलिखित में से क्या लौह का अयस्क नहीं है? *[SSC 2019]*
(a) हैमेटाइट (b) मैग्नेटाइट
(c) सिडेराइट (d) क्यूप्राइट

5. बॉक्साइट अयस्क हैं *[UPPCS (Pre) 2015, RRB NTPC 2016]*
(a) लोहे का (b) ऐलुमिनियम का
(c) ताँबे का (d) सोने का

6. निम्नलिखित में से कौन-सा एक लोहे का अयस्क है? *[SSC 2017]*
(a) डोलोमाइट (b) सेंधा नमक
(c) लौह-उल्का (d) गैलेना या साधारण कच्चा सीसा

7. परमाणु ऊर्जा केन्द्रों (नाभिकीय शक्ति रिएक्टर) में ईंधन के रूप में निम्नलिखित में से कौन-सा खनिज पदार्थ प्रयुक्त होता है? *[NDA 2019]*
(a) बॉक्साइट (b) स्फुटिक (क्वार्ट्ज)
(c) फेल्डस्पार (d) पिच ब्लैण्ड

8. निम्नलिखित में से कौन-सा उद्योग बॉक्साइट को मुख्य कच्चा माल के रूप में उपयोग करता है? *[Chhattisgarh PCS (Pre) 2018]*
(a) ऐलुमिनियम (b) सीमेन्ट
(c) उर्वरक (d) फैरोमैंगनीज

9. सिल्वर के मध्य अयस्क अर्जेण्टाइट, हॉर्न सिल्वर तथा मायरेगायराइट हैं। इनके सूत्र क्रमशः हैं
(a) Ag_2S, AgCl तथा $AgSbS_2$ (b) AgCl, $AgSbS_2$ तथा Ag_2S
(c) $AgSbS_2$, Ag_2S तथा AgCl (d) AgCl, Ag_2S तथा $AgSbS_2$

10. ऐलुमिनियम, लौह ताम्र और जस्ता किससे निष्कर्षित किए जाते हैं? *[Asst. Com. 2019]*
(a) क्रमशः बॉक्साइट, मैग्नेटाइट, मैलेकाइट और कैलेमाइन से
(b) क्रमशः मैग्नेटाइट, बॉक्साइट, मैलेकाइट और कैलेमाइन से
(c) क्रमशः कैलेमाइन, मैलेकाइट, मैग्नेटाइट और बॉक्साइट से
(d) क्रमशः मैलेकाइट, मैग्नेटाइट, बॉक्साइट और कैलेमाइन से

11. प्रकृति में उच्च क्रियाशील धातुएँ संयुक्त अवस्थाएँ पाई जाती है। प्राकृतिक रूप में पाए जाने वाले पदार्थ जिनमें धातु संयुक्त अवस्था में होती है। खनिज कहलाते हैं, वह खनिज अयस्क कहलाता है यदि
(a) खनिज में उपस्थित धातु महँगी होती है
(b) इससे धातु का निष्कर्षण किया जा सकता है
(c) इससे धातु का निष्कर्षण लाभदायक हो
(d) इससे धातु का निष्कर्षण न हो सकता हो

12. निम्न कथनों पर विचार कीजिए।
I. सभी अयस्क खनिज है लेकिन सभी खनिज अयस्क नहीं है।
II. कुछ खनिजों में धातु की प्रतिशत मात्रा अधिक होती है, जबकि दूसरों में धातु की प्रतिशत मात्रा कम होती है।
उपरोक्त में कौन-सा/से कथन सही है/हैं?
(a) केवल I (b) केवल II
(c) I और II (d) इनमें से कोई नहीं

अयस्क का सान्द्रण एवं शोधन

13. निम्न कथनों पर विचार कीजिए।
I. भर्जन में समान्यतः अयस्कों को धातु ऑक्साइडों में परिवर्तित किया जाता है।
II. भर्जन में अयस्क सक्रिय हो जाता है तथा नमी का निष्कासन हो जाता है।
III. भर्जन प्रक्रिया में अयस्क को इसके गलनांक से कम ताप पर गर्म किया जाता है।
उपरोक्त में कौन-सा/से कथन भर्जन के सन्दर्भ में सही है/हैं?
(a) I और II (b) I और III
(c) I और III (d) I, II और III

14. लौह-अयस्कों का सान्द्रण किया जाता है
(a) गुरुत्व पृथक्करण विधि द्वारा
(b) फेन प्लवन विधि द्वारा
(c) चुम्बकीय पृथक्करण विधि द्वारा
(d) अमलगम विधि द्वारा

15. झाग प्लवन विधि किसके धातुकर्म में प्रयुक्त की जाती हैं?

(a) क्लोराइड अयस्क के (b) ऑक्साइड अयस्क के
(c) सल्फाइड अयस्क के (d) अमलगम के

16. $Al_2O_3 \cdot 2H_2O$ अयस्क के सान्द्रण में कौन-सी विधि प्रयुक्त की जाती है?

(a) झाग प्लवन विधि (b) चुम्बकीय पृथक्करण विधि
(c) गुरुत्वीय पृथक्करण (d) रासायनिक विधि (निक्षालन)

17. किसी अयस्क को, वायु की अनुपस्थिति में उसके गलन-बिन्दु से कम ताप तक गर्म करने को क्या कहते हैं? *[SSC (10+2) 2013]*

(a) अधिशोधन (परिष्करण) (b) निस्तापन
(c) भर्जन (d) प्रगलन

18. धातुकर्म में निस्तापन किन पदार्थों को हटाने में प्रयुक्त किया जाता है?

(a) H_2O तथा सल्फाइड (b) H_2O तथा CO_2
(c) CO_2 तथा H_2S (d) H_2O तथा H_2S

19. मैट में मुख्यतः होता है

(a) FeS (b) CuS
(c) Cu_2S तथा FeS (d) CuS तथा Fe_2S_3

20. निम्नलिखित में निस्तापन की क्रिया है

(a) $ZnS + 2O_2 \xrightarrow[\text{वायु}]{\Delta} ZnSO_4$

(b) $CuS + 2O_2 \xrightarrow[\text{वायु}]{\Delta} ZnSO_4$

(c) $Ag_2S + 2NaCl \xrightarrow[\text{वायु}]{\Delta} 2AgCl + Na_2S$

(d) $Al_2O_3 \cdot 2H_2O \xrightarrow[\text{वायु}]{\Delta} Al_2O_3 + 2H_2O$

21. निम्न में से कौन-सा एक असत्य कथन है?

(a) सल्फाइड अयस्कों का सान्द्रण फेन प्लवन विधि द्वारा करते हैं
(b) कैसिटेराइट आयरन का एक प्रमुख अयस्क है
(c) पॉलिंग विधि में गलित धातु को हरी लकड़ी के साथ हिलाया जाता है
(d) उपरोक्त में से कोई नहीं

22. सामान्यतः भर्जन किस अयस्क में किया जाता है?

(a) ऑक्साइड अयस्क (b) सल्फाइड अयस्क
(c) कार्बोनेट अयस्क (d) सिलिकेट अयस्क

23. सल्फाइड अयस्क से कॉपर के निष्कर्षण में धातु प्राप्त होती है, Cu_2O के अपचयन से

(a) FeS के साथ (b) Cu_2S के साथ
(c) CO के साथ (d) SO_2 के साथ

24. सामान्यतः अपचयन द्वारा प्राप्त धातु में अशुद्धियाँ होती है। लघु मात्रा में अशुद्धियों की उपस्थिति धातु को कुछ कठोर बनाती हैं क्योंकि अशुद्धियाँ

(a) धातु की जालक संरचना को परिवर्तित कर देती हैं
(b) स्लाइड तलों की संख्या को घटाती है
(c) गतिशील इलेक्ट्रॉनों की संख्या को घटाती है
(d) क्रिस्टल सममिति को घटाती है

25. निम्नलिखित धातुओं के युग्मों में से कौन-सा वैन-अर्केल विधि द्वारा शुद्ध किया जाता है?

(a) Zr तथा Ti (b) Ag तथा Au
(c) Ni तथा Fe (d) Ga तथा In

26. पार्कस विधि द्वारा निष्कर्षण होता है

(a) लोहे का (b) सोडियम का
(c) चाँदी का (d) जिंक का

27. वात्या भट्टी (ब्लास्ट फरनेस) में उत्पादित लोहा है *[RRB 2006]*

(a) कच्चा लोहा (b) पिटवाँ लोहा
(c) स्टेनलेस स्टील (d) स्टील

28. वात्या भट्टी का प्रयोग होता है निम्नलिखित के लिए *[RRB 2005]*

(a) अपचयन (b) पॉलीमरीकरण
(c) संघनन (d) ऑक्सीकरण

29. निम्न कथनों पर विचार कीजिए।

I. सिनेबार मर्करी (Hg) का अयस्क है।
II. अधिक घनत्व वाले अयस्क का गुरुत्वीय पृथक्करण प्रक्रम द्वारा पृथक् किया जाता है।
III. जिंकाइट ऑक्साइड अयस्क का उदाहरण है

उपरोक्त में कौन-सा/से कथन सही है/हैं?

(a) I और II (b) I और III
(c) I और III (d) I, II और III

30. निम्न कथनों पर विचार कीजिए

I. कॉपर धातु का निष्कर्षण ऊष्मीय अपचयन प्रक्रम द्वारा किया जाता है।
II. चुम्बकीय पृथक्करण का उपयोग हैमेटाइट अयस्क की सान्द्रता बढ़ाने के लिए किया जाता है।
III. स्टील या आयरन के निर्माण में कोक अपचायक का कार्य करता है।

उपरोक्त में कौन-सा/से कथन सही है/हैं?

(a) I और II (b) I और III
(c) I और III (d) I, II और III

31. **कथन I** लाइम (चूना) सिलिका और मैग्नीशियम ऑक्साइड का उपयोग सामान्यतः भट्टी में अस्तर लगाने में ऊष्मा सह पदार्थ के रूप में प्रयुक्त किए जाते हैं।

कथन II मे बहुत उच्च ताप सह सकते हैं।

कूट

(a) दोनों ही कथन व्यष्टितः सत्य हैं और कथन I कथन II का सही स्पष्टीकरण है।
(b) दोनों ही कथन व्यष्टितः सत्य हैं, किन्तु कथन I कथन II का सही स्पष्टीकरण नहीं है।
(c) कथन I सत्य है, किन्तु कथन II असत्य है
(d) कथन I असत्य है, किन्तु कथन II सत्य है।

32. **कथन** (A) टाइटेनियम को वैन-अर्केल प्रक्रम के द्वारा परिष्कृत किया जा सकता है।

कारण (R) TiI_4 एक वाष्पशील अस्थायी यौगिक होता है।

कूट

(a) A और R दोनों सही हैं, तथा A की सही स्पष्टीकरण R है।
(b) A और R दोनों सही हैं, किन्तु A की सही स्पष्टीकरण R नहीं है।
(c) A सही है, किन्तु R गलत है।
(d) A गलत है, किन्तु R सही है।

33. कथन (A) फफोलेदार कॉपर में लगभग 1% से 2% तक अपद्रव्य उपस्थित रहते हैं।
कारण (R) कॉपर में से घुलित SO_2 के निकलने के कारण इसके पृष्ठ पर फफोले पड़ जाते हैं।
कूट
(a) A और R दोनों सही हैं, तथा A की सही स्पष्टीकरण R हैं।
(b) A और R दोनो सही हैं, किन्तु A की सही स्पष्टीकरण R नहीं है।
(c) A सही है, किन्तु R गलत है।
(d) A गलत है, किन्तु R सही है।

34. निम्नलिखित में से कौन-सा युग्म सही सुमेलित नहीं है? *[RO/ARO (Pre) 2017]*
(a) ऐलुमिनियम – बॉक्साइट
(b) कॉपर – सिनेबार
(c) जिंक – कैलेमाइन
(d) आयरन – हैमेटाइट

35. सूची-I (औद्योगिक प्रक्रम) को सूची-II (किस उद्योग से सम्बन्धित) के साथ सुमेलित कीजिए तथा सूचियों के नीचे दिए गए कूट का प्रयोग कर सही उत्तर चुनिए। *[IAS (Pre) 2000]*

	सूची-I		सूची-II
A.	भंजन	1.	रबड़
B.	प्रगलन	2.	पेट्रोलियम
C.	हाइड्रोजनीकरण	3.	ताम्र
D.	वल्कनीकरण	4.	खाद्य वसा

कूट

	A	B	C	D
(a)	3	2	1	4
(b)	2	3	4	1
(c)	2	3	1	4
(d)	3	2	4	1

उत्तरमाला

1. (b)	**2.** (d)	**3.** (d)	**4.** (d)	**5.** (b)	**6.** (c)	**7.** (d)	**8.** (a)	**9.** (a)	**10.** (a)
11. (c)	**12.** (a)	**13.** (d)	**14.** (c)	**15.** (c)	**16.** (d)	**17.** (b)	**18.** (b)	**19.** (c)	**20.** (d)
21. (b)	**22.** (b)	**23.** (b)	**24.** (a)	**25.** (a)	**26.** (c)	**27.** (a)	**28.** (a)	**29.** (d)	**30.** (d)
31. (a)	**32.** (b)	**33.** (b)	**34.** (b)	**35.** (b)					

उत्तर सहित व्याख्या

1. (*b*) अधिकांश धातुएँ प्रकृति में अपने यौगिकों के रूप में अन्य अशुद्धियों के साथ चट्टानों की ऊपरी सतह में पाई जाती हैं, जिन्हें खनिज कहते हैं। खनिजों को खनन द्वारा प्राप्त किया जाता हैं।

13. (*d*) भर्जन प्रक्रम में अयस्क (सामान्यत: सल्फाइड अयस्क) को अकेले अथवा कुछ अन्य पदार्थों के साथ मिश्रित करके इनके गलनांकों से नीचे तापों पर, वायु की उपस्थिति में गर्म किया जाता है। अत: सभी कथन सत्य है।

14. (*c*) जब अयस्क या अशुद्धियाँ चुम्बकीय प्रकृति की होती हैं, तो चुम्बकीय पृथक्करण विधि को प्रयुक्त किया जाता है। अत: लौह अयस्कों जैसे—क्रोमाइट ($FeO \cdot Cr_2O_3$) आदि का सान्द्रण चुम्बकीय पृथक्करण विधि द्वारा किया जाता है।

15. (*c*) सल्फाइड अयस्कों का सान्द्रण झाग प्लवन विधि द्वारा किया जाता है। इस विधि में सामान्यत: अयस्क तेल द्वारा गीला हो जाता है, जबकि आधात्री जल द्वारा गीली होती है।

16. (*d*) $Al_2O_3 \cdot 2H_2O$ अयस्क का सान्द्रण रासायनिक विधि या निक्षालन (Leaching) द्वारा किया जाता है। अत्यधिक शुद्ध अयस्क प्राप्त करने के लिए इस विधि का प्रयोग किया जाता है।

17. (*b*) वह प्रक्रम, जिसमें अयस्क को वायु की अनुपस्थिति में उसके गलनांक से निम्न ताप पर गर्म करते हैं, निस्तापन (Calcination) कहलाता है। सामान्यत: ऑक्सीजन युक्त अयस्कों जैसे—ऑक्साइड, कार्बोनेट आदि का निस्तापन किया जाता है।

20. (*d*) निस्तापन प्रक्रम जिसमें अयस्क को वायु की अनुपस्थिति में उनके गलनाकों से निम्न ताप पर गर्म करते है, निस्तापन कहलाता है।

$$Al_2O_3 \cdot 2H_2O \xrightarrow{\Delta} Al_2O_3 + 2H_2O$$

22. (*b*) भर्जन (Roasting) विधि का प्रयोग सामान्यत: सल्फाइड अयस्कों के लिए किया जाता है। इसमें सल्फाइड अयस्क को अन्य पदार्थों के साथ मिश्रित करके इनके गलनांकों से निम्न तापों पर वायु की उपस्थिति में गर्म किया जाता है।

25. (*a*) वैन-अर्केल विधि का प्रयोग Ti, Hf, Si, Zr आदि के शोधन के लिए किया जाता है। इसके लिए अशुद्ध धातु को आयोडीन के साथ गर्म करके शुद्ध धातु तथा आयोडीन में अपघटित किया जाता है।

26. (*c*) चाँदी का निष्कर्षण पार्कस विधि द्वारा किया जाता है।

27. (*a*) वात्या भट्टी में कच्चा लोहा उत्पादित होता है।

29. (*d*) सिनेबार मर्करी (Hg) का अयस्क है। गुरुत्वीय पृथक्करण विधि अयस्क के कणों तथा अशुद्धियों के घनत्वों में अन्तर पर निर्भर करती है। जिंकाइट, जिंक धातु का अयस्क है। अत: कथन I, II और III सही है।

30. (*d*) कॉपर धातु का निष्कर्षण ऊष्मीय अपचयन प्रक्रम द्वारा किया जाता है। चुम्बकीय पृथक्करण का प्रयोग हैमेटाइट अयस्क की सान्द्रता बढ़ाने के लिए किया जाता है। आयरन या स्टील के निर्माण में कोक अपचायक का कार्य करता है। अत: विकल्प (d) सही है।

31. (*a*) लाइम (चूना) सिलिका और मैग्नीशियम ऑक्साइड का उपयोग सामान्यत: भट्ठी में अस्तर लगाने में ऊष्मा सह पदार्थ में प्रयोग किया जाता है क्योकि यह अत्यधिक उच्च ताप को सह लेते हैं। अत: विकल्प (a) सही है।

32. (*b*) कथन एवं कारण दोनों सही हैं, परन्तु कारण कथन की सही व्याख्या नहीं है।
वैन-अर्केल प्रक्रम का प्रयोग Ti, Hf, Si, Zr के शोधन में किया जाता है।

$$\underset{\text{अशुद्ध}}{Ti + I_2} \xrightarrow{150\text{-}250°C} \underset{\substack{\text{(वाष्पीकरण}\\\text{तथा स्थायी)}}}{TiI_2} \xrightarrow[\text{उच्च ताप (1400°C)}]{\text{टंगस्टन का तन्तु } \Delta} \underset{\text{शुद्ध}}{Ti + I_2}$$

33. (*b*) कथन एवं कारण दोनों सही है। अर्थात् फफोलेदार कॉपर में 1% से 2% तक Ag, Au, Zn, Pb, Sn इत्यादि उपस्थित होते हैं। जबकि लगभग 98% कॉपर होता है।
गलित कॉपर में SO_2 की पर्याप्त मात्रा घुली रहती है। अत: जैसे—जैसे यह ठण्डा होता है, इसमें से SO_2 के बुलबुलें बाहर निकलने लगते हैं, जिससे कॉपर की सतह पर फफोले पड़ जाते हैं। अत: कारण, कथन की सही व्याख्या नहीं है।

अध्याय

12

कार्बनिक यौगिक
Organic Compounds

- कार्बन मोनॉक्साइड (CO), कार्बन डाइऑक्साइड (CO_2), धातु के कार्बोनेट तथा धातु के बाइकार्बोनेट आदि को छोड़कर कार्बन के समस्त यौगिकों को कार्बनिक यौगिक (Organic compounds) कहते हैं।
- स्वीडन के रसायन शास्त्री **बर्जीलियस** ने प्रतिपादित किया कि **'जैव शक्ति'** कार्बनिक यौगिकों के निर्माण के लिए उत्तरदायी है।
- व्होलर द्वारा प्रयोगशाला में सर्वप्रथम 'यूरिया' को निर्मित किया गया।
- कार्बन एवं हाइड्रोजन के संयोग से बनने वाले कार्बनिक यौगिकों को **हाइड्रोकार्बन** (Hydrocarbon) कहते हैं।
- वे हाइड्रोकार्बन जिनमें कार्बन तथा हाइड्रोजन के अतिरिक्त N, O, S भी उपस्थित होते हैं, हाइड्रोकार्बन व्युत्पन्न कहलाते हैं।

कार्बनिक यौगिकों का वर्गीकरण

कार्बनिक यौगिकों को दो मुख्य भागों में विभाजित किया जा सकता है

- **विवृत (खुली) श्रृंखला यौगिक** (Aliphatic compounds) ऐसे कार्बनिक यौगिक, जिनमें कार्बन के सभी परमाणु एक खुली श्रृंखला में जुड़े रहते हैं, ऐलीफैटिक यौगिक कहलाते हैं।
  उदाहरण– $CH_3CH_2CH_2CH_2CH_3 \Rightarrow n$-पेन्टेन
- **चक्रीय यौगिक** (Cyclic compounds) ऐसे यौगिक, जिनमें कार्बन परस्पर संयुक्त होकर एक बन्द श्रृंखला या चक्र बनाते हैं, चक्रीय यौगिक कहलाते हैं। चक्रीय यौगिकों को दो भागों में विभाजित किया जाता है
  - **विषम चक्रीय यौगिक** (Heterocyclic compounds) वे चक्रीय यौगिक जिनकी बन्द श्रृंखला कार्बन के अतिरिक्त अन्य तत्वों के परमाणुओं से मिलकर नहीं बनी होती है, विषम चक्रीय यौगिक कहलाते हैं।
    उदाहरण–पायरॉल, फ्यूरॉन, पिरीडीन आदि।
  - **सम-चक्रीय यौगिक** (Homocyclic compounds) वे चक्रीय यौगिक जो केवल कार्बन परमाणुओं के संयोग से बने होते हैं, सम-चक्रीय यौगिक कहलाते हैं।
    सम-चक्रीय यौगिकों को दो प्रकार से विभाजित किया जाता है
    ऐरोमैटिक यौगिक (Aromatic compounds) इस वर्ग के यौगिकों की बन्द श्रृंखला कार्बन के छह परमाणुओं से बनी होती हैं।
    उदाहरण– बेन्जीन, फीनॉल, ऐनिलीन आदि।
    ऐलिसाइक्लिक यौगिक (Alicyclic compounds) कुछ चक्रीय यौगिकों के गुण बन्द श्रृंखला होने पर भी ऐरोमैटिक यौगिकों की अपेक्षा ऐलिफैटिक यौगिकों से अधिक मिलते हैं।
    उदाहरण– साइक्लोब्यूटेन, साइक्लोपेन्टेन आदि।

समावयवता

- वे यौगिक, जिनके आण्विक सूत्र समान होते हैं, किन्तु जिनके अणुओं में परमाणुओं की व्यवस्था भिन्न-भिन्न होती हैं तथा भौतिक व रासायनिक गुण भिन्न-भिन्न होते हैं, समावयवी कहलाते हैं और ऐसी घटना समावयवता (Isomerism) कहलाती है।
  उदाहरण– n-ब्यूटेन तथा आइसोब्यूटेन दोनों ब्यूटेन समावयवी है

$CH_3 - CH_2 - CH_2 - CH_3$ (n-ब्यूटेन), $CH_3 - CH(CH_3) - CH_3$ (आइसोब्यूटेन)

समावयवता का वर्गीकरण दो प्रमुख वर्गों में किया गया है

- **संरचनात्मक समावयवता** (Structural isomerism) जब दो या दो से अधिक यौगिकों के अणुसूत्र समान होते हैं, परन्तु उनके गुणधर्मों तथा संरचना में भिन्नता पायी जाती है, तब ऐसे यौगिकों को **संरचनात्मक समावयवी** कहते हैं तथा यह घटना संरचनात्मक समावयवता कहलाती है।
- **त्रिविम समावयवता** (Stereoisomerism) वे यौगिक जिनके अणुसूत्र एवं संरचना सूत्र समान हों, परन्तु परमाणुओं या समूहों की आकाशीय व्यवस्था भिन्न हो, **त्रिविम समावयवी** कहलाते हैं, तथा यह घटना त्रिविम समावयवता कहलाती है।

महत्वपूर्ण कार्बनिक यौगिक

- **मेथेन** (CH_4) को मार्श गैस के नाम से भी जाना जाता है। इसका उपयोग ईंधन के रूप में, हाइड्रोजन के औद्योगिक उत्पादन आदि में होता हैं।
- **एथिलीन** (C_2H_4) का उपयोग प्लास्टिक बनाने में, निश्चेतक के रूप में, ऑक्सी एथीलीन ज्वाला उत्पन्न करने आदि में होता है।
- **ऐसीटिलीन** (C_2H_2) का उपयोग कपूर बनाने में, बेन्जीन के संश्लेषण में तथा फलों को कृत्रिम रूप से पकाने में किया जाता है।
- **मेथेनॉल** (CH_3OH) का प्रयोग पेन्ट तथा वार्निशों में विलायक के रूप में, पेट्रोल में मिश्रित करके ईंधन के रूप में किया जाता है।
- **एथेनॉल** (C_2H_5OH) वायुयान में ईंधन के रूप में एथेनॉल प्रयुक्त किया जाता है। 95% एथिल ऐल्कोहॉल को संशोधित स्पिरिट कहा जाता है।
- **मैलिक अम्ल** ($C_4H_6O_5$) सेब में मैलिक अम्ल पाया जाता है।
- **फॉर्मिक अम्ल** (HCOOH) यह एक कार्बनिक यौगिक है। यह लाल चींटियों, शहद की मक्खियों, बिच्छू तथा बर्रों के डंकों में पाया जाता है।

फॉर्मिक अम्ल ऐसीटिक अम्ल से अधिक प्रबल अम्ल है।

- **फीनॉल** (C_6H_5OH) का उपयोग रोगाणुनाशक के रूप में, बैकेलाइट, पिक्रिक अम्ल, ऐस्प्रिन आदि के निर्माण में किया जाता है।
- **ईथर** ($R—O—R$) का उपयोग निश्चेतक के रूप में किया जाता है।
- **फॉर्मेल्डिहाइड** (HCHO) का उपयोग कृत्रिम रंगों के निर्माण में, फॉर्मेल्डिहाइड, यूरिया निर्माण में प्रयुक्त किया जाता है।
- **ऐसीटोन** ($CH_3—\underset{\underset{O}{||}}{C}—CH_3$) एक साधारण औद्योगिक विलायक है, यह कॉस्मेटिक में प्रयुक्त किया जाता है।
- **ऐसीटिक अम्ल** (CH_3COOH) मुख्यतः सिरके से बनाया जाता है। इसका अन्य नाम ऐथेनोइक अम्ल हैं।
- **क्लोरोफॉर्म** ($CHCl_3$) निश्चेतक के रूप में प्रयुक्त किया जाता है। क्लोरोफॉर्म को वायु और प्रकाश से सीधे क्रिया को रोकने के लिए रंगीन बोतलों में भरा जाता है। क्लोरोफॉर्म वायु से क्रिया करके फॉस्जीन उत्पन्न करता है।
- **कार्बन टेट्राक्लोराइड** (CCl_4) मुख्यतः ग्रीस, दाग-धब्बे आदि को हटाने वाले द्रव के रूप में प्रयोग किया जाता है।
- **डाइक्लोरो डाइफेनिल ट्राइक्लोरो एथेन** (DDT) एक प्रमुख कीटाणुनाशक (Germicide) है। इसे क्लोरल से बनाया जाता है। यह एक सम्पर्क कीटनाशक है।

चैप्टर प्रैक्टिस

कार्बनिक यौगिक एवं समावयवता

1. सभी जैव यौगिकों का अनिवार्य मूल तत्व है। *[BPSSC (Pre) 2015]*
(a) नाइट्रोजन (b) ऑक्सीजन
(c) कार्बन (d) गन्धक

2. कार्बनिक यौगिकों के निर्माण का 'जैवशक्ति सिद्धान्त' दिया गया था
(a) डार्विन द्वारा (b) चार्ल्स द्वारा
(c) बर्जीलियस द्वारा (d) व्होलर द्वारा

3. व्होलर द्वारा प्रयोगशाला में निर्मित कार्बनिक पदार्थ था
(a) पेट्रोल (b) वसा
(c) स्टार्च (d) यूरिया

4. कार्बनिक यौगिकों का मुख्य स्रोत है
(a) कोलतार (b) पेट्रोलियम
(c) कोलतार तथा पेट्रोलियम (d) इनमें से कोई नहीं

5. वे हाइड्रोकार्बन जिनमें कार्बन तथा हाइड्रोजन के अतिरिक्त N, O या S भी उपस्थित होते हैं, उन्हें कहते हैं।
(a) हाइड्रोकार्बन (b) हाइड्रोकार्बन व्युत्पन्न
(c) प्रोपेन (d) पेन्टेन

6. संतृप्त हाइड्रोकार्बन में नहीं होता है
(a) एकल आबन्ध
(b) चतुष्फलकीय संरचना
(c) C—C आबन्ध कोण 109°28′ का नहीं
(d) C$=$C

7. नीचे दिए गए आई. यू. पी. ए. सी. नामों में से जो एक अलग हैं, उसका चयन करें? *[RRB 2018]*
(a) CH_3OH मेथेनॉल -मेथिल - ऐल्कोहॉल
(b) C_2H_5OH एथेनॉल - एथिल - ऐल्कोहॉल
(c) C_4H_8OH ब्यूटेनॉल - ब्यूटिल - ऐल्कोहॉल
(d) C_3H_7OH प्रोपेनॉल - प्रोपिल - ऐल्कोहॉल

8. ऐलिफैटिक हाइड्रोकार्बन, जिनमें द्विसहसंयोजक बन्ध पाए जाते हैं ऐल्कीन कहलाते हैं। ऐल्कीन हैं
(a) संतृप्त हाइड्रोकार्बन (b) असंतृप्त हाइड्रोकार्बन
(c) ऐरोमैटिक हाइड्रोकार्बन (d) इनमें से कोई नहीं

9. निम्नलिखित में से कौन ऐल्केन को दर्शाता है? *[RRB 2018]*
(a) —C$=$C— (b) —C$\equiv$C—
(c) —C —C— (d) ये सभी

10. यदि एथेन, हाइड्रोजन क्लोराइड और ग्लूकोज के आण्विक सूत्र क्रमशः C_2H_6, HCl और $C_6H_{12}O_6$ है, तो इसके सम्बन्धित मूलानुपाती सूत्र क्या होंगे? *[RRB 2018]*
(a) CH_3, HCl और CH_2O (b) C_2H_5, HCl और $C_6H_{12}O_6$
(c) $2CH_3$, HCl और $6CH_2O$ (d) CH_2, HCl और CHO

11. ऐल्काइन का सूत्र हैं
(a) C_3H_4 (b) C_3H_6
(c) C_2H_6 (d) C_6H_6

12. आइसोब्यूटेन का आण्विक सूत्र क्या है? *[RRB 2018]*
(a) C_4H_8 (b) C_4H_{10} (c) C_3H_8 (d) C_3H_6

13. साइक्लोप्रोपेन में कार्बन परमाणुओं की संख्या होती है
(a) 4 (b) 2 (c) 3 (d) 5

14. निम्नलिखित कार्बनिक यौगिकों में से विवृत शृंखला वाला यौगिक है
(a) प्रोपेन (b) बेन्जीन
(c) साइक्लोप्रोपेन (d) पिरीडीन

15. C_6H_6 क्या है? *[RRB 2016]*
(a) हाइड्रोकार्बन (b) हाइड्रोक्लोरिक ऐसिड
(c) बेन्जीन (d) टॉलूईन

16. किसमें *sp*-संकरित कार्बन है? *[BSSC 2016]*
(a) CH_4 (b) $CH_2=CH_2$
(c) $HC\equiv CH$ (d) CH_3CH_3

17. C_6H_{14} के कितने अचक्रीय शृंखला समावयवी सम्भव है? *[BSSC 2016]*
(a) 3 (b) 4
(c) 5 (d) 6

18. मेथिल प्रोपेन निम्नलिखित में से किसका एक समावयव है? *[SSC 2018]*
(a) *n*-ब्यूटेन (b) *n*-हेक्सेन
(c) *n*-प्रोपेन (d) *n*-पेन्टेन

19. निम्न में से कौन-सा मिश्रण कम प्रतिक्रिया करने वाला है? [RRB 2018]
(a) प्रोपेन (b) एथाइन
(c) एथेन (d) ब्यूटेन

20. यौगिक $CH_3—CH_3$ का क्या नाम है? [RRB 2018]
(a) मेथेन (b) ब्यूटेन (c) एथेन (d) प्रोपेन

21. एथेनॉइक ऐसिड का सामान्य नाम .... होता है? [RRB 2018]
(a) ब्यूटेनॉइक ऐसिड (b) ऐसीटिक ऐसिड
(c) फॉर्मिक ऐसिड (d) प्रोपेनॉइक ऐसिड

22. CH_3OH किसका रासायनिक सूत्र है? [CDS 2008]
(a) एथिल ऐल्कोहॉल (b) मेथिल ऐल्कोहॉल
(c) प्रोपिल ऐल्कोहॉल (d) ब्यूटिल ऐल्कोहॉल

23. एथेनॉल के एक अणु में कितने हाइड्रोजन परमाणु होते हैं? [RRB 2018]
(a) चार (b) पाँच
(c) सात (d) छः

24. निम्न में सजातीय युग्म हैं
(a) CH_4 व C_2H_4 (b) CH_3OH व CH_3CHO
(c) $HCHO$ व CH_3CHO (d) C_2H_5OH व CH_3OCH_3

25. निम्न में से किस यौगिक में ऐल्कोहॉलीय समूह उपस्थित है?
(a) $CH_3—\overset{\overset{\large O}{\|}}{C}—OH$ (b) $CH_3—CH_2—OH$
(c) C_6H_5OH (d) $H—OH$

महत्वपूर्ण कार्बनिक यौगिक

26. मेथेन एक रंगहीन, गन्धहीन, अविषैली किन्तु ज्वलनशील गैस है। इसका सामान्य नाम क्या है? [SSC 2019]
(a) मेथेन गैस (मार्श गैस)
(b) कॉपर सल्फेट (नीला थोथा)
(c) ताप गैस (हीटिंग गैस)
(d) हँसाने वाली गैस (नाइट्रस ऑक्साइड)

27. हाइड्रोकार्बनों के अणुभारों के बढ़ते अनुक्रम के अनुसार निम्नलिखित में से कौन-सा सही क्रम है? [IAS (Pre) 2001]
(a) मेथेन, एथेन, प्रोपेन और ब्यूटेन
(b) प्रोपेन, ब्यूटेन, एथेन और मेथेन
(c) ब्यूटेन, एथेन, प्रोपेन और मेथेन
(d) ब्यूटेन, प्रोपेन, एथेन और मेथेन

28. निम्न सूचियों को सुमेलित कीजिए।

	सूची-I		सूची-II
A.	ऐल्केन	1.	C_nH_{2n}
B.	ऐल्कीन	2.	C_nH_{2n-2}
C.	ऐल्काइन	3.	$C_nH_{2n-1}OH$
D.	ऐल्कोहॉल	4.	C_nH_{2n-2}

कूट
	A	B	C	D		A	B	C	D
(a)	4	3	2	1	(b)	2	1	4	3
(c)	2	1	3	4	(d)	1	2	3	4

29. किण्वन के पश्चात् सबसे व्यापक रूप में 'मोलासे' का प्रयोग निम्नलिखित में से क्या तैयार करने के लिए किया जाता है? [SSC 2016]
(a) मेथेनॉल (b) चीनी
(c) एथेनॉल (d) गन्ना

30. निम्नलिखित में से किसको 'वुड-स्पिरिट' भी कहा जाता है? [UPPCS 2015]
(a) मेथिल ऐल्कोहॉल (b) एथिल ऐल्कोहॉल
(c) एथिलीन ग्लाइकॉल (d) ग्लिसरॉल

31. 'संशोधित स्पिरिट' होती है। [SSC 2014]
(a) 100% एथिल ऐल्कोहॉल (b) टिंक्चर आयोडीन
(c) 95% एथिल ऐल्कोहॉल (d) मेथिल स्पिरिट

32. निम्नलिखित में से किसका प्रयोग एक ऐन्टीफ्रीज के रूप में किया जाता है? [UPSSC 2015]
(a) आइसोप्रोपिल ऐल्कोहॉल (b) मेथिल ऐल्कोहॉल
(c) फॉर्मेल्डिहाइड (d) ऐसीटोन

33. एथिल ऐल्कोहॉल में निम्न को मिलाकर पीने के आयोग्य बनाया जाता है। [RAS/RTS (Pre) 1999]
(a) पोटैशियम सायनाइड (b) मेथेनॉल एवं पिरीडीन
(c) ऐसीटिक अम्ल एवं पिरीडीन (d) नैफ्थैलीन

34. संश्लेषित एथेनॉल फॉस्फोरिक अम्ल की उपस्थिति में एथीन को किसके साथ अभिक्रिया से बनाया जाता है?
(a) हाइड्रोजन (b) पोटैशियम डाइक्रोमेट
(c) ऑक्सीजन (d) जल (भाप)

35. एक कार्बनिक अम्ल का उपयोग पिक्रिक अम्ल (विस्फोटक), फीनॉल्फ्थैलीन (सूचक), बैकेलाइट, सैसोल, ऐस्प्रिन, सैलिसिलिक अम्ल आदि बनाने में किया जाता है। कार्बनिक यौगिक है
(a) बेन्जीन (b) फीनॉल (c) नाइट्रोबेन्जीन (d) ऐनिलीन

36. कथन I सेब या केले को काटने के बाद, काट-पृष्ठ का रंग भूरा हो जाता है।
कथन II फलों में स्थित पॉलीफीनॉलिक यौगिक वायु में ऑक्सीकृत होकर रंग प्रदर्शित करते हैं। [NDA/NA 2012]
कूट
(a) दोनों ही कथन व्यष्टितः सत्य हैं और कथन I कथन II का सही स्पष्टीकरण है।
(b) दोनों ही कथन व्यष्टितः सत्य हैं, किन्तु कथन II कथन I का सही स्पष्टीकरण नही है।
(c) कथन I सत्य है, किन्तु कथन II असत्य है।
(d) कथन I असत्य है, किन्तु कथन II सत्य है।

37. निम्नलिखित में से कौन-से विकल्प को अल्प कार्बन-युक्त यौगिकों के रूप में वर्गीकृत किया जा सकता है न कि कार्बनिक के रूप में? [SSC 2018]
(a) प्रोपेन (b) न्यूक्लिक ऐसिड
(c) सायनाइडस (d) मेथेन

38. निम्नलिखित में से कौन-सा ऐल्डिहाइड है? [SSC 2018]
(a) प्रोपेनल (b) प्रोपेनॉल (c) प्रोपाइन (d) प्रोपेनॉन

39. एक ऐल्कोहॉल और अम्ल के मध्य होने वाली अभिक्रिया कहलाती है
(a) जल-अपघटन (b) साबुनीकरण
(c) हाइड्रोजनीकरण (d) एस्टरीकरण

40. वायुयान में ईंधन के रूप में प्रयोग किया जाता है
(a) एथिल ऐल्कोहॉल (b) ऐसीटिल क्लोराइड
(c) ऐलुमिनियम कार्बाइड (d) मेथिल ऐल्कोहॉल

41. ग्लिसरॉल की कुछ मात्रा को ऐल्कोहॉल में विलेय कर विलयन के वाष्पीकरण द्वारा निर्मित किया जाता है
(a) साबुन (b) इत्र
(c) ऐल्कोहॉल (d) औषधि

42. ऐसीटिक अम्ल में अम्लीय हाइड्रोजन परमाणुओं की संख्या है
(a) 1 (b) 2 (c) 3 (d) 4

43. निम्नलिखित में से कौन डाइकार्बोक्सिलिक अम्ल के नाम से जाना जाता है? *[SSC 2016]*
(a) फीनॉल (b) ऑक्सेलिक ऐसिड
(c) ऐसीटिक ऐसिड (d) एथेनॉल

44. सिरका (Vinegar) का अन्य नाम क्या है? *[NDA 2020]*
(a) एथेनॉइक ऐसिड (b) नाइट्रिक ऐसिड
(c) सल्फ्यूरिक ऐसिड (d) टार्टरिक ऐसिड

45. निम्नलिखित में से कौन-सा अम्ल (Acid) अँगूर में नहीं पाया जाता है? *[SSC 2019]*
(a) टार्टरिक अम्ल (b) ऐसीटिक अम्ल
(c) सिट्रिक अम्ल (d) मैलिक अम्ल

46. सेब में निम्नलिखित में से कौन-सा ऐसिड पाया जाता है?
(a) फॉर्मिक ऐसिड (b) नाइट्रिक ऐसिड
(c) मैलिक ऐसिड (d) सल्फ्यूरिक ऐसिड

47. निम्नलिखित में से कौन-सा ऐसिड चींटी के काटने में मौजूद होता है? *[SSC 2019]*
(a) नाइट्रिक ऐसिड (b) मैलिक ऐसिड
(c) फॉर्मिक ऐसिड (d) परक्लोरिक ऐसिड

48. निम्नलिखित में से किस में — COOH समूह नहीं होता है?
(a) सिट्रिक अम्ल (b) लैक्टिक अम्ल
(c) टार्टरिक अम्ल (d) ऐस्कॉर्बिक अम्ल

49. निम्नलिखित में से कौन-सा युग्म सही सुमेलित नहीं है? *[UPPCS (Mains) 2015]*
(a) ऐस्कॉर्बिक अम्ल-नींबू (b) माल्टोस-माल्ट
(c) ऐसीटिक अम्ल-दही (d) फॉर्मिक अम्ल-लाल चींटी

50. निम्नलिखित में से कौन-सा एक युग्म सही सुमेलित नहीं है? *[UPPCS 2015]*
(a) लैक्टोस-खट्टा दूध (b) कार्बोनिक अम्ल-सोडा वॉटर
(c) फॉर्मिक अम्ल-लाल चींटी (d) टार्टरिक अम्ल-अँगूर का रस

51. कथन I फॉर्मिक ऐसिड, ऐसीटिक ऐसिड से अधिक प्रबल अम्ल है।
कथन II फॉर्मिक ऐसिड ऑर्गेनिक ऐसिड है।
कूट
(a) दोनों ही कथन व्यष्टितः सत्य हैं और कथन I कथन II का सही स्पष्टीकरण हैं।
(b) दोनों ही कथन व्यष्टितः सत्य हैं, किन्तु कथन II कथन I का सही स्पष्टीकरण नहीं है।
(c) कथन I सत्य है, किन्तु कथन II असत्य है।
(d) कथन I असत्य है, किन्तु कथन II सत्य है।

52. कार्बोक्सिलिक अम्लों के बारे में निम्नलिखित कथनों में कौन-सा/से सही है/हैं?
1. साधारण ऐलिफैटिक कार्बोक्सिलिक अम्ल जल में घुलनशील है।
2. उच्चतर कार्बोक्सिलिक अम्ल वास्तव में जल में अघुलनशील हैं।
3. किसी कार्बोक्सिलिक अम्ल की अम्लता हाइड्रोकार्बन शृंखला में उपस्थित कार्बन परमाणुओं की संख्या पर निर्भर होती है। *[Asst. Com. 2018]*

कूट
(a) 1 और 2 (b) 2 और 3
(c) केवल 1 (d) 1, 2 और 3

53. क्लोरोफॉर्म को रंगीन बोतलों या पात्रों में रखा जाता है क्योंकि यह सीधे वायु और प्रकाश से क्रिया करता है और विषैला पदार्थ बनाता है।
(a) फॉस्फीन (b) फॉस्जीन
(c) मस्टर्ड गैस (d) CO

54. क्लोरोफ्लुओरोकार्बनों को व्यापक रूप से किसमें उपयोग किया जाता है? *[SSC CHSL (10+2) 2013]*
(a) माइक्रोओवन (b) सोलर हीटर
(c) वॉशिंग मशीन (d) रेफ्रिजरेटर

55. क्लोरोफॉर्म के विषय में निम्नलिखित में से कौन-से कथन सही है? *[SSC (10+2) DEC & LDC 2011]*
I. द्रव ईंधन
II. संवेदनाहारक (निश्चेतक)
III. फॉस्जीन उत्पन्न करता है
IV. अग्निशामक
(a) I, II (b) I, III
(c) II, III (d) I, IV

56. निम्नलिखित में से किसमें फल की बहुत तेज सुगन्ध आती हैं? *[SSC 2019]*
(a) मेथेनॉल (b) मेथेनॉइक अम्ल
(c) मेथिल क्लोराइड (d) एथिल ऐसीटेट

57. निम्नलिखित में से कौन-सा कार्बनिक यौगिक ताँबे की उपस्थिति में गर्म करने पर नीले हरे रंग की ज्वाला उत्पन्न करता है? *[SSC 2016]*
(a) बेन्जोइक ऐसिड (b) क्लोरोबेन्जीन
(c) ऐनिलीन (d) बेन्जैल्डिहाइड

58. 'गैमेक्सीन' का रासायनिक नाम क्या है? *[SSC 2015]*
(a) बेन्जीन हेक्साक्लोराइड (BHC) (b) क्लोरोबेन्जीन
(c) ऐनिलीन (d) टॉलूईन

59. डी.डी.टी. (DDT) का पूरा नाम है
(a) डाइक्लोरो डाइफेनिल ट्राइक्लोरोमेथेन
(b) डाइक्लोरो डाइफेनिल ट्राइक्लोरोएथेन
(c) डाइक्लोरो डाइबेन्जिल ट्राइक्लोरोएथेन
(d) डाइक्लोरो डाइएथिल ट्राइक्लोरोमेथेन

60. निम्न में से कौन-सा DDT के सम्बन्ध में सत्य हैं? *[RRB NTPC 2016]*
(a) यह हल्के नीले रंग का होता है।
(b) इसकी एक तीखी गन्ध होती है।
(c) ये गैर-विषैला है।
(d) यह एक सम्पर्क कीटनाशक है।

उत्तरमाला

1. (c)	2. (c)	3. (d)	4. (c)	5. (b)	6. (c)	7. (c)	8. (b)	9. (c)	10. (a)
11. (a)	12. (b)	13. (c)	14. (a)	15. (c)	16. (c)	17. (c)	18. (a)	19. (a)	20. (c)
21. (b)	22. (b)	23. (d)	24. (c)	25. (b)	26. (a)	27. (a)	28. (b)	29. (c)	30. (a)
31. (c)	32. (b)	33. (b)	34. (d)	35. (b)	36. (a)	37. (c)	38. (a)	39. (d)	40. (a)
41. (a)	42. (a)	43. (b)	44. (a)	45. (b)	46. (c)	47. (c)	48. (d)	49. (c)	50. (a)
51. (b)	52. (a)	53. (b)	54. (d)	55. (c)	56. (d)	57. (b)	58. (a)	59. (b)	60. (d)

उत्तर सहित व्याख्या

1. (c) सभी कार्बनिक यौगिकों का महत्वपूर्ण तत्व कार्बन होता है। कार्बन तथा हाइड्रोजन के अतिरिक्त इनमें O, S, N, P तथा हैलोजन तत्व उपस्थित हो सकते हैं।

4. (c) कोलतार तथा पेट्रोलियम में कार्बनिक यौगिक प्रचुरता से उपलब्ध होते हैं, अत: ये इनके मुख्य स्रोत हैं।

11. (a) ऐल्काइन का सामान्य सूत्र C_nH_{2n-2} होता है।
सूत्र में $n=3$ रखने पर, $C_3H_{3\times2-2}=C_3H_4$
अत: C_3H_4 (प्रोपाइन) एक ऐल्काइन है।

12. (b) आइसोब्यूटेन का आण्विक सूत्र C_4H_{10} होता है,

$$CH_3-\underset{\underset{CH_3}{|}}{CH}-CH_3$$

आइसोब्यूटेन

13. (c) साइक्लोप्रोपेन में कार्बन परमाणुओं की संख्या 3 होती है, क्योंकि प्रोप शब्द तीन कार्बन परमाणुओं की उपस्थिति को दर्शाता है।

(साइक्लोप्रोपेन संरचना: तीन C परमाणु, प्रत्येक पर दो H; "← कार्बन" लेबल)

14. (a) प्रोपेन एक विवृत श्रृंखला वाला यौगिक है, क्योंकि प्रोपेन के अणुओं में उपस्थित परमाणुओं के अन्तिम छोर परस्पर जुड़े नहीं होते हैं।

24. (c) सजातीय श्रेणी के सदस्यों के अणुसूत्र एवं क्रियात्मक समूह समान होते हैं तथा दो क्रमागत सदस्यों के मध्य $—CH_2—$ इकाई का अन्तर होता है, अत: केवल HCHO व CH_3CHO सजातीय युग्म हैं।

25. (b) $CH_3—CH_2—OH$ (एथेनॉल) ऐल्कोहॉल श्रेणी का सदस्य है। ऐल्कोहॉल का सामान्य सूत्र $C_nH_{2n+1}OH$ होता है।

26. (a) मेथेन एक कार्बनिक गैस है। इसे मार्श गैस के नाम से भी जाना जाता है। इसका उपयोग गैसीय ईंधन के रूप में, कार्बनिक यौगिकों के निर्माण में किया जाता है।

30. (a) मेथिल ऐल्कोहॉल को सर्वप्रथम लकड़ी के भंजन आसवन से बनाया जाता था। इस कारण इसे 'वुड-स्पिरिट' भी कहा जाता है। यह एक विषैला द्रव है, जिसकी गन्ध शराब की तरह होती है।

36. (a) सेब या केले को काटने पर रंग बदलता है और उसमें भूरापन आ जाता है। इसका कारण फलों में स्थित पॉलीफीनॉलिक यौगिक का वायु द्वारा ऑक्सीकृत होना है। अत: कथन I एवं कथन II दोनों सही हैं और कथन II, कथन I की सही व्याख्या करता है।

39. (d) सान्द्र सल्फ्यूरिक अम्ल (H_2SO_4) की उपस्थिति में ऐसीटिक अम्ल तथा एथिल ऐल्कोहॉल की क्रिया कराने पर एथिल ऐसीटेट तथा जल का निर्माण होता है। इस अभिक्रिया को एस्टरीकरण तथा निर्मित एथिल ऐसीटेट यौगिक को एस्टर कहते हैं।

42. (a) ऐसीटिक अम्ल (CH_3COOH) में अम्लीय हाइड्रोजन परमाणुओं की संख्या 1 है, क्योंकि जलीय माध्यम में यह एक हाइड्रोजन त्यागकर हाइड्रोनियम आयन का निर्माण करता है।

$$CH_3COOH + H_2O \rightleftharpoons H_3O^+ + CH_3COO^-$$

43. (b) ऑक्सेलिक अम्ल एक द्वि-कार्बोक्सिलिक अम्ल (Dicarboxylic acid) है। यह पोटैशियम लवण के रूप में प्राय: वनस्पतियों में पाया जाता है।

45. (b) ऐसीटिक अम्ल विशेष रूप से सिरके (Vinegar) में पाया जाता है। इसे व्यापारिक स्तर पर पाइरोलिग्नियम अम्ल से प्राप्त किया जाता है।

51. (b) फॉर्मिक अम्ल, ऐसीटिक अम्ल की तुलना में अधिक प्रबल अम्ल है क्योंकि ऐसीटिक अम्ल में $—CH_3$ समूह उपस्थित होता है जो कि H^+ आयन के निकलने को कठिन बनाता है जिससे इसकी अम्लीयता फॉर्मिक अम्ल की तुलना में कम होती हैं।

52. (a) साधारण ऐलिफैटिक (निम्नतर) कार्बोक्सिलिक अम्ल जल में घुलनशील होते हैं तथा उच्चतर (अधिक संख्या में कार्बन परमाणु युक्त) जल में अविलेय होते हैं।

58. (a) गैमेक्सीन (Gammaxene) का रासायनिक नाम बेन्जीन हेक्साक्लोराइड (Benzene hexachloride या BHC) है। यह एक प्रबल कीटाणुनाशक है।

59. (b) डाइक्लोरो डाइफेनिल ट्राइक्लोरोएथेन (DDT) एक प्रमुख कीटाणुनाशक है। इसे क्लोरल (Chloral) से बनाया जाता है।

अध्याय

13

जैव-रसायन

Biochemistry

- रसायन की वह शाखा जिसके अन्तर्गत कोशिका में उपस्थित जैव-अणुओं की संरचना, उनके रासायनिक संघटन तथा सम्बन्धित रासायनिक परिवर्तनों का अध्ययन किया जाता है, जैव-रसायन (Biochemistry) कहलाती है।
- जैव तन्त्र विभिन्न अजैविक जटिल जैव-अणुओं जैसे– कार्बोहाइड्रेट, प्रोटीन, न्यूक्लिक अम्ल, लिपिड आदि से मिलकर बनते हैं।

कार्बोहाइड्रेट

- ये कार्बन, हाइड्रोजन तथा ऑक्सीजन युक्त पॉलीहाइड्रिक ऐल्डिहाइड तथा कीटोन होते हैं।
- इनका सामान्य सूत्र $C_x(H_2O)_y$ है, जैसे– ग्लूकोस ($C_6H_{12}O_6$) फ्रक्टोस, सुक्रोस आदि।
- मोनोसैकेराइड इकाई के आधार पर कार्बोहाइड्रेटों को निम्न प्रकार वर्गीकृत किया जा सकता है–
  - **मोनोसैकेराइड** यह सरल कार्बोहाइड्रेट है। इसमें प्रायः 3, 4, 5, 6 तथा 7 कार्बन परमाणु तक वाले कार्बोहाइड्रेट रखे जाते हैं।
  - **ओलिगोसैकेराइड** यह वह शर्करा यौगिक है, जिसके जल अपघटन के फलस्वरूप दो या दो से अधिक सरल शर्करा अणु प्राप्त होते हैं।
    उदाहरण— डाइसैकेराइड — सुक्रोस, माल्टोस, लैक्टोस आदि।
    ट्राइसैकेराइड — रैफिनोस।
  - **पॉलीसैकेराइड** ये उच्च अणुभार वाले कार्बोहाइड्रेट (या बहुलक) होते हैं, जो जल अपघटन पर मोनोसैकेराइडों के दस से अधिक अणु देते हैं।
    उदाहरण– स्टार्च, सेलुलोस।

कुछ सामान्य कार्बोहाइड्रेट (Carbohydrates) निम्न है

- **ग्लूकोस** (Glucose) ($C_6H_{12}O_6$) यह उपापचय के फलस्वरूप शरीर को ऊर्जा प्रदान करने वाली मुख्य शर्करा है।
- **फ्रक्टोस** (Fructose) ($C_6H_{12}O_6$) यह शहद, फल तथा उच्च फ्रक्टोज कॉर्न सीरप में पाई जाती है।
- **सुक्रोस** (Sucrose) ($C_6H_{22}O_{11}$) इसे **इक्षु-शर्करा** भी कहते है। जल-अपघटन के पश्चात यह सममोलर मात्रा में ग्लूकोज और फ्रक्टोज देता है।
- **स्टार्च** (Starch) $(C_6H_{10}O_5)_n$ यह ग्लूकोज का बहुलक है और दो घटकों ऐमिलोस तथा ऐमिलोपेक्टिन से मिलकर बनता है।
- **सेलुलोस** (Cellulose) $(C_6H_{12}O_5)_n$ यह ग्लूकोज से बनी ऋजु-शृंखला (Straight chain) युक्त पॉलीसैकेराइड है।
- **कृत्रिम मधुरक** (Artificial sweetening agent) बहुत से लोग कृत्रिम मधुरक का प्रयोग करते हैं क्योंकि प्राकृतिक मधुरक जैसे– सुक्रोस ग्रहण की गई कैलोरी बढ़ाते हैं। इनका प्रयोग मधुमेह के रोगियों के लिए भी अत्यधिक महत्वपूर्ण है।
  उदाहरण– सैकेरीन, ऐस्पार्टेम, ऐलिटेम, सुक्रालोस आदि।

प्रोटीन

- सभी प्रोटीन α-ऐमीनों अम्लों के बहुलक हैं, जो पेप्टाइड आबन्ध द्वारा एक-दूसरे से जुड़े होते हैं। ये अधिकांश भोजन के मुख्य अवयव हैं तथा पोषण के उद्देश्यों के लिए आवश्यक हैं।
- प्रोटीन मुख्यतः रेशेदार (कैरेटिन), गोलिकाकार (मायोसिन), सरल (ऐल्ब्यूमिन), संयुग्मी (कैसीन), व्युत्पन्न (फाइब्रिन) आदि प्रकार के होते हैं।
- प्रोटीन की कुण्डलीनुमा संरचना को हाइड्रोजन बन्ध स्थायित्व प्रदान करता है।
- वह pH जिस पर ऐमीनों अम्ल विद्युत क्षेत्र में गतिहीन हो जाता है। **समविभव बिन्दु** कहलाता है।
- प्रोटीन की तृतीयक संरचना दुर्बल हाइड्रोजन बन्ध, डाइसल्फाइड बन्ध, वाण्डर वाल्स आकर्षण बल तथा स्थिर-वैद्युत आकर्षण बल की उपस्थिति के कारण स्थायी हो जाती है।
- **एन्जाइम** लगभग सभी एन्जाइम गोलीय प्रोटीन (Globular protein) होते हैं। एक एन्जाइम किसी विशेष ताप पर अतिक्रियाशील होता है। यह अनुकूल ताप (Optimum temperature) कहलाता है।

वसा एवं तेल

- वसा (Fats) मुख्यतः एक ही ऐल्कोहॉल ग्लिसरॉल से बने संतृप्त (Saturated) एस्टर हैं, जबकि तेल असंतृप्त (Unsaturated) एस्टर हैं। अतः इन्हें ट्राइग्लिसराइड भी कहते हैं।
- ट्राइग्लिसराइड ग्लिसरॉल के उच्च अणुभार वाले मोनोकार्बोक्सिलिक अम्लों जैसे– पामिटिक अम्ल ($C_{15}H_{31}COOH$), स्टिऐरिक अम्ल ($C_{17}H_{35}COOH$), ओलिक अम्ल ($C_{17}H_{33}COOH$) आदि के साथ बने एस्टर हैं।
- ये जल में अविलेय हैं लेकिन कार्बनिक विलायकों जैसे–बेन्जीन, कार्बन टेट्राक्लोराइड, पेट्रोलियम आदि में विलेय हैं।

मोम

- मोम (Wax) प्रकृति में पाया जाने वाला एस्टर है, परन्तु यह एस्टर, ग्लिसराइड से भिन्न होता है। मोम कार्बनिक यौगिक हैं, जो प्राकृतिक तथा कृत्रिम दोनों प्रकार से पाए जाते हैं।
- प्राकृतिक मोम उच्च अणुभार वाले मोनोहाइड्रिक ऐल्कोहॉल व उच्च अणुभार वाले मोनोकार्बोक्सिलिक अम्लों के एस्टर हैं। संश्लेषित मोम पेट्रोलियम से प्राप्त लम्बी शृंखलाओं वाले हाइड्रोकार्बनों का मिश्रण हैं।
- ये वसा एवं तेलों की तरह जल में अविलेय लेकिन कार्बनिक विलायकों में विलेय होते हैं। उदाहरण—पैराफिन मोम, कार्नोबा मोम, स्पर्मेटी मोम आदि।

खनिज

- मानव शरीर के लिए आवश्यक खनिज लवणों में Ca, P, Fe, Na, K, Mg, Zn, Co, Cu आदि तत्व होते हैं। क्लोरोफिल में मैग्नीशियम (Mg) उपस्थित होता है। कार्बनमोनोक्साइड (CO) रक्त के हीमोग्लोबिन में आसानी से मिल जाती है।

विटामिन

- विटामिन वे कार्बनिक यौगिक हैं जिनकी आवश्यकता हमारे भोजन में सूक्ष्म मात्रा में होती है। ये मानवों में उपापचय को नियन्त्रित करने के लिए आवश्यक होते हैं। इनकी कमी के कारण हमारे शरीर में अनेक रोग उत्पन्न हो सकते हैं।
- वसा में विलेय विटामिन A, D, E तथा K हैं।
- जल में विलेय विटामिन B तथा C हैं।
- विभिन्न प्रकार के विटामिन एवं उनकी कमी से उत्पन्न रोग निम्न तालिका में दिए गए हैं

विटामिन के नाम	स्रोत	कमी के कारण उत्पन्न रोग
विटामिन A	मछली तथा मछली का तेल, गाजर, मक्खन, दूध	रतौंधी (Night-blindness) जेरोथैलमिया (Xerophthalmia)
विटामिन B_1	यीस्ट (yeast), दूध, हरी सब्जी, सभी अनाज	बेरी-बेरी (भूख न लगना, शारीरिक वृद्धि रुकना)
विटामिन B_2 (राइबोफ्लेविन)	दूध, यकृत (liver), अण्डे की सफेदी (egg white), किडनी	होठ व मुँह के किनारों का फटना, जीभ पर दाने निकलना
विटामिन B_6 (पाइरीडॉक्सिन)	यीस्ट, दूध, अण्डे की जर्दी (egg yolk), अनाज	केंद्रीय तंत्रिका तंत्र में गड़बड़ी
विटामिन B_{12}	मांस, मछली, अण्डा, दही	अरक्तता (Anaemia) (हीमोग्लोबिन में RBC की कमी)
विटामिन C	हरी सब्जी, आँवला, नींबू, संतरा, टमाटर	स्कर्वी (मसूड़ों से खून निकलना)
विटामिन D	सूर्य का प्रकाश, मछली, अण्डा	रिकेट्स (बच्चों की हड्डियों का मुड़ना)
विटामिन E	वनस्पतियों तथा अंकुरित बीजों के तेल	माँसपेशियों में कमजोरी, जनन क्षमता की कमी
विटामिन K	हरी सब्जी	रक्त कोशिका स्राव, रक्त थक्का (Blood clotting) में अधिक समय लगना।

चैप्टर प्रैक्टिस

कार्बोहाइड्रेट

1. मानव तन्त्र में इन्सुलिन किसका मेटाबोलिज्म नियन्त्रित करता है? *[BPSC (Pre) 2018]*

(a) वसा (b) कार्बोहाइड्रेट
(c) प्रोटीन (d) न्यूक्लिक अम्ल

2. पौधों और प्राणियों में कार्बोहाइड्रेट किस रूप में संचित होते हैं?

(a) क्रमशः सेलुलोस और ग्लूकोस
(b) क्रमशः स्टार्च और ग्लाइकोजन
(c) क्रमशः स्टार्च और ग्लूकोस
(d) क्रमशः सेलुलोस और ग्लाइकोजन

3. ग्लूकोस का सूत्र है *[BPSC (Pre) 2019]*

(a) $C_6H_{22}O_{11}$ (b) $C_6H_{10}O_5$
(c) $C_6H_{12}O_6$ (d) $C_6H_6O_6$

4. ग्लूकोस $C_6H_{12}O_6$ के 1.50 ग्राम में कितने हाइड्रोजन परमाणु होते हैं? *[CDS 2017]*

(a) 3.0×10^{22} (b) 1.20×10^{23}
(c) 2.40×10^{23} (d) 6.02×10^{22}

5. शहद में निम्न में से कौन-सी शर्करा प्रमुख है? *[NDA 2014]*

(a) सुक्रोस (b) फ्रक्टोस
(c) गैलेक्टोस (d) माल्टोस

6. स्टार्च, निम्न में से किसकी अल्प मात्रा में उपस्थिति को ज्ञात करने में उपयोग किया जाता है?

(a) रुधिर में प्रोटीन को
(b) रुधिर में यूरिया को
(c) जलीय विलयन में आयोडीन को
(d) ग्लूकोसिन जलीय विलयन में

7. निम्न कथनों पर विचार कीजिए

1. मोनोसैकेराइड सरल कार्बोहाइड्रेट हैं।
2. मोनोसैकेराइड स्वाद में मीठे होते हैं।
3. मोनोसैकेराइड जलकर कोयला हो जाते हैं और शर्करा जलने की गन्ध देते हैं।

उपरोक्त कथनों में कौन-सा/से कथन सही है/हैं?

(a) केवल 1 (b) 2 और 3
(c) 1 और 3 (d) 1, 2 और 3

8. निम्न कथनों में से कौन-सा/से कथन सही है/हैं?

1. ग्लूकोस एक ऑक्सीकारक शर्करा है।
2. सुक्रोस के जल-अपघटन को प्रतीपन कहते हैं।

कूट

(a) केवल 1 (b) केवल 2
(c) 1 और 2 (d) न तो 1 और न ही 2

9. निम्नलिखित कथनों में से सही कथन चुनिए

1. मनुष्य के शरीर में कार्बोहाइड्रेट ग्लाइकोजन के रूप में यकृत में संचित रहता है।
2. रैफीनोस जल अपघटन पर मोनोसैकेराइड के दो अणु देता है।
3. ग्लूकोस एक अपचायक शर्करा है।
4. सुक्रोस को इक्षु-शर्करा भी कहा जाता है।

कूट

(a) 1, 2 और 3 (b) 1, 3 और 4
(c) 1 और 3 (d) 1, 2 और 4

10. सुमेलित कीजिए

	सूची-I		सूची-II
A.	ग्लूकोस	1.	पॉलीसैकेराइड
B.	रैफीनोस	2.	डाइसैकेराइड
C.	माल्टोस	3.	मोनोसैकेराइड
D.	स्टार्च	4.	ट्राइसैकेराइड

कूट

	A	B	C	D		A	B	C	D
(a)	3	4	1	2	(b)	2	3	4	1
(c)	3	4	2	1	(d)	4	3	2	1

11. निम्नलिखित में से कौन-सी अपचायक शर्करा नहीं है?

1. ग्लूकोस 2. लैक्टोस
3. सुक्रोस 4. माल्टोस

कूट

(a) केवल 3 (b) केवल 2
(c) 1 एवं 2 (d) 3 एवं 4

कृत्रिम मधुरक

12. कृत्रिम मधुरकों का प्रयोग मधुमेह के रोगियों एवं उन व्यक्तियों जिन्हें कैलोरी अन्तर्ग्रहण पर नियन्त्रण की आवश्यकता है, के लिए किया जाता है। निम्न में से कौन कृत्रिम मधुरक है?

(a) सुक्रोस (b) फ्रक्टोस
(c) सुक्रालोस (d) लैक्टोस

13. बाजार में बिकने वाला ऐस्पार्टेम कृत्रिम मधुरक है। यह ऐमीनों अम्लों से बना होता है और अन्य ऐमीनों अम्लों के समान ही कैलोरी प्रदान करता है। फिर भी यह भोज्य पदार्थों में कम कैलोरी मधुरक के रूप में इस्तेमाल होता है। उसके इस इस्तेमाल का क्या आधार है? *[CSAT 2011]*

(a) ऐस्पार्टेम सामान्य चीनी जितना ही मीठा होता है, किन्तु चीनी के विपरीत यह मानव शरीर में आवश्यक एन्जाइमों के अभाव के कारण शीघ्र ऑक्सीकृत नहीं हो पाता है।
(b) जब ऐस्पार्टेम आहार प्रसंस्करण में प्रयुक्त होता है, तब उसका मीठा स्वाद तो बना रहता है, किन्तु यह ऑक्सीकरण प्रतिरोधी हो जाता है।
(c) ऐस्पार्टेम चीनी जितना ही मीठा होता है, किन्तु शरीर में अन्तर्ग्रहण होने के बाद यह कुछ ऐसे उपचयजों में परिवर्तित हो जाता है जो कोई कैलोरी नहीं देते।
(d) ऐस्पार्टेम सामान्य चीनी से कई गुना अधिक मीठा होता है, अतः थोड़े से ऐस्पार्टेम में बने भोज्य पदार्थ ऑक्सीकृत होने पर कम कैलोरी प्रदान करते हैं।

14. निम्न सूचियों को सुमेलित कीजिए

	सूची-I		सूची-II
A.	विटामिन E	1.	पीला नारंगी खाद्य रंग
B.	कैरोटीनॉयड	2.	प्रतिऑक्सीकारक
C.	पोटैशियम मेटाबाइसल्फाइट	3.	कृत्रिम मधुरक
D.	ऐलिटेम	4.	खाद्य परिरक्षक

कूट

	A	B	C	D		A	B	C	D
(a)	2	1	4	3	(b)	3	4	2	1
(c)	1	3	4	2	(d)	4	2	3	1

प्रोटीन

15. प्रोटीन की कुण्डलीनुमा संरचना को स्थायित्व प्रदान करता है

(a) पेप्टाइड बन्ध (b) डाइपेप्टाइड बन्ध
(c) वाण्डरवाल्स बल (d) हाइड्रोजन बन्ध

16. एन्जाइम हैं *[SSC (CHSL) 2013]*

(a) कार्बोहाइड्रेट (b) प्रोटीन
(c) लिपिड (d) स्टीरॉयड

17. किसी विलयन की pH जिस पर ऐमीनो अम्ल विद्युत क्षेत्र में गतिहीन हो जाता है, कहलाता है

(a) समावयवी बिन्दु (b) समविभव बिन्दु
(c) उदासीनीकरण बिन्दु (d) इनमें से कोई नहीं

18. रंजक के रूप में प्रयुक्त पादप मेहँदी निम्नलिखित में से किससे अभिक्रिया करके बालों तथा त्वचा के रंग को नारंगी-लाल कर देती है? *[CDS 2009]*

(a) प्रोटीन और ऐमीनो अम्ल
(b) लिपिड
(c) कार्बोहाइड्रेट
(d) न्यूक्लिक अम्ल

19. प्रोटीन होते हैं

(a) नाइट्रोजन युक्त जटिल अणु
(b) ऑक्सीजन युक्त जटिल अणु
(c) फॉस्फोरस युक्त जटिल अणु
(d) बोरॉन युक्त जटिल अणु

20. प्रोटीन की तृतीयक संरचना में पॉलीपेप्टाइड श्रृंखलाएँ आपस में किस आबन्ध के द्वारा जुड़ी रहती हैं?

(a) हाइड्रोजन आबन्ध (b) डाइसल्फाइड आबन्ध
(c) वाण्डरवाल्स आकर्षण (d) ये सभी

21. हीमोग्लोबिन से सम्बन्धित मायोग्लोबिन प्रोटीन की किस संरचना से सम्बन्धित है?

(a) प्राथमिक (b) द्वितीयक
(c) तृतीयक (d) इनमें से कोई नहीं

22. निम्नलिखित कथनों में से एन्जाइम के लिए कौन-सा कथन असत्य है?

(a) यह जैविक उत्प्रेरक है।
(b) यह रासायनिक अभिक्रियाओं को उत्प्रेरित करते हैं।
(c) इनका जलीय विलयन कोलॉइडी होता है।
(d) उत्प्रेरक क्षमता तापक्रम पर निर्भर करती है।

तेल एवं वसा/मोम

23. निम्न कथनों पर विचार कीजिए

1. वसा कार्बनिक विलायकों में विलेय है।
2. वसा केवल जन्तु स्त्रोतों से प्राप्त किए जा सकते हैं।
3. *ट्रान्स* वसा पॉलीअसंतृप्त और संतृप्त वसा के रूप में पाए जाते हैं।

उपरोक्त में कौन-सा/से कथन सही है/हैं?

(a) केवल 1 (b) 2 और 3
(c) 1 और 2 (d) 1, 2 और 3

24. निम्न कथनों पर विचार कीजिए

1. सभी मोम कार्बनिक यौगिक हैं।
2. मोम जल में विलेय है।
3. मोम पौधों और जन्तुओं द्वारा प्राप्त किया जाता है।
4. मोम का उपयोग उद्योगों में आवरणों के निर्माण में किया जाता है।

उपरोक्त कथन में कौन-सा कथन सही है/हैं?

(a) 1 और 2 (b) 2 और 3
(c) 1, 3 और 4 (d) 1, 2, 3 और 4

25. निम्न में से ऐल्केलॉइड के उदाहरण है

(a) निकोटिन (b) क्यूनिन
(c) मॉर्फिन (d) ये सभी

26. भोज्य पदार्थों को सुगन्ध देने तथा इत्र के कारखानों में उपयोगी जैव सक्रिय यौगिक है।

(a) टर्पीनॉयड (b) ऐल्केनॉइड
(c) कैरोटिनॉइड (d) स्टीरॉयड

27. कैरोटिनॉयड का सामान्य सूत्र क्या है?

(a) $C_4O_5H_6$ (b) $C_3O_4H_5$
(c) $C_4O_6H_5$ (d) $C_5O_4H_6$

28. निम्नलिखित में स्टीरॉयड के उदाहरण है

(a) कोलेस्ट्रॉल (b) आर्गेस्टेरॉल
(c) कैल्सिफेरॉल (d) ये सभी

विटामिन

29. रक्त का थक्का बनने में कौन-सा विटामिन सहायक होता है?

(a) विटामिन A (b) विटामिन C
(c) विटामिन E (d) विटामिन K

30. विटामिन B_{12} में प्रथम बार कोबाल्ट की उपस्थिति किसके द्वारा प्रमाणित की गई थी? *[SSC (CGL) 2013]*

(a) स्पैक्ट्रोस्कोपी (b) बोरेक्स बीड (मनका) परीक्षण
(c) सोडियम नाइट्रोप्रुसाइड परीक्षण (d) जल अपघटन परीक्षण

31. कार्बोहाइड्रेट प्रोटीन और वसा का पूर्ण पाचन किसमें होता है? *[NDA 2013]*

(a) जठर (b) यकृत
(c) क्षुद्रान्त्र (d) वृहद्रान्त्र

32. विटामिन A की कमी से होता है

(a) स्कर्वी (b) बेरी-बेरी
(c) रतौंधी (d) अरक्तता

33. निम्न में से कौन-सा विटामिन नहीं है?

(a) ऐस्कॉर्बिक अम्ल (b) थायमिन
(c) टेस्टोस्टेरॉन (d) राइबोफ्लेविन

34. विटामिन जिसमें नाइट्रोजन तथा सल्फर दोनों उपस्थित हों, कहलाता है

(a) विटामिन A (b) विटामिन B_1
(c) विटामिन B_2 (d) विटामिन B_{12}

35. विटामिन B_1 का रासायनिक नाम है

(a) ऐस्कॉर्बिक अम्ल (b) राइबोफ्लेविन
(c) थायमीन (d) पाइरीडॉक्सिन

36. ऐस्कॉर्बिक अम्ल है

(a) प्रोटीन (b) एन्जाइम (c) हॉर्मोन (d) विटामिन C

37. विटामिन C की कमी से होने वाली बीमारी है

(a) बेरी-बेरी (b) रतौंधी (c) टी बी (d) स्कर्वी

38. कैल्सिफेरॉल कहलाता है

(a) विटामिन A (b) विटामिन B
(c) विटामिन C (d) विटामिन D

39. बन्ध्यतारोधी (Antisterility) विटामिन है

(a) विटामिन D (b) विटामिन B
(c) विटामिन E (d) विटामिन A

40. हीमोग्लोबिन तथा विटामिन B_{12} में उपस्थित धातु परमाणु क्रमशः हैं

(a) आयरन तथा कोबाल्ट (b) निकेल तथा कोबाल्ट
(c) कोबाल्ट तथा आयरन (d) आयरन तथा निकेल

41. निम्न कथनों पर विचार कीजिए

1. विटामिन जटिल कार्बनिक अणु हैं।
2. हमारे जीवन के लिए विटामिन सूक्ष्म मात्रा में आवश्यक होते हैं।
3. जल में विटामिन हमारे शरीर में संग्रहित हो सकते हैं।

उपरोक्त कथनों में से कौन-सा/से कथन सही है/हैं

(a) 1 और 2 (b) 1 और 3 (c) 2 और 3 (d) केवल 3

42. निम्नांकित में से ग्लाइसीन के बारे में कौन-से कथन सत्य हैं?

1. यह क्रिस्टलीय रूप में रहता है।
2. यह ध्रुवण घर्णक है।
3. यह जल में घुलनशील है।
4. यह द्विध्रुवीय आयन बनाता है।

कूट

(a) 1, 2 और 3 (b) 1, 2 और 4
(c) 1, 3 और 4 (d) 2, 3 और 4

43. सुमेलित कीजिए

	सूची-I		सूची-II
A.	ग्लूकोस	1.	ऐमीनो अम्ल
B.	प्रोटीन	2.	विटामिन A
C.	ऐस्कॉर्बिक अम्ल	3.	मोनोसैकेराइड
D.	रेटिनॉल	4.	विटामिन C

कूट

	A	B	C	D		A	B	C	D
(a)	1	3	4	2	(b)	3	1	4	2
(c)	3	1	2	4	(d)	4	1	2	3

44. सुमेलित कीजिए

	सूची-I (विटामिन)		सूची-II (रोग)
A.	विटामिन A	1.	स्कर्वी
B.	विटामिन C	2.	रिकैट्स
C.	विटामिन D	3.	रतौंधी
D.	विटामिन E	4.	प्रजनन क्षमता में कमी

कूट

	A	B	C	D
(a)	2	3	4	1
(b)	1	2	3	4
(c)	3	1	2	4
(d)	2	4	3	1

खनिज

45. निम्नलिखित में से किस एक में मैग्नीशियम उपस्थित होता है? *[Asst. Comm 2017]*

(a) ऐस्कॉर्बिक अम्ल (b) विटामिन B_{12}
(c) क्लोरोफिल (d) हीमोग्लोबिन

46. निम्न गैसों में से कौन-सी एक रक्त के हीमोग्लोबिन से आसानी से मिल जाती है? *[CDS 2013]*

(a) मेथेन (b) नाइट्रोजन डाइऑक्साइड
(c) कार्बन मोनॉक्साइड (d) सल्फर डाइऑक्साइड

47. गोदुग्ध में पीलेपन के लिए उत्तरदायी तत्व है

(a) लैक्टिक अम्ल (b) कैरोटिन
(c) रिव्यूलोस (d) माल्टोस

उत्तरमाला

1 (b)	2 (c)	3 (c)	4 (d)	5 (b)	6 (c)	7 (d)	8 (b)	9 (b)	10 (c)
11 (a)	12 (c)	13 (d)	14 (a)	15 (d)	16 (b)	17 (b)	18 (a)	19 (a)	20 (d)
21 (c)	22 (c)	23 (c)	24 (c)	25 (d)	26 (a)	27 (a)	28 (d)	29 (d)	30 (b)
31 (c)	32 (c)	33 (c)	34 (b)	35 (c)	36 (d)	37 (d)	38 (d)	39 (c)	40 (a)
41 (a)	42 (c)	43 (b)	44 (c)	45 (c)	46 (c)	47 (c)			

उत्तर सहित व्याख्या

1. (*b*) मानव तन्त्र में इन्सुलिन कार्बोहाइड्रेट के मेटाबोलिज्म को नियन्त्रित करता है।

2. (*c*) पौधों तथा प्राणियों में कार्बोहाइड्रेट क्रमश: स्टार्च और ग्लूकोस के रूप में संचित रहता है।

3. (*c*) ग्लूकोस एक मोनोसैकेराइड, ऐल्डोहेक्सोस तथा अपचायक शर्करा है। इसका रासायनिक सूत्र ($C_6H_{12}O_6$) होता है।

4. (*d*) ग्लूकोस $C_6H_{12}O_6$ के 180 ग्राम में उपस्थित हाइड्रोजन परमाणु $= 6.023 \times 10^{23} \times 12$

$\therefore$ ग्लूकोस के 1 g में उपस्थित हाइड्रोजन परमाणु

$$= \frac{6.023 \times 10^{23} \times 12}{180}$$

$\therefore$ 1.50 ग्राम में उपस्थित हाइड्रोजन परमाणु

$$= \frac{6.023 \times 10^{23} \times 12 \times 1.50}{180}$$

$$= 6.02 \times 10^{22}$$

6. (*c*) स्टार्च का परीक्षण जलीय विलयन में आयोडीन द्वारा किया जाता है। स्टार्च, आयोडीन से क्रिया करके नीला-काला रंग उत्पन्न होता है। जिससे की स्टार्च की उपस्थिति का पता लगता है।

11. (*a*) सुक्रोस अपचायक शर्करा नहीं है, क्योंकि सुक्रोस में दो मोनोसैकेराइड इकाइयाँ अपचायक केन्द्रों द्वारा जुड़ी होती है।

19. (*a*) प्रोटीन नाइट्रोजन युक्त जटिल अणु होते हैं। ये जीव जगत के विकास, वृद्धि तथा शरीर के रख-रखाव के लिए अतिआवश्यक है। इनका अणुभार सामान्यतया 10000 से अधिक होता है।

20. (*d*) प्रोटीनों की तृतीयक संरचना हाइड्रोजन आबन्ध, डाइसल्फाइड आबन्ध तथा वाण्डरवाल्स आकर्षण बलों के द्वारा जुड़ी रहती है।

25. (*d*) निकोटिन, क्यूनिन, मॉर्फिन ऐल्केलॉइड के उदाहरण है। ऐल्केलॉइड प्राकृतिक रूप से उपलब्ध रासायनिक यौगिक होते हैं।

27. (*a*) कैरोटिनॉइड पौधों, कवक तथा प्रकाश संश्लेषी जीवाणुओं में वर्णक के रूप में पाए जाते हैं। इनका सामान्य सूत्र $C_4O_5H_6$ होता है।

33. (*c*) टेस्टोस्टेरॉन एक हॉर्मोन है, जो पुरुषों में वृषण द्वारा स्रावित होता है।

34. (*b*) विटामिन B_1 अर्थात् थायमीन ($C_{12}H_{18}N_4Cl_2OS$) में नाइट्रोजन तथा सल्फर दोनों तत्व उपस्थित होते हैं।

35. (*c*) विटामिन B_1 का रासायनिक नाम थायमीन या ऐन्यूरिया है।

37. (*d*) विटामिन C की कमी से मसूड़ों से खून आने लगता है। ये स्कर्वी रोग के अन्तर्गत आता है।

39. (*c*) विटामिन E (टोकोफैरॉल) जनन क्षमता के लिए आवश्यक है। अत: इसे बन्ध्यतारोधी विटामिन भी कहते हैं।

अध्याय

14

बहुलक

Polymers

- उच्च अणुभार वाले ऐसे वृहद् अणु जो अनेक छोटी-छोटी इकाइयों की पुनरावृत्ति से निर्मित होते हैं, बहुलक (Polymers) कहलाते हैं। एकलक से बहुलक बनने के इस प्रक्रम को बहुलीकरण (Polymerisation) कहते हैं।

उदाहरण– $\underset{\text{एथीन}}{nCH_2 = CH_2} \xrightarrow{\text{बहुलकीकरण}} \underset{\text{पॉलीथीन}}{-(CH_2 - CH_2)_n-}$

बहुलकों का वर्गीकरण

- **स्रोत के आधार पर वर्गीकरण** (Classification on the basis of source) स्रोत के आधार पर वर्गीकरण निम्न है
  - **प्राकृतिक बहुलक** (Natural polymers) प्रकृति में पौधों तथा जन्तुओं द्वारा प्राप्त होने वाले बहुलक प्राकृतिक बहुलक कहलाते हैं।
    उदाहरण– रबर, स्टार्च, सेलुलोस आदि।
  - **अर्द्ध-संश्लेषित बहुलक** (Semi-synthetic polymers) अर्द्ध-संश्लेषित बहुलक रासायनिक पदार्थों के प्रयोग के प्राकृतिक बहुलकों के गुणधर्मों के विकास हेतु बनाए जाते हैं।
    उदाहरण– सेलुलोस ऐसीटेट (रेयॉन), सेलुलोस नाइट्रेट।
  - **संश्लेषित बहुलक** (Synthetic polymers) प्रयोगशाला में मानव निर्मित बहुलक संश्लेषित बहुलक कहलाते हैं।
    उदाहरण– नायलॉन-6, 6, ब्यूना-S, पॉलीथीन।
  - **जैव अपघटनीय बहुलक** (Biodegradable polymers) ये वे बहुलक होते हैं, जो एक उपयुक्त समयान्तराल के पश्चात् सूक्ष्म जीवों द्वारा अपघटित हो जाते हैं। ये पर्यावरण को कोई नुकसान नहीं पहुँचाते।
    उदाहरण– पॉली-β-हाइड्रॉक्सीब्यूटाइरेट, नायलॉन-2, नायलॉन-6 (PHBV)।
- **संरचना के आधार पर वर्गीकरण** (Classification on the basis of structure) संरचना के आधार पर वर्गीकरण निम्न है
  - **सीधी शृंखला** (Straight chain) एकलक अणु रेखीय व्यवस्था में जुड़े रहते हैं। उदाहरण– PVC।
  - **शाखित शृंखला** (Branched chain) इनमें एकलक अणु शाखीय क्रम में परस्पर जुड़े रहते हैं। उदाहरण– LDP।
  - **तिर्यक बन्धित बहुलक** (Cross-linked polymers) इस प्रकार के बहुलकों में कई रेखीय शृंखलाएँ परस्पर तिर्यक बन्धों द्वारा जुड़कर त्रिविम जालक बनाती है। उदाहरण– बैकेलाइट।
- **आण्विक बलों के आधार पर वर्गीकरण** (Classification on the basis of molecular forces) आण्विक बलों के आधार पर वर्गीकरण निम्न है
  - **प्रत्यास्थ** (Elastomers) ऐसे बहुलक, जिसमें रबर के समान प्रत्यास्थता होती है। प्रत्यास्थ बहुलक में शृंखलाएँ, दुर्बल अन्तराण्विक बलों द्वारा परस्पर बँधी रहती है।
    उदाहरण– ब्यूना-S, ब्यूना-N, वल्कनीकृत रबड़ आदि।
  - **रेशेदार बहुलक** (Fibres polymers) इन बहुलकों में शृंखला के मध्य प्रबल अन्तराण्विक बल होते हैं। इस कारण इनमें प्रबल तन्य शक्ति एवं कम प्रत्यास्थता होती है।
    उदाहरण– नायलॉन- 6, 6, टेरीलीन आदि।
- **संश्लेषण के आधार पर वर्गीकरण** (Classification on the basis of synthesis) इस आधार पर बहुलक दो भागों में बाँटे गए हैं
  - **योगात्मक बहुलक** (Addition polymer) ऐसे बहुलक जो एकलक इकाइयों के बार-बार जुड़ने पर भारी अणु के रूप में प्राप्त होते हैं, योगात्मक बहुलक कहलाते हैं। इन्हें शृंखला वृद्धि बहुलक भी कहते हैं। इनका अणुभार अपनी एकलक इकाई का n गुना होता है। जैसे—पॉलिथीन, पॉलिस्टाइरीन, निओप्रीन (2-क्लोरोब्यूटा-1,3-डाइन का बहुलक), पॉलिविनाइल क्लोराइड (पी वी सी), आदि।
  - **संघनन बहुलक** (Condensation polymer) जब एकलक के दो या दो से अधिक अणु परस्पर, संघनित होकर छोटे अणुओं जैसे—H_2O, ROH, NH_3, HCl, आदि का ह्रास भी करते हैं, तो बनने वाला बहुलक संघनन बहुलक कहलाता है। इनका अणुभार अपने एकलक का n गुना नहीं होता है। जैसे—टेरीलीन, नायलॉन- 6, 6, बैकेलाइट, आदि।

    बहुलीकरण में समान अणुओं का जुड़ना **समबहुलीकरण** (जैसे—पॉलिथीन) तथा दो प्रकार के अणुओं का जुड़ना **सहबहुलीकरण** के अन्तर्गत आता है।

प्लास्टिक एवं रबर

- प्लास्टिक (Plastic) उच्च अणुभार वाले कार्बनिक बहुलक हैं तथा यह असंतृप्त हाइड्रोकार्बन के बहुलकीकरण द्वारा तैयार होते हैं।

  ये निम्न प्रकार के होते हैं
  - **ताप सुनम्य प्लास्टिक** (Thermoplastic) कुछ प्लास्टिक वस्तुएँ गर्म करने पर पिघलती है और इनको फिर से किसी भी आकार में ढाला जा

सकता है। इनको ताप सुनम्य प्लास्टिक कहते हैं।
उदाहरण– नायलॉन, पॉलीथीन, पॉलीस्टाइरीन आदि।

– **तापदृढ़ प्लास्टिक** (Thermosetting plastic) कुछ प्लास्टिक गर्म करने पर ठीक से मुलायम नहीं होते हैं और इनको फिर से वांछित आकार में नहीं ढाला जा सकता है। इनको तापदृढ़ प्लास्टिक कहते हैं। ये प्लास्टिक सदा तिर्यक बन्धित (Cross-linked) होते हैं।
उदाहरण– बैकेलाइट, पॉलीयूरेथेन, वीटल, ग्लिप्टल आदि।

- रबर (Rubber) को दो रूपों में बाँटा गया है

– **प्राकृतिक रबड़** (Natural rubber) रबड़ एक प्राकृतिक बहुलक है तथा इसमें प्रत्यास्थता का गुण पाया जाता है। अतः इसे प्रत्यास्थ बहुलक भी कहते हैं।
उदाहरण– पॉलीआइसोप्रीन।

– **संश्लेषित रबड़** (Synthetic rubber) प्रयोगशाला में अनेक प्रकार के कृत्रिम रबड़ों का संश्लेषण किया जाता है।
उदाहरण– ब्यूना-N, रबड़।

– रबड़ में 3% से 10% सल्फर मिलाने पर कठोर रबड़ प्राप्त होती है।

– निओप्रीन (संश्लेषित रबड़ का निर्माण 2-क्लोरो ब्यूटाडाइन से होता है।

कुछ सामान्य मानव-निर्मित बहुलक तथा उनके उपयोग

बहुलक	उपयोग
पॉलीथीन	पैकिंग मैटेरियल, बोतल आदि।
पॉलीप्रोपीन	बोतल, क्रेट आदि।
पॉलीविनाइल क्लोराइड (PVC)	पाइप, कुचालक (Insulations) कृत्रिम फर्श, ग्रामोफोन रिकॉर्ड आदि
पॉलीस्टाइरीन (Polystyrene)	फोम थर्मोकोल
पॉलीस्टाइरीन ब्यूटाडाईन (Polystyrene butadiene)	रबड़, बबलगम
नायलॉन या पॉलीएस्टर (Nylon)	धागा, रस्सी
टेफ्लॉन	नॉन-स्टिक किचन वेयर
विनाइल रबड़	रबड़ (Rubber)
बैकेलाइट	विद्युत कुचालक बटन
लेक्सन (Lexan)	बुलेट प्रूफ ग्लास
मेलामाइन (Melamine)	क्रॉकरी
ल्यूसाइट	लेन्स एवं पारदर्शी डॉम

चैप्टर प्रैक्टिस

बहुलकों का वर्गीकरण

1. कई छोटी इकाइयों से मिलकर बने उच्च अणुभार वाले अणु को कहते हैं
(a) एकलक (b) वृहद् अणु
(c) बहुलक (d) (b) तथा (c) दोनों

2. बहुलकों के सन्दर्भ में क्या सत्य नहीं है?
(a) बहुलकों में उच्च श्यानता होती है।
(b) बहुलक प्रकाश प्रकीर्णित करते हैं।
(c) बहुलकों पर कोई आवेश नहीं होता है।
(d) बहुलकों का अणुभार कम होता है।

3. प्राकृतिक रबड़ किसका बहुलक है? *[BPSC (Pre) 2019]*
(a) आइसोप्रीन (b) स्टाइरीन
(c) विनाइल ऐसीटेट (d) प्रोपीन

4. निम्नलिखित में से प्राकृतिक बहुलक है *[SSC 2018]*
(a) सेलुलोस (b) पॉलीथीन
(c) टेफ्लॉन (d) PVC

5. संश्लेषित बहुलक का उदाहरण है
(a) RNA (b) प्रोटीन
(c) पॉलीऐमाइड (d) स्टार्च

6. निम्न में से कौन-सा संघनन बहुलक नहीं है?
(a) बैकेलाइट (b) नायलॉन- 6, 6
(c) डेक्रॉन (d) निओप्रीन

7. निम्न में से कौन-सा शृंखला वृद्धि बहुलक है?
(a) मण्ड (b) न्यूक्लिक अम्ल
(c) पॉलीस्टाइरीन (d) प्रोटीन

8. निम्नलिखित में से कौन प्रत्यास्थ बहुलक है?
(a) वल्कनीकृत रबड़ (b) डेक्रॉन
(c) पॉलीस्टाइरीन (d) मेलामाइन

9. प्राकृतिक बहुलक के उदाहरण हैं
(a) प्रोटीन, सेलुलोस, स्टार्च (b) रेयॉन, सेलुलोस, स्टार्च
(c) रेयॉन, ब्यूना-S, स्टार्च (d) प्रोटीन, ब्यूना-S, ब्यूना-N

10. निम्नलिखित द्रव्यों में से कौन-सा एक प्राकृतिक कच्चे माल से बनाया जाता है? *[UPPCS 2003]*
(a) रेयॉन (b) नायलॉन
(c) पॉलीएस्टर (d) पॉलीस्टाइरीन

11. निम्नलिखित में कौन एक प्राकृतिक बहुलक नहीं है? *[UPPCS 2003]*
(a) ऊन (b) रेशम (c) चमडा (d) नायलॉन

12. टेफ्लॉन निम्नलिखित में से किस एकलक का बहुलक है? *[BPSC (Pre) 2017]*
(a) टेट्राफ्लोरोएथिलीन (b) विनाइल क्लोराइड
(c) क्लोरोप्रीन (d) ऐसीटिलीन डाइक्लोराइड

13. निम्नलिखित में से कौन-सा एक संघनन बहुलक नहीं है? *[Asst. Comm. 2018]*
(a) नायलॉन (b) DNA
(c) पॉलीथीन (d) बैकेलाइट

14. नायलॉन-6 के संश्लेषण के लिए कौन-सा/से एकलक प्रयुक्त होता/होते हैं/हैं? *[CDS 2019]*
(a) हेक्सामेथिलीनडाइऐमीन और ऐडिपिक अम्ल
(b) कैप्रोलैक्टम
(c) यूरिया और फॉर्मेल्डिहाइड
(d) फीनॉल और फॉर्मेल्डिहाइड

15. .... का तार इस्पात के तार के अधिक प्रबल होता है। *[SSC 2017]*
(a) ऊन (b) कपास
(c) जूट (d) नायलॉन

16. बहुलक जो विशेषतः बर्तनों पर न चिपकने वाली सतह के रूप में प्रयुक्त होता है। *[UPPCS 2008]*
(a) पॉलीविनाइल क्लोराइड (b) टेफ्लॉन
(c) पॉलीस्टाइरीन (d) पॉलीप्रोपिलीन

17. निम्नलिखित में से किस प्रोटीन के कारण रेशम के तन्तु उजले चमकदार दिखाई देते हैं? *[CDS 2017]*
(a) फाइब्रिन (b) सेरिसिन
(c) कोलेजन (d) नेक्टीन

18. निम्नलिखित बहुलकों (पॉलीमर) में से कौन-सा प्रोटीन से बना है? *[UPPSC 2017]*
(a) रबड़ (b) कपास
(c) ऊन (d) जूट (षटसन)

19. पॉलीथीन बनता है *[SSC 2006]*
(a) एथिलीन से (b) प्रोपिलीन से
(c) ऐसीटिलीन से (d) ऐनिलीन से

20. ऑरलॉन बहुलक है
(a) विनाइल क्लोराइड का (b) टेफ्लॉन का
(c) विनाइल सायनाइड का (d) क्लोरोप्रीन का

21. पॉलीथीन की थैलियों को नष्ट नहीं किया जा सकता क्योंकि वे बनी होती हैं *[UPPCS 2007]*
(a) न टूटने वाले अणुओं से (b) अकार्बनिक यौगिकों से
(c) पॉलीमर से (d) प्रोटीन से

22. संस्पर्श लेन्स (कॉन्टैक्ट लेन्स) किससे बनाए जाते हैं? *[CDS 2011]*
(a) पॉलीविनाइल क्लोराइड (b) पॉलीस्टाइरीन
(c) ल्यूसाइट (d) टेफ्लॉन

23. बैकेलाइट का उपयोग निम्नलिखित में से किसे बनाने में नहीं होता है?
(a) विद्युत उपकरण
(b) कँघे तथा फाउण्टेन पेन
(c) ग्रामोफोन रिकॉर्ड
(d) पेन्ट तथा वार्निश

24. अर्द्ध-संश्लेषित बहुलक के सामान्य उदाहरण हैं
(a) सेलुलोस एवं स्टार्च
(b) सेलुलोस ऐसीटेट व सेलुलोस नाइट्रेट
(c) ब्यूना-N और ब्यूना-S
(d) सेलुलोस नाइट्रेट तथा ब्यूना-S

25. निम्नलिखित में से पॉलीएस्टर है
(a) नायलॉन-6, 6 (b) PVC
(c) ग्लिप्टल (d) PAN

26. पॉलीकॉट निम्नलिखित में से किसका मिश्रण है? *[SSC 2018]*
(a) पॉलीएस्टर तथा कपास (b) पॉलीएस्टर तथा ऊन
(c) रेयॉन तथा कपास (d) रेयॉन तथा ऊन

27. टेरीलीन बहुलक है, एक
(a) पॉलीऐमाइड (b) पॉलीस्टाइरीन
(c) पॉलीएथिलीन (d) पॉलीएस्टर

28. निम्न में से कौन-सा पॉलीऐमाइड है?
(a) बैकेलाइट (b) टेरीलीन
(c) नायलॉन- 6, 6 (d) टेफ्लॉन

29. निम्नलिखित में से किस बहुलक में ग्लूकोस एकलक नहीं होते हैं? *[CDS 2017]*
(a) ग्लाइकोजन (b) स्टार्च
(c) सेलुलोस (d) रबड़

30. ऊन के बदले में प्रयुक्त होने वाला बहुलक तन्तु जो सिन्थेटिक (कृत्रिम) कम्बल, स्वेटर आदि बनाने में काम आता है, क्या है? *[CDS 2010]*
(a) नायलॉन (b) टेफ्लॉन
(c) ऑरलॉन (d) बैकेलाइट

31. निम्न में से कौन-सा जैव-निम्नीकरण बहुलक है?
(a) डेक्रॉन (b) नायलॉन-6, 6
(c) नायलॉन-6 (d) PHBV

प्लास्टिक एवं रबड़

32. प्रेशर कुकरों का हैण्डल प्लास्टिक का बना होता है, क्योंकि इसको ऊष्मा का कुचालक बनाया जाना चाहिए। इसमें कौन-सा प्लास्टिक प्रयुक्त होता है, जोकि मानव निर्मित प्रथम प्लास्टिक है? *[CDS 2016]*
(a) पॉलीथीन (b) टेरीलीन
(c) नायलॉन (d) बैकेलाइट

33. निम्न में से कौन दृढ़ प्लास्टिक (Thermosetting plastic) के उदाहरण हैं?
1. टेफ्लॉन 2. बैकेलाइट
3. वीटल 4. ग्लिप्टल

कूट
(a) 1, 3 और 4 (b) 1, 2 और 3
(c) 1, 2 और 4 (d) 2, 3 और 4

34. निम्नलिखित में से कौन-से कथन सही है? *[SSC 2018]*
1. वर्ष 1930 के दशक की शुरुआत में नायलॉन का निर्माण कोयले, जल तथा वायु से किया गया।
2. नायलॉन प्रथम पूर्ण रूप से संश्लेषित रेशा था।
3. नायलॉन रेशा प्रबल, प्रत्यास्थ तथा हल्का था।
(a) 1 और 2 (b) 1 और 3
(c) 2 और 3 (d) 1, 2 और 3

35. निओप्रीन जो कि एक संश्लेषित रबड़ है, बनता है
(a) डाइक्लोरोऐथेन से (b) 2-क्लोरो ब्यूटाडाईन से
(c) कार्बोक्सी मेथिल सेलुलोस से (d) मेथेनॉल से

36. बबलगम में होता है।
(a) थायोकॉल रबड़
(b) स्टाइरीन ब्यूटाडाईन रबड़
(c) आइसोब्यूटाइलीन आइसोप्रीन रबड़
(d) ऐक्रिलोनाइट्राइल ब्यूटाडाईन रबड़

37. प्राकृतिक रबड़ का वल्कनीकरण करने के लिए कौन-सी विधि प्रयुक्त होती है?
(a) गन्धक के साथ गर्म करना
(b) कार्बन ब्लैक के साथ गर्म करना
(c) क्लोरीन गैस मिलाना
(d) डाइफेनिलऐमीन मिलाना

38. रबड़ में 3% से 10% सल्फर मिलाने पर

(a) मुलायम रबड़ प्राप्त होती है

(b) कठोर रबड़ प्राप्त होती है

(c) कोई परिवर्तन नहीं होता

(d) घुलनशील रबड़ प्राप्त होती है

39. संचालित वाहनों के टायर निर्मित होते हैं

(a) निओप्रीन से

(b) ब्यूना-S से

(c) ब्यूना-N से

(d) प्राकृतिक रबड़ से

40. निम्नलिखित कथनों पर विचार कीजिए

1. टेफ्लॉन तथा डेक्रॉन बहुलक है।
2. निओप्रीन संश्लेषित रबड़ है।
3. पॉलीथीन पॉलीएथिलीन बहुलक है।
4. प्राकृतिक रबड़ क्लोरोप्रीन है।

उपरोक्त कथनों में से कौन-से सही कथन है?

(a) 1, 2 और 3 (b) 1, 2 और 4

(c) 2 और 3 (d) 1, 3 और 3

41. निम्न कथनों में से कौन-सा/से कथन सही है/हैं?

1. पॉलीआइसोप्रीन का समपक्ष रूप प्राकृतिक रबड़ कहलाता है।
2. वल्कनीकरण के द्वारा रबड़ को अधिक कठोर तापरोधी तथा उपयोगी बनाया जाता है।

कूट

(a) केवल 1 (b) केवल 2

(c) 1 और 2 (d) न तो 1 और न ही 2

42. सुमेलित कीजिए

सूची-I (बहुलक)	सूची-II (उपयोग)
A. पॉलीविनाइल क्लोराइड	1. खाना बनाने के बर्तनों के निर्माण में
B. पॉलीस्टाइरीन	2. बरसाती कोट एवं स्थान गृह के परदें बनाने में
C. टेफ्लॉन	3. लेन्स एवं पारदर्शी डॉम बनाने में
D. ल्यूसाइट	4. बच्चों के दूध की बोतल के निर्माण में

कूट

	A	B	C	D
(a)	2	4	3	1
(b)	2	4	1	3
(c)	1	2	3	4
(d)	4	3	2	1

उत्तरमाला

1. (d)	2. (d)	3. (a)	4. (a)	5. (c)	6. (d)	7. (c)	8. (a)	9. (a)	10. (d)
11. (d)	12. (a)	13. (c)	14. (b)	15. (d)	16. (b)	17. (a)	18. (c)	19. (a)	20. (c)
21. (a)	22. (c)	23. (d)	24. (b)	25. (c)	26. (a)	27. (d)	28. (c)	29. (d)	30. (c)
31. (d)	32. (d)	33. (d)	34. (d)	35. (b)	36. (b)	37. (a)	38. (b)	39. (b)	40. (a)
41. (c)	42. (b)								

उत्तर सहित व्याख्या

1. (*d*) उच्च आण्विक भार वाले ऐसे वृहद् अणु, जो छोटी-छोटी इकाइयों की पुनरावृत्ति से निर्मित होते हैं, बहुलक कहलाते हैं। बहुलकों को वृहद् अणु भी कहते हैं। परन्तु सभी वृहद् अणु बहुलक नहीं होते।

2. (*d*) बहुलक उच्च अणुभार व एक पुनरावृत्त इकाई वाले वृहद् अणु होते हैं। इन पर कोई आवेश नहीं होता है। इनमें उच्च श्यानता होती है तथा ये प्रकाश विकिरणों को प्रकीर्णित करते हैं।

3. (*a*) प्राकृतिक रबड़ आइसोप्रीन (2-मेथिल ब्यूटा-1, 3-डाइन) का बहुलक है अर्थात् यह एक पॉलीआइसोप्रीन है।

5. (*c*) कम अणुभार वाले यौगिकों से मनुष्य द्वारा प्रयोगशाला में बनाए गए बहुलकों को संश्लेषित बहुलक कहते हैं, जैसे— नायलॉन (पॉलीऐमाइड), डेक्रॉन, बैकेलाइट, संश्लेषित रबड़, पॉलीस्टाइरीन आदि।

6. (*d*) निओप्रीन, क्लोरोप्रीन (2-क्लोरोब्यूटा-1, 3-डाइन) का योगात्मक बहुलक है। इसके निर्माण में H_2O, HCl, NH_3 जैसे अणु नहीं निकलते हैं।

7. (*c*) पॉलीस्टाइरीन जो स्टाइरीन के योगात्मक बहुलकीकरण पर प्राप्त होता है, श्रृंखला वृद्धि बहुलक है।

9. (*a*) प्रोटीन, सेलुलोस, स्टार्च प्राकृतिक बहुलक के उदाहरण हैं।

12. (*a*) टेफ्लॉन, ऐसीटिल परॉक्साइड की उपस्थिति में टेट्राफ्लुओरोएथिलीन के योगात्मक बहुलकीकरण से निर्मित किया जाता है। टेफ्लॉन दृढ़ एवं कठोर होता है।

14. (*b*) नायलॉन-6 को कैप्रोलैक्टम की जल के साथ उच्च ताप पर अभिक्रिया कराने से प्राप्त किया जाता है।

23. (*d*) बैकेलाइट एक तिर्यक संयुग्मित थर्मोसेटिंग बहुलक है, जो कठोर एवं ताप प्रतिरोधी होता है। अतः इसका उपयोग पेन्ट तथा वार्निश बनाने में नहीं होता है।

24. (*b*) सेलुलोस ऐसीटेट व सेलुलोस नाइट्रेट अर्द्ध-संश्लेषित बहुलक के सामान्य उदाहरण हैं।

27. (*d*) टेरीलीन (डेक्रॉन) एथिलीन ग्लाइकॉल (ऐल्कोहॉल) तथा टरथैलिक अम्ल (अम्ल) के संघनन बहुलकीकरण द्वारा प्राप्त होता है। अतः यह एक पॉलीएस्टर है।

28. (*c*) ऐमाइड आबन्धित बहुलक पॉलीऐमाइड बहुलक कहलाते हैं। जैसे—नायलॉन-6, 6

$$\left[-\overset{H}{\overset{|}{N}}-(CH_2)_6-\overset{H}{\overset{|}{N}}-\overset{O}{\overset{||}{C}}-(CH_2)_4-\overset{O}{\overset{||}{C}}-\right]_n$$

नायलॉन-6, 6

31. (*d*) PHBV (पॉली β-हाइड्रॉक्सी ब्यूटिरेट-co-β-हाइड्रॉक्सीवैलिरेट) जैव-निम्नीकरण बहुलक है।

35. (*b*) निओप्रीन रबड़ को क्लोरोप्रीन अथवा 2-क्लोरो-1, 3-ब्यूटाडाईन के समबहुलकीकरण से प्राप्त किया जाता है।

39. (*b*) स्टाइरीन ब्यूटाडाईन रबड़ (SBR या ब्यूना-S) का उपयोग संचालित वाहनों के टायर, ट्यूब आदि बनाने में किया जाता है।

अध्याय

15

दैनिक जीवन में रसायन

Chemistry in Everyday Life

- रसायन हमारे जीवन में महत्वपूर्ण भूमिका निभाते हैं, जैसे–पेन्ट, वार्निश, औषधियाँ, रंजक, काँच, सीमेन्ट आदि का निर्माण रसायन की ही देन है।

साबुन

- यह दीर्घ शृंखला वाले वसा अम्लों (RCOONa) जैसे– स्टिएरिक अम्ल ($C_{17}H_{35}COOH$), ओलिक अम्ल ($C_{17}H_{33}COOH$) और पामिटिक अम्ल ($C_{15}H_{31}COOH$) के सोडियम और पोटैशियम लवण हैं।

  साबुन दो प्रकार की होती हैं
  - **कठोर साबुन** (Hard soap) ये उच्च वसीय अम्लों के सोडियम लवणों से बने होते हैं तथा कपड़े धोने के काम आते हैं।
  - **मृदु साबुन** (Soft soap) ये उच्च वसीय अम्लों के पोटैशियम लवणों से निर्मित होते हैं तथा नहाने में काम आते हैं।
- साबुन पायसीकरण द्वारा ग्रीस को हटाते हैं। कठोर जल में कैल्सियम और मैग्नीशियम आयन होते हैं, जो साबुन से अवक्षेप बनाते हैं। इस कारण कठोर जल में साबुन झाग नहीं देते।

अपमार्जक

- ये लम्बी शृंखला वाले ऐल्काइल या ऐरिल सल्फोनेट्स या सल्फेट्स के सोडियम या पोटैशियम लवण हैं। उदाहरण– सोडियम लॉरिल सल्फेट, सोडियम *p*-डोडेसिल बेन्जीन सल्फोनेट आदि।

विस्फोटक पदार्थ

- ऐसे पदार्थों के दहन पर अत्यधिक ऊष्मा और तीव्र ध्वनि पैदा होती है। जैसे–RDX, TNG, TNT, डायनामाइट, TNP आदि।

औषधियाँ

- वे पदार्थ जो किसी रोग के रोकने या निवारण के लिए उपयोग किए जाते हैं, औषधियाँ (Drugs) कहलाते हैं।

  कुछ प्रमुख औषधियों का वर्गीकरण निम्न है
  - **प्रतिज्वरकारी** (Antipyretics) इनका प्रयोग शरीर का दर्द कम करने और बुखार के लिए किया जाता है। उदाहरण– ऐस्प्रिन, क्रोसिन, ब्रूफेन आदि।
  - **पीड़ाहारी** (Analgesics) पीड़ाहारी दर्द को बिना चेतना, क्षीणता अथवा तन्त्रिका तन्त्र में कोई बाधा उत्पन्न किए, कम या समाप्त करते हैं। जैसे– पैरासिटामॉल, मॉर्फिन, ऐस्प्रिन आदि।
  - **प्रतिजैविक** (Antibiotics) ये रसायन सूक्ष्मजीवियों की वृद्धि रोकते हैं या इनका विनाश करते हैं। उदाहरण– ऐम्पीसिलिन, एमॉक्सीसिलीन, ऑफ्लोक्सासिन, टेट्रासाइक्लिन आदि।
  - **प्रतिअम्ल** (Antacids) ये औषधि आमाशय में अम्ल को घटाती या उदासीन करती है। उदाहरण– मैग्नीशियम हाइड्रॉक्साइड।
  - **प्रतिरोधी** (Antiseptics) ये सूक्ष्मजीवों की वृद्धि को रोकता है या उनको मार देता है। उदाहरण– डिटॉल, सेवलॉन, बोरिन आदि।
  - **प्रशान्तक** (Tranquilizers) इसका उपयोग तनाव, अवसाद तथा अन्य मानसिक बीमारी में होता है। इन्हें साइकोथेराप्यूटिक ड्रग (Psychotherapeutic drugs) भी कहा जाता है।

    उदाहरण– एक्वानिल, वैलियम, सेरेटोनिन, आदि।

काँच

- यह विभिन्न क्षारीय धातुओं के सिलिकेटों का एक अक्रिस्टलीय पारदर्शक या आंशिक पारदर्शक समांगी मिश्रण है।
- साधारण काँच का रासायनिक सूत्र $Na_2O \cdot CaO \cdot 6SiO_2$ होता है। यह रेत, सोडियम कार्बोनेट तथा कैल्सियम कार्बोनेट को उचित मात्रा में मिलाकर तथा उचित ताप पर पिघलाकर प्राप्त किया जाता है।

उर्वरक

- पौधों में पर्याप्त वृद्धि के लिए मृदा के साथ जिन रासायनिक तत्वों को मिलाया जाता हैं, उन्हे उर्वरक कहते हैं। पौधों के लिए प्रमुख पोषक तत्व है, नाइट्रोजन, फॉस्फोरस तथा पोटैशियम आदि।

प्रसाधन

- क्रीम, परफ्यूम, टैल्कम पाउडर आदि प्रसाधन (Cosmetics) की तरह प्रयुक्त किए जाते हैं। उदाहरण–सेटिल ऐल्कोहॉल, हाइड्रोक्विनोन, टर्पिनिऑल, एथेनॉल आदि।

रंजक

- वे पदार्थ जो रेशों और खाद्य पदार्थों के रंगने में प्रयुक्त होते हैं, रंजक (Dyes) कहलाते हैं। पदार्थ में उपस्थित क्रोमोफोर समूह जैसे–नाइट्रो, ऐजो आदि रंग के लिए उत्तरदायी होते हैं। उदाहरण–मेथिल ऑरेन्ज, ऐनिलीन यैलो, प्रोसियॉन आदि।

चैप्टर प्रैक्टिस

साबुन

1. साबुन क्या है?

(a) सोडियम लवण (b) फॉस्फोरिक अम्ल
(c) बेन्जीन सल्फोनेट (d) सल्फोनिक अम्ल

2. साबुन किसका सोडियम अथवा पोटैशियम लवण है? *[SSC 2016]*

(a) स्टिऐरिक अम्ल (b) ओलिक अम्ल
(c) पॉमिटिक अम्ल (d) ये सभी

3. साबुन उद्योग को मिलाने वाला उपोत्पाद है *[SSC 2006]*

(a) कॉस्टिक सोडा (b) ग्लिसरॉल
(c) नैफ्थैलीन (d) कॉस्टिक पोटाश

4. साबुन, ग्रीस को हटाता है *[BPSC (Pre) 2017]*

(a) स्कन्दन द्वारा (b) अधिशोषण द्वारा
(c) पायसीकरण द्वारा (d) परमाणु द्वारा

5. साबुनीकरण प्रक्रिया में प्राप्त ऐल्कोहॉल कौन-सा होता है? *[SSC 2013]*

(a) एथिल ऐल्कोहॉल
(b) मेथिल ऐल्कोहॉल
(c) काष्ठ स्पिरिट
(d) ग्लिसरॉल

6. साबुन कपड़ों की बेहतर सफाई में क्यों सहायक होता है? *[SSC 2015]*

(a) यह घोल के पृष्ठीय तनाव को कम करता है।
(b) साबुन उत्प्रेरक की तरह काम करता है।
(c) यह गन्दगी को अवशोषित कर लेता है।
(d) यह घोल को शक्ति देता है।

7. कठोर जल साबुन से झाग क्यों नहीं देता? *[CDS 2013]*

(a) कठोर जल में कैल्सियम और मैग्नीशियम आयन होते हैं, जो साबुन से अवक्षेप बनाते हैं।
(b) कठोर जल में सल्फेट और क्लोराइड आयन होते हैं, जो अवक्षेप बनाते हैं।
(c) कठोर जल का pH उच्च होता है।
(d) कठोर जल का pH निम्न होता है।

8. मृदु साबुन के नमूने में होता है *[NDA 2020]*

(a) सीज़ियम (b) पोटैशियम
(c) कैल्सियम (d) मैग्नीशियम

9. साबुन के द्वारा सतहों को साफ करने का सिद्धान्त आधारित है *[NDA 2020]*

(a) श्यानता पर (b) प्लवन पर
(c) प्रत्यास्थता पर (d) पृष्ठ तनाव पर

10. जब सफेद कपड़े पर लगे हल्दी के धब्बे को साबुन से रगड़ कर पानी में धोया जाता है, जो रंगों के बदलने का सही अनुक्रम निम्नलिखित में से कौन-सा होता? *[NDA 2020]*

(a) पीला-गुलाबी-नीला
(b) पीला-लाल भूरा-पीला
(c) पीला-लाल भूरा-नीला
(d) नीला-लाल भूरा-गुलाबी

11. निम्नलिखित कथनों पर विचार कीजिए *[NDA 2009]*

1. साबुन का अम्लीय जल में उपयोग नहीं कर सकते।
2. साबुन का आयनी भाग COO^-Na^+
3. अपमार्जक (डिटर्जेण्ट) की अपेक्षा साबुन जल में जल्दी घुलता है।

उपरोक्त कथनों में से कौन-सा/से सही है/हैं?

(a) 1 और 2 (b) 2 और 3
(c) केवल 3 (d) केवल 1

12. साबुन में पूतिरोधी गुण उत्पन्न करने के लिए जो यौगिक मिलाया जाता है, वह है

(a) सोडियम लॉरिल सल्फेट
(b) सोडियम डोडेसिल बेन्जीन सल्फोनेट
(c) रेज़िन
(d) बिथियोनल (बाइथायोनल)

13. ग्लिसरॉल साबुन में मिलायी जाती है। यह कार्य करती है

(a) भराव करना/वजन बढ़ाने वाला पदार्थ
(b) झाग बढ़ाने के लिए
(c) शीघ्रतापूर्वक सूखने से रोकने के लिए
(d) साबुन को दानेदार बनाने के लिए

अपमार्जक

14. कपड़े साफ करने में प्रयोग होने वाला डिटर्जेण्ट है *[BPSC (Pre) 2018]*

(a) कार्बोनेट (b) बाइकार्बोनेट
(c) बिस्मथेट (d) सल्फोनेट

15. निम्न में कौन जीवाणुनाशक भी है?

(a) धनायनी अपमार्जक (b) ऋणायनी अपमार्जक
(c) अनायनिक अपमार्जक (d) इनमें से कोई नहीं

16. संरचनात्मक रूप से जैव-अपघटनीय अपमार्जक में होना चाहिए

(a) सामान्य ऐल्किल शृंखला (b) शाखित ऐल्किल शृंखला
(c) फेनिल पार्श्व शृंखला (d) साइक्लोहेक्सिल शृंखला

17. केश कंडीशनरों में प्रयुक्त कार्बनिक अपमार्जक है *(UP 2014)*

(a) सोडियम लॉरिल सल्फेट
(b) सोडियम डोडेसिल बेन्जीन सल्फोनेट
(c) सोडियम स्टेरिल सल्फेट
(d) सेटिल ट्राइमेथिल अमोनियम ब्रोमाइड

18. सोडियम लॉरिल सल्फेट है एक

(a) जैव-अपघट्य अपमार्जक
(b) कठोर अपमार्जक
(c) धनायनिक अपमार्जक
(d) अन-आयनिक अपमार्जक

19. निम्न में सही कथन है

(a) साबुन का उपयोग मृदु जल और कठोर जल दोनों में हो सकता है।
(b) संश्लेषित अपमार्जक का उपयोग मृदु जल और कठोर जल दोनों में हो सकता है।
(c) साबुन के सोडियम और कैल्सियम लवण जल में विलेय हैं।
(d) संश्लेषित अपमार्जकों के कैल्सियम लवण जल में अविलेय हैं।

20. अपमार्जक प्रयुक्त किए जा सकते हैं

(a) केवल मृदु जल में (b) केवल कठोर जल में
(c) कठोर एवं मृदु जल में (d) सभी आयनिक विलायकों में

21. मैले कपड़ों की साबुन और अपमार्जकों से सफाई एक प्रकार के अणुओं, जिन्हें पृष्ठ-सक्रियक कहते हैं, के कारण होती है, ये अणु साबुन और अपमार्जकों में विद्यमान होते हैं। पृष्ठ सक्रियक अणु मैल को किस प्रकार हटाते हैं? *[CDS 2010]*

(a) कपड़े को सर्पणशील बनाकर
(b) मैल और कपड़े के बीच कुछ गैसें उत्पन्न करके
(c) मैल को विलीन (घोल) कर
(d) वे अपने कुछ पुंज बना लेते हैं और मैल को पुँजों के क्रोड में ले जाते हैं।

22. **कथन** (A) अपमार्जक मैले कपड़ों से सरलतापूर्वक तेल एवं गर्द निकाल देते हैं।
कारण (R) अपमार्जक जल का पृष्ठ तनाव बढ़ा देते हैं।
कूट

(a) A और R दोनों सही हैं तथा R, A की सही व्याख्या है।
(b) A और R दोनों सही हैं, किन्तु R, A की सही व्याख्या नहीं करता है।
(c) A सही है, किन्तु R गलत है।
(d) A गलत है, किन्तु R सही है।

विस्फोटक पदार्थ

23. निम्नलिखित में से किस विस्फोटक पदार्थ का उपयोग तार पिण्डों तथा बम निर्माण में किया जाता है?

(a) ट्राइनाइट्रो टॉलूईन (b) ट्राइनाइट्रो फीनॉल
(c) डायनामाइट (d) जिलेटिन

24. निम्नलिखित में से किस विस्फोटक पदार्थ का आविष्कार अल्फ्रेड नोबेल ने किया था?

(a) आर.डी.एक्स. (RDX) (b) डायनामाइट
(c) जिलेटिन (d) ट्राइनाइट्रोफीनॉल

25. निम्न में से कौन-सा आर. डी. एक्स. (RDX) का दूसरा नाम है? *[UPPCS 2007]*

(a) सायनोहाइड्रिन (b) डेक्सट्रॉन
(c) साइक्लोनाइट (d) साइक्लोहेक्सेन

26. निम्नलिखित में से कौन-सा विस्फोटक पदार्थ नहीं है?

(a) ट्राइनाइट्रो टॉलूईन
(b) ट्राइनाइट्रो ग्लिसरीन
(c) साइक्लो-ट्राइमेथिलीन ट्राइनाइट्रैमीन
(d) नाइट्रो क्लोरोफॉर्म

27. निम्नलिखित में से किस एक को विस्फोटक की तरह प्रयोग किया जाता है? *[IAS (Pre) 2009]*

(a) फॉस्फोरस ट्राइक्लोराइड (b) मर्क्यूरिक ऑक्साइड
(c) ग्रेफाइट (d) नाइट्रोग्लिसरीन

28. निम्नांकित कथनों में से कौन-सा सत्य है? *[UPPCS 1996]*

(a) डी.डी.टी. रोगाणुनाशक है।
(b) टी.एन.टी. एक कीटनाशक है।
(c) आर.डी.एक्स. एक विस्फोटक है।
(d) एल.एस.डी. एक विषाणुनाशक है।

औषधियाँ

29. वह औषधि कौन-सी है, जो दुश्चिंता को कम करती है और शान्ति प्रदान करती है? *[SSC 2012]*

(a) प्रशान्तक (b) मूत्रल
(c) पीड़ा-हरक (d) ऐन्टीहिस्टैमिन

30. औषधि की वह शाखा जिसमें संश्लिष्ट रासायनिक यौगिकों को शामिल किया जाता है, कौन-सी है?

(a) यूनानी (b) आयुर्वेद
(c) एलोपैथी (d) होम्योपैथी

31. औषधियों में स्वापक (एनीस्थीसिया) के रूप में यौगिकों के किस युगल का प्रयोग किया जाता है? *[SSC 2014]*

(a) नाइट्रस ऑक्साइड, क्लोरोफॉर्म
(b) क्लोरोफॉर्म, नाइट्रोजन डाइऑक्साइड
(c) नाइट्रोजन डाइऑक्साइड, ईथर
(d) ईथर, अमोनिया

32. निम्नलिखित में से कौन प्रतिजैविक औषधि है? *[BPSC (Pre) 2017]*

(a) क्वीनॉन (b) सल्फागुआनिडीन
(c) क्लोरेम्फेनिकॉल (d) ऐस्प्रिन

33. पैरासिटामॉल प्रयुक्त होती है

(a) प्रतिजैविक के रूप में (b) मलेरियारोधी के रूप में
(c) ज्वररोधी के रूप में (d) पूतिरोधी के रूप में

34. ऐसीटॉक्सी बेन्जोइक अम्ल कार्य करता है

(a) बेन्जोइक अम्ल (b) ज्वरनाशी
(c) पूतिरोधी (d) प्रतिजैविक

35. ऐस्प्रिन है

(a) ऐसीटिल सैलिसिलिक अम्ल
(b) मेथिल बेन्जोइक अम्ल
(c) ऐसीटिल ऑक्सेलिक अम्ल
(d) एथॉक्सी बेन्जोइक अम्ल

36. पैरासिटामॉल की संरचना है

(a) $Cl-C_6H_4-CONH_2CH_2$
(b) $Cl-C_6H_4-CO-NH-CH_3$
(c) $HO-C_6H_4-NHCOCH_3$
(d) $H-O-C_6H_4-CH_2NH_2$

37. निम्न में से कौन-सा कथन सही नहीं है?

(a) LSD एक स्वप्नकारक औषधि है।
(b) सल्फाथायोजोल एक तनाव निवारक औषधि है।
(c) डिटॉल एक प्रचलित पूतिरोधी है।
(d) प्रशान्तक औषधि का उपयोग मनोचिकित्सा में किया जाता है।

38. निम्नलिखित में से कौन-सा कथन असत्य है?

(a) ऐस्प्रिन ज्वरनाशक के रूप में इस्तेमाल की जाती है।
(b) पेनिसिलिन ऐन्टीबायोटिक है।
(c) क्लोरोफॉर्म निश्चेतक है।
(d) उपरोक्त में से कोई नहीं

39. ऐस्प्रिन है

1. प्रतिजैविकी 2. ज्वरनाशी 3. दर्द निवारक

कूट

(a) 1 और 2 (b) केवल 2
(c) केवल 3 (d) 2 और 3

40. निम्नलिखित में से ऐन्टीबायोटिक है [BPSC (Pre) 2018]

(a) पेनिसिलिन (b) ऐस्प्रिन
(c) पैरासीटामॉल (d) इनमें से कोई नहीं

41. निम्नलिखित यौगिकों में कौन-सा एक शान्तिकारक औषधि के रूप में प्रयुक्त होता है? [UPPCS 2010]

(a) पोटैशियम ब्रोमाइड (b) कैल्सियम क्लोराइड
(c) एथिल ऐल्कोहॉल (d) फॉस्फोरस ट्राइक्लोराइड

42. निम्नलिखित में से कौन नारकोटिक दर्द निवारक है?

1. नोवलजीन 2. मॉर्फिन 3. कोडीन

कूट

(a) 1 और 2 (b) केवल 2
(c) 1 और 3 (d) 2 और 3

43. निम्न में से कौन-सा/से कथन सही है/हैं? [CDS 2016]

1. पूतिरोधी यौगिक मानव ऊतकों को हानि पहुचाएँ बिना जीवाणुओं की वृद्धि को रोकते हैं।
2. एक ही पदार्थ भिन्न सान्द्रताओं पर पूतिरोधी अथवा रोगाणुनाशक का कार्य कर सकता है।

कूट

(a) केवल 1 (b) केवल 2
(c) 1 और 2 दोनों (d) न तो 1 और न ही 2

काँच

44. काँच के निर्माण के लिए प्रयुक्त कच्ची सामग्रियाँ हैं [SSC (FCI) 2012]

(a) बालू, सोडा, चूना-पत्थर (b) बालू, चारकोल, सोडा
(c) चूना-पत्थर, चारकोल, सल्फर (d) बालू, सल्फर, सोडा

45. जल काँच का संघटन है

(a) Na_2CO_3 व SiO_2 (b) K_2CO_3 व SiO_2
(c) CeO_2 व SiO_2 (d) Zn व SiO_2

46. फेरिक लवण काँच में निम्न रंग प्रदर्शित करता है

(a) गहरा नीला (b) हरा
(c) नारंगी लाल (d) प्रतिदीप्तशील पीला

47. काँच के बारे में निम्नलिखित में से कौन-सा कथन सही नहीं है? [NDA 2020]

(a) काँच को प्रायः अतिशीतित द्रव कहा जाता है।
(b) काँच का कोई निश्चित गलनांक नहीं होता है।
(c) सोडा काँच पाइरेक्स काँच से कठोर होता है।
(d) कठोर काँच में बोरॉन होता है।

48. सुमेलित कीजिए [CDS 2010]

	सूची-I		सूची-II
A.	CFL लैम्प	1.	नाइट्रोजन ऑक्साइड
B.	ऑटोमोबाइल बैटरी	2.	थैलेट
C.	बहुलक	3.	सीसा
D.	डीजल इंजन	4.	पारा

कूट

	A	B	C	D		A	B	C	D
(a)	4	2	3	1	(b)	4	3	2	1
(c)	1	2	3	4	(d)	1	3	2	4

49. सुमेलित कीजिए

	सूची-I (काँच का प्रकार)		सूची-II (उपयोग)
A.	क्रुक्स काँच	1.	प्रयोगशाला के उपकरण में
B.	पाइरेक्स काँच	2.	प्रकाशित यन्त्रों में
C.	बूलेट प्रूफ काँच	3.	वायुयान के शीशों में
D.	फ्लिण्ट काँच	4.	चश्मों के लेन्स में

कूट

	A	B	C	D		A	B	C	D
(a)	4	1	3	2	(b)	3	4	1	2
(c)	2	3	1	4	(d)	4	3	2	1

50. काँच की रुई (Glass wool) के गुणधर्म और उपयोगों के विषय में निम्नलिखित कथनों पर विचार कीजिए [CDS 2010]

1. काँच की रुई, इस्पात से अधिक तनन प्रबलता रखती है।
2. काँच की रुई अग्निसह है।
3. काँच की रुई उच्च वैद्युत चालकता रखती है और नमी का अवशोषण करती है।
4. काँच की रुई, रेशा काँच बनाने में उपयोग की जाती है।

उपरोक्त में से कौन-सा कथन सही है?

(a) 1 और 2
(b) 1, 2 और 4
(c) 2 और 4
(d) 1, 3 और 4

उर्वरक

51. प्रशीतन खाद्य परिरक्षण में सहायता करता है

(a) एन्जाइम क्रिया नष्ट कर
(b) खाद्य पदार्थ को बर्फ की पर्त से ढक कर
(c) जैव रासायनिक अभिक्रियाओं की दर को कम कर
(d) जीवाणुओं को मारकर

52. रासायनिक उर्वरक नाइट्रोलिम में कौन-से घटक हैं?

(a) नाइट्रोजन और चूना पत्थर
(b) कैल्सियम कार्बाइड और नाइट्रोजन
(c) कैल्सियम कार्बाइड और कार्बन
(d) उपरोक्त में से कोई नहीं

53. निम्नलिखित कथनों पर विचार कीजिए *[NDA 2008]*

1. प्रयुक्त उर्वरकों में यूरिया में N की अधिकतम प्रतिशतता होती है।
2. कैल्सियम सल्फेट और कैल्सियम हाइड्रोजन फॉस्फेट के मिश्रण को चूने के सुपरफॉस्फेट के रूप में जाना जाता है।
3. पोटैशियम मैग्नीशियम सल्फेट को पोटाश म्यूरिएट कहते हैं।

उपरोक्त कथनों में से कौन-से सही है?

(a) 1 और 2
(b) 2 और 3
(c) 1 और 3
(d) 1, 2 और 3

प्रसाधन एव रंजक

54. ब्यूटी पार्लर में केश विन्यास के लिए निम्नलिखित में से कौन-सा रसायन प्रयुक्त होता है? *[NDA 2009]*

(a) सल्फर आधारित
(b) फॉस्फोरस आधारित
(c) सिलिकॉन आधारित
(d) लौह आधारित

55. तरल ब्लीच का मुख्य घटक क्या है? *[SSC 2015]*

(a) हाइड्रोक्लोरिक
(b) सोडियम क्लोराइड
(c) सोडियम हाइपोक्लोरेट
(d) सोडियम हाइपोक्लोराइट

56. बालों को रंगने के लिए निम्नलिखित में से किस रसायन का प्रयोग किया जाता है?

(a) *ऑर्थो* टॉलूइडीन
(b) ऐमीनो बेन्जीन
(c) *पैरा* फेनिल डाइऐमीन
(d) *पैरा* नाइट्रो बेन्जिल ऐमीन

57. सूची-I को सूची-II के साथ सुमेलित कीजिए तथा सूचियों के नीचे दिए गए कूटों की सहायता से सही उत्तर चुनिए *[BPSC (Pre) 2017]*

सूची-I (पदार्थ)	**सूची-II** (उपयोग)
A. ऐस्पार्टेम	1. संश्लेषित रबड़
B. फ्रेऑन	2. प्रतिहिस्टामिन
C. निओप्रीन	3. कृत्रिम मधुरक
D. बेनाड्रिल	4. प्रशीतक

कूट

	A	B	C	D		A	B	C	D
(a)	1	3	4	2	(b)	2	4	1	3
(c)	3	4	1	2	(d)	3	1	2	4

58. निम्न में से कौन-सा/से कथन सही है/हैं?

1. रंजक वे रंगीन पदार्थ होते हैं जो वस्त्र, ऊन, भोज्य पदार्थों को रंगने में प्रयुक्त होते हैं।
2. रंजक का रंग प्रकाश, साबुन, धुलाई तथा कार्बनिक विलायकों के प्रति अस्थायी एवं कच्चा होना चाहिए।

कूट

(a) केवल 1
(b) केवल 2
(c) 1 और 2 दोनों
(d) न तो 1 और न ही 2

59. भारत में रासायनिक उद्योग के सन्दर्भ में निम्न कथनों में से कौन-सा/से सही है/हैं? *[CDS 2016]*

1. रासायनिक उद्योग भारत में प्राचीनतम उद्योगों में से एक है।
2. रंजक (द्रव्य) सेक्टर रासायनिक उद्योग का एक महत्वपूर्ण खण्ड है।
3. वस्त्र उद्योग में रंजक (द्रव्य) की सर्वाधिक खपत होती है।

नीचे दिए गए कूट का प्रयोग कर सही उत्तर चुनिए

(a) केवल 1
(b) 2 और 3
(c) 1 और 3
(d) ये सभी

उत्तरमाला

1 (a)	2 (d)	3 (b)	4 (c)	5 (d)	6 (a)	7 (d)	8 (b)	9 (d)	10 (c)
11 (a)	12 (d)	13 (c)	14 (d)	15 (a)	16 (a)	17 (d)	18 (a)	19 (b)	20 (c)
21 (d)	22 (c)	23 (a)	24 (b)	25 (c)	26 (d)	27 (d)	28 (c)	29 (a)	30 (c)
31 (a)	32 (c)	33 (c)	34 (b)	35 (a)	36 (c)	37 (b)	38 (d)	39 (d)	40 (d)
41 (a)	42 (d)	43 (c)	44 (a)	45 (a)	46 (d)	47 (c)	48 (b)	49 (a)	50 (c)
51 (c)	52 (d)	53 (a)	54 (c)	55 (d)	56 (c)	57 (d)	58 (a)	59 (d)	

उत्तर सहित व्याख्या

1. (*a*) साबुन दीर्घ शृंखला वाले वसा अम्लों (*R*COONa) जैसे—स्टिऐरिक अम्ल ($C_{17}H_{35}COOH$), ओलिक अम्ल ($C_{17}H_{33}COOH$) और पामिटिक अम्ल ($C_{15}H_{31}COOH$) के सोडियम और पोटैशियम लवण है।

3. (*b*) साबुन उद्योग में मिलने वाला उपोत्पाद ग्लिसरॉल है।

स्टिऐरिक अम्ल की एस्टर (वसा) + सोडियम हाइड्रॉक्साइड ⟶ सोडियम स्टिऐरेट साबुन + ग्लिसरॉल

15. (*a*) धनायनी अपमार्जक चतुष्कीय अमोनियम लवण होते हैं। ये लम्बी ऐल्किल समूह की शृंखला रखते हैं तथा कीटाणुनाशक होते हैं।

16. (*a*) जैव-अपघटनीय अपमार्जक के लिए शृंखला सामान्य ऐल्किल शृंखला होनी चाहिए, जो अपघटित हो सके।

17. (*d*) सेटिल ट्राइमेथिल अमोनियम ब्रोमाइड एक धनायनिक कार्बनिक अपमार्जक है, जिसका प्रयोग केश कंडीशनरों में किया जाता है।

18. (*a*) सोडियम लॉरिल सल्फेट एक ऋणायनिक तथा जैव-अपघट्य अपमार्जक है, क्योंकि इसमें कार्बन परमाणुओं की केवल सीधी शृंखला उपस्थित होती है।

19. (*b*) संश्लेषण अपमार्जक का प्रयोग मृदु एवं कठोर दोनों प्रकार के जल के साथ किया जा सकता है।

22. (*c*) अपमार्जक मैले कपड़ों से सरलतापूर्वक तेल एवं गर्द को निकाल देने का कारण, इसके द्वारा जल का पृष्ठ तनाव घटा देना है। अत: कथन (A) सही है तथा कारण (R) असत्य है।

25. (*c*) RDX का अन्य नाम साइक्लोनाइट होता है। यह एक विस्फोटक पदार्थ होता है।

33. (*c*) पैरासिटामॉल ज्वररोधी तथा पीड़ाहारी औषधि दोनों के रूप में प्रयुक्त किया जाता है।

34. (*b*) ऐसीटॉक्सी बेन्जोइक अम्ल (ऐस्प्रिन) एक ज्वरनाशी (ज्वररोधी) का कार्य करता है।

35. (*a*) ऐसीटिल सैलिसिलिक अम्ल अथवा 2-ऐसीटॉक्सी बेन्जोइक अम्ल को ऐस्प्रिन कहते हैं।

36. (*c*) पैरासिटामॉल रासायनिक रूप से *p*-ऐसीटोमिडोफीनॉल है, जिसकी संरचना निम्न होती है।

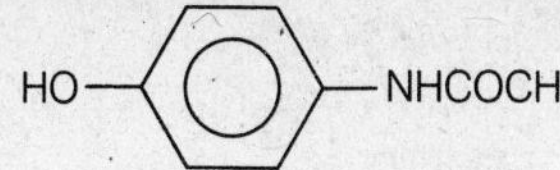

जीव विज्ञान

अध्याय

01

सजीव जगत
Living World

- जीव विज्ञान, विज्ञान की वह शाखा है, जिसके अन्तर्गत जीवधारियों का अध्ययन किया जाता है।
- जीव विज्ञान (Biology) शब्द का प्रयोग सर्वप्रथम लैमार्क एवं ट्रेविरेनस ने 1802 में किया था।

जीव विज्ञान की शाखाएँ

- **जन्तु विज्ञान** (Zoology) – जन्तुओं का अध्ययन किया जाता है।
- **वनस्पति विज्ञान** (Botany) – पादपों व उनके भागों का अध्ययन किया जाता है।
- **सूक्ष्मजीव विज्ञान** (Microbiology) – सूक्ष्मजीवों का अध्ययन किया जाता है।
- **शरीर रचना विज्ञान** (Anatomy) – जीव की आन्तरिक संरचना का अध्ययन किया जाता है।
- **ऑर्निथोलॉजी** (Ornithology) – पक्षियों का अध्ययन किया जाता है।
- **मिर्मिकोलॉजी** (Myrmecology) – चींटियों का अध्ययन कहलाता है।
- **एन्टोमोलॉजी** (Entomology) – इसके अन्तर्गत कीटों का अध्ययन किया जाता है।
- **पीडियाट्रिक्स** (Pediatrics) – शिशुओं के रोगों के अध्ययन से सम्बन्धित होता है।
- **जेनेटिक्स** (Genetics) – वंशागति का अध्ययन किया जाता है।
- **इकोलॉजी** (Ecology) – जीव तथा उसके वातावरण के पारस्परिक सम्बन्धों का अध्ययन किया जाता है।
- **वर्गीकरण विज्ञान** (Taxonomy) – जीवों के वर्गीकरण का अध्ययन किया जाता है।
- **अरैकनोलॉजी** (Arachnology) – मकड़ियों का अध्ययन किया जाता है।
- **हिपैटोलॉजी** – (Hepatology) यकृत के उपचार व अध्ययन से सम्बन्धित होता है।
- **मायकोलॉजी** (Mycology) – कवकों का अध्ययन किया जाता है।
- **अरस्तू** को जीव विज्ञान एवं जन्तु विज्ञान का जनक कहा जाता है। इसी प्रकार **थियोफ्रेस्टस** को पादप विज्ञान एवं **एन्टोनी वान ल्यूवेनहॉक** को सूक्ष्मजीव विज्ञान का जनक माना जाता है।
- वृद्धि, उपापचय, संवेदनशीलता, अनुकूलनता, प्रजनन, निश्चित आकार एवं आकृति, पोषण, श्वसन, उत्सर्जन, गमन, आदि सजीवों के मूलभूत लक्षण हैं।
- किसी स्थान विशेष पर प्राकृतिक रूप से पाए जाने वाले विभिन्न सजीवों की विभिन्न जातियों या समूहों में उपस्थित आकारिकीय (Morphological), कार्यिकीय (Physiological), शारीरिकीय या आनुवंशिकीय विविधता को उस स्थान की **जैव-विविधता** (Biodiversity) कहते हैं।

सजीवों का वर्गीकरण

- एक निश्चित पद्धति के अनुसार, समानता-असमानता तथा पारस्परिक सम्बन्धों के आधार पर जीवधारियों को अलग-अलग समूह में रखने की व्यवस्था वर्गीकरण (Classification) कहलाती है।
- **कैरोलस लिनियस** को वर्गीकरण विज्ञान या वर्गिकी (Taxonomy) का जनक कहते हैं।
- कैरोलस लिनियस की द्विनाम पद्धति के अनुसार, सभी जीवधारियों को दो शब्दों का नाम दिया गया है। इसमें प्रथम पद वंश (Genus) का होता है व दूसरा पद जाति (Species) का होता है। उदाहरणस्वरूप मानव का वैज्ञानिक नाम ***होमो सैपियन्स*** (*Homo sapiens*) है।
- वर्गीकरण में प्रयुक्त विभिन्न वर्गिकीय पद या श्रेणी को **वर्गक** (Taxon) कहते हैं। यह आरोही या अवरोही क्रम में व्यवस्थित होकर अन्य सम्बन्धित वर्गकों के साथ सम्बन्ध स्थापित करते हैं। इसे **वर्गिकी पदानुक्रम** (Taxonomical hierarchy) कहते हैं।
- इन वर्गकों का अवरोही क्रम निम्न है
  जगत → संघ (जन्तु वर्गीकरण में) / प्रभाग (पादप वर्गीकरण में) → वर्ग → गण → कुल → वंश → जाति

पाँच जगत वर्गीकरण

- **रॉबर्ट व्हिटेकर** (1959) द्वारा प्रस्तावित पाँच जगत वर्गीकरण सजीव जगत का सर्वमान्य वर्गीकरण है।
- व्हिटेकर ने कोशिका का प्रकार, पोषण का प्रकार, शरीर के संगठन का प्रकार, जनन का प्रकार, आदि मूलभूत लक्षणों के आधार पर सजीवों को पाँच जगतों में विभक्त किया गया है, जो निम्न हैं–
  मोनेरा, प्रोटिस्टा, कवक, पादप व जन्तु।

मोनेरा

- इस जगत के अन्तर्गत प्रोकैरियोटिक कोशिका वाले एककोशिकीय जीव सम्मिलित होते हैं।
- इसमें वास्तविक केन्द्रक, हिस्टोन प्रोटीन विहीन गुणसूत्र, विकसित कोशिकांग; जैसे– 80S राइबोसोम, अन्तः प्रद्रव्यी जालिका (Endoplasmic reticulum), लयनकाय (Lysosome), गॉल्जीकाय (Golgi bodies), माइटोकॉण्ड्रिया, लवक (Plastids) आदि का अभाव होता है।
- ये प्रकाश संश्लेषी (Photosynthetic), रसायन संश्लेषी (Chemosynthetic) या परपोषी (Heterotrophic) होते हैं।
- इसके अन्तर्गत जीवाणु, *माइकोप्लाज्मा (Mycoplasma)*, नील-हरित शैवाल (Cyanobacteria) आदि आते हैं।
- **जीवाणु** (Bacteria) ये हरितलवक रहित, एककोशिकीय या बहुकोशिकीय प्रोकैरियोटिक सूक्ष्मजीव होते हैं।
  - जीवाणु की खोज एण्टॉनी वान ल्यूवेनहॉक ने की थी।
  - कोशिका भित्ति मोटी व काइटिन की बनी होती है। ये परजीवी, सहजीवी व मृतोपजीवी होते हैं।
  - ये गोलाकार बैक्टीरिया (*कोकस*), छड़ के आकार के बैक्टीरिया (*बैसिलस*), मुड़े हुए छड़ (कोमा) के आकार के बैक्टीरिया (*विब्रियो*) व सर्पिलाकार बैक्टीरिया (*स्पाइरिला*) प्रकार के होते हैं। सबसे बड़ा जीवाणु *बेजियाटोआ मिराबिलिस* है।
  - *ई. कोलाई* बैक्टीरिया मानव इन्सुलिन उत्पादन में, *राइजोबियम* जैव उर्वरक एवं *बैसिलस थूरिन्जिएन्सिस* जैव कीटनाशक के रूप में प्रयुक्त होते हैं। *स्यूडोमोनास प्यूटिडा* समुद्रों में क्रूड तेल के पाचन में प्रयुक्त होते हैं।
- **नील-हरित शैवाल** (Cyanobacteria or Blue-green algae) ये नाइट्रोजन स्थिरीकरण का कार्य करते हैं।
- ***माइकोप्लाज्मा (Mycoplasma)*** ये सबसे सरल तथा सबसे सूक्ष्म प्रोकैरियोटिक जीव हैं।
  - ये कोशिका भित्ति रहित होते हैं तथा सड़े-गले पदार्थों, पादपों तथा प्राणियों में पाए जाते हैं।
  - ये परजीवी या मृतोपजीवी प्रकार के होते हैं।
  - ये जन्तुओं व पादपों में अनेक रोग उत्पन्न करते हैं।

प्रोटिस्टा

- प्रोटिस्टा जगत के अन्तर्गत जल में रहने वाले एककोशिकीय, सुकेन्द्रकीय (Eukaryotic) सूक्ष्मजीव आते हैं।
- इनमें विषमपोषी स्लाइम मोल्ड्स तथा प्रोटोजोआ व प्रकाश-संश्लेषी एककोशिकीय शैवाल होते हैं।
- प्रकाश-संश्लेषी प्रोटिस्टा की कोशिका में हरितलवक होते हैं।
- प्रत्येक कोशिका में झिल्लीबद्ध कोशिकांग पाए जाते हैं।
- इनमें गमन रोमाभ (Cilia), कशाभिका (Flagella) व कूटपादों (Pseudopodia) द्वारा होता है।
- जनन लैंगिक व अलैंगिक पाया जाता है।
- डायटम्स का उपयोग डूबने से हुई मृत्यु का पता लगाने में होता है।

कवक

- इस जगत में पूर्णतया विषमपोषी, यूकैरियोटिक तथा एककोशिकीय या बहुकोशिकीय जीव आते हैं।
- इस जगत के जीवों का शरीर तन्तुमय (Filamentous) होता है जो कवक तन्तुओं या हाइफी (Hyphae) से बना होता है। इस संरचना को सूकाय (Thallus) कहते हैं।
- कवकों में काइटिन (Chitin) की कोशिका भित्ति पाई जाती है तथा ये अधिकांशतया मृतोपजीवी एवं परजीवी होते हैं।
- इनमें ग्लाइकोजन या तेल के रूप में भोजन संग्रहित होता है।
- यीस्ट, मशरूम, *एस्पर्जिलस, पेनिसिलियम, राइजोपस,* आदि इनके प्रमुख उदाहरण हैं।
- *एस्पर्जिलस, पेनिसिलियम* जैसे कवकों का उपयोग पनीर उद्योग में किया जाता है।
- यीस्ट का उपयोग बेकरी उद्योग में डबलरोटी एवं शराब बनाने में किया जाता है।
- कवकमूल कवकों और उच्चतर पादपों की जड़ों के बीच उपयोगी प्रकार्यक साहचर्य है।

पादप

- यह स्वपोषी, हरे, बहुकोशिकीय एवं यूकैरियोटिक जीवों का समूह है।
- इनकी कोशिका भिति सेलुलोस से निर्मित होती है।
- ये पर्णहरिम की सहायता से प्रकाश-संश्लेषण द्वारा अपने लिए भोजन का निर्माण स्वयं करते हैं अर्थात् स्वपोषी होते हैं।
- इनमें जनन अलैंगिक, लैंगिक व कायिक प्रकार का होता है।

जन्तु

- यह विषमपोषी, चेतना युक्त, बहुकोशिकीय एवं यूकैरियोटिक जीवों का समूह है।
- इनमें कोशिका भित्ति का अभाव होता है।
- इनमें संचित पदार्थ ग्लाइकोजन (Glycogen) और वसा होते हैं।
- इनमें मुख्यतया लैंगिक जनन होता है।

विषाणु

- यह एक अकोशिकीय संरचना है जिसे कोशिका सिद्धान्त का अपवाद माना जाता है। 'विषाणु' (Virus) एक लैटिन शब्द है जिसका अर्थ 'विष' होता है।
- 'विषाणु' शब्द का प्रयोग सर्वप्रथम **लुईस पाश्चर** ने किया था, जबकि प्रथम विषाणु की खोज **डी.जे. इवानोवस्की** ने तम्बाकू के पादप में मौजेक रोग के कारक के रूप में की थी।
- विषाणु सजीवों के अविकल्पी परजीवी होते हैं। सजीवों के शरीर के बाहर ये मृत (निर्जीव) होते हैं। अतः ये सजीवों एवं निर्जीवों के मध्य की संयोजक कड़ी हैं।
- विषाणु में आनुवंशिक पदार्थ के रूप में DNA या RNA अणु होता है, जो कैप्सिड नामक प्रोटीन के कवच से ढका होता है। ये सजीवों के शरीर में द्विगुणन द्वारा अपनी संख्या बढ़ाते हैं।
- पोलियो विषाणु, TMV विषाणु, हिपेटाइटिस विषाणु, HIV विषाणु, कोरोना विषाणु, आदि इसके प्रमुख उदाहरण हैं।
- **वाइरॉइड** (Viroid) RNA के स्वतंत्र, छोटे एवं वृत्ताकार एकसूत्री अणु होते हैं। इनमें प्रोटीन का कवच नहीं पाया जाता है। इनकी खोज **टी.ओ. डाइनर** ने 1917 में की थी। **आलू का तर्कु कन्दीय** (Potato Spindle Tuber) रोग इन्हीं के कारण होता है।
- **प्रियॉन** (Prion) संक्रामक प्रोटीन के कण होते हैं, जो पर्किन्सन रोग, मल्टीपल स्क्लेरोसिस, आदि रोगों के कारक होते हैं।

चैप्टर प्रैक्टिस

जीव विज्ञान की शाखाएँ

1. जन्तु विज्ञान (Zoology) में अध्ययन किया जाता है *[UPPCS (Pre) 1995]*
(a) केवल जीवित जानवरों का
(b) केवल जीवित वनस्पति का
(c) जीवित व मृत जानवरों दोनों का
(d) जीवित व मृत वनस्पति दोनों का

2. जीव की आन्तरिक संरचना का अध्ययन करने वाला विज्ञान कहलाता है
(a) शरीर रचना विज्ञान
(b) कृषि विज्ञान
(c) एग्रोलॉजी
(d) मानव विज्ञान

3. ऑर्निथोलॉजी का सम्बन्ध किससे है?
(a) हड्डियों से (b) पक्षियों से
(c) आभूषणों से (d) धातु से

4. चीटियों के अध्ययन को क्या कहते हैं? *[Lower Subordinate 2016]*
(a) मिर्मिकोलॉजी (b) हिपेटोलॉजी
(c) निमैटोलॉजी (d) नीडोलॉजी

5. एन्टोमोलॉजी का सम्बन्ध किससे है?
(a) वनस्पति (b) प्राणी
(c) कीट (d) रसायन

6. पीडियाट्रिक्स निम्नलिखित में से किसके अध्ययन से सम्बन्धित है?
(a) अस्थि रोग (b) हृदय रोग
(c) शिशु रोग (d) नेत्र रोग

7. घाव का अध्ययन क्या कहलाता है?
(a) कालोलॉजी (b) ऑन्कोलॉजी
(c) ट्रोमैटोलॉजी (d) डर्मेटोलॉजी

8. ऑर्थोपेडिस्ट जिस प्रकार हड्डियों से सम्बन्धित है, उसी प्रकार किरोपोडिस्ट (Chiropodist) किससे सम्बन्धित है? *[UDA/LDA 2015]*
(a) नाखून (b) हृदय
(c) पाँव (d) ध्वनि

9. विज्ञान की कौन-सी शाखा ट्यूमर के बारे में बताती है? *[UDA/LDA 2015]*
(a) ऑस्टियोलॉजी (b) एनाटॉमी
(c) ऑन्कोलॉजी (d) यूरोलॉजी

10. जीव और पर्यावरण के बीच की अन्योन्य क्रिया के वैज्ञानिक विश्लेषण और अध्ययन को क्या कहा जाता है? *[RRB NTPC 2016]*
(a) पारिस्थितिकी (b) सूक्ष्मजीव विज्ञान
(c) कीट विज्ञान (d) पक्षी विज्ञान

11. जीवित वस्तुओं पर मृदा के प्रभाव का अध्ययन, मृदा विज्ञान की किस शाखा के अन्तर्गत किया जाता है? *[RRB NTPC 2016]*
(a) एण्ड्रोलॉजी (b) एडेफोलॉजी
(c) एग्रोबायोलॉजी (d) डेस्मोलॉजी

12. जीवों के वर्गीकरण से सम्बन्धित जीव विज्ञान की शाखा को क्या कहते हैं? *[RRB NTPC 2016]*
(a) टैक्सोनोमी (b) नोथोलॉजी (c) एनाटोमी (d) सीरोलॉजी

13. निम्नलिखित में से कौन-सा मकड़ियों का अध्ययन है? *[RRB NTPC 2016]*
(a) अरेकनोलॉजी (b) ऐन्थ्रोपोलॉजी
(c) एपियोलॉजी (d) साइनोलॉजी

14. निम्नलिखित में से शरीर विज्ञान एवं चिकित्सा की वह कौन-सी शाखा है; जो पुरुषों के विशिष्ट रोगों एवं स्थितियों से सम्बन्धित है? *[RRB NTPC 2016]*
(a) एण्ड्रोलॉजी (b) एस्टाकोलॉजी
(c) बायो इकोलॉजी (d) डेस्मोलॉजी

15. निम्नलिखित में से चिकित्सा विज्ञान की कौन-सी शाखा यकृत के उपचार और अध्ययन से सम्बन्धित है? *[RRB NTPC 2016]*
(a) हेलकोलॉजी (b) हिपेटोलॉजी
(c) हेटेरोलॉजी (d) जेरीऐट्रिक्स

16. विज्ञान की एक शाखा, जो जीवन या पृथ्वी से परे उपस्थित जीवन की सम्भावनाओं से सम्बन्धित है, उसे क्या कहा जाता है? *[RRB NTPC 2016]*
(a) एन्टोमोलॉजी (b) एक्सोबायोलॉजी
(c) मायकोलॉजी (d) जीवाश्म विज्ञान

17. .... मानव जैसी प्रजातियों, जैसे कि बन्दर, वानर, वनमानुष, आदि के व्यवहार का अध्ययन है। *[RRB NTPC 2016]*
(a) ऐन्थ्रोपोलॉजी (b) एथनोबॉटनी
(c) प्राइमेटोलॉजी (d) एपोलॉजी

18. मायकोलॉजी (Mycology) क्या है? *[RRB NTPC 2016]*
(a) बैक्टीरिया का अध्ययन (b) कवकों का अध्ययन
(c) वायरस का अध्ययन (d) परजीवियों का अध्ययन

19. निम्न में कौन गलत सुमेलित है? *[SSC (CGL) 2020]*
(a) हाइड्रोलॉजी - ओशियनोग्राफी
(b) एन्थ्रोपोलॉजी - कल्चर ज्योग्राफी
(c) पेडोलॉजी - फॉइटो ज्योग्राफी
(d) जनसांख्यिकी - जनसंख्या

20. जन्तु विज्ञान के जनक हैं
(a) अरस्तू (b) लैमार्क
(c) ल्यूवेनहॉक (d) थियोफ्रेस्ट्स

21. निम्न में से सजीवों का स्पष्ट लक्षण नहीं है
(a) वृद्धि (b) आवाज निकालने की क्षमता
(c) जनन (d) बाह्य उद्दीपन के प्रति अनुक्रिया

22. सभी सजीव एक-दूसरे से सम्बन्धित हैं, क्योंकि
(a) उनमें समान प्रकार का सामान्य आनुवंशिक पदार्थ पाया जाता है
(b) इनमें आनुवंशिक पदार्थ समान किंतु अलग-अलग मात्रा में होता है
(c) सभी में समान कोशिकीय संगठन होता है
(d) उपरोक्त सभी

23. श्वसन प्रक्रिया है
(a) उपचयन (b) रेडॉक्स
(c) अपचयन (d) प्रकाशानुवर्तन

24. जन्तु किस लक्षण में पादपों से समानता दर्शाते हैं?
(a) ये दिन-रात श्वसन करते हैं।
(b) ये केवल दिन में श्वसन करते हैं।
(c) ये केवल रात में श्वसन करते हैं।
(d) ये अपनी इच्छानुसार श्वसन करते हैं।

सजीवों का वर्गीकरण

25. कार्ल लिनियस को किस रूप में जाना जाता है? *[RRB Group D 2018]*
(a) फादर ऑफ प्लाण्ट (b) फादर ऑफ एनीमल साइन्स
(c) फादर ऑफ एटम (d) फादर ऑफ टैक्सोनोमी

26. कैवेलियर-स्मिथ ने जीवों को .... जगत में वर्गीकृत किया था। *[RRB Group D 2018]*
(a) 5 (b) 4 (c) 6 (d) 3

27. वर्गीकरण की द्विजगत पद्धति किसने प्रतिपादित की?
(a) कैरोलस लिनियस (b) आर.एच. व्हिटेकर
(c) कार्ल वूज (d) हर्बट कॉपलैण्ड

28. वर्गीकरण की आधारीय इकाई है *[RRB 2016]*
(a) जीन्स (b) फैमिली
(c) स्पीशीज (d) ऑर्डर

29. 'वर्गीकरण विज्ञान' का आधार है
(a) पादपों तथा प्राणियों की पहचान तथा वर्गीकरण
(b) पादपों तथा प्राणियों की नाम पद्धति तथा पहचान
(c) जीवों की किस्मों की विविधता तथा उनमें आपसी सम्बन्ध
(d) भिन्न किस्मों के जीव तथा उनका वर्गीकरण

30. निम्नलिखित में से किसने वर्गीकरण-विज्ञान (टैक्सोनॉमी) में भ्रौणिकीय लक्षणों के प्रयोग को लोकप्रिय बनाया? *[NDA 2019]*
(a) कार्ल लिनियस (b) पंचानन माहेश्वरी
(c) बीरबल साहनी (d) बेन्थम एवं हुकर

31. जैसे ही हम वर्गिकी पदानुक्रम में जाति से जगत की ओर जाते हैं, समान लक्षणों की संख्या
(a) कम हो जाएगी (b) बढ़ जाएगी
(c) समान रहेगी (d) घट या बढ़ सकती है

32. जन्तुओं के वर्गीकरण की वर्गिकी इकाई 'संघ' पादपों के वर्गीकरण के कौन-से वर्गिकी पदानुक्रम स्तर के समान होती है?
(a) वर्ग (b) गण
(c) प्रभाग (d) कुल

33. किस वर्गीकरण की श्रेणी में ऐसे जीवधारी आते हैं, जो एक-दूसरे से कम मिलते-जुलते हैं? *[RRB 2009]*
(a) वर्ग (b) वंश (c) कुल (d) जाति

34. उच्चतर से निम्नतर की ओर जीवों के वर्गीकरण के पदानुक्रम के स्तरों का सही अनुक्रम निम्नलिखित में से कौन-सा है? *[NDA, RRB 2018]*
(a) फाइलम > क्लास > ऑर्डर > फैमिली > जीनस
(b) फाइलम > क्लास > फैमिली > ऑर्डर > जीनस
(c) फैमिली > ऑर्डर > क्लास > स्पीशीज > जीनस
(d) क्लास > फैमिली > ऑर्डर > स्पीशीज > जीनस

35. द्विनाम पद्धति में जीव का वैज्ञानिक नाम किससे मिलकर बना होता है?
1. वंश 2. गण 3. जाति 4. लेखक *[RRB 2018]*
(a) 1,2 और 3 सही हैं। (b) 1 और 2 सही हैं।
(c) 2 और 4 सही हैं। (d) 1,3 और 4 सही हैं।

36. नाम पद्धति की संहिता (कोड) के अनुसार जीव-विज्ञान सम्बन्धी (जैव) नाम को लिखने का सही तरीका निम्न में से कौन-सा है? *[NDA 2019]*
(a) *Amoeba Proteus* (b) *Amoeba proteus*
(c) *amoeba Proteus* (d) *amoeba proteus*

37. नीचे आम का वैज्ञानिक नाम दिया गया है। सही प्रकार से लिखे नाम को पहचानिए।
(a) *Mangifera Indica* (b) *Mangifera indica*
(c) Mangifera Indica (d) *mangifera indica*

मोनेरा जगत

38. पाँच जगत वर्गीकरण किसने प्रतिपादित किया था? *[SSC MTS 2014]*
(a) व्हिटेकर (b) हैकेल
(c) लिनियस (d) कोपलैण्ड

39. व्हिटेकर द्वारा प्रतिपादित वर्गीकरण की पाँच जगत पद्धति में निम्न में से कौन-सा लक्षण उपयुक्त है?
(a) कोशिका संरचना
(b) शरीर संगठन और पोषण की विधि
(c) जनन और फाइलोजेनेटिक (जातीय आनुवंशिकी) सम्बन्ध
(d) उपरोक्त सभी

40. निम्नलिखित में से किस जगत/किन जगतों में केवल एककोशिकीय जीव होते हैं? *[NDA 2018]*
(a) केवल मोनेरा (b) केवल प्रोटिस्टा
(c) मोनेरा और प्रोटिस्टा दोनों (d) प्रोटिस्टा और कवक दोनों

41. निम्नलिखित में से कौन-सा एक यूकैरियोटिक जीव का उदाहरण नहीं है? *[NDA 2015]*
(a) खमीर (यीस्ट) (b) जीवाणु
(c) पादप (d) मानव

42. प्रोकैरियोटिक कोशिकायुक्त जीवों के लिए किस जगत की स्थापना की गई?
(a) प्रॉटिस्टा (b) प्रोटोजोआ
(c) मोनेरा (d) कवक

43. मोनेरा का सबसे बड़ा समूह है
(a) यूबैक्टीरिया (b) सायनोबैक्टीरिया
(c) आर्किबैक्टीरिया (d) इनमें से कोई नहीं

44. एक बैक्टीरिया, अत्यधिक गर्मी, शुष्कता और विषैली रासायनिक वस्तुओं को सहने की क्षमता रखता है। इससे यह पता चलता है कि वह सम्भवतः .... बना सकता है। *[RRB Group D 2018]*
(a) एण्ड्रोजीनस बड्स
(b) एक चौड़ी पेप्टोग्लाइकेन दीवार
(c) एण्डोटॉनिक्स
(d) एण्डोस्पोर

45. सबसे बड़ा जीवाणु है
(a) *स्पाइरिलम वॉल्सूटेन्स* (b) *डिप्लोकोकस न्यूमोनी*
(c) *डायलिस्टर न्यूमोसिण्टिस* (d) *बेजियाटोआ मिराबिलिस*

46. जीवाणुओं की रोम जैसी संरचना को कहा जाता है *[RRB 2007]*
(a) फ्लेजिला (b) एट्रिक्स (c) क्लॉस्ट (d) सिलिंडरी

47. सायनोबैक्टीरिया को निम्न में से किस जगत में वर्गीकृत किया जाता है?
(a) प्रोटिस्टा (b) मोनेरा (c) शैवाल (d) प्लाण्टी

48. निम्न में से कौन-सा सूक्ष्मजीवों का समूह सर्वाधिक संख्या में पाया जाता है?
(a) शैवाल (b) विषाणु
(c) प्रोटिस्ट (d) बैक्टीरिया

49. आनुवंशिक हेरफेर द्वारा, प्राकृतिक पृथक्करण से विकसित जीवाणुओं का कौन-सा जीवाणु विभेद समुद्र में बिखरे तेल का निवारण करने के लिए उपयोग में लाया जा सकता है? *[UPSC 2012]*
(a) *एग्रोबैक्टीरियम* (b) *क्लॉस्ट्रिडियम*
(c) *नाइट्रोसोमोनास* (d) *स्यूडोमोनास*

50. दूध से दही के रूप में जमने का कारण है *[SSC, RRB 2016]*
(a) *माइकोबैक्टीरियम* (b) *स्टैफाइलोकोकस*
(c) *लैक्टोबैसिलस* (d) यीस्ट

51. निम्नलिखित में से कौन-सा नाइट्रोजन फिक्सिंग बैक्टीरिया है? *[RRB NTPC 2016]*
(a) *साल्मोनेला* (b) *राइजोबियम*
(c) *स्यूडोमोनास* (d) *ई. कोलाई*

52. ज्ञात सबसे छोटा प्रोकैरियोटिक जीव है *[SSC Combined Higher Secondary, 2014]*
(a) *माइक्रोसिस्टिस* (b) *माइकोप्लाज्मा*
(c) बैक्टीरिया (d) *क्लोरैला*

प्रोटिस्टा जगत

53. गलत कथन को चुनिए। *[RRB 2006]*
(a) ऐनिमैलिया में कोशिका भित्ति अनुपस्थित होती है।
(b) प्रोटिस्टा में पोषण की विधियाँ प्रकाश-संश्लेषी विषमभोजी होती है।
(c) कुछ कवक खाने योग्य होते हैं।
(d) मोनेरा में केन्द्रक कला उपस्थित होती है।

54. गलत कथन छाँटिए।
(a) जीवाणु की कोशिकाभित्ति पेप्टाइडोग्लाइकेन की बनी होती है।
(b) पिलाई और फिम्ब्री जीवाणु कोशिका के चलन में मुख्य रूप से सम्मिलित होते हैं।
(c) सायनोबैक्टीरिया में कशाभीय कोशिकाओं का अभाव होता है।
(d) *माइकोप्लाज्मा* भितिरहित राूक्ष्मजीव हैं।

55. सुमेलित कीजिए।

सूची I	सूची II
A. गोलाकार बैक्टीरिया	1. स्पाइरिला
B. छड़ के आकार के बैक्टीरिया	2. बैसिलस
C. मुड़े हुए छड़ के आकार के बैक्टीरिया	3. कॉक्सी
D. सर्पिलाकार बैक्टीरिया	4. विब्रियो

कूट

	A	B	C	D
(a)	3	2	4	1
(b)	2	3	4	1
(c)	4	3	2	1
(d)	3	2	1	4

56. निम्न में से कौन सुमेलित नहीं है? *[CDS 2014]*
1. *अमीबा* – पादाभ
2. *पैरामीशियम* – कशाभिका
3. *यूग्लीना* – पक्ष्माभ
4. *हाइड्रा* – स्पर्शक

कूट
(a) 1 और 2 (b) 2 और 3
(c) 1 और 3 (d) 3 और 4

57. निम्न में से किस जगत में एककोशिकीय यूकैरियोट को रखा गया है?
(a) प्रोटिस्टा (b) कवक
(c) मोनेरा (d) ऐनिमैलिया

58. 'प्रोटोजोआ' शब्द दिया था
(a) एण्टोनी वान ल्यूवेनहॉक ने (b) आइन्सवर्थ ने
(c) गोल्डफस ने (d) इनमें से कोई नहीं

59. निम्नलिखित में से कौन-सा एककोशिकीय जीव का उदाहरण है? *[RRB NTPC 2016]*
(a) प्रोटोजोआ (b) एन्थ्रोपॉड्स
(c) इकाइनोडर्म्स (d) ऐनेलिड्स

60. *अमीबा* .... समूह के अंतर्गत आता है। *[SSC 2016]*
(a) प्रोटोजोआ (b) ऐनेलिडा
(c) पोरीफेरा (d) प्लेटिहैल्मिन्थीज

61. अमीबीय प्रोटिस्टा का उदाहरण है
(a) *पैरामीशियम* (b) *ट्रिपैनोसोमा*
(c) *प्लाज्मोडियम* (d) *एण्टअमीबा*

62. निम्न में स्पोरोजोआ है
(a) *प्लाज्मोडियम* (b) *अमीबा*
(c) *यूग्लीना* (d) *नॉक्टिल्यूका*

63. पक्ष्माभी प्रोटोजोआ का उदाहरण है *[SSC 2016]*
(a) *पैरामीशियम* (b) *यूग्लीना*
(c) *अमीबा* (d) इनमें से कोई नहीं

64. मानव में *प्लाज्मोडियम* का संक्रमण उत्पन्न करता है *[RRB 2002]*
(a) इन्फ्लूएजा (b) टायफॉइड
(c) टिटेनस (d) मलेरिया

65. *प्लाज्मोडियम* परजीवी का वाहक है *[RPSC (Pre) 2010]*
(a) कीट (b) मच्छर
(c) मक्खी (d) जुएँ

66. काला-अजार का रोगकारक *लीश्मानिया* किसके द्वारा अलैंगिक संवर्द्धन करता है? *[NDA 2010]*
(a) मुकुलन (b) द्विखण्डन
(c) बहुखण्डन (d) बीजाणु उद्भवन

67. निम्न में से किस समूह के जीवों का उपयोग, डूबने से हुई मृत्यु का पता लगाने में किया जाता है? *[RPSC 2008]*
(a) लाइकेन (b) प्रोटोजोआ
(c) साइनोबैक्टीरिया (d) डायटम्स

68. इसकी पोषण विधि होलोफाइटिक है *[SSC 2016]*
(a) *अमीबा* (b) शेर
(c) *यूग्लीना* (d) केंचुआ

कवक जगत

69. यीस्ट और मशरूम हैं [CDS 2014]
(a) शैवाल (b) नग्नबीजी (विकृत बीज)
(c) फँफूद (d) गाँठदार जड़ें

70. कवक की कोशिका भित्ति .... से बनी होती है। [RRB 2018]
(a) लिग्निन (b) काइटिन
(c) क्यूटिन (d) सेलुलोस

71. सामान्य खाद्य छत्रक क्या होता है? [NDA 2011]
(a) कवकीय बीजाणुओं का पुँज
(b) कवक तन्तु (हाइफी) का प्रकार
(c) कसकर भरे कवक जाल
(d) अलैंगिक बीजाणु पैदा करने के लिए प्रयुक्त संरचना

72. निम्नलिखित में से कौन-सा कवकों और उच्चतर पादपों की जड़ों के बीच उपयोगी प्रकार्यक साहचर्य है?
(a) जैव उर्वरक (b) प्रवाल मूल
(c) लाइकेन (d) कवकमूल

73. शैवाल और कवक के मिलने से लाइकेन बनता है, जिसे कहते हैं [BPSC (Pre) 2019]
(a) पैरासाइटिज्म (b) म्युट्युअलिज्म
(c) कमेन्सैलिज्म (d) कॉम्पिटीशन

74. निम्नलिखित में से कौन-सा जीव, पोषण की मृतोपजीवी विधि पर निर्भर होता है? [CDS 2019]
(a) *एगैरिकस* (b) *यूलोथ्रिक्स*
(c) *रिक्सिया* (d) *क्लैडोफोरा*

75. ब्रेड बनाने में इस्तेमाल किया जाने वाला खमीर [RRB NTPC 2016]
(a) किण्वन के लिए उत्प्रेरक के रूप में कार्य करता है
(b) किण्वन की प्रक्रिया में मदद नहीं करता है
(c) संरक्षक (प्रिजर्वेटिव) के रूप में कार्य करता है
(d) इससे स्वादिष्ट बना देता है

76. निम्न में से किसे बडिंग के माध्यम से तैयार किया जाता है? [SSC 2015]
(a) *प्लाज्मोडियम* (b) *अमीबा*
(c) यीस्ट (d) *पैरामीशियम*

77. प्रतिजैविक पेनिसिलिन किससे प्राप्त होता है?
(a) कृत्रिम प्रोसेस से (b) एक जीवाणु से
(c) कवक से (d) विषाणु संक्रमित कोशिकाओं से

78. एफ्ला विष किससे बनते हैं?
(a) कवक (b) जीवाणु
(c) शैवाल (d) विषाणु

79. श्वेत किट्ट रोग होता है
(a) *एलब्यूगो कैन्डिडा* (b) *पक्सीनिया*
(c) *अस्टिलैगो* (d) *फाइटोफ्थोरा*

80. पौधे का आर्द्र पतन (डैम्पिंग) रोग किसके कारण होता है? [SSC (10 + 2) 2015]
(a) *पिथियम डिबैरिएनम*
(b) *पेरोनोस्पोला पैरासाइटिका*
(c) फाइटॉफ्थोरा इंफेस्टेन्स
(d) *एलब्यूगो कैन्डिडा*

81. गन्ने की लाल दुर्गंध (Red rot) किसके कारण बनती है? [SSC CPO 2015]
(a) *ऑल्टरनेरिया ऑल्टरनेटा*
(b) *फाइटॉफ्थोरा इन्फेस्टेन्स*
(c) *कौलेटोट्राइकम फैलकेटम*
(d) *सार्कोस्पोरा पर्सोनेटा*

पादप व जन्तु जगत

82. ए.पी.डी. केण्डोले पद्धति के अनुसार, पादपों को वर्गीकृत किया गया है
(a) क्रिप्टोगैमी एवं फैनेरोगैमी
(b) संवहनी एवं असंवहनी में
(c) प्रोटोफाइटा, हिस्टेरोफाइटा एवं कोरमोफाइटा
(d) थैलोफाइटा एवं एम्ब्रियोफाइटा

83. जगत-प्लाण्टी में सम्मिलित हैं
(a) शैवाल, ब्रायोफाइट्स और टेरिडोफाइट्स
(b) शैवाल, ब्रायोफाइट्स, टेरिडोफाइट्स, अनावृतबीजी और आवृतबीजी
(c) शैवाल, कवक, टेरिडोफाइट्स, अनावृतबीजी और आवृतबीजी
(d) शैवाल, टेरिडोफाइट्स, अनावृतबीजी और आवृतबीजी

84. पादप एवं जन्तु कोशिकाओं में प्रमुख अन्तर है
(a) पादप कोशिकाओं में दृढ़ कोशिका भित्ति का अभाव
(b) जन्तु कोशिकाओं में बड़ी रिक्तिकाएँ
(c) पादप कोशिकाओं में छोटी रिक्तिकाएँ
(d) जन्तु कोशिकाओं में दृढ़ कोशिका भित्ति का अभाव

85. जन्तु पादपों से भिन्न हैं, मुख्यतया
(a) पोषण में (b) जैविक क्रियाओं में
(c) जनन में (d) उत्सर्जन में

विषाणु

86. वायरस सामान्यतया किससे बने होते हैं? [SSC 2017]
(a) प्रोटीन + कार्बोहाइड्रेट (b) प्रोटीन + न्यूक्लिक अम्ल
(c) प्रोटीन + एस्कॉर्बिक एसिड (d) प्रोटीन + लिपिड

87. विषाणु में निम्नलिखित में से कौन-सी एक विशेषता नहीं होती? [SSC 2015]
(a) DNA या RNA की उपस्थिति
(b) पोषद् कोशिका के भीतर प्रजनन
(c) स्वभाव से पूरी तरह परजीवी
(d) कोशिका भित्ति की उपस्थिति

88. विषाणुओं में होता है [BSSC 2016]
(a) केवल DNA (b) केवल RNA
(c) केवल DNA (d) RNA या DNA

89. निम्नलिखित में से किसकी कोशिका में कोई एन्जाइम नहीं होता है? [BPSC (Pre) 2019]
(a) लाइकेन (b) विषाणु (वायरस)
(c) जीवाणु (बैक्टीरिया) (d) शैवाल

90. निम्नलिखित में से कौन-से सूक्ष्मजीव पोलियो तथा चेचक (स्मॉल पॉक्स) जैसी गंभीर बीमारियों के कारण हैं? [SSC CGL 2017]
(a) बैक्टीरिया (b) प्रोटोजोआ
(c) शैवाल (d) विषाणु

91. निम्नलिखित में से सर्वप्रथम किस वायरस की खोज हुई थी? [SSC 2016]
(a) पोलियो (b) एच.टी.एल.वी.
(c) टी.एम.वी. (d) एच.आई.वी.

92. **एड्स होता है** *[UP PCS 2011]*

(a) जीवाणु से (b) फफूँद से
(c) कृमि से (d) विषाणु से

93. **पौधों को संक्रमित करने वाले 'अधिकांश विषाणुओं में क्या होता है?** *[CDS 2017]*

(a) एकल तंतुगुच्छ वाला DNA
(b) एकल तंतुगुच्छ वाला RNA
(c) दोहरे तंतुगुच्छ वाला DNA और RNA
(d) केवल दोहरे तंतुगुच्छ वाला RNA

94. **कुछ विषाणुओं में RNA होता है, परन्तु DNA नहीं। इससे क्या पता चलता है?**

(a) विषाणु प्रतिकृत नहीं होते हैं
(b) इन विषाणुओं की वंशागत जानकारी नहीं होती है
(c) RNA आनुवंशिकी जानकारी को विषाणुओं में सम्प्रेषित करती है
(d) न्यूक्लिक अम्ल को क्रिस्टलीकृत किया जा सकता है

95. **विषाणुओं के सम्बन्ध में निम्नलिखित में से कौन-सा कथन सही नहीं है?** *[NDA 2019]*

(a) प्रजनन करने के लिए विषाणुओं को जीवित कोशिकाओं की आवश्यकता होती है।
(b) सभी विषाणु परजीवी होते हैं।
(c) ये प्रकाश-संश्लेषण कर सकते हैं।
(d) पोषद् के बाहर विषाणु रासायनिक पदार्थों के समान होते हैं।

96. **एक वायरस किसी मनुष्य के अंग में प्रति सेकण्ड अपनी संख्या का तीन गुना हो सकता है। तब 28 तथा 30 सेकण्ड पश्चात् वायरस की संख्या का अनुपात क्या होगा?** *[RRB 2013]*

(a) 9 : 1 (b) 1 : 3
(c) 1 : 9 (d) 14 : 15

97. **वह विषाणु जो कैप्सिडहीन होता है, लेकिन केवल न्यूक्लिक अम्ल युक्त होता है, क्या कहलाता है?** *[SSC (10 + 2) 2014]*

(a) केन्द्रकाभ (b) प्रियॉन
(c) विरियॉन (d) पेटिकांशक

98. **वाइरॉइड्स में होता है**

(a) एक सूत्री RNA जो प्रोटीन खोल में बन्द नहीं होता
(b) एक सूत्री DNA जो प्रोटीन खोल में बन्द नहीं होता
(c) द्विसूत्री DNA जो प्रोटीन खोल में बन्द होता
(d) प्रोटीन खोल में बन्द द्विसूत्री RNA होता

99. **प्रियॉन्स या सबसे छोटे रोगजनक बने होते हैं**

(a) केवल लिपिड के
(b) केवल प्रोटीन के
(c) केवल न्यूक्लिक अम्ल के
(d) इन सभी के

100. **निम्नलिखित कथनों में से कौन सा/से सही है/हैं?**
विषाणु संक्रमित कर सकते हैं

1. जीवाणुओं को 2. कवकों को 3. पादपों को

नीचे दिए गए कूट का प्रयोग कर सही उत्तर चुनिए- *[UPSC 2016]*

(a) केवल 1 और 2 (b) केवल 3
(c) केवल 1 और 3 (d) 1, 2 और 3

101. **विषाणुओं को पाँच-जगत वर्गीकरण में स्थान नहीं मिला है, क्योंकि**

1. ये सत्य रूप से जीवित नहीं होते हैं
2. ये अकोशिकीय होते हैं।
3. ये अक्रिय क्रिस्टलीय संरचना रखते हैं।
4. नोटोकॉर्ड की उपस्थिति होती है।

कूट

(a) 1, 2 और 3 सही हैं (b) 1 और 2 सही हैं
(c) 2 और 4 सही हैं (d) 1 और 3 सही हैं

102. **निम्नलिखित कथनों में से कौन-सा/से कथन सही है/हैं?** *[IAS (Pre) 2013]*

1. विषाणुओं में ऊर्जा-उत्पादन के लिए आवश्यक एन्ज़ाइम नहीं होते।
2. विषाणुओं को किसी भी संश्लेषित माध्यम में संवर्द्धित किया जा सकता है।
3. विषाणुओं का एक जीव से दूसरे जीव में संचरण केवल जैविक संवाहकों द्वारा ही होता है।

कूट

(a) केवल 1 (b) 2 और 3
(c) 1 और 3 (d) 1, 2 और 3

103. **सुमेलित कीजिए।**

	सूची I		सूची II
A.	गोलाकार घन सममिति	1.	प्रियॉन्स
B.	जटिल सममिति	2.	रेबीज विषाणु
C.	कुण्डलीदार सममिति	3.	गलसुआ विषाणु
D.	प्रोटीन कण	4.	हर्पीज विषाणु

कूट

	A	B	C	D
(a)	4	2	3	1
(b)	1	2	3	4
(c)	4	3	2	1
(d)	3	2	1	4

■ **निर्देश** *(प्र.सं. 104-106) निम्न प्रश्नों में, कथन के वक्तव्य के बाद कारण के वक्तव्य को दिया गया है। सही विकल्प पर निशान लगाइए।*

(a) कथन और कारण दोनों सत्य हैं तथा कारण, कथन की सत्य व्याख्या करता है।
(b) कथन और कारण दोनों सत्य हैं लेकिन कारण, कथन की सत्य व्याख्या नहीं करता है।
(c) कथन सत्य है, लेकिन कारण असत्य है।
(d) कथन और कारण दोनों असत्य हैं।

104. **कथन** वर्गिकी पदानुक्रम में 7 श्रेणियाँ प्रमुख होती हैं।
कारण समान प्रकार की अन्य श्रेणियाँ, मध्यवर्ती श्रेणियाँ कहलाती हैं।

105. **कथन** *यूग्लीना* पर्णहरिम की उपस्थिति के कारण एक पादप है।
कारण *यूग्लीना* को द्विजगत प्रणाली के आधार पर वर्गीकृत नहीं किया जा सकता है।

106. **कथन** विषाणु जब पोषद् कोशिका में होते हैं, तब रोग उत्पन्न करते हैं व प्रतिकृति बनाते हैं।
कारण विषाणु पोषक के बाहर प्रतिकृति नहीं बनाते, लेकिन ये पर्यावरण में जीवित रहते हैं।

उत्तरमाला

1 (c)	2 (a)	3 (b)	4 (a)	5 (c)	6 (c)	7 (c)	8 (c)	9 (c)	10 (a)
11 (b)	12 (a)	13 (a)	14 (a)	15 (b)	16 (b)	17 (c)	18 (b)	19 (c)	20 (a)
21 (b)	22 (b)	23 (b)	24 (a)	25 (d)	26 (c)	27 (a)	28 (c)	29 (c)	30 (b)
31 (a)	32 (c)	33 (a)	34 (a)	35 (d)	36 (b)	37 (b)	38 (a)	39 (d)	40 (c)
41 (b)	42 (c)	43 (a)	44 (d)	45 (d)	46 (a)	47 (b)	48 (d)	49 (d)	50 (c)
51 (b)	52 (b)	53 (d)	54 (b)	55 (a)	56 (b)	57 (a)	58 (c)	59 (a)	60 (a)
61 (d)	62 (a)	63 (a)	64 (d)	65 (b)	66 (b)	67 (d)	68 (c)	69 (c)	70 (b)
71 (c)	72 (d)	73 (b)	74 (a)	75 (a)	76 (c)	77 (c)	78 (a)	79 (a)	80 (a)
81 (c)	82 (b)	83 (b)	84 (d)	85 (a)	86 (b)	87 (d)	88 (d)	89 (b)	90 (d)
91 (c)	92 (d)	93 (b)	94 (c)	95 (c)	96 (c)	97 (c)	98 (a)	99 (b)	100 (d)
101 (a)	102 (c)	103 (a)	104 (b)	105 (d)	106 (c)				

उत्तर सहित व्याख्या

8. (*c*) किरोपोडी (Chiropody) में पैरों से सम्बंधित रोगों एवं संरचनाओं का अध्ययन किया जाता है।

26. (*c*) सन् 1998 में ब्रिटिश जन्तुविद् थॉमस कैवेलियर-स्मिथ ने जीवों को छः जगत में वर्गीकृत किया था। उन्होंने जगत मोनेरा को दो अतिरिक्त जगतों में विभाजित किया था। ये छः जगत इस प्रकार हैं—आर्कीबैक्टीरिया, यूबैक्टीरिया, प्रोटिस्टा, कवक, पादप तथा जन्तु।

29. (*c*) 'वर्गीकरण विज्ञान' के अन्तर्गत सभी जीव जातियों को विशेष नाम देना तथा जीव जगत में उनका स्थान सुनिश्चित करना आता है। अतः इसके अन्तर्गत जीवों की किस्मों की विविधता तथा उनमें आपसी सम्बन्धों का अध्ययन किया जाता है।

34. (*a*) वर्गीकरण की सभी श्रेणियों को बड़ी से छोटी श्रेणियों के एक निश्चित क्रम में व्यवस्थित करना, वर्गिकीय पदानुक्रम कहलाता है। इनका उच्चतर से निम्नतर की ओर क्रम निम्न होता है—

फाइलम > क्लास > ऑर्डर > फैमिली > जीनस

46. (*a*) जीवाणुओं की रोम जैसी संरचना को फ्लेजिला या कशाभ कहते हैं। प्रत्येक कशाभ फ्लैजेलिन नामक प्रोटीन से बनी संरचना होती है। जीवाणु का कशाभ आधार काय, हुक व तन्तु सहित तीन भागों में बँटा होता है।

50. (*c*) *लैक्टोबैसिलस लैक्टिस* नामक जीवाणु दूध में उपस्थित लैक्टोस शर्करा का किण्वन करके, उसे लैक्टिक अम्ल में परिवर्तित करते हैं, जिसके कारण दूध खट्टा हो जाता है एवं दही में परिवर्तित हो जाता है।

51. (*b*) कुछ जीवाणु; जैसे— *राइजोबियम लेग्यूमिनोसेरम*, लेग्यूमिनोसी कुल के पादपों की मूल ग्रन्थिकाओं के साथ सहजीवन प्रदर्शित करते हैं, जिसमें दोनों को लाभ होता है। ये जीवाणु वायुमण्डल की स्वतन्त्र नाइट्रोजन को नाइट्रोजन यौगिकों में बदल देता है, जिससे पादपों को नाइट्रोजन प्राप्त होती है तथा जीवाणु को रहने का स्थान व पोषण प्राप्त होता है।

52. (*b*) *माइकोप्लाज्मा* सबसे सरल तथा सबसे सूक्ष्म प्रोकैरियोटिक जीव हैं। ये कोशिकाभित्ति रहित होते हैं। इनकी खोज फ्रांस के वैज्ञानिक **नोकॉर्ड** व **रॉक्स** ने सन् 1898 में की थी तथा इन्हें प्लूरोनिमोनिया सदृश्य जीव कहा।

56. (*b*) दिए गए कथनों में से कथन 2 व 3 सुमेलित नहीं हैं, क्योंकि *पैरामीशियम* में गति पक्ष्माभ द्वारा व *यूग्लीना* में गति कशाभिका द्वारा होती है। अतः विकल्प (b) सही है।

58. (*c*) प्रोटोजोआ का अध्ययन सर्वप्रथम **एण्टोनी वान ल्यूवेनहॉक** द्वारा किया गया था। **गोल्डफस** ने इस संघ को 'प्रोटोजोआ' नाम दिया।

64. (*d*) *प्लाज्मोडियम* प्रोटोजोआ के स्पोरोजोआ उपसंघ का सदस्य है। इससे मलेरिया बुखार फैलता है, अतः इस परजीवी को मलेरिया परजीवी कहते हैं। *एनॉफिलीज* नामक मादा मच्छर *प्लाज्मोडियम* की वाहक होती है।

68. (*c*) *यूग्लीना* में पादपसम पोषण पाया जाता है। अतः ये होलोफाइटिक (Holophytic) हैं। ये प्रकाश-संश्लेषण सूर्य के प्रकाश की उपस्थिति में प्रकाश-संश्लेषण द्वारा हरितलवक की सहायता से स्वयं भोजन निर्मित करते हैं।

72. (*d*) कवकों के वर्ग-बेसिडियोमाइसिटीज (Basidiomycetes) के सदस्य उच्च पादपों के साथ; जैसे—आवृतबीजी (Angiosperm) एवं शंकुधारी (Coniferous) वृक्षों की जड़ों के साथ सहजीवी सम्बन्ध (प्रकार्यक साहचर्य) बनाते हैं, जिसे कवकमूल (Mycorrhiza) कहते हैं।

73. (*b*) शैवाल व कवक के मध्य सहोपकारिता (Mutualism) का सर्वोत्तम उदाहरण लाइकेन है। इस सम्बन्ध में दोनों-जीव एक-दूसरे के साथ अनिवार्य सहोपकारिता दर्शाते हैं, जिससे दोनों को लाभ होता है। लाइकेन में शैवाल प्रकाश-संश्लेषण की प्रक्रिया द्वारा भोजन का निर्माण करते है तथा कवक जल एवं खनिज लवणों को अवशोषण शैवाल को प्रदान करता है।

74. (*a*) *एगैरिकस* पोषण की मृतोपजीवी विधि पर निर्भर होता है। यह कवक मृत जीवों के कार्बनिक पदार्थों से अपना भोजन ग्रहण करता है।

75. (*a*) ब्रेड के निर्माण के लिए खमीर या यीस्ट *सैकेरोमाइसीज सेरेविसी* का उपयोग किया जाता है। यह जाइमेज एवं इन्वर्टेज एंजाइम (उत्प्रेरक) के स्रावण द्वारा आटे में मौजूद शर्करा का किण्वन कर CO_2 गैस मुक्त करता है जो ब्रेड के आटे को स्पंजी एवं छिद्रित बनाती है।

77. (*c*) प्रतिजैविक पेनिसिलिन *पेनिसिलियम नोटेटम* नामक कवक से प्राप्त होती है।

80. (*a*) पौधे का आर्द्र पतन रोग *पिथियम डिबैरिएनम* नामक कवक द्वारा होता है। यह पादपों को अंकुरित होने से पहले या बाद में बीज या अंकुर को खराब कर देते हैं।

81. (*c*) गन्ने को लाल दुर्गंध या लाल विगलन (Red rot) रोग *कौलेटोट्राइकम फैलकेटम* नामक कवक द्वारा होता है, जिसमें गन्ना सड़ जाता है।

86. (*b*) वायरस सामान्यतया प्रोटीन व न्यूक्लिक अम्ल के बने होते हैं। इनमें RNA या DNA पाया जाता है।

87. (*d*) विषाणु में कोशिका भित्ति अनुपस्थित होती है। विषाणुओं में DNA या RNA की उपस्थिति, पोषद् (Host) कोशिका के भीतर प्रजनन, परजीविता, आदि विशेषताएँ पाई जाती हैं।

90. (*d*) चेचक (वेरीओला वायरस), पोलियो (एन्टेरोवायरस), इन्फ्लुएन्जा (ऑर्थोमिक्सो वायरस), जुकाम (राइनोवायरस), आदि रोग विषाणु के कारण होते हैं।

91. (*c*) सर्वप्रथम इवानोवस्की ने 1982 में प्रथम विषाणु तम्बाकू मोजैक विषाणु (TMV) की खोज

की थी तथा स्टैनले ने इसको क्रिस्टल अवस्था में प्राप्त किया था।

95. (*c*) विषाणु प्रकाश-संश्लेषण नहीं कर सकते हैं। इन्हें प्रजनन के लिए जीवित कोशिकाओं की आवश्यकता होती है। ये परजीवी होते हैं व पोषद् के बाहर ये रासायनिक पदार्थों के समान होते हैं।

97. (*c*) वह विषाणु जो कैप्सिडहीन होता है, परन्तु उसमें न्यूक्लिक अम्ल उपस्थित होता है, विरियॉन कहलाता है।

98. (*a*) वाइरॉइड्स एक सूत्री RNA होते हैं, जो प्रोटीन खोल में बन्द नहीं होते हैं। ये विषाणु से भी सूक्ष्म होते हैं। वाइरॉइड्स की खोज सन् 1971 में **टी.ओ. डाइनर** ने की थी।

99. (*b*) प्रियॉन्स में स्वयं का आनुवंशिक पदार्थ DNA या RNA नहीं होता है। ये 2 या 3 प्रोटीन अणुओं द्वारा निर्मित संक्रामक प्रकृति के तत्व होते हैं। ये विषाणुओं की तुलना में 100 गुना छोटी संरचना होती हैं।

102. (*c*) दिए गए कथनों में से कथन 1 और 3 सही हैं। विषाणु का संवर्धन कृत्रिम माध्यम में नहीं किया जा सकता है। इनमें ऊर्जा उत्पादन के लिए आवश्यक एन्जाइम नहीं होते हैं। इनका एक जीव से दूसरे जीव में संचरण जैविक एवं अजैविक दोनों तरह के संवाहकों द्वारा होता है।

104. (*b*) वर्गीकरण में प्रयुक्त 7 विशेष पदानुक्रम श्रेणियाँ, जाति, वंश, कुल, गण, वर्ग, संघ/प्रभाग एवं जगत होती हैं। इन सात मुख्य श्रेणियों के अतिरिक्त कभी-कभी उपश्रेणियाँ, जैसे—उपजाति, प्रजाति को स्पष्ट विभेदन के लिए प्रयुक्त की जाती हैं। ये मध्यवर्ती उपश्रेणियाँ कहलाती हैं।

105. (*d*) *यूग्लीना* एक हरे रंग का, एककोशिकीय जीव है, जो जन्तुओं के समान गमन दर्शाता है। कुछ वर्गिकी वैज्ञानिक पर्णहरिम के आधार पर, इसे पादप मानक द्वारा पादप जगत में सम्मिलित करते हैं, जबकि अन्य कशाभ द्वारा गमन एवं जन्तुसम पोषण के कारण इन्हें कशाभीय प्रोटोजोअन्स के साथ जन्तु-जगत में सम्मिलित करते हैं।

106. (*c*) विषाणु केवल पोषद् कोशिका (Host cell) में ही सक्रिय होकर पोषद् कोशिका की मशीनरी का उपयोग करके अपने आनुवंशिक पदार्थ का द्विगुणन या प्रतिकृतियन करते हैं जिससे ये पोषद् में अनेक रोग भी उत्पन्न करते हैं। बाह्य वातावरण में ये निर्जीव तत्व होते हैं।

अध्याय

पादप जगत एवं आकारिकी
Plant Kingdom and Morphology

- पादप जगत में थैलोफाइटा (शैवाल), ब्रायोफाइट्स, टेरिडोफाइट्स, अनावृतबीजी तथा आवृतबीजी आते हैं।
- पादप जगत का सर्वप्रथम विस्तृत वर्गीकरण ए. डब्ल्यू. आइकलर ने दिया। इन्होंने पादपों को दो वर्गों अपुष्पोद्भिद् (Cryptogams) तथा पुष्पोद्भिद् (Phanerogams) में विभाजित किया।
- अपुष्पोद्भिद् के अन्तर्गत शैवाल, ब्रायोफाइट्स, टेरिडोफाइट्स आते हैं व पुष्पोद्भिद् के अन्तर्गत आवृतबीजी तथा अनावृतबीजी आते हैं।

शैवाल

- शैवाल (Algae), थैलोफाइटा का एक समूह है। शैवाल के अध्ययन को शैवाल विज्ञान (Phycology) कहते हैं।
- शैवाल पर्णहरिम युक्त, सरल, सूकायी, स्वपोषी और मुख्यतया जलीय जीव होते हैं।
- ये कायिक, अलैंगिक और लैंगिक विधि द्वारा जनन करते हैं। शैवालों में लैंगिक जनन समयुग्मकी, असमयुग्मकी या विषमयुग्मकी प्रकार का हो सकता है।
- शैवालों में भ्रूण नहीं बनता है।
- शैवालों को तीन मुख्य वर्गों क्लोरोफाइसी (हरे शैवाल), फियोफाइसी (भूरे शैवाल) और रोडोफाइसी (लाल शैवाल) में विभाजित किया गया है।
- **लाइकेन** (Lichen) ये शैवाल व कवक के सहजीवी सम्बन्ध से मिलकर बने होते हैं। इनमें कवक शैवाल को जल एवं खनिज लवण देता है और बदले में शैवाल प्रकाश-संश्लेषण की क्रिया द्वारा कार्बोहाइड्रेट का निर्माण कर कवक को पोषण प्रदान करता है।
  - कवक तथा शैवाल के बीच इस तरह के सहजीवी सम्बन्ध को हेलोटिज्म (Helotism) कहते हैं।
  - ये वायु प्रदूषण के सूचक होते हैं। जहाँ वायु प्रदूषण होता है, वहाँ पर लाइकेन नहीं उगते हैं।
  - इनका उपयोग भोजन के रूप में, औषधि के रूप में, चर्मशोधन व रंजक के रूप में होता है।

ब्रायोफाइट्स

- ब्रायोफाइट्स को 'पादप जगत का उभयचर' (Amphibians of plant kingdom) भी कहते हैं। क्योंकि ये जल व स्थल दोनों पर रह सकते हैं और लैंगिक जनन के लिए जल पर निर्भर रहते हैं।
- ब्रायोफाइट्स में विभिन्न मॉस तथा लिवरवर्ट आते हैं, जो सामान्यतया नम तथा छायादार स्थानों पर पाए जाते हैं।
- ब्रायोफाइट्स में मुख्य पादपकाय युग्मकोद्भिद् होती है, जो युग्मक उत्पन्न करती है।
- नर लैंगिक अंग **पुँधानी** (Antheridium), जबकि मादा **स्त्रीधानी** (Archegonium) होती है, उदाहरण– *मार्केन्शिया, रिक्सिया*।

टेरिडोफाइट्स

- ये प्रथम स्थलीय पादप हैं, जिनमें आदिम संवहन ऊतक जाइलम व फ्लोएम होते हैं। इनके अन्तर्गत हॉर्स टेल और फर्न आते हैं।
- टेरिडोफाइट्स में मुख्य पादप शरीर बीजाणुद्भिद् होता है, जो वास्तविक मूल, तना और पत्तियों में विभक्त रहता है।
- टेरिडोफाइट्स के बीजाणुद्भिद् में बीजाणुधानी होती है, जो बीजाणु उत्पन्न करती है।
- बीजाणु अंकुरित होकर युग्मकोद्भिद् बनाते हैं। इस वर्ग में युग्मकोद्भिद् को प्रोथैलस कहते हैं।
- युग्मकोद्भिद् में नर और मादा लैंगिक अंग क्रमशः पुँधानी और स्त्रीधानी होते हैं। उदाहरण– *मार्सीलिया, सिलेजिनेला*।

अनावृतबीजी

- इनमें अण्ड किसी अण्डाशयी आवरण से ढके नहीं होते हैं और निषेचन से पूर्व और पश्चात् दोनों स्थितियों में अनावृत (नग्न) ही रहते हैं। इसलिए, निषेचन के पश्चात् नग्न बीज बनते हैं और कोई फल नहीं बनता है।
- इसमें पुष्प की जगह स्ट्रोबिली या शंकु बनते हैं।
- अनावृतबीजी (Gymnosperm) के परागकण अंकुरित होकर नर युग्मक को बीजाण्ड में मुक्त कर देते हैं, जहाँ यह निषेचन के पश्चात् युग्मनज बनाते हैं। तत्पश्चात् युग्मनज भ्रूण में और बीजाण्ड बीज में विकसित होता है, उदाहरण– *साइकस, पाइनस*।

आवृतबीजी

- आवृतबीजी (Angiosperms) के अन्तर्गत आने वाले पादपों के बीज किसी खोल/भित्ति या फल में बन्द होते हैं। इनमें पुष्प पाए जाते हैं।
- आवृतबीजी में, नर जनन अंग अर्थात् पुंकेसर एवं मादा जनन अंग अर्थात् स्त्रीकेसर एक ही या अलग-अलग पुष्प में उत्पन्न होते हैं।
- आवृतबीजी पादपों को दो भागों में बाँटा गया है–द्विबीजपत्री और एकबीजपत्री।

पादप आकारिकी

पादपों के बाह्य लक्षणों, रूपों एवं पादप अंगों की तुलनात्मक स्थिति का अध्ययन पादप आकारिकी (Plant morphology) कहलाता है। पादप अपने आकार, प्रकार, आकृति, जीवनकाल, व्यवहार, स्थान, पोषण, आदि में अधिक विविधता दर्शाते हैं।

- **शाकीय** (Herbs) ये छोटे पादप होते हैं, जिनका तना मुलायम होता है तथा ये सामान्यतया दो मीटर से कम लम्बाई के होते हैं; उदाहरण– गेहूँ, *हेनबेन, कन्ना*, आदि।
- **झाड़** (Shrub) ये वार्षिक पादप होते हैं, जो मध्यम ऊँचाई के लकड़ी वाले तने युक्त होते हैं। इन्हें झाड़ियाँ भी कहते हैं; उदाहरण– *कप्पारिस*, जैसमीन, गुलाब, आदि।
- **पेड़** (Trees) ये अधिक ऊँचाई एवं मोटी लकड़ी वाले तने युक्त पेड़ होते हैं, जिनके तनों को **ट्रंक** (Trunk) कहते हैं; उदाहरण– पाम, *पाइनस*, नीलगिरी, *डलबर्जिया*, बरगद, आदि।
- **रस्सीदार पादप** (Twiners plant) इनमें तना मुलायम होता है तथा वह आधार पर रस्सी जैसा लिपटा होता है; उदाहरण– *आइपोमिया*।
- **आरोही पादप** (Climbers plant) ये किसी आधार पर लिपटकर ऊपर की ओर बढ़ते हैं; उदाहरण– ग्रेपवाइन।
- **अधिपादप** (Epiphytes) ये पादप जगह हेतु दूसरे पादप पर उगते हैं; उदाहरण– वेन्डा।

पादपों के मुख्य भाग

- **जड़ या मूल** (Root) यह पादप का भूमिगत श्वेत-भूरा भाग है, जो बीज के मूलांकुर से निकलता है एवं प्रकाश के विपरीत वृद्धि करता है। इसका मुख्य कार्य पादपों को भूमि पर स्थिर रखना तथा भूमि से जल व खनिज लवणों का अवशोषण करना है।

  पादपों में साधारणतया निम्न प्रकार के जड़ तन्त्र होते हैं
- **अपस्थानिक जड़ तंत्र** (Adventitious root system) इस प्रकार की जड़ें एकबीजपत्री पादपों में पाई जाती हैं। इस प्रकार की जड़ों के समूह को रेशेदार जड़ तन्त्र (Fibrous root system) कहते हैं।
  - **कन्दिल जड़ें** (Tuberous roots) उदाहरण– शकरकन्द।
  - **कन्दगुच्छ या पुल्कित जड़ें** (Fasciculated roots) उदाहरण– *डहेलिया*, सतावर।
  - **वायवीय जड़ें** (Epiphytic roots) उदाहरण– ऑर्किड, आदि।
  - **ग्रन्थिल जड़ें** (Nodulated roots) उदाहरण– आमाहल्दी।
  - **वलयाकार जड़ें** (Annular roots) उदाहरण– *साइकोर्टिया*।
  - **तन्तुमय जड़ें** (Fibrous roots) उदाहरण– गेहूँ, मक्का, घास, आदि।

  मूसला जड़ तन्त्र (Tap root system) ये जड़ें प्रायः द्विबीजपत्री पादपों में पाई जाती हैं।
  - **तर्कुरूप** (Fusiform) उदाहरण– मूली।
  - **कुम्भीरूप** (Napiform) उदाहरण– शलजम, चुकन्दर।
  - **शंकुरूप** (Conical) उदाहरण– गाजर।
  - **कन्दिल** (Tuberous) उदाहरण– *मिराबिलिस, ट्राइकोसेन्थीज* (परवल), *इकाइनोसिस्टिस* (लोबाटा), आदि।
  - **पिंडक जड़ें** (Nodulated roots) उदाहरण– मूँगफली, मटर, दाल, आदि।
  - **न्यूमेटोफोर** (Pneumatophores) उदाहरण– *राइजोफोरा*, सुन्दरी, *सोनीरेटिया, एवीसीनिया*, आदि।
  - **स्तम्भ जड़ें** (Prop roots) उदाहरण– बरगद, रबर, आदि।
  - **अवस्तम्भ जड़ें** (Stilt roots) उदाहरण– मक्का, गन्ना, *सौरघम, राइजोफोरा*, आदि।
  - **आरोही जड़ें** (Climbing roots) उदाहरण– पान, मनीप्लान्ट, *पोथोस*, आदि।
- **तना** (Stem) पादप का वायवीय भाग, जो सामान्यतया भूमि के ऊपर गुरुत्वीय बल के विपरीत प्रकाश की ओर गति करता है। इसका निर्माण भ्रूण के प्रांकुर भाग से होता है। यह पादपों को स्थिर रखता है, पुष्प, पत्तियाँ, फल, आदि धारण करता है, भोजन एवं जल का संवहन करता है, तथा सहारा प्रदान करता है।
- तने मिट्टी में स्थान के आधार पर निम्न प्रकार के होते हैं
  - **वायवीय तने** (Aerial stems) ये तने मृदा के ऊपर उगते हैं; उदाहरण– नींबू, गुलाब, आदि।
  - **उपवायवीय तनें** (Subaerial stems) ये तने भूमि पर रेंगते हैं; उदाहरण– जलीय पादप, घास, आदि।
  - **भूमिगत तनें** (Underground stems) ये तने भूमि के अन्दर पाए जाते हैं। ये भोजन को संचित कर मोटे हो जाते हैं; उदाहरण– आलू, प्याज, लहसुन, हल्दी, आदि।
- **तने के रूपान्तरण** (Modifications of stems) पादपों के तने विभिन्न कार्य; जैसे– प्रकाश संश्लेषण, कायिक संवर्धन, भोजन संचय, आदि करने हेतु रूपान्तरित हो जाते हैं।

  भूमिगत तनों के रूपान्तरण (Modifications of underground stems) भोजन संचय करने के लिए भूमिगत तनें निम्न प्रकार से रूपान्तरित हो जाते हैं
  - **प्रकन्द** (Rhizome) उदाहरण– अदरक (*जिंजिबर ऑफिसिनेल*), हल्दी, केला, *सैकेरम*, आदि।
  - **घनकन्द** (Corm) उदाहरण– कचालू, केसर, जिमीकन्द, आदि।
  - **कन्द** (Tuber) उदाहरण– आलू, आदि।
  - **शल्ककन्द** (Bulb) उदाहरण– प्याज, लहसुन, आदि।

  अर्द्धवायवीय तनों के रूपान्तरण (Modifications of subaerial stems) इनका कुछ भाग भूमि के अन्दर तथा कुछ भूमि के ऊपर पाया जाता है। ये तने निम्नलिखित प्रकार से रूपान्तरित होते हैं
  - **उपरिभूस्तरी** (Runner) उदाहरण– दूब घास, *मेरीलिया*, आदि।
  - **भूस्तरी** (Stolon) उदाहरण– पोदिना, जैसमीन, स्ट्रॉबेरी, आदि।
  - **भूस्तारिका** (Offset) उदाहरण– जलकुम्भी, *पिस्टिया*, आदि।
  - **अन्तः भूस्तारी** (Sucker) उदाहरण– गुलाब, लिली, आदि।

  वायवीय तनों के रूपान्तरण (Modifications of aerial stems) ये तनें पूर्ण रूप से पृथ्वी के ऊपर होते हैं, जिस पर पुष्प, फल, पत्ती, आदि होते हैं। वायवीय तनें निम्नलिखित प्रकार से रूपान्तरित होते हैं
  - **प्रतान** (Tendril) उदाहरण– *कुकुरबिटा*, लौकी, अंगूर, आदि।
  - **कंटक** (Thorn) उदाहरण– नींबू, *बोगेनविलिया*, अनार, आदि।
  - **पर्णाभ स्तम्भ** (Phylloclade) उदाहरण– नागफनी, केक्टस, आदि।
  - **पर्णाभ पर्व** (Cladode) उदाहरण– घींग्वार, *अगेव, रसकस*, आदि।
- **पत्ती** (Leaf) यह तने की पर्व सन्धि से विकसित होकर भोजन निर्माण का कार्य करती है। पत्ती के तीन भाग होते हैं; जैसे– पर्णाधार, पर्ण-वृन्त, पर्णफलक।

  यह पादपों में सबसे महत्त्वपूर्ण अंग हैं, क्योंकि इनमें प्रकाश-संश्लेषण द्वारा खाद्य-पदार्थों का निर्माण होता है।

ये निम्नलिखित रूप से रूपान्तरित हो जाती हैं

- **कंटकी** (Spiny) इनमें पर्णफलक काँटेदार होता है; उदाहरण– घींग्वार, बारबैरी, पीली कटेली एवं अन्नानास।
- **संचायक पत्तियाँ** (Storage leaves) ये पत्तियाँ गूदेदार व फूली हुई होती हैं, जो भोजन, जल, आदि का संचय करती है; उदाहरण– घींग्वार, *अगेव*, *ब्रायोफिलम*, आदि।
- **शल्की पत्तियाँ** (Scale leaves) इनके ऊपर एक पारदर्शी परत पाई जाती है, जो कन्द बनाते हैं; उदाहरण– लहसुन, प्याज, आदि।
- **रंगीन पत्तियाँ** (Coloured leaves or bract) ये पत्तियाँ, कीटों को परागण हेतु अपनी ओर आकर्षित करने के लिए रंगीन रूपान्तरण ले लेती है; उदाहरण– *पाइनसीटिया*।
- **पुष्पीय अंग** (Floral organs) ये विशिष्ट जननांग (पुष्प) सम्बंधित पत्तियाँ होती हैं; उदाहरण– बाहृय दल, दल, पुंकेसर, स्त्रीकेसर।

- **पुष्पक्रम** (Inflorescence) पुष्पों का तने के पुष्पीय अक्ष पर क्रम, पुष्पक्रम कहलाता है। यह असीमाक्षी (अनन्त वृद्धि वाला) व ससीमाक्षी (सीमित वृद्धि वाला) प्रकार का होता है।
- **पुष्प** (Flower) प्ररोह से रूपान्तरित एक लैंगिक जनन अंग होता है।

  पुष्प के दो प्रमुख भाग सहायक अंग (बाहृय दलपुंज तथा दलपुंज) व आवश्यक अंग (पुमंग व जायांग) होते हैं।

  पुमंग में परागकण व जायांग में अण्ड अण्डाशय, बीजाण्ड एवं कोशिका बनती है।

  पुष्पीय अक्ष का फूला हुआ भाग, जिसके शीर्ष भाग पर समस्त पुष्पीय उपांग (बाह्य दलपुंज, दलपुंज, पुमंग एवं जायांग) लगे रहते हैं, वह **पुष्पासन** (Receptacle) कहलाता है।

- **फल** (Fruit) ये एक परिपक्व अण्डाशय है, जो निषेचन के बाद बनता है। इसमें बाहर की ओर फलभित्ति व अन्दर की ओर बीज होते हैं।

  परिपक्व अण्डाशय से सत्य फल बनता है। यदि अण्डाशय के अतिरिक्त पुष्प के अन्य भाग भी फल निर्माण में भाग लेते हैं, तो इस प्रकार से बनने वाले फल, **कूट फल** (False fruit) कहलाते हैं, उदाहरण—सेब, अन्नानास, आदि।

- **बीज** (Seed) निषेचन के पश्चात् बीजाण्ड से बीज का निर्माण होता है। बीजाण्ड में भ्रूणपोष (Endosperm) तथा भ्रूण के विकास के साथ-साथ अध्यावरण (Integument) सूखकर सख्त हो जाता है और बीज का आवरण बनता है।

  बीजाण्डकाय (Nucellus) समाप्त हो जाता है, लेकिन कुछ बीजों में यह एक पतली परत के रूप में शेष बचा रहता है, जिसे परिभ्रूणपोष कहते हैं। बीज अभ्रूणपोषी (चना, मटर, दालें) व भ्रूणपोषी (मक्का, गेहूँ) प्रकार के होते हैं।

चैप्टर प्रैक्टिस

शैवाल

1. निम्नलिखित में से कौन-सा समूह 'क्रिप्टोगैम' कहलाता है? [RRB 2018]
(a) जिम्नोस्पर्म्स, एन्जियोस्पर्म्स और थैलोफाइटा
(b) थैलोफाइटा, ब्रायोफाइटा और टेरिडोफाइटा
(c) ब्रायोफाइटा, टेरिडोफाइटा और एन्जियोस्पर्म्स
(d) थैलोफाइटा, ब्रायोफाइटा और एन्जियोस्पर्म्स

2. .... समूह के पौधों को आमतौर पर शैवाल कहा जाता है। [RRB 2018]
(a) टेरिडोफाइटा (b) थैलोफाइटा
(c) ब्रायोफाइटा (d) अनावृतबीजी

3. शैवाल विज्ञान (Algology) किसका अध्ययन है? [SSC 2015]
(a) कवक (b) शैवाल
(c) जीवाणु (d) लाइकेन

4. शैवालों की कोशिका भित्ति किसकी बनी होती है?
(a) काइटिन की (b) सुबेरिन की
(c) सेलुलोस की (d) क्यूटिन की

5. अग्निरोधी (Fire proof) कपड़े व प्लास्टिक किन शैवालों की कोशिका भित्ति में पाए जाने वाले एल्जिनेट्स से प्राप्त होते हैं?
(a) रोडोफाइसी के सदस्यों से (b) मिक्सोफाइसी के सदस्यों से
(c) फियोफाइसी के सदस्यों से (d) क्लोरोफाइसी के सदस्यों से

6. सबसे अधिक प्रोटीन किस शैवाल में पाया जाता है?
(a) *क्लोरेला* में (b) *कारा* में
(c) *अल्वा* में (d) *नॉस्टॉक* में

7. आयोडीन किससे प्राप्त होती है? [RPSC 2016]
(a) *स्पाइरोगायरा* (b) *लेमिनेरिया*
(c) *ऊडोगोनियम* (d) *ग्रेसीलेरिया*

8. निम्न में से कौन-सा पौधा थैलोफाइटा समूह में वर्गीकृत नहीं होता है? [RRB 2018]
(a) *कारा* (b) *स्पाइरोगायरा*
(c) *अल्वा* (d) *रिक्सिया*

9. निम्नलिखित में से कौन-सा स्वपोषित है? [SSC 2015]
(a) तितली (b) शैवाल
(c) मशरूम (d) टिड्डा

10. निम्नलिखित में से किसे सामान्य पॉण्ड सिल्क कहा जाता है? [SSC 2016]
(a) *राइजोपस* (b) यीस्ट (खमीर)
(c) *यूलोथ्रिक्स* (d) *स्पाइरोगायरा*

11. सभी शैवालों में कौन-सा वर्णक पाया जाता है?
(a) पर्णहरिम-a तथा b
(b) पर्णहरिम-a तथा कैरोटिन
(c) पर्णहरिम-b तथा फाइकोबिलिन्स
(d) जैन्थोफिल तथा कैरोटिन

12. दो चल युग्मक, जो आकार में असमान हो, के संलयन को कहा जाता है
(a) विषमयुग्मन (b) समयुग्मन
(c) असमयुग्मन (d) इनमें से कोई नहीं

13. इनमें से कौन-सा गैर-संवहनी पौधा है? [RRB Group D 2018]
(a) *कारा* (b) फर्न
(c) *मार्सीलिया* (d) देवदार

14. समुद्री सलाद सामान्यतया किसे कहते हैं? *[RRB Group D 2018]*

(a) *अल्वा* को (b) *ग्रैसिलेरिया* को
(c) *पॉलीसाइफोनिया* को (d) *वॉल्वॉक्स* को

15. लाइकेन, जो एक नग्न चट्टान पर भी पारिस्थितिक अनुक्रम को प्रारंभ करने में सक्षम हैं, वास्तव में किनके सहजीवी साहचर्य हैं? *[UPSC 2016]*

(a) शैवाल और जीवाणु (b) शैवाल और कवक
(c) जीवाणु और कवक (d) कवक और मॉस

16. चट्टानी स्तरों पर लाइकेन विकास को क्या कहते हैं?

(a) कॉर्टीकोल्स (b) टेरीकोल्स
(c) लिग्नीकोल्स (d) सैक्सीकोल्स

17. लिटमस अम्ल-क्षार सूचक प्राप्त होता है *[UPSC 2017]*

(a) जीवाणु से (b) लाइकेन से
(c) विषाणु से (d) इनमें से कोई नहीं

18. निम्नलिखित में से कौन प्रदूषण संकेतक पौधा है? *[UPSC 2018]*

(a) शैवाल (b) कवक
(c) लाइकेन (d) फर्न

19. दिए गए विकल्पों में सही युग्म का चयन कीजिए।

1. फियोफाइसी-मैनीटोल
2. रोडोफाइसी-डिक्टियोटा
3. क्लोरोफाइसी-अगतिशील युग्मक
4. यूग्लीनोफाइसी-पैरामायलम

कूट

(a) 1, 2 और 3 (b) 2, 3 और 4
(c) 1 और 4 (d) 3 और 4

20. निम्न में से कौन शैवाल हैं?

1. *क्लोरेला* 2. *अल्वा*
3. *क्लैमाइडोमोनास* 4. यीस्ट

कूट

(a) 1 और 4 (b) 1, 2 और 4
(c) 1, 2 और 3 (d) 1, 3 और 4

ब्रायोफाइट्स

21. पादप जगत का उभयचर किसे कहा जाता है?

(a) ब्रायोफाइट्स (b) टेरिडोफाइट्स
(c) अनावृतबीजी (d) शैवाल

22. ब्रायोफाइट्स की निचली बाह्यत्वचा (Epidermal) की कोशिकाओं से बढ़ने वाले उभार को .... कहा जाता है। *[RRB 2018]*

(a) सेल्प (b) कैप्सूल
(c) राइजॉइड (d) थैलस

23. निम्नलिखित में से कौन-सा कथन राइजॉइड्स के बारे में गलत है? *[RRB 2018]*

(a) इनकी संरचना और कार्य संवहनी भू-पादप के मूल रोम के समान होती है।
(b) वे विभिन्न ऊतकों से बनी बहुकोशिकीय संरचनाएँ होती हैं।
(c) ये ब्रायोफाइट्स की निचली बाह्यत्वचा की कोशिकाओं से बढ़ने वाले उभार होते हैं।
(d) इनमें पूर्ण विकसित तना, जड़ और पत्तियाँ होती हैं।

24. पौधों के वर्गीकरण के बारे में निम्नलिखित में से कौन-सा कथन सही है? *[NDA 2018]*

(a) थैलोफाइटों में सुविभेदित शरीर अभिकल्प होता है।
(b) *फ्यूनेरिया* एक कवक (फंगस) है।
(c) सभी टेरिडोफाइट्स पुष्पोद्‌भिद् (फैनेरोगैम) होते हैं।
(d) ब्रायोफाइट्स में संवहन तन्त्र नहीं पाया जाता है।

25. एक पादप थैलस स्तर का संगठन एवं अगुणित शरीर प्रदर्शित करता है, जिसमें मूलाभास होते हैं व इसे अपना जीवन चक्र पूरा करने के लिए जल की आवश्यकता होती है। उस समूह को पहचानिए, जिसमें ये आता है

(a) टेरिडोफाइटा (b) अनावृतबीजी
(c) एकबीजपत्री (d) ब्रायोफाइटा

26. प्रोटोनिमा (Protonema)

(a) अगुणित होता है व मॉस में पाया जाता है।
(b) द्विगुणित होता है व लिवरवर्ट में पाया जाता है।
(c) द्विगुणित होता है व टेरिडोफाइटा में पाया जाता है।
(d) अगुणित होता है व टेरिडोफाइटा में पाया जाता है।

27. निम्न में से किसमें प्रमुख चरण युग्मकोद्‌भिद् (Gametophyte) होता है? *[SSC 2016]*

(a) ब्रायोफाइटा (b) टेरिडोफाइटा
(c) जिम्नोस्पर्म (d) एन्जियोस्पर्म

28. निम्न में से कौन-सा कथन मूलाभास (Rhizoid) के लिए सही है? *[RRB Group D 2018]*

(a) यह बहुकोशिकीय होते हैं, जो कई प्रकार के ऊतकों से बनते हैं
(b) ये जड़, तने एवं पत्ती में विभाजित होते हैं
(c) इनमें एक केन्द्रीय डिस्क एवं पाँच भुजाएँ होती हैं
(d) ये पादप को किसी सतह से जोड़ने का कार्य करते हैं

29. ब्रायोफाइटा के नर तथा मादा लैंगिक अंग .... तथा .... कहलाते हैं।

(a) आर्किगोनिया एवं एन्थ्रीडिया (b) एन्थ्रीडिया एवं आर्किगोनिया
(c) आर्किगोनिया एवं जिम्नोस्पर्म (d) ब्रायोफाइट एवं एन्थ्रीडिया

टेरिडोफाइट्स

30. निम्न में से किस एक जीव में संवहन ऊतक पाए जाते हैं? *[NDA 2019]*

(a) *क्लैडोफोरा* (b) *पेनिसिलियम*
(c) *मार्सीलिया* (d) *एनाबीना*

31. .... बीज रहित संवहनी पौधे होते हैं, जो स्वतन्त्र गैमीटोफाइट और स्पोरोफाइट चरणों के साथ एक अद्वितीय जीवन चक्र साझा करते हैं जिनकी संवहनी पौधों सहित आमतौर पर सामान्य विशेषताओं के कारण एक साथ चर्चा की जाती है। *[RRB Group D 2018]*

(a) टेरिडोफाइटा
(b) आवृतबीजी (ऐन्जियोस्पर्म)
(c) अनावृतबीजी या विवृतबीजी (जिम्नोस्पर्म)
(d) ब्रायोफाइटा

32. निम्नलिखित में से किसमें पौधे के शरीर को जड़, तना और पत्तियों में विभेदित किया जाता है? *[RRB Group D 2018]*

(a) *फ्यूनेरिया* (b) *कारा*
(c) *मार्सीलिया* (d) *मार्केन्शिया*

33. *मार्सीलिया*, फर्न और अश्वपुच्छीय (हॉर्सटेल) निम्नलिखित में से किस पादप समूह के उदाहरण हैं? *[CDS 2019]*
(a) टेरिडोफाइटा (b) ब्रायोफाइटा
(c) जिम्नोस्पर्म (d) एन्जियोस्पर्म

34. उन पादपों का समूह बताइए, जिनमें स्त्रीधानी होती है *[SSC 2017]*
(a) मॉस (b) लिवरवर्ट
(c) टेरिडोफाइट्स (d) ये सभी

35. किसमें युग्मकोद्भिद् को प्रोथैलस कहते हैं? *[SSC (10+2) 2014]*
(a) टेरिडोफाइटा (b) ब्रायोफाइटा
(c) स्पर्मेटोफाइटा (d) थैलोफाइटा

36. निम्नलिखित कथनों पर विचार कीजिए *[NDA 2008]*
फर्न पौधे में
1. संवहन तन्त्र नहीं होता है।
2. जननांग बहुकशाभिक होते हैं।

उपरोक्त कथनों में से कौन-सा/से सही है/हैं?
(a) केवल 1 (b) केवल 2
(c) 1 और 2 दोनों (d) इनमें से कोई नहीं

अनावृतबीजी (जिम्नोस्पर्म)

37. निम्न में से कौन जिम्नोस्पर्म है? *[RRB Group D 2018]*
(a) फर्न (b) चीड़
(c) आम (d) काई (मॉस)

38. जिम्नोस्पर्म को सामान्यतया ...... बीजधारी कहा जाता है, क्योंकि इनमें पुष्प का अभाव होता है तथा इनके बीजों का विकास किसी विशिष्ट जनन अंग (अण्डाशय) में नहीं होता, बल्कि ये पादप की जनन संरचनाओं की सतह पर ही विकसित होते हैं। *[RRB Group D 2018]*
(a) वास्तविक लक्षण (b) नग्न
(c) अचल नर युग्मक (d) पंखयुक्त

39. .... में पानी के संग्रहण के लिए विशेष ऊतक होते हैं। *[RRB Group D 2018]*
(a) जिम्नोस्पर्म (b) कवक
(c) थैलोफाइटा (d) ब्रायोफाइटा

40. पर्णांग के बीजाणुधानीधर पत्ते को क्या कहा जाता है? *[SSC (10+2) 2014]*
(a) तनु शल्क (b) सोरस छद
(c) बीजाणुधानी पुंज (d) बीजाणु पर्ण

41. निम्न में से कौन-सा एक जीवित जीवाश्म है?
(a) *साइकस* (b) *सिलेजिनेला*
(c) *पाइनस* (d) *सिड्रस*

42. कोरेलॉइड जड़ें पाई जाती हैं
(a) चीड़ में (b) *लाइकोपोडियम* में
(c) *साइकस* में (d) *ड्रायोप्टेरिस* में

43. वनस्पति-जगत में सबसे बड़ा बीजाण्ड, सबसे बड़े नर व मादा युग्मक व सबसे बड़ा वृक्ष पाया जाता है
(a) वृक्षीय फर्नों में (b) आवृतबीजियों में
(c) अनावृतबीजियों में (d) द्विबीजपत्री पौधों में

44. अनावृतबीजी में नग्न बीजाण्ड किस कारण उपस्थित होता है?
(a) अण्डाशय भित्ति की अनुपस्थिति
(b) अध्यावरण की अनुपस्थिति
(c) परिदलपुंज की अनुपस्थिति
(d) बीजाण्डकाय की अनुपस्थिति

45. अनावृतबीजी में परागण सम्पन्न होता है
(a) जल द्वारा (b) वायु द्वारा
(c) कीटों द्वारा (d) जन्तुओं द्वारा

46. 'चिलगोजा' एक अनावृतबीजी बीज है, जो सूखे फल (मेवों) की तरह खाया जाता है। यह किसके द्वारा उत्पन्न होता है? *[CDS 2017]*
(a) *पाइनस रॉक्सबर्गी* (b) *पाइनस जिरार्डियाना*
(c) *जिंगो आइलीया* (d) *सिड्रस देवदारा*

47. गठिया के रोग के उपचार में सहायक जिम्नोस्पर्म पादप है
(a) *थूजा* (b) *साइकस* (c) *पाइनस* (d) *टैक्सस*

48. इस समूह के पादप द्विगुणित तथा चरम परिस्थितियों के लिए अनुकूलित हैं। इनमें बीजाणुपर्ण एक जटिल संरचना बनाते हैं, जिन्हें शंकु (Cones) कहते हैं। ये किस समूह के सन्दर्भ में हैं?
(a) एकबीजपत्री (b) द्विबीजपत्री
(c) टेरिडोफाइटा (d) अनावृतबीजी

49. विशाल रेडवुड पादप *सिकुआ सैम्परवाइरेन्स (Sequoia sempervirens)* है
(a) आवृतबीजी (b) स्वतन्त्र फर्न
(c) टेरिडोफाइटा (d) अनावृतबीजी

50. निम्न में से कौन-सा कथन अनावृतबीजी के बारे में सत्य नहीं है? *[SSC 2016]*
(a) प्रमुख चरण सेमीफाइट्स होता है
(b) संवहनी बंडल अनुपस्थित होते हैं
(c) बीजाणु हेटेरोस्पोरस होते हैं
(d) फूल अनुपस्थित होते हैं

51. निम्न में से सही कथन हैं?
1. एल्जिनिक अम्ल का निष्कर्षण ब्रायोफाइटा से होता है तथा इसका उपयोग चिकनी आइसक्रीम बनाने में होता है।
2. इफेड्रीन एक औषधि है, जिसका उपयोग अस्थमा रोग में होता है और इसे जिम्नोस्पर्म से निकाला जाता है।

कूट
(a) केवल 1 (b) केवल 2
(c) 1 और 2 दोनों (d) इनमें से कोई नहीं

52. सूची I व सूची II का मिलान कीजिए तथा सही विकल्प चुनिए।

सूची I	सूची II
A. *क्लैमाइडोमोनास*	1. मॉस
B. *साइकस*	2. टेरिडोफाइटा
C. *सिलेजिनेला*	3. शैवाल
D. *स्फैग्नम*	4. अनावृतबीजी

कूट

	A	B	C	D
(a)	1	2	3	4
(b)	3	4	2	1
(c)	4	3	2	1
(d)	1	3	2	4

आवृतबीजी (एन्जियोस्पर्म)

53. .... के प्रजनन सम्बन्धी भाग फूल में स्थित होते हैं। *[RRB 2018]*
(a) टेरिडोफाइटा (b) थैलोफाइटा
(c) एन्जियोस्पर्म (d) ब्रायोफाइटा

54. निम्न में से किस पादप समूह का विशिष्ट गुण परागण होता है? *[RRB 2018]*
(a) एलोगैमी (b) एन्जियोस्पर्म
(c) ब्रायोफाइट्स (d) टेरिडोफाइट्स

55. जीवन-चक्र की दृष्टि से आवृतबीजी पौधों का सबसे महत्त्वपूर्ण अंग है
(a) पुष्प (b) पत्ती
(c) तना (d) जड़

56. वे आवृतबीजी पौधे जिनके बीजों में दो बीजपत्र होते हैं, उन्हें कहा जाता है *[RRB 2018]*
(a) मक्का (b) घास
(c) *पैफियोपेडिलम* (d) द्विबीजपत्री पौधे

57. सहचर कोशिकाएँ निम्नलिखित में से किसमें उपस्थित होती हैं?
(a) ब्रायोफाइट (b) टेरिडोफाइट्स
(c) एन्जियोस्पर्म (d) जिम्नोस्पर्म

58. पौधों में तीन विभिन्न वंश *सोलेनम, पिटूनिया* और *धतूरा* को किस कुल में रखा गया है? *[SSC CGL 2017]*
(a) कैनसीडी (b) सोलेनेसी
(c) फेलिस (d) फेलिडी

पादप आकारिकी

59. वनस्पति विज्ञान की वह शाखा जिसके अन्तर्गत पादप की बाह्य संरचना का अध्ययन करते हैं, कहलाती है
(a) शारीरिकी (b) आकारिकी
(c) पारिस्थितिकी (d) आनुवंशिकी

60. आवृतबीजियों में सबसे बड़ा वृक्षीय पादप है
(a) *यूकेलिप्टस* (b) *सिकोइयाडेनड्रॉन*
(c) *रैफ्लीसिया* (d) इनमें से कोई नहीं

61. सबसे छोटा पुष्पी पादप है
(a) *पॉलीएथिया* (b) *रेफ्लीसिया*
(c) *वॉल्फिया* (d) *मेंगीफेरा*

62. मटर है
(a) एकवर्षीय (b) द्विवर्षीय
(c) बहुवर्षीय (d) अर्द्धवर्षीय

63. हरे एवं कोमल तने वाले पौधे ...... कहलाते हैं।
(a) शाक (b) झाड़ी
(c) वृक्ष (d) इनमें से कोई नहीं

64. बाँस एक तरह की ...... है। *[SSC CPO 2017]*
(a) जड़ी (b) वृक्ष (c) झाड़ी (d) घास

65. किस प्रकार के पौधों में शाखाएँ भूमि से अधिक ऊँचाई पर तने के ऊपरी भाग से निकलती हैं? *[SSC 2017]*
(a) झाड़ी (b) वृक्ष
(c) शाक (d) इनमें से कोई नहीं

जड़, तना व पत्तियाँ

66. पादपों में जड़ों की बाह्यत्वचा कोशिकाएँ अपनी अवशोषण सतह को किससे बढ़ाती हैं? *[Asst. Comm. 2019]*
(a) शल्क (b) मूल रोम
(c) अन्तश्चर्म (d) रन्ध्र

67. निम्नलिखित में से कौन-सा द्विबीजपत्री पौधों का गुण नहीं है? *[CDS 2017]*
(a) जालीदार शिरा-रचना (b) दो बीजपत्र
(c) मुख्य जड़ (d) रेशेदार जड़

68. निम्नलिखित में से कौन-सा/से पादपों का/के मुख्य अवशोषण अंग है/हैं? *[CDS 2018]*
(a) केवल जड़ (b) केवल पत्ती
(c) जड़ और पत्ती (d) जड़, पत्ती और वल्कल (बार्क)

69. निम्न अधोभूमि उत्पादित सब्जियों में से कौन-सी एक रूपान्तरित जड़ है? *[UPPCS 2019]*
(a) आलू (b) शकरकन्द
(c) बण्डा (d) जिमीकन्द

70. निम्नलिखित में से खाद्यों का कौन-सा समूह पेड़ों की जड़ से प्राप्त किया जाता है? *[RRB Group D 2014]*
(a) पालक, बंदगोभी, धनिया
(b) आलू, आम, ब्रोकली (गोभी का एक प्रकार)
(c) गन्ना, प्याज, चुकंदर
(d) मूली, शलजम (टर्निप), गाजर

71. अवस्तंभ मूल पाए जाते हैं *[SSC (10+2) 2012]*
(a) बरगद में (b) मक्का में
(c) आम में (d) चाइना रोज में

72. पान की लता में बनने वाली जड़ कौन-सी होती है? *[SSC (10+2) 2013]*
(a) अवस्तंभ जड़ (b) अनुलग्न जड़
(c) आरोही जड़ (d) छायादार जड़

73. नीचे दिए गए पौधों और उनके खाद्य भाग के युग्मों में कौन-सा सही सुमेलित नहीं है? *[UPPCS 2011]*
(a) अदरक-प्रकन्द (b) प्याज-मांसल पर्ण
(c) आलू-मूल (d) नारियल-भ्रूणपोष

74. निम्नलिखित में से कौन-सी जटा जड़ों का प्रकार है?
(a) आलू (b) चुकन्दर
(c) शकरकन्द (d) ईख (गन्ना)

75. निम्नलिखित में कौन-सी जड़ है? *[RRB 2008]*
(a) प्याज (b) आलू (c) गाजर (d) अदरक

76. जल की अधिकतम मात्रा, जिसकी पौधों को आवश्यकता होती है। वह उसका अवशोषण निम्न के माध्यम से करते हैं *[UPPCS 2007]*
(a) भ्रूणीय जोन से (b) बढ़त बिन्दु (Growth point) से
(c) दीर्घीकरण जोन से (d) जड़ों के बालों से

77. निम्न में कौन-सा पौधों की जड़ों का कार्य नहीं है? *[UKPCS 2016]*
(a) प्रकाश-संश्लेषण (b) जल का अवशोषण
(c) पोषक तत्वों का अवशोषण (d) पौधों को सहारा प्रदान करना

78. चन्दन के पेड़ को क्या माना जाता है? [NDA 2011]
(a) पूर्ण मूल परजीवी (b) पूर्ण स्तम्भ परजीवी
(c) स्तम्भ परजीवी (d) आंशिक मूल परजीवी

79. श्वसन मूल पाई जाती हैं [NDA 2018]
(a) *एवीसीनिया* में (b) *मेन्जीफेरा* में
(c) *बाइटिस* में (d) इन सभी में

80. जड़ें मिट्टी से जल तथा ..... का अवशोषण करती है? [SSC 2017]
(a) खनिज (b) प्रोटीन
(c) कार्बोहाइड्रेट (d) वसा

81. मूल (जड़) का जल अवशोषण में संबद्ध भाग है [SSC CGL 2014]
(a) मूल गोप का जोन (क्षेत्र)
(b) कोशिका विभाजन का जोन (क्षेत्र)
(c) मूलरोमों का जोन (क्षेत्र)
(d) दीर्घीकरण का जोन (क्षेत्र)

82. निम्न में से मूल-तन्त्र में कौन-सा लक्षण नहीं पाया जाता? [SSC 2017]
(a) यह जल तथा मृदा की दिशा में वृद्धि करती है
(b) यह प्रकाश की विपरीत दिशा में वृद्धि करती है
(c) इनमें पर्वसन्धि तथा पर्व पाए जाते हैं
(d) यह पौधे का पर्णहरित रहित भाग है, जो बीज के मूलांकुर से विकसित होता है

83. कई प्रतिरोपित पौधे इसलिए नहीं बढ़ते हैं, क्योंकि [SSC 2013]
(a) नई मिट्टी में इष्ट खनिज पदार्थ नहीं रहते हैं
(b) अधिकांश मूल रोम नई मिट्टी को अधिक सख्ती से जकड़ लेते हैं
(c) प्रतिरोपण के दौरान अधिकांश मूल रोम नष्ट हो जाते हैं
(d) प्रतिरोपण के दौरान पत्तियाँ क्षतिग्रस्त हो जाती हैं

84. निम्नलिखित में से क्या तने का रूपांतरण नहीं है? [SSC MTS 2014]
(a) प्याज का बल्ब (b) अरबी का घनकंद
(c) शकरकंद का कंद (d) आलू का कंद

85. निम्नलिखित में से कौन-सी चीज भूमिगत खाद्य तना है? [RRB 2015]
(a) अदरक (b) शकरकन्द
(c) गन्ना (d) मूली

86. हम पौधे के किस भाग से हल्दी प्राप्त करते हैं? [UPPCS 2017]
(a) तने से (b) जड़ से
(c) फल से (d) फूल से

87. आलू के सम्बन्ध में निम्नलिखित कथनों में कौन-सा एक सही है? [CDS 2016]
(a) यह एक जड़ है (b) यह एक सामान्य तना है
(c) यह एक रूपान्तरित तना है (d) यह एक रूपान्तरित जड़ है

88. अदरक होता है, रूपान्तरित [RRB 2019]
(a) मूल (b) पत्ती
(c) प्रतान (d) तना

89. अदरक एक तना है, न कि एक जड़ क्योंकि [RRB 2016]
(a) यह भोज्य पदार्थ का संग्रह करती है
(b) इसमें पर्व तथा पर्व सन्धि होते हैं
(c) यह जमीन के अन्दर होता है
(d) यह जमीन के ऊपर होता है

90. पौधों के किस भाग से जूट की प्राप्ति होती है? [RRB 2017]
(a) फूल (b) फल
(c) तना (d) पत्ती

91. अन्तः भूस्तारी तना होता है [RRB 2017]
(a) आलू में (b) दूबघास में
(c) पुदीने में (d) गन्ने में

92. गूदेदार अथवा मांसल हरा तना कहलाता है [RRB 2018]
(a) पर्णाभवृन्त (b) पर्णाभ स्तम्भ
(c) कन्द (d) शल्ककन्द

93. कौन-सा पौधा तीव्र गति से बढ़ता है? [RRB 2015]
(a) सुपारी (b) आम
(c) *यूकेलिप्टस* (d) नारियल

94. निम्नलिखित में से कौन-सा एक लक्षण पादप के तने के रूपान्तरण का एक संकेत है?
(a) आलू में आँख का पाया जाना (b) प्याज में शल्क का पाया जाना
(c) मटर में प्रतान का पाया जाना (d) गाजर में रोम का पाया जाना

95. निम्नलिखित में से पौधे के किस भाग में कक्षीय कली विकसित होती है? [SSC CGL 2017]
(a) फल (b) पत्ती (c) शाखा (d) जड़ें

96. निम्नलिखित में से कौन-सा एक जड़ नहीं है? [SSC Stenographer 2017]
(a) आलू (b) मूली (c) गाजर (d) जिमीकंद

97. प्याज का खाद्य भाग होता है [SSC 2011]
(a) रूपान्तरित जड़ (b) वायवीय पुष्प
(c) वायवीय तना (d) गूदेदार (माँसल) पत्ते

98. प्याज है [RRB 2008]
(a) प्रकंद (राइजोम) (b) बल्ब
(c) ट्यूबर (d) कॉर्न

99. पत्तागोभी में खाद्य पदार्थ का संग्रह कहाँ होता है? [SSC CGL 2014]
(a) तना (b) फल
(c) जड़ (d) पत्तियों में

100. घटपर्णी के निम्नलिखित भागों में से कौन-सा एक, घट में रूपान्तरित होता है? [IAS (Pre) 2007]
(a) स्तम्भ (b) पत्ती
(c) अनुपर्ण (d) पर्णवृन्त

101. निम्नलिखित में से कौन-सा एक हरे पत्ते (पर्ण) का प्राथमिक कार्य नहीं है? [CDS 2018]
(a) आहार का निर्माण (b) गैसों का विनिमय
(c) जल का वाष्पन (d) खाद्य और जल का चालन

102. समानान्तर बहुशिरायुक्त शिराविन्यास निम्न में से किसकी पत्तियों में पाया जाता है? [RRB 2018]
(a) केला तथा कैना (b) आम तथा पीपल
(c) घास तथा ताड़ (d) पपीता तथा गुड़हल

103. घास की पत्तियाँ किसकी उपस्थिति के कारण वलित होती हैं? [CDS 2019]
(a) रन्ध्र (b) जल ग्रन्थियाँ
(c) बुलीफार्म कोशिकाएँ (d) स्पंजी मृदूतक

104. पत्ती के आधार के समीप निकलने वाली पार्श्व अतिवृद्धि कहलाती है
(a) पृथुपर्ण (b) सहपत्र
(c) अनुपर्ण (d) सत्यपर्ण

105. पर्णाभवृन्त रूपान्तरण है *[SSC 2017]*
(a) अनुपत्र का (b) वृन्त का
(c) जड़ का (d) तने का

106. एक अक्ष या तने पर पत्तियों की व्यवस्था को क्या कहा जाता है?
(a) फाइलोटैक्सी (b) वर्नेशन *[SSC 2017]*
(c) वेनेशन (d) फाइटोटैक्सी

107. सूची I (जड़ों के प्रकार को सूची II (पौधे) से सुमेलित कीजिए तथा नीचे दिए गए कूटों का उपयोग कर सही उत्तर दीजिए।

सूची I	सूची II
A. अवस्तम्भ मूल	1. अमरबेल
B. स्तम्भ मूल	2. शकरकन्द
C. कन्द मूल	3. मक्का
D. चूषक मूल	4. बरगद

कूट
A B C D — A B C D
(a) 3 4 2 1 (b) 4 3 2 1
(c) 3 4 1 2 (d) 4 3 1 2

108. निम्नलिखित का मिलान कीजिए। *[SSC CPOSI 2017]*

संशोधित तना	उदाहरण
A. प्रकंद	1. प्याज
B. बल्ब	2. केला
C. घनकंद	3. अरवी

कूट
A B C — A B C
(a) 2 1 3 (b) 1 3 2
(c) 3 1 2 (d) 1 2 3

109. सुमेलित कीजिए *[SSC 2019]*

सूची I	सूची II
A. कन्द	1. पुदीना
B. प्रकन्द	2. *आइकोर्निया*
C. अन्तःभूस्तारी	3. आलू
D. भूस्तारिका	4. अदरक

कूट
A B C D — A B C D
(a) 2 1 3 4 (b) 2 4 3 1
(c) 3 4 1 2 (d) 3 2 4 1

पुष्पक्रम एवं पुष्प

110. पुष्पक्रम (Inflorescence) है
(a) पुष्पों का व्यवस्थीकरण
(b) पुष्पाक्ष (Peduncle) पर पुष्पों का व्यवस्थीकरण
(c) पुष्पों का समूह
(d) उपरोक्त में से कोई नहीं

111. असीमाक्षी पुष्पक्रम में पुष्प व्यवस्थित होते हैं *[CDS 2018]*
(a) अग्राभिसारी अनुक्रम में
(b) अपकेन्द्री अनुक्रम में
(c) जड़ों में
(d) पुष्पों का कोई अनुक्रम नहीं होता

112. सूर्यमुखी में पुष्पक्रम का प्रकार है *[RRB 2012]*
(a) स्पाइक (बाली) (b) कैपीटुलम (मुंडक)
(c) गुच्छिकायन (d) रपेडिक्स (स्थूलमंजरी)

113. शहतूत में पुष्पक्रम होता है *[SSC 2017]*
(a) असीमाक्ष (b) मुण्डक
(c) मंजरी (d) स्थूलमंजरी

114. समशिख पुष्पक्रम में
(a) पुष्प अलग-अलग बिन्दुओं से निकलते हैं, परन्तु सभी एक ऊँचाई तक पहुँचते हैं
(b) सभी पुष्प एक सामान्य बिन्दु से निकलते हैं
(c) सभी पुष्प एक आवरण से ढके होते हैं
(d) पुष्पावली वृन्त निलम्बी होता है

115. निम्नलिखित में से कौन-से पुष्पक्रम समान प्रकार के प्रतीत होते हैं?
(a) असीमाक्ष तथा कटोरिया (b) समशिख तथा छत्रक
(c) उदुम्बकर तथा मंजरी (d) कूटचक्रक तथा शूकी

116. निम्न में से कौन-सा पुष्पक्रम तुलसी के पादप में पाया जाता है?
(a) उदुम्बकर (b) कटोरिया *[SSC 2019]*
(c) कूटचक्रक (d) स्थूलमंजरी

117. गूलर में किस प्रकार का पुष्पक्रम पाया जाता है? *[RRB 2018]*
(a) उदुम्बकर (b) द्विशाखन
(c) मंजरी (d) कटोरिया

118. पुष्प एक उदाहरण है
(a) जड़ का (b) पत्ती का
(c) प्ररोह का (d) इनमें से कोई नहीं

119. इनमें से किस पादप का पुष्प सबसे बड़ा होता है? *[SSC 2017]*
(a) गुलदाउदी का (b) *रैफ्लेसिया* का
(c) सूरजमुखी का (d) *जीनिया* का

120. ...... पुंकेसर के भाग हैं। *[RRB 2018]*
(a) परागकोष और वर्तिका
(b) परागकोष और अण्डाशय
(c) परागकोष और तन्तु
(d) परागकोष और वर्तिकाग्र

121. निम्न में से कौन-सा एक उभयलिंगी फूलों के बारे में सही कथन है?
(a) उनमें केवल अण्डप होता है *[SSC 2016]*
(b) उनमें पुंकेसर और अण्डप दोनों होते हैं
(c) उनमें केवल पुंकेसर होता है
(d) उनमें या तो पुंकेसर या अण्डप होता है

122. एक पूर्ण पुष्प उसे कहते हैं, जिसमें *[NDA 2016]*
(a) बाह्यदलपुंज, दलपुंज, पुमंग तथा जायांग अनुपस्थित हों
(b) बाह्यदलपुंज, दलपुंज, पुमंग तथा जायांग उपस्थित हों
(c) बाह्यदलपुंज तथा जायांग उपस्थित हों
(d) बाह्यदलपुंज, दलपुंज तथा जायांग उपस्थित हों

123. पुष्प किसी भी त्रिज्या से दो भागों में बाँटने पर दो बराबर भागों में बँटे, तो ऐसे पुष्प को कहते हैं
(a) एकव्यासममित (b) त्रिज्यासममित
(c) एमोर्फिक (d) डायमोर्फिक

124. जब उत्तल पुष्पाक्ष पर विभिन्न पुष्प भाग अण्डाशय के ऊपर स्थित हों, तो अण्डाशय की इस दशा को कहते हैं
(a) ऊर्ध्ववर्ती (b) अधोवर्ती
(c) युक्ताण्डपी (d) पृथक्अण्डपी

125. जब पुष्प के अंग अण्डाशय के ऊपर निकलते हैं, तो उस अण्डाशय को कहते हैं *[RRB NTPC 2017]*
(a) ऊर्ध्ववर्ती
(b) युक्ताण्डपी
(c) वियुक्ताण्डपी
(d) अधोवर्ती

126. परिदलपुंज (Perianth) है
(a) पुष्प का बाह्य भाग, जो बाह्यदलपुंज तथा दलपुंज में पहचाना न जा सके
(b) बाह्यदलपुंज
(c) पुमंग
(d) उपरोक्त में से कोई नहीं

127. जब परागकोष संलग्न तथा पुंतन्तु स्वतन्त्र होते हैं, उस स्थिति को कहते हैं
(a) एकसंघी (b) द्विसंघी
(c) संपुमंगी (d) युक्तकोषी

128. *बोगेनविलिया* पौधे अपनी शाखा पर आकर्षक रंग लिए होते हैं, ये किसके विकास को प्रदर्शित करते हैं? *[RRB 2008]*
(a) पुष्पीय अक्ष (b) नई पत्तियाँ
(c) सहायक पंखुड़ियाँ (d) पुष्प कलियाँ

फल एवं बीज

129. बहुअंडपी (मल्टीकार्पेलरी) वियुक्तांडपी (एपोकार्पस) जायांगीयता (ज्ञायनोसियम) से किस किस्म का फल प्राप्त होता है? *[SSC CGL 2014]*
(a) गुच्छेदार (b) साधारण
(c) बहुखंडीय (d) संयुक्त

130. निम्न में से कौन-सा एक कूट फल है? *[SSC 2018]*
(a) सेब (b) सुपारी
(c) आम (d) काजू

131. गूदेदार थैलेमस किसमें खाने योग्य होता है? *[SSC 2018]*
(a) आम (b) संतरा
(c) टमाटर (d) सेब

132. सेब का कौन-सा भाग खाने योग्य होता है? *[SSC CGL 2008]*
(a) बीजपत्र (b) भ्रूणपोष व भ्रूण
(c) माँसल पुष्पासन (d) रसदार रोम

133. नाशपाती का कौन-सा भाग खाया जाता है? *[RRB NTPC 2018]*
(a) गूदेदार पुष्पासन (b) बीजाणु
(c) दोनों (d) कली

134. एक 'वास्तविक फल' निम्नलिखित में से किससे निर्दिष्ट होता है? *[CDS 2018]*
(a) जब पुष्प का केवल पुष्पासन वृद्धि करता है और एक फल में विकसित होता है।
(b) जब पुष्प का केवल पुष्पचर एक फल में विकसित होता है।
(c) जब फल की उत्पत्ति पुष्प के केवल बाह्यदलपुंज से होती है।
(d) जब पुष्प का केवल अण्डाशय फल में विकसित होता है।

135. फलों का वह प्रकार जिसमें लीची को रखा जा सकता है, वह है *[UPSC 2010]*
(a) एकबीजीय बेरी (b) हेस्पेरिडियम
(c) नट (d) ड्रूप

136. एक संग्रहित फल है *[BSSC 2017]*
(a) शहतूत (b) स्ट्रॉबेरी (c) शरीफा (d) लीची

137. लीची फल का कौन-सा भाग खाया जाता है? *[EPFO 2017]*
(a) अन्तः फलभित्ति (b) मध्य फलभित्ति
(c) माँसल एरिल (d) फलभित्ति

138. नारियल तथा आम के फल होते हैं *[SSC 2017]*
(a) पोम (b) बेरी
(c) ड्रूप (d) हेस्पेरीडियम

139. अनन्नास एक है *[RRB 2010]*
(a) बीजीय फल (b) कम्पोजिट फल
(c) पौधों का तना (d) पत्तियों का समूह

140. कठोर अन्तः फलभित्ति निम्न में किसका प्रमुख लक्षण है?
(a) बेरी का (b) फली का
(c) अष्ठिल फल का (d) शुष्क फल का

141. वह फल जिसमें फलभित्ति तथा बीजावरण संगलित होते हैं, कहलाता है
(a) कैरिऑप्सिस (b) एकीन
(c) सिप्सेला (d) नट

142. नारियल का कौन-सा भाग खाने योग्य होता है? *[SSC Steno. 2017]*
(a) भ्रूणपोष (b) मध्य फलभित्ति
(c) अन्तः फलभित्ति (d) बाह्य फलभित्ति

143. नारियल का पानी है *[SSC (10+2) 2014]*
(a) तरल बीजाण्डकाय (b) तरल मध्य फलभित्ति
(c) तरल एण्डोकार्प (d) विकृत तरल एण्डोस्पर्म

144. पुष्पी पादपों के बीज किससे निर्मित होते हैं? *[NDA 2018]*
(a) अंडाशय और अण्डाशय-भिति
(b) भ्रूण, खाद्य निचय और आवरण
(c) बीजपत्र
(d) युग्मनज

145. निम्न में से किस पौधे में बीजपत्र पत्तियों का प्रथम युग्म बनाते हैं?
(a) मक्का (b) अरण्डी (c) चावल (d) सेम

146. अभ्रूणपोषी बीजों में भोजन संचित होता है
(a) बीज कवच में (b) भ्रूणपोष में
(c) बीजपत्रों में (d) बीजाण्ड में

147. उच्चतर पौधों के बीजों के पोषक ऊतक को क्या कहते हैं? *[SSC (10+2) 2013]*
(a) हाइपोकोटाइल (b) एम्ब्रियो
(c) एण्डोस्पर्म (d) न्यूसेलस

148. विविपैरी का अर्थ है *[CDS 2018]*

(a) फलों का निर्माण नहीं होता

(b) मातृ पौधों पर बीज का अंकुरण

(c) भ्रूण द्वारा पौधे पर फल का निर्माण

(d) फलरहित पादप बनाना

149. पादप फलों के बारे में निम्न कथनों पर विचार कीजिए।

1. एक सत्य फल परिपक्व अण्डाशय होता है।
2. एक फल की फलभित्ति का निर्माण अण्डाशय की दीवार से होता है।
3. नाशपाती का माँसल खाने योग्य भाग परिपक्व अण्डाशय नहीं है।
4. आम के फल का रसीला व गूदेदार खाने योग्य भाग अन्तः फलभित्ति का बना होता है।

उपरोक्त में कौन-सा/से कथन सत्य है/हैं? *[RRB NTPC 2017]*

(a) केवल 1 (b) 2 और 4

(c) 3 और 4 (d) 1, 2 और 3

■ **निर्देश** *(प्र.सं. 150-152) निम्न प्रश्नों में, कथन के वक्तव्य के बाद कारण के वक्तव्य को दिया गया है। सही विकल्प पर निशान लगाइए।*

(a) कथन और कारण दोनों सत्य हैं तथा कारण, कथन की सत्य व्याख्या करता है।

(b) कथन और कारण दोनों सत्य हैं लेकिन कारण, कथन की सत्य व्याख्या नहीं करता है।

(c) कथन सत्य है, लेकिन कारण असत्य है।

(d) कथन और कारण दोनों असत्य हैं।

150. कथन एक नर युग्मक, युग्मनज बनाने के लिए अण्ड से संलयित होता है।

कारण यह घटना युग्मक संलयन कहलाती है।

151. कथन ब्रायोफाइट पादप जगत के जल स्थलचर हैं।

कारण ये दलदल और ऐसे क्षेत्र जहाँ जल और स्थल मिलते हैं, वहाँ पाए जाते हैं।

152. कथन *साइकस* में निषेचन चलसमयुग्मन (zooidogamy) कहलाता है।

कारण *साइकस* में निषेचन परागनली के बनने से होता है।

उत्तरमाला

1 (b)	2 (b)	3 (b)	4 (c)	5 (c)	6 (a)	7 (b)	8 (d)	9 (b)	10 (d)
11 (b)	12 (c)	13 (a)	14 (a)	15 (b)	16 (d)	17 (b)	18 (c)	19 (c)	20 (c)
21 (a)	22 (c)	23 (d)	24 (d)	25 (d)	26 (a)	27 (a)	28 (d)	29 (b)	30 (c)
31 (a)	32 (c)	33 (a)	34 (d)	35 (a)	36 (b)	37 (b)	38 (b)	39 (a)	40 (d)
41 (a)	42 (c)	43 (c)	44 (a)	45 (b)	46 (b)	47 (a)	48 (d)	49 (d)	50 (b)
51 (b)	52 (b)	53 (c)	54 (b)	55 (a)	56 (d)	57 (c)	58 (b)	59 (b)	60 (a)
61 (c)	62 (a)	63 (a)	64 (d)	65 (b)	66 (b)	67 (d)	68 (a)	69 (b)	70 (d)
71 (b)	72 (c)	73 (c)	74 (d)	75 (c)	76 (d)	77 (a)	78 (d)	79 (a)	80 (a)
81 (c)	82 (c)	83 (c)	84 (c)	85 (a)	86 (a)	87 (c)	88 (d)	89 (b)	90 (c)
91 (c)	92 (b)	93 (c)	94 (a)	95 (c)	96 (a)	97 (d)	98 (b)	99 (d)	100 (b)
101 (d)	102 (c)	103 (c)	104 (c)	105 (b)	106 (a)	107 (a)	108 (a)	109 (c)	110 (b)
111 (a)	112 (b)	113 (c)	114 (a)	115 (b)	116 (c)	117 (a)	118 (c)	119 (b)	120 (c)
121 (b)	122 (b)	123 (b)	124 (a)	125 (d)	126 (a)	127 (d)	128 (c)	129 (a)	130 (a)
131 (d)	132 (c)	133 (a)	134 (d)	135 (c)	136 (a)	137 (c)	138 (c)	139 (b)	140 (c)
141 (a)	142 (a)	143 (d)	144 (b)	145 (b)	146 (c)	147 (c)	148 (b)	149 (d)	150 (b)
151 (a)	152 (b)								

उत्तर सहित व्याख्या

1. (*b*) पादपों को दो उपजगतों में विभाजित किया जाता है— क्रिप्टोगैम (अपुष्पोद्भिद्) व फैनेरोगेम (पुष्पोद्भिद्)। क्रिप्टोगैम के अन्तर्गत थैलोफाइटा, ब्रायोफाइटा और टेरिडोफाइटा तथा फैनेरोगैम के अन्तर्गत जिम्नोस्पर्म व एन्जियोस्पर्म आते हैं।

3. (*b*) शैवालों के अध्ययन को शैवाल विज्ञान (Phycology, *Phycos*-Seaweeds, *Logos*-discourse) या एल्गोलॉजी भी कहते हैं तथा अध्ययनकर्त्ता को फाइकोलोजिस्ट कहते हैं।

6. (*a*) सबसे अधिक प्रोटीन *क्लोरेला* शैवाल में पाया जाता है, जिसका अन्तरिक्ष यात्री प्रोटीन स्रोत के रूप में भी उपयोग करते हैं।

7. (*b*) *लेमिनेरिया* में आयोडीन की उपस्थिति के कारण इसका उपयोग भोजन के रूप में करने पर घेंघा रोग नहीं होता है।

8. (*d*) *कारा, अल्वा, स्पाइरोगायरा, यूलोथ्रिक्स,* आदि शैवाल प्रभाग-थैलोफाइटा में सम्मिलित किए गए हैं। जबकि *रिक्सिया* प्रभाग ब्रायोफाइटा के अन्तर्गत आता है।

16. (*d*) वे लाइकेन्स जो पत्थरों या चट्टानों पर उगते हैं, सैक्सीकोल्स कहलाते हैं।

18. (*c*) लाइकेन वायु प्रदूषण के प्रति अत्यधिक संवेदनशील होते हैं। सल्फर डाइऑक्साइड (SO_2) की उच्च सान्द्रता होने पर लाइकेन की मृत्यु हो जाती है। अतः लाइकेन को वायु प्रदूषण एवं अम्ल वर्षा के सूचक के रूप में उपयोग किया जाता है।

19. (*c*) सही युग्म निम्न हैं

1. फियोफाइसी में संचित भोजन मैनीटोल, लैमिनेरिन, आदि होता है।
2. रोडोफाइसी में संचित भोजन फ्लोरीडियन मण्ड के रूप में मिलता है।
3. क्लोरोफाइसी में भोजन मण्ड के रूप में संग्रहित होता है।
4. यूग्लीनोफाइसी में संचित भोजन के रूप में पैरामायलम मिलता है।

20. (c) दिए गए विकल्पों में से यीस्ट एक कवक है जबकि *क्लोरेला*, *क्लैमाइडोमोनास* व *अल्वा* शैवालों के अन्तर्गत सम्मिलित हैं।

22. (c) ब्रायोफाइट्स कीं निचली बाह्यत्वचा की कोशिकाओं से बढ़ने वाले उभार को राइजॉइड या मूलाभास कहते हैं।

27. (a) ब्रायोफाइटा पादपों की पादपकाय युग्मकोद्भिद् होती है, जोकि जीवन-चक्र की अगुणित अवस्था होती है। इस वर्ग का मुख्य पौधा युग्मकोद्भिद् होता है, जो स्वतन्त्र तथा स्वयंपोषी होता है।

28. (d) ब्रायोफाइट्स में वास्तविक जड़ें अनुपस्थित होती हैं, तथा इनके स्थान पर मूलाभास पाए जाते हैं, जो पादप को किसी सतह से जोड़ने का कार्य करते हैं।

32. (c) टेरिडोफाइटा प्रथम पौधे हैं, जिनमें बीजाणुद्भिद् पीढ़ी प्रभावी होती है तथा पौधे जड़, तना व पत्ती में विभेदित होते हैं; जैसे— *मार्सीलिया*, फर्न, हॉर्सटेल, आदि।

36. (b) फर्न पादप संवहनीय अपुष्पोद्भिद कहलाते हैं। अत: इनमें संवहन तन्त्र उपस्थित होता है व जननांग बहुकशाभिक होते हैं।

38. (b) जिम्नोस्पर्म/अनावृतबीजी को सामान्यतया नग्नबीजी कहते हैं, क्योंकि इनमें बीज या बीजाण्ड फल भित्ति या अण्डाशय द्वारा घिरे हुए नहीं पाए जाते हैं। इनमें पुष्पों का आभास होता है; उदाहरण— *साइकस*, *पाइनस*, *सिड्रस*, आदि।

41. (a) *साइकस* व *जिंगो* को जीवित जीवाश्म भी कहते हैं, क्योंकि ये पादप जीवित तथा जीवाश्म दोनों ही रूपों में पाए जाते हैं एवं लाखों वर्षों से इनमें कोई भी विशेष उद्विकासीय परिवर्तन नहीं आए हैं।

42. (c) *साइकस* में कोरेलॉइड जड़ें पाई जाती हैं। ये ऋणात्मक गुरुत्वानुवर्ती वृद्धि प्रदर्शित करती हैं जिनमें अनेक नील-हरित शैवाल सहजीवी के रूप में पाए जाते हैं।

45. (b) अनावृतबीजी में वायु द्वारा परागण सम्पन्न होता है। इनमें परागकण सीधे बीजाण्ड के बीजाण्डद्वार पर गिरते हैं।

49. (d) विशाल रेडवुड पादप *सिकुआ सैम्परवाइरेन्स* एक अनावृतबीजी पादप है, जिसकी ऊँचाई लगभग 368.5 फीट है। यह कैलिफोर्निया के रेडवुड पार्क में स्थित है।

50. (b) अनावृतबीजी में संवहन बण्डल उपस्थित होते हैं। इनका प्रमुख पादप स्पोरोफाइट होता है, बीजाणु हेटेरोस्पोरस होते हैं व फूल अनुपस्थित होते हैं।

52. (b) सही मिलान निम्न हैं

सूची I		सूची II
A. *क्लैमाइडोमोनास*	3.	शैवाल
B. *साइकस*	4.	अनावृतबीजी
C. *सिलेजिनेला*	2.	टेरिडोफाइटा
D. *स्फैग्नम*	1.	मॉस

56. (d) वे आवृतबीजी पादप जिनके बीजों में दो बीजपत्र होते हैं, उन्हें द्विबीजपत्री पौधे कहते हैं। उदाहरण— चना, मटर, आदि।

57. (c) एन्जियोस्पर्म पादपों में ऊतक तन्त्र पूर्णतया विकसित होता है। इसमें फ्लोएम में सहचर कोशिकाएँ उपस्थित होती हैं।

61. (c) *वॉल्फिया पेक्टिनेटा* अब तक के ज्ञात पादपों में सबसे छोटा आवृतबीजी पादप है, जिनकी पत्तियाँ एक मिलीमीटर से भी छोटी होती हैं।

63. (a) हरे एवं कोमल तने वाले छोटे पादप शाक कहलाते हैं। इनका जीवन 1-2 वर्षीय होता है, उदाहरण- मटर।

66. (b) पादपों में जड़ों की बाह्यत्वचा कोशिकाएँ अपनी अवशोषण सतह को मूल रोम से बढ़ाती हैं। ये एककोशिकीय, लम्बी एवं पतली रोम जैसे संरचनाएँ होती हैं।

67. (d) रेशेदार जड़ एकबीजपत्री पादपों का गुण होता है। द्विबीजपत्री पादपों में जालीदार शिरा-रचना, दो बीजपत्र व मूसला जड़ तन्त्र पाया जाता है।

68. (a) पादपों में मुख्य अवशोषण अंग जड़ होती है, जोकि स्थलीय पादपों में मृदा से जल एवं खनिज लवणों का अवशोषण करती हैं।

69. (b) निम्न अधोभूमि उत्पादित सब्जियों में शकरकन्द एक रूपान्तरित जड़ है, जबकि आलू, बण्डा व जिमीकन्द रूपान्तरित तना है।

72. (c) पान की लता में बनने वाली जड़, आरोही जड़ होती है। इन जड़ों की उत्पत्ति तने की पर्वसन्धियों अथवा पर्व से होती है एवं ये दूसरे पादप या सहारे के चारों ओर लिपट कर ऊपर की ओर वृद्धि करती है।

73. (c) दिए गए पौधों और उनके खाद्य के युग्मों में विकल्प (c) गलत है, क्योंकि आलू एक भूमिगत रूपान्तरित तना है। यह एक कन्द है।

79. (a) श्वसन मूल *एवीसीनिया* में पाई जाती है। ये जड़ें दलदली भूमि में, भूमि से निकलकर वायवीय हो जाती हैं। अर्थात् ऋणात्मक गुरुत्वाकर्षी होने के कारण ये भूमि से ऊपर आ जाती हैं। ये श्वसन का कार्य करती हैं।

101. (d) पत्तियों द्वारा खाद्य और जल का चालन नहीं होता है। पत्तियों का मुख्य कार्य प्रकाश संश्लेषण करना, वाष्पोत्सर्जन, गैसों का विनिमय, खाद्य पदार्थों का निर्माण व कायिक संवर्धन होता है।

102. (c) समानान्तर बहुशिरायुक्त शिराविन्यास घास तथा ताड़ की पत्तियों में पाया जाता है। इस प्रकार के शिराविन्यास में एक से अधिक मुख्य शिराएँ अनेक शिराओं में बँट जाती हैं तथा सभी बँटी हुई शिराएँ समान्तर रूप से शीर्ष की ओर वृद्धि करती हैं।

104. (c) पत्ती के आधार के समीप निकलने वाली पार्श्व अतिवृद्धि अनुपर्ण कहलाती है, उदाहरण— गुलाब।

110. (b) पादप में पुष्प अक्ष पर पुष्पों के लगे रहने के क्रम अथवा विन्यास को पुष्पक्रम कहते हैं। पुष्पक्रम पादप की वर्गिकीय पहचान का विशेष गुण है।

112. (b) सूर्यमुखी में पुष्पक्रम कैपीटुलम (मुण्डक) प्रकार का होता है। इस प्रकार के पुष्पक्रम में मुख्य अक्ष का शीर्ष एक उत्तल पुष्पासन बनाता है, जिस पर अनेक अवृन्तीय पुष्पक इकट्ठे लगे रहते हैं।

113. (c) शहतूत में मंजरी के प्रकार का पुष्पक्रम होता है। इस प्रकार के पुष्पक्रम में मुख्य अक्ष लम्बा, दुर्बल तथा निलम्बी होता है।

114. (a) समशिख पुष्पक्रम में पुष्प अलग-अलग बिन्दुओं से निकलते हैं, परन्तु सभी एक ऊँचाई तक पहुँचते हैं, उदाहरण— चैरी, कैण्डीटफ्ट, आदि।

117. (a) गूलर में उदुम्बकर पुष्पक्रम पाया जाता है। इसमें वृन्तक माँसल, गूदेदार एवं खोखली गुहा या बन्द प्याले की भाँति हो जाता है।

118. (c) पुष्प एक रूपान्तरित प्ररोह है। तने की पत्तियाँ पुष्प बनाने हेतु रूपान्तरित होकर विशेष प्रकार के पत्तों का रूप धारण कर लेती हैं जिन्हें पुष्पी पत्र कहते हैं।

150. (b) युग्मक संलयन नर व मादा अगुणित युग्मकों का संलयन है, जिससे द्विगुणित युग्मनज बनता है। यह एक नए जीव में विकसित होता है। यह लैंगिक जनन का प्रक्रम है।

151. (a) ब्रायोफाइट्स जलीय व स्थलीय आवासों के संक्रमणकालीन आवासों में पाए जाते हैं। क्योंकि ब्रायोफाइट्स सामान्यतया उभयचरी स्थिति में वृद्धि करते हैं तथा बाह्य जल स्रोत के बिना अपना जीवन चक्र पूर्ण नहीं कर पाते हैं, इसलिए इन्हें पादप जगत का उभयचर कहते हैं।

152. (b) *साइकस* एक अनावृतबीजी पादप हैं, जिसमें निषेचन को चलयुग्मन कहते हैं, क्योंकि नर युग्मक परागण द्वारा अण्ड कोशिका तक पहुँचते हैं। *साइकस* में निषेचन साइफोनोगैमी से भी होता है अर्थात् परागनली का निर्माण होता है, जिससे नर युग्मक का स्थानान्तरण होता है।

अध्याय

03

जन्तु जगत

Animal Kingdom

- जन्तु जगत के अन्तर्गत असंख्य जीव आते हैं, जो बहुकोशिकीय होते हैं और अधिकांशतया जन्तुसमभोजी (Holozoic) पोषण दर्शाते हैं।
- ये सुकेन्द्रकीय, यूकैरियोटिक, बहुकोशिकीय तथा विषमपोषी जीव होते हैं।
- बहुकोशिकीय जन्तुओं को मेटाजोआ समूह में रखा जाता है।
- ये जन्तु सममिति के आधार पर असममितिय (Asymmetrical), अरीय सममितिय (Radial symmetrical) तथा द्विपार्श्वीय सममितिय (Bilateral symmetrical) हो सकते हैं।
- इनमें जीवद्रव्यीय, ऊतकीय, कोशिकीय व अंग-तन्त्र स्तर का संगठन पाया जाता है।
- जन्तुओं में निम्न चार प्रकार का संगठन पाया जाता है
  - **जीवद्रव्य स्तर**, उदाहरण– प्रोटोजोआ
  - **कोशिकीय स्तर**, उदाहरण– पोरीफेरा (स्पंज)
  - **ऊतक स्तर**, उदाहरण– सीलेन्ट्रेटा
  - **अंग स्तर**, उदाहरण– प्लैटीहैल्मिन्थीज
  - **अंग-तंत्र स्तर**, उदाहरण – शेष सभी संघ
- **जगत-एनिमैलिया** (जन्तु जगत) को कशेरुकदण्ड की उपस्थिति व अनुपस्थिति के आधार पर दो भागों में बाँटा गया है
  - **अरज्जुकी या अकशेरुकी** (Non-chordates) ऐसे जन्तु, जिनमें पृष्ठरज्जु नहीं पाई जाती है; जैसे– संघ-पोरीफेरा से लेकर संघ-इकाइनोडर्मेटा तक।
  - **रज्जुकी या कशेरुकी** (Chordates) ऐसे जन्तु, जिनमें पृष्ठरज्जु उपस्थित होती है; जैसे– मछली से लेकर मनुष्य तक।

नॉन-कॉर्डेट्स

वर्तमान में (**स्टोरर** और **यूसिंजर**; 1975 के अनुसार) जन्तु जगत में निम्न प्रमुख संघों को मान्यता दी गई है।

- **संघ-पोरीफेरा** (Porifera) शरीर पर छिद्र, नाल तन्त्र एवं कण्टिकाएँ उपस्थित होती हैं; उदाहरण–स्पंज (Sponge); जैसे– *ल्यूकोसोलेनिया*, आदि।
- **संघ-सीलेन्ट्रेटा** (Coelenterata) शरीर में अन्तर गुहिका व दंश कोशिकाएँ उपस्थित होती हैं व ये बहुरूपता दर्शाते हैं; उदाहरण–*हाइड्रा, ओबेलिया, ऑरेलिया*, आदि।
- **संघ-टीनोफोरा** (Ctenophora) द्विलिंगाश्रयी, बाह्य निषेचन व अप्रत्यक्ष परिवर्द्धन व सन्तुलन के लिए स्टेटोसिस्ट (Statocyst) पाया जाता है; उदाहरण– *प्लूरोब्रैंकिया*, आदि।
- **संघ-प्लैटीहेल्मिन्थीज** (Platyhelminthes) ये कोमल तथा चपटे कृमि होते हैं व पाचन तन्त्र अनुपस्थित या शाखान्वित होता है एवं देहगुहा का अभाव होता है। विशेष **ज्वाला कोशिकाएँ** उत्सर्जन व परासरण नियन्त्रण में सहायता करती हैं। इनमें पुनरुद्भवन की उच्च क्षमता होती है; उदाहरण–*प्लेनेरिया, टीनिया* (फीताकृमि) तथा *फैसिओला*, आदि।
- **संघ-ऐस्कैहेल्मिन्थीज** (Aschelminthes) लम्बा, बेलनाकार, खण्डरहित शरीर, शीर्ष का अभाव एवं परजीवी अनुकूलन पाया जाता है। एकलिंगाश्रयी (Unisexual) होते हैं; उदाहरण–*ऐस्कैरिस* (गोलकृमि), *वुचेरेरिया* (फाइलेरिया कृमि), *एन्साइलोस्टोमा* (हुककृमि), आदि।
- **संघ-ऐनेलिडा** (Annelida) लम्बा, बेलनाकार, खण्डयुक्त शरीर, प्रचलन के लिए सीटी, चूषकं या पैरापोडिया एवं नेफ्रीडिया द्वारा उत्सर्जन होता है; उदाहरण–केंचुआ (Earthworm), जोंक (Leech), आदि।
- **संघ-आर्थोपोडा** (Arthropoda) शरीर खण्डयुक्त, जोड़ीदार उपांग, काइटिन का बाह्य कंकाल एवं देहगुहा-हीमोसील होती है; उदाहरण–कनखजूरा (Centipede), *पेलिमॉन*, तिलचट्टा (Cockroach), बिच्छू, आदि।
- **संघ-मोलस्का** (Mollusca) शरीर मुलायम, किंतु कैल्सियम कार्बोनेट के आवरण से ढका होता है। पोषण रेडुला द्वारा व उत्सर्जन बोजेनस के अंग (Organ of Bojanus) द्वारा होता है; उदाहरण–*ऑक्टोपस, पाइला, सीपिया*, आदि।
- **संघ-इकाइनोडर्मेटा** (Echinodermata) सिर तथा खण्डो का अभाव, कैल्सियम कंटिकाओं से निर्मित अन्तः कंकाल, जल-संवहन तन्त्र उपस्थित एवं प्रचलन नालपादों के द्वारा अप्रत्यक्ष परिवर्द्धन होता है; उदाहरण–*ऐस्टेरियस* (तारा मछली), *इकाइनस* (समुद्री अर्चिन), *कुकुमेरिया* (समुद्री खीरा), आदि।
- **संघ-हेमीकॉर्डेटा** (Hemichordata) इस संघ में कृमिरूपी, कोमल, भंगुर, शरीर शुण्ड, कॉलर व धड़ में विभेदित होता है एवं वास्तविक पृष्ठरज्जु नहीं होती है। हेमीकॉर्डेटा को पहले उप-संघ के रूप में कॉर्डेटा संघ में रखा जाता था, परन्तु अब इसे एक अलग संघ के रूप में रखा गया है। इन्हें **अर्द्ध कॉर्डेटा** (Half chordata) भी कहते हैं; उदाहरण– *बैलेनोग्लोसस, सिफैलोडिस्कस*, आदि।

संघ-कॉर्डेटा

- इनमें पृष्ठरज्जु (Notochord) की उपस्थिति, जीवन की किसी भी अवस्था में गिल रन्ध्र, पृष्ठ नालाकार तंत्रिका तन्त्र, सुविकसित देहगुहा, गुदा उपस्थित एवं जीवन की किसी-ना-किसी अवस्था में पश्च-पुच्छ अवश्य पाई जाती है; उदाहरण–मछली, मेंढक, छिपकली, कबूतर, चमगादड़, खरगोश, मानव, आदि।
- संघ-कॉर्डेटा को पुनः दो उपसंघों में विभाजित किया गया है; प्रोटोकॉर्डेटा एवं वर्टीब्रेटा।
- **उपसंघ-प्रोटोकॉर्डेटा** (Subphylum-protochordata) प्रोटोकॉर्डेट्स को कशेरुकी व अकशेरुकी के बीच की संयोगी कड़ी माना जाता है। ये द्विपार्श्वीय सममिति युक्त, त्रिस्तरीय एवं देहगुहा युक्त होते हैं। इनमें पश्च नलिकाकार तन्त्रिका रज्जु व पश्च नलिकाकार पृष्ठरज्जु उपस्थित होती है। इनमें कशेरुकदण्ड नहीं पाया जाता है; उदाहरण– *हर्डमानिया* एवं *एम्फीऑक्सस*, आदि।
- **उपसंघ-वर्टीब्रेटा** (Subphylum-Vertebrata) ये उच्च कॉर्डेटा होते हैं। इन्हें यूरोकॉर्डेटा या क्रैनिएटा भी कहते हैं।

वर्टीब्रेटा या कशेरुकी को पाँच वर्गों में विभाजित किया गया है

- **वर्ग-मत्स्य** (Class-Pisces) इस वर्ग में जलीय जन्तु आते हैं; उदाहरण– मेंडेरियन मछली, एंग्लर मछली, लायन मछली, विद्युत रे, स्टिंग रे, डॉग मछली, रोहू, समुद्री घोड़ा, *एनाबास*, कैट मछली, आदि।
- **वर्ग-उभयचर** (Class–Amphibia) उभयचर वर्ग के जन्तु जल एवं स्थल दोनों पर निवास करते हैं; उदाहरण– सेलामेण्डर (Salamander), टोड, मेंढक (*Rana tigrina*), *हाइला* (*Hyla*-tree frog) तथा *इक्थियोफिस* (*Ichthyophis*), आदि।
- **वर्ग-सरीसृप** (Class–Reptilia) इस वर्ग के जन्तु रेंगने वाले होते हैं; उदाहरण– कछुआ, छिपकली, सर्प, मगरमच्छ, *ड्रेको*, घरेलू छिपकली, आदि।
- **वर्ग-पक्षी** (Class-Aves) इस वर्ग के जन्तुओं में अग्रपाद पँखों में रूपान्तरित हो जाते हैं, जो उड़ने में सहायता करते हैं; उदाहरण– कबूतर, गौरेया, कौआ, कीवी, ऑस्ट्रिच, नर टफ्ट बत्तख, सफेद स्टार्क, आदि।
- **वर्ग-स्तनधारी** (Class-Mammalia) इस वर्ग के जन्तुओं में मादा में स्तन ग्रन्थियाँ पाई जाती हैं; उदाहरण– कुत्ता, बिल्ली, मनुष्य, चमगादड़, चूहा *प्लेटीपस* (अण्डे देने वाला स्तनधारी), आदि।

चैप्टर प्रैक्टिस

नॉन-कॉर्डेट्स

1. **जीवद्रव्यी स्तर का शरीर संगठन निम्न में से किसमें पाया जाता है?**
(a) *अमीबा* (b) स्पंज (c) *हाइड्रा* (d) केंचुआ

2. **अंग स्तर का शरीर संगठन निम्न में से किसमें पाया जाता है?**
(a) पोरीफेरा (b) टीनोफोरा
(c) निडेरिया (d) प्लैटीहेल्मिन्थीज

3. **वास्तविक गुहीय जन्तुओं की देहभित्ति तथा आहारनाल के बीच की गुहा किससे विकसित होती है?**
(a) बाह्यजनन स्तर से (b) अन्तःजनन स्तर से
(c) मध्यजनन स्तर से (d) इनमें से कोई नहीं

4. **शीत ऋतु में जन्तुओं के प्रसुप्ति-काल को क्या कहते हैं?** *[SSC MTS 2011]*
(a) ऐस्टीवेशन (b) रीजेनेरेशन
(c) हाइबरनेशन (d) म्यूटेशन

5. **प्राणी जैसे ऐनेलिड, मोलस्क, आदि के अंग मिलकर तंत्र के रूप में शारीरिक कार्य करते हैं। प्रत्येक तंत्र एक विशिष्ट कार्य करता है। इस तरह की संरचना को ……… के स्तर का संगठन कहा जाता है।** *[SSC CGL 2017]*
(a) अंगतंत्र (b) खुले
(c) बंद (d) प्रगुहा

6. **मीसोडर्म (मध्य त्वचा) से आच्छादित शरीर गुहा को …… कहते हैं।**
(a) प्रगुहा (b) कॉर्डेटा
(c) आर्थ्रोपोडा (d) प्लैटीहेल्मिन्थीज

7. **कुछ जीव तापमानों के कम परास (Range) सहन कर सकते हैं और उसमें ही बढ़ते हैं। यह …… कहलाते हैं।** *[SSC CGL 2017]*
(a) परासरणी (b) पृथुतापी
(c) तनुतापी (d) उष्णजलीय

8. **जिन प्राणियों में कोशिकाएँ तीन भ्रूणीय स्तरों में व्यवस्थित होती हैं, उन्हें …… कहते हैं।** *[SSC CGL 2017]*
(a) द्विकोरकी (b) बाह्य त्वचा
(c) त्रिकोरकी (d) अंतःत्वचा

9. **अकशेरुकी में नहीं होता है**
(a) रक्तगुहा (b) क्लोम
(c) पृष्ठरज्जु (नोटोकॉर्ड) (d) देहगुहा

10. **'स्पंजगुहा' किस जन्तु संघ का विशिष्ट लक्षण है?** *[Lower Subordinate 2016]*
(a) प्रोटोजोआ
(b) पोरीफेरा
(c) निडेरिया
(d) हेल्मिन्थीज

11. ***साइकॉन* (साइफा), *स्पॉन्जिला* (स्वच्छ जलीय स्पंज) और *यूस्पॉन्जिया* (बाथ स्पंज) किस संघ के उदाहरण हैं?** *[SSC CGL 2017]*
(a) सीलेन्ट्रेटा (b) प्लैटीहेल्मिन्थीज
(c) टीनोफोरा (d) पोरीफेरा

12. **सामान्यतया जीव अपना स्थान बदल सकते हैं, किंतु निम्न में से कौन-सा जीव अपना स्थान नहीं बदल सकता?** *[SSC (10+2) 11]*
(a) *हाइड्रा* (b) लीच
(c) तारामीन (स्टारफिश) (d) स्पंज

13. **संघ-पोरीफेरा के सदस्य हैं**
(a) *ल्यूकोसोलेनिया* (b) *साइकॉन*
(c) *यूप्लैक्टेला* (d) ये सभी

14. **'वीनस की फूलों की टोकरी' किसका साधारण नाम है?**
(a) *साइकॉन* (b) *यूप्लैक्टेला*
(c) *यूस्पॉन्जिया* (d) *ल्यूकोसोलेनिया*

15. निम्न में से कौन-से जीव में रुधिर नहीं होता, किन्तु वे श्वसन करते हैं? *[PCS 2011 & RRC 2013]*
(a) *हाइड्रा* (b) तिलचट्टा
(c) केंचुआ (d) मछली

16. निम्नलिखित जीवों में से कौन-सा जीव मुकुलन (बडिंग) द्वारा प्रजनन नहीं करता? *[RRB NTPC 2016]*
(a) मूंगा (b) *हाइड्रा*
(c) स्पंज (d) ऐनेलिडा

17. .... का शरीर कोशिका की दो परतों से बना होता है। *[RRB Group D 2018]*
(a) प्लैटीहेल्मिन्थीज (b) निमैटोडा
(c) सीलेन्ट्रेटा (d) ऐनेलिडा

18. निम्नलिखित में से कौन-से जानवरों के नेत्र बहुत ही साधारण होते हैं, जो वास्तव में रोशनी को पहचानने वाले केवल नेत्र बिन्दु होते हैं? *[RRB Group D 2018]*
(a) फीताकृमि (b) राउण्डवर्म
(c) *एस्कैरिस* (d) *प्लैनेरिया*

19. *टीनिया* में उत्सर्जन के लिए कौन-सी संरचनाएँ होती हैं?
(a) सोलेनोसाइट्स (b) क्लोम
(c) नेफ्रीडिया (d) इनमें से कोई नहीं

20. निम्नलिखित में से कौन मनुष्य तथा अन्य स्तनियों की रुधिर वाहिनियों का परजीवी है?
(a) *शिस्टोसोमा* (b) *टीनिया*
(c) *प्लैनेरिया* (d) *फैसियोला*

21. संघ-एस्कैहेल्मिन्थीज, संघ-प्लैटीहेल्मिन्थीज से किस प्रकार भिन्न है?
(a) सममिति में *[SSC 2017]*
(b) शारीरिक बनावट में
(c) भ्रूण अवस्था में जनन स्तर की संख्या में
(d) उपरोक्त में से कोई नहीं

22. त्रिस्तरीय, द्विपार्श्व सममिति, कूट देहगुहीय, मानव परजीवी एवं अण्डज प्राणी जिसका संक्रमण सम्पर्क में आने पर होता है, यह है *[NDA 2017]*
(a) फाइलेरियल कृमि (b) अंकुश कृमि
(c) पेलेलो कृमि (d) फीताकृमि

23. *नेरीस, फेरेटिमा* (केंचुआ) तथा *हिरुडिनेरिया* (रक्तचूषक जोंक) किस संघ के उदाहरण हैं?
(a) सीलेन्ट्रेटा (b) एस्कैहेल्मिन्थीज
(c) ऐनेलिडा (d) आर्थ्रोपोडा

24. केंचुएँ का उत्सर्जी अंग है *[Combined medical Services 2016]*
(a) ज्वाला कोशिकाएँ (b) नेफ्रीडिया
(c) गुर्दा (d) फेफड़े

25. केंचुए का रुधिर लाल होता है, क्योंकि इसका हीमोग्लोबिन
(a) अन्तःकोशिकीय होता है (b) प्लाज्मा में घुला रहता है
(c) ऑक्सीकृत होता है (d) अपचयित होता है

26. बिच्छू में श्वसन (साँस लेना) अंग क्या है?
(a) गिल्स (b) श्वासनली
(c) फेफड़े (d) बुक लंग्स

27. मकड़ियाँ किस संघ के अन्तर्गत आती हैं?
(a) मोलस्का (b) ऐनेलिडा
(c) निडेरिया (d) आर्थ्रोपोडा

28. कॉकरोच जल में जीवित नहीं रह सकता, क्योंकि उसका श्वसन अंग है *[SSC (10+2) 2011]*
(a) क्लोम (गिल) (b) वातक (ट्रैकिया)
(c) पुस्त फुफ्फुस (d) फुफ्फुस कोष

29. मकड़ियों में कितनी जोड़ी आँखें होती हैं? *[RRB NTPC 2016]*
(a) 1 (b) 2 (c) 4 (d) 8

30. निम्न में से वह अकशेरुकी जो उभयलिंगी नहीं होता है *[SSC MTS 2014]*
(a) फीताकृमि (b) *हाइड्रा*
(c) केंचुआ (d) कॉकरोच

31. निम्नलिखित में से किसके अधिकतम पैर होते हैं? *[RRB 2016]*
(a) मकड़ी (b) सहस्त्रपादी
(c) कॉकरोच (d) मक्खी

32. निम्न में से किसमें मैल्पीघी नलिका पाई जाती है?
(a) मोलस्का (b) निडेरिया
(c) आर्थ्रोपोडा (d) प्लैटीहेल्मिन्थीज

33. निम्न में से कौन कीट नहीं है? *[SSC 2017]*
(a) तितली (b) तिलचट्टा
(c) मच्छर (d) मकड़ी

34. अधिकांश कीट किस प्रकार श्वास लेते हैं? *[Lower Subordinate 2016]*
(a) त्वचा के द्वारा (b) गलफड़े के द्वारा
(c) फेफड़ों के द्वारा (d) ट्रेकिया प्रणाली के द्वारा

35. 'फेरोमोन्स' सामान्यतया उत्पन्न किया जाता है
(a) साँपों द्वारा (b) पक्षियों द्वारा
(c) चमगादड़ों द्वारा (d) कीटों द्वारा

36. निम्नलिखित में से किस जीव को 'सोशल इन्सेक्ट (Social insect) नहीं कहा जा सकता है?
(a) मधुमक्खी (b) झींगुर
(c) टर्माइट (d) चींटी

37. हरित ग्रंथियाँ किससे संबंधित हैं? *[SSC CGL 2012]*
(a) जनन (b) उत्सर्जन
(c) श्वसन (d) पाचन

38. कीटों में निर्मोचन किसके द्वारा नियंत्रित किया जाता है?
(a) पैराहॉर्मोन (b) पैराथॉर्मोन
(c) एकडायसोन (d) एन्जाइम

39. कीटों को अभिलक्षित किया जाता है *[RRC Railway Group D 2013]*
(a) संयुक्त पैरों के तीन युग्मों से
(b) अंतः कंकाल की उपस्थिति से
(c) पंखों की उपस्थिति से
(d) भूमि के साथ-साथ पानी में जीवित रहने की योग्यता से

40. निम्नलिखित में से कौन-सा जीव मोलस्का परिवार से सम्बन्धित है? *[RRB NTPC 2016]*
(a) कॉकरोच (b) घोंघा
(c) केंचुआ (d) स्टार मछली

41. निम्न में से कौन-से जानवर का सम्बन्ध संघ-मोलस्का से है?
(a) *हैलियोटिस* (b) खरगोश [SSC CGL 2015]
(c) *हाइला* (d) *हाइड्रा*

42. इनमें से कौन-सा मोलस्का संघ का एकमात्र उदाहरण है?
(a) टिड्डी (b) तितली [SSC CGL 2017]
(c) बिच्छू (d) *ऑक्टोपस*

43. एक कर्णसीपी (Abalone) क्या है? [RRB NTPC 2016]
(a) एक बड़ा सितारा (b) एक छोटा लड़ाकू विमान
(c) एक भूमिगत शहर (d) एक भक्षणीय समुद्री घोंघा

44. निम्नलिखित में से कौन चूर्णप्रावार (मोलस्का) संघ से सम्बन्धित नहीं है? [RRB Group D 2018]
(a) घोंघा (b) *काइटन*
(c) *ऑक्टोपस* (d) *एण्टीडोन*

45. *एस्टेरियस* (तारामीन), *एकाइनस* (समुद्री-अर्चिन), *एण्टीडोन* (समुद्री लिली) सभी किस संघ के उदाहरण हैं?
(a) इकाइनोडर्मेटा (b) ऐनेलिडा
(c) प्लैटीहेल्मिन्थीज (d) आर्थ्रोपोडा

46. .... संघ के प्राणी अनन्य रूप से समुद्र में मुक्त जीवन जीने वाले प्राणी हैं। [RRB Group D 2018]
(a) शूलचर्मी (इकाइनोडर्मेटा) (b) निमैटोडा
(c) चूर्णप्रावार (मोलस्का) (d) आर्थ्रोपोडा

47. फाइलम .... विशेष रूप से समुद्री जानवरों युक्त होता है। [RRB Group D 2018]
(a) प्लैटीहेल्मिन्थीज (b) इकाइनोडर्मेटा
(c) सीलेन्ट्रेटा (d) निमैटोडा

48. इकाइनोडर्मेटा में नालपाद किससे सम्बन्धित होते हैं?
(a) एम्बूलेक्रल तन्त्र (b) उत्सर्जन तन्त्र
(c) जनन तन्त्र (d) श्वसन तन्त्र

49. अरस्तू की लालटेन पाई जाती है
(a) समुद्री अर्चिन में (b) तारामीन में
(c) समुद्री एनीमोन में (d) ये सभी

50. कीपाकार कॉलर क्षेत्र पाया जाता है
(a) स्पंजों में (b) *हाइड्रा* में
(c) सेंडकृमि में (d) इन सभी में

51. हेमीकॉर्डेटा का शरीर विभाजित होता है
(a) शुण्ड, कॉलर एवं पुच्छ में
(b) मुँह (जबड़ा), कॉलर एवं पुच्छ में
(c) शुण्ड, लम्बा वक्ष एवं पुच्छ में
(d) शुण्ड, कॉलर एवं धड़ में

कॉर्डेट्स

52. अधिकांश वयस्क कॉर्डेट्स में पृष्ठरज्जु निम्न में से किस संरचना में परिवर्तित हो जाती है?
(a) कशेरुकदण्ड (b) क्लोम दरारें
(c) अन्तःकंकाल (d) हृदय

53. निम्नलिखित में से किसमें वाहिकीय परिसंचरण प्रणाली होती है?
I. तिलचट्टा II. मनुष्य III. झींगा [SSC CPO SI 2017]
विकल्प
(a) I तथा II (b) केवल II
(c) II तथा III (d) केवल III

54. सभी रज्जुकी संघों (कॉर्डेटों) में इसके अतिरिक्त निम्नलिखित में से सभी विशेषताएँ होती हैं [RRB Group D 2018]
(a) मेरुदण्ड होता है (b) सीलोमेट होते हैं
(c) द्विकोरकी होते हैं (d) त्रिकोरकी होते हैं

55. एक समान गुणों जैसे पृष्ठरज्जु (नोटोकॉर्ड) तथा पृष्ठीय खोखला तंत्रिका तंत्र के आधार पर प्राणियों जैसे मछली, उभयचर, सरीसृप, पक्षी और स्तनधारी को किस संघ में रखा गया है? [SSC CGL 2017]
(a) मेमेलिया (b) कॉर्डेटा
(c) प्राइमेट (d) इन्सेक्टा

56. निम्नलिखित में से कौन-सा प्रोटोकॉर्डेटा से सम्बन्धित है?
(a) *एम्फिऑक्सस* (b) रोहू [RRB Group D 2018]
(c) डॉग फिश (d) टूना

57. उपसंघ-यूरोकॉर्डेटा के सदस्यों की आहारनाल किस आकार की होती है?
(a) T-आकार की (b) U-आकार की
(c) O-आकार की (d) I-आकार की

58. *हर्डमानिया* का लार्वा वयस्क *हर्डमानिया* से किस प्रकार भिन्न है?
(a) कम विकसित होता है
(b) अधिक विकसित होता है
(c) कुछ समय तक कम, बाद में अधिक विकसित होता है
(d) उपरोक्त में से कोई नहीं

59. *एम्फिऑक्सस* में क्लोम छिद्र पाए जाते हैं
(a) उदर में (b) मुख गुहिका
(c) ग्रसनी में (d) ओरल सिरों में

60. मछलियों का हृदय होता है
(a) द्विकक्षीय (b) त्रिकक्षीय
(c) चतुष्क कक्षीय (d) पंचकक्षीय

61. अलवणीय जल में पाई जाने वाली सबसे प्राचीन मछलियाँ किस वर्ग की थीं?
(a) प्लैकोडर्मी (b) कॉण्ड्रिक्थीज
(c) ऑस्टिक्थीज (d) ये सभी

62. इन जानवरों में से किसके जबड़े नहीं होते हैं? [SSC CGL 2015]
(a) ट्राइमोन (b) शार्क
(c) *मिक्साइन* (d) स्फिर्ना

63. मछलियों के शरीर का कौन-सा भाग उन्हें जल के अंदर दिशा परिवर्तन एवं संतुलन बनाए रखने में सहायता करते हैं? [SSC 2017]
(a) पंख तथा पूंछ (b) पंख तथा शल्क
(c) पूंछ तथा शल्क (d) गिल तथा पख

64. निम्नलिखित में से किसके हृदय में केवल दो कक्ष होते हैं?
(a) मेंढक (b) सैलामेण्डर
(c) कोबरा (d) रोहू

65. निम्नलिखित विकल्पों में से कौन-सी मछली है? *[SSC 2016]*
(a) जेली फिश (b) लोबस्टर
(c) *साल्मॉन* (d) व्हेल

66. सबसे जहरीली मछली कौन-सी है? *[RRB NTPC 2016]*
(a) पफ्फर मछली (b) पॉर्कुपाइन मछली
(c) एंग्लर मछली (d) पिरान्हास मछली

67. निम्नलिखित में से कौन-सी एक प्रकार की मछली है? *[SSC MTS 2014]*
(a) प्रवाल (मूंगा) (b) रजतमीन
(c) अश्वमीन (d) इनमें से कोई नहीं

68. शार्क में किस प्रकार की पूँछ पाई जाती है? *[SSC CGL 2013]*
(a) विषमपालि पूँछ (b) द्विसमपालि पूँछ
(c) आद्यपालि पूँछ (d) समपालि पूँछ

69. उभयचरों का हृदय होता है
(a) त्रिकोष्ठीय (b) चतुर्कोष्ठीय
(c) द्विकोष्ठीय (d) एक कोष्ठीय

70. निम्नलिखित में से किस वर्ग के सदस्य जलीय तथा स्थलीय दोनों प्रकार के जीवन के लिए अनुकूलित होते हैं?
(a) सरीसृप (b) उभयचर
(c) पक्षी (d) स्तनधारी

71. निम्नलिखित में से किस प्राणी का हृदय त्रिकोष्ठीय (थ्री-चैम्बर्ड हर्ट) होता है?
(a) *स्कोलियोडॉन* (b) सैलामैण्डर
(c) कबूतर (d) मानव

72. उभयचरों का मध्यकर्ण कितनी कर्ण अस्थिकाओं से मिलकर बना होता है?
(a) दो (b) एक
(c) तीन (d) चार

73. उभयचरों के मस्तिष्क में कितनी जोड़ी कपाल तन्त्रिकाएँ पाई जाती हैं?
(a) 8 (b) 10 (c) 12 (d) 14

74. मूत्राशय अनुपस्थित होता है
(a) छिपकलियों में (b) सर्पों में
(c) क्रोकोडाइल्स में (d) इन सभी में

75. सरीसृपों के अण्डे कैसे होते हैं?
(a) अपीतकी (b) मध्यपीतकी
(c) सूक्ष्मपीतकी (d) अतिपीतकी

76. एक ही समय दोनों तरफ कौन-सा प्राणी देख सकता है?
(a) गिरगिट (b) छिपकली
(c) सर्प (d) कछुआ

77. साँप के जहरीले विषदंत होते हैं, जो रूपान्तरित रूप हैं *[UPRO/ARO (Pre) 2016]*
(a) चिबुकास्थि दंत के (b) तालु दंत के
(c) श्वानीय दंत के (d) जंभिका दंत के

78. किस वर्ग के जानवरों की त्वचा शुष्क और ग्रन्थि-विहीन होती है? *[RRB Group D 2018]*
(a) स्तनधारी (b) पक्षीवर्ग
(c) सरीसृप (d) उभयचर

79. मनुष्य, स्तनपायी से उसी प्रकार सम्बन्धित है, जैसे साँप .... से सम्बन्धित है। *[RRB Group D 2018]*
(a) जन्तु (b) कीट
(c) सरीसृप (d) उभयचर

80. निम्नलिखित में से कौन शीत रुधिर वाला जन्तु है? *[SSC CPO SI 2017]*
(a) बंदर (b) चूहा
(c) साँप (d) भेड़िया

81. साँप, कछुआ, छिपकली तथा मगरमच्छ जन्तु किस श्रेणी में आते हैं? *[SSC CPO SI 2017]*
(a) मत्स्य (b) जल-स्थलचर
(c) सरीसृप (d) पक्षी

82. निम्न में से किस सरीसृप का हृदय चार कोष्ठीय होता है?
(a) नागराज (b) मगरमच्छ
(c) *केलोटस* (d) कूर्म

83. पक्षी तथा सरीसृपों का उत्सर्जी पदार्थ है
(a) अमोनिया (b) यूरिया
(c) यूरिक अम्ल (d) अमोनिया तथा यूरिया

84. नीचे चार पक्षियों के नाम दिए गए हैं जिनमें से तीन किसी प्रकार आपस में सम्बन्धित हैं और एक भिन्न है। भिन्न का चयन करें। *[RRB Group D 2013]*
(a) शुतुरमुर्ग (b) पेंग्विन
(c) गिद्ध (d) एमू

85. इनमें से कौन उड़ सकता है? *[Lower Subordinate 2018]*
(a) हॉर्नबिल (b) ऑस्ट्रिच
(c) एमू (d) पेंग्विन

86. कौन-सा जीवित पक्षी विश्व का सबसे छोटा अण्डा देता है? *[Lower Subordinate 2016]*
(a) हॉर्नबिल (b) हमिंगबर्ड
(c) गुल (d) कठफोड़वा

87. एम्निओटा समूह में कौन-से जन्तु आते हैं?
(a) पक्षी एवं सरीसृप (b) पक्षी एवं स्तनी
(c) सरीसृप एवं स्तनी (d) सरीसृप, पक्षी एवं स्तनी

88. मनुष्य मैमेलिया (स्तनधारी) वर्ग से सम्बन्धित है, जिसमें निम्नलिखित में से एक नहीं आता है, वह कौन-सा है? *[RRB NTPC 2016]*
(a) चूहा (b) छिपकली
(c) बिल्ली (d) सूअर

89. रेगिस्तान का जहाज किस जानवर को कहा जाता है? *[Junior Engineer Technique 2015]*
(a) घोड़ा (b) ऊँट
(c) भेड़ (d) हाथी

90. निम्नलिखित में कौन-सा जानवर बिना पानी पिए सबसे लंबी अवधि तक रह सकता है? *[UPPCS (Pre) 2018]*
(a) जिराफ (b) ऊँट
(c) कंगारू (d) कंगारू चूहा

91. निम्नलिखित में से कौन भारत का राष्ट्रीय जलीय जीव है? *[SSC CGL 2017]*
(a) मगरमच्छ (b) कछुआ
(c) घड़ियाल (d) गंगा नदी की डॉल्फिन

92. निम्न में से कौन-से नियततापी प्राणी हैं? *[SSC CGL 2011]*
(a) व्हेल (b) व्हेल शार्क
(c) एलाइटीज (d) ड्रेको

93. निम्नलिखित में से उस विकल्प का चयन करें, जो स्तनी समूह से सम्बन्धित नहीं है *[RRB Group D 2018]*
(a) बस्टर्ड (b) हिरण
(c) भालू (d) चीता

94. निम्न प्रजातियों में से कौन-सी दाँत वाले व्हेलों में विशालतम है? *[UPPCS 2015]*
(a) फिनबैक व्हेल (b) ब्लू व्हेल
(c) स्पर्म व्हेल (d) हम्पबैक व्हेल

95. निम्नलिखित पशुओं में से कौन-सा पशु स्तनधारी प्राणी समूह का नहीं है?
(a) कंगारू (b) *स्कॉलियोडॉन*
(c) *हिप्पोपोटेमस* (d) व्हेल

96. निम्नलिखित में से किस जन्तु में खुर नहीं पाए जाते हैं? *[UPPCS 2017]*
(a) हिरण (b) गीदड़
(c) जेबरा (d) घोड़ा

97. निम्नलिखित में से कौन-सा विकल्प मार्सूपियल्स का उदाहरण है? *[RRB NTPC 2016]*
(a) कंगारू (b) व्हेल
(c) जिराफ (d) रूस्टर

98. निम्नलिखित में से कौन-सा जीव अण्डे देता है और प्रत्यक्षतया बच्चे पैदा नहीं करता? *[SSC 2016]*
(a) *एकिडना* (b) कंगारू
(c) साही (d) ब्लू व्हेल

99. विश्व में सबसे तेज जमीनी जानवर कौन-सा है? *[RRB NTPC 2016]*
(a) कुत्ता (b) चीता
(c) बाघ (d) घोड़ा

100. मानव-सदृश लघुतम कपि है *[UPPCS (Pre) 2016]*
(a) गिब्बन (b) चिम्पैंजी
(c) गोरिल्ला (d) ओरंगउटान

101. भारत के राष्ट्रीय प्राणी का वैज्ञानिक नाम क्या है? *[SSC CGL 2006]*
(a) *पैन्थेरा लिओ* (b) *पैन्थेरा टाइग्रिस*
(c) *एलिफैस इण्डिकसम* (d) *बोस डोमोस्टिकस*

102. समुद्री गाय क्या है? *[RRB 2018]*
(a) एक सरीसृप (b) एक स्तनपायी
(c) एक कीट (d) एक पक्षी

103. पेंग्विन, ऑस्ट्रिच, कीवी एवं एमू में समानता का पता लगाएँ *[RRB NTPC 2016]*
(a) ये सभी स्तनधारी जीव हैं
(b) ये सभी स्तनधारी हैं
(c) ये सभी समुद्री चिड़ियाँ हैं
(d) उपरोक्त में से कोई भी उड़ नहीं सकता है

104. पक्षी और चमगादड़ अच्छा उड़ते हैं। चमगादड़ पक्षी से भिन्न है
(a) चार कक्ष वाला हृदय होने के कारण *[SSC FCI 2012]*
(b) मध्यपट (डायाफ्राम) के कारण
(c) पंखों के कारण
(d) लघु मस्तिष्क के कारण

105. तलवार जैसी चोंच वाले हमिंगबर्ड के बारे में विशेष क्या है?
(a) यह विश्व की सबसे छोटी चिड़िया है *[RRB NTPC 2016]*
(b) इसकी चोंच, इसके शरीर से लम्बी होती है
(c) यह केवल अण्टार्कटिका में रहती है
(d) यह उड़ नहीं सकती

106. खरगोश द्वारा पिछले पैरों से जमीन पर प्रहार करना किससे संबद्ध व्यवहार है? *[SSC CPO 2013]*
(a) युगलबंदी के लिए तैयार करना
(b) सदस्यों को चेतावनी संकेत
(c) शक्तिशाली विरोधी के समक्ष समर्पण
(d) प्रणय-याचना

107. सूची I को सूची II से सुमेलित कीजिए तथा नीचे दिए गए कूट से सही उत्तर चुनिए

	सूची I (विशेषताएँ)		सूची II (जन्तु)
A.	पर रहित कीड़ा	1.	कीवी
B.	उड़ान रहित पक्षी	2.	सिल्वर फिश
C.	पैर रहित रेंगने वाला पशु	3.	मछली
D.	पैर (Limb) रहित पशु	4.	साँप

[RRB NTPC 2017]

कूट

	A	B	C	D		A	B	C	D
(a)	1	4	2	3	(b)	2	1	4	3
(c)	3	1	2	4	(d)	4	1	3	4

■ **निर्देश** (प्र.सं. 108-111) *निम्न प्रश्नों में, कथन के वक्तव्य के बाद कारण के वक्तव्य को दिया गया है। सही विकल्प पर निशान लगाइए।*
(a) कथन और कारण दोनों सत्य हैं तथा कारण, कथन की सत्य व्याख्या करता है।
(b) कथन और कारण दोनों सत्य हैं लेकिन कारण, कथन की सत्य व्याख्या नहीं करता है।
(c) कथन सत्य है, लेकिन कारण असत्य है।
(d) कथन और कारण दोनों असत्य हैं।

108. **कथन** फीताकृमि, गोलकृमि तथा पिनकृमि मानव आँत में अन्त:परजीवी है।
कारण अधपका भोजन एस्केहैल्मिन्थीज (Aschelminthes) द्वारा होने वाले आँत के संक्रमण का मुख्य कारण है।

109. **कथन** उभयचर समुद्री जल में जीवित नहीं रह सकते।
कारण उभयचरों में श्वसन के लिए फेफड़े होते हैं, जो समुद्र के जल के दबाव में नष्ट हो जाते हैं।

110. **कथन** केवल कोयल जैसे पक्षी को छोड़कर, सभी पक्षी थकान के बाद या रात्रि में आराम के लिए घोंसला बनाते हैं।
कारण कोयल, बैया चिड़िया (Tailor bird) के घोंसलों में अण्डे देती है।

111. **कथन** पक्षी अधिकतर रेप्टाइल्स (रेंगने वालों) से अधिक खाते हैं।
कारण पक्षी समतापी हैं तथा ये अधिक ऊर्जा उपयोग में लाते हैं तथा सरीसृप असमतापी हैं।

उत्तरमाला

1 (a)	2 (d)	3 (c)	4 (c)	5 (a)	6 (a)	7 (c)	8 (c)	9 (c)	10 (b)
11 (d)	12 (d)	13 (d)	14 (b)	15 (a)	16 (d)	17 (c)	18 (d)	19 (a)	20 (a)
21 (b)	22 (b)	23 (c)	24 (b)	25 (b)	26 (d)	27 (d)	28 (b)	29 (c)	30 (d)
31 (b)	32 (c)	33 (d)	34 (d)	35 (d)	36 (b)	37 (b)	38 (c)	39 (a)	40 (b)
41 (a)	42 (d)	43 (d)	44 (d)	45 (a)	46 (a)	47 (b)	48 (a)	49 (a)	50 (c)
51 (d)	52 (a)	53 (b)	54 (c)	55 (b)	56 (a)	57 (b)	58 (b)	59 (c)	60 (a)
61 (a)	62 (c)	63 (a)	64 (d)	65 (c)	66 (a)	67 (c)	68 (a)	69 (a)	70 (b)
71 (b)	72 (b)	73 (b)	74 (d)	75 (d)	76 (a)	77 (d)	78 (c)	79 (c)	80 (c)
81 (c)	82 (b)	83 (c)	84 (c)	85 (a)	86 (b)	87 (d)	88 (b)	89 (b)	90 (d)
91 (d)	92 (a)	93 (a)	94 (c)	95 (b)	96 (b)	97 (a)	98 (a)	99 (b)	100 (a)
101 (b)	102 (b)	103 (d)	104 (b)	105 (b)	106 (b)	107 (b)	108 (b)	109 (d)	110 (d)
111 (a)									

उत्तर सहित व्याख्या

6. (*a*) भ्रूणीय विकास के दौरान मीसोडर्म अर्थात् मध्य त्वचा से आच्छादित शरीर गुहा को वास्तविक देहगुहा या प्रगुहा (Coelom) कहते हैं। तथा ऐसे जंतु जिनमें वास्तविक देहगुहा पाई जाती है, उन्हें यूसीलोमेट (Eucoelomate) कहते हैं।

8. (*c*) जिन प्राणियों में कोशिकाएँ तीन भ्रूणीय स्तरों जैसे– एक्टोडर्म, मीसोडर्म तथा एण्डोडर्म में विभाजित व व्यवस्थित होती हैं, उन्हें त्रिकोरकी या त्रिस्तरीय (Triploblastic) कहते हैं।

9. (*c*) अकशेरुकी में नोटोकॉर्ड (पृष्ठरज्जु) अनुपस्थित होती है, जबकि कशेरुकियों में जीवन की किसी ना किसी अवस्था में नोटोकॉर्ड (पृष्ठरज्जु) उपस्थित होती है।

10. (*b*) स्पंजगुहा पोरीफेरा जन्तु संघ का लक्षण है। ये जीव निरन्तर बाहरी जलधारा अपने अन्दर खींचते हैं तथा बाहर निकालते हैं। इस संघ में लगभग 500 जातियाँ सम्मिलित हैं; उदाहरण–स्पंज।

11. (*d*) पोरीफेरा शब्द का अर्थ 'छिद्र धारण करने वाले' होता है। इसके अंतर्गत आने वाले जंतुओं का शारीरिक संगठन कोशिकीय स्तर का होता है; उदाहरण– *साइकॉन, स्पॉन्जिला, यूस्पॉन्जिया* आदि।

17. (*c*) सीलेन्ट्रेटा (निडेरिया) का शरीर कोशिका की दो परतों (एक्टोडर्म एवं एण्डोडर्म) से बना होता है। इसलिए ये द्विस्तरीय जन्तु कहलाते हैं। इसके अतिरिक्त पोरीफेरा के जन्तुओं में भी द्विस्तरीय शरीर होता है। संघ-प्लेटीहेल्मिन्थीज, निमेटोडा एवं ऐनेलिडा में त्रिस्तरीय शरीर संरचना होती है।

18. (*d*) *प्लैनेरिया* के नेत्र बहुत ही साधारण होते हैं। वास्तव में ये रोशनी को पहचानने वाले नेत्र बिन्दु के रूप में पाए जाते हैं, जो उन्हें रोशनी के स्रोत से दूर भागने में सहायक होते हैं।

23. (*c*) *नेरीस, फेरेटिमा* (केंचुआ) तथा *हिरुडिनेरिया* (जोंक) तीनों ऐनेलिडा (Annelida) संघ के उदाहरण हैं। ये खंडयुक्त कृमि (Segmented worms) हैं। इनका शरीर कोमल, लचीला, द्विपार्श्वीय एवं त्रिस्तरीय (Triploblastic) होता है।

24. (*b*) केंचुएँ के उत्सर्जी अंग वृक्कक या नेफ्रीडिया (Nephridia) होते हैं। ये विशेष प्रकार की संरचनाएँ शरीर गुहा तथा रुधिर धारा से नाइट्रोजनी पदार्थों का निष्कासन करती हैं।

30. (*d*) आर्थ्रोपोडा संघ के अकशेरुकी उभयलिंगी नहीं होते हैं। ये प्राय: एकलिंगी होते हैं तथा इनमें निषेचन शरीर के अंदर होता है। कॉकरोच, खटमल, आदि बहुत से कीट इसके अन्तर्गत आते हैं।

34. (*d*) कीटों में श्वास लेने के लिए शरीर की सतह पर कई जोड़ी श्वास रन्ध्र (Spiracles) होते हैं, जो ट्रेकिया प्रणाली द्वारा जुड़े रहते हैं। कॉकरोच में श्वास रन्ध्र 10 जोड़ी होते हैं।

36. (*b*) झींगुर को सोशल इन्सेक्ट (Social insect) नहीं कहा जा सकता है। ये ऐसी सुव्यवस्थित निवह (Colony) में नहीं रहते हैं, जहाँ सदस्यों में श्रम विभाजन हो।

40. (*b*) घोंघा मोलस्का परिवार से सम्बन्धित है। आर्थ्रोपोडा के बाद अकशेरुकीय का दूसरी सबसे बड़ा संघ है। कैल्सियम कार्बोनेट युक्त कवच की उपस्थिति इस संघ की प्रमुख विशेषता है।

41. (*a*) *हैलियोटिस (Haliotis)* हैलियोटिडी कुल का एक मात्र जीनस (Genus) है। इससे संबंधित जन्तु मोलस्का संघ के अन्तर्गत आते हैं।

43. (*d*) कर्णसीपी (Abalone) किसी अक्षणीय समुद्री घोंघे का सामान्य नाम है। यह विश्व के प्रत्येक क्षेत्र में पाया जाता है।

44. (*d*) *एण्टीडोन* चूर्णप्रावार (मोलस्का) संघ से सम्बन्धित नहीं है। यह इकाइनोडर्मेटा संघ से सम्बन्धित है। अन्य सभी विकल्पी प्राणी (घोंघा, *काइटन* एवं *ऑक्टोपस*) मोलस्का संघ में आते हैं।

45. (*a*) प्रश्न में दिए सभी जन्तु संघ इकाइनोडर्मेटा के उदाहरण हैं। संघ-इकाइनोडर्मेटा के जंतु केवल समुद्र में पाए जाते हैं। इनका शरीर त्रिस्तरीय तथा पंचतयी अरीय सममितिय (Pentamerous radial symmetrical) होता है। इनके शरीर में विशिष्ट जल संवहनी तंत्र पाया जाता है।

53. (*b*) तिलचट्टा, झींगा, मकड़ी आदि आर्थ्रोपोडा संघ के जन्तु हैं। इनमें खुला परिसंचरण तंत्र (Open circulatory system) पाया जाता है, जबकि मनुष्य में वाहिकीय या बंद रक्त परिसंचरण पाया जाता है, जिसमें रक्त हृदय व रुधिर वाहिनियों में बहता है।

54. (*c*) सभी रज्जुकी (जीव या कॉर्डेट्स) त्रिकोरकी होते हैं।

55. (*b*) मछली, उभयचर, सरीसृप, पक्षी और स्तनधारी को कॉर्डेटा संघ में रखा गया है। इन जन्तुओं के जीवन की किसी न किसी अवस्था में पृष्ठरज्जु या मेरुदण्ड (Notochord) अवश्य पाई जाती है तथा मेरुदण्ड के ऊपर पृष्ठतल पर खोखली नली के रूप में केंद्रीय तंत्रिका नाल पाई जाती है, जो मस्तिष्क से लेकर शरीर के पिछले सिरे तक फैली होती है।

56. (*a*) *एम्फिऑक्सस,* जन्तु प्रोटोकॉर्डेटा से सम्बन्धित हैं। इन्हें लैन्सलेट के नाम से भी जाना जाता है। इसमें लगभग 30 से 35 प्रजातियाँ पाई जाती हैं। अन्य जन्तु रोहू, टूना एवं डॉग फिश कॉर्डेटा के उदाहरण हैं।

76. (*a*) गिरगिट सरीसृप वर्ग का प्राणी है। इनमें आँख अग्रस्थ न होकर पार्श्व रेखा (Lateral line) में स्थित एवं अत्यधिक उभरी हुई होती हैं, जिसके कारण ये एक ही समय में दोनों ओर देख सकते हैं। ये अपना रंग वातावरण के

अनुसार बदलकर अपनी रक्षा शिकारी से कर सकते हैं।

77. (*d*) विषैले सर्पों में ऊपरी जबड़े की मैक्सिली हड्डियों के 1 से 3 जोड़ी (प्राय: एक जोड़ी) बड़े व पीछे की ओर मुड़े हुए विषदंत (Poison fangs) तालु से मुखग्रासन गुहिका में उभरे रहते हैं। यह मैक्सिलरी दंत (जंभिका दंत) ऊपरी जबड़े में ही स्थित विष ग्रंथियों (Poison glands) से संबद्ध होते हैं।

78. (*c*) सरीसृप वर्ग के जन्तुओं की त्वचा शुष्क और ग्रन्थि-विहीन होती है। ये एकलिंगी, असमतापी, अण्डज जन्तु होते हैं। इनके शरीर पर शुष्क तथा बड़े-बड़े शल्कों का आवरण होता है।

79. (*c*) जैसे मनुष्य, स्तनपायी वर्ग का प्राणी है, उसी प्रकार साँप सरीसृप वर्ग का प्राणी है। सरीसृप वर्ग के प्राणी रेंगकर चलते हैं। छिपकली, मगरमच्छ आदि सरीसृप वर्ग के अन्तर्गत आते हैं।

84. (*c*) दिए गए विकल्पों में से गिद्ध भिन्न है, क्योंकि यह पक्षी उड़ सकता है। अन्य जन्तु शुतुरमुर्ग, पेंग्विन तथा एमू पक्षी वर्ग के जन्तु हैं, परन्तु इनमें उड़ने की क्षमता नहीं पाई जाती है।

85. (*a*) विकल्पों में दिए गए प्राणियों में से हॉर्नबिल उड़ने वाला प्राणी है। ऑस्ट्रिच, एमू एवं पेंग्विन में उड़ने की क्षमता नहीं होती है।

86. (*b*) हमिंगबर्ड विश्व का सबसे छोटा अण्डा देने वाला एवं सबसे छोटा पक्षी है। यह पक्षी वर्ग (Class) तथा ट्रेकिलीडी कुल (Family) का जीव है।

88. (*b*) छिपकली स्तनधारी नहीं है। यह सरीसृप वर्ग के अन्तर्गत आती है। यह असमतापी जन्तु है, जबकि सभी स्तनधारी समतापी जन्तु हैं।

89. (*b*) ऊँट को रेगिस्तान का जहाज (Ship of desert) कहा जाता है। इसमें मरुस्थलीय जीवन के अनुकूलन पाए जाते हैं। इनमें मूत्र बहुत सान्द्रित होता है तथा घनी पलकें सूर्य के प्रकाश एवं बालू के कणों से रक्षा करती है।

90. (*d*) कंगारू चूहा (Kangaroo rat) बिना पानी पीए सबसे लंबी अवधि तक जीवित रह सकता है। उसमें यह अनुकूलता उसके उत्सर्जन तंत्र (वृक्क) की विशेष संरचना व कार्यप्रणाली के कारण होती है।

91. (*d*) गंगा में पाई जाने वाली डॉल्फिन (Gangetic dolphin) को भारत के राष्ट्रीय जलीय जीव (National water animal) का दर्जा दिया गया है। यह एक स्तनपायी जीव है, जोकि गंगा नदी के जल की शुद्धता को प्रदर्शित करती है, क्योंकि ये शुद्ध जल में ही जिंदा रह पाती हैं।

93. (*a*) ग्रेट इण्डियन बस्टर्ड या गोडावण एक बड़े आकार का शुष्क एवं अर्द्धशुष्क घास के मैदानों में पाया जाने वाला पक्षी है। अधिक वजन होने के कारण यह उड़ने में असक्षम होता है। हिरण, भालू तथा चीता स्तनधारी जीव हैं।

95. (*b*) *स्कॉलियोडॉन (Scoliodon)* स्तनधारी समूह का प्राणी नहीं हैं। यह मत्स्य वर्ग का प्राणी है। ये असमतापी जन्तु होते हैं। इनकी त्वचा पर शल्क पाए जाते हैं।

96. (*b*) गीदड़ को छोड़कर शेष पशु खुर वाले हैं। गीदड़ कुत्ते की फैमिली-कैनिडी (Canidae) की एक प्रजाति है। सामान्य गीदड़ों का वैज्ञानिक नाम *कैनिस ऑरियस (Canis aureus)* है। गीदड़ों के पैर नाखून युक्त गद्दीदार होते हैं।

97. (*a*) मार्सूपियल्स स्तनधारी जन्तुओं का एक वर्ग है, जो अपने शिशुओं को अपने पेट के पास बनी हुई शिशु धानी में रखकर चलते हैं; जैसे— कंगारू।

100. (*a*) गिब्बन मानव सदृश लघुतम कपि, जबकि चिम्पैंजी, गोरिला एवं ओरंगउटान बड़े आकार के कपि होते हैं।

105. (*b*) तलवार जैसी चोंच वाले हमिंगबर्ड के बारे में विशेष यह है कि इसकी चोंच, इसके शरीर से भी लम्बी होती है।

106. (*b*) जब खरगोश को अपने आस-पास संकट या खतरे का आभास होता है, तब वह पिछले पैरों से जमीन पर प्रहार करता है। यह व्यवहार उसके द्वारा अन्य सदस्यों को चेतावनी का संकेत देने के लिए किया जाता है।

108. (*b*) फीताकृमि (*टीनिया सोलियम*) प्लेटीहैल्मिन्थीज तथा गोलकृमि (*एस्कैरिस*) एवं पिनकृमि (*एन्टिरोबियस*) एस्केहैल्मिन्थीज संघ में आते हैं। ये सभी अन्त:परजीवी हैं। मनुष्य की आँत में इनके संक्रमण का मुख्य कारण अधपका भोजन है। यद्यपि, फीताकृमि का संक्रमण अधपका भोजन खाने से ही होता है, परन्तु *एस्कैरिस* का स्थानान्तरण संक्रमित भोजन व जल से होता है। *एन्टिरोबियस वर्मीकुलेरिस* या पिनकृमि भोजन या अस्वच्छ अवस्थाओं में स्थानान्तरित होता है।

109. (*d*) प्राय: उभयचर लवणीय जल या समुद्रों में इसलिए नहीं रहते हैं, क्योंकि वह बर्हिपरासरण शीघ्र ही द्वारा जल खो देते हैं। इसका कारण इनमें शल्क व अपारगम्य बाह्य कंकाल का अभाव है। इसके अतिरिक्त गहरे समुद्र स्थलों से दूर भी होते हैं।

110. (*d*) पक्षी शयन, घोंसला निर्माण, पैतृक रक्षण, प्रवास (Migration) व स्थलीय व्यवहार दर्शाते हैं। कोयल (*Eudynamis*) कभी अपना घोंसला नहीं बनाती। ये कौए के घोंसले में अण्डे देती है। अत: कोयल को घोंसला परजीवी (Nest parasite) भी कहते हैं।

111. (*a*) पक्षी, सरीसृपों से अधिक भोजन खाते हैं, क्योंकि पक्षी समतापी होते हैं व उपापचयी क्रियाओं द्वारा ऊष्मा उत्पन्न करके शरीर के ताप का नियमन करते हैं। अत: अधिक ऊर्जा उत्पादन के लिए इन्हें अधिक भोजन की आवश्यकता होती है, जबकि सरीसृप असमतापी होते हैं।

अध्याय

04

कोशिका एवं कोशिका विभाजन

Cell and Cell Division

कोशिका

- कोशिका (Cell) सभी सजीवों की आधारभूत, संरचनात्मक और कार्यात्मक इकाई है।
- **रॉबर्ट हुक** (Robert Hooke; 1665) ने सर्वप्रथम सरल सूक्ष्मदर्शी के द्वारा कॉर्क के पतले टुकड़े में मधुमक्खी के छत्ते के समान संरचना देखी, जोकि मृत कोशिकाएँ थीं और किसी जेल (Prison) की कोठरियों से सम्बन्ध करते हुए इन्हें *सेल्युला (Cellula)* कहा। बाद में यही नाम बदलकर कोशिका हो गया।
- कोशिका सिद्धान्त (Cell theory) **श्लाइडेन व श्वान ने** सन् 1938 में प्रतिपादित किया। इसके अनुसार, सभी जीवों का शरीर एक या अनेक कोशिकाओं से मिलकर बना होता है, अतः ये जीव की संरचनात्मक एवं क्रियात्मक इकाई होते हैं। बाद में 1858 में रूडोल्फ विरकोव ने कोशिका सिद्धान्त को रूपान्तरित किया। उनके अनुसार, सभी कोशिकाओं की उत्पत्ति उनकी पूर्ववर्ती कोशिकाओं से ही होती है।
- कोशिका की संख्या के आधार पर जीव एककोशिकीय (जैसे– *अमीबा*) या बहुकोशिकीय (जैसे– मानव) हो सकते हैं।
- सबसे छोटी कोशिका *माइकोप्लाज्मा (Mycoplasma)* या 'प्ल्यूरोन्यूमोनिया लाइक ऑर्गेनिज्म' (PPLO) है। इसे पादप जगत का जोकर भी कहते हैं।
- पादप जगत में सबसे लम्बी कोशिका रेमई तन्तु (Ramae fibre) की होती हैं, जो *बोहमेरिया निविया (Boehmeria nivea)* से प्राप्त होता है।
- जन्तु जगत में तन्त्रिका कोशिका (Nerve Cell or Neuron) सबसे लम्बी कोशिका है।
- शुतुरमुर्ग का अण्डा सबसे बड़ी कोशिका है।
- कोशिका सिद्धान्त विषाणुओं पर लागू नहीं होता है, क्योंकि वे अकोशिकीय (Acellular) होते हैं।

कोशिका के प्रकार

केन्द्रक की संरचना के आधार पर कोशिकाएँ मुख्यतया निम्न दो प्रकार की होती हैं

- **प्रोकैरियोटिक कोशिका** (Prokaryotic cell) यह सरलतम संरचना वाली कोशिका कुछ सरल एवं आद्य एककोशिकीय जीवों (Unicellular organisms) में पाई जाती हैं। इसमें अल्पविकसित केन्द्रक पाया जाता है अर्थात् केन्द्रक में केन्द्रक कला, गुणसूत्र, केन्द्रिका, आदि अनुपस्थित होते हैं। वास्तविकता में केन्द्रक के स्थान पर इनमें नग्न DNA पाया जाता है। केन्द्रक की इस प्रकार की संरचना को आरम्भी केन्द्रक या न्यूक्लियोइड या जीनोफोर कहते हैं। उदाहरण–जीवाणु, नीली-हरी शैवाल, आदि।
- **यूकैरियोटिक कोशिका** (Eukaryotic cell) इसमें दोहरी झिल्ली युक्त सुविकसित केन्द्रक पाया जाता है। इनमें विकसित कोशिकांग पाए जाते हैं। यूकैरियोटिक कोशिका निम्न दो प्रकार की होती हैं
  - **पादप कोशिका** इनमें कोशिका भित्ति उपस्थित होती है। इनमें भोजन पॉलीसैकेराइड मण्ड (Starch) के रूप में संचित होता है। सेन्ट्रोसोम एवं लाइसोसोम अनुपस्थित होते हैं, जबकि लवक तथा बड़ी रिक्तिका पाई जाती है।
  - **जन्तु कोशिका** इसमें कोशिका भित्ति नहीं पाई जाती है। इसमें भोजन पॉलीसैकेराइड ग्लाइकोजन के रूप में संचित रहता है एवं सेन्ट्रोसोम तथा लाइसोसोम दोनों पाए जाते हैं, किंतु लवक अनुपस्थित होते हैं।

कोशिका की संरचना

इनकी संरचना निम्न भागों में विभाजित होती है

- **कोशिका भित्ति** (Cell wall) कवक व पादपों की जीवद्रव्य झिल्ली के बाहर पाए जाने वाले मृत आवरण को कोशिका भित्ति कहते हैं। यह सेलुलोस, हेमीसेलुलोस एवं पेक्टिन जैसे अघुलनशील पॉलीसैकेराइड द्वारा बनी होती है। कोशिका भित्ति मुख्यतया पादप, कवक, जीवाणु, शैवाल में पाई जाती है, परन्तु यह जन्तु एवं प्रोटोजोआ में अनुपस्थित होती है।
- **कोशिका कला या झिल्ली** (Cell or Plasma membrane) यह जन्तु कोशिका की बाह्यतम परत होती है, जो कोशिका की बाहरी सीमा तय कर इसे आकार एवं सुरक्षा प्रदान करती है। यह अर्द्धपारगम्य या वरणात्मक पारगम्य होती है। **सिंगर एवं निकोल्सन** के **तरल मोजैक मॉडल** के अनुसार, यह झिल्ली या कला दो लिपिड की परत की बनी होती है। इस परत के बाहर बाह्य प्रोटीन जुड़े होते हैं तथा कुछ ठोस प्रोटीन लिपिड की परत में धँसे होते हैं, जिन्हें आन्तर प्रोटीन कहते हैं।
- **जीवद्रव्य** (Protoplasm) 'जीवद्रव्य' शब्द सन् 1839 में **पुरकिन्जे** नामक वैज्ञानिक ने दिया था। **हक्सले** ने जीवद्रव्य को जीवन का भौतिक आधार कहा।

जीवद्रव्य के निम्न दो भाग होते हैं

- **कोशिकाद्रव्य** (Cytoplasm) कोशिका में भरा वह सारा जीवद्रव्य, जिसमें अन्य कोशिकांग उपस्थित होते हैं व कई रासायनिक व भौतिक क्रियाएँ सम्पन्न होती हैं, कोशिकाद्रव्य कहलाता है।
- **केन्द्रकद्रव्य** (Nucleoplasm) केन्द्रक में भरा सारा जीवद्रव्य, जिसमें गुणसूत्र व केन्द्रिका उपस्थित होते हैं, केन्द्रकद्रव्य कहलाता है।

- **अन्तःप्रद्रव्यी जालिका** (Endoplasmic reticulum) ये द्विझिल्लीबद्ध व अन्तर्वलित झिल्ली (Interconnected membrane) से बनी संरचनाएँ हैं। ये दो प्रकार की होती हैं
  - **खुरदरी अन्तःप्रद्रव्यी जालिका** (Rough endoplasmic reticulum) ये कोशिकाद्रव्यी सतह पर राइबोसोम युक्त होती हैं। ये स्त्रावी व प्रोटीन संश्लेषण करने वाली कोशिकाओं में पाई जाती हैं।
  - **चिकनी अन्तःप्रद्रव्यी जालिका** (Smooth endoplasmic reticulum) इन पर राइबोसोम नहीं पाए जाते हैं। ये वसा के संश्लेषण का कार्य करती हैं, जैसे– कोलेस्ट्रॉल और स्टीरॉइड हॉर्मोन्स का स्त्रावण करना।
- **राइबोसोम** (Ribosome) ये *m*RNA प्रोटीन्स की बनी बहुत छोटी व कणिकामय संरचनाएँ होती हैं तथा प्रोटीन का निर्माण स्थल होती हैं। यूकैरियोटिक कोशिका में 80 S (60 S + 40 S) प्रकार तथा प्रोकैरियोटिक कोशिका में 70 S (50 S + 30 S) प्रकार के राइबोसोम्स पाए जाते हैं।
- **गॉल्जीकाय** (Golgi apparatus) यह द्विझिल्लीबद्ध संरचना है। इन्हें थैलियाँ या कुण्ड कहते हैं। यह कोशिकीय उत्पादों के रूपान्तरण, चयन एवं उनके स्त्रावी पुटिकाओं में पैकेजिंग से सम्बन्धित है।
- **लाइसोसोम** (Lysosome) ये एकल झिल्लीयुक्त संरचना होती है। इसे **आत्मघाती थैली** भी कहते हैं, क्योंकि इसमें अपघटनीय एन्जाइम पाए जाते हैं, जोकि कोशिकांगों का विघटन कर कोशिका को मृत कर सकते हैं।
- **माइटोकॉण्ड्रिया** (Mitochondria) ये कोशिका का **शक्तिगृह** (Power house) कहलाता है, जो एक दोहरी झिल्लीयुक्त संरचना होती है। यह कोशिकीय श्वसन का मुख्य अंग होता है।
- **लवक** (Plastids) ये सभी पादप कोशिकाओं व यूग्लीनॉइड्स में पाए जाते हैं। ये दोहरी झिल्लीबद्ध संरचना होती है। वर्णकों के प्रकार के आधार पर लवक तीन प्रकार (हरितलवक, वर्णीलवक तथा अवर्णीलवक) के होते हैं।
- **रसधानी** (Vacuoles) ये एकल झिल्ली से घिरी पुटिकाएँ होती हैं। इनमें भोजन, वर्णक, विष, आदि संग्रहित होते हैं। पादप कोशिका में जन्तुओं की अपेक्षा बड़ी रसधानी पाई जाती है।
- **केन्द्रक** (Nucleus) इसे कोशिका का नियन्त्रण कक्ष माना जाता है। यह संरचना दोहरी झिल्ली युक्त केन्द्रकीय आवरण से घिरी होती है, जिसमें निम्न भाग पाए जाते हैं
  - **केन्द्रक आवरण** (Nuclear envelope) केन्द्रक आवरण के सूक्ष्मछिद्रों से RNA व प्रोटीन अणु केन्द्रक से कोशिकाद्रव्य व कोशिकाद्रव्य से केन्द्रक की ओर आते-जाते रहते हैं।
  - **केन्द्रिका** (Nucleolus) ये बड़ी गोलाकार, सघन एवं स्पष्ट संरचना होती है। ये सक्रिय *r*RNA के संश्लेषण का निर्माण स्थल है। इसकी खोज **फोन्टाना** ने सन् 1774 में की थी।
  - **क्रोमैटिन** (Chromatin) ये न्यूक्लियोप्रोटीन (DNA + हिस्टोन प्रोटीन) के बने तन्तु होते हैं।
- **तारककाय** (Centrioles) इनकी भित्ति का निर्माण नौ समान दूरी पर स्थित लघु नलिकाओं (Microtubules) की त्रिक व्यवस्था (9+ 0) के रूप में होता है।
- **कोशिका कंकाल** (Cytoskeleton) यह प्रोटीनयुक्त तन्तु और नलिकाओं का बना अन्तर्सम्बन्धित जाल होता है। यह कोशिका के आकार को बनाए रखता है।
- **सूक्ष्मकाय** (Microbodies) सूक्ष्मकाय अन्तःप्रद्रव्यी एवं गॉल्जी उपकरण, आदि के टूटने से बने 0.3-1.3 μm व्यास के छोटे कोशिकांग हैं। यह झिल्ली युक्त कोशिकाद्रव्यी तत्व है; उदाहरण– पादप कोशिका में परॉक्सीसोम और जन्तु कोशिका में ग्लाइऑक्सीसोम होते हैं।

कोशिका विभाजन

- कोशिका विभाजन (Cell division) सभी जीवों के लिए एक अत्यन्त महत्त्वपूर्ण प्रक्रिया है। एक कोशिका विभाजन के समय DNA का प्रतिकृतिकरण (Replication) व कोशिका की संख्या में वृद्धि होती है।
- **कोशिका चक्र** (Cell cycle) एक कोशिका के बनने से लेकर विभाजन द्वारा नई सन्तति कोशिका बनाने तक होने वाली प्रक्रियाओं को कोशिका चक्र कहते हैं। कोशिका चक्र की दो मूल प्रावस्थाएँ होती हैं, जों निम्न हैं
  - **अन्तरावस्था** (Interphase) वह शान्त प्रावस्था (Resting phase) है, जिसमें कोशिका, विभाजन के लिए तैयार हो जाती है। इसको तीन उपप्रावस्थाओं में विभाजित किया गया है– पश्च सूत्री G_1-उपप्रावस्था, संश्लेषणात्मक S-उपप्रावस्था एवं पूर्वसूत्री अन्तरावस्था या G_2-उपप्रावस्था।
  - **विभाजन अवस्था** (Division phase) इस अवस्था में कोशिका संश्लेषित पदार्थों से परिपूर्ण होने के पश्चात् कोशिका विभाजन की तरफ जाती है। यह अवस्था मुख्यतया दो भागों में विभाजित होती है— समसूत्री विभाजन (Mitotic division) व अर्धसूत्री विभाजन (Meiosis division)।
- **समसूत्री विभाजन** (Mitotic division) इसका प्रारम्भ केन्द्रक के विभाजन से होता है। इस विभाजन में जनक व सन्तति कोशिका में गुणसूत्रों की संख्या बराबर होती है, इसलिए इसे सम-विभाजन (Equational division) भी कहते हैं। यह चार उपअवस्थाओं में विभाजित होती है, जो निम्न हैं
  - **पूर्वावस्था** (Prophase) में संघनित गुणसूत्र कोशिका की मध्य-रेखा की ओर जाना आरम्भ करते हैं।
  - **मध्यावस्था** (Metaphase) में गुणसूत्र मध्यरेखा की ओर जाकर मध्यवर्ती पट्टिका पर पंक्तिबद्ध होकर तर्कु तन्तु से जुड़ जाते हैं।
  - **पश्चावस्था** (Anaphase) में मध्यवर्ती पट्टिका पर आए प्रत्येक गुणसूत्र एक-साथ अलग होने लगते हैं। इन्हें **सन्तति अर्द्धगुणसूत्र** कहते हैं तथा ये विपरीत ध्रुवों की ओर जाने लगते हैं।
  - **अन्त्यावस्था** (Telophase) में गुणसूत्र क्रमानुसार ध्रुवों की ओर एकत्रित हो जाते हैं और इनकी पृथक् पहचान समाप्त हो जाती है।
- अन्त में कोशिका **कोशिकाद्रव्य विभाजन** (Cytokinesis) द्वारा दो सन्तति कोशिका में विभाजित हो जाती है और कोशिका विभाजन सम्पन्न हो जाता है।
- **अर्द्धसूत्री विभाजन** (Meiosis) विशिष्ट द्विगुणित कोशिकाओं द्वारा न्यूनकारी विभाजन के द्वारा अगुणित युग्मकों का निर्माण अर्द्धसूत्री विभाजन कहलाता है। अर्द्धसूत्री विभाजन को दो अवस्थाओं में विभाजित किया गया है।

अर्द्धसूत्री-I (Meiosis-I) इसमें चार अवस्थाएँ होती हैं–

- **पूर्वावस्था -I** लम्बी अवस्था होती है। इसमें **समजात गुणसूत्र** (Homologous chromosome) जोड़े (युग्म) बनते हैं तथा इनमें जीन विनिमय होता है। यह अवस्था पुनः पाँच उपावस्थाओं में विभाजित होती है।

ये अवस्थाएँ हैं– तनुपट्ट (Leptotene), युग्मपट्ट (Zygotene), स्थूलपट्ट (Pachytene), द्विपट्ट (Diplotene) व पारगतिक्रम (Diakinesis)।

- **मध्यावस्था-I** के समय युगली गुणसूत्र मध्यवर्ती पट्टिका पर व्यवस्थित हो जाते हैं।
- **पश्चावस्था-I** में समजात गुणसूत्र पृथक् हो जाते हैं, जबकि सन्तति अर्द्धगुणसूत्र गुणसूत्र बिन्दु (Centromere) से जुड़े रहते हैं।
- **अन्त्यावस्था-I** के समय केन्द्रक आवरण व केन्द्रिका पुनः दिखाई देने लगते हैं।

अर्द्धसूत्री-II (Meiosis-II) यह समसूत्री विभाजन के समान होता है। इस प्रकार अर्द्धसूत्री विभाजन के अन्त में चार अगुणित कोशिकाएँ बनती हैं। दो अर्द्धसूत्री विभाजन के मध्य की अवस्था को **अन्तरावस्था** (Interkinesis) कहते हैं।

चैप्टर प्रैक्टिस

कोशिका

1. जीवन की मूलभूत इकाई (Unit) क्या है? *[RRB 2016]*
(a) कोशिका (b) अंग (c) ऊतक (d) नाभिक

2. कोशिका वंश परम्परा (कोशिकाएँ पूर्ववर्ती कोशिकाओं से उत्पन्न होती हैं) की परिकल्पना किसने दी थी?
(a) ल्यूवेनहॉक ने (b) रॉबर्ट हुक ने
(c) विरचोव ने (d) श्लाइडेन एवं श्वान ने

3. कोशिका (Cell) में 80% से अधिक पाया जाने वाला पदार्थ है
(a) प्रोटीन (b) चर्बी *[BPSC 2015]*
(c) खनिज (d) जल

4. निम्नलिखित में से किस वैज्ञानिक ने सर्वप्रथम जीवित मुक्त (Free living) कोशिका की खोज की थी? *[SSC Stenographer 2017]*
(a) रॉबर्ट हुक (b) एंटोनी वान ल्यूवेनहॉक
(c) पुरकिंजे (d) रॉबर्ट ब्राउन

5. कोशिका सिद्धान्त के अनुसार,
(a) सभी कोशिकाएँ जीवित होती हैं
(b) कोशिकाओं का गुणन समसूत्री तथा अर्द्धसूत्री विभाजन से होता है
(c) सभी कोशिकाओं में केन्द्रक होता है
(d) कोशिकाएँ जीव की संरचनात्मक इकाई होती हैं

6. कोशिका के बारे में निम्न मे से कौन–सा कथन सही नहीं है? *[NDA 2011]*
(a) कोशिकाओं के आकार और आमाप विशिष्ट कार्य से संबंधित होते हैं।
(b) कुछ कोशिकाओं के बदलते आकार होते हैं।
(c) प्रत्येक कोशिका में निष्पादन की अपनी क्षमता होती है।
(d) सभी देह ऊतकों में एक ही प्रकार की कोशिकाएँ विद्यमान हैं।

7. पादप कोशिका जन्तु कोशिका से किस प्रकार भिन्न होती है? *[UPPCS (Pre) 1991]*
(a) माइटोकॉण्ड्रिया में (b) कोशिका भित्ति में
(c) जीवद्रव्य की उपस्थिति में (d) कोशिका केन्द्रक में

8. सेलुलोस की भित्ति किसकी कोशिकाओं में पाई जाती है?
(a) जन्तु (b) जीवाणु *[SSC (10+2) 2013]*
(c) फंजाई (कवक) (d) पौधे

9. जन्तु कोशिका में निम्न में से क्या अनुपस्थित होता है?
(a) सेलुलोस की कोशिका भित्ति (b) केन्द्रक *[MPPCS (Pre) 2010]*
(c) माइटोकॉण्ड्रिया (d) इनमें से कोई नहीं

10. प्लाज्मा झिल्ली के तरल–मोजैक मॉडल की प्रस्तावना किसने दी थी?
(a) कैमिलो गॉल्जी ने (b) श्लाइडेन एंव श्वान ने
(c) सिंगर एवं निकोलसन ने (d) रॉबर्ट ब्राउन ने

11. निम्नलिखित कोशिका अंगकों में से कौन–सा एक अर्द्धपारगम्य है?
(a) कोशिका झिल्ली (b) केन्द्रक *[NDA 2017]*
(c) कोशिका भित्ति (d) इनमें से कोई नहीं

12. निम्नलिखित में से किसे जीवन का भौतिक आधार माना जाता है? *[SSC CPO SI 2017]*
(a) कोशिका भित्ति (b) कोशिका झिल्ली
(c) माइटोकॉण्ड्रिया (d) जीवद्रव्य (प्रोटोप्लाज्म)

13. कोशिका का जीवित अंश 'जीवद्रव्य' (Protoplasm) कहलाता है। यह किससे बना होता है? *[CDS 2016]*
(a) केवल कोशिकाद्रव्य
(b) केवल केन्द्रकद्रव्य
(c) कोशिकाद्रव्य और केन्द्रकद्रव्य
(d) कोशिकाद्रव्य, केन्द्रकद्रव्य एवं अन्य कोशिकांग

14. चिकनी अन्तःप्रद्रव्यी जालिका के अनुपूरक कार्यों में से एक कार्य है
(a) प्रोटीन-संश्लेषण (b) लिपिड संश्लेषण *[NDA 2018]*
(c) जैव अणुओं का भंडारण (d) विषैले पदार्थों का निर्विषीकरण

15. प्रोटीन–संश्लेषण (Protein synthesis) में निम्न कोशिकांगों (Cell organelles) में से किनकी भूमिका सबसे अधिक महत्वपूर्ण है?
(a) लाइसोसोम और सेन्ट्रोसोम *[IAS 2001]*
(b) अन्तःप्रद्रव्यी जालिका (Endoplasmic reticulum) और राइबोसोम (Ribosome)
(c) गॉल्जी उपकरण और माइटोकॉण्ड्रिया
(d) लाइसोसोम और माइटोकॉण्ड्रिया

16. कोशिका में फॉस्फोलिपिड्स एवं कोलेस्ट्रॉल का संश्लेषण करने वाला कोशिकांग है
(a) कणिकामय अन्तःप्रद्रव्यी जालिका
(b) अकणिकामय अन्तःप्रद्रव्यी जालिका
(c) गॉल्जीकाय
(d) राइबोसोम्स

17. खुरदरी अन्तःप्रद्रव्यी जालिका के ऊपर राइबोन्यूक्लिक अम्ल की उपस्थिति दर्शाती है
(a) दोनों रज्जुकों पर शर्करा फॉस्फेट बंध
(b) O-ग्लाइकोसिडिक बंध
(c) फॉस्फोडाइएस्टर बंध शृंखला
(d) 5′ से 3′ सिरे तक पेप्टाइड बंध

18. राइबोजाइम्स होते हैं *[BPSC 2016]*
(a) DNA (b) RNA
(c) प्रोटीन्स (d) इनमें से कोई नहीं

19. कोशिका में राइबोसोम की अनुपस्थिति में कौन-सा कार्य उचित रूप से संपन्न नहीं होगा? *[SSC (Stenographer) 2017]*
(a) उत्सर्जन (b) कोशिका विभाजन
(c) प्रोटीन-संश्लेषण (d) प्रकाश-संश्लेषण

20. 80 S राइबोसोम्स के कौन-से दो उपभाग हैं?
(a) 40 S एवं 40 S उपभाग (b) 60 S एवं 40 S उपभाग
(c) 60 S एवं 50 S उपभाग (d) 50 S एवं 30 S उपभाग

21. निम्न में से झिल्लीविहीन कोशिकांग है
(a) माइटोकॉण्ड्रिया (b) लयनकाय
(c) स्फीरोसोम (d) राइबोसोम

22. डिक्टियोसोम है
(a) राइबोसोम का एक वर्ग
(b) कशाभिका के संलग्न होने का स्थान
(c) श्वसन कणिकाएँ
(d) गॉल्जीकाय

23. निम्न में से किस कोशिकांग को 'एटम बम' कहते हैं? *[SSC (10+2) 2010]*
(a) सूक्ष्मनलिका (b) न्यूक्लिओलस
(c) गॉल्जीकाय (d) लाइसोसोम

24. कोशिका में निम्न में से कौन-सी पाचन थैली कहलाती है? *[Combined Medical Services 2015]*
(a) गॉल्जीकाय (b) माइटोकॉण्ड्रिया
(c) राइबोसोम (d) लाइसोसोम

25. लयनकाय आत्महत्या की थैलियाँ कहलाती हैं, क्योंकि उनमें
(a) जल अपघटनीय एन्जाइम होते हैं
(b) परभक्षीय क्रिया होती है
(c) खाद्य धानियाँ होती हैं
(d) अपचयन एन्जाइम होते हैं

26. कौन-से कोशिकांग पादप एवं जन्तु कोशिका दोनों में पाए जाते हैं?
(a) माइटोकॉण्ड्रिया एवं राइबोसोम्स
(b) तारककाय एवं राइबोसोम
(c) हरितलवक एवं माइटोकॉण्ड्रिया
(d) कोशिका भित्ति एवं कोशिका कला

27. न्यूक्लियस के बाहर DNA कहाँ मिलता है?
(a) राइबोसोम में (b) अन्तःप्रद्रव्यी जालिका में
(c) माइटोकॉण्ड्रिया में (d) गॉल्जीकाय में

28. निम्नलिखित में से किस कोशिका अंगक में DNA होता है? *[CDS 2020]*
(a) गॉल्जी उपकरण (गॉल्जी ऐपरेटस)
(b) माइटोकॉण्ड्रिया
(c) लाइसोसोम
(d) अन्तःप्रद्रव्यी जालिका (एण्डोप्लाज्मिक रेटिक्यूलम)

29. कोशिका का ऊर्जा स्रोत होता है *[BPSC (Pre) 2018]*
(a) कोशिकाभित्ति (b) माइटोकॉण्ड्रिया
(c) राइबोसोम (d) न्यूक्लियस

30. मानव शरीर में उपस्थित निम्नलिखित कोशिकाओं में से किसमें माइटोकॉण्ड्रिया नहीं पाया जाता? *[RRB NTPC 2016]*
(a) लाल रुधिर कोशिका (b) यकृत कोशिका
(c) मांसपेशी कोशिका (d) श्वेत रुधिर कोशिका

31. निम्न में से किस कोशिकाद्रव्यी कोशिकांग को यूकैरियोटिक कोशिकाओं के भीतर प्रोकैरियोटिक कोशिकाएँ माना जाता है? *[SSC (10+2) 2010]*
(a) सूत्रकणिका (माइटोकॉण्ड्रिया) (b) गॉल्जीकाय
(c) लाइसोसोम (d) ग्लाइऑक्सिसोम

32. माइटोकॉण्ड्रिया को देखने के लिए प्रयोग किया जाने वाला अभिरंजक कौन-सा है?
(a) फास्ट ग्रीन (b) सैफ्रैनीन
(c) ऐसीटोकार्मीन (d) जेनस ग्रीन

33. अर्द्ध स्वायत्त कोशिकांग होता है
(a) राइबोसोम व हरितलवक में
(b) माइटोकॉण्ड्रिया व राइबोसोम में
(c) माइटोकॉण्ड्रिया व हरितलवक में
(d) गॉल्जीकाय व माइटोकॉण्ड्रिया मे

34. निम्नलिखित में से कौन-सा कोशिकांग (Organelle) पादप कोशिका में पाया जाता है, किन्तु जन्तु कोशिका में नहीं पाया जाता है?
(a) क्लोरोप्लास्ट *[RRB NTPC 2016]*
(b) एण्डोप्लाज्मिक रेटिकुलम
(c) माइटोकॉण्ड्रिया
(d) राइबोसोम

35. निम्नलिखित में से कौन-सा कोशिकांग केवल पादप कोशिका में उपस्थित होता है? *[SSC CPO SI 2017]*
(a) लाइसोसोम (b) प्लास्टिड
(c) कोशिका झिल्ली (d) माइटोकॉण्ड्रिया

36. लवक निम्नलिखित में से किस लक्षण के आधार पर माइटोकॉण्ड्रिया से भिन्न होते हैं?
(a) झिल्ली की दो परतों का पाया जाना
(b) राइबोसोम का पाया जाना
(c) पर्णहरिम का पाया जाना
(d) DNA का पाया जाना

37. पकते ही हरा टमाटर लाल क्यों हो जाता है?
(a) जल के अनुपाती परिवर्तन के कारण
(b) पकते समय तापमान में परिवर्तन के कारण
(c) क्लोरोप्लास्ट के क्रोमोप्लास्ट में बदलने के कारण
(d) उपरोक्त में से कोई नहीं

38. हरितलवक के किस भाग में प्रकाश-संश्लेषण की प्रकाश अभिक्रिया होती है? *[SSC 2017]*
(a) स्ट्रोमा में (b) ग्रेना में
(c) थाइलैकॉइड में (d) झिल्ली में

39. टोनोप्लास्ट क्या है?
(a) माइटोकॉण्ड्रिया की बाहरी झिल्ली
(b) हरितलवक की भीतरी झिल्ली
(c) पादप कोशिकाओं की रसधानी की झिल्ली
(d) पादप कोशिका की कोशिका कला

40. प्रोकैरियोटिक जीवों में, नाभिकीय क्षेत्र एक झिल्ली द्वारा घिरा हुआ नहीं होता है। इस अपरिभाषित (अनिश्चित) नाभिकीय क्षेत्र को किस रूप में जाना जाता है? *[NDA 2020]*
(a) न्यूक्लिक अम्ल (b) केन्द्रकाभ (न्यूक्लिओइड)
(c) केन्द्रिक (न्यूक्लिओलस) (d) केन्द्रिकाभ (न्यूक्लिओसोम)

41. निम्नलिखित जीवों में से किसकी कोशिका में अच्छी तरह से व्यवस्थित केन्द्रक नहीं पाया जाता है?
(a) *एण्टअमीबा* (b) *हाइड्रा*
(c) *स्पाइरोगायरा* (d) बैक्टीरिया

42. निम्नलिखित में से कोशिका नियन्त्रण केन्द्र कौन है? *[SSC 2017]*
(a) केन्द्रक (b) प्लाज्मा
(c) लाइसोसोम (d) क्रोमोसोम

43. निम्नलिखित में से किन कोशिकाओं में केन्द्रक नहीं होता है? *[CDS 2016]*
(a) मूल रोम कोशिका (b) लाल रक्त कोशिका
(c) प्लेटलेट्स (d) मोनोसाइट

44. केन्द्रिका नाम किसने दिया था?
(a) फोन्टाना ने (b) रॉबर्ट ब्राउन ने
(c) कैमिलो गॉल्जी ने (d) बोमैन ने

45. DNA का संबंध जिस अति मूल प्रोटीन से है, उसे क्या कहते हैं?
(a) गैर एल्ब्यूमिन (b) हिस्टोन *[SSC 2016]*
(c) गैर हिस्टोन (d) एल्ब्यूमिन

46. आनुवंशिक यूनिट अर्थात् *'जीन'* होते हैं *[SSC 2011]*
(a) केन्द्रकीय झिल्ली में (b) कोशिका कला में
(c) लाइसोसोम में (d) गुणसूत्रों में

47. निम्नलिखित कथनों में कौन-से पादप और जन्तु कोशिकाओं के बीच सामान्य अन्तर के बारे में सही हैं? *[IAS (Pre) 2020]*
1. पादप कोशिकाओं में सेलुलोस की कोशिका भित्तियाँ होती हैं, जबकि जन्तु कोशिकाओं में वे नहीं होती हैं।
2. पादप कोशिकाओं में प्लाज्मा झिल्ली नहीं होती जबकि इसके विपरीत जन्तु कोशिकाओं में वे होती हैं।
3. परिपक्व पादप कोशिका में एक वृहत् रसधानी होती है, जबकि जन्तु कोशिका में अनेक छोटी रसधानियाँ होती हैं।

कूट
(a) 1 और 2 (b) 2 और 3
(c) 1 और 3 (d) 1, 2 और 3

48. सूची I को सूची II से सुमेलित कीजिए।

	सूची I		सूची II
A.	माइटोकॉण्ड्रिया	1.	प्रकाश-संश्लेषण
B.	हरितलवक	2.	कोशिका विभाजन
C.	तारककाय	3.	श्वसन
D.	गॉल्जीकाय	4.	शुक्राणु का एक्रोसोम

कूट
A B C D A B C D
(a) 1 3 4 2 (b) 3 1 4 2
(c) 1 3 2 4 (d) 3 1 2 4

कोशिका विभाजन

49. बहुकोशिकीय जीव .... द्वारा वृद्धि करते हैं। *[SSC CGL 2017]*
(a) कोशिका अधिकता
(b) कोशिका विस्फोट
(c) कोशिका अंत:विस्फोट
(d) कोशिका विभाजन

50. कोशिका चक्र किस क्रम में होता है?
(a) G_1, G_2, S तथा M-अवस्था
(b) G_1, S, G_2 तथा M-अवस्था
(c) M, S, G_1 तथा G_2-अवस्था
(d) S, G_1, G_2 तथा M-अवस्था

51. कोशिका चक्र की किस अवस्था में गुणसूत्र मध्यवर्ती प्लेट पर व्यवस्थित होते हैं? *[NDA 2016]*
(a) मध्यावस्था में
(b) पश्चावस्था में
(c) अन्त्यावस्था में
(d) पूर्वावस्था में

52. समसूत्री विभाजन के किस चरण में क्रोमोसोम्स एक-दूसरे से पृथक् हो जाते हैं?
(a) मेटाफेज (b) एनाफेज
(c) टीलोफेज (d) प्रोफेज

53. शरीर में लगी चोट की मरम्मत के लिए किस प्रकार के कोशिका विभाजन का प्रयोग किया जाता है? *[RRB NTPC 2016]*
(a) केवल समसूत्री
(b) केवल अर्द्धसूत्री विभाजन
(c) समसूत्री और अर्द्धसूत्री दोनों
(d) न तो समसूत्री और न ही अर्द्धसूत्री विभाजन

54. निम्न में समसूत्री विष है
(a) साइटोकाइनिन (b) कॉल्चिसिन
(c) स्टीरॉइड्स (d) ये सभी

55. अर्द्धसूत्री विभाजन में प्रथम पूर्वावस्था का सही क्रम है
(a) लेप्टोटीन, जाइगोटीन, पैकीटीन, डाइकाइनेसिस तथा डिप्लोटीन
(b) लेप्टोटीन, जाइगोटीन, डिप्लोटीन, पैकीटीन तथा डाइकाइनेसिस
(c) लेप्टोटीन, जाइगोटीन, पैकीटीन, डिप्लोटीन तथा डाइकाइनेसिस
(d) जाइगोटीन, पैकीटीन, डाइकाइनेसिस, लेप्टोटीन तथा डिप्लोटीन

56. जीन विनिमय किस अवस्था में होता है?
(a) जाइगोटीन (b) पैकीटीन
(c) डिप्लोटीन (d) डाइकाइनेसिस

57. **कथन** अर्द्धसूत्री विभाजन जनन कोशिकाओं में होता है।
कारण अर्द्धसूत्री विभाजन के परिणामस्वरूप युग्मकों का निर्माण होता है।
(a) कथन और कारण दोनों सत्य हैं तथा कारण, कथन की सत्य व्याख्या करता है।
(b) कथन और कारण दोनों सत्य हैं लेकिन कारण, कथन की सत्य व्याख्या नहीं करता है।
(c) कथन सत्य है, लेकिन कारण असत्य है।
(d) कथन और कारण दोनों असत्य हैं।

उत्तरमाला

1 (a)	2 (c)	3 (d)	4 (b)	5 (d)	6 (d)	7 (b)	8 (d)	9 (a)	10 (c)
11 (a)	12 (d)	13 (d)	14 (d)	15 (b)	16 (b)	17 (c)	18 (b)	19 (c)	20 (b)
21 (d)	22 (d)	23 (d)	24 (d)	25 (a)	26 (a)	27 (c)	28 (b)	29 (b)	30 (a)
31 (a)	32 (d)	33 (c)	34 (a)	35 (b)	36 (c)	37 (c)	38 (b)	39 (c)	40 (b)
41 (d)	42 (a)	43 (b)	44 (d)	45 (b)	46 (d)	47 (c)	48 (d)	49 (d)	50 (b)
51 (a)	52 (b)	53 (a)	54 (b)	55 (c)	56 (b)	57 (a)			

उत्तर सहित व्याख्या

5. (*d*) कोशिका सिद्धान्त के अनुसार, सभी जीव कोशिकाओं से मिलकर बने होते हैं। इसलिए कह सकते हैं, कि कोशिकाएँ जीव की संरचनात्मक व क्रियात्मक इकाई हैं। सर्वप्रथम **श्लाइडेन** व **श्वान** ने कोशिका सिद्धान्त दिया था।

12. (*d*) 'जीवद्रव्य' को जीवन का भौतिक आधार माना जाता है, क्योंकि कोशिका में होने वाली अधिकांश जैविक गतिविधियाँ जीवद्रव्य में ही या जीवद्रव्य के सहयोग द्वारा ही सम्पन्न होती हैं।

19. (*c*) कोशिका में राइबोसोम की अनुपस्थिति में प्रोटीन का संश्लेषण नहीं होगा क्योंकि राइबोसोम प्रोटीन संश्लेषण के स्थल होते हैं। इसलिए, इन्हें प्रोटीन की फैक्ट्री भी कहा जाता है।

20. (*b*) 80 S प्रकार के राइबोसोम्स, यूकैरियोटिक कोशिकाओं के कोशिकाद्रव्य में पाए जाते हैं। ये 60 S एवं 40 S दो उपकाइयों से मिलकर बने होते हैं।

22. (*d*) गॉल्जीकाय को पादपों में डिक्टियोसोम कहते हैं। यह पादपों में जन्तु कोशिका की तुलना में छोटा एवं कम जटिल होता है। **कैमिलो गॉल्जी** ने गॉल्जीकाय की खोज की थी।

25. (*a*) लयनकाय में जल अपघटनीय एन्जाइम होते हैं, जब कोशिकीय उपापचय में व्यावधान के कारण कोशिका क्षतिग्रस्त या मृत हो जाती है, तो लयनकाय फट जाते हैं और ये एन्जाइम अपनी ही कोशिकाओं को पाचित कर देते हैं। इसलिए लयनकाय को आत्महत्या की थैलियाँ कहा जाता है।

29. (*b*) माइटोकॉण्ड्रिया को कोशिका का ऊर्जा स्रोत कहते हैं, क्योंकि श्वसन क्रिया द्वारा ऊर्जा ATP (एडिनोसीन ट्राइफॉस्फेट)का उत्पादन यहीं होता है।

33. (*c*) माइटोकॉण्ड्रिया व हरितलवक में स्वयं का DNA व 70S राइबोसोम होते हैं, जो इन्हें स्वत: प्रतिकृतिकरण के योग्य बनाते हैं। अत: इन्हें **अर्द्धस्वायत्त** कोशिकांग कहते हैं।

34. (*a*) क्लोरोप्लास्ट (हरितलवक) कोशिकांग पादप कोशिकाओं में पाया जाता है, जन्तु कोशिका में नहीं पाया जाता है। यह सूर्य के प्रकाश की उपस्थिति में वायुमण्डलीय कार्बन डाइऑक्साइड एवं जल का उपयोग कर कार्बोहाइड्रेट्स का निर्माण करता है।

35. (*b*) प्लास्टिड (लवक) केवल पादपों में ही पाए जाते हैं। इनकी खोज **ई. हेकल** ने सन् 1865 में की थी। ये तीन प्रकार के होते हैं— क्रोमोप्लास्ट, क्लोरोप्लास्ट एवं ल्यूकोप्लास्ट।

42. (*a*) केन्द्रक को कोशिका नियंत्रण केन्द्र कहा जाता है। यह संरचना दोहरी झिल्लीयुक्त **केन्द्रकीय आवरण** से घिरी होती है। यह गुणसूत्रों की उपस्थिति के कारण कोशिका की उपापचयी क्रियाओं पर नियन्त्रण रखता है, इसलिए इसे कोशिका मस्तिष्क भी कहते हैं।

51. (*a*) कोशिका चक्र की मध्यावस्था में गुणसूत्रों के सेन्ट्रोमीयर पर तर्कु तन्तुओं के जुड़ने के कारण गुणसूत्र सक्रिय गमन के द्वारा मध्यवर्ती प्लेट या मध्यरेखा पर व्यवस्थित हो जाते हैं।

52. (*b*) एनाफेज अवस्था में प्रत्येक गुणसूत्र के अर्धगुणसूत्रों का पृथक्करण होता है। इसमें क्रोमैटिड तर्कु तंतुओं के द्वारा विपरीत ध्रुवों की ओर जाते हैं।

53. (*a*) समसूत्री विभाजन के द्वारा वृद्धि तथा घावों की मरम्मत होती है। इसमें गुणसूत्रों की संख्या सदैव जनकों के बराबर रहती है। यह अगुणित तथा द्विगुणित दोनों प्रकार की कोशिकाओं में होता है।

54. (*b*) कॉल्चिसिन एक एल्केलॉइड है, जो कोशिका विभाजन के समय समसूत्री विभाजन में तर्कु तन्तुओं को बनने से रोकता है, इसलिए इसे समसूत्री विभाजन विष कहते हैं। यह बहुगुणिता को प्रेरित करता है।

56. (*b*) अर्द्धसूत्री विभाजन की पूर्वावस्था-I की पैकीटीन उपअवस्था में दो असमान सहायक क्रोमैटिडों के बीच जीन विनिमय (Crossing over) होता है। इस प्रक्रिया में जीनों के समूहों या गुणसूत्रों के खण्डों का आदान-प्रदान होता हैं एवं नई विभिन्नताएँ उत्पन्न होती हैं।

57. (*a*) अर्द्धसूत्री विभाजन को न्यूनकारी विभाजन कहा जाता है। यह लैंगिक या जनन कोशिकाओं में होता है और लैंगिक जनन करने वाले जीवों में गुणसूत्रों की संख्या बनाए रखता है। लैंगिक जनन में अर्द्धसूत्री विभाजन के परिणामस्वरूप अगुणित युग्मकों का निर्माण होता है।

अध्याय

05

ऊतक

Tissue

- युग्मनज (Zygote) के विभाजनस्वरूप बनने वाली कोशिकाएँ विशिष्ट कार्य के लिए रूपान्तरित होकर समूहों में एकत्रित होती रहती हैं, इन समूहों को **ऊतक** (Tissue) कहते हैं।
- ऊतक संगठन का प्रथम स्तर है, जो क्रमशः अंग एवं अंगतन्त्र का निर्माण करता है।

पादप ऊतक

पादपों में समान संरचना, उत्पत्ति एवं कार्यों वाली कोशिकाओं के समूह को पादप ऊतक (Plant tissue) कहते हैं। पादपों की आन्तरिक संरचना के अध्ययन को पादप शारीरिकी (Anatomy) कहते हैं। इसके जनक **एन ग्रू** थे। विभाजन क्षमता के आधार पर पादप ऊतक निम्न दो प्रकार के होते हैं

- **विभज्योतक ऊतक** (Meristematic tissues) ये ऊतक अपरिपक्व कोशिकाओं के बने होते हैं, जिनमें निरंतर **समसूत्री विभाजन** (Mitosis) होता है। ये विभाजित होकर स्थायी ऊतक बनाते हैं।
- विभज्योतक ऊतक जीवनभर विभाजित होते रहते हैं तथा ये पादपों में वृद्धि करने वाले भागों में ही पाए जाते हैं, उदाहरण— तना, फूल, पत्तियाँ, जड़ एधा, आदि। इन ऊतकों की उपस्थिति वाले क्षेत्रों के आधार पर इन्हें तीन भागों में वर्गीकृत किया गया है
  - **शीर्षस्थ विभज्योतक** (Apical meristem) यह प्राथमिक विभज्योतक है, जो तने एवं जड़ के शीर्ष भाग में उपस्थित होता है तथा पादपों की लम्बाई बढ़ाने में सहायक है।
  - **अन्तर्वेशी विभज्योतक** (Intercalary meristem) ये विभज्योतक पत्तियों के आधार में या टहनी के पर्व (Internode) के दोनों ओर उपस्थित होते हैं। एवं पादप की लम्बाई में वृद्धि में सहायक होते हैं।
  - **पार्श्व विभज्योतक** (Lateral meristem) ये ऊतक तने या मूल की परिधि में पाए जाते हैं अर्थात् ये ऊतक तने एवं जड़ में **द्वितीयक वृद्धि** द्वारा मोटाई में वृद्धि के लिए उत्तरदायी होते हैं।
- **स्थायी ऊतक** (Permanent tissues) ये ऊतक विभज्योतकी ऊतक द्वारा ही बनते हैं, परन्तु ये विभेदन के पश्चात् अपनी विभाजित होने की क्षमता खो देते हैं, जिसके कारण इन्हें स्थायी ऊतकों के रूप में वर्गीकृत किया जाता है।

  स्थायी ऊतक दो प्रकार के होते हैं– सरल स्थायी ऊतक व जटिल स्थायी ऊतक
- **सरल स्थायी ऊतक** (Simple complex tissues) ये तीन प्रकार के होते हैं
  - **मृदूतक** (Parenchyma) इसका कार्य जल और खाद्य पदार्थों का संचयन करना है।
  - **स्थूलकोण ऊतक** (Collenchyma) ये पादपों को यान्त्रिक सहायता व लचीलापन प्रदान करते हैं।
  - **दृढ़ोतक** (Sclerenchyma) यह मृत रक्षात्मक ऊतक के रूप में कार्य करता है। इसकी कोशिका भित्ति दृढ़ और लिग्निन युक्त होती है।
- **जटिल स्थायी ऊतक** (Complex permanent tissue) ये निम्न दो प्रकार के होते हैं
  - **दारु** (Xylem) यह जल संवाहक ऊतक कहलाता है। इसका कार्य मृदा से जल एवं खनिज लवणों को लेकर पादप के विभिन्न भागों में पहुँचाना है। इसमें चार प्रकार की कोशिकाएँ-वाहिनिकाएँ (Tracheids), वाहिकाएँ (Vessels), दारु मृदूतक (Xylem parenchyma) व दारु तन्तु (Xylem fibres) पायी जाती हैं।
  - **पोषवाह** (Phloem) इस ऊतक का मुख्य कार्य पादपों में भोज्य पदार्थों का संवहन करना है। पोषवाह चार प्रकार की कोशिकाओं; चालनी नलिकाएँ (Sieve tubes), सहकोशिकाएँ (Companion cells), पोषवाह मृदूतक (Phloem parenchyma) व पोषवाह तन्तु (Phloem fibre) से मिलकर बना होता है।

जन्तु ऊतक

पादपों की तुलना में जन्तुओं के ऊतकों में ज्यादा विविधता होती है। जन्तु ऊतक (Animal tissue) का सर्वप्रथम प्रयोग **बिकाट** ने किया।

जन्तु ऊतकों को निम्न प्रकार वर्गीकृत किया जाता है

- **उपकला ऊतक** (Epithelium tissue) यह शरीर व शरीर के अंगों के रक्षात्मक आवरण व स्त्रावण से सम्बन्धित ऊतक है। उपकला ऊतक शरीर के आन्तरिक ऊतकों को जीवाणुओं, हानिकारक पदार्थों से एवं सूखने से बचाते हैं। ये निम्न प्रकार के होते हैं
  - **सरल उपकला** (Simple epithelium) ऐसे ऊतकों में आधारकला पर कोशिकाओं का केवल एक ही स्तर होता है। ये अवशोषण, विसरण, परासरण; जैसी प्रक्रियाओं वाली सतहों पर पाए जाते हैं।
  - **घनाकार उपकला** (Cuboidal epithelium) ये ऊतक श्वास नलिका में उपस्थित होते हैं तथा जहाँ अवशोषण व स्त्राव होता है, वहाँ आस्तर के रूप में उपस्थित होते हैं।
  - **स्तम्भी उपकला** (Columnar epithelium) इस उपकला की कोशिकाएँ स्तम्भ के समान लम्बी, आयताकार व एक-दूसरे से सटी होती हैं।

- **पक्ष्माभी उपकला** (Ciliated epithelium) इसमें स्तम्भाकर ऊतक की मुक्त सतह पर बाल जैसी पक्ष्माभ रचनाएँ उपस्थित होती हैं।
- **विशेषीकृत उपकला** (Stratified epithelium) ये तीन प्रकार की होती है; अन्तर्वर्ती, रंगा एवं तन्त्रिका संवेदी उपकला।
- **ग्रन्थिल उपकला** (Glandular epithelium) इस ऊतक की कोशिकाओं में स्पष्ट केन्द्रक होता है तथा ये कोशिकाएँ हॉर्मोन्स, एन्जाइम्स, श्लेष्म, आदि का स्त्रावण करती हैं।

- **संयोजी ऊतक** (Connective tissue) यह ऊतक शरीर के विभिन्न अंगों अथवा ऊतकों को परस्पर जोड़ने या बाँधने का कार्य करता है। इसका निर्माण भ्रूण के मध्यजनन स्तर (Mesoderm) से होता है। ये निम्न तीन प्रकार के होते हैं
  - **संवहनीय ऊतक** (Vascular tissue) ये विभिन्न ऊतकों एवं अंगों के मध्य भिन्न-भिन्न प्रकार के पदार्थों का स्थानान्तरण करते हैं, उदाहरण— रक्त, प्लाज्मा, आदि।
  - **वास्तविक ऊतक** (Actual tissue) ये विभिन्न ऊतकों के बीच का स्थान भरने एवं उन्हें जोड़ने में सहायता करते हैं; उदाहरण— फाइब्रोब्लास्ट, मास्ट-कोशिकाएँ, आदि।
  - **कंकालीय ऊतक** (Skeletal tissue) ये शरीर को आधार प्रदान करते हैं; उदाहरण— उपास्थि एवं अस्थि।

- **पेशीय ऊतक** (Muscular tissue) यह शरीर की विभिन्न संरचनाओं को अवलम्बन प्रदान करने वाला ऊतक है, साथ ही जन्तु की गति में भी सहायक होता है। इसका निर्माण भी भ्रूण के मध्य जननस्तर से होता है। ये निम्न तीन प्रकार के होते हैं
  - **रेखित ऊतक** (Striated tissues) ये ऐच्छिक पेशियाँ शरीर के विभिन्न बाह्य अंगों को गमन एवं गति प्रदान करते हैं।
  - **अरेखित ऊतक** (Unstriated tissues) ये अनैच्छिक पेशियाँ शरीर के आन्तरिक अंगों को गमन एवं गति प्रदान करती हैं।
  - **हृद ऊतक** (Cardiac tissues) ये पेशियाँ हृदय की विभिन्न गतियों से सम्बन्धित होती हैं।

- **तन्त्रिका ऊतक** (Nervous tissue) यह जन्तु शरीर की संवेदनशीलता और उत्तेजनशीलता से सम्बन्धित ऊतक है। इसका निर्माण भ्रूण के बाह्यजनन स्तर (Ectoderm) से होता है। तन्त्रिका ऊतक की इकाई तन्त्रिका कोशिका (Neuron) होती है। तन्त्रिका कोशिका के तीन मुख्य भाग होते हैं
  - **साइटॉन** (Cyton) यह तन्त्रिका कोशिका का मुख्य भाग है।
  - **डेन्ड्रॉन** (Dendron) ये साइटॉन से निकले तन्तु होते हैं।
  - **एक्सॉन** (Axon) यह एक न्यूरॉन से दूसरे न्यूरॉन तक सन्देशवाहक का कार्य करता है।

चैप्टर प्रैक्टिस

पादप ऊतक

1. ऊतक है एक *[RRB Ajmer ERC 2008]*
(a) पेपर का प्रकार (b) दवा
(c) समान कोशिकाओं का समूह (d) कपड़े की किस्म

2. पादप ऊतक मुख्यतया दो प्रकार के होते हैं, ... और ....। *[RRB Group D 2018]*
(a) विभज्योतक ऊतक, स्थूल स्थायी ऊतक
(b) विभज्योतक ऊतक, स्थायी ऊतक
(c) स्थायी ऊतक, जटिल स्थायी ऊतक
(d) सरल स्थायी ऊतक, जटिल स्थायी ऊतक

3. .... ऊतक की कोशिकाएँ अलग-अलग प्रकार के स्थायी ऊतक बनाने के लिए पृथक् होती हैं। *[RRB Group D 2018]*
(a) मृदूतक (b) स्थूकोण ऊतक
(c) विभज्योतक (d) दृढ़ ऊतक

4. .... ऊतक एकमात्र पादप ऊतक है, जो कोशिका विभाजन द्वारा नई कोशिकाओं का उत्पादन करता है। *[RRB Group D 2018]*
(a) मृदूतक या पैरेनकाइमा
(b) जाइलम
(c) स्थूलकोण ऊतक या कोलेनकाइमा
(d) विभज्योतक या मेरिस्टेमेटिक

5. निम्न में से कौन-सा विकल्प तने और जड़ों के शीर्ष पर पाया जाता है? *[RRB Group D 2018]*
(a) पार्श्व विभज्योतक (b) पैरेनकाइमा
(c) शीर्ष विभज्योतक (d) स्क्लेरेनकाइमा

6. अग्रस्थ मेरिस्टेम .... के शीर्ष भाग पर पाया जाता है। *[RRB Group D 2018]*
(a) शाखा और जड़ (b) जड़
(c) पत्ती और जड़ (d) तना और जड़

7. .... के कारण जड़ तथा तने के घेरे (Girth) में वृद्धि होती है। *[RRB Group D 2018]*
(a) शीर्षस्थ विभज्योतक (b) पैरेनकाइमा
(c) अन्तर्वेशी विभज्योतक (d) पार्श्व विभज्योतक

8. मेरिस्टेमेटिक ऊतक एक विशेष भूमिका निभाते हैं व अपनी विभाजित करने की क्षमता को त्याग देते हैं और तब .... बनाते हैं। *[RRB Group D 2018]*
(a) छलनी नली कोशिका (b) सहयोगी तन्तु
(c) स्थायी ऊतक (d) RBC

9. साधारण स्थायी ऊतकों के तीन प्रकार हैं *[RRB Group D 2018]*
(a) पैरेनकाइमा, कोलेनकाइमा और मेरिस्टेम
(b) पैरेनकाइमा, कम्पेनियन सेल और स्क्लेरेनकाइमा
(c) पैरेनकाइमा, कोलेनकाइमा और स्क्लेरेनकाइमा
(d) फ्लोएम, कोलेनकाइमा और स्क्लेरेनकाइमा

10. पादपों में सामान्य रूप से भोजन कहाँ संग्रहित रहता है?
(a) मृदूतक में (b) स्थूलकोण ऊतक में
(c) दृढ़ोतक में (d) दोनों (b) और (c) में

11. .... में पतली कोशिका भित्ति के साथ अपेक्षाकृत गैर-विशिष्ट कोशिकाएँ होती हैं। *[RRB Group D 2018]*
(a) पैरेनकाइमा (b) कोलेनकाइमा
(c) ट्रेकीड्स (d) स्क्लेरेनकाइमा

12. कोलेनकाइमा ऊतक की कोशिकाएँ .... से कोनों पर मोटी हो जाती हैं। *[RRB Group D 2018]*
(a) सेलुलोस और पेक्टिन (b) लिग्निन और काइटिन
(c) पेक्टिन और काइटिन (d) सुबेरिन और सेलुलोस

13. पौधों में .... नामक ऊतक के कारण लचीलापन होता है। *[RRB Group D 2018]*
(a) स्क्लेरेनकाइमा (b) कोलेनकाइमा
(c) पैरेनकाइमा (d) क्लोरेनकाइमा

14. स्थूलकोण ऊतक होता है
(a) जीवित एवं जीवद्रव्य सहित (b) मृत एवं खोखला
(c) मृत एवं संचित भोजन से भरा (d) जीवित एवं संचित भोजनरहित

15. स्थूलकोण ऊतक भिन्न है दृढ़ोतक से
(a) परिपक्व अवस्था में जीवद्रव्य के कारण
(b) मोटी कोशिका भित्ति के कारण
(c) एक चौड़ी ल्यूमेन के कारण
(d) विभज्योतकी होने के कारण

16. किस प्रकार का ऊतक, नारियल की भूसी बनाता है? *[RRB Group D 2018]*
(a) स्क्लेरेनकाइमेट्स फाइबर (b) कोलेनकाइमेट्स
(c) फ्लोएम पैरेनकाइमा (d) पैरेनकाइमा

17. निम्न में से किस ऊतक में कठोर कोशिका भित्ति पाई जाती है? *[RRB Group D 2018]*
(a) कोलेनकाइमा (b) स्क्लेरेनकाइमा
(c) एरेनकाइमा (d) पैरेनकाइमा

18. स्क्लेरीड्स या स्टोन कोशिकाएँ किसका रूपान्तरण हैं?
(a) स्थूलकोणीय कोशिका का (b) दृढ़ोतक का
(c) रेशों का (d) दारुवाहिनी का

19. उपचर्म किसमें अनुपस्थित होती है?
(a) मीसोफाइट्स में (b) तरुण मूल में
(c) परिपक्व तने में (d) पत्तियों में

20. निम्नलिखित में से कौन-से पादप ऊतकों में मृत कोशिकाएँ होती हैं?
(a) बाह्यत्वचा (अधिचर्म) (b) मृदूतक (पैरेनकाइमा)
(c) कॉलेनकाइमा (श्लेषोतक) (d) दृढ़ोतक

21. किस प्रकार के ऊतक में एकसमान कार्य करने वाली विभिन्न प्रकार की कोशिकाएँ होती हैं? *[RRB Group D 2018]*
(a) मेरिस्टेमेटिक ऊतक (b) जटिल ऊतक
(c) एपिडर्मल ऊतक (d) तन्त्रिकीय ऊतक

22. निम्न में कौन-सा स्थायी ऊतक का एक उदाहरण है? *[RRB Group D 2018]*
(a) रुधिर (b) त्वचा
(c) हड्डी (d) जाइलम

23. वाहिकाएँ हैं
(a) सरल ऊतक का अवयव (b) जटिल ऊतक का अवयव
(c) विभज्योतक का अवयव (d) इनमें से कोई नहीं

24. निम्न में से कौन-सा ऊतक युग्म संवहन बण्डल का गठन करता है? *[RRB Group D 2018]*
(a) जाइलम और फ्लोएम (b) दृढ़ ऊतक और जाइलम
(c) मृदूतक और स्थूलकोण ऊतक (d) दृढ़ ऊतक और फ्लोएम

25. निम्नलिखित में से कौन-सा ऊतक जड़ों से खनिज पदार्थों का परिसंचरण करता है? *[RRB Group D 2018]*
(a) फ्लोएम (b) जाइलम
(c) ग्राउण्ड टिश्यू (d) कैम्बियम

26. इनमें कौन दारु तत्व नहीं है?
(a) वाहिनिकाएँ (b) वाहिकाएँ
(c) चालनी नलिकाएँ (d) काष्ठ तन्तु

27. .... ऊतक पौधों में भोजन का परिवहन करता है। *[RRB Group D 2018]*
(a) जाइलम (b) मृदूतक
(c) फ्लोएम (d) स्थूकोण ऊतक

28. सहकोशिकाएँ पाई जाती हैं
(a) बाह्यत्वचा में (b) दारु में
(c) पोषवाह में (d) अन्तस्त्वचा में

29. रबरक्षीरी वाहिनियाँ (Latex vessels) पौधे के किस भाग में पाई जाती हैं?
(a) वल्कुट में (b) बाह्यत्वचा में
(c) संवहन बण्डल में (d) अन्तस्त्वचा में

30. निम्नलिखित का मिलान कीजिए और सही विकल्प चुनिए।

	सूची I		सूची II
A.	विभज्योतक	1.	प्रकाश-संश्लेषण एवं भण्डारण
B.	मृदूतक	2.	यान्त्रिक सहारा
C.	स्थूलकोण ऊतक	3.	सक्रिय विभाजनशील कोशिकाएँ
D.	दृढ़ोतक	4.	रन्ध्र
E.	बाह्यत्वचीय ऊतक	5.	दृढ़ कोशिका

कूट

	A	B	C	D	E		A	B	C	D	E
(a)	1	3	5	2	4	(b)	3	1	2	5	4
(c)	2	4	5	1	3	(d)	5	4	3	2	1

जन्तु ऊतक

31. निम्न में से क्या एक जन्तु ऊतक नहीं है? *[RRB Group D 2018]*
(a) उपकला ऊतक (b) पेशी ऊतक
(c) तन्त्रिका ऊतक (d) स्थूलकोण ऊतक

32. मानव त्वचा निर्मित होती है *[RRB Group D 2018]*
(a) एपिडर्मिस ऊतक से (b) संयोजी ऊतक से
(c) स्थायी ऊतक से (d) पैरेनकाइमा से

33. सूरज की रोशनी के सम्पर्क में आते ही हमारी त्वचा साँवली हो जाती है, ऐसा किसकी उपस्थिति के कारण होता है? *[RRB NTPC 2016]*
(a) कैरोटिन (b) ऑक्सिलोफाइट
(c) मिलैनिन (d) फ्लावोक्सान्थिन

34. निम्न में से कौन-सा हिस्सा मानव त्वचा का सबसे बाहरी हिस्सा होता है? *[RRB NTPC (Phase I) 2016]*
(a) एपिडर्मिस (b) डर्मिस
(c) हाइपोडर्मिस (d) नर्व फाइबर

35. निम्न में से किसमें उपस्थित उपकला पक्ष्माभी उपकला है?
(a) श्वासनली में (b) अण्डवाहिनी में
(c) वृक्ककों के कुछ भागों में (d) इन सभी में

36. जनदों की जनन उपकला किसकी बनी होती है?
(a) सरल शल्की उपकला से (b) सरल घनाकार उपकला से
(c) सरल स्तम्भाकर उपकला से (d) स्तरित उपकला से

37. चषक कोशिका किस प्रकार की कोशिका है?
(a) अंशस्रावी (b) अपस्रावी
(c) पूर्णस्रावी (d) इनमें से कोई नहीं

38. उपकला ऊतक की कोशिकाएँ आपस में किन बन्धनों द्वारा जुड़ी होती हैं?
(a) दृढ़ बन्धनों से (b) आसंजन मेखला से
(c) आसंजन सन्धि से (d) इन सभी से

39. संयोजी ऊतकों का विकास निम्नलिखित में से किसके द्वारा होता है?
(a) भ्रूणीय एक्टोडर्म द्वारा (b) भ्रूणीय मीसोडर्म द्वारा
(c) भ्रूणीय एन्डोडर्म द्वारा (d) दोनों (b) और (c)

40. निम्नलिखित मे से कौन-सा कथन WBC के बारे में सही नहीं है? *[RRB Group D 2018]*
(a) वे 'सैनिक' के रूप में कार्य करते हैं और रोगाणुओं को मारते हैं
(b) नाभिक-केन्द्रित
(c) आकृति-अमीबीय या वृत्ताकार
(d) आकार-18-25 μm

41. रुधिर एक .... ऊतक है। *[RRB Group D 2018]*
(a) माँसपेशी (b) संयोजी
(c) वाहिका (d) तन्त्रिका

42. हमारी हड्डियाँ किस प्रकार का ऊतक हैं? *[RRB Group D 2018]*
(a) पैरेनकाइमा ऊतक (b) संयोजी ऊतक
(c) स्थायी ऊतक (d) उपकलीय ऊतक

43. अस्थिबन्धन और टेण्डॉन निम्नलिखित का बना होता है *[RRB Group D 2018]*
(a) माँसपेशी ऊतक (b) तन्त्रिका तन्त्र
(c) एपिथीलियम ऊतक (d) संयोजी ऊतक

44. .... हड्डियों को जोड़ता है। *[RRB Group D 2018]*
(a) स्नायुबन्धन (b) उपास्थि
(c) स्नायु (d) ऑरिओलर

45. निम्नलिखित में से संयोजी ऊतक नहीं है *[RRB Group D 2018]*
(a) अस्थि (b) तन्त्रिका कोशिका
(c) रुधिर (d) उपास्थि

46. निम्न में से किसकी तुलना सैनिकों से की जा सकती है? *[RRB Group D 2018]*
(a) लाल रुधिर कोशिकाएँ
(b) रुधिर बिम्बाणु
(c) प्लाज्मा
(d) श्वेत रुधिर कोशिकाएँ

47. .... में तन्तुबन्ध नहीं होते हैं। *[RRB Group D 2018]*
(a) वृक्क (b) यकृत
(c) हृदय (d) रुधिर

48. उपास्थि (कार्टिलेज), निम्नलिखित में से किसमें नहीं पाई जाती है?
(a) कण्ठ (लेरिंक्स) (b) नासिका (नाक) *[CDS 2020]*
(c) कान (कर्ण) (d) मूत्राशय

49. संयोजी ऊतक के प्रोटीन तन्तुओं का निर्माण किसके द्वारा किया जाता है?
(a) लिम्फोसाइट द्वारा (b) भक्षकाणु द्वारा
(c) मास्ट कोशिका द्वारा (d) फाइब्रोसाइट्स द्वारा

50. निम्नलिखित में से कौन-सा संयोजक ऊतक नहीं है? *[SSC 2016]*
(a) अस्थि (b) उपास्थि
(c) रुधिर (d) कंकाल पेशी

51. शरीर में सर्वाधिक पाया जाने वाला ऊतक है
(a) तन्त्रिका ऊतक (b) पेशीय ऊतक
(c) संवहन ऊतक (d) उपकला ऊतक

52. .... प्रोटीन संकुचित और शिथिल होती है, जिसके कारण पेशियाँ गतिमान होती हैं। *[RRB Group D 2018]*
(a) संकुचनशील (b) रिलेक्सो
(c) न्यूक्लियो (d) लाइपो

53. अरेखित पेशियाँ .... होती हैं। *[RRB Group D 2018]*
(a) अकोशिकीय (b) द्विकोशिकीय
(c) एककोशिकीय (d) बहुकोशिकीय

54. एक मानव शरीर में अनैच्छिक माँसपेशियाँ कहाँ होती हैं? *[RRB NTPC (Phase I), 2016]*
(a) लिंब (b) मस्तिष्क
(c) हृदय (d) जिह्वा

55. हृदय पेशी है
(a) अनैच्छिक (b) ऐच्छिक
(c) अरेखित (d) जालमय

56. प्रत्येक न्यूरॉन एक साइटॉन (सेल बॉडी) से निर्मित होता है, जिसमें से कई छोटी-छोटी शाखाएँ निकली होती हैं, जिन्हें कहा जाता है *[RRB Group D 2018]*
(a) द्रुमिकाएँ (b) प्रतिवर्ती क्रिया
(c) एक्सॉन (d) संवेदी शाखाएँ

57. न्यूरॉन इकाई है *[RRB, Allahabad ERC/CA/TA/ASM Gard 2007]*
(a) संयोजी ऊतक की (b) पेशीय ऊतक की
(c) एपिथीलियम ऊतक की (d) तंत्रिका ऊतक की

58. निम्नलिखित का मिलान करें। *[RRB Group D 2018]*

सूची I	सूची II
A. त्वचा	1. वसीय ऊतक
B. उपास्थि	2. स्ट्रैटिफाइड स्क्वेमस एपिथीलियम
C. कंकालीय माँसपेशियाँ	3. स्ट्राइटेड माँसपेशियाँ
D. सबक्यूटेनियस परत	4. जोड़ों की सतह

कूट

	A	B	C	D
(a)	1	2	3	4
(b)	4	3	2	1
(c)	2	4	3	1
(d)	2	4	1	3

■ **निर्देश** *(प्र.सं. 59-60) निम्न प्रश्नों में कथन के वक्तव्य के बाद कारण के वक्तव्य को दिया गया है। सही विकल्प पर निशान लगाइए।*

(a) कथन और कारण दोनों सत्य हैं तथा कारण, कथन की सत्य व्याख्या करता है।
(b) कथन और कारण दोनों सत्य हैं लेकिन कारण, कथन की सत्य व्याख्या नहीं करता है।
(c) कथन सत्य है, लेकिन कारण असत्य है।
(d) कथन और कारण दोनों असत्य हैं।

59. **कथन** शीर्षस्थ तथा अन्तर्वेशी विभज्योतक लम्बाई में वृद्धि में योगदान देती है, जबकि पार्श्व विभज्योतक पादप में मोटाई बढ़ाने में सहायता करती हैं।
कारण शीर्षस्थ तथा अन्तर्वेशी विभज्योतक हमेशा पादप की ऊँचाई बढ़ाते हैं।

60. **कथन** एक सरल ऊतक केवल एक प्रकार की कोशिकाओं से बना होता है।
कारण पादपों में मृदूतक, स्थूलकोण ऊतक एवं दृढ़ोतक अलग-अलग सरल ऊतक हैं।

उत्तरमाला

1 (c)	2 (b)	3 (c)	4 (d)	5 (c)	6 (d)	7 (d)	8 (c)	9 (c)	10 (a)
11 (a)	12 (a)	13 (b)	14 (a)	15 (a)	16 (a)	17 (b)	18 (b)	19 (b)	20 (d)
21 (b)	22 (d)	23 (b)	24 (a)	25 (b)	26 (c)	27 (c)	28 (c)	29 (a)	30 (b)
31 (d)	32 (a)	33 (c)	34 (a)	35 (d)	36 (b)	37 (a)	38 (d)	39 (b)	40 (d)
41 (b)	42 (b)	43 (d)	44 (c)	45 (b)	46 (d)	47 (d)	48 (d)	49 (d)	50 (d)
51 (b)	52 (a)	53 (c)	54 (d)	55 (a)	56 (a)	57 (d)	58 (c)	59 (b)	60 (b)

उत्तर सहित व्याख्या

6. *(d)* अग्रस्थ मेरिस्टेम तने और जड़ों के शीर्ष पर पाया जाता है। इस ऊतक की कोशिकाओं में निरन्तर कोशिका विभाजन होते रहने के कारण नई कोशिकाएँ बनती रहती हैं, जिससे जड़ एवं तने के शीर्ष (लम्बाई) में वृद्धि होती रहती है।

7. *(d)* तने या जड़ का घेरा पार्श्व (Lateral) विभज्योतक के कारण बढ़ता है, जिससे पादपों की जड़ तथा तने की मोटाई में वृद्धि होती है। अन्तर्वेशी व शीर्षस्थ विभज्योतक पादपों की लम्बाई बढ़ाने में सहायक होते हैं।

8. *(c)* मेरिस्टेमेटिक ऊतक अपनी विभाजित होने की क्षमता को त्याग कर स्थायी ऊतक बनाते हैं। यह प्रक्रिया विभेदन कहलाती है। इसी प्रक्रिया के कारण पादपों में सभी स्थायी ऊतकों का निर्माण होता है।

9. *(c)* साधारण स्थायी ऊतकों के तीन प्रकार होते है; पैरेनकाइमा, कोलेनकाइमा तथा स्क्लेरेनकाइमा। अधिकांश पादपों का शरीर पैरेनकाइमा ऊतक का बना होता है। कोलेनकाइमा शाकीय पादपों के तने के हाइपोडर्मिस में पाया जाता है। स्क्लेरेनकाइमा परिपक्व होने पर मृत कोशिकाओं का बना होता है तथा पादपों के कठोर भाग में पाया जाता है।

11. *(a)* पैरेनकाइमा में पतली कोशिका भित्ति के साथ अपेक्षाकृत गैर-विशिष्ट कोशिकाएँ होती हैं। ये वे जीवित कोशिकाएँ हैं, जो पौधों में भोजन एवं जल संग्रह और सहारे से लेकर प्रकाश-संश्लेषण तक के विभिन्न कार्य करती हैं। पादप शरीर मुख्यत: पैरेनकाइमा कोशिकाओं से बना होता है।

12. *(a)* कोलेनकाइमा ऊतक की कोशिकाएँ सेलुलोस और पेक्टिन के कारण कोनों पर मोटी हो जाती हैं। लिग्निन का स्थूलन दृढ़ोतक में पाया जाता है तथा सुबेरिन का स्थूलन अन्त:चर्म में एवं कॉर्क निर्माण के समय मृदूतक (अधस्त्वचा, वल्कुट व परिरम्भ) कोशिकाओं में होता है। काइटिन का स्थूलन पादपों में नहीं पाया जाता है।

13. *(b)* पौधों में स्थूलकोण ऊतक (Collenchyma) के कारण लचीलापन होता है। यह ऊतक शाकीय पादपों के तनों की अधस्त्वचा में उपस्थित होता है तथा तने को लचीलापन प्रदान करता है।

16. *(a)* स्क्लेरेनकाइमेट्स फाइबर नारियल फल की भूसी बनाता है। ये ऊतक परिपक्व होने पर मृत होते हैं तथा इनकी कोशिका भित्ति लिग्नीकृत होने के कारण दृढ़ हो जाती है।

17. *(b)* स्क्लेरेनकाइमा नामक ऊतक में कठोर कोशिका भित्ति पाई जाती है। यह पौधों में पाया जाने वाला मृत ऊतक है। इसकी मजबूत लिग्निन युक्त कोशिका भित्ति द्वारा पौधों को यान्त्रिक शक्ति मिलती है।

24. *(a)* जाइलम एवं फ्लोएम ऊतक संवहन बण्डल का गठन करता है। जाइलम, पादप में जल और खनिज पदार्थों के परिवहन का कार्य करता है, जबकि फ्लोएम खाद्य पदार्थों का परिवहन करता है। इन दोनों में मृदूतक और स्थूलकोण ऊतक कोशिकाएँ पाई जाती हैं।

34. *(a)* 'एपिडर्मिस' मनुष्य के शरीर की त्वचा का सबसे ऊपरी स्तर होता है। यह शरीर को विभिन्न संक्रमणों से बचाता है। इसका निर्माण 'स्क्वेमस उपकला' से होता है।

40. *(d)* श्वेत रुधिर कणिकाओं का आकार $18\mu m$ से $25\mu m$ नहीं, बल्कि $8\mu m$ से $20\mu m$ के बीच का होता है। ये प्रतिरक्षा प्रणाली के सैनिक कहलाती हैं तथा रोगाणुओं का भक्षण करके उन्हें नष्ट कर देती हैं।

41. *(b)* रुधिर एक तरल 'संयोजी ऊतक' है। यह लाल रंग का तरल ऊतक शरीर में गैसों (O_2 एवं CO_2), पोषक तत्वों, नाइट्रोजनी अपशिष्टों हॉर्मोनों आदि के संवहन (Circulation) का कार्य करता है। इसमें 45% रुधिर कणिकाएँ तथा 55% प्लाज्मा उपस्थित होता है।

47. *(d)* रुधिर में तन्तुबन्ध नहीं होते हैं। रुधिर एक संश्लिष्ट तरल संयोजी ऊतक है। यह शरीर के प्रत्येक हिस्से में परिवहन का कार्य करता है। रुधिर में लाल रुधिर कणिकाएँ, श्वेत रुधिर कणिकाएँ तथा प्लेटलेट्स पाई जाती हैं।

52. *(a)* संकुचनशील प्रोटीन संकुचित और शिथिल होती है, जिसके कारण पेशियाँ गतिमान होती हैं। एक्टिन तन्तु की सर्पी गति तथा मायोसिन तन्तु के सेतु बन्धन बनने व टूटने के कारण पेशियों में ऐच्छिक संकुचन व शिथिलन होता है।

56. *(a)* प्रत्येक न्यूरॉन एक साइटॉन (सेल बॉडी) से निर्मित होता है। इसमें कई छोटी-छोटी शाखाएँ निकली होती हैं, जिन्हें द्रुमिकाएँ कहा जाता है। जबकि कोशिका काय से एक लम्बा बेलनाकार व मोटा प्रवर्ध निकलता है, जिसे तन्त्रिकाक्ष (Axon) कहते हैं।

59. *(b)* शीर्षस्थ व अन्तर्वेशी विभज्योतक सदैव पादप की लम्बाई तथा पार्श्वीय विभज्योतक द्वितीयक वृद्धि द्वारा मोटाई में वृद्धि के लिए उत्तरदायी होता है।

अध्याय

06

आनुवंशिकी

Genetics

- 'आनुवंशिकी' जीव विज्ञान की वह शाखा है, जिसके अन्तर्गत वंशागति व विविधताओं (Diversities) का अध्ययन किया जाता है।
- पीढ़ी-दर-पीढ़ी विभिन्न जनकों से संतति में समानताओं एवं असमानताओं (गुणों) के स्थानान्तरण को वंशागति (Heredity) कहते हैं।
- **आनुवंशिकी** (Genetics) में आनुवंशिकता एवं विविधता (Variations) का अध्ययन किया जाता है। **ग्रेगर जॉन मेण्डल** को आनुवंशिकी का जनक कहते हैं।
- मेण्डल ने मटर के सात **युग्मविकल्पी या विपर्यासी-लक्षणों** (Alleles) का चयन किया। इनमें पादप की लम्बाई, बीज का रंग एवं आकृति, पुष्प का रंग एवं स्थिति तथा फली का रंग एवं आकृति शामिल हैं।

आनुवंशिकी शब्दावली

- **प्रभावी-अप्रभावी लक्षण** (Dominant and recessive traits) संकरण कराने पर प्रथम पीढ़ी (F_1) में दो युग्मविकल्पी या विरोधी लक्षणों में से जो लक्षण प्रकट होता है, उसे प्रभावी तथा जो लक्षण छिपा रहता है, उसे अप्रभावी लक्षण कहते हैं।

  उदाहरण— जब शुद्ध लम्बे और शुद्ध बौने पौधों के बीच संकरण (Hybridisation) कराया जाता है, तो F_1 पीढ़ी में लम्बे पौधे प्रकट होते हैं। अतः यहाँ लम्बापन प्रभावी लक्षण तथा बौनापन अप्रभावी लक्षण है।
- **एलील या एलीलोमॉर्फ** (Allele or Allelomorph) जोड़ों में स्थित दो विरोधी या विपरीत लक्षण हैं, जैसे—लम्बापन व बौनापन, फूल के रंग लिए लाल व सफेद फूल।
- **संकरण** (Hybridisation) विपरीत लक्षणों वाले नर व मादा में निषेचन के फलस्वरूप उत्पन्न सन्तान को संकर (Hybrid) तथा इस विधि को संकरण कहते हैं।
- **एकसंकर संकरण** (Monohybrid cross) यह एक जोड़ी विपरीत लक्षणों वाले नर व मादा में होने वाला संकरण है। इसमें 3 : 1 का फीनोटाइप अनुपात पाया जाता है।
- **द्विसंकर संकरण** (Dihybrid cross) यह दो जोड़ी विपरीत लक्षणों वाले नर एवं मादा में होने वाला संकरण है। इसमें 9 : 3 : 3 : 1 का फीनोटाइप अनुपात पाया जाता है।
- **जीन** (Gene) मेण्डल ने जीन को कारक (Factor) कहा। 'जीन' शब्द का सर्वप्रथम प्रयोग **जोहन्सन** ने किया तथा जीन आनुवंशिकता की इकाई होते हैं।
- **समयुग्मजी** (Homozygous) जब युग्मक (Gametes) में दोनों जीन एक जैसे (अर्थात् दोनों प्रभावी या दोनों अप्रभावी) हों, तो उन्हें समयुग्मजी कहते हैं।
- **विषमयुग्मजी** (Heterozygous) जब एक जोड़ी जीन में से एक प्रभावी तथा दूसरा अप्रभावी हो, तो इसे विषमयुग्मजी कहते हैं।
- किसी जीव के बाह्य लक्षणों को **फीनोटाइप** तथा जीव की जीनी संरचना को **जीनोटाइप** कहते हैं।
- **संकर पूर्वज संकरण** (Back cross) यह संकर सन्तानों तथा उनके जनक में होने वाला संकरण है।

मेण्डल के वंशागति के नियम

मेण्डल ने आनुवंशिकी के तीन नियम दिए हैं

- **प्रभाविता का नियम** (Law of dominance) इस नियम के अनुसार, तुलनात्मक लक्षण के जीन में से एक प्रभावी जीन दूसरे अप्रभावी जीन के प्रभाव को प्रदर्शित नहीं होने देता है।
- **पृथक्करण या युग्मकों की शुद्धता का नियम** (Segregation or Law of purity of gametes) इस नियम के अनुसार, जोड़े के जीन, युग्मक निर्माण के समय एक-दूसरे से पृथक् हो जाते हैं व एक युग्मक में जोड़े का केवल एक ही जीन पहुँचता है।
- **स्वतन्त्र अपव्यूहन का नियम** (Law of independent assortment) इस नियम के अनुसार, दो या दो से अधिक तुलनात्मक लक्षणों वाले जीनों के जोड़े एक-दूसरे से स्वतन्त्र होकर युग्मकों में आ जाते हैं व निषेचन के समय ये युग्मक आपस में अनियमित रूप से संयोजित होते हैं।

वंशागति का गुणसूत्रीय सिद्धान्त

- **सटन एवं बोवेरी** ने गुणसूत्रीय वंशागति (Chromosomal inheritance) का सिद्धान्त दिया और बताया कि गुणसूत्र एवं जीन समानान्तर व्यवहार दर्शाते हैं। बाद में **टी. एच. मोर्गन** ने *ड्रोसोफिला मेलानोगेस्टर* पर कार्य किया और वंशागति के गुणसूत्रीय सिद्धान्त को सत्यापित किया।

- **मैफ्कलंग** के अनुसार, सन्तानों में लिंग निर्धारण लिंग गुणसूत्रों (Allosomes or Sex chromosomes) पर निर्भर करता है एवं अन्य आनुवंशिक लक्षणों के समान मेण्डल के नियमानुसार ही वंशागत होता है।
- **लिंग सहलग्न जीन** (Sex linked gene) लिंग गुणसूत्रों पर लिंग निर्धारण के लिए जीन पाए जाते हैं। X-गुणसूत्र मादा निर्धारण जीन्स का वहन एवं Y-गुणसूत्र नर निर्धारण जीन्स का वहन करता है। इस प्रकार X और Y गुणसूत्रों की संख्या किसी जीव के नर या मादा होने का निर्धारण करती है। स्त्री में एक जोड़ा लिंग-गुणसूत्र XX का होता है, जबकि पुरुष में लिंग गुणसूत्र XY होता है।
- शेष गुणसूत्र के जोड़े **स्वजात या कायिक गुणसूत्र** (Autosomes) कहलाते हैं। मानव जाति में सामान्य 22 जोड़े स्वजात गुणसूत्र के होते हैं।
- **मेण्डेलियन विकार** (Mendelian disorder) ये विकार एकल जीन में परिवर्तन या उत्परिवर्तन के द्वारा उत्पन्न होते हैं। ये निम्न दो प्रकार के होते हैं–
  - **लिंग सहलग्न सम्बन्धी विकार**; जैसे–हीमोफीलिया, वर्णान्धता।
  - **जीनी व्यतिक्रम सम्बन्धी विकार**; जैसे–ऐल्केप्टोन्यूरिया, सिकिल-सेल एनीमिया।
- **गुणसूत्रीय विकार** (Chromosomal disorder) ये विकार एक या अधिक क्रोमोसोम्स की संरचना या असामान्यता के कारण उत्पन्न होते हैं।
- **एन्यूप्लॉइडी** (Aneuploidy) के दौरान क्रोमैटिड के पृथक्करण की असफलता से एक गुणसूत्र बढ़ जाता है या कम हो जाता है; जैसे–डाउन सिण्ड्रोम, टर्नर सिण्ड्रोम, आदि।

वंशागति का आण्विक आधार

- डी-ऑक्सीराइबोन्यूक्लिक अम्ल (DNA) व राइबोन्यूक्लिक अम्ल (RNA) न्यूक्लिक अम्ल होते हैं जो जीव की आनुवंशिक संरचना का निर्माण करते हैं। DNA सभी जीवित जीवों का आनुवंशिक पदार्थ होता है जबकि RNA कुछ विषाणुओं का आनुवंशिक पदार्थ होता है।
- 1953 में वाट्सन तथा क्रिक ने DNA का कार्यकारी मॉडल प्रस्तुत किया। DNA न्यूक्लियोटाइड्स का बहुलक होता है। DNA प्रति समान्तर चलने वाली दो न्यूक्लियोटाइड शृंखलाओं से युक्त द्विकुण्डलीय संरचना होती है। सर्वप्रथम DNA को **फ्रेडरिक मिश्चर** ने अलग किया था।
- DNA, हिस्टोन प्रोटीन अणुओं के साथ मिलकर गुणसूत्र (Chromosome) बनाते हैं। इन गुणसूत्रों को आनुवंशिक पदार्थों का वाहक (Vector) कहते हैं।

DNA एवं RNA में अन्तर

DNA	RNA
DNA एक आनुवंशिक पदार्थ है, जो कोशिकाओं की समस्त क्रियाओं का नियमन करता है।	यह कुछ विषाणुओं का ही आनुवंशिक पदार्थ होता है, अन्य प्राणियों में इसका कार्य कोशिका नियमन में DNA की सहायता करना है।
सामान्यतया इसके अणु दो पॉली-न्यूक्लियोटाइड शृंखलाओं के बने होते हैं।	सामान्यतया इसके अणु केवल एक पॉलीन्यूक्लियोटाइड शृंखला के बने होते हैं।
इसमें डीऑक्सीराइबोस शर्करा होती है।	इसमें राइबोस शर्करा होती है।
यह मुख्यतया केन्द्रक में पाया जाता है।	यह मुख्यतया कोशिकाद्रव्य में पाया जाता है।
इसके अणु में एडिनीन, ग्वानीन, थाइमीन तथा साइटोसिन नाइट्रोजनी क्षारक होते हैं।	इसमें थायमीन के स्थान पर यूरेसिल नामक नाइट्रोजनी क्षारक होता है।

- **आनुवंशिक कूट** (Genetic code) यह RNA में नाइट्रोजन क्षारकों का वह अनुक्रम, जिसमें प्रोटीन अणु के संश्लेषण की सूचना उपस्थित होती है। इसकी खोज **डॉ. हरगोविन्द खुराना** एवं **निरेनबर्ग** ने की थी।
- AUG तथा GUG प्रारम्भिक प्रकूट या कोडोन हैं जबकि UAA, UGA, UAG समापन प्रकूट होते हैं। समापन प्रकूट किसी भी अमीनो अम्ल को कोडित नहीं करते हैं।
- **जीनोम** (Genome) यह जीवधारियों की कोशिकाओं में पाए जाने वाले गुणसूत्रों का एक अगुणित समुच्चय (Haploid set) है, जो युग्मकों के द्वारा वंशागत होता है।
- **अनुलेखन** (Transcription) के दौरान DNA का कोई एक स्ट्रैण्ड सम्पूरक *m*-RNA के संश्लेषण को निर्देशित करने के लिए टेम्पलेट के समान कार्य करता है।
- **अनुलिपिकरण** *m*-RNA के रूप में अनुलेखित आनुवंशिक सूचना को प्रोटीन की भाषा में बदलना, अनुवादन कहलाता है। इस क्रिया के द्वारा कोशिकाद्रव्य में प्रोटीन संश्लेषण होता है।
- **अनुलेखन का विनियमन** (Regulation of transcription) यह जीन प्रकटन के विनियमन के लिए प्रथम पद है।
- **मानव जीनोम प्रोजेक्ट** (Human genome project) एक बड़ा प्रोजेक्ट है, जिसका उद्देश्य मानव जीनोम के प्रत्येक क्षार (न्यूक्लियाटाइड) को क्रम में ज्ञात करना है।

चैप्टर प्रैक्टिस

आनुवंशिकी की शब्दावली व मेण्डल के नियम

1. निम्नलिखित में से जीव-विज्ञान की कौन-सी शाखा आनुवंशिकता तथा विविधताओं के अध्ययन से सम्बन्धित है? *[SSC CPO SI 2017]*
(a) सूक्ष्मजीव विज्ञान (b) प्रतिरक्षा विज्ञान
(c) आनुवंशिकी (d) कीट विज्ञान

2. 'आनुवंशिकता' (जेनेटिक्स) शब्द किसने गढ़ा था? *[SSC 2013]*
(a) मॉर्गन (b) मेण्डल
(c) बेटसन (d) जोहॉनसेन

3. निम्नलिखित में से किसे 'आनुवंशिकी का जनक' कहा जाता है? *[SSC CPO SI 2017]*
(a) डार्विन (b) मेण्डल
(c) लैमार्क (d) डी व्रीज

4. आनुवंशिकता के नियम किसने प्रस्तावित किए थे?
(a) थॉमस रॉबर्ट माल्थस (b) जॉन मेनार्ड केयन्स
(c) ग्रेगर मेण्डल (d) डोनाल्ड बेयर

5. सन्तति की अपने जनकों से भिन्न दिखने की प्रवृत्ति कहलाती है
(a) विविधता (b) आनुवंशिकता
(c) वंशागति (d) समानता/सादृश्यता

6. **विविधता ……… है।** *[RRB Group D 2018]*
(a) माता-पिता और सन्तानों के बीच अन्तर
(b) एक ही प्रजाति के व्यक्तियों के बीच अन्तर
(c) एक ही माता-पिता की सन्तानों के बीच अन्तर
(d) उपरोक्त सभी

7. **मेण्डल ने अपने चिरप्रतिष्ठित 'वंशागति नियमों' को प्रतिपादित करने में जिस जीवधारी का उपयोग किया, वह था** *[UPPCS (Mains) 2002]*
(a) *ड्रोसोफिला* (b) स्नैप ड्रैगन
(c) गार्डन पी (मटर) (d) स्वीट पी (सुगन्धित मटर)

8. **मेण्डल ने मटर के पौधों को चुना, क्योंकि ……… ।**
(a) वे आसानी से उपलब्ध थे *[RRB Group D 2018]*
(b) ये सस्ते थे
(c) उनमें विषम दिखने वाले गुण थे
(d) उपरोक्त सभी

9. **निम्नलिखित में से कौनसा एक लक्षण मटर में मेण्डल के सात विषम लक्षणों का भाग नहीं है?**
(a) बीज का पीला व हरा रंग
(b) सीमावर्ती (टर्मिनल) और अक्षीय (एक्सीयल) फूल
(c) चिकना और खुरदरा तना
(d) मटर के पौधे का लम्बा व बौना होना

10. **मेण्डल के आनुवंशिकता का सिद्धान्त किस पर आधारित है?** *[BPSC (Pre) 2011]*
(a) कायिक जनन (b) अलैंगिक जनन
(c) लैंगिक जनन (d) ये सभी

11. **निम्न में से क्या ग्रेगर जॉन मेण्डल के प्रयोगों से सम्बन्धित नहीं है?**
(a) मेण्डल ने मटर के सात विपर्यास लक्षणों को चुना
(b) अपने प्रयोगों में स्व-परागण के आधार पर निष्कर्ष निकाले
(c) मेण्डल के प्रयोगों में कृत्रिम परागण सम्मिलित नहीं था
(d) मटर का पादप वार्षिक होने के कारण चुना था।

12. **विरोधी गुणों का युग्म, जो समान विशेषताओं को नियन्त्रित करे, क्या कहलाता है?** *[SSC 2016]*
(a) घटक (b) अनुविषमवास
(c) युग्मविकल्पी (d) वंश परम्परा

13. **एक मेण्डेलियन संकरण में F_2-पीढ़ी के दोनों जीनोटाइपिक एवं फीनोटाइपिक अनुपात $1 : 2 : 1$ समान हैं। यह कौन-सी स्थिति दर्शाता है?** *[CBSE AIPMT 2012]*
(a) सहप्रभाविता (Codominance)
(b) द्विसंकर संकरण (Dihybrid cross)
(c) पूर्ण प्रभाविता के साथ एकसंकर संकरण
(d) अपूर्ण प्रभाविता के साथ एकसंकर संकरण

14. **'सहलग्नता' की खोज किसने की थी?** *[SSC (10+2) 2014]*
(a) ब्लैकस्ली (b) मॉर्गन (c) म्यूलर (d) बेटसन

15. **युग्मन और प्रतिकर्षण किसकी दो अवस्थाएं हैं?** *[SSC 2014]*
(a) व्यत्यासिका (काइऐज्मा) (b) उत्परिवर्तन
(c) विनिमय (d) सहलग्नता

16. **सहलग्नता और पारगमन (Crossing over) दोनों हैं**
(a) समान घटना (b) भिन्न घटना
(c) विपरीत घटना (d) समरूप घटना

17. **लिंकेज समूह है ……….**
(a) सहलग्न जीन का रैखिक रूप से व्यवस्थित समूह
(b) सहलग्न जीन का अरैखिक रूप से व्यवस्थित समूह
(c) असहलग्न जीन का अरैखिक रूप से व्यवस्थित समूह
(d) एकल जीन का अरैखिक रूप से व्यवस्थित समूह

18. **'जीन' शब्द को गढ़ने से सम्बद्ध व्यक्ति का नाम बताइए?** *[SSC 2015]*
(a) मॉर्गन (b) जोहन्सन
(c) मेण्डल (d) वाल्डेयर

19. **हमारे शरीर में आनुवंशिकता की इकाई को कहते हैं** *[UPPSC (GIC) 2010]*
(a) गुणसूत्र (b) DNA
(c) जीन (d) केन्द्रक

20. **निम्नलिखित में कौन-सी चीज एक 'जीन' का गठन करती है?** *[SSC 2016]*
(a) पॉलीन्यूक्लियोटाइड्स (b) हाइड्रोकार्बन
(c) लाइपोप्रोटीन्स (d) लिपिड्स

21. **जीन है** *[Uttarakhand PCS 2016]*
(a) DNA का एक भाग
(b) DNA और हिस्टोन का एक भाग
(c) DNA, RNA और हिस्टोन का एक भाग
(d) उपरोक्त सभी

22. **जीन के भीतरी अनुक्रम-क्षारक में परिवर्तन कहलाता है** *[SSC 2016 & UPPSC 2020]*
(a) प्रजनन (b) प्रतिरूपण
(c) उत्परिवर्तन (d) संयोजन

23. **'प्लवमान जीन' (जंपिंग जीन) के सिद्धान्त का प्रतिपादन किसने किया था?** *[IAS (Pre) 1993]*
(a) ग्रेगर जॉन मेण्डल (b) थॉमस हंट मॉर्गन
(c) बारबरा मैक्लिंटॉक (d) वॉट्सन और क्रिक

24. **जब एक जीन युग्म अन्य इकाई के प्रभाव को छिपाता है, तो वह घटना कहलाती है** *[SSC 2015]*
(a) प्रभाविता (b) एपीस्टेसिस
(c) उत्परिवर्तन (d) इनमें से कोई नहीं

25. **जीनोम चित्रण (Genome mapping) का इनसे सम्बन्ध है** *[UPPCS (Pre) 2002]*
(a) रुधिर वर्गीकरण (b) जीन्स का चित्रण
(c) स्नायु केन्द्रों का चित्रण (d) मस्तिष्क का चित्रण

वंशागति का गुणसूत्रीय आधार

26. **जीवों में आनुवंशिक लक्षण सन्तान में ले जाए जाते हैं** *[RAS/RTS (Pre) 1992]*
(a) राइबोसोम द्वारा (b) क्रोमोसोम द्वारा
(c) प्लाज्मा द्वारा (d) लाइसोसोम द्वारा

27. **एक मादा युग्मक में …….. जोड़ी क्रोमोसोम होते हैं।** *[RRB NTPC 2016]*
(a) 46 (b) 23 (c) 24 (d) 48

28. **एलोसोम होते हैं** *[SSC स्टेनोग्राफर परीक्षा, (10+2) 2011]*
(a) कोशिकांग (b) पादप हॉर्मोन
(c) एलील (d) लिंग गुणसूत्र

29. 'बार पिंड' किसमें पाया जाता है? *[SSC 2014]*

(a) शुक्राणु (b) सर्टोली कोशिका
(c) मादा कायिक कोशिका (d) नर कायिका कोशिका

30. मनुष्य जाति के एक पुरुष को उसके X गुणसूत्र उसके/उसकी ……… से प्राप्त होते हैं। *[RRB Group D 2018]*

(a) माता (b) पिता
(c) या तो माता से या पिता से (d) माता-पिता दोनों द्वारा

31. शिशु लिंग किसके गुणसूत्री योगदान पर निर्भर करता है *[SSC 2006]*

(a) पिता (b) माता
(c) पिता-माता दोनों (d) दादी

32. पुरुष में पुरुषत्व के लिए कौन-सा गुणसूत्री संयोजन उत्तरदायी है? *[SSC (10+2) 2011]*

(a) XO (b) XXX
(c) XX (d) XY

33. निम्नलिखित में से किनमें लिंग गुणसूत्रों का एक पूर्ण (समान) युग्म होता है? *[SSC CHSL 2018]*

(a) केवल पुरुष
(b) केवल स्त्री
(c) पुरुष तथा स्त्री दोनों
(d) न तो पुरुष तथा न ही स्त्री

34. नीचे लिंग-निर्धारण (Sex-determination) से सम्बन्धित कथन दिए गए हैं, निम्न में से सही कथन का चुनाव कीजिए।

(a) लिंग निर्धारण क्रियाविधि दो प्रकार की होती है
(b) नर विषमयुग्मकता (Male heterogamety) में, नर में स्वजात (Autosomes) और लिंग गुणसूत्र XY होता है
(c) मादा विषमयुग्मकता में, नर में स्वजात गुणसूत्र और एक Z एवं एक W गुणसूत्र होता है
(d) मादा विषमयुग्मकता स्तनधारियों में पाई जाती हैं

35. हीमोफीलिया (Haemophilia) किसका उदाहरण है? *[RRB NTPC 2016]*

(a) कमी के कारण रोग (b) आनुवंशिक रोग
(c) संक्रामक रोग (d) व्यवसाय सम्बन्धी रोग

36. हीमोफीलिया क्या है? *[RRB Group D 2018]*

(a) यह एक रोग है, जो रुधिर का थक्का उत्पन्न करने वाले कारकों के लिए जिम्मेदार जीन की अनुपस्थिति के कारण होता है।
(b) यह एक ऐसा रोग है, जिसमें सफेद रक्त कोशिकाएँ कैंसर बन जाती हैं और रुधिर में RBC को समाप्त करती हैं।
(c) यह एक रोग है, जो विटामिन-K की कमी के कारण होता है।
(d) यह एक ऐसा रोग है, जिसमें अतिरिक्त हीमोग्लोबिन का उत्पादन होता है।

37. रोग जिसमें एक व्यक्ति किसी विशेष रंग की पहचान करने में विफल रहता है, उसको कहा जाता है

(a) अन्धापन (b) वर्णान्धता
(c) रतौंधी (d) इनमें से कोई नहीं

38. किसी वर्णान्ध व्यक्ति को निम्नलिखित रंगों में से किन रंगों को पहचानने में कठिनाई होती है? *[Junior Engineer 2016]*

(a) हरा और बैंगनी (b) हरा और लाल
(c) सफेद और पीला (d) काला और नीला

39. आमतौर पर, वर्णान्धता (Colour blindness) क्या है? *[RRB NTPC 2016]*

(a) एक आनुवंशिक प्रकृति का रोग
(b) एक गैर-आनुवंशिक स्थिति
(c) जीवन शैलीगत बीमारी
(d) प्रकाश में अनावरण के कारण

40. एक वर्णान्ध पुरुष एक सामान्य महिला से विवाह करता है। वर्णान्धता के लक्षण उत्पन्न होंगे, उसके *[UPPCS 2009]*

(a) पुत्रों में (b) पुत्रियों में
(c) पुत्री के पुत्रों में (d) पुत्रियों के पुत्रों में

41. हीमोग्लोबिन की β-ग्लोबिन श्रृंखला की 6 वीं स्थिति पर उपस्थित वेलिन (Valine) को प्रतिस्थापित करने पर व्यक्ति निम्न में से किससे पीड़ित हो जाएगा?

(a) हीमोफीलिया (b) फिनाइलकीटोन्यूरिया
(c) दाँत्र-कोशिका अरक्तता (d) डाउन सिन्ड्रोम

42. टर्नर संलक्षण वाले क्रोमोसोम का विवरण क्या है? *[SSC (10+2) 2015]*

(a) 44A+XO (b) 44A+XXY
(c) 44A+XXX (d) 44A+XYY

43. डाउन सिन्ड्रोम वाले व्यक्ति अपरिहार्य रूप से किससे ग्रस्त हो जाते हैं? *[SSC (10+2) 2015]*

(a) हंटिंग्टन रोग (b) मस्तिष्काघात
(c) तानिका शोथ (d) अल्जाइमर रोग

44. निम्नलिखित में से असत्य जोड़े का चयन कीजिए।

(a) डाउन सिन्ड्रोम-गुणसूत्र संख्या 21 की अतिरिक्त प्रतिकृति।
(b) टर्नर सिन्ड्रोम-मादा में X-गुणसूत्र की कमी।
(c) पॉलीप्लॉइडी-पौधों में देखी जाती है
(d) उपरोक्त में से कोई नहीं

वंशागति का आण्विक आधार

45. जीवन का ब्लू प्रिंट है *[SSC FCI 2012]*

(a) DNA (b) RNA
(c) कोशिका (d) केन्द्रक

46. जीव-कोशिकाओं में आनुवंशिक लक्षणों के नियन्त्रण में निम्नलिखित में से कौन-सा उत्तरदायी है? *[BPSC 2016]*

(a) एन्जाइम (b) हॉर्मोन
(c) RNA (d) DNA

47. यदि एक DNA में ग्वानीन की मात्रा 20% है, तो उसमें साइटोसिन की मात्रा कितनी होगी? *[UPPCS (Pre) 2018]*

(a) 30% (b) 20%
(c) 25% (d) 20.2%

48. DNA की द्विसूत्री संरचना का पता लगाया था *[SSC Multitasking 2014]*

(a) मॉर्गन ने (b) डी. ब्रीज ने
(c) हरगोविंद खुराना ने (d) वॉट्सन एवं क्रिक ने

49. DNA में मौजूद शर्करा होती है *[UPPCS (Mains) 2016]*

(a) ग्लूकोस (b) फ्रक्टोस
(c) डीऑक्सीराइबोस (d) राइबोस

50. DNA में कौन-सा अमीनो अम्ल उपलब्ध नहीं होता है? *[UPPCS (Pre) 2016]*

(a) एडिनीन (b) टायरोसीन
(c) ग्वानीन (d) साइटोसिन

51. DNA फिंगरप्रिन्टिंग परीक्षण विकसित किया गया था *[SSC Tax Asst. 2008]*

(a) डॉ. ऐलेक जेफ्री द्वारा (b) डॉ. वी.के. कश्यप द्वारा
(c) वॉट्सन और क्रिक द्वारा (d) ग्रेगर मेण्डल द्वारा

52. DNA में थायमिडीन द्विभाजी संरचना किसके कारण होती है? *[SSC 2013]*

(a) β (बीटा) एवं γ (गामा)-किरणों (b) UV-किरणों
(c) RI किरणों (d) X-किरणों

53. RNA का पूर्ण रूप क्या है? *[RRB Group D, 2018]*

(a) राइबोन्यूक्लिक एसिड (b) रॉबर्ट न्यूक्लियर एसिड
(c) रेटिनल न्यूक्लिक एसिड (d) राइबोन्यूक्लियर एसिड

54. राइबोजाइम्स होते हैं *[Jharkhand PCS 2016]*

(a) DNA (b) RNA
(c) प्रोटीन्स (d) इनमें से कोई नहीं

55. RNA में थायमीन के स्थान पर कौन-सा क्षारक होता है? *[SSC Multitasking 2013]*

(a) एडेनाइन (b) ग्वानाइन
(c) यूरेसिल (d) साइटोसाइन

56. निम्न में से कौन-सा कोडोन शेष से अलग नहीं है?

(a) UAA (b) UAG
(c) UGA (d) AUG

57. AUG के सम्बन्ध में निम्न में से कौन-सा कथन सही है?

(a) यह मेथिओनिन अम्ल के लिए कोड करता है
(b) यह आरम्भिक कोडॉन है
(c) यह प्रोकैरियोट एवं यूकैरियोटिक दोनों में मेथिओनिन अमीनो अम्ल के लिए कोड करता है
(d) उपरोक्त सभी

58. प्रोटीन-संश्लेषण विधि में सबसे पहला चरण है

(a) DNA से *m*RNA का अनुलेखन
(b) अनुलिपिकरण
(c) अमीनो अम्लों का सक्रियण और अभिक्रियाशील अमीनो अम्लों की *t*RNA से संलग्नता
(d) पेप्टाइड बन्ध का बनना

59. पूर्वप्रारम्भन सम्मिश्र नए *m*RNA अणु से कहाँ जुड़ता है?

(a) 3′ सिरे पर
(b) 5′ सिरे पर
(c) 5′ सिरे पर उपस्थित टोपी के पास
(d) 3′ सिरे पर उपस्थित टोपी के पास

60. लैक ओपेरॉन किसकी उपस्थिति में क्रियाशील होता है?

(a) ग्लूकोस (b) लैक्टोस
(c) सुक्रोस (d) गैलेक्टोस

61. *लैक* ओपेरॉन द्वारा जीन प्रकटन का नियमन किन जीवों में होता है?

(a) पादप कोशिकाओं में
(b) एककोशिकीय जीवों में
(c) जन्तु कोशिकाओं में
(d) जीवाणुओं में

62. ओपेरॉन में होते हैं

(a) प्रचालक तथा नियन्त्रक जीन
(b) प्रचालक तथा संरचनात्मक जीन
(c) नियन्त्रक तथा संरचनात्मक जीन
(d) प्रचालक, प्रोत्साहक, रिप्रेसर, संरचनात्मक तथा नियन्त्रक जीन

63. *लैक* ओपेरॉन मॉडल के लिए गलत कथन का चयन कीजिए।

(a) लैक्टोस प्रेरक के समान कार्य करता है, जो रोधक को निष्क्रिय कर देता है।
(b) रोधक की उपस्थिति में RNA पॉलीमरेज प्रमोटर से दूर रहता है।
(c) रोधक के द्वारा लैक ओपेरॉन के विनियमन को ऋणात्मक विनियमन कहा जाता है।
(d) ओपेरॉन का रोधक *r*-जीन से विशिष्ट अवधि के दौरान संश्लेषित होता है।

64. जीन प्रकटन का नियमन सुकेन्द्रकीय कोशिकाओं में किसके द्वारा होता है?

(a) स्टीरॉइड हॉर्मोन द्वारा
(b) प्रोटीन हॉर्मोन द्वारा
(c) अमीनो अम्ल हॉर्मोन द्वारा
(d) उपरोक्त में से कोई नहीं

65. मानव जीनोम परियोजना का नेतृत्व किसने किया था? *[SSC 2006]*

(a) फ्रांसिस क्रिक और जेम्स वॉटसन
(b) क्रेग वेंटर और फ्रांसिस कॉलिन्स
(c) ग्रेगर मेंडल
(d) विलियम बेटसन

उत्तरमाला

1 (c)	2 (c)	3 (b)	4 (c)	5 (a)	6 (d)	7 (c)	8 (d)	9 (c)	10 (c)
11 (c)	12 (c)	13 (d)	14 (d)	15 (d)	16 (c)	17 (a)	18 (b)	19 (c)	20 (a)
21 (a)	22 (c)	23 (c)	24 (b)	25 (b)	26 (b)	27 (b)	28 (d)	29 (c)	30 (a)
31 (a)	32 (d)	33 (b)	34 (b)	35 (b)	36 (a)	37 (b)	38 (b)	39 (a)	40 (d)
41 (c)	42 (a)	43 (d)	44 (d)	45 (a)	46 (d)	47 (b)	48 (d)	49 (c)	50 (b)
51 (a)	52 (b)	53 (a)	54 (b)	55 (c)	56 (d)	57 (d)	58 (c)	59 (c)	60 (b)
61 (d)	62 (c)	63 (d)	64 (a)	65 (b)					

उत्तर सहित व्याख्या

6. (*d*) विविधताओं में एक ही प्रजाति के व्यक्तियों के बीच अन्तर, एक ही माता-पिता की सन्तानों के बीच अन्तर, माता-पिता और सन्तानों के बीच अन्तर, आदि सभी शामिल हैं। इनका विकास जीव की DNA संरचना में परिवर्तन (जैसे– लैंगिक जनन, उत्परिवर्तन, आदि के द्वारा) के कारण होता है।

8. (*d*) मेण्डल ने मटर को चुना, क्योंकि उनमें अनेक विरोधी (विषम) लक्षण थे। इसके अतिरिक्त, ये पौधे द्विलिंगी थे, आसानी से उपलब्ध हो सकते थे तथा सस्ते थे। इसके अलावा स्वनिषेचन के कारण ये समयुग्मजी होते हैं। अत: पीढ़ी दर पीढ़ी इसके पादप शुद्ध लक्षणों वाले बने रहते हैं।

11. (*c*) ग्रेगर जॉन मेण्डल में अपने प्रयोगों में संकर जाति प्राप्त करने के लिए कृत्रिम परागण किया तथा शुद्ध नस्ल प्राप्त करने के लिए स्व-परागण किया था, अर्थात् विकल्प (c) गलत है।

19. (*c*) क्रोमोसोम्स पर स्थित DNA की बनी ऐसी अति सूक्ष्म संरचनाएँ जो आनुवंशिक लक्षणों को धारण एवं उनका एक पीढ़ी से दूसरी पीढ़ी में स्थानान्तरण करती हैं, जीन कहलाती हैं। जीन जीवों के शरीर में आनुवंशिकता की मूलभूत इकाई है।

21. (*a*) प्रत्येक गुणसूत्र में डीऑक्सीराइबोन्यूक्लिक अम्ल (DNA) का अत्यधिक लंबा व कुंडलित सूत्रनुमा अणु होता है और इसी अणु के छोटे-छोटे गुण/लक्षण युक्त सार्थक (Sense) खंड को जीन (Gene) कहते हैं। सामान्यत: एक जीन में DNA अणु के 5,000 से 1,00,000 जोड़ी न्यूक्लिओटाइड एकलक (Monomers) अणु होते हैं।

23. (*c*) मक्के में 'प्लवमान जीन' (Jumping gene) के सिद्धान्त के प्रतिपादक बारबरा मैक्लिंटॉक थे। इन्हें 1983 में इस विशेष अनुसंधान के लिए चिकित्सा विज्ञान के क्षेत्र के नोबेल पुरस्कार से सम्मानित किया गया था।

25. (*b*) 'जीनोम चित्रण' (Genome mapping) का संबंध जीन्स (Genes) के चित्रण से है। किसी भी जीव के DNA में विद्यमान समस्त जीनों का अनुक्रम जीनोम कहलाता है। जीनोम के सभी गुणसूत्रों का संरचनात्मक एवं प्रकार्यात्मक संगठन जीनोम चित्रण कहलाता है।

26. (*b*) जीवों में आनुवंशिक लक्षण क्रोमोसोम (Chromosome) द्वारा सन्तान में ले जाए जाते हैं। ये न्यूक्लियोप्रोटीन (Nucleoprotein) के बने होते हैं। कोशिका विभाजन के समय क्रोमैटिन जालिका धागे के समान छोटे-छोटे टुकड़ों के रूप में स्पष्ट हो जाती है। क्रोमैटिन पदार्थ के इन छोटे टुकड़ों को गुणसूत्र कहते हैं, जिन पर जीन्स (Genes) पाए जाते हैं।

30. (*a*) मनुष्य जाति के एक पुरुष को उसके X गुणसूत्र उसकी माता से प्राप्त होते हैं, क्योंकि महिला में XX गुणसूत्र पाए जाते हैं। पुरुष में XY दोनों गुणसूत्र होते हैं। पुरुषों में पिता से Y-गुणसूत्र एवं माता से X-गुणसूत्र प्राप्त होता है।

36. (*a*) हीमोफीलिया एक आनुवंशिक रोग है, जो रुधिर का थक्का उत्पन्न करने वाले कारकों के लिए जिम्मेदार जीन की अनुपस्थिति के कारण होता है। इसमें रोगग्रस्त मानव को चोट लगने पर थक्का न बनने के कारण निरन्तर रक्तस्राव होता रहता है तथा अत्यन्त घातक स्थिति उत्पन्न कर देता है।

39. (*a*) वर्णांधता एक आनुवंशिक प्रकृति का रोग है। इसमें व्यक्ति को लाल एवं हरे रंगों में भेद करने में परेशानी होती है।

40. (*d*) यदि एक वर्णांध पुरुष एक सामान्य महिला से विवाह करता है, तो वर्णांधता के लक्षण उसके पुत्र में नहीं जाएंगे, जबकि उसकी पुत्री वाहक का कार्य करेंगी। अगली पीढ़ी में यह वाहक पुत्री यदि सामान्य पुरुष से विवाह करती है, तो उसके पुत्रों में वर्णांधता की संभावना 50% होगी, जबकि पुत्रियों के वाहक होने की संभावना 50% होगी।

42. (*a*) टर्नर संलक्षण (Turner syndrome) में एक लिंग गुणसूत्र का अभाव होता है जिसमें मादा में (44A+XO) = 45 गुणसूत्र होते हैं।

47. (*b*) चारगॉफ के नियमानुसार, ग्वानीन की मात्रा सदैव साइटोसिन की मात्रा के बराबर होती है। अत: इस DNA में साइटोसिन की मात्रा 20% होगी।

48. (*d*) जेम्स वॉटसन, फ्रांसिस क्रिक, एम. एच. एफ. विल्किन्स तथा फ्रैंकलिन नामक वैज्ञानिकों ने एक्स-रे विश्लेषण द्वारा DNA की द्विकुंडलिनी संरचना का पता लगाया था। इसके अनुसार, DNA का अणु एक सीढ़ी की भाँति सीधा नहीं होता, बल्कि सर्पिलाकार सीढ़ी सदृश्य अर्थात् द्विकुंडलिनी (Double-helical) संरचना के रूप में होता है। एक DNA कुंडली में एक पूरा घुमाव 3.4 नैनोमीटर लंबा होता है। इस पूरे घुमाव में 10 क्षारक युग्म होते हैं तथा प्रत्येक क्षारक युग्म परस्पर 0.34 नैनोमीटर की दूरी पर होते हैं। द्विकुण्डलित DNA अणु का व्यास 2 नैनोमीटर या 20 एंगस्ट्राम होता है।

49. (*c*) जीव कोशिकाओं में दो प्रकार के न्यूक्लिक अम्ल होते हैं– डीऑक्सीराइबोन्यूक्लिक अम्ल अर्थात् DNA तथा राइबोन्यूक्लिक अम्ल अर्थात् RNA। प्रत्येक न्यूक्लिक अम्ल के संयोजन में चार प्रकार के न्यूक्लिओटाइड अणु भाग लेते हैं। DNA मुख्यत: केन्द्रक में होता है और इसके न्यूक्लिओटाइड अणुओं में शर्करा डीऑक्सीराइबोस तथा नाइट्रोजनीय समाक्षार एडिनीन, ग्वानीन, थायमीन व साइटोसिन पाए जाते हैं।

50. (*b*) एडिनीन, ग्वानीन और साइटोसिन DNA से सम्बंधित अमीनो अम्ल बनाते हैं। टायरोसीन (Tyrosine) एक अनावश्यक अमीनो अम्ल (Non-essential amino acid) है, जोकि स्तनियों के शरीर में ही निर्मित होता है। यह अम्ल DNA में मौजूद अमीनो अम्ल नहीं बनाता है। DNA एक न्यूक्लिक अम्ल (Nucleic acid) है, जोकि जीवों के लक्षणों की संकेत सूचनाओं को जनकों से सन्तानों में पहुँचाने का कार्य करता है।

53. (*a*) RNA का पूर्ण रूप राइबोन्यूक्लिक अम्ल (Ribonucleic acid) होता है। राइबोस शर्करा युक्त, फॉस्फोरिक अम्ल तथा नाइट्रोजनी क्षारक से मिलकर बनी पॉलीन्यूक्लियोटाइड शृंखला को राइबोन्यूक्लिक अम्ल कहते हैं। यह कुछ विषाणुओं का आनुवंशिक पदार्थ होता है।

54. (*b*) 'राइबोन्यूक्लिक एसिड एंजाइम' या राइबोजाइम्स (Ribozymes) RNA अणु हैं, जो विशिष्ट जैव-रसायनिक प्रतिक्रियाओं को उत्प्रेरित करने की क्षमता रखते हैं। RNA के इस उत्प्रेरक गुण (Catalytic properties) की खोज के लिए **थॉमस आर. केच** (Thomas R. Cech) तथा **सिडनी अल्टमॉन** (Sidney Altman) को वर्ष 1989 में नोबेल पुरस्कार प्रदान किया गया था।

56. (*d*) AUG, अन्य कूटों से अलग है, क्योंकि यह आरम्भन कूट है, जबकि बाकि सभी समापन कूट हैं।

57. (*d*) पॉलीपेप्टाइड या प्रोटीन संश्लेषण का आरम्भ दो कूट से होता है AUG या मेथिओनिन कोडॉन तथा GUG या वैलिन कोडॉन। 20 अमीनो अम्ल के लिए 64 कूट हैं। इसलिए कुछ अमीनो अम्ल के लिए एक से अधिक कूट भी कार्य करते हैं। AUG प्रोकैरियोटिक एवं यूकैरियोटिक दोनों कोशिकाओं में मेथिओनिन के लिए कोड करता है।

62. (*c*) ओपेरॉन में नियन्त्रक एवं संरचनात्मक जीन होते हैं, जो एक समूह के रूप में होकर कोशिका में उपापचयी क्रिया का आनुवंशिक रूप से नियमन करते हैं।

अध्याय

07

जैव विकास
Evolution

- पृथ्वी पर जीवों के इतिहास का अध्ययन क्रमिक-विकास सम्बन्धी विज्ञान (Evolutionary biology) कहलाता है।
- जैव विकास के अनुसार, आज के जटिल संरचना वाले जीवों का विकास प्राचीन काल के सरल जीवों से हुआ है।

जीवन की उत्पत्ति

- पृथ्वी का उद्‌गम लगभग 4.6 अरब वर्ष पूर्व हुआ था। पृथ्वी पर जीवन की उत्पत्ति के सम्बन्ध में, अनादिवाद, विशिष्ट सृष्टिवाद, स्वतः जननवाद, बाह्यण्डवाद, जीवात् जीवोत्पत्तिवाद, प्रकृतिवाद या आधुनिकवाद आए।
- **स्वतः जनन की परिकल्पना** बताती है कि जीवन की उत्पत्ति सड़े-गले पदार्थों, जैसे–घास-फूस आदि से हुई है।
- **लुईस पाश्चर** ने स्वतः जननवाद की परिकल्पना को अस्वीकार कर दिया और यह सिद्ध किया कि जीवन की उत्पत्ति पहले से उपस्थित जीवित पदार्थों के द्वारा हुई है।
- **रासायनिक जैव विकास या ओपेरिन-हैल्डेन की परिकल्पना** इसके अनुसार, जीवन की उत्पत्ति पहले से उपस्थित अजीवित कार्बनिक अणुओं से हुई है।
- **स्टैनले मिलर** के प्रयोग से सिद्ध हुआ कि पृथ्वी पर जीवन की उत्पत्ति मीथेन, अमोनिया, हाइड्रोजन तथा जलवाष्प के रासायनिक संयोग के फलस्वरूप हुई थी।

जैव विकास के प्रमाण

- **जीवाश्म विज्ञान से प्रमाण** विभिन्न प्राचीन जीवों के अवशेष हमें भू-पटल की चट्टानों में परिरक्षित (Preserve) मिलते हैं, इन्हें जीवाश्म (Fossil) कहते हैं तथा इसके अध्ययन सम्बन्धी विज्ञान को जीवाश्म विज्ञान कहते हैं। जैव विकास के सन्दर्भ में सबसे ठोस प्रमाण जीवाश्मों से ही प्राप्त होते हैं।
- **तुलनात्मक शारीरिकी एवं आकारिकी से प्रमाण** आन्तरिक संरचना एवं बाहरी लक्षण, आधुनिक और प्राचीन काल के जीवों के बीच समानता एवं अन्तर को दर्शाते हैं, इसे निम्न बिन्दुओं के आधार पर देखा गया
  - **सजातीय अंग** (Homologous organs) इन अंगों की विभिन्न जीवों में समान संरचनाएँ होती हैं, किन्तु इनके कार्य भिन्न होते हैं। उदाहरण–चमगादड़, चीता, मानव, आदि।
  - **समरूप अंग** (Analogous organs) ऐसे अंग जो रचना व उत्पत्ति में भिन्न हों, किन्तु कार्यों तथा बाह्य आकारिकी में समान होते हैं।
  - **अवशेषी अंग** (Vestigial organs) इन अंगों की शरीर में कोई उपयोगिता नहीं होती है। ये जन्तु के शरीर में अविकसित, स्पष्ट तथा निष्क्रिय अंग होते हैं। मानव शरीर में 100 से अधिक अवशेषी रचनाएँ पाई जाती हैं। निमेषक पटल, पुच्छ कशेरुकाएँ, कृमिरूप परिशेषिका (एपेन्डिक्स), कर्णपल्लव की पेशियाँ, शरीर के बाल, आदि अवशेषी अंगों के उदाहरण हैं।
- **संयोजक कड़ियों से प्रमाण** (Evidences from connecting links) कुछ जीव जातियों में दो समूहों के लक्षणों का सम्मिश्रण मिलता है। इन्हें संयोजक कड़ियाँ कहते हैं; उदाहरण–*आर्किऑप्टेरिक्स, निओपाइलीना, पेरीपैटस* आदि।
- **भ्रौणिकीय प्रमाण** (Embryological evidence) सभी बहुकोशिकीय जीवों में निषेचित अण्डा विकास के समान चरणों (मोरुला, ब्लास्टुला एवं गेस्ट्रूला) से गुजरता है।

जैव विकास के सिद्धान्त

- लैमार्कवाद, डार्विनवाद तथा उत्परिवर्तनवाद की सहायता से जैव विकास की व्याख्या की गई।
- लैमार्कवाद मुख्य रूप से निम्न चार तथ्यों पर आधारित है
  - आकार में वृद्धि की प्रवृत्ति
  - वातावरण का सीधा प्रभाव
  - अंगों का उपयोग तथा अनुपयोग
  - उपार्जित लक्षणों की वंशागति
- लैमार्क ने अपने विचारों की पुष्टि जिराफ तथा सर्पों के उदाहरण द्वारा की थी।
- वीजमान ने सन् 1892 में **जननवाद की निरन्तरता** का सिद्धान्त दिया। **टॉवर्ड, मुलर, सुमनर** आदि वैज्ञानिकों ने लैमार्कवाद का आधुनिक दृष्टिकोण से अध्ययन किया।
- लैमार्कवाद के आधुनिक स्वरूप को नव-लैमार्कवाद (Neo-Lamarckism) कहते हैं।
- **डार्विनवाद** (Darwinism) या **प्राकृतिक चयनवाद** (Theory of natural selection) का सिद्धान्त **चार्ल्स डार्विन** ने दिया था।

- डार्विनवाद मुख्य रूप से निम्न तथ्यों पर आधारित है
  - जीवों में सन्तानोत्पत्ति की प्रचुर क्षमता
  - जीवन संघर्ष
  - विभिन्नताएँ एवं इनकी वंशागति
  - योग्यतम की उत्तरजीविता
  - अनुकूलन
  - नई जातियों की उत्पत्ति।
- ह्यूगो डी व्रीज के मतानुसार, उत्परिवर्तन विकास की मूल सामग्री है।
- वर्तमान में उत्परिवर्तन के सिद्धान्त को आधार मानकर डार्विनवाद में सुधार कर नव-डार्विनवाद (Neo-Darwinism) प्रस्तुत किया गया।
- पुनरावर्तन सिद्धान्त (Recapitulation theory) **अर्नेस्ट हैकेल** (Ernst Haeckel) ने दिया था।
- वे सभी गुण तथा लक्षण, जो जन्तुओं को उनके परिवेश से अनुकूलित करने में सहायक होते हैं, उद्विकास की प्रक्रिया का परिणाम होते हैं।

मानव जैव विकास

- मानव का उद्भव प्लीस्टोसीन युग में हुआ था। निएण्डरथल मानव के कंकाल की आधुनिक मानव से सबसे अधिक समानता है।
- जैव विकास के क्रम में मानव के सबसे निकट सम्बन्धी प्राइमेट्स (गोरिल्ला) हैं। मैमथ, हाथी का पूर्वज है।
- आधुनिक मानव का जीव वैज्ञानिक नाम *होमो सैपियन्स* है।

चैप्टर प्रैक्टिस

जीवन की उत्पत्ति

1. **लम्बे समय तक यह माना जाता है कि जीवन की उत्पत्ति सड़े-गले पदार्थों, जैसे-घास-फूस, कीचड़ आदि से हुई है। यह परिकल्पना थी**
(a) प्रलयकरणवाद (b) स्वतःजननवाद
(c) पैनस्पर्मिया (d) रासायनिक विकास

2. **वर्तमान प्रमाण के अनुसार, पृथ्वी पर जीव का उद्गम हुआ है, लगभग** *[BPSC (Pre) 1995]*
(a) 20,000 वर्ष पूर्व (b) 2,00,000 वर्ष पूर्व
(c) 20,00,000 वर्ष पूर्व (d) 2,000,000,000 वर्ष पूर्व

3. **जीवन की रासायनिक संश्लेषण से उत्पत्ति को प्रयोगशाला में किसके द्वारा सिद्ध किया गया था?** *[SSC (10+2) 2015]*
(a) मिलर (b) अरस्तू
(c) पाश्चर (d) सांगेर

4. **मिलर ने अपने प्रयोगों में निम्न में से कौन-से मिश्रण से साधारण अमीनो अम्लों को संश्लेषित किया?**
(a) CH_4,NH_3,H_2 एवं जलवाष्प (b) H_2,O_2,N_2 एवं जलवाष्प
(c) H_2,O_2,CO_2 एवं जलवाष्प (d) CH_4,NH_3,O_2 एवं जलवाष्प

5. **किसने सुझाव दिया था कि जीवन सरल अकार्बनिक (अजैविक) अणुओं से विकसित हुआ है?** *[RRB Group D 2015]*
(a) मुरे (b) डार्विन
(c) हैल्डेन (d) मेण्डल

जैव विकास के प्रमाण

6. **किस युग के दौरान डायनासोर फले-फूले?** *[RRB NTPC 2016]*
(a) प्रोटीरोजोइक युग (b) पैलिओजोइक युग
(c) सीनोजोइक युग (d) मीसोजोइक युग

7. **विभिन्न अवसादी परतों में जीवाश्मों का अध्ययन इंगित करता है**
(a) शारीरिक अवधि, जिसमें उनका अस्तित्व रहता है
(b) भूगर्भीय अवधि, जिसमें उनका अस्तित्व रहता है
(c) स्थितियाँ, जिसमें वे रहते हैं
(d) उपरोक्त सभी

8. **जीवाश्म उपयोगी है**
(a) लुप्त जीवों के अध्ययन में
(b) जीवों के इतिहास के अध्ययन में
(c) विकल्प (a) तथा (b) दोनों
(d) उपरोक्त में से कोई नहीं

9. **एक पक्षी तथा कीट के पर क्या होते हैं?** *[SSC Multitasking 2013]*
(a) समजात अंग (b) समवृत्ति अंग
(c) अवशेषी अंग (d) अल्पविकसित अंग

10. **जिन अंगों की मूल संरचना भिन्न होती है, लेकिन दिखने में एक जैसे होते हैं और उनके कार्य भी समान होते हैं, उन्हें .... कहा जाता है।** *[RRB Group D 2018]*
(a) बायोजेनेटिक नियम (b) समजात अंग
(c) समरूप अंग (d) जीवाश्म

11. **अपसारी जैव विकास उत्पन्न करता है**
(a) सजातीय अंग
(b) समरूप अंग
(c) विकल्प (a) तथा (b) दोनों
(d) उपरोक्त में से कोई नहीं

12. **क्रम विकास सम्बन्धित अभिसरण (Convergence) निम्न में से किसका विकास है?**
(a) निकट सम्बन्धित समूहों में लक्षणों का समान समूह
(b) भिन्न वंश के समूह में लक्षणों का समान समूह
(c) यादृच्छिक समागम (Random mating)
(d) निकट सम्बन्धित समूहों में असमान लक्षण

13. **निम्न में से कौन-से समजात अंग हैं?** *[SSC (10+2) 2012]*
(a) कीटों और पक्षियों के पंख
(b) मछली और बिल्ली की पूंछ
(c) मगर की त्वचा और पक्षियों के पंख
(d) घोड़े और मनुष्य के अग्रपाद

14. **समुद्री व्हेल में अग्रपाद किस रूप में परिष्कृत होते हैं?** *[SSC (10+2) 2015]*
(a) मीनपक्ष (b) स्लीपर
(c) ग्रिपर (d) फ्लेमर

15 *आर्कियोप्टेरिक्स* **है** *[BPSC (Pre) 1995]*
(a) जुरैसिक युग का सर्वपुरातन पक्षी
(b) जुरैसिक काल का सरीसृप
(c) ट्राइएसिक काल का सरीसृप
(d) ट्राइएसिक तथा जुरैसिक दोनों कालों का सरीसृप

16. '*आर्कियोप्टेरिक्स*' **किन वर्गों के प्राणियों के बीच की संयोजक कड़ी है?** *[RAS/RTS (Pre) 2008]*
(a) उभयचर व पक्षी
(b) सरीसृप व पक्षी
(c) सरीसृप व स्तनधारी
(d) पक्षी व स्तनधारी

17. *पेरीपैटस* **किसकी संयोजक कड़ी है?**
(a) सरीसृपों व स्तनियों
(b) मोलस्का व आर्थोपोडा
(c) ऐनेलिडा व आर्थोपोडा
(d) चपटे कृमि व ऐनेलिडा

18. समान अनुकूली विकिरण संरचनात्मक लक्षणों वाले जीवों का कार्यात्मक रूप से भिन्न समूहों में विकास कहलाता है
(a) अभिसारी अनुकूलन (b) अनुकूली अपसरण
(c) विकल्प (a) तथा (b) दोनों (d) जैव विकास

19. आस्ट्रेलियन शिशुधानी प्राणी (Marsupials) निम्न में से किसका उदाहरण है?
(a) सजातीय विकिरण (b) समरूप विकिरण
(c) अनुकूलक विकिरण (d) अभिसारी विकिरण

20. जन्तुओं में विभिन्न आवश्यकताओं के लिए अर्जित किए अनुकूलन के कारण भिन्न तथा समान संरचनाएँ विकसित हुई, यह कहलाता है
(a) अभिसारी जैव विकास (b) अपसारी जैव विकास
(c) विघटनकारी जैव विकास (d) दिशात्मक जैव विकास

21. जीवों के विकास के सन्दर्भ में, निम्नलिखित में से कौन-सा अनुक्रम सही है? *[IAS (Pre) 2009]*
(a) *ऑक्टोपस-डॉल्फिन-शार्क* (b) पैंगोलिन-कच्छप-बाज
(c) सैलामैंडर-अजगर-कंगारू (d) मेंढक-केकड़ा-झींगा

जैव विकास के सिद्धान्त

22. वे सभी गुण तथा लक्षण जो जन्तुओं को उनके परिवेश से अनुकूलन में सहायक होते हैं, ... की प्रक्रिया का परिणाम है। *[SSC CHSL 2018]*
(a) परिपक्वन (b) उद्विकास
(c) अनुक्रम (d) नवीनीकरण

23. उपार्जित लक्षणों की वंशागति के आधार पर जैव विकास को सर्वप्रथम किसने समझाया?
(a) न्यूटन ने (b) आइन्स्टीन ने
(c) चार्ल्स डार्विन ने (d) लैमार्क ने

24. जैव विकास के सन्दर्भ में, सांपों में अंगों का लोप होने को स्पष्ट किया जाता है *[IAS (Pre) 2002]*
(a) अंगों का उपयोग तथा अनुपयोग किए जाने से
(b) बिलों में रहने के प्रति अनुकूलन से
(c) प्राकृतिक चयन से
(d) उपार्जित लक्षणों की वंशागति से

25. लैमार्क की जैव विकास की परिकल्पना अन्य नाम से भी जानी जाती है
(a) अंगों के अधिक प्रयोग एवं कम प्रयोग की परिकल्पना
(b) आनुवंशिक लक्षणों की परिकल्पना
(c) स्वतः परिवर्तित (spontaneous) लक्षणों की परिकल्पना
(d) प्रभाव डालने वाले लक्षणों की परिकल्पना

26. विकासवाद का सिद्धान्त किसने प्रतिपादित किया? *[MPPCS (Pre) 2010]*
(a) स्पेन्सर ने (b) डार्विन ने
(c) वालेस ने (d) हक्सले ने

27. डार्विन की पुस्तक *'ऑन द ऑरिजिन ऑफ स्पीशीज'* **कब प्रकाशित हुई थी?** *[SSC 2006]*
(a) 1849 (b) 1859
(c) 1869 (d) 1879

28. विकास का मुख्य कारक है *[BPSC (Pre) 1994]*
(a) उत्परिवर्तन (b) प्राप्त किए हुए गुण
(c) लैंगिक जनन (d) प्राकृतिक वरण

29. जीवों द्वारा जीनों के लिए और अधिक वंशवृद्धि के लिए बेहतर अनुकूलित वातावरण बनाने की प्रक्रिया को क्या कहते हैं? *[RRB NTPC 2016]*
(a) प्राकृतिक चयन (b) उत्परिवर्तन
(c) पुनः संयोजन (d) नॉन-रैण्डम मेटिंग

30. ..... एक अंग्रेजी प्रकृतिवादी, भू-वैज्ञानिक और जीवविज्ञानी हैं, जो विकास से सम्बन्धित विज्ञान में उनके योगदान के लिए जाने जाते हैं। *[RRB Group D 2018]*
(a) लिनियस (b) चार्ल्स रॉबर्ट डार्विन
(c) मेण्डलीव (d) आर.एच. व्हिटेकर

31. प्रसिद्ध विकासवादी चार्ल्स डार्विन ने अपनी पुस्तक में अपने सिद्धान्त का प्रतिपादन किया?
(a) *द फैमिलीज ऑफ फ्लॉवरिंग प्लान्ट*
(b) *द ऑरिजिन ऑफ स्पीशीज़*
(c) *द लाइफ ऑन अर्थ*
(d) *द स्टोरी ऑफ द लिविंग वर्ल्ड*

32. निम्नलिखित में से किसका सम्बन्ध डार्विनवाद के साथ है? *[SSC 2006]*
(a) प्रयोग और दुष्प्रयोग का नियम
(b) उत्परिवर्तन
(c) जर्मप्लाज्म का सिद्धान्त
(d) प्राकृतिक वरण

33. 'डार्विन फिंचिज' का प्रयोग किस समूह के लिए किया जाता है? *[SSC (Tier-I) 2011]*
(a) मछलियों के लिए
(b) छिपकलियों के लिए
(c) पक्षियों के लिए
(d) उभयचरों के लिए

34. 'नेचुरल सेलेक्शन' द्वारा *'ऑरिजिन ऑफ लाइफ'* **पुस्तक किसने लिखी थी?** *[SSC (10+2) 2015]*
(a) चार्ल्स डार्विन ने (b) लैमार्क ने
(c) ह्यूगो डी व्रीज ने (d) चार्ल्स डिकेन्स ने

35. 'योग्यतम् की उत्तरजीविता' की संकल्पना का समर्थन सबसे पहले किया था *[SSC CPO 2006]*

(a) ओपेरिन ने (b) डार्विन ने
(c) स्पेन्सर ने (d) हैकेल ने

36. औद्योगिक मेलेनिज्म (Industrial melanism) उदाहरण है

(a) नव डार्विनवाद का
(b) प्राकृतिक चयन का
(c) उत्परिवर्तन का
(d) नव लैमार्कवाद का

37. डार्विन द्वारा प्रस्तुत प्राकृतिक वरणवाद निम्न में से किस पर आधारित है? *[MPPCS (Pre) 1997]*

(a) ओवरप्रोडक्शन
(b) स्ट्रगल फॉर एक्जिस्टेन्स एण्ड वेरिएशन्स
(c) सरवाइवल ऑफ द फिटेस्ट
(d) उपरोक्त सभी

38. निम्न में जैव-विकास का कौन-सा पहलू डार्विन की फिन्चों के द्वारा दर्शाया गया था?

(a) जैव भौगोलिक प्रमाण
(b) औद्योगिक मेलेनिज्म
(c) जैव रासायनिक प्रमाण
(d) भ्रौणिकी से प्रमाण

39. डार्विन के विकास के सिद्धान्त के अनुसार, जिराफ की लम्बी गर्दन *[SSC CPO 2010]*

(a) पीढ़ी-दर-पीढ़ी ऊँचे पेड़ों पर पत्तों तक पहुँचने के सतत् प्रयास के कारण बनी
(b) से उसे कोई लाभ नहीं है और मात्र एक संयोग है
(c) उसे आहार प्राप्त करने में सहायक होती है जिसके कारण लम्बी गर्दन वाले जीवित रहते हैं
(d) अफ्रीकी सवाना के विशेष मौसम का परिणाम है

40. डी व्रीज ने किस सिद्धान्त का प्रतिपादन किया? *[SSC Multitasking 2014]*

(a) जाति-उद्भवन का सिद्धान्त
(b) जीन विनिमय का सिद्धान्त
(c) प्राकृतिक चयन का सिद्धान्त
(d) उत्परिवर्तन का सिद्धान्त

41. साल्टेशन शब्द क्या संकेत देता है?

(a) एक दिए गए क्षेत्र पर प्रजातियों की अधिकता
(b) नमकीन (Saline) वातावरण के कारण प्रजातियों की संख्या में कमी
(c) एक के बाद एक धीरे-धीरे विभिन्नताओं की उत्पत्ति
(d) थोड़ी दूरी पर बड़े उत्परिवर्तन

42. पुनरावर्तन सिद्धान्त किसने प्रस्तुत किया था? *[SSC (10+2) 2015]*

(a) वीजमैन ने
(b) अर्नेस्ट हैकेल ने
(c) मॉर्गन ने
(d) मुलर ने

43. "पुनरावृत्ति सिद्धान्त" के अनुसार

(a) प्रत्येक जन्तु का प्रारम्भ एक अण्डे के रूप में होता है
(b) सन्तान जनकों जैसी होती है
(c) शरीर के क्षत भागों का पुनरुद्भवन होता है
(d) जीवनवृत्त में जातिवृत्त प्रतिबिम्बित होता है

44. सूची I को सूची II से सुमेलित कीजिए और सूचियों के नीचे दिए गए कूट का प्रयोग कर सही उत्तर चुनिए। *[IAS (Pre) 1998]*

सूची I	सूची II
A. उत्परिवर्तन (Mutation) का सिद्धान्त	1. बीडल और टैटम
B. विकास का सिद्धान्त	2. जैकब और मोनोड
C. एक जीन–एक एंजाइम की परिकल्पना	3. डार्विन
D. ओपेरॉन अवधारणा	4. डी व्रीज

कूट

	A	B	C	D		A	B	C	D
(a)	3	4	1	2	(b)	4	3	1	2
(c)	4	3	2	1	(d)	3	4	2	1

मानव जैव विकास

45. मैमथ पूर्वज है *[RAS/RTS (Pre) 2008]*

(a) कुत्ते का (b) घोड़े का
(c) ऊँट का (d) हाथी का

46. वैज्ञानिक नाम *'होमो सैपियन्स'* का अर्थ क्या है? *[RRB NTPC 2016]*

(a) सीधा आदमी (b) लम्बा आदमी
(c) बुद्धिमान आदमी (d) कामकाजी आदमी

47. आधुनिक मनुष्य के हाल का पूर्वज है *[BPSC (Pre) 1994]*

(a) जावा मानव
(b) क्रो-मैगनॉन मानव
(c) निएण्डरथल मानव
(d) पेकिंग मानव

48. आधुनिक मानव का निकट सम्बन्धी है

(a) गोरिल्ला (b) गिब्बन
(c) ओरंग-उटान (d) चिम्पैंजी

49. मानवीय विकास के सम्बन्ध में हाल ही में खोज की गई कड़ी, कौन-से जीवाश्म की खोज है? *[RRB NTPC 2016]*

(a) लूसी (b) *होमो नलेडी*
(c) *होमो सैपियन्स* (d) *ऑस्टियोपिथेलीन्स*

50. 2015 में, ... जीनस *होमो* की एक नई प्रजाति की खोज राइजिंग स्टार केव सिस्टम, क्रेडल ऑफ ह्यूमनकाइंड, दक्षिण अफ्रीका के दीनालेडी चैम्बर में की गई थी। *[RRB NTPC 2016]*

(a) *होमो नलेडी* (b) *होमो इरेक्टस*
(c) *होमो हैबिलिस* (d) *होमो रुडोलफेंसिस*

51. *होमो सैपियन्स* के रूप में वर्गीकृत किए जाने वाले प्रारम्भिक होमिनॉइड्स .... थे। *[RRB NTPC 2016]*

(a) अर्गेस्टर लाइन (b) क्रो-मैगनॉन
(c) निएण्डरथल (d) प्रीकॉसल

52. निम्नलिखित में से कौन-सा एक एन्थ्रोपॉइड (Anthropoid) की तीन सुपर-फैमिली में से नहीं है? *[RRB NTPC 2016]*

(a) नए जमाने के बन्दर
(b) पुराने जमाने के बन्दर
(c) *होमिनॉइडस*
(d) *एन्थ्रोपिथेकस*

53. निम्नलिखित में कौन-सा क्रम सही है?
(a) आरम्भिक *होमो सैपियन्स* → क्रो-मैगनॉन → निएण्डरथल → आधुनिक मानव
(b) क्रो-मैगनॉन → आरम्भिक *होमो सैपियन्स* → निएण्डरथल → आधुनिक मानव
(c) आरम्भिक *होमो सैपियन्स* → निएण्डरथल → क्रो-मैगनॉन → आधुनिक मानव
(d) क्रो-मैगनॉन → निएण्डरथल → आरम्भिक *होमो सैपियन्स* → आधुनिक मानव

■ **निर्देश** *(प्र.सं. 54-55) निम्न प्रश्नों में, कथन के वक्तव्य के बाद कारण के वक्तव्य को दिया गया है। सही विकल्प पर निशान लगाइए।*
(a) कथन और कारण दोनों सत्य हैं तथा कारण, कथन की सत्य व्याख्या करता है।
(b) कथन और कारण दोनों सत्य हैं, लेकिन कारण, कथन की सत्य व्याख्या नहीं करता है।
(c) कथन सत्य है, लेकिन कारण असत्य है।
(d) कथन और कारण दोनों असत्य हैं।

54. कथन प्रारम्भिक जीव, जो पृथ्वी पर दिखाई दिए, वे अहरित (Non-green) एवं सम्भवतया अवायवीय (Anaerobes) थे।
कारण प्रथम स्वपोषी जीव रसायन स्वपोषी थे, जो कभी ऑक्सीजन उत्सर्जित नहीं करते थे।

55. कथन जन्तु प्रतिरोधी या प्रतिकूल (Hostile) वातावरण में जीवित रहने के लिए विभिन्न अनुकूलन अपनाते हैं।
कारण प्रेइंग मेन्टिस रंग में हरा है, जो उसे पादपों की पत्तियों के साथ मिलने देता है।

उत्तरमाला

1 (b)	2 (d)	3 (a)	4 (a)	5 (c)	6 (d)	7 (b)	8 (c)	9 (b)	10 (c)
11 (a)	12 (b)	13 (d)	14 (a)	15 (a)	16 (b)	17 (c)	18 (b)	19 (c)	20 (b)
21 (c)	22 (b)	23 (d)	24 (a)	25 (a)	26 (b)	27 (b)	28 (d)	29 (a)	30 (b)
31 (b)	32 (d)	33 (c)	34 (a)	35 (b)	36 (b)	37 (d)	38 (a)	39 (c)	40 (d)
41 (d)	42 (b)	43 (d)	44 (b)	45 (d)	46 (c)	47 (b)	48 (d)	49 (b)	50 (a)
51 (b)	52 (d)	53 (c)	54 (b)	55 (b)					

उत्तर सहित व्याख्या

3. (*a*) जीवन की रासायनिक संश्लेषण से उत्पत्ति को प्रयोगशाला में मिलर (Miller) द्वारा सिद्ध किया गया था। इन्होंने प्रबल ऊर्जा की उपस्थिति में मीथेन, हाइड्रोजन, जलवाष्प एवं अमोनिया के संयोजन से अमीनो अम्लों, सरल शर्कराओं तथा अन्य कार्बनिक यौगिकों के संश्लेषण की संभावना को सिद्ध किया।

6. (*d*) मीसोजोइक युग (Mesozoic era) के दौरान डायनासोर फले-फूले थे। इस युग को डायनासोर काल भी कहा जाता है।

13. (*d*) वे अंग जो आकार और कार्यों में असमान किन्तु उत्पत्ति और मूल संरचना में समान होते हैं, समजात अंग कहलाते हैं। घोड़े और मनुष्य के अग्रपाद समजात अंग के उदाहरण हैं।

22. (*b*) वे सभी गुण तथा लक्षण जो जन्तुओं को उनके परिवेश से अनुकूलन में सहायक होते हैं, उद्विकास की प्रक्रिया का परिणाम होते हैं। डार्विन के अनुसार, उद्विकास की प्रक्रिया प्राकृतिक चयन के सिद्धान्त पर आधारित है

30. (*b*) चार्ल्स रॉबर्ट डार्विन एक अंग्रेजी प्रकृतिवादी, भू-वैज्ञानिक और जीव विज्ञानी थे, जो विकास से सम्बन्धित विज्ञान में उनके योगदान के लिए जाने जाते हैं। उन्होंने ही 'प्राकृतिक वरण का सिद्धान्त' (Theory of natural selection) प्रतिपादित किया था।

33. (*c*) डार्विन ने गैलेपैगोस द्वीपसमूह के जीव-जन्तुओं का अध्ययन किया। इसमें उन्होंने एक प्रकार की पक्षी (डार्विन फिचिंज) की मिलती-जुलती किस्में देखी। डार्विन की फिचिंज एक भौगोलिक वितरण का प्रमाण है।

34. (*a*) चार्ल्स डार्विन का जैव विकास के सम्बन्ध में विचार विस्तारपूर्वक उनकी पुस्तक *'Origin of Species by Means of Natural Selection' (प्राकृतिक वरण द्वारा जातियों का विकास)* में 1859 ई. में प्रकाशित हुआ।

35. (*b*) 'योग्यतम् की उत्तरजीविता' की संकल्पना स्पेन्सर ने दी थी। सर्वप्रथम डार्विन ने 'योग्यतम की उत्तरजीविता' को 'प्राकृतिक वरण' का समानार्थी मानते हुए इस संकल्पना का समर्थन किया था।

39. (*c*) डार्विन के विकास के सिद्धान्त के अनुसार, जिराफ की लम्बी गर्दन उसे आहार प्राप्त करने में लाभप्रद होती है जिस कारण लम्बी गर्दन वाले जन्तु जीवित रहते हैं। डार्विन 'योग्यतम् की उत्तरजीविता' के सिद्धान्त के समर्थक थे।

40. (*d*) जब कोशिकाओं के केन्द्र में स्थित DNA में कोई स्थायी परिवर्तन होता है, तो उसे 'उत्परिवर्तन' (Mutation) कहा जाता है। 'ह्यूगो डी व्रीज' ने उत्परिवर्तन के सिद्धान्त का प्रतिपादन किया।

46. (*c*) *'होमो सैपियन्स'* का अर्थ बुद्धिमान आदमी होता है। *होमो सैपियन्स* आधुनिक मानव स्तनपायी, सर्वाहारी प्रधान जन्तुओं की एक जाति है, जो बात करने, अमूर्त सोचने, ऊर्ध्व चलने तथा परिश्रम के साधन बनाने योग्य है।

50. (*a*) वर्ष 2015 में *होमो नलेडी (Homo naledi)*, जीनस *होमो* की एक नई प्रजाति की खोज राइजिंग स्टार केव सिस्टम, क्रेडल ह्यूमनकाइंड, दक्षिण अफ्रीका के दीनालेडी चैम्बर में की गई थी।

51. (*b*) *होमो सैपियन्स* के रूप में वर्गीकृत किए जाने वाले प्रारम्भिक होमिनॉइड्स क्रो-मैगनॉन थे। इसके अस्थि-पंजर फ्रांस में मिले हैं।

54. (*b*) आदिम पृथ्वी ऑक्सीजन विहीन थी। अत: केवल वे जीव, जो अवायवीय स्थितियों में जीवित रह सकने में समर्थ थे, वे विकसित हुए। वे सभी परपोषी जीव थे। स्वयंपोषी जीवों के विकास के बाद उन्होंने अजैविक अकार्बनिक स्रोत, जैसे– H_2S, NH_3, CH_4, आदि का ऊर्जा के स्रोत के रूप में उपयोग किया। ये जीव रसायन स्वपोषी कहलाए।

55. (*b*) अनुकूलन जन्तुओं का एक महत्त्वपूर्ण लक्षण है, जिसके द्वारा वे प्रतिकूल वातावरण में जीवित रहने के लिए विभिन्न कौशल/कला/कार्यनीतियों को अपनाते हैं। प्रेइंग मेन्टिस के शरीर का रंग हरा होता है, जो पंखों एवं पत्तों से काफी मिलता-जुलता है। यह एक अनुकूलन है, जिसे सुरक्षात्मक अनुहरण या नकल (Protective mimicry) कहा जाता है।

अध्याय 08

मानव कार्यिकी
Human Physiology

- जीव विज्ञान की वह शाखा, जिसमें शरीर की रचना एवं उसके विभिन्न अंगों के पारस्परिक सम्बन्धों का तथा शरीर में सम्पन्न होने वाली क्रियाओं का अध्ययन किया जाता है, मानव कार्यिकी (Human physiology) कहलाती है।
- मानव शरीर में विभिन्न तन्त्र पाए जाते हैं, जैसे– पाचन तन्त्र, श्वसन तन्त्र, परिवहन तन्त्र, उत्सर्जन तन्त्र, कंकाल तन्त्र, तन्त्रिका तन्त्र, रासायनिक नियन्त्रण तथा प्रजनन तन्त्र, आदि।
- मानव शरीर के ये सभी तन्त्र सुचारु रूप से क्रियान्वयन हेतु एक-दूसरे पर निर्भर होते हैं, जैसे— रुधिर परिवहन तन्त्र ऑक्सीजन की पूर्ति के लिए श्वसन तन्त्र पर निर्भर होता है।

पोषण एवं पाचन तन्त्र

- भोजन सभी सजीवों की मूलभूत आवश्यकता है। भोजन के मुख्य अवयव कार्बोहाइड्रेट्स, वसा, विटामिन्स, प्रोटीन्स, खनिज एवं जल होते हैं।
- ये घटक शरीर की वृद्धि व ऊतकों की मरम्मत के लिए आवश्यक हैं।
- पाचन तन्त्र (Digestive system) में जटिल अणुओं को रासायनिक एवं भौतिक प्रक्रियाओं द्वारा सरल अणुओं में परिवर्तित किया जाता है। इस क्रिया को पाचन (Digestion) कहते हैं।
- पाचन तन्त्र का संक्षिप्त विवरण निम्न तालिका में दिया गया है

भाग	स्थान	कार्य	विशेषता
मुख (Mouth) या मुखगुहा (Buccal cavity)	खोपड़ी (Skull) के अग्रभाग के नीचे की ओर	भोजन का भौतिक पाचन, लार में उपस्थित एमाइलेज द्वारा 30% मण्ड का पाचन	दाँत, जिव्हा, ओष्ठ एवं लार ग्रन्थि की उपस्थिति
ग्रसिका (Oesophagus)	मुख से वक्षगुहा (Thoracic cavity) तक स्थित	भोजन का मुख से आमाशय तक परिवहन	पेशीय नलिका (Muscular tube), जो भोजन को आगे बढ़ाती है। एपिग्लोटिस (Epiglottis) श्वासनली (Trachea) में भोजन को जाने से रोकता है।
यकृत (Liver)	उदरगुहा (Abdominal cavity) में डायाफ्राम के नीचे तथा दाँयी ओर	पित्तरस का निर्माण, अमीनो अम्ल से यूरिया का निर्माण, संग्रहण के लिए ग्लूकोस को ग्लाइकोजन में बदलना है। अधिक कार्बोहाइड्रेट का वसा में परिवर्तन, वसा में संचित विटामिन जैसे- A, D, E और K का संग्रहण।	यह शरीर की सबसे बड़ी ग्रन्थि है।
आमाशय (Stomach)	उदरगुहा में बाँयी ओर डायाफ्राम के नीचे	प्रोटीन का पाचन, कम pH के कारण पेप्सिनोजन का पेप्सिन में परिवर्तन, जो प्रोटीन का पाचन करता है।	आमाशय म्यूकोसा स्तर में हजारों वलन होते हैं जिसमें करोड़ों जठर ग्रन्थियाँ (Gastric glands) होती हैं।
अग्न्याशय (Pancreas)	उदरगुहा में आमाशय (Stomach) के नीचे बाईं ओर	पाचक एन्जाइम का स्रावण, काइम (Chyme) को उदासीन करता है। रुधिर शर्करा स्तर का नियमन।	बाह्य स्रावी भाग, अग्न्याशयी रस एवं एन्जाइम का तथा अन्त: स्रावी भाग इन्सुलिन व ग्लूकैगॉन हॉर्मोनों का स्रावण करता है।

भाग	स्थान	कार्य	विशेषता
		छोटी आँत (Small intestine)	
ग्रहणी (Duodenum)	उदरगुहा में आमाशय के बाद	भोजन का पाचन। काइम एवं पित्तरस तथा अग्न्याशयी रस का प्रवेश स्थल	अनेक रसांकुर (Villi) व सूक्ष्मांकुर (Microvilli) तथा लिबरकुहन (Lieberkuhn) की दरारों युक्त
अग्र क्षुद्रान्त्र तथा क्षुद्रान्त्र (Jejunum and ileum)	उदरगुहा में ग्रहणी के बाद	भोजन का पूर्ण पाचन एवं अवशोषण	सूक्ष्मांकुर युक्त, वसा के अवशोषण के लिए रसांकुर में लेक्टीयल्स
		बड़ी आँत (Large intestine)	
सीकम (Caecum)	छोटी आँत व बड़ी आँत के सन्धि स्थल के नीचे	सेलुलोस का पाचन	मानव में अवशेषी (Vestigial)
कोलोन (Colon)	उदरगुहा में	अपचित भोजन से जल का अवशोषण	
मलाशय (Rectum)	श्रोणि गुहा (Pelvic cavity) में व कोलोन से जुड़ी हुई	मल (Faeces) का संग्रहण	
गुदा (Anus)	श्रोणि गुहा में व कोलोन से जुड़ी हुई	मलत्याग (Egestion) का स्थान	पेशीय गुदीय अवरोध (Anal sphincter muscle) द्वारा नियन्त्रित

- मानव में दाँत गर्तदन्ती, विषमदन्ती तथा द्विबारदन्ती होते हैं। ये कृन्तक, रदनक, अग्रचर्वणक व चर्वणक में विभेदित होते हैं।
- ये भोजन को क्रमशः कुतरने/काटने, चीरने-फाड़ने तथा चबाने का कार्य करते हैं। मानव का दन्तसूत्र $\frac{2123}{2123}$ है।
- जिव्हा मुखगुहा में स्वतन्त्र रूप से घूमने योग्य एक पेशीय अंग है, जो फ्रेनुलम द्वारा मुखगुहा के आधार से जुड़ी होती है।
- जिव्हा की ऊपरी सतह पर छोटे-छोटे उभार के रूप में पैपिला होते हैं, इन पर भोजन के स्वाद का अनुभव कराने के लिए स्वाद कलिकाएँ होती हैं।
- आहारनाल की दीवार में ग्रसिका से मलाशय तक चार स्तर सिरोसा, मस्कुलेरिस, सबम्यूकोसा तथा म्यूकोसा होते हैं।
- पीलिया, दस्त, कब्ज, वमन, अपच आदि पाचन तन्त्र के कुछ प्रमुख विकार होते हैं।

श्वसन एवं श्वसन तन्त्र

- वह प्रक्रिया, जिसके अन्तर्गत सभी जीवित जीव अपने श्वसन अंगों की सहायता से गैसों का विनिमय कर भोजन के ऑक्सीकरण द्वारा ऊर्जा (ATP) का उत्पादन करते हैं, श्वसन (Respiration) कहलाती है तथा इस कार्य हेतु प्रयुक्त अंगों के समूह को श्वसन तन्त्र (Respiratory system) कहते हैं।
- मानव के मुख्य श्वसनांग नासिका, नासामार्ग, ग्रसनी, वायुनाल, श्वसनी, श्वसनिका, वायु कूपिका एवं वायु कोष श्वसन पथ का निर्माण करते हैं।
- मानव में श्वसन प्रक्रिया को दो भागों अन्तः श्वसन (Inhalation) व निःश्वसन (Exhalation) में बाँटा जा सकता है।
- अन्तः श्वसन के दौरान वायुमण्डल से वायु फेफड़ों में प्रवेश करती है, जबकि निःश्वसन के दौरान वायु फेफड़ों से बाहर निकलती है।
- अन्तः श्वसन के दौरान तनुपट्ट या डायाफ्राम तथा अन्तरापर्शुक पेशियाँ संकुचित होती हैं, जिससे वक्षीय गुहा का आयतन बढ़ जाता है, जबकि निःश्वसन के दौरान तनुपट्ट (Diaphram) तथा अन्तरापर्शुक पेशियों में अनुशिथिलन होता है, जिसमें वक्षीय कक्ष का आयतन घट जाता है।
- वायु की वह मात्रा, जोकि फेफड़ों के द्वारा भीतर ली जा सकती है या बाहर छोड़ी जा सकती है, श्वसन आयतन (Respiratory volume) कहलाती है।
- O_2 तथा CO_2 के परिवहन का माध्यम रुधिर होता है। O_2 की लगभग 97% मात्रा का परिवहन रुधिर की RBC द्वारा ऑक्सीहीमोग्लोबिन के रूप में होता है, जबकि शेष बची हुई 3% O_2 का परिवहन प्लाज्मा द्वारा घुलित अवस्था में होता है।
- इसी प्रकार 23% CO_2 का हीमोग्लोबिन द्वारा, 70% CO_2 बाइकार्बोनेट के रूप में तथा 7% CO_2 का प्लाज्मा में घुलित रूप में परिवहन होता है।
- सामान्यतया श्वसन विकारों में श्वसनिका दमा, न्यूमोनिया, वातस्फीति तथा व्यावसायिक फेफड़े रोग, जैसे—सिलिकोसिस, एस्बेस्टोसिया, हाइपॉक्सिया तथा घातक चिरकालिक श्वसनीय संलक्षण (Syndrome) सम्मिलित हैं।

रुधिर एवं परिसंचरण तन्त्र

- जटिल प्राणियों के शरीर में विभिन्न पदार्थों का सभी कोशिकाओं तक आवश्यकतानुसार आवागमन या परिवहन अत्यधिक महत्त्वपूर्ण है और इसे सफलतापूर्वक सम्पन्न करने के लिए शरीर में एक विशेष तन्त्र उपस्थित होता है, जिसे परिसंचरण तन्त्र (Circulatory system) कहते हैं। ये खुला व बन्द प्रकार का होता है।
- बन्द रुधिर परिसंचरण तन्त्र को मुख्यतया तीन भागों; जैसे— रुधिर, हृदय तथा रुधिर वाहिनियों में बाँटा जा सकता है।
  - **रुधिर**-प्लाज्मा व रुधिर कणिकाओं से मिलकर बनता है।
  - **हृदय**-मानव शरीर का अत्यन्त महत्त्वपूर्ण अंग है। ये विभिन्न अंगों से रुधिर एकत्र करके विशेष वाहिनियों की सहायता से इसे विभिन्न अंगों तक पम्प करता है।
  - **रुधिर वाहिनियाँ**-रुधिर हृदय के द्वारा पम्प होता हुआ पूर्ण शरीर में विस्तृत रूप से फैली मोटी या पतली रुधिर वाहिनियों (धमनी व शिरा) में निरन्तर बहता रहता है।
- सामान्य मनुष्य का हृदय एक मिनट में 72-75 बार धड़कता है, इसे हृदय स्पन्दन दर कहते हैं।
- मानव में चार कोष्ठीय हृदय पाया जाता है, जो रुधिर को शरीर तथा फेफड़ों हेतु पृथक् वाहिनियों में प्रवाहित करता है, जिससे कि हृदय में CO_2 युक्त अशुद्ध रुधिर की O_2 युक्त शुद्ध रुधिर से मिलावट ना हो।
- मनुष्य के शरीर में रुधिर परिसंचरण तन्त्र के अतिरिक्त बन्द वाहिनियों का एक अन्य परिसंचरण तन्त्र भी होता है, जो **लसीका परिसंचरण तन्त्र** कहलाता है।

- लसीका RBC रहित श्वेत तरल होता है, जो लसीका गाँठों, कोशिकाओं एवं वाहिनियों द्वारा लसीका परिसंचरण तन्त्र का निर्माण करता है। थाइमस, प्लीहा एवं टॉन्सिल प्रमुख लसीकांग हैं।
- अनेक प्रकार के विकार, जैसे– उच्च रुधिर दाब, हृदय धमनी रोग, हृदयशूल, हृदयघात, आदि परिसंचरण तन्त्र के कार्यों को प्रभावित कर सकते हैं।

उत्सर्जन तन्त्र

- शरीर में होने वाली विभिन्न उपापचयी क्रियाओं के परिणामस्वरूप हानिकारक तथा विषाक्त अपशिष्ट पदार्थों का निर्माण होता है। इन पदार्थों को शरीर से बाहर निष्कासित करने की जैव-प्रक्रिया को उत्सर्जन (Excretion) कहते हैं।
- नाइट्रोजन अपशिष्ट पदार्थ (अमोनिया, यूरिया, आदि) जल में घुलित अवस्था में उत्सर्जन तन्त्र की सहायता से शरीर के बाहर निष्कासित किए जाते हैं।
- मनुष्य में मुख्य उत्सर्जी अंग वृक्क होते हैं। इनसे सम्बन्धित अन्य सहायक उत्सर्जी अंग मूत्रवाहिनियाँ, मूत्राशय तथा मूत्रमार्ग होते हैं।
- वृक्क सेम के बीज की आकृति के गहरे भूरे-लाल रंग के होते हैं। मानव के प्रत्येक वृक्क की लम्बाई 10-12 सेमी, चौड़ाई 5-7 सेमी तथा मोटाई 2-3 सेमी होती है।
- वृक्काणु (Nephron) वृक्क की एक संरचनात्मक एवं क्रियात्मक इकाई है। यह केशिकागुच्छ (Glomerulus) तथा वृक्क नलिका से मिलकर बना होता है।
- मूत्र निर्माण में तीन प्रमुख चरण परानिस्यन्दन (Ultrafilteration), पुन: अवशोषण (Reabsorption) तथा स्त्रावण (Secretion) होते हैं।
- वृक्क के खराब होने की स्थिति में रुधिर में एकत्रित व्यर्थ उत्सर्जी पदार्थों को **कृत्रिम वृक्क** की सहायता से पृथक् करने को रुधिर **अपोहन** (Hemodialysis) कहते हैं।
- मानव में वृक्क की क्रियाहीनता से वृक्क विकृतियाँ उत्पन्न हो जाती हैं; जैसे—यूरीमिया, गुच्छशोथ, आदि।

कंकाल तन्त्र

- कंकाल का अध्ययन अस्थि विज्ञान (Osteology) कहलाता है। व्यस्क मानव के अन्त: कंकाल में कुल 206 अस्थियाँ तथा नवजात शिशु में 300 अस्थियाँ होती हैं। मानव का कंकाल दो भागों में बाँटा जाता है
  - **अक्षीय कंकाल** (Axial skeleton) इसके अन्तर्गत करोटि (खोपड़ी), कशेरुक, उरोस्थि एवं पसलियों की अस्थियाँ आती हैं। अक्षीय कंकाल में कुल 80 अस्थियाँ होती हैं।

अक्षीय कंकाल में अस्थियाँ एवं उनकी संख्या

अस्थियाँ	संख्या
करोटि	29 (कपाल 8, चेहरा 14, कंठिका 01, कर्ण अस्थिका 06)
कशेरुक	26 (सेक्रम 10, अनुत्रिक 01, ग्रीवा 07, वक्षीय 12, कटीय 05)
पसलियाँ	24 (प्रत्येक तरफ 12)
उरोस्थि	01

  - **अनुबन्धीय कंकाल** (Appendicular skeleton) इसके अन्तर्गत मेखलाएँ तथा हाथ-पैरों की अस्थियाँ आती हैं। इसमें कुल 126 अस्थियाँ होती हैं।

अनुबन्धीय कंकाल में अस्थियाँ एवं उनकी संख्या

ऊपरी भाग	संख्या	निचला भाग	संख्या
अंस मेखला	04 (प्रत्येक अंस मेखला में 02)	श्रोणि मेखला	02 (प्रत्येक श्रोणि मेखला में 01 अस्थि)
ऊपरी भुजाएँ	02	ऊरू	02
निचली भुजाएँ	04	जानुफलक	02
कलाई	16	अध:पाद	04
हथेली	10	टखना	14
अँगुलियाँ	28	सोल्स	10
		पादांगुलियाँ	28

पेशीय तन्त्र

- पेशी एक विशिष्ट प्रकार का ऊतक है, जिसकी उत्पत्ति मध्यजननस्तर से होती है। ये ऐच्छिक या अनैच्छिक प्रकार की गति दर्शाती हैं।
- उत्तेजनशीलता, संकुचनशीलता, प्रसार्थ तथा प्रत्यास्थता पेशियों के विशिष्ट गुण हैं। स्थिति के आधार पर पेशियाँ निम्न तीन प्रकार की होती हैं
  - **कंकाल पेशी** रेखित, बहुकेन्द्रकीय तथा ऐच्छिक होती है।
  - **अन्तरंग पेशी** अरेखित, चिकनी, एककेन्द्रक युक्त एवं अनैच्छिक होती है।
  - **हृदयी पेशी** संरचना में रेखित पेशी के समान, किन्तु कार्य में अनैच्छिक होती है।
- पेशियों की संकुचनशीलता, संकुचनशील प्रोटीन मायोसिन व एक्टिन के कारण होती है।
- पेशी संकुचन का आरम्भ प्रेरक तन्त्रिका द्वारा भेजे गए सन्देश से होता है, जोकि Ca^{+2} आयनों को मुक्त करता है।
- पेशीय व कंकाल तन्त्र के विकारों में माइस्थेनिया, ग्रेविस (स्वप्रतिरक्षा विकार, जो तन्त्रिका पेशी सन्धि को प्रभावित करता है), पेशीय दुर्विकास (कंकाल पेशी का सतत् ह्रास) सन्धि शोथ, अस्थि सुषिरता तथा गाउट, आदि प्रमुख हैं।

तन्त्रिका तन्त्र

- शरीर की प्रत्येक प्रतिक्रिया में भाग लेने वाले विविध ऊतकों तथा अंगों की क्रियाओं के समन्वयन हेतु केवल जन्तुओं में एक विशेष तन्त्र पाया जाता है, जिसे तन्त्रिका तन्त्र (Nervous system) कहते हैं।
- मानव में नियन्त्रण एवं समन्वय तन्त्रिका तन्त्र, अन्त:स्त्रावी तन्त्र व पेशी ऊतक द्वारा किया जाता है।
- **तन्त्रिका कोशिका** तन्त्रिका तन्त्र के मुख्य घटक अथवा मुख्य कोशिका को तन्त्रिका कोशिकाएँ (Neuron) कहते हैं। यह तन्त्रिका तन्त्र की संरचनात्मक एवं क्रियात्मक इकाई होती है।
- तन्त्रिका कोशिका के तीन भाग होते हैं–कोशिकाकाय, द्रुमिका एवं तन्त्रिकाक्ष।
- **तन्त्रिका तन्त्र का विभाजन** उच्च कशेरुकी प्राणियों सहित मनुष्य में तन्त्रिका तन्त्र निम्न तीन भागों में विभक्त किया गया है–केन्द्रीय, परिधीय व स्वायत्त तन्त्रिका तन्त्र।
- **केन्द्रीय तन्त्रिका तन्त्र** (CNS) इसके अन्तर्गत मस्तिष्क एवं मेरुरज्जु आते हैं।
- **मस्तिष्क** (Brain) ये अत्यन्त महत्त्वपूर्ण एवं कोमल अंग होता है। यह खोपड़ी के मस्तिष्क कोष में सुरक्षित रहता है। व्यस्क मानव मस्तिष्क का भार लगभग 1300-1400 ग्राम होता है। मस्तिष्क के तीन प्रमुख भाग होते हैं

- **अग्रमस्तिष्क** (Forebrain) इसके अन्तर्गत निम्न भाग आते हैं
  घ्राण मस्तिष्क (Rhiencephalon) गन्ध के ज्ञान का केन्द्र होता है।
  प्रमस्तिष्क (Cerebrum) स्मृति, सोचने, विचारने, चेतना, तर्क शक्ति, सीखने आदि का केन्द्र है।
  डाइएनसिफेलॉन (Diencephalon) दर्द, ठण्डा व गर्म के अनुभव का कार्य करता है। यह भूख, प्यास, स्नेह, घृणा, उत्साह, पीड़ा, नींद व ताप नियन्त्रण का केन्द्र है।
- **मध्यमस्तिष्क** (Midbrain) देखने तथा सुनने में सहायक होता है।
- **पश्चमस्तिष्क** (Hindbrain) पेशियों को नियन्त्रित करके प्रचलन, खेलने-कूदने, नाचने आदि को नियन्त्रित करता है।

- **मेरुरज्जु** (Spinal cord) मस्तिष्क पुच्छ कपालीय गुहा के बाहर एक लम्बी, खोखली व बेलनाकार रचना के रूप में मानव की देहगुहा में रूपान्तरित होता है, इस रचना को मेरुरज्जु कहते हैं।
  यह प्रतिवर्ती क्रियाओं का संचालन एवं नियमन करता है। अत: मेरुरज्जु के क्षतिग्रस्त होने पर मनुष्य में प्रतिवर्ती क्रियाएँ नहीं हो पाती हैं।
  प्रतिवर्ती क्रियाएँ (Reflex action) ये क्रियाएँ मेरुरज्जु से नियन्त्रित होती हैं। प्रतिवर्ती क्रिया तीव्र गति से होने वाली स्वचालित क्रिया है। इसके संचालन में मस्तिष्क भाग नहीं लेता है।
- **परिधीय तन्त्रिका तन्त्र** (PNS) इसके अन्तर्गत कपाल तथा मेरुरज्जु से सम्बन्धित तन्त्रिकाएँ आती हैं।
- **स्वायत्त तन्त्रिका तन्त्र** (ANS) परिधीय तन्त्रिका तन्त्र का ही भाग है, जोकि इससे स्वतन्त्र रूप से कार्य करता है, किन्तु इसका नियन्त्रण केन्द्रीय तन्त्रिका तन्त्र द्वारा होता है। स्वायत्त तन्त्रिका तन्त्र के दो घटक होते हैं—अनुकम्पी तन्त्रिका तन्त्र (Sympathetic Nervous System) एवं परानुकम्पी तन्त्रिका तन्त्र (Parasympathetic Nervous System)।
- संवेदी अंगों में विशेष तन्त्रिकाएँ होती हैं, जिन्हें संवेदना ग्राही और संवेदांग कहते हैं। जो मानव में क्रमशः 12 एवं 31 जोड़ी होती हैं।
- मानव नेत्र द्विनेत्री दृष्टि, वर्ण दृष्टि एवं दिन-रात की दृष्टि प्रदान करता है। कर्ण सुनने एवं शरीर के सन्तुलन को बनाए रखने का महत्त्वपूर्ण कार्य करता है।

अन्त: स्त्रावी तन्त्र

- तन्त्रिका तन्त्र के अतिरिक्त एक अन्य तन्त्र जन्तुओं में विशिष्ट रासायनिक पदार्थों द्वारा शरीर की विभिन्न जैविक क्रियाओं और तन्त्रों का नियमन व समन्वयन करता है, जिसे अन्तः स्त्रावी तन्त्र (Endocrine system) कहते हैं। इस तन्त्र की कार्य प्रणाली में विभिन्न विशिष्ट रासायनिक पदार्थों को रासायनिक सन्देशवाहक के रूप में प्रयोग किया जाता है।
- **अन्तः स्त्रावी ग्रन्थियाँ** (Endocrine glands) नलिकाविहीन ग्रन्थियाँ होती हैं। इनसे स्त्रावित पदार्थ या हॉर्मोन्स ऊतक द्रव्य में मुक्त होते हैं और रुधिर केशिकाओं में पहुँचकर सम्पूर्ण शरीर में संचरित होते हैं।
- **पीयूष ग्रन्थि** (Pituitary gland) मस्तिष्क के आधार में स्थित यह मटर के दाने के समान द्विपालित ग्रन्थि मास्टर ग्रन्थि भी कहलाती है।
- **हॉर्मोन** वह जटिल कार्बनिक पदार्थ होता है, जो अन्त: स्त्रावी ग्रन्थि द्वारा स्त्रावित होता है एवं अल्प-मात्रा में ही प्रभावी होता है।
  अग्रपिण्ड से स्त्रावित होने वाले हॉर्मोन्स निम्न हैं
  - **सोमैटोट्रॉपिक हॉर्मोन** इसे वृद्धि हॉर्मोन भी कहते हैं। इसके अल्प-स्त्रावण से व्यक्ति बौना तथा अतिस्त्रावण से भीमकाय हो जाता है।
  - **थायरॉइड प्रेरक हॉर्मोन** यह थायरॉइड ग्रन्थि की वृद्धि तथा स्त्रावण को उत्तेजित करता है।
  - **एड्रीनोकॉर्टिकोट्रॉपिक हॉर्मोन** एड्रीनल ग्रन्थि के कॉर्टिकल भाग से हॉर्मोन के स्त्राव को नियमित करता है।
  - **गोनैडोट्रॉपिक हॉर्मोन** ये हॉर्मोन्स लैंगिक परिपक्वता एवं लैंगिक कार्यों को प्रभावित करते हैं। पश्च पिण्ड से केवल दो हॉर्मोन स्त्रावित होते हैं जो वास्तव में हाइपोथैलेमस में निर्मित होकर यहाँ संचित होते हैं।
  - **वैसोप्रेसिन हॉर्मोन** वृक्क नलिकाओं के दूरस्थ भाग में जल अवशोषण को बढ़ाकर मूत्र की सान्द्रता को नियन्त्रित करता है।
  - **ऑक्सीटोसिन हॉर्मोन** स्तनों की पेशियों में संकुचन प्रेरित कर दुग्ध स्त्रावण को प्रेरित करता है।
- **थायरॉइड ग्रन्थि** (Thyroid gland) इससे थायरॉक्सिन हॉर्मोन स्त्रावित होता है जोकि आयोडीन द्वारा निर्मित होता है। इसके अल्पस्त्रावण से जड़वामनता रोग, मिक्सोडेमा, हाशिमोटो, सामान्य घेंघा, आदि रोग होते हैं, जबकि अतिस्त्रावण से नेत्रोत्सेंधी घेंघा, प्लूमर का रोग, ग्रेव का रोग आदि होते हैं।
- **पैराथायरॉइड ग्रन्थि** (Parathyroid gland) इस ग्रन्थि द्वारा पैराथॉर्मोन एवं कैल्सिटोनिन हॉर्मोन स्त्रावित होते हैं।
- **अधिवृक्क ग्रन्थि** (Adrenal gland) इस ग्रन्थि से ग्लूकोकॉर्टिकॉइड्स, मिनरेलोकॉर्टिकॉइड्स, लिंग हॉर्मोन्स (एण्ड्रोजन व एस्ट्रोजन), ऐड्रीनेलीन एवं नॉर एड्रीनेलीन हॉर्मोन स्त्रावित होते हैं।
  अधिवृक्क ग्रन्थि के अल्पस्त्रावण से कॉन्स रोग, हाइपोग्लाइसीमिया, एडीसन रोग, आदि होते हैं, जबकि अतिस्त्रावण से कुशिंग रोग, एड्रीनल विरिलिज्म आदि रोग होते हैं।
- **पिनियल ग्रन्थि** (Pineal gland) मिलैटोनिन नामक हॉर्मोन का स्त्रावण करती है, जोकि वृषण तथा अण्डाशय की वृद्धि को प्रभावित करता है।
- **थाइमस ग्रन्थि** (Thymus gland) इसके पिण्डकों द्वारा थाइमोसिन नामक हॉर्मोन स्त्रावित होता है।
- **अग्न्याशय ग्रन्थि** (Pancreatic gland) की लैंगरहैंस द्वीपिकाओं की कोशिकाओं से इन्सुलिन एवं ग्लूकैगॉन हॉर्मोन स्त्रावित होता है।
- **जनद ग्रन्थि** (Gonad gland) वृषण द्वारा नर हॉर्मोन टेस्टोस्टेरॉन व अण्डाशय द्वारा एस्ट्रोजन व प्रोजेस्टेरॉन हॉर्मोन का स्त्रावण होता है।

जनन तन्त्र एवं भ्रूणीय विकास

- **जनन** (Reproduction) किसी जीवधारी द्वारा अपनी जाति की निरन्तरता बनाए रखने हेतु अपने जैसी संतति को उत्पन्न करना, जनन कहलाता है।

मानव जनन तन्त्र दो प्रकार का होता है

- **नर जनन तन्त्र** (Male reproductive system) प्राथमिक एवं मुख्य जननांग वृषण तथा सहायक जननांगों जैसे—अधिवृषण, शुक्रवाहिनियों, शुक्राशय, मूत्रमार्ग, शिश्न एवं सहायक ग्रन्थियों; जैसे–प्रोस्टेट, काउपर एवं पेरीनियल ग्रन्थि से मिलकर बना होता है।
- वृषण नर जनन कोशिका शुक्राणु का निर्माण करते हैं।
- **मादा जनन तन्त्र** (Female reproductive system) इसके अन्तर्गत एक जोड़ी अण्डाशय, एक जोड़ी फैलोपियन नलिका, गर्भाशय, गर्भाशय ग्रीवा, योनि व सहायक ग्रन्थियाँ; जैसे—बार्थोलिन तथा पेरीनियल ग्रन्थियाँ आदि सम्मिलित होते हैं।

- अण्डाशय द्वारा अण्डाणु का निर्माण होता है।
- **युग्मकजनन** (Gametogenesis) युग्मकों के निर्माण की क्रिया होती है।
- युग्मकजनन में अर्द्धसूत्री विभाजन द्वारा अगुणित कोशिकाओं का निर्माण होता है, जो युग्मक कहलाते हैं।
- नर युग्मक से शुक्राणु के बनने की क्रिया शुक्राणुजनन (Spermatogenesis) तथा मादा युग्मक से अण्ड कोशिका के बनने की क्रिया **अण्डजनन** (Oogenesis) कहलाती है।
- मानव में फैलोपियन नलिका में निषेचन सम्पन्न होता है।
- निषेचन के पश्चात् युग्मनज ($2n$) बनता है। उसके पश्चात् युग्मनज (Zygote) में समसूत्री विभाजन (विदलन) शुरू हो जाता है और 2, 4, 8, 16 पुत्री कोशिकाएँ बनती हैं, जो कोरक खण्ड (Blastomeres) कहलाते हैं, जो आगे विभाजन से कोरकपुटी (Blastocyst) बनाते हैं।
- कोरकपुटी के गर्भाशय में अन्त:रोपण के परिणामस्वरूप सगर्भता (Pregnancy) होती है। मानव में सगर्भता काल 9 माह का होता है।
- गर्भाशय से शिशु के बाहर निकलने की क्रिया प्रसव (Parturition) कहलाती है।

चैप्टर प्रैक्टिस

पोषण एवं पाचन तन्त्र

1. वे जीव, जो विभिन्न भोज्य पदार्थों को ठोस या तरल अवस्था में ग्रहण करते हैं, क्या कहलाते हैं?

(a) मृतोपजीवी (b) परजीवी
(c) सहजीवी (d) प्राणिसमभोजी

2. फीताकृमि किस रूप में अपना पोषण प्राप्त करता है?

(a) प्राणिसमभोजी (b) परजीवी
(c) मृतोपजीवी (d) प्राणिसमभोजी

3. कुत्ता एक शाकाहारी जानवर है *[CGPSC 2012]*

(a) सत्य (b) असत्य
(c) दोनों (a) और (b) (d) ये सभी

4. मानव शरीर में किस तत्व का प्रतिशत सबसे अधिक होता है? *[MPPCS 2020]*

(a) हाइड्रोजन (b) नाइट्रोजन
(c) कार्बन (d) ऑक्सीजन

5. विटामिनों के बारे में निम्नलिखित में से कौन-सा कथन सही नहीं है? *[UPPSC (BEO) 2020]*

(a) कुछ विटामिन आन्त्रीय सूक्ष्मजीवों द्वारा संश्लेषित किए जा सकते हैं
(b) कुछ विटामिन हॉर्मोन की तरह काम करते हैं
(c) कुछ विटामिन शरीर में जमा होते हैं
(d) विटामिन-K जल में घुलनशील विटामिन है

6. हमारा दंतवल्क (Enamel) .... **से बना होता है।** *[RRB 2016]*

(a) कैल्शियम फॉस्फेट (b) कैल्शियम सल्फेट
(c) कैल्शियम ऑक्साइड (d) कैल्शियम कार्बोनेट

7. एक वयस्क मानव में कितने 'कैनाइन दाँत' होते हैं? *[SSC 2018]*

(a) 2 (b) 4
(c) 3 (d) 8

8. भोजन को चबाने वाले दाँत कौन-से प्रकार के होते हैं? *[गन्ना पर्यवेक्षक 2016]*

(a) चर्वणक (b) छेदक
(c) रदनक (d) दूध दाँत

9. मानव शरीर में सबसे मजबूत माँसपेशियाँ कहाँ होती हैं?

(a) जबड़े में (b) जाँघ में (c) गर्दन में (d) हाथों में

10. एक वयस्क मानव का पूरा पाचन तन्त्र अर्थात् मुँह से गुदा तक .... मीटर लम्बा होता है। *[RRB 2016]*

(a) 8 (b) 7
(c) 10 (d) 9

11. एक मानव जीभ में औसतन कितनी स्वाद कलिकाएँ उपस्थित होती हैं? *[RRB 2016]*

(a) 2000 से 8000
(b) 50000 से 100000
(c) 1 मिलियन से 10 मिलियन
(d) 10 मिलियन से अधिक

12. मानव के पाचन तन्त्र में पाचन की प्रक्रिया कहाँ से प्रारम्भ होती है? *[CDS 2015]*

(a) ग्रसिका (b) मुख गुहिका
(c) ग्रहणी (d) आमाशय

13. जीवित प्राणियों के शरीर में होने वाली निम्नलिखित में से कौन-सी एक प्रक्रिया, पाचक प्रक्रिया है? *[IAS (Pre) 2010]*

(a) प्रोटीनों का अमीनो अम्लों में विघटन
(b) ग्लूकोस का CO_2 और H_2O में विघटन
(c) ग्लूकोस का ग्लाइकोजन में रूपान्तरण
(d) अमीनो अम्लों का प्रोटीनों में रूपान्तरण

14. कौन-सा अंग एक ग्रन्थि नहीं है? *[RRB 2016]*

(a) अधिवृक्क (b) जिगर
(c) पीयूष (पिट्यूटरी) (d) पित्ताशय

15. बेरिएट्रिक सर्जरी किसी व्यक्ति के .... में परिवर्तन लाती है। *[SSC 2018]*

(a) पाचन तन्त्र (b) फेफड़े
(c) हृदय (d) नाक की नली

16. ड्यूओडिनम .... का भाग है। *[RRB 2016]*

(a) छोटी आँत (b) बड़ी आँत
(c) पित्ताशय (d) अण्डाशय

17. मनुष्य के शरीर की वह ग्रन्थि, जो एन्जाइम और हॉर्मोन दोनों स्रावित करती है *[RRB 2016]*

(a) यकृत (b) अग्न्याशय
(c) लार ग्रन्थि (d) पीयूष ग्रन्थि

18. निम्नलिखित में से वह अंग कौन-सा है, जो मानव शरीर में ग्लाइकोजन के रूप में कार्बोहाइड्रेट को जमा करता है? *[IAS (Pre) 2004]*

(a) आँत (b) आमाशय
(c) अग्न्याशय (d) यकृत

19. भोजन को नली से होते हुए धकेलने के लिए नाल की माँसपेशियों के अस्तर के लयबद्ध संकुचन को .... कहते हैं। *[SSC (CHSL) 2018]*

(a) क्रमाकुंचन (b) सरलीकरण
(c) बिन्दुस्राव (d) इनमें से कोई नहीं

20. सिग्मारूपी वृहदाँत्र किसका भाग है? *[SSC (CGL) 2013]*

(a) बड़ी आँत (b) क्षुद्राँत्र (इलियम)
(c) छोटी आँत (d) गुदा

21. लार निम्न में से किसके पाचन में सहयोग करती है? *[RPSC 2012]*

(a) स्टार्च (b) प्रोटीन
(c) रेशे (d) वसा

22. मानवों में स्वादेन्द्रियाँ .... का पता लगाती हैं। *[SSC (CHSL) 2018]*

(a) स्वाद (b) गंध
(c) स्पर्श (d) सुनना

23. मनुष्यों में .... एक अम्लीय माध्यम निर्मित करता है, जो एन्जाइम पेप्सिन के कार्य को सुगम बना देता है। *[RRB 2018]*

(a) सल्फ्यूरिक अम्ल (b) हाइड्रोक्लोरिक अम्ल
(c) नाइट्रिक अम्ल (d) एसीटिक अम्ल

24. पाचन तन्त्र में उपस्थित आमाशयी रस (Gastric juice) में .... शामिल नहीं होता है। *[RRB 2016]*

(a) HCl (b) NaCl
(c) HNO_3 (d) KCl

25. आहारनाल एक लम्बी नली है, जो .... विस्तारित है। *[SSC (CHSL) 2018]*

(a) मुँह से आमाशय तक (b) आमाशय से बड़ी आँत तक
(c) छोटी आँत से गुदा तक (d) मुँह से गुदा तक

26. लसीका .... से पची हुई तथा अवशोषित वसा का वहन करती है। *[SSC (CHSL) 2018]*

(a) फेफड़ों (b) क्षुद्रांत्र
(c) आमाशय (d) वृक्क

27. टायलिन एन्जाइम का सम्बन्ध है *[Lower Subordinate II 2016]*

(a) आंत्रीय रस (b) जठर रस
(c) लार (d) इनमें से कोई नहीं

28. निम्नलिखित में से कौन-सा एक कथन जठर के बारे में सही नहीं है? *[NDA 2011]*

(a) जठर एक अस्थाई आशय के रूप में काम करता है
(b) जठर खाद्य को आमाशयी रस के साथ मिश्रित कर देता है
(c) जठर आमाशयी रस में लाइपेज और एमाइलेज स्रावित करता है
(d) जठर के खाली होने की दर खाद्य के प्रकार पर निर्भर करती है

29. यदि किसी अज्ञात दुर्घटना के कारण एक व्यक्ति के पेट की भित्तियों की अम्ल स्रावी कोशिकाएँ क्षतिग्रस्त हो जाती हैं, तो निम्नलिखित में कौन-से एक जैव-अणु का पाचन सबसे अधिक मात्रा में प्रभावित होगा? *[NDA 2018]*

(a) प्रोटीन (b) लिपिड
(c) कार्बोहाइड्रेट (d) दोनों (a) और (c)

30. आमाशय से बाहर आने वाले अम्लीय अर्द्धपाचित खाद्य का उदासीनीकरण किसके द्वारा किया जाता है? *[NDA 2019]*

(a) अग्न्याशयी रस (b) ग्रहणी स्राव
(c) वृहदांत्र स्राव (d) पित्त रस

31. निम्नलिखित में से कौन-सा एक अंग वसा का भंजन कर कोलेस्टेरॉल उत्पन्न करता है? *[NDA 2011]*

(a) आंत (b) यकृत
(c) फुफ्फुस (d) वृक्क

32. कार्बोहाइड्रेट, प्रोटीन और वसा का पूर्ण पाचन किसमें होता है?

(a) जठर में (b) यकृत में
(c) क्षुद्रान्त्र में (d) वृहद्रान्त्र में

33. निम्नलिखित में से कौन-सा विकल्प पाचक एन्जाइम का नहीं है? *[RRB 2016]*

(a) प्रोटिएज (b) एमाइलेज
(c) लाइपेज (d) सुपरऑक्साइड डिस्म्यूटेज

34. शरीर के किस भाग में पित्त रस (Bile juice) का उत्पादन होता है? *[RRB 2016]*

(a) हृदय (b) फेफड़े
(c) गुर्दे (d) यकृत

35. निम्नलिखित में से कौन-सा एक यकृत का कार्य नहीं है? *[NDA 2015]*

(a) ग्लूकोस का ग्लाइकोजन में रूपान्तरण
(b) यूरिया का उत्पादन
(c) मृत एवं क्षय हो चुकी लाल रुधिर कोशिकाओं का विनाश
(d) खाद्य का और अपचित आहार में से जल के आधिक्य का अवशोषण

36. पाचन के विषय में निम्नलिखित कथनों में से कौन-सा एक सही है? *[Asst. Comm. 2018]*

(a) खाद्य में उपस्थित वसा का पाचन ट्रिप्सिन और काइमोट्रिप्सिन द्वारा होता है
(b) खाद्य के स्टार्च का पाचन लाइपेज द्वारा होता है
(c) खाद्य की वसा का पाचन लाइपेज द्वारा होता है
(d) न्यूक्लिक अम्ल का पाचन एमाइलेज द्वारा होता है

37. कौन-सा हॉर्मोन अग्न्याशयी रस तथा बाइकार्बोनेट आयन के उत्पादन को प्रेरित करता है? *[Lower Subordinate 2016]*

(a) एन्जियोटेन्सिन तथा एपिनेफ्रिन
(b) गैस्ट्रिन तथा इन्सुलिन
(c) कोलेसिस्टोकाइनिन तथा सिक्रेटिन
(d) इन्सुलिन तथा ग्लूकागॉन

38. सीकम .... पाचन के काम आता है। *[Combined Medical Services 2016]*

(a) प्रोटीन (b) वसा
(c) सेलुलोस (d) स्टार्च

39. मानव आमाशय में, निम्नलिखित में से कौन-सा अम्ल उत्पन्न होता है? *[CDS 2020]*

(a) फॉर्मिक अम्ल (b) सल्फ्यूरिक अम्ल
(c) नाइट्रिक अम्ल (d) हाइड्रोक्लोरिक अम्ल

40. मानव शरीर में प्रोटीन का पाचन निम्नलिखित में से किस अंग में प्रारम्भ होता है? *[UPPSC 2020]*

(a) यकृत (b) मुँह
(c) छोटी आँत (d) आमाशय

41. पाचन-क्षेत्र में भोजन के साथ मिलने वाला पहला एन्जाइम निम्नलिखित में से कौन-सा है? *[CDS 2020]*

(a) ट्रिप्सिन (b) सेलुलोस
(c) पेप्सिन (d) एमाइलेज

42. निम्नलिखित को सुमेलित कीजिए

	सूची I		सूची II
A.	रक्ताहारी	1.	केकड़ा
B.	शाकाहारी	2.	जोंक
C.	सर्वाहारी	3.	जरख
D.	मांसाहारी	4.	हाथी

कूट

	A	B	C	D		A	B	C	D
(a)	4	2	3	1	(b)	2	4	1	3
(c)	4	3	2	1	(d)	2	1	4	3

43. उपापचय किसे सन्दर्भित करता है? *[RRB 2016]*

1. शरीर में होने वाली सभी रासायनिक प्रतिक्रियाएँ
2. सरल अणुओं से जटिल अणुओं का संश्लेषण
3. उपचय और अपचय

कूट

(a) केवल 1 (b) केवल 2
(c) 1 और 2 दोनों (d) 1, 2 और 3

श्वसन एवं श्वसन तन्त्र

44. कौन-सी जीवन प्रक्रिया रासायनिक ऊर्जा को ऊष्मा ऊर्जा में बदलती है? *[RRB 2018]*

(a) पोषण (b) संचलन
(c) उत्सर्जन (d) श्वसन

45. कोशिकीय प्रक्रियाओं के लिए 'ऊर्जा मुद्रा (एनर्जी करेन्सी)' निम्नलिखित में से किसे कहते हैं? *[CDS 2020]*

(a) ग्लूकोस (b) ATP
(c) ADP (d) पाइरुविक अम्ल

46. मानव में, ... के कम्पन से ध्वनि उत्पन्न होती है। *[RRB 2018]*

(a) श्वसन रज्जु (b) मुख गुहिका
(c) स्वर रज्जु (d) ग्रसनी

47. मानव श्वसन में क्या छोड़ा जाता है? *[RRB 2016]*

(a) गैसों का मिश्रण
(b) कार्बन मोनोऑक्साइड
(c) ऑक्सीजन
(d) कार्बन डाइऑक्साइड

48. मानव में गैसों का आदान-प्रदान ...... में होता है। *[RRB 2018]*

(a) कूपिका (एल्वियोली) (b) कण्ठ (लैरिंक्स)
(c) श्वासनली (ट्रेकिआ) (d) ब्रोन्काई

49. जैसे फेफड़ा .... से सम्बन्धित है, वैसे ही हृदय रुधिर से सम्बन्धित है। *[RRB 2016]*

(a) छाती (b) श्वसन
(c) हवा (d) ऑक्सीजन

50. निम्नलिखित में से मानव शरीर की किस प्रणाली से एल्वियोली सम्बन्धित है? *[SSC 2017]*

(a) परिसंचरण प्रणाली (b) उत्सर्जन प्रणाली
(c) जनन प्रणाली (d) श्वसन प्रणाली

51. निम्नलिखित में से कौन-सा शारीरिक अंग श्वसन क्रिया में भाग नहीं लेता? *[NDA 2018]*

(a) श्वसनी (b) बोमेन-सम्पुट
(c) डायाफ्राम (d) श्वासनली

52. फेफड़ों के आवरण को .... कहा जाता है। *[SSC 2017]*

(a) पेरीकार्डियम (b) फुफ्फुस झिल्ली
(c) पेरिकॉन्ड्रियम (d) पेरिटोनियम

53. यदि एक मनुष्य पहले पूर्ण प्रयास करके अन्तःश्वसन करे तथा इसके पश्चात् वह पूर्णतया निःश्वसन करे तो श्वसन वायु की मात्रा क्या कहलाएगी?

(a) अन्तःश्वसन आरक्षित वायु (b) निःश्वास आरक्षित वायु
(c) प्रवाही वायु (d) सजीव सामर्थ्य

54. वायु में प्रदूषक कार्बन मोनोक्साइड (CO) के अत्यधिक मात्रा में मोचन से मनुष्य के शरीर में ऑक्सीजन आपूर्ति में कमी लाने वाली अवस्था उत्पन्न हो सकती है। यह अवस्था किस कारण उत्पन्न होती है? *[IAS (Pre) 2010]*

(a) अन्तर्श्वसन में ली गई CO शरीर में पहुँचने पर CO_2 में रूपान्तरित हो जाती है
(b) अन्तर्श्वसन में ली गई CO की, ऑक्सीजन की तुलना में, हीमोग्लोबिन के प्रति कहीं अधिक बन्धुता है
(c) अन्तर्श्वसन में ली गई CO हीमोग्लोबिन की रासायनिक संरचना को नष्ट कर देती है
(d) अन्तर्श्वसन में ली गई CO मस्तिष्क के श्वसन केन्द्र पर प्रतिकूल प्रभाव डालती है

55. निम्नलिखित में से कौन-सी गैसें रुधिर में ऑक्सीजन ले जाने की क्षमता को कम करती हैं? *[SSC 2018]*

(a) कार्बन मोनोऑक्साइड (b) नाइट्रस ऑक्साइड
(c) कार्बन डाइऑक्साइड (d) नाइट्रिक ऑक्साइड

56. हीमोग्लोबिन के सम्बन्ध में निम्नलिखित में से कौन-सा कथन सही नहीं है? *[UPPSC (BEO) 2020]*

(a) यह लाल रंग का होता है
(b) यह फेफड़ों से कोशिकाओं तक ऑक्सीजन का वाहक होता है
(c) यह कुछ अम्लीय होता है
(d) यह ऊतकों से फेफड़ों तक कार्बन डाइऑक्साइड को पहुँचाता है

57. निम्नलिखित में से कौन-सा रुधिर के हीमोग्लोबिन के साथ अनुत्क्रमणीय संश्लिष्ट बनाता है? *[UPPCS 2008]*

(a) कार्बन डाइऑक्साइड
(b) शुद्ध नाइट्रोजन गैस
(c) कार्बन मोनोऑक्साइड
(d) कार्बन डाइऑक्साइड और हीलियम का मिश्रण

58. शरीर में हीमोग्लोबिन का कार्य है *[IAS (Pre) 2006]*

(a) ऑक्सीजन का परिवहन (b) जीवाणु को नष्ट करना
(c) रक्ताल्पता को रोकना (d) लौह का उपयोग

59. हीमोग्लोबिन के विषय में निम्नलिखित में से कौन-सा कथन सही है? *[CDS 2019]*

(a) RBCs में उपस्थित हीमोग्लोबिन केवल ऑक्सीजन वहन कर सकता है, लेकिन कार्बन डाइऑक्साइड का वहन नहीं कर सकता
(b) RBCs का हीमोग्लोबिन, ऑक्सीजन और कार्बन डाइऑक्साइड, दोनों का वहन कर सकता है
(c) RBCs का हीमोग्लोबिन केवल कार्बन डाइऑक्साइड वहन कर सकता है
(d) हीमोग्लोबिन केवल रुधिर आकुंचन के लिए प्रयुक्त होता है न कि गैसों के वहन के लिए

रुधिर एवं परिसंचरण तन्त्र

60. .... तन्त्र तरल पदार्थों का एक स्थान से दूसरे स्थान पर संचरण करता है। *[RRB 2018]*

(a) तन्त्रिका (b) संवहनी
(c) श्वसन (d) उत्सर्जन

61. हीमोग्लोबिन में निम्नलिखित में से कौन-सी धातु उपस्थित होती है? *[RRB 2016]*

(a) निकिल (b) लोहा
(c) कॉपर (d) जिंक

62. सामान्य मानव का रुधिर बहने का समय और जमने का समय क्रमश: ...... और ...... होता है। *[RRB 2016]*

(a) 2-3 और 4-6 मिनट (b) 2-10 और 5-15 सेकण्ड
(c) 2-7 और 3-10 मिनट (d) 5-15 और 10-20 सेकण्ड

63. संवहनी तन्त्र के लिए कौन-सा कथन असत्य है? *[RRB 2018]*

(a) रुधिर एक श्वेत संयोजी ऊतक है
(b) संवहनी तन्त्र शरीर का 7-8% भार है
(c) लाल रुधिर कणिका (RBC) का जीवनकाल 115-120 दिन है
(d) मानव शरीर में 6-8 लीटर रुधिर होता है

64. मानव के किस अंग में परिहृद (कोरोनरी) धमनी विद्यमान होती है? *[व्यायाम प्रशिक्षक युवा कल्याण दल अधिकारी 2018]*

(a) मस्तिष्क (b) हृदय
(c) वृक्क (d) फेफड़े

65. रुधिर का pH होता है *[Combined Medical Services 2016]*

(a) 5.0 से 6.0 (b) 1.5 से 4.5
(c) 3.9 से 4.8 (d) 7.3 से 7.5

66. एक मानव शरीर में औसतन रुधिर का भार शरीर की तुलना में लगभग कितना होता है? *[आबकारी सिपाही 2016]*

(a) 7-8% (b) 10-11%
(c) 15-16% (d) 17-22%

67. मानव रुधिर में प्लाज्मा की लगभग कितनी मात्रा होती है? *[ग्राम पंचायत अधिकारी 2016]*

(a) 26-30% (b) 55-60%
(c) 70-75% (d) 80-85%

68. मानव शरीर का रुधिर बैंक .... कहलाता है। *[Lower Subordinate 2016]*

(a) प्लीहा (b) यकृत
(c) हृदय (d) वृक्क

69. निम्नलिखित में से किसकी सहायता से रुधिर द्वारा ऑक्सीजन ले जायी जाती है? *[Combined Medical Services 2016]*

(a) लोहित कोशिकाएँ (b) बिम्बाणु
(c) लसीकाणु (d) श्वेताणु

70. रुधिर लाल दिखाई देने का कारण होता है *[Junior Asst. 2015]*

(a) प्लाज्मा (b) कतिपय स्रावों का होना
(c) लोहिताणु (d) हीमोग्लोबिन

71. रुधिर में ग्लाइकोसिलेटेड हीमोग्लोबिन (HbA1c) का मापन निम्नलिखित में से किसके प्रबन्धन के लिए लाभदायक है? *[UPPSC (BEO) 2020]*

(a) रक्ताल्पता (b) हीमोफिलिया
(c) मधुमेह (d) उच्च रक्त चाप

72. मानव प्लीहा नियन्त्रित करता है *[Combined Medical Services 2015, 16]*

(a) रुधिर आयतन (b) नाड़ी दर
(c) हृदय स्पन्दन (d) हॉर्मोन उत्सर्जन

73. सर्वग्राही रुधिर समूह कौन-सा है? *[गन्ना पर्यवेक्षक 2016]*

(a) A (b) B
(c) AB (d) O

74. मानवीय शरीर में रुधिर संचार कैसे होता है, की खोज करने वाला प्रथम कौन था? *[गन्ना पर्यवेक्षक 2016]*

(a) एडवर्ड जेनर (b) जोसेफ लिस्टर
(c) विलियम हार्वे (d) ग्रेगर मेण्डल

75. मनुष्य में लाल रुधिराणु का जीवनकाल होता है *[Combined Medical Services 2015, 16]*

(a) 80 दिन (b) 90 दिन
(c) 120 दिन (d) 140 दिन

76. वह तत्व जो रुधिर में नहीं पाया जाता है *[Lower subordinate 2017, 18]*

(a) लौह (b) ताँबा
(c) क्रोमियम (d) मैग्नीशियम

77. सामान्य मनुष्य में रुधिर के प्रति 100 क्यूबिक सेमी में हीमोग्लोबिन की मात्रा कितनी होती है? *[गन्ना पर्यवेक्षक 2016]*

(a) 14-15 g (b) 11-14 g
(c) 9-12 g (d) 16-21 g

78. लाल रुधिर कणिकाएँ शरीर के किस भाग में बनती हैं? *[गन्ना पर्यवेक्षक 2016]*

(a) यकृत (b) अस्थि मज्जा
(c) वृक्क (d) हृदय

79. रुधिर चाप किस पर निर्भर करता है? *[राजस्व निरीक्षक 2016]*

(a) सिस्टोलिक बल (b) हृदयी निर्गम
(c) परिधीय प्रतिरोध (d) ये सभी

80. रुधिर का कौन-सा घटक रुधिर में सबसे अधिक मात्रा में पाया जाता है? *[SSC 2017]*

(a) लाल रुधिर कोशिकाएँ (b) प्लाज्मा
(c) रुधिर प्रोटीन (d) श्वेत रुधिर कोशिका

81. मनुष्य के रुधिर का pH .... होता है। *[SSC 2017]*

(a) कम अम्लीय (b) अधिक अम्लीय
(c) कम क्षारीय (d) अधिक क्षारीय

82. .... एक हल्के पीले रंग का गाढ़ा तरल पदार्थ है, जो रुधिर के आयतन का लगभग 55% होता है। *[SSC 2017]*

(a) प्रद्रव्य (b) संगठित संरचनाएँ
(c) रुधिर समूह (d) रुधिर-स्कंदन

83. मानव शरीर के किस अंग में लसीका कोशिकाएँ बनती हैं? *[JPSC 2010]*

(a) यकृत (b) दीर्घ अस्थि
(c) अग्न्याशय (d) तिल्ली

84. आन्तरिक गति निर्धारक, मानव शरीर के निम्नलिखित अंगों में से कहाँ स्थित होता है? *[RRB 2016]*

(a) मस्तिष्क (b) हृदय
(c) गुर्दा (d) यकृत

85. रक्ताल्पता (Anaemia) की स्थिति किसकी कमी से होती है? *[RRB 2016]*

(a) प्लेटलेट्स की कमी
(b) RBC की कमी
(c) WBC की कमी
(d) ऑक्सीडेण्ट की कमी

86. सबसे बड़ा श्वेत रुधिराणु है *[SSC (MTS) 2013]*

(a) लसीकाणु (लिम्फोसाइट)
(b) एक केन्द्रकाणु (मोनोसाइट)
(c) बिम्बाणु (थ्रोम्बोसाइट)
(d) रक्ताणु (लाल रुधिर कणिका) (एरिथ्रोसाइट)

87. न्यूट्रोफिल्स और लिम्फोसाइट्स का उद्गम होता है *[CDS 2015, BPSC 2019]*

(a) वृक्कीय नलिका से (b) तिल्ली से
(c) अस्थि मज्जा से (d) लसिका पर्व से

88. कौन-सा रुधिर समूह सर्वदाता कहलाता है? *[SSC 2017]*

(a) O^+ (b) O^-
(c) AB^- (d) AB^+

89. रुधिर .... के माध्यम से वृक्क में प्रवेश करता है। *[सम्मिलित व्यायाम प्रशिक्षक एवं क्षेत्रीय अधिकारी 2018]*

(a) बाह्य श्रोणिफलक धमनी (b) वृक्क धमनी
(c) कांख धमनी (d) अन्तः प्रकोष्ठिका धमनी

90. मानव रुधिर प्लेटलेट्स .... छोड़ते हैं, जो रुधिर का थक्का बनाने में सहायता करता है। *[RRB 2016]*

(a) प्रोथ्रॉम्बिन (b) फाइब्रिन
(c) फ्रक्टोस (d) सुक्रोस

91. निम्नलिखित में से वह कौन-सी नलिका है, जो हृदय से निकलती है और शरीर के विभिन्न अंगों में रुधिर संचारित करती है? *[RRB 2018]*

(a) फेफड़ों की धमनियाँ
(b) धमनी
(c) फेफड़े तक जाने वाली रुधिर कोशिका
(d) शिराएँ

92. कोलेस्ट्रॉल का असामान्य स्तर सम्बन्धित होता है *[UKPSC 2012]*

(a) धमनियों का कठोर होना (b) शिराओं का कठोर होना
(c) वृक्क स्टोन निर्माण (d) यकृत सिर्होसिस

93. निम्न में किसको हृदय का प्रारम्भिक 'पेस-मेकर' कहा जाता है? *[SSC 2012]*

(a) SA नोड (b) AV नोड
(c) कोरडे टेंडीनी (d) AV सेप्टम

94. ABO रुधिर ग्रुप प्रणाली का आविष्कार किसने किया था? *[RRB 2016]*

(a) कार्ल कोहलर (b) मॉरिस हिल्लेमन
(c) कार्ल लैण्डस्टीनर (d) एडवर्ड जेनर

95. मानव हृदय का कौन-सा प्रकोष्ठ पूर्णतया ऑक्सीकृत रुधिर को महाधमनी में और पूरे शरीर में भेजता है? *[CDS 2008]*

(a) दायाँ अलिन्द (b) बायाँ अलिन्द
(c) दायाँ निलय (d) बायाँ निलय

96. दिल का दौरा किस कारण होता है? *[SSC 2011]*

(a) हृदय पर जीवाणु का हमला
(b) हृदय गति का रुक जाना
(c) हृदय में रुधिर की आपूर्ति में कमी
(d) अज्ञात कारणों से हृदय के कार्य में बाधा आना

97. मानव शरीर में रुधिर की अपर्याप्त आपूर्ति को कहते हैं *[SSC 2009]*

(a) इस्कीमिया (b) हाइपरीमिया (c) हीमोस्टैसिस (d) हेमोरेज

98. पेसमेकर क्या है?

(a) हृदय धड़कन मापने का यन्त्र
(b) स्पन्दन दर मापने का यन्त्र
(c) AV नोड, जो हृदय धड़कन को आवेगित करता है
(d) SA नोड, जो हृदय धड़कन को आवेगित करता है

99. मनुष्य के शरीर के किस अंग में लिम्फोसाइट का निर्माण होता है? *[BPSC 2019]*

(a) यकृत (b) अस्थि मज्जा
(c) तिल्ली (d) अग्न्याशय

100. फेफड़ों से ऑक्सीजनीकृत होकर रुधिर कहाँ आता है? *[NDA 2018]*

(a) बायाँ अलिन्द (b) बायाँ निलय
(c) दायाँ अलिन्द (d) दायाँ निलय

101. दाएँ अलिन्द और दाएँ निलय के बीच स्थित दाएँ ऑरिकल वेंट्रिकुलर सेप्टम (अलिन्द निलय झिल्ली) में मौजूद वॉल्व को क्या कहते हैं? *[RRB 2018]*

(a) तन्त्रिका वॉल्व (b) त्रिकपदी वॉल्व
(c) द्विकपर्दी वॉल्व (d) फुफ्फुस वॉल्व

102. इलेक्ट्रोकार्डियोग्राम के विषय में निम्नलिखित में से कौन-सा कथन सही है? *[NDA/NA 2019]*

(a) यह कॉर्निया की वैद्युत सक्रियता का ग्राफीय चित्रण है
(b) यह वृक्क की गतिविधि का ग्राफीय चित्रण है
(c) यह मस्तिष्क की गतिविधि का ग्राफीय चित्रण है
(d) यह हृदय की वैद्युत सक्रियता का ग्राफीय चित्रण है

103. हृद चक्र क्या है? *[RRB 2018]*

(a) एक धड़कन और एक नाड़ी दर
(b) एक तन्त्रानुसारी और एक फुफ्फुसी चक्र
(c) हृदय के संकुचन और शिथिलीकरण का एक चक्र
(d) दो बार एट्रियोवेंट्रिकुलर कपाट का खुलना

104. **ल्यूकेमिया एक प्रकार का मानव रोग है, जोकि** *[RRB 2016]*
(a) श्वेत रुधिर कोशिकाओं का कैंसर है
(b) विटामिन की कमी की वजह से होता है
(c) मस्तिष्क का कैंसर है
(d) प्रोटीन के अधिक सेवन के कारण होता है

105. **वयस्कों में सामान्य रूप से दिल के धड़कने की दर क्या होती है?** *[RRB 2016]*
(a) 60-100 धड़कन/मिनट (b) 50-80 धड़कन/मिनट
(c) 120-180 धड़कन/मिनट (d) 75-120 धड़कन/मिनट

106. **मनुष्यों में रुधिरचाप सामान्यतया कितना होता है?** *[SSC (CPO) 2017]*
(a) 120/90 (b) 120/80
(c) 140/90 (d) 140/100

107. **निम्नलिखित कथनों में से कौन-सा एक सही है?** *[NDA 2012]*
(a) सभी धमनियाँ ऑक्सीजनित रुधिर ले जाती हैं
(b) सभी शिराएँ ऑक्सीजनित रुधिर ले जाती हैं
(c) फुफ्फुस धमनी के अतिरिक्त बाकी सभी धमनियाँ ऑक्सीजनित रुधिर ले जाती हैं
(d) फुफ्फुस धमनी के अतिरिक्त बाकी सभी धमनियाँ ऑक्सीजनित रुधिर नहीं ले जाती हैं

108. **निम्नलिखित कथनों में से कौन-सा एक, हृदय की ध्वनि के सन्दर्भ में सही है?** *[NDA 2011]*
(a) हृदय की ध्वनियाँ हृदय के अन्दर आन्तरिक रुधिर बहाव के कारण होती हैं
(b) हृदय की ध्वनियाँ हृदय के बाहर बाह्य रुधिर बहाव के कारण होती हैं
(c) हृदय की ध्वनियाँ हृदय के वाल्वों के खुलने और बन्द होने के कारण होती हैं
(d) सामान्य ध्वनियाँ 'मर्मर' कहलाती हैं

109. **मानव शरीर में रुधिर परिसंचरण का सही अनुक्रम है**
(a) दायाँ अलिन्द–बायाँ अलिन्द–फेफड़ा–बायाँ निलय
(b) बायाँ अलिन्द–दायाँ अलिन्द–दायाँ निलय–फेफड़ा
(c) दायाँ अलिन्द–बायाँ अलिन्द–दायाँ निलय– फेफड़ा
(d) दायाँ अलिन्द–दायाँ निलय–फेफड़ा–बायाँ अलिन्द

110. **निम्नलिखित में से कौन-सा सही मेल है?** *[SSC 2008]*
(a) किरीट अघात-संवहन तन्त्र विस्तार
(b) एथिरोस्क्लेरोसिस-धमनियों का अवरुद्ध हो जाना
(c) हाइपरटेंशन-न्यून रक्तचाप
(d) हाइपोटेंशन-दिल का दौरा

111. **रुधिर में तत्त्वों के बारे में निम्नलिखित कथनों में से कौन-सा एक सही है?** *[Asst. Comm. 2018]*
(a) लाल रुधिर कोशिकाओं की संख्या वही होती है, जो श्वेत रुधिर कोशिकाओं और पट्टिकाणुओं की होती है
(b) श्वेत रुधिर कोशिकाओं की संख्या, लाल रुधिर कोशिकाओं की संख्या से अधिक होती है
(c) लाल रुधिर कोशिकाओं की संख्या सर्वाधिक होती है
(d) लाल रुधिर कोशिकाओं की संख्या पट्टिकाणुओं की संख्या से कम होती है

112. **वह विकल्प चुनें, जो परिसंचरण तन्त्र के सन्दर्भ में सत्य नहीं है** *[RRB 2018]*
(a) रुधिर को सामान्यतया 'रिवर ऑफ लाइफ' कहा जाता है
(b) इनमें रुधिर उच्च दाब पर, झटके से और तेजी से बहता है
(c) रुधिर शरीर के वजन के लगभग 7-8% होता है
(d) मानव लाल रुधिर कणिकाओं (RBCs) का जीवनकाल 15-20 दिन है

उत्सर्जन तन्त्र

113. **नेफ्रोलॉजी .... के साथ जुड़ा हुआ है।** *[RRB 2016]*
(a) जिगर (b) फेफड़ा
(c) गुर्दे (d) ग्रहणी

114. **शरीर की सतह से स्वेदन (पसीना बहना) द्वारा जल की हानि निर्भर करती है** *[UPPSC (BEO) 2020]*
(a) केवल वातावरण के ताप पर (b) केवल वातावरण की नमी पर
(c) दोनों (a) और (b) पर (d) इनमें से कोई नहीं

115. **यूरिया का निर्माण कहाँ होता है?** *[RRB, Lower Subordinate 2016]*
(a) अग्न्याशय (b) यकृत
(c) छोटी आँत (d) गुर्दे

116. **किसका प्राथमिक कार्य मूत्र के उत्पादन द्वारा रुधिर से अपशिष्टों का उन्मूलन है** *[RRB 2016]*
(a) किडनी (b) लिवर
(c) पैन्क्रियाज (d) छोटी आँत

117. **यूरिया किसके द्वारा रुधिर से पृथक् किया जाता है?**
(a) आँत (b) आमाशय
(c) प्लीहा (d) गुर्दा

118. **वृक्क की संरचनात्मक इकाई है** *[RRB 2018]*
(a) साइटॉन (b) किटोन
(c) न्यूरॉन (d) नेफ्रॉन

119. **मूत्र बनता है** *[RRB 2018]*
(a) संग्राहक वाहिनियों में (b) कैलिसीज में
(c) मूत्र वाहिनियों में (d) मूत्राशय में

120. **मूत्र का पीला रंग किसकी मौजूदगी के कारण होता है?** *[SSC 2011]*
(a) पित्त (b) लसिका
(c) कोलेस्ट्रॉल (d) यूरोक्रोम

121. **......... एक 20 सेमी लम्बा ट्यूब है, जो मूत्राशय से मूत्र ले जाती है।** *[RRB 2016]*
(a) लिंग (b) वृषण
(c) अण्डकोष की थैली में (d) मूत्रमार्ग

122. **निम्नलिखित में से वह अंग कौन-सा है जिससे पानी, वसा तथा विभिन्न अपचय (कैटाबोलिक) अपशिष्ट उत्सर्जित होते रहते हैं?** *[SSC 2010]*
(a) वृक्क (b) त्वचा
(c) प्लीहा (d) लार ग्रन्थि

123. **निम्न में से मानव शरीर का वह कौन-सा अंग है, जो उसमें जल के सन्तुलन के लिए उत्तरदायी है?** *[SSC 2013]*
(a) हृदय (b) यकृत
(c) गुर्दे (d) फेफड़े

124. मूत्र का असामान्य घटक है *[Combined Medical Services 2015, 16]*
(a) यूरिया (b) क्रिएटिनिन
(c) एल्ब्युमिन (d) सोडियम

125. दूरस्थ कुण्डलित नलिका (DCT) में जल का अवशोषण नियन्त्रित होता है *[Lower Subordinate 2016]*
(a) ADH द्वारा (b) ACTH द्वारा
(c) LH द्वारा (d) ऑक्सीटोसिन द्वारा

126. निम्नलिखित में से कौन-सा मानव गुर्दे का सामान्य कार्य नहीं है? *[UPPCS 2018]*
(a) रुधिर में जल की मात्रा का नियन्त्रण
(b) रुधिर में शर्करा की मात्रा का नियन्त्रण
(c) यूरिया को छानकर बाहर करना
(d) कई हॉर्मोनों का स्रावण करना

127. निम्नलिखित में से कौन-सा कथन सही है? *[CDS 2019]*
(a) यूरिया, यकृत में उत्पन्न होता है
(b) यूरिया, रुधिर में उत्पन्न होता है
(c) यूरिया, मण्ड (स्टार्च) के पाचन में उत्पन्न होता है
(d) यूरिया, फेफड़े और वृक्क में उत्पन्न होता है

128. निम्नलिखित में से कौन-सा यौगिक गुर्दे की पथरी का निर्माण करने वाला सर्वाधिक सामान्य यौगिक है? *[RRB 2016]*
(a) कैल्सियम ऑक्जैलेट (b) मैग्नीशियम ऑक्साइड
(c) सोडियम बाइकार्बोनेट (d) मैग्नीशियम साइट्रेट

129. स्वास्थ्यकर भोजन लेने वाले एक स्वस्थ मनुष्य का मूत्र जब फर्श पर गिरता है, तो इससे होने वाली दुर्गन्ध मुख्यतया निम्नलिखित में से किसके जीवाण्विक अपघटन के कारण होती है? *[CDS 2017]*
(a) यूरिया का सल्फर डाइऑक्साइड में
(b) शर्करा का कार्बन डाइऑक्साइड में
(c) लिपिड का मीथेन में
(d) यूरिया का अमोनिया में

कंकाल एवं पेशीय तन्त्र

130. मानव शिशु के शरीर में कितनी हड्डियाँ होती हैं? *[RRB 2016]*
(a) 206 (b) 234
(c) 300 (d) 354

131. मानव शरीर में दो हड्डियाँ आपस में कैसे जुड़ी रहती हैं? *[RRB 2016]*
(a) जोड़ों से (b) अस्थि-बन्ध (लिगामेण्ट्स) से
(c) माँसपेशियों से (d) छोटी हड्डियों से

132. वयस्क मानव में होती हैं *[UKPCS 2012]*
(a) 204 अस्थियाँ (b) 206 अस्थियाँ
(c) 208 अस्थियाँ (d) 210 अस्थियाँ

133. निम्नलिखित में से कौन मानव शरीर की सबसे छोटी हड्डी है? *[RRB 2016]*
(a) फीमर (b) स्टेपीज
(c) मैलियस (d) इन्कस

134. रकाब (स्टेपीज) हड्डी मानव शरीर में कहाँ पाई जाती है? *[RRB 2017]*
(a) अँगुलियाँ (b) नाक
(c) कान (d) अँगूठा

135. साइनोवियल (Synovial) द्रव्य किसमें पाया जाता है? *[RRB 2013]*
(a) माँसपेशी (b) गुर्दा
(c) यकृत (d) जोड़

136. मनुष्यों में किसका पता लगाने के लिए अस्थिभवन परीक्षण किया जाता है? *[SSC 2014]*
(a) मस्तिष्क क्षमता (b) अन्तरिम आयु
(c) अन्तरिम ऊँचाई (d) औषधि व्यसन

137. निम्नलिखित में से किस प्राकृतिक पदार्थ में लौह (Fe) विद्यमान होता है? *[UPPSC 2020]*
(a) क्लोरोफिल में (b) कोलैजन में
(c) कैरोटिन में (d) मायोग्लोबिन में

138. .... एक मानव हड्डी का जोड़ नहीं है। *[RRB 2016]*
(a) बॉल और सॉकेट (b) ग्लाइडिंग
(c) मैक्रो (d) सैडल

139. निम्नलिखित में से कौन-सी हड्डी मानव कान का भाग नहीं है? *[SSC 2019]*
(a) रकाब (b) ककुद
(c) स्थूण (d) ऊर्वस्थि

140. मानव शरीर में सबसे बड़ी अस्थि कौन-सी है? *[गन्ना पर्यवेक्षक 2016]*
(a) स्कंधास्थि (b) हसली
(c) टिबिया (d) ऊर्विका

141. हमारे शरीर में कुल कितनी माँसपेशियाँ होती हैं? *[SSC 2011]*
(a) 565 (b) 656
(c) 665 (d) 556

142. अस्थियों से माँसपेशियों को जोड़ने वाला संयोजी ऊतक .... कहलाता है। *[SSC (CPO) 2017]*
(a) कंडरा (b) स्नायु
(c) न्यूरॉन (d) वसामय

143. मानव की पसलियाँ .... के साथ जुड़ी होती हैं। *[SSC 2017]*
(a) क्लैवीकल (b) इलियम
(c) स्टर्नम (d) स्कैपुला

144. निम्नलिखित में से कौन-सा प्रोटीन संचलन हेतु पेशियों को संकुचित तथा शिथिल करने में सहायता करता है? *[SSC 2018]*
(a) हेम्प प्रोटीन (b) हे प्रोटीन
(c) कांट्रैक्टाइल प्रोटीन (d) लिपोप्रोटीन

145. मानव शरीर में पसलियों के कितने जोड़े हैं? *[SSC 2017]*
(a) 13 (b) 11
(c) 12 (d) 14

146. हथेली में पायी जाने वाली अस्थि का नाम है *[Lower Subordinate III 2016]*
(a) ह्यूमरस (b) रेडियस-अल्ना
(c) कार्पल्स (d) मेटाकार्पल्स

147. पेशियों के संकुचन और शिथिलन के सम्बन्ध में निम्नलिखित कथनों में से कौन-सा एक सही है? *[Asst. Comm. 2018]*
(a) इसमें Zn^{+} आयन की गति शामिल होती है
(b) इसमें रक्त का Ca^{++} आयन शामिल होता है

(c) इसमें पेशीद्रव्य जालिका (सार्कोप्लाज्मिक रेटिकुलम, SR) से Ca^{++} का विमुक्त होना और Ca^{++} का वापस SR में पम्प किया जाना शामिल होता है
(d) इसमें Na और K का विनिमय शामिल होता है

148. जानुफलक का दूसरा नाम है *[SSC 2008]*
(a) जत्रुक (क्लेविकल)
(b) जान्विक (पटेला)
(c) बहिः प्रकोष्ठिका (रेडियस)
(d) जोड़

149. घुटनों का जोड़ .... होता है।
(a) धुरी सन्धि (b) कब्जा सन्धि
(c) कंदुक खल्लिका सन्धि (d) विसर्पण सन्धि

150. क्रेनियम (कपालिका) के ऊपरी भाग को ढकने वाली माँसपेशी का नाम है *[RRB 2010]*
(a) गेलिया एपोन्यूरोटिका (b) गेलिया पेरिन्यूरोटिका
(c) गेलिया हाइपोन्यूरोटिका (d) गेलिया एपिन्यूरोटिका

151. बढ़े हुए सीरम यूरिक अम्ल स्तर के कारण गाउटी आर्थ्राइटिस से ग्रसित रोगियों को निम्नलिखित खाद्य घटकों में से किस का अन्तर्ग्रहण न्यूनतम रखना चाहिए? *[NDA 2017]*
(a) खाद्य फाइबर (b) न्यूक्लिक अम्ल
(c) लिपिड (d) कार्बोहाइड्रेट

तन्त्रिका तन्त्र

152. मानव शरीर में सबसे लम्बी कोशिका कौन-सी है? *[SSC 2012]*
(a) पेशी कोशिका (b) रुधिर कोशिका
(c) अस्थि कोशिका (d) तन्त्रिका कोशिका

153. मानव शरीर में तन्त्रिका कोशिकाओं द्वारा विद्युतीय संकेत अन्तरित किए जाने के लिए, निम्नलिखित में से कौन-सा तत्व आवश्यक है? *[NDA 2018]*
(a) लीथियम (b) सोडियम
(c) रुबीडियम (d) सीजियम

154. न्यूरॉन क्या होता है? *[SSC 2013]*
(a) ऊर्जा की आधारभूत इकाई
(b) रेडियोधर्मिता के दौरान निर्मुक्त कण
(c) न्यूट्रॉन के प्रतिकण
(d) तन्त्रिका तन्त्र की आधारभूत इकाई

155. जन्म के बाद मानव के किस ऊतक में कोई कोशिका विभाजन नहीं होता? *[SSC 2011]*
(a) कंकाल (b) तन्त्रिका
(c) संयोजी (d) जनन

156. तन्त्रिका कोशिका मानव शरीर के किस तन्त्र का भाग है? *[SSC (CPO) 2011]*
(a) परिसंचरण तन्त्र (b) उत्सर्जन तन्त्र
(c) जनन तन्त्र (d) तन्त्रिका तन्त्र

157. मनुष्य का मस्तिष्क कितने भागों में विभाजित है? *[SSC 2017]*
(a) 2 (b) 3
(c) 4 (d) 5

158. निम्नलिखित में से कौन-सी तन्त्रिका फाइबर से बनी है, जो प्रतिवर्ती क्रियाओं में मध्यस्थता करती है और जो मस्तिष्क को आवेगों का आदान-प्रदान करती है? *[सम्मिलित व्यायाम प्रशिक्षक एवं क्षेत्रीय अधिकारी, 2018]*
(a) मोटर न्यूरॉन (b) मेरुदण्ड
(c) प्रमस्तिष्क गोलार्द्ध (d) कपालीय तन्त्रिकाएँ

159. निम्न में से कौन-सा अग्रमस्तिष्क का भाग नहीं है? *[Lower Subordinate 2016]*
(a) मेड्यूला (b) सेरीब्रम
(c) थैलेमस (d) हाइपोथैलेमस

160. निम्नलिखित में से कौन-सा मेरुरज्जु का एक महत्त्वपूर्ण कार्य है? *[राजस्व लेखपाल 2015]*
(a) द्रव्य स्थानान्तरण (b) श्वसन नियन्त्रण
(c) प्रतिवर्ती क्रियाओं का नियन्त्रण (d) रुधिर का पम्पन

161. मनुष्य में कितने जोड़ी स्पाइनल तन्त्रिकाएँ होती हैं ? *[Combined Medical Services 2015, 16]*
(a) 30 (b) 31
(c) 37 (d) 40

162. मनुष्य में कितनी जोड़ी कपाल तन्त्रिकाएँ होती हैं? *[Combined Medical Services 2015, 16]*
(a) 10 (b) 12 (c) 14 (d) 16

163. मानव मस्तिष्क का वजन कितना होता है? *[RRB 2016]*
(a) शरीर के कुल वजन का लगभग 2%
(b) शरीर के कुल वजन का लगभग 8%
(c) शरीर के कुल वजन का लगभग 12%
(d) शरीर के कुल वजन का लगभग 15%

164. प्रमस्तिष्क के विषय में कौन-सा विकल्प असत्य है? *[RRB 2018]*
(a) यह अग्र, ऊपरी एवं पार्श्व मस्तिष्क बनाता है
(b) इसके तीन भाग होते हैं–दो पार्श्व अर्द्धगोलार्द्ध एवं एक केन्द्रीय वर्मिक्स
(c) यह मस्तिष्क का लगभग 80% भाग है
(d) यह अग्र मस्तिष्क का भाग है

165. श्वसन का नियन्त्रण मस्तिष्क के किस भाग से किया जाता है? *[SSC 2015]*
(a) घ्राण पालि (b) मेड्यूला ऑब्लोंगेटा
(c) अधःश्चेतक (d) अनुमस्तिष्क

166. बुद्धि का केन्द्र स्थित है *[SSC 2013]*
(a) प्रमस्तिष्क में (b) अनुमस्तिष्क में
(c) मेडुला में (d) थैलेमस में

167. मानव मस्तिष्क का कौन-सा भाग निगलने और उगलने का नियामक केन्द्र है? *[SSC 2013]*
(a) अनुमस्तिष्क (b) प्रमस्तिष्क
(c) मेड्यूला ऑब्लोंगेटा (d) पॉन्स वैरोली

168. मानव मस्तिष्क का ग्राम में वजन कितना होता है? *[RRB 2018]*
(a) 1800-2000 (b) 120-140
(c) 1200-1400 (d) 250-300

169. मानव के शरीर का सामान्य ताप होता है *[SSC 2011]*

(a) 96.4°F (b) 97.4°F
(c) 98.4°F (d) 99.4°F

170. अल्जाइमर रोग में मानव शरीर का कौन-सा अंग प्रभावित होता है? *[CGPSC 2005]*

(a) फेफड़े (b) मस्तिष्क
(c) कान (d) वृक्क

171. प्रतिवर्ती क्रियाओं का नियन्त्रण केन्द्र कहाँ पर है?

(a) प्रमस्तिष्क में (b) अनुमस्तिष्क में
(c) मेरुरज्जु में (d) तन्त्रिका कोशिका में

172. मनुष्य में मस्तिष्क का कौन-सा भाग सूक्ष्म चलन नियन्त्रित करता है, शरीर के सन्तुलन एवं साम्य तथा पेशी टोन को संधारित करता है? *[NDA 2010]*

(a) प्रमस्तिष्क (b) चेतक
(c) अनुमस्तिष्क (d) अधश्चेतक

173. .... खाँसी और छींकने जैसी अनैच्छिक गतिविधियों को नियन्त्रित करता है। *[RRB 2018]*

(a) मज्जा (b) मस्तिष्क
(c) पोन्स (d) अनुमस्तिष्क

174. मानव मस्तिष्क का कौन-सा भाग स्मृति और भावनाओं का केन्द्र होता है? *[RRB 2016]*

(a) हाइपोथैलेमस (b) सेरीब्रम
(c) कार्पस कैलोसम (d) मिडब्रेन

175. मनुष्य में ताप-नियमन (Thermoregulation) को .... द्वारा नियन्त्रित किया जाता है। *[RRB 2016]*

(a) यकृत (b) हाइपोथैलेमस
(c) हृदय (d) फेफड़े

176. इलेक्ट्रोएन्सेफैलोग्राम (EEG) निम्न में से किसकी निगरानी के लिए उपयोग होता है? *[BPSC 2019]*

(a) हृदय (दिल) (b) यकृत (लीवर)
(c) अग्न्याशय (पैंक्रियास) (d) मस्तिष्क

177. निम्नलिखित में से कौन-सा अनुमस्तिष्क के बारे में सही नहीं है? *[RRB 2018]*

(a) यह मस्तिष्क का काफी छोटा भाग, लगभग 25% है
(b) यह मस्तिष्क के पश्च क्षेत्र में स्थित होता है
(c) इसमें तीन भाग होते हैं, दो पार्श्व अनुमस्तिष्कीय गोलार्द्ध और एक केन्द्रीय वर्मिक्स
(d) यह पश्च मस्तिष्क का एक भाग होता है

178. निम्नलिखित में से कौन-सा प्रमस्तिष्क से सम्बन्धित नहीं है? *[RRB 2018]*

(a) यह मस्तिष्क का सबसे बड़ा भाग, लगभग 60% है
(b) यह मस्तिष्क का अग्र, शीर्ष और पार्श्व भाग बनाता है
(c) इसमें दो भाग होते हैं, जिन्हें प्रमस्तिष्क गोलार्द्ध कहा जाता है
(d) उपरोक्त में से कोई नहीं

179. मानव मस्तिष्क के बारे में निम्नलिखित कथनों पर विचार कीजिए।

1. मस्तिष्क हृदय गति को नियन्त्रित रखने के लिए उत्तरदायी है।
2. यह शरीर के सन्तुलन के लिए उत्तरदायी है।

उपरोक्त में कौन-सा/से कथन सही है/हैं *[UPPSC 2020]*

(a) केवल 1 (b) केवल 2
(c) 1 और 2 दोनों (d) न तो 1 और न ही 2

180. पसीने वाली ग्रन्थियाँ मानव शरीर के किस अंग में उपस्थित होती हैं? *[RRB 2016]*

(a) गुर्दा (b) यकृत
(c) अग्न्याशय (d) त्वचा

181. नेत्रगोलक को नियन्त्रित करने के लिए कितनी माँसपेशियों का प्रयोग किया जाता है? *[RRB 2016]*

(a) पाँच (b) चार
(c) छः (d) सात

182. .... लेंस का उपयोग निकट दृष्टि दोष (Myopia) से पीड़ित लोगों द्वारा किया जाता है। *[RRB 2018]*

(a) बेलनाकार (b) उत्तल-अवतल
(c) उत्तल (d) अवतल

183. अवतल लेन्स प्रयुक्त होता है *[CGPSC 2012]*

(a) मोतियाबिन्द में (b) दीर्घदृष्टि में
(c) निकटदृष्टि में (d) दूरदृष्टि में

184. एक आदमी 10 मीटर की दूरी साफ नहीं देख पाता, वह किस रोग से ग्रसित है? *[SSC 2010]*

(a) दूरदृष्टि
(b) निकटदृष्टि (मायोपिया)
(c) मोतियाबिन्द
(d) दीर्घदृष्टि (हाइपर मेट्रोपिया)

185. सबसे अधिक अपवर्तनांक वाला आँख का अंग है *[SSC 2010]*

(a) कॉर्निया (b) एक्विअस ह्यूमर
(c) लेन्स (d) काचाभ द्रव (विट्रियस ह्यूमर)

186. निकटदृष्टि (मायोपिया) रोग का सम्बन्ध किससे है? *[SSC 2014]*

(a) फेफड़े (b) मस्तिष्क
(c) कान (d) आँख

187. आँख में प्रवेश करने वाले प्रकाश की मात्रा को .... द्वारा नियन्त्रित और नियमित किया जा सकता है। *[SSC 2018]*

(a) प्यूपिल (b) आइरिस
(c) रेटिना (d) कॉर्निया

188. मानव शरीर का प्रमुख सन्तुलन अंग कहाँ अवस्थित है? *[CDS 2010]*

(a) कान का आन्तरिक भाग
(b) कान का मध्य भाग
(c) मस्तिष्क अग्र भाग
(d) कशेरुकदण्ड का ऊपरी भाग

189. कान के अन्दर कम्पन तीन हड्डियों द्वारा प्रवर्धित होती है, जैसे बीच वाले कान में *[RRB 2018]*

(a) हैमर, कोकली और स्टिरप
(b) ऑडिटरी बोन, एनविल और स्टिरप
(c) हैमर, एनविल और पिन्ना
(d) मैलियस, इन्कस व स्टैपीज

190. जैकॉबसन अंग निम्नलिखित में से किसके साथ सम्बद्ध है?
(a) देखना (b) सुनना *[SSC (CPO) 2015]*
(c) सूँघना (d) चबाना

191. मिलान करें। *[लोअर सबऑर्डिनेट-I 2016]*

	सूची I		सूची II
A.	ओटाइटिस	1.	गला
B.	एनसिफैलाइटिस	2.	कान
C.	लेरिंगाइटिस	3.	यकृत
D.	हिपेटाइटिस	4.	मस्तिष्क

कूट
A B C D A B C D
(a) 3 4 1 2 (b) 1 2 3 4
(c) 4 3 1 2 (d) 2 4 1 3

अन्त:स्त्रावी तन्त्र

192. अन्त: स्रावी ग्रन्थियों को इस नाम से भी जाना जाता है *[RRB 2018]*
(a) नलिकाविहीन ग्रन्थि (b) यकृत ग्रन्थि
(c) पीयूष ग्रन्थि (d) थायरॉइड ग्रन्थि

193. .... एक अन्त: स्रावी ग्रन्थि है, जिसे 'मास्टर ग्रन्थि' भी कहा जाता है।
(a) एड्रीनल (b) हाइपोथैलेमस *[RRB 2018]*
(c) अग्न्याशय (d) पीयूष ग्रन्थि

194. निम्नलिखित में से कौन-सी ग्रन्थि वृद्धि हॉर्मोन का रिसाव करती है? *[SSC (CPO) 2017]*
(a) अधिवृक्क (b) पीयूष ग्रन्थि
(c) जनन ग्रन्थि (d) अग्न्याशय

195. उस ग्रन्थि का नाम बताएँ जो अन्य अन्त:स्रावी ग्रन्थियों के कार्य को नियन्त्रित करती है *[SSC 2018]*
(a) अधिवृक्क ग्रन्थि (b) अग्न्याशय
(c) पिट्यूटरी ग्रन्थि (d) रीनल ग्रन्थि

196. मनुष्यों में निम्नलिखित में से कौन-सी अन्त:स्रावी (एण्डोक्राइन) ग्रन्थि, युग्म (जोड़े) के रूप में नहीं पाई जाती है? *[CDS 2020]*
(a) अधिवृक्क (एड्रिनल) (b) पीयूष (पिट्यूटरी)
(c) वृषण (टेस्टिस) (d) अण्डाशय (ओवरी)

197. मधुसूदनी (इन्सुलिन) अन्त: स्राव (हॉर्मोन) एक *[JPSC 2010]*
(a) ग्लाइकोलिपिड है (b) वसीय अम्ल है
(c) पेप्टाइड है (d) स्टेरॉल है

198. निम्नलिखित हॉर्मोनों में किसमें पेप्टाइड श्रृंखला नहीं होती है? *[CDS 2016]*
(a) ऑक्सीटॉसिन (b) कॉर्टिकोट्रॉपिक
(c) इन्सुलिन (d) कॉर्टिसोल

199. निम्नलिखित विकल्पों में से उस हॉर्मोन की पहचान करें, जो बच्चों के बढ़ने में सहायक होता है
[व्यायाम प्रशिक्षक युवा विकास दल अधिकारी, 2018]
(a) गोनेडोट्रॉपिन (b) ऑक्सिटोसिन
(c) प्रोजेस्टेरॉन (d) सोमेटोट्रोपिन

200. निम्नलिखित में से कौन-सा हॉर्मोन, पीयूष ग्रन्थि से स्रावित नहीं होता है?
[व्यायाम प्रशिक्षक युवा कल्याण एवं विकास दल अधिकारी, 2018]
(a) सेक्रेटिन (b) प्रोलैक्टिन
(c) ऑक्सिटोसिन (d) वैसोप्रेसिन

201. दुग्धजनक हॉर्मोन का स्राव कहाँ पर होता है? *[SSC 2013]*
(a) स्तन ग्रन्थि (b) प्लेसेंटा
(c) अण्डाशय (d) पीयूष

202. ए.सी.टी. हॉर्मोन स्रावित होता है *[SSC 2012]*
(a) अधिवृक्क वल्कुट से (b) अधिवृक्क अन्तस्था से
(c) पीयूष ग्रन्थि से (d) पीनियल काय से

203. पीयूष ग्रन्थि पाई जाती है *[Lower Subordinate 2018]*
(a) मस्तिष्क के नीचे (b) मस्तिष्क के ऊपर
(c) मस्तिष्क के अन्दर (d) मस्तिष्क के निकट कहीं नहीं

204. हॉर्मोन के रूप में कार्य करने वाले प्रोटीन का उदाहरण बताइए
(a) ट्रिप्सिन (b) ऑक्सीटोसिन *[SSC 2013]*
(c) किरेटिन (d) केसीन

205. निम्नलिखित में से अधिवृक्क रस (एड्रीनेलिन) को हम किस श्रेणी में रख सकते हैं? *[SSC 2017]*
(a) हॉर्मोन (b) एन्जाइम
(c) प्रोटीन (d) वसा

206. निम्न में से कौन दोनों बहि:स्रावी ग्रन्थि और अन्त: स्रावी ग्रन्थि के रूप में व्यवहार नहीं करता है? *[SSC 2013]*
(a) पीयूष (b) अग्न्याशय
(c) वृषण (d) अण्डाशय

207. मानव शरीर की कौन-सी ग्रन्थि, पीयूष ग्रन्थि से हॉर्मोनों के रिसाव को नियन्त्रित करती है? *[SSC 2013]*
(a) हाइपोथैलेमस ग्रन्थि (b) थाइमस ग्रन्थि
(c) थायरॉइड ग्रन्थि (d) एड्रिनल ग्रन्थि

208. पीयूष ग्रन्थि शरीर में किस स्थान पर स्थित होती है? *[SSC 2010]*
(a) हृदय के आधार में (b) मस्तिष्क के आधार में
(c) गर्दन में (d) उदर में

209. थायरॉइड ग्रन्थि की सामान्यता बनाए रखने के लिए नमक में आयोडीन किस रूप में मिलाया जाता है? *[SSC 2014]*
(a) KI (b) KIO
(c) ICl (d) IBr

210. निम्न में से कौन-सी अन्त:स्रावी ग्रन्थि गर्दन में स्थित है? *[SSC 2013]*
(a) अग्न्याशय (b) अवटु (थायरॉइड)
(c) पीयूष (d) अधिवृक्क

211. शरीर में सबसे बड़ी अन्त:स्रावी ग्रन्थि निम्न में से कौन-सी है? *[SSC 2011]*
(a) अवटु (थायरॉइड)
(b) परावटु (पैराथायरॉइड)
(c) अधिवृक्क (एड्रीनल)
(d) पीयूष (पिट्यूटरी)

212. घेंघा निम्नलिखित में से किसकी कमी के कारण होता है? *[SSC 2012, 2006]*

(a) लोहा (b) सोडियम
(c) पोटैशियम (d) आयोडीन

213. इन्सुलिन की खोज किसने की?

(a) एफ. बैंटिंग (b) एलेक्जैण्डर फ्लेमिंग
(c) रॉबर्ट कोच (d) डॉ. रोनाल्ड रॉस

214. एक ग्रन्थि जिसमें अन्तःस्रावी और बहिःस्रावी दोनों कार्य होते हैं *[Lower Subordinate 2016]*

(a) पीयूष ग्रन्थि (b) थायरॉइड
(c) अग्न्याशय (d) अधिवृक्क

215. 'टिटेनी' रोग किस हॉर्मोन की कमी से होता है?

(a) पैराथॉर्मोन (b) कैल्सिटोनिन
(c) एपीनेफ्रिन (d) नॉन-एपीनेफ्रिन

216. इन्सुलिन के अतिस्रावण से कौन-सा रोग होता है? *[Combined Medical Services 2015, 16]*

(a) मधुमेह (b) हाइपोग्लाइसीमिया
(c) हिपेटाइटिस (d) एनीमिया

217. डायबिटीज मेलिटस किस हॉर्मोन के कम बनने से होती है? *[SSC 2014]*

(a) इन्सुलिन (b) ग्लूकैगोन
(c) थायरॉक्सिन (d) एक्सडाइसोन

218. निम्नलिखित में से किन कोशिकाओं से इन्सुलिन का रिसाव होता है? *[SSC (CPO) 2017]*

(a) α-कोशिकाएँ (b) β-कोशिकाएँ
(c) δ-कोशिकाएँ (d) तन्त्रिका कोशिकाएँ

219. इन्सुलिन हॉर्मोन के विषय में निम्नलिखित कथनों में से कौन-सा एक सही है? *[Asst. Comm. 2018]*

(a) इन्सुलिन एक प्रोटीन हॉर्मोन है, जो मानव शरीर में उत्पादित नहीं होता है
(b) इन्सुलिन एक स्टेरॉयड हॉर्मोन है, जो मानव शरीर में उत्पादित होता है
(c) इन्सुलिन एक कोलेस्ट्रॉल प्रेरित हॉर्मोन है, जो मानव को दिया जाता है
(d) इन्सुलिन एक प्रोटीन हॉर्मोन है, जो मानव शरीर में उत्पादित होता है

220. अवटु (थायरॉइड) ग्रन्थि 'थायरॉक्सिन' नामक एक हॉर्मोन का उत्पादन करती है, जो *[NDA 2019]*

(a) रुधिर में ग्लूकोस के स्तर को नियन्त्रित करता है
(b) अण्डोत्सर्ग (ओव्युलेशन) को नियन्त्रित करता है
(c) उपापचयी दर को नियन्त्रित करता है
(d) गर्भावस्था को बनाए रखता है

221. ग्रेव का रोग किस कारण से होता है? *[SSC 2012]*

(a) थाइमस की अतिसक्रियता (b) थायरॉइड की अतिसक्रियता
(c) थाइमस की अल्पसक्रियता (d) थायरॉइड की अल्पसक्रियता

222. निम्न में से कौन-सा हॉर्मोन थायरॉइड ग्रन्थि के द्वारा स्रावित नहीं होता है? *[RRB 2016]*

(a) थायरॉक्सिन (b) कैल्सीटोनिन
(c) ट्राइआयोडोथायरोनिन (d) थायमोसिन

223. निम्नलिखित में से कौन-सी ग्रन्थि सेक्स हॉर्मोन का स्राव करती है? *[SSC 2011]*

(a) एड्रिनल ग्रन्थि (b) थायरॉइड ग्रन्थि
(c) पीयूष (पिटयूटरी) ग्रन्थि (d) तैल (सिबेसियस) ग्रन्थि

224. हमारी माँसपेशियों से अधिक ऑक्सीजन की आपूर्ति के लिए निम्नलिखित में से कौन-सा हॉर्मोन हृदय की गति को बढ़ा देता है? *[RRB 2018]*

(a) एड्रिनेलिन (b) थायरॉक्सिन
(c) इन्सुलिन (d) एनिमल हॉर्मोन

225. मानव शरीर में कौन-सी ग्रन्थि ऐसी है, जिसका सम्बन्ध शरीर की उत्तेजना से है? *[SSC (CPO) 2011]*

(a) अवटु ग्रन्थि (b) अग्न्याशय
(c) अधिवृक्क (d) पीयूष

226. निम्नलिखित में से किस हॉर्मोन को 'आपातकालिक हॉर्मोन' कहते हैं? *[SSC 2013]*

(a) एड्रिनेलिन (b) थायरॉक्सिन
(c) वेसोप्रेसिन (d) इन्सुलिन

227. कौन-सा हॉर्मोन वृषण से स्रावित होता है? *[RRB 2018]*

(a) एड्रिनेलिन (b) इन्सुलिन
(c) टेस्टोस्टेरॉन (d) थायरॉक्सिन

228. नर लिंग हॉर्मोन है *[SSC 2014]*

(a) प्रोजेस्टेरॉन (b) एस्ट्रोजन
(c) टेस्टोस्टेरॉन (d) इन्सुलिन

229. मनुष्य के हृदय की अलिंद की दीवार एक बहुत ही महत्वपूर्ण पेप्टाइड हॉर्मोन का स्रावण करती है। वह हॉर्मोन है *[SSC (10+2) 2020]*

(a) CCK (सी.सी.के) (b) ANF (ए.एन.एफ)
(c) GIP (जी.आई.पी) (d) ADH (ए.डी.एच)

230. इन्सुलिन की कमी के कारण निम्नलिखित में से कौन-सी बीमारी होती है? *[SSC (10+2) 2020]*

(a) मधुमेह (डायबिटीज मेलिटस)
(b) त्वककाठिन्य (स्क्लेरोडर्मा)
(c) बहुविध ऊतक दृढ़न (मल्टिपल स्क्लेरोसिस)
(d) संधिवात गठिया (आर.ए.)

231. 'कार्पस ल्यूटियम' क्या स्रावित करता है? *[SSC 2014]*

(a) प्रोजेस्टेरॉन (b) टेस्टोस्टेरॉन
(c) एस्ट्रोजन (d) रुधिरपर्णिका (हीमोग्लोबिन)

232. निषेचित अण्डाणु के इम्पलान्टेशन के लिए गर्भाशय को कौन-सा हॉर्मोन तैयार करता है? *[RRB 2008]*

(a) ऑक्सीटोसिन (b) प्रोलैक्टिन
(c) प्रोजेस्टेरॉन (d) थायरोट्रोपिन

233. निम्नलिखित में से कौन-सा स्त्रीलिंग हॉर्मोन है? *[Lower Subordinate 2016]*

(a) एस्ट्रोजन (b) एण्ड्रोजन (c) ऑक्सीजन (d) इन्सुलिन

234. स्तनपान के दौरान किस हॉर्मोन के कारण स्तन से दूध निकलता है? *[SSC 2018]*

(a) एस्ट्रोजन (b) प्रोजेस्टेरॉन
(c) प्रोलैक्टिन (d) ऑक्सिटोसिन

जनन तन्त्र एवं भ्रूणीय विकास

235. .... अधिक विविधता की उत्पत्ति को सम्भव बनाता है। *[RRB 2018]*
(a) लैंगिक प्रजनन (b) अलैंगिक प्रजनन
(c) ऊतक संवर्धन (d) वानस्पतिक विकास

236. शुक्राणु और अण्डाणु के संयोग की कौन-सी प्रक्रिया, युग्मनज नामक एक संरचना के निर्माण में परिणमित होती है? *[RRB 2018]*
(a) लैंगिक प्रजनन (b) ऊतक संवर्धन
(c) फलन (d) विखण्डन

237. निम्नलिखित में से कौन-सा एक, मानव नर प्रजनन तन्त्र का घटक नहीं है? *[NDA 2020]*
(a) गर्भाशय (सर्विक्स) (b) मूत्रमार्ग (युअरीथ्र)
(c) शुक्राशय (सेमिनल वेसिकल) (d) शुक्रवाहक (वास डेफरेन्स)

238. पुरुष जनन तन्त्र के शरीर में वृषण उदर गुहा के बाहर एक थैली में स्थित होते हैं, जिसे .... कहते हैं। *[SSC 2017]*
(a) ग्रन्थियाँ (b) वृषणकोष
(c) वृषण पालिका (d) शुक्रजनन नलिकाएँ

239. पुरुषों में वृषणकोष शरीर के बाहर क्यों होता है? *[RRB 2018]*
(a) शुक्राणु निर्माण के लिए सामान्य शरीर के तापमान की तुलना में अधिक तापमान की आवश्यकता होती है
(b) शुक्रवाहिका की उपस्थिति के कारण
(c) शुक्राणु निर्माण के लिए सामान्य शरीर के तापमान की तुलना में कम तापमान की आवश्यकता होती है
(d) पेट के भागों में पाए जाने वाले विशेष ऊतकों के कारण

240. पुरुषों में शुक्राणु और मूत्र के लिए सामान्य मार्ग .... है।
(a) शुक्रवाहिका (b) मूत्रमार्ग *[RRB 2018]*
(c) मूत्रवाहिनी (d) अण्डकोश की थैली

241. शुक्रवाहिका मूत्राशय से आने वाली ट्यूब के साथ जुड़कर एक सामान्य मार्ग का निर्माण करती है, जिसे .... कहते हैं। *[RRB 2018]*
(a) मूत्रमार्ग (b) मूत्रवाहिनी
(c) वृषण (d) शुक्राशय

242. मानव के नर जनन तन्त्र में अधिवृषण, शुक्रवाहक, शुक्राशय और प्रोस्टेट ग्रन्थि द्वारा निम्नलिखित में से कौन-सी भूमिका/भूमिकाएँ निभाई जाती है/हैं? *[CDS 2018]*
(a) शुक्रजनन और शुक्राणुओं का परिपक्वन
(b) शुक्राणुओं का परिपक्वन और उसकी गतिशीलता
(c) शुक्रजनन और शुक्राणुओं की गतिशीलता
(d) केवल शुक्राणुओं की गतिशीलता

243. शुक्राणु कहाँ बनते हैं? *[RRB 2018]*
(a) वृषण में (b) प्रोस्ट्रेट ग्रन्थि में
(c) वीर्य पुटिकाओं में (d) अण्डकोश/वृषणकोष में

244. निम्न में से कौन-सी कोशिकाएँ मनुष्य में एण्ड्रोजन हॉर्मोन को स्रावित करती हैं? *[MPPCS 2020]*
(a) सर्टोली कोशिकाएँ
(b) लीडिग कोशिकाएँ
(c) जर्मीनल कोशिकाएँ
(d) म्यूकस (श्लेष्म) कोशिकाएँ

245. शुक्राणु अस्थायी रूप से ...... में रखे जाते हैं। *[RRB 2018]*
(a) अधिवृषण (b) शुक्रवाहिका
(c) मूत्राशय (d) वास एफरेन्स

246. पुरुष के शुक्राणु में गुणसूत्रों की संख्या है *[RRB 2018]*
(a) 23 (b) 48
(c) 46 (d) 24

247. नर प्रजनन तन्त्र के कौन-से भाग में आनुवंशिक सामग्री पाई जाती है?
(a) अण्डकोष में (b) शुक्राणु में *[RRB 2018]*
(c) मूत्रवाहिनी में (d) प्रोस्टेट ग्रन्थि में

248. मानवों में नर युग्मक निम्न में से कौन-से गुणसूत्र का वाहक होता है? *[RRB 2018]*
(a) X और Y दोनों गुणसूत्र
(b) केवल Y गुणसूत्र
(c) केवल X गुणसूत्र
(d) या तो X या Y गुणसूत्र

249. निम्नलिखित में से कौन-सा मादा प्रजनन तन्त्र का एक हिस्सा नहीं है?
(a) गर्भाशय (b) शुक्रवाहिका *[RRB 2018]*
(c) अण्डाशय (d) योनि

250. योनि ...... की ओर जाती है। *[RRB 2018]*
(a) गर्भाशय (b) गर्भाशयी ग्रीवा
(c) फैलोपियन ट्यूब (d) अण्डवाहक नलिका

251. मासिक चक्र के दौरान महिलाओं में अण्ड निर्माण सामान्यतया होता है
(a) स्रावण प्रावस्था में
(b) स्रावण प्रावस्था के समाप्त होने से तुरन्त पहले
(c) क्रम प्रसारी प्रावस्था के प्रारम्भ में
(d) क्रम प्रसारी प्रावस्था के अन्त में

252. एक मासिक धर्म चक्र के दौरान सामान्यतया निःसृत अण्डों की संख्या कितनी होती है? *[SSC 2013]*
(a) 3 (b) 2
(c) 1 (d) 4

253. स्त्री अण्डाणु कोशिका में गुणसूत्रों की संख्या है *[RRB 2018]*
(a) 24 (b) 23
(c) 46 (d) 48

254. .... उस आयु का नाम है, जिसके दौरान पुरुषों और महिलाओं के प्रजनन अंग कार्यात्मक होकर गोनैड्स युग्मकों और सेक्स हॉर्मोन्स का उत्पादन शुरू कर देते हैं और मानव यौन क्रियाओं के प्रति परिपक्व हो जाते हैं। *[RRB 2018]*
(a) युग्मकजनन (b) किशोरावस्था
(c) अनिषेकजनन (d) यौन प्रजनन

255. मानव शरीर के निम्नलिखित भागों में से किस एक में शुक्राणु, डिम्ब को निषेचित करता है? *[IAS (Pre) 2007]*
(a) गर्भाशय ग्रीवा (b) डिम्बवाहिनी नली
(c) गर्भाशय का निचला भाग (d) गर्भाशय का ऊपरी भाग

256. मानव शरीर में उर्वरीकरण की प्रक्रिया कहाँ होती है? *[RRB 2018]*
(a) गर्भाशय (b) डिंबवाही नलिका
(c) अण्डाशय (d) योनि

257. यौन प्रजनन के दौरान जब दो व्यक्तियों की युग्मक कोशिकाएँ संयोजित होती हैं, तो वे .... बनाती हैं। *[RRB 2018]*

(a) युग्मनज (b) अण्डा
(c) एण्डोस्पर्म (d) भ्रूण

258. शुक्राणु को सीधे अण्डे में अन्तःक्षेपित करने की अत्यधिक विकसित प्रक्रिया .... कहलाती है। *[RRB 2018]*

(a) ICSI (b) GIFT
(c) ZIFT (d) AID

259. प्रोजेस्टेरॉन हॉर्मोन का क्या कार्य होता है? *[RRB 2018]*

(a) गर्भाशय की दीवार को मोटी करना
(b) गर्भाशय की दीवार में ग्लाइकोजन एवं वसा संचय करना
(c) गर्भाशय की दीवार में रुधिर की मात्रा बढ़ाना
(d) उपरोक्त सभी

260. .... में माँसपेशियों के लयबद्ध संकुचन के परिणामस्वरूप बच्चा पैदा होता है। *[RRB 2018]*

(a) योनि
(b) डिम्बवाही नली (फैलोपियन नलिका)
(c) ग्रीवा
(d) गर्भाशय

261. माँ के शरीर के अन्दर बच्चे के विकास (मनुष्यों के मामले में) में लगभग .... महीने लगते हैं। *[RRB 2018]*

(a) 7 (b) 10 (c) 9 (d) 8

262. मानव भ्रूण का हृदय कब स्पन्दन करने लगता है?

(a) अपने परिवर्द्धन के प्रथम सप्ताह में
(b) अपने परिवर्द्धन के तृतीय सप्ताह में
(c) अपने परिवर्द्धन के चतुर्थ सप्ताह में
(d) अपने परिवर्द्धन के छठे सप्ताह में

उत्तरमाला

1 (d)	2 (b)	3 (b)	4 (d)	5 (d)	6 (a)	7 (b)	8 (a)	9 (a)	10 (d)
11 (a)	12 (b)	13 (a)	14 (d)	15 (a)	16 (a)	17 (b)	18 (d)	19 (a)	20 (a)
21 (a)	22 (a)	23 (b)	24 (c)	25 (d)	26 (b)	27 (c)	28 (c)	29 (a)	30 (d)
31 (b)	32 (c)	33 (d)	34 (d)	35 (d)	36 (c)	37 (c)	38 (c)	39 (d)	40 (d)
41 (d)	42 (b)	43 (d)	44 (d)	45 (b)	46 (c)	47 (d)	48 (a)	49 (c)	50 (d)
51 (b)	52 (b)	53 (d)	54 (b)	55 (a)	56 (c)	57 (c)	58 (a)	59 (b)	60 (b)
61 (b)	62 (c)	63 (a)	64 (b)	65 (d)	66 (a)	67 (b)	68 (a)	69 (a)	70 (d)
71 (c)	72 (a)	73 (c)	74 (c)	75 (c)	76 (c)	77 (a)	78 (b)	79 (d)	80 (b)
81 (c)	82 (a)	83 (d)	84 (b)	85 (b)	86 (b)	87 (c)	88 (b)	89 (b)	90 (a)
91 (b)	92 (a)	93 (a)	94 (c)	95 (d)	96 (c)	97 (a)	98 (d)	99 (b)	100 (a)
101 (b)	102 (d)	103 (c)	104 (a)	105 (a)	106 (b)	107 (c)	108 (c)	109 (d)	110 (b)
111 (c)	112 (d)	113 (c)	114 (c)	115 (b)	116 (a)	117 (d)	118 (d)	119 (a)	120 (d)
121 (d)	122 (a)	123 (c)	124 (c)	125 (a)	126 (b)	127 (a)	128 (a)	129 (d)	130 (c)
131 (b)	132 (b)	133 (b)	134 (c)	135 (d)	136 (b)	137 (d)	138 (c)	139 (d)	140 (d)
141 (b)	142 (a)	143 (c)	144 (c)	145 (c)	146 (d)	147 (c)	148 (b)	149 (b)	150 (a)
151 (b)	152 (d)	153 (b)	154 (d)	155 (b)	156 (d)	157 (b)	158 (b)	159 (a)	160 (c)
161 (b)	162 (b)	163 (a)	164 (b)	165 (b)	166 (a)	167 (c)	168 (c)	169 (c)	170 (b)
171 (c)	172 (c)	173 (a)	174 (b)	175 (b)	176 (d)	177 (a)	178 (a)	179 (c)	180 (d)
181 (c)	182 (d)	183 (c)	184 (b)	185 (c)	186 (d)	187 (a)	188 (a)	189 (d)	190 (c)
191 (b)	192 (a)	193 (d)	194 (b)	195 (c)	196 (b)	197 (c)	198 (d)	199 (d)	200 (a)
201 (d)	202 (c)	203 (a)	204 (b)	205 (a)	206 (b)	207 (a)	208 (b)	209 (a)	210 (b)
211 (a)	212 (d)	213 (a)	214 (c)	215 (a)	216 (b)	217 (a)	218 (b)	219 (d)	220 (c)
221 (b)	222 (d)	223 (a)	224 (a)	225 (c)	226 (a)	227 (c)	228 (c)	229 (b)	230 (a)
231 (a)	232 (c)	233 (a)	234 (c)	235 (a)	236 (a)	237 (a)	238 (b)	239 (c)	240 (b)
241 (a)	242 (b)	243 (a)	244 (b)	245 (a)	246 (a)	247 (b)	248 (d)	249 (b)	250 (b)
251 (d)	252 (c)	253 (b)	254 (b)	255 (b)	256 (b)	257 (a)	258 (a)	259 (d)	260 (d)
261 (c)	262 (d)								

उत्तर सहित व्याख्या

4. (*d*) हमारे शरीर में सर्वाधिक मात्रा में ऑक्सीजन (लगभग 65%) पाई जाती है।

5. (*d*) विटामिन-K वसा में घुलनशील होता है, किन्तु यह जल में अविलेय होता है।

6. (*a*) हमारे दाँत मुख्यतया कैल्शियम फॉस्फेट ($CaPO_4$) के बने होते हैं।

8. (*a*) अग्रचर्वणक तथा चर्वणक को गालों के दाँत भी कहते हैं। ये चौड़े होते हैं तथा भोजन को चबाने व पीसने का कार्य करते हैं।

10. (*d*) एक वयस्क मनुष्य में मुख से गुदा तक आहारनाल की लम्बाई औसतन 8-10 मीटर होती है। अत: यहाँ विकल्प (d) अधिक सटीक होगा।

12. (*b*) मानव में पाचन की प्रक्रिया मुखगुहा से प्रारम्भ होती है। मुखगुहा में लार में उपस्थित क्षारीय एमाइलेज की सहायता से पॉलीसैकेराइड को डाइसैकेराइड में बदला जाता है। प्रोटीन के पाचन का प्रमुख स्थल आमाशय, जबकि वसा के पाचन का प्रमुख स्थल छोटी आँत है।

13. (*a*) प्रोटीन का उसके सरल एकलक इकाईयों (अमीनो अम्लों) में टूटना पाचन की प्रक्रिया का उदाहरण है।

14. (*d*) पित्ताशय पित्त रस का निर्माण न कर, केवल इसे संग्रहित एवं सान्द्रित करता है। अत: यह ग्रन्थि नहीं है।

16. (*a*) छोटी आँत के तीन भाग होते हैं। सबसे अग्र ग्रहणी (Duodenum) भाग, मध्य अतिकुण्डलित व क्षुद्रान्त्र भाग, जोकि बड़ी आँत में खुलता है।

18. (*d*) यकृत रुधिर में उपस्थित अतिरिक्त ग्लूकोस (कार्बोहाइड्रेट) को इसके पॉलीसैकेराइड ग्लाइकोजन में परिवर्तित कर संचित करता है। यह प्रक्रिया ग्लाइकोजेनेसिस कहलाती है।

26. (*b*) लसीका वाहिकाएँ या कोशिकाएँ छोटी आँत में उपस्थित सूक्ष्माँकुरों एवं रसाँकुरों द्वारा अवशोषित वसा के सूक्ष्म कणों का वहन करती है।

27. (*c*) टायलिन या एमाइलेज लार में उपस्थित एन्जाइम होता है जो स्टार्च का माल्टोस में पाचन करता है।

29. (*a*) जठर की अम्लस्रावी कोशिकाओं के नष्ट होने पर HCl का स्रावण नहीं होगा। इस स्थिति में अम्लीय माध्यम न होने पर प्रोटीन पाचक एन्जाइम जैसे प्रोरेनिन एवं पेप्सिनोजन अपनी सक्रिय अवस्था में नहीं आ पाएँगे एवं प्रोटीन का पाचन प्रभावित होगा।

32. (*c*) भोजन का पूर्णतया पाचन एवं अवशोषण छोटी आँत (क्षुद्रान्त्र) में ही होता है। इसमें क्षारीय माध्यम में पाचन की क्रिया होती है।

37. (*c*) कोलेसिस्टोकाइनिन (Cholecystokinin or CCK) तथा सिक्रेटिन पेप्टाइड हॉर्मोन है, जोकि आहारनाल में अग्न्याशयी रस तथा बाइकार्बोनेट भोजन के स्राव को प्रेरित करते हैं। सिक्रेटिन अग्न्याशय के बहि:स्राव भाग को जल तथा बाइकार्बोनेट भोजन के स्राव के लिए प्रेरित करता है। CCK अग्न्याशय तथा पित्ताशय दोनों पर कार्य करता है तथा यह क्रमश: अग्न्याशय रस व पित्तरस के स्रावण को प्रेरित करता है।

39. (*d*) आमाशय में हाइड्रोक्लोरिक अम्ल HCl का स्रावण जठर ग्रन्थि की परिधीय कोशिका द्वारा किया जाता है। यह प्रोटियोलाइटिक एन्जाइम की क्रियाविधि के लिए आमाशय के माध्यम को अम्लीय बनाता है।

48. (*a*) वायु कूपिका (Alveoli) गैसीय विनिमय का प्राथमिक स्थल होती है। गैसों का विनिमय रुधिर और ऊतकों के बीच होता है। इन स्थलों पर O_2 तथा CO_2 का विनिमय दाब अथवा सान्द्रता प्रवणता के आधार पर सरल विसरण द्वारा होता है।

52. (*b*) मानव में दो फेफड़े होते हैं, जोकि एक द्विस्तरीय फुफ्फुस झिल्ली (Pleura) से ढके रहते हैं तथा इनके मध्य फुफ्फुस झिल्लीय द्रव (Pleural fluid) भरा रहता है। यह फेफड़े की सतह पर घर्षण को कम करता है।

बाहरी फुफ्फुस झिल्ली वक्षीय परत के निकट सम्पर्क में रहती है, जबकि आन्तरिक फुफ्फुस झिल्ली फेफड़े की सतह के सम्पर्क में होती है।

54. (*b*) CO एवं हीमोग्लोबिन द्वारा बना कार्बोक्सीहीमोग्लोबिन, ऑक्सीहीमोग्लोबिन की तुलना में 250 गुना अधिक मजबूत एवं अव्युत्क्रमशील होता है।

अत: CO की उच्च बन्धुता के कारण हीमोग्लोबिन O_2 से नहीं जुड़ पाता है तथा O_2 की कमी से दम घुटने से मृत्यु हो जाती है।

61. (*b*) हीमोग्लोबिन में ग्लोबिन प्रोटीन एवं हीम वर्णक पाया जाता है। इसके केन्द्रीय लौह धातु से चार O_2 अणु जुड़ते हैं, जो एक सरलता से व्युत्क्रम होने वाला ऑक्सीहीमोग्लोबिन बनाता है।

67. (*b*) प्लाज्मा हल्का पीला व हल्का क्षारीय तरल होता है। इसमें लगभग 90% जल, 1% अकार्बनिक लवण, 6.8% प्रोटीन होते हैं तथा यह रुधिर का 55% भाग बनाता है।

73. (*c*) रुधिर वर्ग की जाँच दो प्रकार की प्रतिरक्षी एण्टी-A तथा एण्टी-B से की जाती है। AB रुधिर वर्ग दर्शाने वाले व्यक्ति के रुधिर में दोनों प्रतिरक्षी होते हैं, परन्तु RBCs की सतह पर प्रतिजन उपस्थित होता है।

इस कारण AB वर्ग का रुधिर किसी भी प्रतिजन के साथ समूहन नहीं दर्शाता है। इस कारण 'AB' रुधिर वर्ग को सर्वग्राही रुधिर समूह कहा जाता है।

78. (*b*) लाल रुधिर कणिकाएँ केवल स्तनधारियों में पाई जाती हैं। वे केन्द्रकरहित एवं रंगहीन होती हैं। ये लाल अस्थि मज्जा की दीर्घ केन्द्रीय कोशिकाओं से मुकुलन द्वारा बनती है।

86. (*b*) मोनोसाइट सबसे बड़ी अकणिकीय ल्यूकोसाइट हैं, जो भक्षकाणु होती हैं।

94. (*c*) सन् 1900 में डॉ. कार्ल लैण्डस्टीनर (Dr. Karl Landsteiner) ने ABO रुधिर वर्ग तथा सन् 1902 में डीकेस्टेलो व स्टर्ल (Decastello and Sturli) ने Rh समूह की खोज की।

98. (*d*) अलिन्द में संकुचन का प्रारम्भ तथा प्रकुंचन SA नोड द्वारा किया जाता है। इस कारण इसे हृदय का गतिप्रेरक (Pacemaker) कहते हैं, क्योंकि यह नियमित अन्तराल पर संकुचन की तरंगों को पेशियों की मदद से हृदय की भित्ति में फैलाती है।

101. (*b*) अलिन्द निलय कपाट (Atrio-ventricular valve) दो प्रकार के होते हैं।

द्विवलन कपाट (Bicuspid valve) इसे मिट्रल कपाट भी कहते हैं। यह बाएँ अलिन्द व बाएँ निलय के मध्य उपस्थित होता है, ये दो वलनों से मिलकर बना होता है।

त्रिवलन कपाट (Tricuspid valve) यह दाएँ और तीन वलनों से बना हुआ, दाएँ अलिन्द व दाएँ निलय के मध्य पाए जाने वाला कपाट है।

103. (*c*) एक हृदय स्पन्दन के आरम्भ से दूसरे स्पन्दन के आरम्भ होने के बीच के घटनाक्रम को हृदय चक्र कहते हैं। इसमें हृदय पेशियों का संकुचन व शिथिलन सम्मिलित है।

हृदय चक्र की अवधि 0.8 सेकण्ड होती है। इसमें से अलिन्द प्रकुंचन में 0.1 सेकण्ड, निलय प्रकुंचन में 0.3 सेकण्ड तथा पूर्ण हृदय प्रकुंचन (Cardiac systole) में 0.4 सेकण्ड का समय लगता है।

106. (*b*) सामान्य रुधिरदाब 120/80 होता है। यहाँ 120 mm Hg प्रकुंचन अवस्था एवं 80 mm Hg अनुशिथिलन अवस्था का रुधिरदाब है।

108. (*c*) हृदय की ध्वनियाँ हृदय के वाल्वों के खुलने और बन्द होने के कारण होती है। निलयी प्रकुंचन के दौरान अलिन्द-निलय कपाट के बन्द होने पर प्रथम ध्वनि 'लब' उत्पन्न होती है। निलयी शिथिलन के दौरान अर्द्धचन्द्राकार कपाट के बन्द होने पर द्वितीय ध्वनि 'डब' उत्पन्न होती है।

109. (*d*) दोहरा परिसंचरण तन्त्र के दो भाग होते हैं।

(i) **फुफ्फुसीय परिसंचरण** इस परिसंचरण में रुधिर हृदय से फेफड़े तथा फेफड़ों से पुन: हृदय में आता है

दायाँ अलिन्द
↓
दायाँ निलय
↓ अनॉक्सीकृत रुधिर
फेफड़े
↓ ऑक्सीकृत रुधिर
बायाँ अलिन्द

(ii) **क्रमबद्ध परिसंचरण** इस परिसंचरण में रुधिर हृदय व शरीर के विभिन्न भागों के मध्य बहता है। (फेफड़ों को छोड़कर) इसमें धमनी व शिरा तन्त्र सम्मिलित हैं।

112. (*d*) RBCs का औसत जीवनकाल 120 दिन होता है। उसके पश्चात् ये यकृत तथा प्लीहा (Spleen) में नष्ट हो जाती है। हीमोग्लोबिन वर्णक के विखण्डन का उत्पाद बिलिरुबिन होता है, जिसे सामान्यतया पित्त की मदद से बाहर निकाल दिया जाता है।

115. (*b*) यूरिया का संश्लेषण यकृत में होता है। अतः यकृत शिरा में यूरिया की सर्वाधिक मात्रा, जबकि वृक्क शिरा में यूरिया की सबसे कम मात्रा उपस्थित होती है।

116. (*a*) वृक्क (Kidney) मानव में प्रमुख उत्सर्जी अंग है। वृक्क सेम के बीज की आकृति के गहरे भूरे-लाल रंग की संरचना हैं। इनका प्राथमिक कार्य मूत्र के उत्पादन द्वारा रुधिर से अपशिष्टों का उन्मूलन करना है।

118. (*d*) प्रत्येक वृक्क में लगभग 10 लाख जटिल नलिकाकार संरचना वृक्काणु (नेफ्रॉन) पाई जाती है, जो वृक्क की संरचनात्मक एवं क्रियात्मक इकाईयाँ हैं।

119. (*a*) **संग्राहक वाहिनी** एक लम्बी नलिका होती है, जोकि वृक्क के वल्कुटीय भाग में आन्तरिक मेड्यूलरी भाग तक फैली होती है। इसी नलिका में पूर्णतया सान्द्रित मूत्र एकत्रित होता है।

128. (*a*) वृक्कीय पथरी में वृक्क में कैल्शियम ऑक्जैलेट के महीन ठोस क्रिस्टलों का निर्माण होता है।

131. (*b*) दो अस्थियाँ परस्पर एक-दूसरे से स्नायु या अस्थि बन्ध द्वारा जुड़ी होती हैं, जबकि अस्थि कण्डरा द्वारा माँसपेशियों से जुड़ी होती हैं।

133. (*b*) कर्णास्थि स्टेपीज सबसे छोटी, जबकि जाँघ की ऊर्वस्थि या फीमर सबसे बड़ी अस्थि होती है।

138. (*c*) मैक्रो एक अस्थि सन्धि का प्रकार नहीं है।

साइनोवियल जोड़ निम्न प्रकार के होते हैं

(i) कन्दुक खल्लिका सन्धि-ह्यूमरस व अंस मेखला के मध्य

(ii) कब्जा सन्धि-घुटना सन्धि

(iii) धुराग्र सन्धि-एटलस व अक्ष के मध्य

(iv) ग्लाइडिंग सन्धि-कार्पल्स के मध्य

(v) सैडल सन्धि-अँगूठे की कार्पल तथा मेटा-कार्पल्स के मध्य

143. (*c*) मानव में पसलियाँ अधर भाग में मध्य में उरोस्थि या स्टर्नम से जुड़ी होती है।

145. (*c*) मानव में 12 जोड़ी वक्षीय पसलियाँ पाई जाती हैं। इनमें 7 जोड़ी वास्तविक, 3 जोड़ी कूट एवं 2 जोड़ी प्लावी पसलियाँ होती हैं।

148. (*b*) जानुफलक, जान्विक या पटेला घुटने की कैल्सिभूत अस्थि होती है।

152. (*d*) तन्त्रिका कोशिका शरीर की सबसे लम्बी कोशिका होती है, जिसकी लम्बाई 90 cm-1m तक होती है। इसमें तारककाय की अनुपस्थिति के कारण कोशिका विभाजन नहीं होता है। यह तन्त्रिका तन्त्र की संरचनात्मक एवं क्रियात्मक इकाई होती है।

157. (*b*) मानव मस्तिष्क तीन भागों में विभक्त होता है

(i) अग्रमस्तिष्क

(ii) मध्यमस्तिष्क

(iii) पश्चमस्तिष्क

161. (*b*) मनुष्य में 31 जोड़ी स्पाइनल या मेरु तन्त्रिकाएँ तथा 12 जोड़ी कपालीय तन्त्रिकाएँ पाई जाती हैं। ये तन्त्रिकाएँ परिधीय तन्त्रिका तन्त्र (PNS) का निर्माण करती हैं।

164. (*b*) प्रमस्तिष्क, (Cerebrum) मस्तिष्क (Brain) का अधिकाँश भाग बनाता है। यह अनुदैर्ध्य रूप से दो अर्द्धांशों में बँटा होता है, जिन्हें दायाँ एवं बायाँ सेरीब्रल अर्द्धगोलार्द्ध के रूप में जाना जाता है।

कोशिकाओं की परत, जो प्रमस्तिष्क अर्द्ध गोलार्द्ध को ढकती है, प्रमस्तिष्क वल्कुट कहलाती है। प्रमस्तिष्क वल्कुट को धूसर द्रव्य (Grey matter) कहते हैं, जबकि प्रमस्तिष्क वल्कुट का भीतरी भाग श्वेत द्रव्य का बना होता है।

168. (*c*) मानव मस्तिष्क का भार 1200-1400 gm होता है, जो शरीर के कुल भार का लगभग 2% होता है।

171. (*c*) प्रतिवर्ती क्रिया का नियन्त्रण मेरुरज्जु द्वारा होता है। इसका पथ निम्नवत् है

माँसपेशी ग्राही → अभिवाही तन्तु → संवेदक स्नायु तन्त्रिका → मेरुरज्जु के सूत्रयुग्मन द्वारा → प्रेरक तन्त्रिका → अपवाही तन्तु → प्रेरक अन्त्य (प्रभारक) माँसपेशी तन्तु

प्रतिवर्ती पथ

173. (*a*) मज्जा या मेड्यूला ऑब्लोंगेटा पश्च मस्तिष्क का भाग है, जिसमें श्वसन, हृदय एवं प्रतिवर्ती क्रिया, जैसे— खाँसने, छींकने, निगलने, उगलने आदि के नियन्त्रण केन्द्र होते हैं।

174. (*b*) प्रमस्तिष्क या सेरीब्रम अर्द्धगोलार्द्ध के अन्तः भाग एवं सह सम्बन्धित सघन संरचनाओं, जैसे—एमिगडेला, इत्यादि का समूह, एक जटिल संरचना है, जिसे लिम्बिक लोब या लिम्बिक तन्त्र कहते हैं, का निर्माण करते हैं। हाइपोथैलेमस के साथ यह लैंगिक व्यवहार, भावनात्मक प्रतिक्रियाओं की अभिव्यक्ति (उत्तेजना, आनन्द, क्रोध एवं भय) एवं प्रेरणा के नियमन में सम्मिलित होते हैं।

175. (*b*) हाइपोथैलेमस दिमाग एवं शरीर का के मध्य एवं तन्त्रिका एवं अन्तःस्रावी तन्त्र के मध्य योजक के रूप में कार्य करता है। हाइपोथैलेमस हॉर्मोन उत्पादन हेतु उत्तरदायी है।

इस क्षेत्र से उत्पन्न हॉर्मोन शरीर का तापमान, प्यास, भूख, निद्रा परिसंचरण लय, मनोदशा, कामेच्छा आदि को नियन्त्रित करता है, मस्तिष्क का यह भाग पीयूष ग्रन्थि के कार्यों को भी नियन्त्रित करता है। अत हाइपोथैलेमस को यदि क्षति पहुँचती है, तो यह शरीर तापमान एवं अन्य क्रियाओं के सम्पूर्ण नियमन को अस्त-व्यस्त कर देता है।

177. (*a*) अनुमस्तिष्क (सेरीबेलम) मस्तिष्क का सबसे छोटा भाग है, जो लघु मस्तिष्क (छोटा दिमाग) भी कहलाता है, यह बहुत विस्तृत एवं सुसंगठित होता है, व्यक्ति की गतिविधियों के विस्तृत परास प्रदर्शन के अनुरूप यह मुद्राओं, साम्यावस्था एवं पेशीय लय को बनाए रखता है। यह प्रमस्तिष्क द्वारा आरम्भ ऐच्छिक गतियों का समन्वय करता है।

183. (*c*) कान का आनृस्कि भाग का अवतल लेन्स का प्रयोग निकट दृष्टि से ग्रसित व्यक्ति हेतु किया जाता है। इस रोग में दूर का स्पष्ट दिखाई नहीं देता है।

187. (*a*) लेन्स के सामने आइरिस द्वारा घिरे छिद्र को प्यूपिल कहते हैं। सामान्य आइरिस के मध्य में प्यूपिल देखा जा सकता है। यह छिद्र वृत्ताकार होता है एवं कैमरे के छिद्र से इसकी तुलना की जा सकती है।

जब अत्यधिक प्रकाश नेत्र में प्रविष्ट होता है, तो आइरिस संवरणी पेशियाँ (जो प्यूपिल को घेरे रहती है) केन्द्र की ओर खींचती है, जिससे प्यूपिल का संकुचन होता है, जिस कारण कम प्रकाश रेटिना पर पहुँचता है।

188. (*a*) कान का आन्तरिक भाग या अन्तः कर्ण में एक जटिल तन्त्र, जिसे प्रघ्राणीय उपकरण कहते हैं, जो कोक्लिआ के ऊपर स्थित होता है। इसकी श्रवण क्रिया में कोई भूमिका नहीं होती, किन्तु यह गुरुत्वाकर्षण एवं गतियों से प्रभावित होता है। इसके विशिष्ट ग्राही, क्रिस्टी एवं मेक्यूला होते हैं। ये शरीर की मुद्रा एवं सन्तुलन बनाए रखने हेतु उत्तरदायी हैं।

189. (*d*) मध्य कर्ण में तीन अस्थिकाएँ, जिन्हें मैलियस, इन्कस एवं स्टैपीज कहते हैं, होती हैं। यह एक-दूसरे से शृंखला के रूप में जुड़ी होती है। मैलियस, टिंपेनिक मेम्ब्रेन एवं स्टैपीज कोक्लिआ की अण्डाकार गुहा से जुड़ी रहती हैं। कर्ण अस्थिकाएँ अन्तः कर्ण में ध्वनि के संचरण की कार्य क्षमता को बढ़ा देती हैं। एक यूस्टेकियन नलिका मध्य कर्ण को ग्रसनी से जोड़ती है। यूस्टेकियन नलिका कर्ण पटह के दोनों तरफ समान दाब बनाए रखने में सहायक है

192. (*a*) अन्तःस्रावी ग्रन्थियों को पूर्ण स्रावी एवं नलिकाविहीन ग्रन्थियाँ भी कहते हैं।

उदाहरण—थायरॉइड, पैराथायरॉइड, एड्रीनल, पीयूष, आदि।

ग्रन्थियाँ, जो बहि:स्त्रावी एवं अन्त: स्रावी दो क्षेत्रों में अधिपत्य के कारण दोहरे कार्य करती है, वे विषम स्रावी या मिश्रित ग्रन्थियाँ कहलाती हैं। ये सम्बन्धित कार्य के लिए अन्य पदार्थों से सम्बद्ध हॉर्मोन्स का स्रावण करती हैं। उदाहरण—अण्डाशय, वृषण एवं अग्न्याशय।

194. (*b*) पीयूष ग्रन्थि द्वारा स्रावित वृद्धि हॉर्मोन्स (GH) के अत्यधिक स्रावण से शरीर की असामान्य वृद्धि होती है, जिससे भीमकायता होती है एवं हॉर्मोन्स के कम स्रावण से वृद्धि रुक जाती है, जिसके परिणामस्वरूप बौनापन होता है।

197. (*c*) इन्सुलिन एक पेप्टाइड हॉर्मोन है, जो ग्लूकोस समस्थापन के नियमन में महत्त्वपूर्ण भूमिका निभाता है। इन्सुलिन मुख्यतया हिपेटोसाइट्स एवं एडिपोसाइट (वसीय ऊतकों की कोशिकाओं) पर कार्य करता है एवं ग्लूकोस के उपभोग एवं उपयोग में वृद्धि करता है। फलस्वरूप शर्करा (ग्लूकोस) का रुधिर से हिपेटोसाइट्स एवं एडिपोसाइट्स की तरफ तीव्रता से गमन होता है। इसके फलस्वरूप रुधिर शर्करा का स्तर (हाइपोग्लाइसेमिया) घटता है।

198. (*d*) कॉर्टिसोल वसा में विलेय होने वाले वसीय/स्टेरॉइड हॉर्मोन्स हैं, जो लक्ष्य कोशिका की कोशिका झिल्ली के पार सीधे जा सकते हैं एवं अन्तराकोशिकीय (Intracellular) ग्राहियों से जुड़ते हैं।

200. (*a*) सेक्रेटिन, एक पाचन हॉर्मोन, जो छोटी आँत के ऊपरी भाग (ड्यूडिनम) की भित्ति से स्रावित होता है। यह बहि:स्रावी अग्न्याशय पर कार्य करता है एवं जल और कार्बोनेट आयन के स्रावण को प्रेरित करता है। सेक्रेटिन एक पॉलीपेप्टाइड है, जो 27 अमीनो अम्लों से बना होता है।

204. (*b*) ऑक्सीटोसिन, पश्च पीयूष ग्रन्थि का पेप्टाइड हॉर्मोन है। यह गर्भाशय की चिकनी पेशियों पर कार्य करता है और उनके संकुचन को उत्तेजित करता है। यह दुग्ध स्रावण में भी सहायक है।

207. (*a*) हाइपोथैलेमस अग्र मस्तिष्क एवं डाइनसिफेलॉन (अग्र पश्च मस्तिष्क) का आधारीय भाग है। इसमें तन्त्रिका स्रावी कोशिकाओं के विभिन्न समूह होते हैं, जो हॉर्मोन्स उत्पन्न करते हैं। ये हॉर्मोन्स पीयूष हॉर्मोन्स का संश्लेषण एवं स्रावण का नियमन (Regulation) करते हैं।

जैसे-हाइपोथैलैमस से गोनेडोट्रॉपिक विमोचक हॉर्मोन्स (GnRH), पीयूष ग्रन्थि को गोनेडोट्रोपिन्स संश्लेषित एवं मुक्त करने हेतु उत्तेजित करता है। दूसरी ओर हाइपोथैलेमस से स्रावित सोमेटोस्टेटिन पीयूष ग्रन्थि द्वारा वृद्धि हॉर्मोन्स के स्रावण को रोकता है।

215. (*a*) पैराथॉर्मोन के अल्पस्रावण के कारण हाथ एवं पैरों की पेशियाँ शिथिल नहीं होती हैं और संकुचित अवस्था में ही रहती हैं, इसे टिटेनी कहते हैं।

220. (*c*) थायरॉइड ग्रन्थि टेट्रा आयोडोथायरोनिन हॉर्मोन्स का स्रावण करती है, जो प्राथमिक रूप से शरीर के उपापचय की दर का नियमन करता है।

221. (*b*) ग्रेव्स रोग (Graves disease) थायरॉइड ग्रन्थि से थायरॉइड हॉर्मोन्स की अत्यधिक मात्रा में स्रावित होने से अर्थात् हाइपरथायरॉडिज्म के कारण होता है।

222. (*d*) थाइमस ग्रन्थि, पेप्टाइड हॉर्मोन का स्रावण करती है, जो थायमोसिन कहलाता है। थायमोसिन T-लिम्फोसाइट्स, जो कोशिका माध्यित प्रतिरक्षा प्रदान करती है, के विभेदन में महत्त्वपूर्ण भूमिका निभाता है। इसके अतिरिक्त थायमोसिन, हॉर्मोन्स प्रतिरक्षा प्रदान करने हेतु प्रतिरक्षियों के उत्पादन का प्रचार करता है।

226. (*a*) अधिवृक्क मध्यांश (एड्रीनल मेड्यूला) दो हॉर्मोन्स एड्रीनेलिन (एपीनेफ्रीन) एवं नॉर एड्रीनेलिन (नॉर-एपिनेफ्रीन) का क्रमश: 4 से 1 अनुपात में स्रावण करता है। एड्रीनेलिन को आपातकालीन हॉर्मोन्स भी कहते हैं, क्योंकि भय के समय, ठण्ड, लड़ाई, भावनात्मक अवस्थाएँ, खतरा, दर्द, ऑक्सीजन की कमी एवं रुधिर ह्रास के समय मुक्त होता है एवं रुधिर दाब, हृदय की धड़कन, उदर का जकड़ना, मुँह सूखना, माँसपेशियों का काँपना बैचेनी के सामान्य अनुभव को बढ़ाता है एवं सतर्कता बढ़ाता है, जिससे आकस्मिक भय या अन्य प्रबल भावनात्मक अवस्थाएँ प्रकट होती हैं।

228. (*c*) **टेस्टोस्टेरॉन** (Testosterone) नर जनन हॉर्मोन है, जो नर के लक्षणों; जैसे–माँसपेशीय वृद्धि, चेहरे एवं अक्ष पर बालों की वृद्धि, आक्रामकता, भारी आवाज एवं शुक्रजनन को प्रेरित करता है। मिलैटोनिन हॉर्मोन्स की हमारे शरीर में 24 घण्टे (दैनिक) लय के नियमन करने में महत्त्वपूर्ण भूमिका निभाता है।

229. (*b*) हमारे हृदय की भित्ति एक महत्त्वपूर्ण पेप्टाइड हॉर्मोन्स का स्रावण करती है, जिसे एट्रियल नेट्रीयूरेटिक कारक (ANF) कहते हैं, जो पेप्टाइड प्रकृति का होता है। ANF रुधिर दाब को कम करता है, जब रुधिर दाब बढ़ता है, ANF का स्रावण होता है, जिससे रुधिर नलिकाओं का विस्तार होता है। यह रुधिर दाब कम करता है।

230. (*a*) मधुमेह बीमारी इन्सुलिन नामक हॉर्मोन की कमी से होती है। हमारे शरीर को सबसे अधिक ऊर्जा शर्करा या कर्बोहाइड्रेट से प्राप्त होती है, लेकिन शर्करा को ऊर्जा में परिवर्तित करने वाले इन्सुलिन की शरीर में कमी हो जाने से शुगर रुधिर में जमा होने लगती है और यह डायबिटीज का प्रमुख कारण बनती है।

231. (*a*) **कॉर्पस ल्यूटियम** से स्रावित हॉर्मोन्स प्रोजेस्ट्रॉन कहलाता है, जो गर्भ-धारण को बनाए रखता है एवं मादाओं में दुग्ध स्रावण हेतु स्तन ग्रन्थियों के विकास को उत्तेजित करता है।

238. (*b*) वृषण, उदर गुहा के बाहर एक थैली में स्थित होते हैं, जिसे वृषणकोष कहते हैं। वृषणकोष, वृषण का तापमान बनाए रखते हैं, जो शरीर के तापमान से 2-2.5°C कम होता है, यह शुक्रजनन के लिए आवश्यक है।

241. (*a*) मानव नर में, मूत्रमार्ग मूत्राशय से मूत्र के निष्कासन को भी मार्ग प्रदान करता है। इसलिए इसे मूत्रजनन नलिका कहते हैं। नर में, यह लगभग 8 इन्च (20 सेमी) लम्बी होती है और शिश्न के छोर पर खुलती है।

243. (*a*) प्रत्येक मानव वृषण अण्डे के आकार का, 4-5 सेमी लम्बा तथा लगभग 2-3 सेमी चौड़ा होता है। प्रत्येक वृषण में लगभग 250 कक्ष होते हैं, जिन्हें वृषण पालिकाएँ कहते हैं।

वृषण पालिकाओं में 1-3 शुक्रजनन नलिकाएँ होती हैं, जिनमें शुक्राणु उत्पन्न होते हैं। शुक्रजनन नलिकाओं का भीतरी भाग नर जनन कोशिकाओं और स्टॉली कोशिकाओं से आवरित रहता है।

249. (*b*) नर जनन तन्त्र एक जोड़ी वृषण, वृषण कोष, शुक्रवाहिकाएँ, एक जोड़ी अधिवृषण, एक जोड़ी शुक्रवाहक, एक जोड़ी शुक्राशय, एक जोड़ी स्खलनीय नलिकाएँ, मूत्रमार्ग, प्रोस्टेट ग्रन्थि, एक जोड़ी काउपर ग्रन्थि तथा शिश्न से मिलकर बनता है।

256. (*b*) मानव में निषेचन या उर्वरीकरण (शुक्राणु एवं अण्डाणु में संयोजन) डिंबवाही नलिका या फैलोपियन नलिका में होता है।

अध्याय

09

पादप कार्यिकी

Plant Physiology

- पादप-शरीर क्रिया विज्ञान या पादप कार्यिकी वनस्पति विज्ञान की वह शाखा है, जिसमें पौधों की विभिन्न प्रकार की जैविक क्रियाओं का अध्ययन किया जाता है।
- पादपों को अपनी वृद्धि व समन्वय हेतु, विभिन्न आवश्यक पोषक पदार्थों की आवश्यकता होती है।
- पोषण विधि के आधार पर पादप मुख्यतया **स्वपोषी** व **परपोषी** होते हैं।
- **स्वपोषी पादप** (Autotrophic plant) वे होते हैं, जोकि प्रकाश-संश्लेषण की क्रिया द्वारा कार्बन डाइऑक्साइड, जल व सूर्य के प्रकाश द्वारा भोजन का निर्माण करते हैं।
- कुछ पादप **कीटभक्षी** (Insectivorous) होते हैं। ये पादप हरे एवं स्वपोषी होते हैं, किन्तु नाइट्रोजन की कमी को पूरा करने के लिए कीटों का भक्षण करते हैं; उदाहरण—घटपर्णी (*नेपन्थीस*), सेन्ड्यू (*ड्रॉसेरा*), *यूट्रीकुलेरिया*, *डायोनिया*, आदि।
- **परपोषी पादप** (Heterotrophic plant) ये अपना भोजन स्वयं संश्लेषित नहीं कर सकते हैं या कुछ पोषक तत्वों हेतु इन्हें अन्य पादपों की आवश्यकता होती है; उदाहरण—परजीवी (Parasite) पादप, मृतोपजीवी (Saprophytic) पादप (कवक), सहजीवी (Symbiotic) पादप (लाइकेन) आदि।

पादपों में खनिज पोषण

- पादपों को वृद्धि तथा अपनी जैविक क्रियाओं के संचालन हेतु विभिन्न खनिज पदार्थों की आवश्यकता होती है। पादपों द्वारा खनिज पोषक पदार्थों का अवशोषण अपनी उपापचयी क्रियाओं को पूरा करने के लिए किया जाता है।
- पौधों के लिए 17 खनिज पोषक पदार्थ आवश्यक होते हैं। खनिज तत्व निम्न दो प्रकार के होते हैं
  - **दीर्घ मात्रिक तत्व** (Macronutrient elements) ये अधिक मात्रा में आवश्यक होते हैं।
    उदाहरण– C, H, O, N, P, K, Mg, Ca, S
  - **सूक्ष्म मात्रिक तत्व** (Micronutrient elements) ये कम मात्रा में आवश्यक होते हैं।
    उदाहरण– Zn, Cu, Mn, Fe, B, Cl, Mo, Na

प्रकाश-संश्लेषण

- **प्रकाश-संश्लेषण** (Photosynthesis) यह एक उपचयी प्रक्रिया है, जिसमें पादप कार्बन डाइऑक्साइड, जल तथा सूर्य के प्रकाश से पर्णहरिम के द्वारा अपने भोजन (कार्बोहाइड्रेट) का निर्माण करते हैं। इस प्रक्रिया में पादप प्रकाश ऊर्जा को रासायनिक ऊर्जा में परिवर्तित करते हैं।

$$\underset{\text{(कार्बन डाइ ऑक्साइड)}}{6CO_2} + \underset{\text{(जल)}}{12H_2O} \longrightarrow \underset{\text{(कार्बोहाइड्रेट)}}{C_6H_{12}O_6} + 6H_2O + 6O_2 \uparrow$$

- प्रकाश-संश्लेषण की क्रिया पौधों की पत्तियों में होती है; क्योंकि पत्तियों में पर्णहरिम पाया जाता है। पत्ती में उपस्थित रन्ध्रों द्वारा गैसों का विनिमय एवं वाष्पोत्सर्जन होता है।
- प्रकाश-संश्लेषण की दो मुख्य अभिक्रियाएँ होती हैं
  - **प्रकाश रासायनिक अभिक्रियाएँ** (Photochemical reactions) यह क्रिया हरितलवक के ग्रेना में होती है, जो प्रकाश पर निर्भर होती है। इसे **हिल अभिक्रिया** भी कहते हैं।

    इस अवस्था में जल का प्रकाश अपघटन तथा ऊर्जा (NADPH एंव ATP) का निर्माण होता है।

    इस अभिक्रिया में दो प्रकाश तन्त्र होते हैं, जिन्हें प्रकाश-तन्त्र-I तथा प्रकाश-तन्त्र II कहते हैं। इनमें अलग-अलग वर्णक तन्त्र (Pigment system) तथा प्रतिक्रिया केन्द्र होते हैं।

    प्रकाश-तन्त्र-I का अभिक्रिया केन्द्र P_{700} होता है तथा ये चक्रीय फॉस्फोरिलीकरण होता है। प्रकाश-तन्त्र-II का अभिक्रिया केन्द्र P_{680} होता है तथा ये अचक्रीय फॉस्फोरिलीकरण होता है। इन दोनों प्रकाश-तन्त्रों को संयुक्त रूप से Z-स्कीम कहते हैं।
  - **रासायनिक प्रकाशहीन अभिक्रियाएँ** (Biosynthetic chemical dark reactions) इसे **ब्लैकमैन अभिक्रिया** भी कहते हैं। इस अभिक्रिया में प्रकाश की उपस्थिति की आवश्यकता नहीं होती है।

    इस अभिक्रिया में वातावरण से ली गई कार्बन डाइऑक्साइड (CO_2) अपचयित होकर शर्करा में परिवर्तित हो जाती है। यह दो प्रकार से होती है– कैल्विन बैन्सन चक्र (C_3-cycle), हैच-स्लैक चक्र (C_4-cycle)।

पादपों में श्वसन

- पादपों में श्वसन (Respiration) जड़, तना तथा पत्ती द्वारा होता है।
- पादपों में गैसों का विनिमय वायवीय भागों के रन्ध्रों द्वारा होता है।
- श्वसन की प्रक्रिया में भोजन (ग्लूकोस) का ऑक्सीजन की उपस्थिति में ऑक्सीकरण होता है तथा ऊर्जा मुक्त होती है।
- यही ऊर्जा ATP के रूप में जैविक क्रियाओं में प्रयुक्त होती है।
- श्वसन निम्न दो प्रकार से होता है
  - **वायवीय श्वसन** (Aerobic respiration) यह ऑक्सीजन की उपस्थिति में होता है तथा इसमें ग्लूकोस का पूर्ण ऑक्सीकरण होता है व CO_2 तथा जल का निर्माण होता है। इसमें अधिक ऊर्जा मुक्त होती है।

– **अवायवीय श्वसन** (Anaerobic respiration) ऑक्सीजन की अनुपस्थिति में होता है तथा ग्लूकोस का आंशिक ऑक्सीकरण होता है। इसमें पाइरुवेट, इथेनॉल या लैक्टिक अम्ल का निर्माण होता है। वायवीय श्वसन की तुलना में कम ऊर्जा मुक्त होती है।

पादपों में परिवहन

- पादपों में मूल द्वारा अवशोषित लवणों एवं जल का परिवहन (Transportation) जाइलम/दारु संवहन ऊतक द्वारा होता है, जो वाहिका, वाहिनी, जाइलम मृदूतक एवं जाइलम तन्तुओं द्वारा निर्मित होता है।
- पादपों में पत्तियों द्वारा संश्लेषित भोजन का सुक्रोस के रूप में परिवहन पोषवाह/फ्लोएम तन्त्र द्वारा होता है, जो चालनी नलिका, सहकोशिका, फ्लोएम मृदूतक एवं फ्लोएम तन्तु द्वारा बना होता है।
- **परासरण** (Osmosis) जब दो भिन्न सान्द्रता वाले विलयनों को अर्द्धपारगम्य झिल्ली द्वारा पृथक् किया जाता है, तब विलायक के अणुओं की अधिक सान्द्रता वाले विलयन से कम सान्द्रता वाले विलयन की ओर गति परासरण कहलाती है।
  जब किसी कोशिका को उच्च परासरी विलयन में रखते हैं, तो बहि:परासरण के कारण कोशिका का जल बाहर निकल जाता है और जीवद्रव्य सिकुड़ जाता है। इस प्रक्रिया को **जीवद्रव्यकुंचन** (Plasmolysis) कहते हैं।
- **वाष्पोत्सर्जन** (Transpiration) पादप के वायवीय भागों से जल की वाष्प के रूप में हानि होना, वाष्पोत्सर्जन कहलाता है।

पादप हॉर्मोन्स

पादपों की वृद्धि एवं विकास को नियन्त्रित करने वाले जटिल रासायनिक पदार्थ, पादप हॉर्मोन्स (Plant hormones) कहलाते हैं।

पादप हॉर्मोन्स निम्न दो प्रकार के होते हैं

- **वृद्धि प्रवर्धक हॉर्मोन्स** (Growth regulator hormones) ये पादप अथवा उनके विभिन्न अंगों में वृद्धि को प्रेरित करते हैं; जैसे—ऑक्सिन, जिबरेलिन, साइटोकाइनिन, आदि।
  – **ऑक्सिन** (Auxin) जड़ या तने के वृद्धि शीर्ष से स्रावित कार्बनिक पदार्थ है, जो मुख्यतया कोशिकाओं में दीर्घीकरण को प्रेरित करते हैं।
  – **जिबरेलिन** (Gibberellin) यह बोल्टिंग, दीप्तिकाल को कम करने, अनिषेकफलन, बीजों के अंकुरण, एधा की सक्रियता के उपयोग में सहायक होता है।
  – **साइटोकाइनिन** (Cytokinin) यह कोशिका विभाजन, कोशिका विभेदन, जीर्णता में विलम्ब, आदि में प्रयुक्त होता है।
- **वृद्धि निरोधक हॉर्मोन्स** (Growth inhibitor hormones) ये पादप अथवा उनके अंगों में वृद्धि को रोकते हैं; जैसे– एब्सिसिक अम्ल, इथाइलीन, आदि।
  – **एब्सिसिक अम्ल** (Abscisic acid) यह कोशिका विभाजन को रोकता है और पादप की सम्पूर्ण उपापचयी क्रियाओं को भी धीमा कर देता है। यह जीर्णता, रन्ध्रों को बन्द करने, आदि में प्रयुक्त होता है।
  – **एथिलीन** (Ethylene) यह गैसीय हॉर्मोन कहलाता है। यह फलों को पकाने, विलगन, शीर्षस्थ प्रभाविता, प्रसुप्ति को नष्ट करने, आदि में प्रयुक्त होता है।

चैप्टर प्रैक्टिस

पादपों में खनिज पोषण

1. एक पौधा जो स्वयं भोजन बनाता है, होता है
(a) स्वपोषी (b) परजीवी (c) अधिपादप (d) मृतोपजीवी

2. निम्नलिखित में से कीटभक्षी पौधा कौन-सा है? *[SSC 2018]*
(a) *हायसिन्थ* (b) *साइप्रस वाइन*
(c) अमरिल्स (d) वीनस फ्लाईट्रेप

3. निम्नलिखित में से वह पौधा कौन-सा है, जो अपने भोजन के लिए कीटों को पकड़ लेता है? *[Combined Medical Services 2016]*
(a) *डहेलिया* (b) *साल्विया*
(c) *यूट्रीकुलेरिया* (d) *बालसन*

4. पौधे जो पूर्ण या आंशिक रूप से अपना भोजन बनाने के लिए दूसरे जीवों पर निर्भर रहते हैं
(a) स्वपोषी (b) कीटभक्षी
(c) परभक्षी (d) विषमपोषी या परपोषी

5. *विस्कम एल्बम*, वृक्षों पर वृद्धि करता है। यह किसका उदाहरण है?
(a) सहजीविता (b) परजीविता
(c) सहभोजिता (d) परभक्षिता

6. निम्नलिखित में से कौन पादपों के साथ सहजीवी सम्बन्ध स्थापित करते हैं?
(a) *राइजोबियम* (b) माइकोराइजा
(c) दोनों (a) और (b) (d) *नॉस्टॉक*

7. हरे पौधों को कुल कितने पोषक तत्वों की आवश्यकता होती है? *[RRB 2005]*
(a) 15 (b) 17
(c) 16 (d) 20

8. निम्नलिखित में से कौन-सा पौधे के लिए सूक्ष्म पोषक तत्व होता है? *[RRB 2002]*
(a) कार्बन (b) ऑक्सीजन
(c) नाइट्रोजन (d) बोरॉन

9. आलू में 'ब्लैक हार्ट' का कारक कौन है? *[UPPCS 2008]*
(a) ताँबे की कमी
(b) बोरॉन की कमी
(c) ऑक्सीजन की कमी
(d) पोटैशियम की कमी

10. क्लोरोफिल जलाया जाए तो कौन-सा तत्व शेष बचेगा? *[Combined Medical Services 2016]*
(a) Na (b) Mn
(c) Fe (d) Mg

11. निम्नलिखित में से कौन-सा एक, विभिन्न फसलों के लिए मृदा में विद्यमान एक सूक्ष्म पोषक है?
(a) कैल्सियम (b) मैंगनीज
(c) मैग्नीशियम (d) पोटैशियम

12. निम्नलिखित में से कौन-सा कीटभक्षी पौधा है? *[RRB 2006]*
(a) *हिबिस्कस* (b) ब्लेडरवर्ट
(c) *पोम्पी* (d) *मिमोसा*

13. निम्नलिखित में से कौन-सा विकल्प पराश्रयी पौधे/पैरासिटिक प्लाण्ट (Parasitic plant) का उदाहरण है? *[RRB 2016]*

(a) पिचर पौधा (b) अमरबेल (*कस्कुटा*)
(c) वीनस फ्लाइट्रैप (d) मौसम

14. चूषकांग (हॉस्टोरिया) द्वारा किसी दूसरे पौधे से भोजन प्राप्त करने वाले पौधे कहलाते हैं

(a) सिमबायोण्ट्स (b) पैरासाइट्स
(c) हाइड्रोफाइट्स (d) सेप्रोफाइट्स

15. पौधों की लम्बाई में वृद्धि के लिए आवश्यक नहीं है *[RRB 2008]*

(a) सोडियम (b) कैल्सियम
(c) नाइट्रोजन (d) फॉस्फोरस

16. पादप द्वारा बड़ी मात्रा में अपेक्षित तत्त्व है *[SSC संयुक्त हायर सेकण्डरी (10+2) 2018]*

(a) कैल्शियम (b) नाइट्रोजन
(c) फॉस्फोरस (d) सल्फर

17. नाइट्रोजन-स्थिरीकरण में लेग्हीमोग्लोबिन का क्या कार्य है?

(a) ऑक्सीजन का अवशोषण (b) जीवाणुओं का पोषण
(c) जड़ों को लाल रखना (d) प्रकाश का अवशोषण

18. इनमें से कौन-सा पौधा नाइट्रोजन-स्थिरीकरण में सहायक नहीं है? *[CGPCS 2018]*

(a) चना (b) मटर
(c) सेम (d) धान

19. निम्नलिखित में से कौन-सा तत्व पौधे के लिए सूक्ष्म पोषक नहीं है? *[NDA 2012]*

(a) लौह (b) मैग्नीशियम
(c) मॉलिब्डेनम (d) मैंगनीज

20. धान का खैरा रोग या लघुपत रोग किस तत्व की कमी से होता है?

(a) जस्ता (b) कॉपर
(c) कैल्सियम (d) मैग्नीशियम

21. फूलगोभी का व्हिपटेल रोग किस तत्व की कमी से होता है?

(a) Zn (b) Mo
(c) Cu (d) Mg

22. कुछ वनस्पति जातियाँ कीटाहारी होती हैं, क्यों? *[IAS (Pre) 2010]*

(a) छायादार और अन्धेरे स्थलों में आने के कारण उन्हें प्रकाश-संश्लेषण का पर्याप्त अवसर नहीं मिलता, इसलिए वे पोषण के लिए कीट पर निर्भर करती हैं
(b) वे नाइट्रोजन-न्यून मृदा में उगने के लिए अनुकूली हैं, इसलिए पर्याप्त नाइट्रोजनी पोषण प्राप्त करने के लिए वे कीट पर निर्भर करती हैं
(c) वे कुछ विटामिनों का संश्लेषण स्वयं नहीं कर पातीं, इसलिए अपने द्वारा पचाए हुए कीटों पर निर्भर करती हैं
(d) वे जीवित जीवाश्म के रूप में, जैव विकास की उस विशेष अवस्था में ठहरी हुई हैं और स्वपोषी तथा परपोषी के बीच की कड़ी हैं

23. निम्नलिखित में से जीवाणुओं का कौन-सा युग्म अमोनिया से नाइट्रेट के द्विस्तरीय रूपान्तरण में प्रयुक्त होता है?

(a) *एजोटोबैक्टर* एवं *नाइट्रोसोमोनास*
(b) *नाइट्रोसोमोनास* एवं *नाइट्रोबैक्टर*
(c) *एजोटोबैक्टर* एवं *एक्रोमोबैक्टर*
(d) *स्यूडोमोनास* एवं *नाइट्रोबैक्टर*

24. पौधों द्वारा नाइट्रोजन किस प्रकार लिया जाता है? *[SSC (CHSL) 2018]*

I. अकार्बनिक नाइट्रेट अथवा नाइट्राइट के रूप में
II. कार्बनिक पदार्थों के रूप में
III. सीधे वायुमण्डल से लिया जाता है

(a) केवल I तथा II (b) केवल I तथा III
(c) केवल II तथा III (d) I, II तथा III सभी

प्रकाश-संश्लेषण

25. निम्नलिखित गैसों में से कौन प्रकाश-संश्लेषण प्रक्रिया के लिए आवश्यक है? *[UPPCS 2011]*

(a) CO (b) CO_2
(c) N_2 (d) O_2

26. प्रकाश-संश्लेषण की प्रक्रिया का प्रथम चरण होता है

(a) कार्बन डाइऑक्साइड का स्थायीकरण
(b) सूर्य के प्रकाश द्वारा पर्णहरिम का उत्तेजन
(c) जल से ऑक्सीजन का निकलना
(d) कार्बोहाइड्रेट का निर्माण

27. प्रकाश-संश्लेषण की क्रिया होती है

(a) पत्ती में (b) पत्ती के ऊतक में
(c) सम्पूर्ण पौधे में (d) हरितलवक में

28. प्रकाश-संश्लेषण के दौरान निकलने वाली ऑक्सीजन किसके विखण्डन से आती है? *[NDA 2018]*

(a) जल (b) कार्बन डाइऑक्साइड
(c) ऑक्सीजन (d) प्रकाश

29. प्रकाश-संश्लेषण की प्रक्रिया में पौधे किस ऊर्जा का उपयोग करते हैं? *[RRB 2018]*

(a) ऊष्मीय ऊर्जा (b) रासायनिक ऊर्जा
(c) सौर ऊर्जा (d) गतिज ऊर्जा

30. प्रकाश-संश्लेषण का उपोत्पाद है *[BPSC 2019]*

(a) CO_2 (b) O_2
(c) ऊर्जा (d) शर्करा

31. प्रकाश-संश्लेषण में पर्णहरित की भूमिका है

(a) जल का अवशोषण (b) प्रकाश का अवशोषण
(c) CO_2 का अवशोषण (d) इनमें से कोई नहीं

32. निम्नलिखित में से कौन-सा ऊर्जा रूपान्तरण है, जो प्रकाश-संश्लेषण नामक प्रक्रिया में होता है? *[SSC 2019]*

(a) ऊष्मीय ऊर्जा से प्रकाश ऊर्जा
(b) स्थितिज ऊर्जा से रासायनिक ऊर्जा
(c) प्रकाश ऊर्जा से रासायनिक ऊर्जा
(d) ऊष्मीय ऊर्जा से रासायनिक ऊर्जा

33. प्रकाश-संश्लेषण की क्रिया में किस प्रकार का प्रकाश सबसे अधिक प्रभावशाली होता है? *[RRB 2008]*

(a) नीला (b) हरा (c) पीला (d) लाल

34. प्रकाश-संश्लेषण का सन्तुलित समीकरण है

(a) $CO + H_2O \longrightarrow CH_2O + H_2O$
(b) $6CO_2 + 6H_2O \longrightarrow C_6H_{12}O_6 + 6O_2$
(c) $6CO_2 + 12H_2O \longrightarrow C_6H_{12} + 6O_2 + 6H_2O$
(d) $6CO_2 + 12H_2O \longrightarrow C_6H_{12}O_6 + 6O_2 + 6H_2O$

35. प्रकाश-संश्लेषण में अप्रकाशिक अभिक्रिया को यह नाम दिया गया है, क्योंकि

(a) यह अन्धकार में हो सकता है
(b) इसमें प्रकाश की आवश्यकता नहीं होती है
(c) यह शाम के समय होती है
(d) रात्रि में विद्युत के प्रकाश में होती है

36. पत्तों का हरा रंग किसकी उपस्थिति के कारण होता है? *[SSC 2011]*

(a) प्रोटीन की (b) लिपिड की
(c) पर्णहरिम की (d) कार्बोहाइड्रेट की

37. पत्तियों (पत्तों) के हरे वर्णक में निम्नलिखित में कौन-सा तत्व विद्यमान होता है? *[Asst. Comm. 2018]*

(a) मैग्नीशियम (b) लोहा
(c) कैल्सियम (d) कॉपर (ताम्र)

38. निम्न में से किसके द्वारा ऊर्जा प्रकाश प्रतिक्रिया से अन्धकार प्रतिक्रिया में स्थानान्तरित होती है? *[Lower Coordinate 2016]*

(a) ADP (b) ATP
(c) RuBP (d) ये सभी

39. प्रकाश-श्वसन का अवस्तर (सबस्ट्रेट) क्या है? *[SSC 2015]*

(a) फ्रक्टोस (b) ग्लूकोस
(c) ग्लाइकोलेट (d) पाइरुविक अम्ल

40. प्रकाश-संश्लेषण का प्रथम स्थिर यौगिक है *[SSC 2014]*

(a) फॉस्फोग्लिसरिक अम्ल (b) स्टार्च
(c) ग्लूकोस (d) डाइफॉस्फोग्लिसरिक अम्ल

41. सही कथन चुनिए। *[BPSC 2018]*

(a) लाल प्रकाश का तरंगदैर्ध्य, बैंगनी प्रकाश से कम है
(b) लाल प्रकाश का तरंगदैर्ध्य, बैंगनी प्रकाश से अधिक है
(c) बैंगनी प्रकाश का तरंगदैर्ध्य, हरे प्रकाश से अधिक है
(d) बैंगनी प्रकाश का तरंगदैर्ध्य, पीले प्रकाश से अधिक है

42. निम्न में से कौन-सा कथन एकमात्र सही है? *[RRB 2017]*

(a) पौधे अपनी पत्तियों में भोजन मण्ड के रूप में संग्रहीत करते हैं
(b) पौधे अपनी पत्तियों पर प्रकाश पड़े बिना भोजन बना सकते हैं
(c) पौधे अपनी जड़ों द्वारा, मिट्टी से भोजन अवशोषित करते हैं
(d) वर्षा के जल से आवश्यक खनिज पत्तियों द्वारा अवशोषित किए जाते हैं

43. निम्नलिखित में से कौन-सा एक प्रक्रम प्रकाश-संश्लेषण में सम्मिलित है? *[Chattisgarh 2017]*

(a) स्थितिज ऊर्जा मुक्त होकर प्राप्यतम ऊर्जा बनाती है
(b) प्राप्यतम ऊर्जा, स्थितिज ऊर्जा में परिवर्तित होती है और संचित हो जाती है
(c) भोजन ऑक्सीकृत होकर कार्बन डाइऑक्साइड और जल मुक्त करता है
(d) ऑक्सीजन ली जाती है तथा कार्बन डाइऑक्साइड और जलवाष्प बाहर निकलते हैं

44. पौधों में पाया जाने वाला नीला, बैंगनी या लाल फ्लेवोनोइड वर्णक किसकी उपस्थिति के कारण होता है? *[RRB 2016]*

(a) कैरोटिन (b) एन्थोसाइनिन
(c) जैन्थोफिल्स (d) क्लोरोफिल

45. प्रकाश के निम्नलिखित प्रकारों में से किनका पौधों द्वारा तीव्र अवशोषण होता है? *[IAS (Pre) 2007]*

(a) बैंगनी और नारंगी (b) नीला और लाल
(c) इण्डिगो और पीला (d) पीला और बैंगनी

46. कृत्रिम प्रकाश *[UPPCS 2010]*

(a) पर्णहरिम नष्ट कर सकता है
(b) पर्णहरिम का संश्लेषण कर सकता है
(c) प्रकाश-संश्लेषण का कारण हो सकता है
(d) प्रकाश-संश्लेषण का कारण नहीं हो सकता

47. निम्नलिखित कथनों में से कौन-सा एक सही है? *[Asst. Comm. 2018]*

(a) हरे पादपों द्वारा प्रकाश-संश्लेषण में कार्बन डाइऑक्साइड का उपयोग कार्बोहाइड्रेट बनाने में होता है
(b) प्रकाश-संश्लेषण के दौरान पादप, कार्बोहाइड्रेट बनाने के लिए ऑक्सीजन का उपयोग करते हैं
(c) पादपों द्वारा उत्पन्न किया गया कार्बोहाइड्रेट मृदा से आता है
(d) पादपों द्वारा उत्पन्न किया गया कार्बोहाइड्रेट यूरिया से आता है

48. कैल्विन चक्र में प्रथम स्थायी उत्पाद में कार्बन की संख्या होती है

(a) 2 C (b) 4 C
(c) 3 C (d) 8 C

49. निम्नलिखित में से कौन-सा C_4 पादप नहीं है?

(a) गन्ना (b) मक्का
(c) ज्वार (d) गेहूँ

50. क्रेन्ज शारीरिकी पाई जाती है?

(a) C_2 पादपों में (b) C_4 पादपों में
(c) C_3 पादपों में (d) CAM पादपों में

51. C_4 पादपों में अनुकूलन होता है

(a) गर्म और शुष्क जलवायु के लिए
(b) टेम्परेट जलवायु के लिए
(c) ठण्डी और शुष्क जलवायु के लिए
(d) गर्म और आर्द्र जलवायु के लिए

52. C_4 पादपों को क्या कहते हैं?

(a) हैच एवं स्लैक (b) कैल्विन
(c) कैल्विन एवं बासम (d) इमरसन

पादपों में श्वसन

53. ATP का अभिप्राय है

(a) एडिनोसिन ट्राइफॉस्फेट
(b) एडिनीन ट्राइफॉस्फेट
(c) एडिनोसिन डाइफॉस्फेट
(d) एडिनोसिन टेट्राफॉस्फेट

54. अनॉक्सी श्वसन में अन्तिम उत्पाद होता है

(a) पाइरुविक अम्ल (b) इथाइल एल्कोहॉल
(c) स्टार्च (d) शर्करा

55. निम्नलिखित में से किस प्रक्रिया में ऊर्जा मुक्त होती है? *[SSC 2010]*

(a) श्वसन (b) प्रकाश-संश्लेषण
(c) अन्तर्ग्रहण (d) अवशोषण

56. **शीत कोष्ठ में भण्डारित फल अधिक समय तक चलते हैं, क्योंकि**

(a) सूरज की रोशनी नहीं पड़ने दी जाती है *[IAS (Pre) 2013]*
(b) पर्यावरण में कार्बन डाइऑक्साइड की सान्द्रता बढ़ा दी जाती है
(c) श्वसन की दर घटा दी जाती है
(d) आर्द्रता बढ़ जाती है

57. **ऊर्जा का सिक्का (Coin of energy) कहलाता है** *[Combined Medical Services 2016]*

(a) ATP (b) ADP
(c) NAD (d) NADP

58. **क्रेब्स चक्र का दूसरा नाम है** *[Combined Medical Services 2016]*

(a) सिट्रिक अम्ल चक्र (b) ग्लाइकोलेट चक्र
(c) EMP पाथवे (d) ग्लाइकोऑक्सेलेट चक्र

59. **निम्नलिखित में कौन-सी प्रक्रिया एक जीव में ऊर्जा उत्पन्न करती है?** *[UDA/LDA 2015]*

(a) प्रस्वेदन (b) प्रकाश-संश्लेषण
(c) श्वसन (d) अन्तःशोषण

60. **वायवीय श्वसन में ग्लूकोस के एक अणु के पूर्ण ऑक्सीरण द्वारा कितने ATP अणुओं का निर्माण होता है?**

(a) 42 ATP (b) 38 ATP
(c) 32 ATP (d) 40 ATP

61. **श्वसन के सम्बन्ध में निम्न में से कौन-से कथन सत्य हैं?**

1. **यह एक भौतिक क्रिया है, जिसके द्वारा कोशिका बिना ऑक्सीजन के ऊर्जा प्राप्त करती है।**
2. **यह ग्लूकोस के अणुओं को छोटे सरल अणुओं में विखण्डित कर देती है।**
3. **यह इलेक्ट्रॉन स्थानान्तरण शृंखला को प्रारम्भ करती है।**
4. **यह एडिनोसीन ट्राइफॉस्फेट उत्पन्न करती है, जोकि शरीर के लिए ऊर्जा प्रदान करती है।**

कूट

(a) 1, 2 और 3 (b) 2 और 4
(c) 1 और 4 (d) 2, 3 और 4

पादपों में परिवहन

62. **कोशिका-से-कोशिका के मध्य परिवहन की सबसे सरल विधि है**

(a) परासरण (b) सरल विसरण
(c) सक्रिय परिवहन (d) इनमें से कोई नहीं

63. **यदि किसी कोशिका के चारों ओर उपस्थित माध्यम की सान्द्रता कोशिका से अपेक्षाकृत अधिक है, तब निम्नलिखित में से कौन-सी एक घटना होगी?** *[Asst. Comm. 2019]*

(a) कोशिका जल ग्रहण करेगी
(b) कोशिका की मृत्यु हो जाएगी
(c) कोई परिवर्तन नहीं होगा
(d) कोशिका जल को खो देगी

64. **कोशिका में जल के प्रवेश करने पर इसके जीवद्रव्य के द्वारा लगने वाला दाब कहलाता है**

(a) स्फीति दाब (b) DPD
(c) परासरण दाब (d) अन्तःशोषण

65. **परासरण दाब, जो पादप कोशिकाओं की स्फीति के लिए उत्तरदायी होता है। इसके अतिरिक्त यह निम्न में उपयोगी है**

(a) कोशिका की लम्बाई में वृद्धि (b) रन्ध्रों का खुलना
(c) पत्तियों का मुरझाना (d) ये सभी

66. **जीवद्रव्यकुंचन में जल का होता है**

(a) बहिःपरासरण (b) अन्तःपरासरण
(c) अन्तःशोषण (d) अन्तःचूषण

67. **मूलरोमों द्वारा जल का अवशोषण तब होगा, जब**

(a) मृदा में लवणों की सान्द्रता अधिक होगी
(b) पादप तेजी से श्वसन करता है
(c) यह मृदा से विभेदक पारगम्य झिल्ली से अलग किए गए हों
(d) कोशिका रस में विलयों की सान्द्रता अधिक होगी

68. **वह प्रक्रिया, जिसमें जल के अणु एक अर्द्धपारगम्य झिल्ली के द्वारा कम सान्द्रता के विलयन से अधिक सान्द्रता वाले विलयन की ओर गति करते हैं, क्या कहलाती है?**

(a) विसरण (b) परासरण
(c) वाष्पोत्सर्जन (d) स्थानान्तरण

69. **एक कोशिका आयतन में बढ़ती है, जब यह रखी जाती है**

(a) एक समपरासरी विलयन में (b) एक अतिपरासरी विलयन में
(c) एक अल्पपरासरी विलयन में (d) उपरोक्त में से कोई नहीं

70. **जड़ों में जीवित कोशिकाओं में हो रही उपापचयी क्रियाओं के फलस्वरूप उत्पन्न दाब को क्या कहते हैं?**

(a) स्फीति दाब (b) मूलदाब
(c) परासरण दाब (d) विसरण दाब

71. **स्पर्श करने पर छुई-मुई के पौधे की पत्तियाँ मुरझा जाती हैं, क्योंकि**

(a) पर्ण ऊतक घायल हो जाते हैं *[SSC 2017]*
(b) पर्णाधार का स्फीति दाब बदल जाता है
(c) पौधों में तन्त्रिका तन्त्र होता है
(d) पत्तियाँ बड़ी कोमल होती हैं

72. **अन्तःशोषण का एक उदाहरण है**

(a) मूलरोम द्वारा जल का सक्रिय अवशोषण
(b) बीज द्वारा पानी को सोखना
(c) पत्तियों से पानी का वाष्पित होना
(d) उपरोक्त में से कोई नहीं

73. **यदि एक पौधे को बिना पानी के अति उर्वरक दिया जाए, तब पौधा**

(a) वृद्धि में अवरुद्ध होगा *[CDS 2010]*
(b) रूपान्तरण विकसित करेगा
(c) जीवद्रव्य संकुचन के कारण मर जाएगा
(d) अप्रभावित रहेगा

74. **रसारोहण के लिए सबसे स्वीकार्य सिद्धान्त है**

(a) स्पन्दन क्रिया मत (b) रिले पम्प मत
(c) मूलदाब वाद (d) वाष्पोत्सर्जन खिंचाव

75. **जल के ससंजक बल से तात्पर्य है**

(a) जल तथा दारु वाहिकाओं के बीच आकर्षण बल
(b) जल के अणुओं के बीच परस्पर आकर्षण
(c) जल के अणुओं के बीच विरोधी या अलगाव बल
(d) उपरोक्त में से कोई नहीं

76. जल के अणु संकीर्ण दारु वाहिकाओं तथा वाहिनिकाओं से जुड़े रहते हैं
(a) आसंजक बल द्वारा (b) ससंजक बल द्वारा
(c) मूलदाब द्वारा (d) वाष्पोत्सर्जनाकर्षण द्वारा

77. पौधों में होने वाली क्रियाओं में से एक, जो इनका तापमान कम कर सकती है, होती है *[Combined Medical Services 2016]*
(a) प्रकाश-संश्लेषण (b) वाष्पोत्सर्जन
(c) जल अपघटन (d) श्वसन

78. पौधों की पत्तियों के बहुत छोटे छिद्रों अथवा स्टोमेटा के द्वारा जल के वाष्पीकरण को क्या कहते हैं? *[व्यायाम प्रशिक्षक 2016]*
(a) कण्डेनसेशन (b) सब्लिमेशन
(c) ट्रान्सपाइरेशन (d) प्रेसिपिटेशन

79. पौधे के तने में गुरुत्व के विरुद्ध जल-संचलन का आधारभूत कारण क्या है? *[CDS 2012]*
(a) परासरण (b) वाष्पोत्सर्जन
(c) प्रकाश-संश्लेषण (d) विसरण

80. किस संरचना द्वारा वाष्पोत्सर्जन की प्रक्रिया पादपों में सम्पूर्ण होती है? *[RRB 2018]*
(a) वल्कुट (b) रन्ध्र
(c) संवहनीपूल (d) बाह्य त्वचा

81. पत्ती के चारों ओर CO_2 की सान्द्रता बढ़ने से
(a) रन्ध्र तीव्र गति से खुलते हैं
(b) रन्ध्र आंशिक रूप से बन्द हो जाते हैं
(c) रन्ध्र पूर्ण रूप से बन्द हो जाते हैं
(d) रन्ध्र के खुलने पर कोई प्रभाव नहीं होता

82. रन्ध्रों के खुलने और बन्द होने के लिए सक्रिय K^+ विनिमय प्रक्रिया किसने दी थी?
(a) डार्विन ने (b) लेविट ने
(c) स्कार्थ ने (d) खुराना ने

83. रन्ध्र दिन में खुलते हैं, क्योंकि द्वार कोशिकाएँ
(a) प्रकाश-संश्लेषण करती हैं और परासरणीय रूप से सक्रिय शर्कराओं का निर्माण करती हैं
(b) पतली भित्ति युक्त होती हैं
(c) वृक्काकार होती हैं
(d) गैसों के आदान-प्रदान में सहायता करती हैं

84. घासों और सामान्य उद्यान पौधों की पत्तियों के सिरों पर सुबह के समय पानी की बूँदें दिखती हैं। यह जल संचयन किससे प्राप्त होता है? *[CDS 2010]*
(a) वायुमण्डल (b) रन्ध्र
(c) संवहन बण्डल (d) जलरन्ध्र

85. निम्नलिखित में से किसमें शरीर क्रियात्मक प्रक्रिया में पादप से अतिरिक्त जल बूँदों के रूप में निकलता है? *[CDS 2018]*
(a) वाष्पोत्सर्जन (b) बिन्दुस्राव
(c) स्रवण (d) उत्सर्जन

86. निम्नलिखित में से कौन-सा सक्रिय वहन (परिवहन) है? *[CDS 2019]*
(a) यह विसरण प्रवणता के विरुद्ध किसी पदार्थ की गति है, जो श्वसन से प्राप्त ऊर्जा के उपयोग के कारण होती है
(b) यह विसरण प्रवणता के विरुद्ध किसी पदार्थ की गति है, जो ऊर्जा के उपयोग के बिना होती है
(c) यह विसरण प्रवणता के विरुद्ध किसी पदार्थ की गति है, जो प्रकाश-संश्लेषण से प्राप्त ऊर्जा के उपयोग के कारण होती है
(d) यह विसरण प्रवणता के साथ-साथ किसी पदार्थ की गति है, जो श्वसन से प्राप्त ऊर्जा के उपयोग के कारण होती है

पादप हॉर्मोन्स

87. निम्न में से कौन-सा प्राकृतिक रूप से पाया जाने वाला पादप हॉर्मोन नहीं है?
(a) 2, 4-D (b) GA_2
(c) जिबरेलिन (d) IAA

88. ..... पादप हॉर्मोन नहीं है। *[RRB 2018]*
(a) ऑक्सिन (b) एड्रीनेलिन
(c) जिबरेलिन (d) एब्सिसिक अम्ल

89. निम्नलिखित में से कौन-सा पादप हॉर्मोन नहीं है? *[UPPCS 2012]*
(a) साइटोकाइनिन (b) ऐथिलीन
(c) इन्सुलिन (d) जिबरेलिन

90. पौधों में उत्पन्न वह हॉर्मोन, जिसकी वजह से पौधे सूर्य के प्रकाश की ओर झुक जाते हैं। *[RRB 2018]*
(a) ऑक्सिन (b) जिबरेलिन
(c) साइटोकाइनिन (d) एस्कॉर्बिक अम्ल

91. ऑक्सिन का वियोजन सबसे पहले किसने किया था?
(a) कोल ने (b) साल्कोवस्की ने
(c) हेगन्समिट ने (d) आर्क्सलेबन ने

92. किस पादप हॉर्मोन के छिड़काव से अनिषेकफल प्राप्त किए जा सकते हैं?
(a) ऑक्सिन (b) साइटोकाइनिन
(c) जिबरेलिन (d) एब्सिसिक एसिड

93. ऑक्सिन, जिसका द्विबीजपत्री घास को नष्ट में तीव्र गति से उपयोग होता है, वह है
(a) IAA (b) IBA (c) NAA (d) 2, 4-D

94. गन्ने में चीनी उत्पादन को बढ़ाने के लिए, इन्हें छिड़का जाता है
(a) IAA (b) साइटोकाइनिन
(c) जिबरेलिन (d) एथिलीन

95. पौधे के किसी अंग की वृद्धि (गति) जब किसी विशिष्ट उद्दीपक की ओर होती है, तो इस प्रक्रिया को कहा जाता है? *[RRB 2018]*
(a) ऋणात्मक प्रकाशानुवर्तन (b) धनात्मक प्रकाशानुवर्तन
(c) ऋणात्मक अनुवर्तन (d) धनात्मक अनुवर्तन

96. नारियल पानी में पाया जाता है
(a) ABA (b) ऑक्सिन
(c) साइटोकाइनिन (d) जिबरेलिन

97. पौधों में साइटोकाइनिन *[RRB 2018]*
(a) कोशिकाओं को लम्बरूप में पनपने को प्रेरित करता है
(b) कोशिका विभाजन में सहायक है
(c) वृद्धि में बाधा डालता है
(d) तने की वृद्धि में सहायक है

98. शिखर प्रभुत्वता (Apical dominance) के प्रभाव को निम्न में से कौन-से हॉर्मोन से नियन्त्रित किया जाता है?
(a) IAA (b) एथिलीन
(c) जिबरेलिन (d) साइटोकाइनिन

99. टमाटर के बीज रहित फल का उत्पादन सम्भव है *[SSC 2017]*
(a) टमाटर के खेतों में सूक्ष्मात्रिक तत्वों के अनुप्रयोग से
(b) पादपों पर खनिज घोल छिड़कने से
(c) पुष्पों पर हॉर्मोन छिड़कने से
(d) रेडियोएक्टिव तत्वों से युक्त उर्वरकों के अनुप्रयोग से

100. निम्नलिखित में से कौन-सा पादप हॉर्मोन मुख्यतया फल परिपक्वता के लिए उत्तरदायी है? *[UPPCS 2009]*
(a) साइटोकाइनिन (b) एब्सिसिक अम्ल
(c) एथिलीन (d) इनमें से कोई नहीं

101. निम्नलिखित में से कौन-सा रसायन फल पकाने के लिए उपयोग में लाया जाता है? *[UPPCS 2011]*
(a) सोडियम क्लोराइड (b) कैल्सियम कार्बाइड
(c) पोटैशियम क्लोराइड (d) इनमें से कोई नहीं

102. कौन-से अंगक एब्सिसिक अम्ल के संश्लेषण का कार्य करते हैं?
(a) गॉल्जीकाय (b) ER
(c) लाइसोसोम (d) हरितलवक

103. बीज अंकुरण के समय इसका संचित भोजन गतिशील होता है
(a) ऐथिलीन द्वारा (b) साइटोकाइनिन द्वारा
(c) ABA द्वारा (d) जिबरेलिन द्वारा

104. पुष्पीकरण से तुरन्त पहले सान्द्रता बढ़ाव अर्थात् बोल्टिंग दर्शाता है
(a) ऑक्सिन (b) एथिलीन
(c) C_2H_2 (d) जिब्रेलिक अम्ल (GA)

105. हॉर्मोन, जो वसन्तीकरण की आवश्यकता को बदलता है
(a) एथिलीन (b) ऑक्सिन
(c) जिबरेलिन (d) साइटोकाइनिन

106. निम्नलिखित में से कौन-सा जिबरेलिन का प्रभाव नहीं है?
(a) अंगूर का डंठल की लम्बाई में बढ़ोतरी
(b) फलों की जीर्णता में देरी
(c) प्रसुप्ति निष्क्रियता
(d) गन्ने के तने की लम्बाई में वृद्धि

107. जिबरेलिन पृथक् किया गया
(a) एक शैवाल से (b) एक कवक से
(c) एक जीवाणु से (d) एक विषाणु से

108. निम्न में से किस वृद्धि नियामक (Growth regulator) को 'तनाव हॉर्मोन' के रूप में माना जाता है?
(a) एब्सिसिक (Abscisic) अम्ल (b) एथिलीन
(c) GA_3 (d) इण्डोल एसीटिक अम्ल

109. जियोट्रॉपिज्म क्या है? *[RRB 2016]*
(a) गुरुत्वाकर्षण की प्रतिक्रिया के रूप में पौधों की वृद्धि
(b) सूर्य की रोशनी की प्रतिक्रिया के रूप में पौधों की वृद्धि
(c) पोषक तत्वों की प्रतिक्रिया के रूप में पौधों की वृद्धि
(d) जल की प्रतिक्रिया के रूप में पौधों की वृद्धि

110. जब पादप सूर्य के प्रकाश से दूर गति करता है, उसे कहते हैं *[RRB 2018]*
(a) धनात्मक प्रकाशानुवर्तन
(b) ऋणात्मक ट्रोपिज्म
(c) धनात्मक ट्रोपिज्म
(d) ऋणात्मक प्रकाशानुवर्तन

111. फलों को पेड़ों पर लम्बे समय के लिए छोड़ा जा सकता है, ताकि बाजार की अवधि में वृद्धि हो सके/इसका कारण है
(a) ऑक्सिन द्वारा विलुप्त जीर्णता
(b) $CH_2—CH_2$ द्वारा विलुप्त जीर्णता
(c) साइटोकाइनिन द्वारा विलुप्त जीर्णता
(d) GA द्वारा विलुप्त जीर्णता

112. अधिकतम परिस्थितियों में ABA किस रूप में कार्य करता है? *[SSC 2018]*
(a) ऑक्सिन का सहायक (b) जिबरेलिन का प्रतिद्वन्दी
(c) ऑक्सिन के लिए प्रतिपक्ष (d) जिबरेलिन के लिए सहायक

113. काइनेटिन और जिएटिन (Zeatin) में अन्तर है
(a) काइनेटिन सक्रिय है, जबकि जिएटिन सक्रिय नहीं है
(b) जिएटिन सक्रिय है, जबकि काइनेटिन सक्रिय नहीं है
(c) जिएटिन कृत्रिम है, जबकि काइनेटिन प्राकृतिक है
(d) जिएटिन प्राकृतिक है, जबकि काइनेटिन कृत्रिम है

114. किसी पादप के प्ररोह का प्रकाश की ओर झुक जाना किससे सम्बन्धित है? *[Asst. Comm. 2019]*
(a) प्रकाशानुकुंचन (b) धनात्मक प्रकाशानुवर्तन
(c) ऋणात्मक प्रकाशानुवर्तन (d) दीप्तिकालिता

115. गलत जोड़ी चुनिए
(a) ऑक्सिन–वृद्धि के लिए
(b) जिबरेलिन–*जिबरेला फ्यूजीकोराई*
(c) साइटोकाइनिन–हेरिंग शुक्राणु DNA
(d) ABA—पुष्प हॉर्मोन

116. सर जगदीश चन्द्र बोस द्वारा पौधों में वृद्धि को मापने हेतु निर्मित उपकरण का नाम क्या है? *[RRB 2016]*
(a) क्रेस्कोग्राफ (b) कार्डियोग्राफ
(c) पॉलीग्राफ (d) टेलीग्राफ

उत्तरमाला

1 (a)	2 (d)	3 (c)	4 (d)	5 (b)	6 (c)	7 (b)	8 (d)	9 (c)	10 (d)
11 (b)	12 (b)	13 (b)	14 (b)	15 (a)	16 (b)	17 (a)	18 (d)	19 (b)	20 (a)
21 (b)	22 (b)	23 (b)	24 (a)	25 (b)	26 (b)	27 (d)	28 (a)	29 (c)	30 (b)
31 (b)	32 (c)	33 (d)	34 (d)	35 (b)	36 (c)	37 (a)	38 (b)	39 (c)	40 (a)
41 (b)	42 (a)	43 (b)	44 (b)	45 (b)	46 (c)	47 (a)	48 (c)	49 (d)	50 (b)
51 (a)	52 (a)	53 (a)	54 (b)	55 (a)	56 (c)	57 (a)	58 (a)	59 (c)	60 (b)
61 (d)	62 (b)	63 (d)	64 (a)	65 (d)	66 (a)	67 (d)	68 (b)	69 (c)	70 (b)
71 (b)	72 (b)	73 (c)	74 (d)	75 (b)	76 (a)	77 (b)	78 (c)	79 (b)	80 (b)
81 (c)	82 (b)	83 (a)	84 (d)	85 (b)	86 (a)	87 (a)	88 (b)	89 (c)	90 (a)
91 (b)	92 (a)	93 (d)	94 (c)	95 (b)	96 (c)	97 (b)	98 (d)	99 (c)	100 (c)
101 (b)	102 (d)	103 (d)	104 (d)	105 (c)	106 (c)	107 (b)	108 (a)	109 (a)	110 (d)
111 (d)	112 (b)	113 (d)	114 (b)	115 (d)	116 (a)				

उत्तर सहित व्याख्या

1. (*a*) स्वपोषी पौधे वे होते हैं, जोकि प्रकाश-संश्लेषण की क्रिया द्वारा कार्बन डाइऑक्साइड, जल व सूर्य के प्रकाश द्वारा स्वंय भोजन का निर्माण करते हैं।

8. (*d*) बोरॉन पौधों के लिए सूक्ष्म पोषक तत्व होता है। यह तत्व कार्बोहाइड्रेट्स के स्थानान्तरण के लिए महत्वपूर्ण है।

19. (*b*) मैग्नीशियम तत्व पादपों के लिए दीर्घ पोषक तत्व होता है। यह पादपों द्वारा अधिक मात्रा में उपयोग किया जाता है। इस तत्व की कमी से पादपों में **अन्तराशिरीय हरिमहीनता** (Interveinal chlorosis) उत्पन्न होती है।

20. (*a*) जस्ता या जिंक तत्व की कमी से धान का खैरा रोग (Khaira disease) होता है। इसकी कमी से पादपों में तने की वृद्धि कम हो जाती है, क्योंकि ऑक्सिन हॉर्मोन का संश्लेषण रुक जाता है।

21. (*b*) मॉलिब्डेनम (Mo) तत्व की कमी से फूलगोभी में तरुण या नई पत्तियों में मध्य शिरा (Mid rib) लम्बी हो जाती है, जिसके दोनों ओर का फलक (Lamina) बहुत कम विकसित होता है। यह रोग **व्हिपटेल रोग** (Whiptail disease) कहलाता है।

27. (*d*) प्रकाश-संश्लेषण की क्रिया पत्तियों के हरितलवक में होती है। हरितलवक हरे रंग के कोशिकांग होते हैं। यह पत्ती के पर्णमध्योतक (Mesophyll) में सर्वाधिक सक्रिय होते हैं। ये प्रकाश-संश्लेषण उपकरण की तरह कार्य करते हैं।

29. (*c*) 'प्रकाश-संश्लेषण' (Photosynthesis) वह प्रक्रिया है, जिसमें पादपों के हरे भाग में हरितलवक (Chloroplast), सौर ऊर्जा ग्रहण करके वायु से ली गई कार्बन डाइऑक्साइड (CO_2), मृदा से अवशोषित जल (H_2O) द्वारा स्वयं के लिए भोजन का निर्माण करते हैं तथा ऑक्सीजन (O_2) को **सहउत्पाद** (Byproduct) के रूप में वातावरण में निष्कासित करते हैं।

31. (*b*) पर्णहरिम (Chlorophyll) द्वारा प्रकाश का अवशोषण होता है। यह प्रकाशिक अभिक्रिया का मुख्य वर्णक होता है। ये ग्रेना की झिल्लियों में पाए जाते हैं। ये मुख्यतया नीला, बैंगनी, लाल, α-नारंगी किरणों का अवशोषण करते हैं।

33. (*d*) प्रकाश-संश्लेषण की क्रिया में लाल तरंगदैर्ध्य सबसे अधिक प्रभावशाली होती है। लाल रंग की तरंगदैर्ध्य 650-760 नैनोमीटर होती है।

35. (*b*) प्रकाश-संश्लेषण की वह अवस्था, जिसमें प्रकाश की उपस्थिति की आवश्यकता नहीं होती है, अप्रकाशिक अभिक्रिया या प्रकाश-स्वतन्त्र अभिक्रिया (Light-independent reaction) कहलाती है। यह अभिक्रिया हरितलवकों (Chloroplasts) के स्ट्रोमा (Stroma) भाग में होती है।

36. (*c*) पर्णहरिम हरे रंग के प्रकाश का परावर्तन करते हैं, जिस कारण पत्तियों का रंग हरा होता है।

41. (*b*) जो ऊर्जा तरंगों के रूप में गति करती है, उसकी तरंगदैर्ध्य (λ) जितनी छोटी होती है, उसकी ऊर्जा उतनी ही अधिक होती है। लाल प्रकाश की तरंगदैर्ध्य 650-760 नैनोमीटर और बैंगनी प्रकाश की तरंगदैर्ध्य 390-430 नैनोमीटर होती है, अत: लाल प्रकाश की तरंगदैर्ध्य, बैंगनी प्रकाश से अधिक होती है।

48. (*c*) कैल्विन चक्र में प्रथम स्थायी उत्पाद में कार्बन की संख्या 3C होती है। इस प्रक्रिया में CO_2 का अपचयन चक्रिय होता है।

52. (*a*) C_4 चक्र का विस्तृत अध्ययन **एम. डी. हैच.** (MD Hatch) एवं **सी. आर. स्लैक** (CR Slack) नामक वैज्ञानिकों ने किया और सन् 1966 में CO_2 के स्थिरीकरण का एक नवीन पथ प्रस्तुत किया। अत: इसे 'हैच एवं स्लैक चक्र' कहते हैं।

53. (*a*) ATP का अभिप्राय-एडिनोसिन ट्राइफॉस्फेट होता है। इसे ऊर्जा का सिक्का भी कहते हैं।

58. (*a*) क्रेब्स चक्र का दूसरा नाम **सिट्रिक अम्ल चक्र**, ट्राइकार्बोक्सिलिक अम्ल चक्र भी कहते हैं। इस चक्र में विभिन्न अभिक्रियाओं की एक श्रृंखला के फलस्वरूप एसीटिल सहएन्जाइम-A का पूर्ण ऑक्सीकरण होता है।

75. (*b*) जल के अणुओं के मध्य लगे आकर्षण बल को ससंजक बल कहते हैं, इसी बल के कारण जल के अणु आपस में जुड़े रहते हैं।

76. (*a*) दारु की वाहिकाओं की कोशिका भित्ति का सेलुलोस जल अनुरागी होता है। सेलुलोस एवं जल के अणु के बीच आसंजक बल उपस्थित होता है। इसी बल के कारण वे अणु आपस में जुड़े रहते हैं।

87. (*a*) 2, 4-D डाइक्लोरो-फीनॉक्सी एसीटिक अम्ल संश्लेषित ऑक्सिन हॉर्मोन होता है, जबकि जिबरेलिन, GA_2 (जिबरेलिक एसिड) तथा IAA (इण्डोल एसीटिक एसिड) प्राकृतिक रूप से पाया जाने वाला हॉर्मोन है।

94. (*c*) जिबरेलिन का छिड़काव करने से गन्ने का इन्टरनोड क्षेत्र बढ़ जाता है, जिससे शर्करा की उत्पादकता में वृद्धि हो जाती है।

96. (*c*) नारियल के पानी में साइटोकाइनिन हॉर्मोन पाया जाता है। इसी कारण यह ऊतक संवर्धन में प्राकृतिक संवर्धन माध्यम के रूप में प्रयुक्त होता है।

97. (*b*) साइटोकाइनिन एक पादप हॉर्मोन है, जिसका मुख्य कार्य ऑक्सिन के साथ मिलकर कोशिका विभाजन एवं कोशिकाद्रव्य का विभाजन करना होता है।

108. (*a*) एब्सिसिक अम्ल को वृद्धि नियामक या तनाव हॉर्मोन कहते हैं। यह प्रतिकूल परिस्थितियों; जैसे—सूखा, जलभराव, आदि में पादप में उत्पन्न होकर वृद्धि को रोकता है।

114. (*b*) जब पौधे के किसी भाग की गति प्रकाश उद्दीपन के द्वारा निर्धारित होती है, तब इसे प्रकाशानुवर्तन गति कहते हैं। पौधे के कुछ अंग, जैसे तना, प्रकाश की ओर गति करते हैं या झुक जाते हैं, उन्हें **धनात्मक प्रकाशानुवर्ती** (Positively phototropic) कहते हैं।

अध्याय

10

पादप जनन
Plant Reproduction

- **जनन** (Reproduction) एक आवश्यक जैविक प्रक्रम है, जिसके द्वारा सजीव अपने समान नए जीव को जन्म देता है। जनन के दो प्रकार, अलैंगिक और लैंगिक जनन होते हैं।

अलैंगिक जनन

अलैंगिक जनन (Asexual reproduction) में केवल एक जनक ही भाग लेता है। यह सामान्यतया निम्न स्तर के जन्तुओं और लगभग सभी पादपों में होता है। यह निम्न प्रकार से होता है

- **द्विविखण्डन** (Binary fission) में जनक का शरीर दो भागों में बँट जाता है; उदाहरण– *अमीबा*।
- **बहुविखण्डन** (Multiple fission) में जनक का शरीर कई भागों में बँट जाता है; उदाहरण– *प्लाज्मोडियम*।
- **मुकुलन** (Budding) में एक उभार वृद्धि करके जनक से अवमुक्त हो जाता है; उदाहरण– *हाइड्रा*।
- **बीजाणुजनन** (Sporulation) में नए एककोशिकीय बीजाणुओं का निर्माण होता है; उदाहरण– *पेनिसिलियम* में कोनिडिया बीजाणु।
- **विखण्डन** (Fragmentation) में जनक का शरीर खण्डों में टूट जाता है एवं प्रत्येक खण्ड नया जीव बनाता है; उदाहरण– *स्पाइरोगायरा*।
- **पुनरुद्भवन** (Regeneration) में जनक के शरीर से टूटकर अलग हुआ भाग नए जीव का निर्माण करता है; उदाहरण– स्पंज, *प्लेनेरिया*।
- **कायिक प्रवर्धन** (Vegetative propagation) में कायिक भाग; जैसे–जड़, तना, पत्तियाँ एवं विभज्योतक ऊतक नए पादप के रूप में वृद्धि करते हैं। इसे प्राकृतिक कायिक प्रवर्धन कहते हैं।
- कायिक प्रवर्धन कृत्रिम रूप से भी किया जाता है। सामान्यतया **कृत्रिम कायिक प्रवर्धन** (Artificial vegetative propagation) के चार मुख्य तरीके हैं, जैसे–कटान (Cutting) , ग्राफ्टिंग (Grafting), दाब लगाना (Layering), गूटी बाँधना (Air layering) एवं सूक्ष्मप्रवर्धन (Micropropagation)।

लैंगिक जनन

- लैंगिक जनन (Sexual reproduction) के लिए पुष्पीय पादपों में लैंगिक जननांग पुष्प में पाए जाते हैं। जिन पुष्पों में नर व मादा जननांग दोनों होते हैं, उन्हें **द्विलिंगी** या **उभयलिंगी** (Bisexual) **पुष्प** कहते हैं; उदाहरण–गुलाब, लिली, सरसों आदि।
- पुमंग व जायांग क्रमशः पुष्प के नर एवं मादा प्रजनन अंग होते हैं।
- पुंकेसर पुमंग से बने होते हैं। पुंकेसर में एक पुतन्तु होता है और एक द्विपालित संरचना होती है, जिसे **परागकोष** कहते हैं।
- परागकोष में चार पालियाँ होती हैं, जिसमें चार लघुबीजाणुधानी (Microsporangium) होती है। लघुबीजाणुधानी चार भित्तीय परतों से बनी होती है।
- बीजाणुजन ऊतक (लघुबीजाणुधानी का केन्द्रीय भाग) अर्द्धसूत्री विभाजन द्वारा लघुबीजाणु चतुष्क (Tetrads) बनाता है जो चार परागकणों या नर युग्मकोदभिदों में विकसित होते हैं।
- परागकणों पर दो भित्तियाँ होती हैं, बाह्यचोल जो स्पोरोपोलेनिन की बनी होती है और अन्तःचोल जो पेक्टिन एवं सेलुलोस की बनी होती है।
- स्त्रीकेसर के तीन भाग होते हैं– वर्तिकाग्र-वर्तिका और अण्डाशय।
- अण्डाशय में गुरुबीजाणुधानी (Megasporangium) या बीजाण्ड होते हैं।
- बीजाण्ड (Ovule) व बीजाण्डवृन्त (Funicle) के मध्य के जोड़ को **नाभिक** (Hilum) कहते हैं।
- वह स्थान जहाँ अध्यावरण (Integument) अनुपस्थित होता है, बीजाण्डद्वार (Micropyle) कहलाता है और इसका विपरीत सिरा **निभाग** (Chalaza) कहलाता है।
- बीजाण्डकाय की एक कोशिका अर्द्धसूत्री विभाजन द्वारा मादा युग्मकोद्भिद् या भ्रूणकोष (Embryo sac) बनाती है।
- वयस्क भ्रूणकोष 7 कोशिकीय (1 अण्ड, 2 सहायक कोशिका, 1 केन्द्रीय कोशिका एवं 3 प्रतिमुखी कोशिका) और 8-केन्द्रकीय (Nucleate) संरचना होती है।

परागण

परागकणों के परागकोष (Anther) से वर्तिकाग्र (Stigma) तक पहुँचने की क्रिया को परागण (Pollination) कहते हैं।
परागण दो प्रकार का होता है

- **स्व-परागण** (Self-pollination) इसमें एक पुष्प के परागकण का उसी पुष्प अथवा उसी पादप के दूसरे पुष्प के वर्तिकाग्र पर पहुँचते हैं।
- **पर-परागण** (Cross-pollination) इसमें एक पुष्प के परागकण उसी जाति के दूसरे पादप के पुष्प के वर्तिकाग्र (Stigma) पर पहुँचते हैं।
- परागण निम्न प्रकार से होता है
  - वायु परागण; जैसे–मक्का, बाँस, गन्ना, आदि।
  - जल परागण; जैसे–*वैलिस्नेरिया*, कमल, आदि।
  - कीट परागण; जैसे–*साल्विया*, रात की रानी, आदि।

- **पराग-स्त्रीकेसर संकर्षण** (Pollen-pistil interaction) में परागकणों के वर्तिकाग्र पर गिरने से लेकर परागनली के बनने और इसके भ्रूणकोष में प्रवेश करने तक की सभी घटनाएँ सम्मिलित होती हैं।

निषेचन एवं भ्रूणोद्भव

- परागण के तुरन्त बाद **निषेचन** (Fertilisation) प्रक्रिया होती है। नर व मादा युग्मकों के संयोजन (Fusion) को निषेचन कहते हैं।
- परागनली (Pollen tube) बीजाण्ड में प्रवेश कर दो अगुणित नर युग्मकों को अन्दर त्याग देती है। दो नर युग्मकों में से एक युग्मक अगुणित अण्ड के साथ संलयित होकर द्विगुणित ($2n$) युग्मनज बनाता है और दूसरा नर युग्मक दो ध्रुवीय केन्द्रकों से संलयित होकर त्रिगुणित ($3n$) प्राथमिक भ्रूणकोष केन्द्रक बनाता है।
- भ्रूणोद्भव (Embryogenesis) के दौरान, युग्मनज भ्रूण में परिवर्धित हो जाता है और प्राथमिक भ्रूणपोष केन्द्रक (Primary Endosperm Nucleus or PEN) भ्रूणकोष में परिवर्धित हो जाता है।
- द्विबीजपत्री (Dicotyledonous) भ्रूणों में दो बीजपत्र होते हैं और एकबीजपत्री भ्रूणों में केवल एकबीजपत्र (Monocotyledonous) होता है।
- निषेचन के पश्चात् अण्डाशय फल में तथा बीजाण्ड बीज में परिवर्तित हो जाता है।
- कुछ पादपों में बिना निषेचन किए बीज उत्पन्न करने की विशिष्ट प्रक्रिया होती है, जिसे **असंगजनन** (Apomixis) कहते हैं।
- कुछ पादपों के बीजों में एक से अधिक भ्रूण होते हैं। यह घटना **बहुभ्रूणता** (Polyembryony) कहलाती है।

चैप्टर प्रैक्टिस

अलैंगिक जनन

1. .... विखण्डन द्वारा पुन: उत्पन्न किए जा सकते हैं। *[RRB Group D, 2018]*

(a) *स्पाइरोगायरा* (b) *हाइड्रा*
(c) यीस्ट (d) *प्लैनेरिया*

2. बाह्य मुकुलन किसमें नहीं होता है?

(a) यीस्ट (b) *मार्केन्शिया*
(c) *हाइड्रा* (d) दोनों (a) व (c)

3. निम्नलिखित में से कौन-सा अलैंगिक प्रजनन का एक प्रकार नहीं है? *[RRB 2016]*

(a) परनिषेचन (b) बाइनरी फिशन
(c) विखण्डन (d) मुकुलन

4. निम्नलिखित में से कौन मुकुलन द्वारा प्रजनन करता है? *[RRB Group D, 2018]*

(a) *अमीबा* (b) *प्लाज्मोडियम*
(c) *यूग्लीना* (d) *हाइड्रा*

5. निम्नलिखत में से कौन-सा बहुविखण्डन प्रदर्शित करता है? *[RRB Group D, 2018]*

(a) *हाइड्रा* (b) यीस्ट
(c) *प्लैनेरिया* (d) *प्लाज्मोडियम*

6. कुछ बहुकोशिकीय सजीवों में; जैसे–*राइजोपस*, मशरूम और कुछ जीवाणु, *एस्पर्जिलस*, इत्यादि में प्रजनन इस प्रकार होता है *[RRB ग्रुप डी परीक्षा, 2018]*

(a) बीजाणु (b) पुनर्जनन (c) विखण्डन (d) निषेचन

7. आलू में 'अक्षियाँ' (Eyes) मदद करती हैं *[SSC FCI 2012]*

(a) यौन जनन में
(b) कायिक जनन में
(c) खाद्य सामग्री के भण्डारण में
(d) कन्द के सौन्दर्य के लिए

8. तने द्वारा प्रवर्धन ... में होता है। *[RRB Group D, 2018]*

(a) *ब्रायोफिल्लम्* (b) इमली
(c) गुलाब (d) सरसों

9. किसी पादप का, वह हिस्सा जो दूसरे पादप पर लगाया जाता है, कहलाता है *[SSC FCI 2012]*

(a) स्कंध (b) कलम (c) वृंत (d) चूषक

10. मातृ पादप की भाँति पौधा मिलता है *[BPSC (Pre) 1994]*

(a) बीजों से (b) तना काट से
(c) इनमें से किसी से भी नहीं (d) इन दोनों से

11. निम्न युग्मों में से कौन-सा सही युग्म नहीं है? *[RRB 2015]*

	जनन के प्रकार	उदाहरण
(a)	भूस्तरी	जलकुम्भी (Water hyacinth)
(b)	राइजोम	केला (Banana)
(c)	द्विखण्डन	*सरगासम (Sargassum)*
(d)	कोनिडिया	*पेनिसिलियम (Penicillium)*

12. *युट्रीकुलेरिया* में कायिक प्रवर्धन किसके द्वारा होता है?

(a) बुलबिल (b) पर्ण कलिका
(c) टूरियॉन्स (d) जड़

13. अधिक संख्या में कम समय में एक जैसे पौधे किस प्रणाली से उत्पन्न किए जा सकते हैं? *[SSC CPO 2011]*

(a) एक ही पौधे के बहुत सारे बीजों से (b) तने काटकर
(c) ऊतक संवर्धन तकनीक से (d) जल संवर्धन विधि से

14. क्लोन किससे प्राप्त इकाइयों का समूह है? *[SSC CPO 2015]*

(a) संकरीकरण (b) सूक्ष्मप्रवर्धन
(c) संकर-परागकण (d) स्व-परागण

15. इनमें से कौन-सा कथन सही नहीं है? *[SSC 2016]*

(a) अलैंगिक जनन से उत्पन्न सन्तति क्लोन कहलाती है।
(b) सूक्ष्मदर्शिक अलैंगिक चलायमान संरचना अलैंगिक चलबीजाणु कहलाती है।
(c) आलू, केला और अदरक में पादप (Plantlets) का उदभव रूपान्तरित तने की पर्वसन्धियों से होता है।
(d) जलकुम्भी, एकत्रित (खड़े) जल में वृद्धि कर जल से ऑक्सीजन कम कर देता है, जिससे मछलियाँ मर जाती हैं।

लैंगिक जनन

16. **लैंगिक जनन द्वारा निर्मित सन्तति, अलैंगिक जनन द्वारा उत्पन्न जीव से बहुत अधिक विभिन्नता दर्शाती है, क्योंकि**
(a) लैंगिक जनन लम्बा प्रक्रम है
(b) जनकों के युग्मकों के आनुवंशिक संगठन में गुणात्मक भिन्नता होती है
(c) दो भिन्न जातियों के जनकों से आनुवंशिक पदार्थ आता है
(d) लैंगिक जनन में अधिक मात्रा में DNA प्रयुक्त होता है

17. **लैंगिक प्रजनन में प्रायः ……… के/का ……… शामिल होते हैं।** *[RRB Group D, 2018]*
(a) विपरीत लिंग, एक जनक (b) समान लिंग, दो जनक
(c) कोई भी लिंग, एक जनक (d) विपरीत लिंग, दो जनक

18. **जीवन चक्र की दृष्टि से पौधे का सबसे महत्त्वपूर्ण अंग है** *[RRB 2017]*
(a) पुष्प (b) पत्ती
(c) तना (d) जड़

19. **आवृतबीजियों में प्रजनन अंग … स्थित होते हैं।** *[RRB Group D, 2018]*
(a) पत्तियों में (b) तनों में
(c) फूलों में (d) जड़ों में

20. **निम्न में से कौन-सा एक उभयलिंगी पुष्पों के बारे में सही है?** *[SSC 2015]*
(a) उनमें केवल अण्डप होता है
(b) उनमें पुंकेसर और अण्डप दोनों होते हैं
(c) उनमें केवल पुंकेसर होता है
(d) उनमें या तो पुंकेसर या अण्डप होता है

21. **……. एक उभयलिंगी पुष्प होता है।** *[RRB Group D, 2018]*
(a) तरबूज (b) पपीता
(c) सरसों (d) नारियल

22. **……. पुंकेसर के भाग हैं।** *[RRB Group D, 2018]*
(a) परागकोष और वर्तिका (b) परागकोष और अण्डाशय
(c) परागकोष और पुतन्तु (d) परागकोष और वर्तिकाग्र

23. **निम्न में से कौन अण्डप का भाग नहीं है?** *[RRB Group D, 2018]*
(a) वर्तिकाग्र (b) पुंकेसर
(c) अण्डाशय (d) वर्तिका

24. **निम्नलिखित में से कौन-सा एक परागकोष का भाग नहीं है?** *[RRB Group D, 2018]*
(a) परागकण (b) अण्डप
(c) पुंकेसर (d) परागकोष

25. **अण्डप के निचले हिस्से के फूले हुए भाग को … कहा जाता है।** *[RRB Group D, 2018]*
(a) स्टाइल (b) बीजाण्ड
(c) वर्तिकाग्र (d) अण्डाशय

26. **परागकण ……. के द्वारा उत्पन्न किए जाते हैं।** *[RRB Group D, 2018]*
(a) परागकोष (b) वर्तिकाग्र
(c) अण्डाशय (d) फिलामेण्ट

27. **पौधों में अर्द्धसूत्री विभाजन के अध्ययन के लिए सबसे उपयुक्त भाग होगा** *[MPPCS (Pre) Exam 2017]*
(a) प्ररोह शीर्ष (b) मूल शीर्ष (c) परागकोष (d) पर्ण कोशिका

28. **परागकोष में लघुबीजाणुधानी की सबसे भीतरी परत है**
(a) अन्तःस्तर (b) टेपीटम
(c) मध्यपर्त (d) बाह्यचोल

29. **निम्न में से कौन-सा कथन सही है?**
(a) पराग का कठोर बाह्य आवरण अन्तःचोल कहलाता है।
(b) बीजाणुजन ऊतक अगुणित होते हैं।
(c) अन्तस्थीसियम लघुबीजाणु उत्पन्न करती है।
(d) टेपीटम विकासशील पराग को पोषण प्रदान करती है।

30. **परागकण की आन्तरिक भित्ति बनी होती है**
(a) पेप्टाइडोग्लाइकेन की
(b) स्पेरोपोलेनिन की
(c) पेक्टोसेलुलोस की
(d) काइटिन की

31. **स्पोरोपोलेनिन अनिम्नकारी (Non-degradable) है, क्योंकि**
(a) यह सुदृढ़ अम्लों के सम्मुख टिकती है।
(b) यह अत्यधिक ताप के प्रतिरोधी है।
(c) कोई एन्जाइम इसको निम्नीकृत नहीं कर सकता है
(d) उपरोक्त सभी

32. **एक आवृत्तबीजी पादप में सबसे अधिक अगुणित कोशिकाएँ मिलती हैं**
(a) लघुबीजाणुधानी की भित्ति में (b) बीजाण्डकाय में
(c) गुरुबीजाणुधानी में (d) भ्रूणकोष में

33. **मादा युग्मकोद्भिद् में कितने केन्द्रक पाए जाते हैं?**
(a) 8 (b) 7
(c) 6 (d) 5

परागण एवं निषेचन

34. **एक फूल के परागकोष से वर्तिकाग्र तक परागकणों के स्थानान्तरण को … कहा जाता है।** *[RRB Group D, 2018]*
(a) पुनर्जनन (b) परागण
(c) वाष्पोत्सर्जन (d) लैंगिक जनन

35. **परागण क्या होता है?** *[SSC MTS 2017]*
(a) परागकोषों से वर्तिकाग्र पर परागकणों का स्थानान्तरण
(b) परागकणों का अंकुरण
(c) पुष्पों का चींटियों द्वारा भ्रमण
(d) अण्डाणु में परागनली की वृद्धि

36. **यदि किसी उभयलिंगी पुष्प में, पुमंग और जायांग अलग-अलग समय परिपक्व होते हैं, तो इस तथ्य को कहते हैं** *[IAS (Pre) 2002]*
(a) भिन्नकालपक्वता
(b) स्वअनिषेच्य उभयलिंगता (हर्कोगेमी)
(c) विषमयुग्मन
(d) एक-संगमनी

37. **एक ही पौधे के एक पुष्प के परागकोष से परागकण का उसी पौधे के दूसरे पुष्प की वर्तिकाग्र में स्थानान्तरण कहलाता है** *[MPPCS 2020]*
(a) स्व युग्मन (b) सजातपुष्पी परागण
(c) पर-परागण (d) इनमें से कोई नहीं

38. **स्व-परागण का परिणाम क्या होगा?** *[SSC CHSL 2013]*
(a) बहिःप्रजनन (b) अन्तःप्रजनन
(c) विरल प्रजनन (d) अतिप्रजनन

39. हवा के परागण (Pollination) को क्या कहा जाता है? *[RRB NTPC 2016]*

(a) हाइड्रोफिली (b) पोलीनोफिली
(c) एनिमोफिली (d) हर्बोफिली

40. जन्तु परागण (Zoophily) का आशय क्या है? *[SSC, CHSL 2012]*

(a) पत्तियों का उत्पादन (b) फूलों का उत्पादन
(c) आंधी द्वारा परागण (d) जन्तु द्वारा परागण

41. पक्षियों द्वारा की जाने वाली परागण की प्रक्रिया को ...... के नाम से भी जाना जाता है। *[SSC 2016]*

(a) हाइड्रोफिली (b) एंटोमोफिली
(c) एम्ब्रियोफिली (d) ओर्निथोफिली

42. युग्मक-संलयन के परिणामस्वरूप क्या बनता है? *[CDS 2017]*

(a) अगुणित युग्मनज (b) द्विगुणित युग्मनज
(c) गतिशील पुंयुग्मक (d) अचल पुंयुग्मक

43. निम्न में से कौन-सी पुष्पी पादपों में पश्च निषेचन की घटना है?

(a) परागकणों का स्थानान्तरण
(b) भ्रूण का विकास
(c) पुष्प का बनना
(d) परागकणों का बनना

44. उच्चतर पौधों के बीजों के पोषक ऊतक को क्या कहते हैं? *[SSC, CHSL 2013]*

(a) हाइपोकोटाइल (b) एम्ब्रियो
(c) एण्डोस्पर्म (d) न्यूसेलस

45. भ्रूण किसमें मिलता है? *[53rd to 55th BPSC (Pre) 2011]*

(a) फूल (b) पर्ण
(c) बीज (d) कली

46. पुष्पी पादपों के बीज किससे निर्मित होते हैं? *[NDA 2015]*

(a) अण्डाशय और अण्डाशय भित्ति
(b) भ्रूण, खाद्य निचय और आवरण
(c) बीजपत्र (Cotyledons)
(d) युग्मनज

47. नारियल का पानी है *[SSC CHSL 2014]*

(a) तरल बीजाण्डकाय (b) तरल मध्य फलभित्ति
(c) तरल एण्डोकार्प (d) विकृत सरल एण्डोस्पर्म

48. निम्न में से कौन-सा भ्रूणपोषीय बीज नहीं है? *[SSC लोअर सब ऑर्डिनेट II भर्ती परीक्षा, 2016]*

(a) अरण्ड (b) मक्का
(c) चावल (d) चना

49. कुछ पौधों के बीज अंकुरित नहीं हो पाते यदि वे फलभक्षी पक्षियों के पाचन क्षेत्र से न गुजरें। इसका कारण है

(a) शीत निष्क्रियता
(b) बीज आवरण की अपारगम्यता
(c) अनुर्वरता
(d) कायिक जनन

50. वह प्रक्रिया, जिसमें अण्डाशय बिना निषेचन के फल का निर्माण करता है, कहलाती है

(a) अनिषेकफलन (b) असंगजनन
(c) अलैंगिक जनन (d) लैंगिक जनन

51. निषेचन के बिना अण्डे में भ्रूण का बनना क्या कहलाता है? *[SSC 2016]*

(a) अपबीजाणुता (b) अनिषेकफलन
(c) अनिषेकजनन (d) परनिषेचन

52. पुष्पी पादपों में बिना निषेचन के बीज बनने की प्रक्रिया कहलाती है

(a) मुकुलन द्वारा (b) कायिक संकरण
(c) असंगजनन (Apomixis) (d) बीजाणुद्भव

■ **निर्देश** *(प्र.सं. 53-54) निम्न प्रश्नों में, कथन के वक्तव्य के बाद कारण के वक्तव्य को दिया गया है। सही विकल्प पर निशान लगाइए।*

(a) कथन और कारण दोनों सत्य हैं तथा कारण, कथन की सत्य व्याख्या करता है।
(b) कथन और कारण दोनों सत्य हैं लेकिन कारण, कथन की सत्य व्याख्या नहीं करता है।
(c) कथन सत्य है, लेकिन कारण असत्य है।
(d) कथन और कारण दोनों असत्य हैं।

53. **कथन** लैंगिक जनन में बने युग्मक प्रकृति में अगुणित हैं।
कारण मियोसाइट्स (Meiocytes) अर्द्धसूत्री विभाजन द्वारा युग्मक बनाते हैं।

54. **कथन** बाह्य निषेचन में युग्मक संलयन मादा के अन्दर होता है।
कारण उत्पन्न हुई सन्तति परभक्षियों से सुरक्षित रहती है।

उत्तरमाला

1 (a)	2 (b)	3 (a)	4 (d)	5 (d)	6 (a)	7 (b)	8 (c)	9 (b)	10 (b)
11 (c)	12 (c)	13 (c)	14 (b)	15 (b)	16 (b)	17 (d)	18 (a)	19 (c)	20 (b)
21 (c)	22 (c)	23 (b)	24 (b)	25 (d)	26 (a)	27 (c)	28 (b)	29 (d)	30 (c)
31 (d)	32 (c)	33 (a)	34 (b)	35 (a)	36 (a)	37 (b)	38 (b)	39 (c)	40 (d)
41 (d)	42 (b)	43 (b)	44 (c)	45 (c)	46 (c)	47 (d)	48 (d)	49 (b)	50 (a)
51 (c)	52 (c)	53 (a)	54 (d)						

उत्तर सहित व्याख्या

1. (*a*) *स्पाइरोगायरा* शैवाल विखण्डन द्वारा पुन: उत्पन्न किए जा सकते हैं। इसमें विखण्डन से उत्पन्न प्रत्येक खण्ड एक नए जीव के रूप में विकसित होता है।

3. (*a*) परनिषेचन, अलैंगिक प्रजनन का एक प्रकार नहीं है। यह लैंगिक प्रजनन के अन्तर्गत सम्मिलित है। अलैंगिक प्रजनन में विशेष प्रकार की कोशिकाएँ, बिना किसी दूसरी इकाई से मिले ही, नए पौधों को उत्पन्न करती हैं।

4. (*d*) मुकुलन प्रक्रिया में जनन कोशिका पर एक उभार बनता है, जो मुकुल (Bud) कहलाता है। यह मुकुल धीरे-धीरे बड़ा हो जाता है और मातृकोशिका से अलग होकर स्वतन्त्र पादप बना लेता है; उदाहरण—यीस्ट, *हाइड्रा*।

5. (*d*) *प्लाज्मोडियम* अलैंगिक जनन की बहुविखण्डन विधि द्वारा प्रजनन करता है। यह कोशिका के केन्द्रक के बार-बार विभाजन द्वारा होता है, जिसके परिणामस्वरूप एक कोशिका से विभाजित होकर अनेक कोशिकाएँ बन जाती हैं।

6. (*a*) कुछ बहुकोशिकीय सजीव; जैसे—*राइजोपस*, मशरूम एवं कुछ जीवाणु, *एस्पर्जिलस* इत्यादि में प्रजनन बीजाणु द्वारा होता है। पुनर्जनन *हाइड्रा*, *प्लैनेरिया* आदि जीवों में पाया जाता है तथा विखण्डन क्रिया *स्पाइरोगायरा* आदि जीवों में पाई जाती है। निषेचन, लैंगिक जनन द्वारा प्रजनन करने वाले जीवों में पाया जाता है।

9. (*b*) कायिक प्रवर्धन की रोपण (Grafting) विधि में पादप का वह भाग जो दूसरे पादप (स्कन्ध) पर लगाया जाता है, उसे कलम (स्यॉन) कहते हैं।

10. (*b*) कायिक प्रवर्धन, प्रजनन की एक अलैंगिक विधि है। इसमें नए पौधे किसी भी जनन अंग की सहायता के बिना, पुराने पौधों के भागों (जैसे तना, जड़ एवं पत्तियाँ) से प्राप्त किए जाते हैं। तना काट (Stem cutting), दाब लगाना, कलम बाँधना (Grafting), आदि इसकी पारंपरिक विधियाँ हैं। अलैंगिक जनन द्वारा उत्पन्न नए पौधे अपने जनक (Parent) के आकारिकीय तथा आनुवंशिकी रूप से समरूप होते हैं। इसके विपरीत लैंगिक जनन द्वारा (बीजों से) उत्पन्न पौधे आकारिकीय तथा आनुवंशिकीय रूप से अपने जनकों के समरूप नहीं होते, उनमें विभिन्नताएँ पाई जाती हैं।

13. (*c*) ऊतक संवर्धन तकनीक द्वारा अधिक संख्या में कम समय में ही एक समान पौधे उत्पन्न किए जा सकते हैं। इस तकनीक में प्रयोगशाला में पादप ऊतकों को उचित संवर्धन माध्यम में संवर्धित कर अधिक संख्या में रोगहीन पादपों का विकास किया जाता है। पादप ऊतकों की कोशिकाओं में अनियमित विभाजन से कैलस (Callus) का निर्माण होता है, जिसकी प्रत्येक कोशिका, एक नये पादप में विकसित हो सकती है।

16. (*b*) लैंगिक जनन में दो भिन्न जनकों प्राय: नर एवं मादा से भिन्न-भिन्न आनुवंशिक संगठन वाले युग्मकों का निर्माण होता है, जिनके परस्पर संयुग्मन से सन्तति में विभिन्नताएँ उत्पन्न होती हैं।

17. (*d*) लैंगिक प्रजनन में प्राय: विपरीत लिंग के दो जनक शामिल होते हैं। इस प्रजनन विधि में नर एवं मादा युग्मक संयुग्मन के फलस्वरूप नई सन्तान की उत्पत्ति होती है। इसमें नर युग्मक नर जनक के जननांगों में विकसित होता है तथा मादा युग्मक, मादा जनक के जननांगों में विकसित होता है।

18. (*a*) जीवन चक्र की दृष्टि से आवृतबीजी पौधों का सबसे महत्वपूर्ण अंग पुष्प होता है। आवृतबीजी पौधों में लैंगिक जनन की प्रक्रिया पुष्पों द्वारा क्रियान्वित होती है।

19. (*c*) आवृतबीजी पादपों में प्रजनन अंग पुष्पों में उपस्थित होते हैं। इसलिए पुष्पों को आवृतबीजी पादपों का जनन अंग कहा जाता है। इसमें उपस्थित पुमंग पुष्प के नर भाग को इंगित करता है एवं जायांग पुष्प के मादा भाग को इंगित करता है।

20. (*b*) उभयलिंगी पुष्पों में पुंकेसर (नर जननांग) और अण्डप (मादा जननांग) दोनों उपस्थित होते हैं इसलिए उन्हें उभयलिंगी पुष्प कहा जाता है; उदाहरण—मटर, सरसों आदि।

21. (*c*) सरसों में उभयलिंगी पुष्प पाए जाते हैं, इनमें पुमंग एवं जायांग भाग दोनों पूर्ण विकसित और कार्यात्मक होते हैं।

22. (*c*) परागकोष और पुतन्तु पुंकेसर के भाग होते हैं। आवृतबीजी पादपों में पुंकेसर नर जननांग होते हैं।

23. (*b*) पुंकेसर जायांग का भाग नहीं होता है, यह पुमंग (नर जननांग) का भाग होता है। वर्तिकाग्र, वर्तिका एवं अण्डाशय जायांग (मादा जननांग) बनाते हैं।

24. (*b*) अण्डप परागकोष का भाग नहीं है। यह मादा जननांग होता है। पुमंग (Androecium) पुष्पों का नर जननांग है, जो पुंकेसरों (Stamens) का बना होता है। पुंकेसर में तीन भाग होते हैं—पुतन्तु (Filament), परागकोष (Anther) तथा योजी (Connective)। परागकोष, पराग कणों का निर्माण करता है।

27. (*c*) पौधों में अर्द्धसूत्री विभाजन के अध्ययन के लिए दिए गए विकल्पों में सबसे उपयुक्त भाग परागकोष है। इसमें अर्द्धसूत्री विभाजन के बाद परागकणों का निर्माण होता है, जो वास्तव में अपरिपक्व नर युग्मकोदभिद् हैं।

35. (*a*) परागकोष से वर्तिकाग्र तक परागकणों का स्थानान्तरण परागण कहलाता है। इसके उपरान्त ही निषेचन की क्रिया होती है।

36. (*a*) उभयलिंगी पुष्प में, पुमंग तथा जायांग के अलग-अलग समय पर परिपक्व होने की घटना पृथकपक्वता या भिन्नकालपक्वता कहलाती है। यह दो प्रकार की (i) पूर्वपुंपक्वता (Protandry) तथा (ii) पूर्वस्त्रीपक्वता होती है।

41. (*d*) पक्षियों द्वारा की जाने वाली परागण की प्रक्रिया को ओर्निथोफिली कहा जाता है। इसमें पक्षियों की सहायता से परागकण परागकोषों से दूसरे पुष्पों के वर्तिकाग्र तक स्थानान्तरित किए जाते हैं।

45. (*c*) पादपों में भ्रूण, बीज में मिलता है। अंकुरण प्रक्रिया के फलस्वरूप भ्रूण, बीज से बाहर आता है।

53. (*a*) युग्मक मातृकोशिका (Meiocytes) द्विगुणित जीवों में विशिष्ट कोशिका होती है, जो अर्द्धसूत्री विभाजन द्वारा अगुणित युग्मक बनाती है। इन युग्मकों के पास गुणसूत्रों का केवल एक युग्म होता है।

54. (*d*) **'बाह्य निषेचन'** निषेचन का प्रकार है, जो मादा शरीर के बाहर होता है। इसमें सन्तति मादा के शरीर के बाहर विकसित होती है और इसलिए पर्यावरणीय दबाव तथा परभक्षियों से प्रभावित होती है, उदाहरण— अस्थिल मछली और मेंढक।

अध्याय

11

रोग एवं प्रतिरक्षा
Diseases and Immunity

स्वास्थ्य एवं रोग

- वह अवस्था, जिसके अन्तर्गत शारीरिक, मानसिक तथा सामाजिक कार्य समुचित क्षमता द्वारा उचित प्रकार से किया जा सके, **स्वास्थ्य** (Health) कहलाती है।
- स्वस्थ शरीर की कार्यिकी में उत्पन्न वह गतिरोध, जो इसकी कार्य क्षमता को प्रभावित करता है, **रोग** (Disease) कहलाता है। रोगों को फैलाने वाले कीटों को वेक्टर कहा जाता है। मानव में पाए जाने वाले समस्त रोगों को दो वर्गों में रखा जा सकता है
  - **जन्मजात रोग** (Congenital diseases) ये रोग, पीढ़ी-दर-पीढ़ी वंशागत होते रहते हैं; जैसे–हीमोफीलिया, वर्णान्धता, दाँत्र कोशिका अरक्तता आदि।
  - **उपार्जित रोग** (Acquired diseases) ये रोग, शरीर में जन्म के पश्चात् उत्पन्न होते हैं। इन्हें जन्मोपरान्त उपार्जित (Post-foetally acquired) रोग भी कहते हैं। ये विभिन्न कारणों जैसे चोट लगना, संक्रमण होना या पोषण की कमी से हो सकते हैं। ये दो प्रकार के होते हैं– संक्रामक रोग एवं असंक्रामक रोग।

संक्रामक रोग

- कुछ रोग विभिन्न जीवधारियों; जैसे–जीवाणु, विषाणु, कवक, प्रोटोजोआ, कृमियों द्वारा फैलते हैं, जिन्हें संक्रामक रोग (Infectious diseases) कहते हैं।
- रोग उत्पन्न करने वाले जीव को रोगजनक कहा जाता है, उदाहरण–फ्लू, मलेरिया, क्षय, टायफॉइड, जुकाम, अमीबिएसिस, एड्स, आदि।
- कुछ संक्रामक रोग लैंगिक सम्पर्क द्वारा भी फैलते हैं, जैसे– एड्स, सुजाक या गोनोरिया, सिफिलिस, हिपेटाइटिस आदि।

प्रमुख जीवाणुजन्य मानव रोग

- **तपेदिक** (Tuberculosis) ये *माइकोबैक्टीरियम ट्यूबरकुलोसिस* रोगकारक के कारण फैलता है। इसका संक्रमण वायु द्वारा होता है।
- **टायफॉइड** (Typhoid) इसका रोगकारक *साल्मोनेला टाइफी* जीवाणु होता है। ज्वर परीक्षण–**विडाल परीक्षण** द्वारा किया जाता है। इसका संक्रमण संक्रमित भोजन व ड्रॉपलेट्स द्वारा होता है।
- **डिफ्थीरिया** (Diphitheria) इसका रोगकारक *कॉर्निबैक्टीरियम डिफ्थीरी* जीवाणु होता है। इसका संक्रमण वायु द्वारा होता है।
- **न्यूमोनिया** (Pneumonia) इसका रोगकारक *स्ट्रेप्टोकोकस न्यूमोनी* होता है। इसका संक्रमण वायु द्वारा होता है।

प्रमुख विषाणुजन्य मानव रोग

- **इन्फ्लुएन्जा** (Influenza) इसका रोगकारक *आर्थोमिक्सो* विषाणु होता है। इसका संक्रमण खाँसने व छींकने से होता है।
- **जुकाम** (Common cold) इसका रोगकारक कोरोना या *राइनो* विषाणु होता है।
- **एड्स** (AIDS) इसका रोगकारक HIV विषाणु होता है।
- **डेंगू ज्वर** (Dengue fever) यह फ्लेवी विषाणु द्वारा होता है।

प्रमुख प्रोटोजोआ जनित मानव रोग

- **अमीबियता** (Amoebiasis) इसका रोगकारक *एण्टअमीबा हिस्टोलिटिका* होता है।
- **मलेरिया** (Malaria) इसका रोगकारक *प्लाज्मोडियम* होता है।
- **अफ्रीकन निद्रा रोग** (African sleeping sickness) इसका रोगकारक *ट्रिपेनोसोमा गैम्बिएन्स* होता है।

हैल्मिन्थ जनित मानव रोग

- **फाइलेरिएसिस** (Filariasis) यह प्रोटोजोआ *वूचेरेरिया बेन्क्रॉफ्टी* द्वारा फैलता है। यह द्विपोषदीय परजीवी है; प्राथमिक पोषद्–मनुष्य, द्वितीयक पोषद्–*क्यूलैक्स फैटीगैन्स* मच्छर होता है।
- **ऐस्कैरिएसिस** (Ascariasis) यह रोग हेल्मिन्थ परजीवी *'एस्कैरिस' लुम्ब्रीकॉइडिस* (एकपोषदीय जीव) के द्वारा फैलता है।

कवक जनित मानव रोग

- **दाद** (Ringworm) *माइक्रोस्पोरम, ट्राइकोफाइटॉन* व *एपिडर्मोफाइटॉन* आदि वंश के अनेक कवक दाद उत्पन्न करते हैं, यह त्वचा सम्बन्धी रोग है।

असंक्रामक रोग

वे रोग, जो एक व्यक्ति से दूसरे में संचरित नहीं होते तथा पोषद् की कमी या आनुवंशिक वंशागति द्वारा उत्पन्न होते हैं, असंक्रामक रोग (Non-infectious deseases) कहलाते हैं। उदाहरण–कैंसर, एलर्जी, डायबिटीज, हृदय रोग आदि।

असंक्रामक रोग निम्न प्रकार के हो सकते हैं

- **हीनताजन्य रोग** (Deficiency diseases) ये रोग किसी पोषक तत्व जैसे विटामिन, खनिज तत्व आदि की कमी से होते हैं; जैसे–घेंघा, एनीमिया, बेरी-बेरी, पैलाग्रा आदि।
- **रुमैटिक हृदय रोग** (Rheumatic heart disease) यह *'स्ट्रेप्टोकोकस'* जीवाणु के संक्रमण द्वारा होता है, जिसमें हृदय कपाट नष्ट हो जाते हैं।
- **ह्रासित रोग** (Degenerative diseases) यह शरीर के किसी भी अंग के नष्ट होने से उत्पन्न होते हैं, जैसे– कैंसर, हृदयाघात, मधुमेह, गठिया आदि।

  कैंसर में कोशिकाएँ अपनी नियन्त्रित विभाजन की क्षमता को भूल जाती हैं तथा अर्बुद (Tumour) का निर्माण करने लगती हैं।
- **व्यसन** (Addiction) यह भी एक प्रकार का मानसिक रोग है, जिसमें व्यक्ति को तम्बाकू *(निकोटियाना टैबैकम)*, एल्कोहॉल तथा नशीली औषधियों का असर रहता है। इन औषधियों का चिकित्सक की बिना सलाह के उपयोग से व्यक्ति इनका अभ्यस्त हो जाता है तथा इन पर निर्भरता महसूस करता है।
  - **नशीली औषधियाँ** (Psychotropic drugs) ये औषधियाँ शामक या प्रशान्तक (Tranquiliser); निद्राकारक (Sedative), ओपिएट (अफीम, मॉर्फीन) तथा प्रेरक या उत्तेजक (Stimulant) प्रकार की होती हैं।
  - **चेतना प्रसारी औषधियाँ** (Psychedelic drugs) इनके अन्तर्गत प्राकृतिक विभ्रमक; जैसे–LSD (लाइसर्जिक अम्ल डाइएथिल एमाइड), भाँग, गांजा, चरस, आदि सम्मिलित हैं।

प्रतिरक्षा तन्त्र

- रोग उत्पन्न करने वाले वाहक के विरुद्ध शरीर द्वारा लड़ने की क्षमता, प्रतिरक्षा (Immunity) कहलाती है। यह दो प्रकार की होती है
  - **जन्मजात प्रतिरक्षा** (Innate immunity) यह विशिष्ट प्रकार की प्रतिरक्षा या बचाव तन्त्र होता है।
  - **अर्जित प्रतिरक्षा** (Acquired immunity) यह विशिष्ट रोगजनक होती है एवं रोगजनकों के साथ हमारे शरीर के संघर्ष के द्वारा अर्जित की जाती है।

    इस प्रकार की प्रतिरक्षा में अनुक्रिया/प्रतिक्रिया में B-लिम्फोसाइट्स एवं T-लिम्फोसाइट्स सम्मिलित होते हैं।
- प्रतिरक्षा तन्त्र स्मृति सिद्धान्त पर कार्य करता है, जिसमें समान रोगजनक के लगातार अनावरण या उत्पन्न होने से प्रतिरक्षित प्रतिक्रिया अधिक तीव्र हो जाती है। यह टीकाकरण या प्रतिरक्षाकरण का आधार होता है जिसमें निष्क्रिय रोगजनक को शरीर में प्रवेश कराया जाता है।

चैप्टर प्रैक्टिस

संक्रामक रोग

1. संक्रामक रोग है

(a) खसरा, कुष्ठ एवं कैंसर (b) कुष्ठ एवं खसरा
(c) वर्णान्धता एवं खसरा (d) कुष्ठ एवं एल्बीनिज्म

2. रोगों को फैलाने वाले कीटों को .... कहा जाता है। *[RRB 2016]*

(a) ट्रांसमीटर (b) वेक्टर
(c) ट्रांसपोर्टर (d) लिफ्ट

3. वह जीव, जो पौधों व जन्तुओं में रोग उत्पन्न करते हैं, कहलाते हैं

(a) रोगजनक (b) वाहक
(c) कीट (d) कृमि

4. निम्न में से कौन-सा बैक्टीरिया जनित रोग नहीं है? *[लोअर सबऑर्डिनेट-III 2016]*

(a) आँत्र ज्वर (b) प्लेग
(c) डिफ्थीरिया (d) दमा

5. निम्नलिखित में से कौन-सी बीमारी प्रायः दुग्ध द्वारा फैलती है? *[लोअर सबऑर्डिनेट-II 2018]*

(a) क्षय (b) पीलिया
(c) डिफ्थीरिया (d) हैजा

6. क्षय रोग से बच्चों को सुरक्षित रखने के लिए कौन-सा टीका दिया जाता है? *[व्यायाम प्रशिक्षक, युवा कल्याण एवं विकास दल अधिकारी, 2018]*

(a) BCG (b) DPT
(c) DT (d) TT

7. न्यूमोनिया रोग शरीर के किस अंग को प्रभावित करता है? *[ग्राम पंचायत अधिकारी 2016]*

(a) फेफड़े (b) क्लोम
(c) यकृत (d) आँत

8. निम्नलिखित में से कौन जीवाणुजनित रोग है? *[कम्बाइण्ड मेडिकल सर्विसेस (फाइलेरिया, मलेरिया इंस्पेक्टर) 2016]*

(a) गोलकृमि (b) एड्स
(c) मलेरिया (d) कुष्ठ रोग

9. बहु औषधि चिकित्सा किसके संक्रमण के लिए है?

(a) कोढ़ (b) एड्स
(c) हैजा (d) हिपेटाइटिस

10. निम्नलिखित में से किस बीमारी के लिए अभी तक कोई टीका उपलब्ध नहीं है? *[CDS 2009]*

(a) धनुस्तम्भ (टिटनेस) (b) मलेरिया
(c) खसरा (d) गलसुआ

11. विडाल परीक्षण (Widal test) निम्न में से किस रोग की जाँच हेतु किया जाता है?

(a) हैजा (b) मलेरिया
(c) टायफॉइड (d) पीत-ज्वर

12. .... एक जीवाणु सम्बन्धी रोग है। *[RRB NTPC 2016]*

(a) मायोकॉर्डियल अतिक्रमण (b) उपदंश
(c) पोलियो (d) दाद

13. मेलिओडोसिस क्या है? *[RRB NTPC 2016]*
(a) त्वचा पर लाल चकते (b) स्मरण शक्ति में क्षति
(c) संक्रामक रोग (d) जोड़ों में पुराना दर्द

14. निम्नलिखित में से कौन-सा तीव्र जठरान्त्र सम्बन्धी संक्रमण (Gastrointestinal infection) पैदा करने वाला एक जलजनित रोग है? *[RRB NTPC 2016]*
(a) हैजा (b) रेबीज
(c) न्यूमोनिया (d) कुष्ठ रोग

15. मानव में बैक्टीरिया के संक्रमण का सबसे आम इलाज क्या है? *[RRB NTPC 2016]*
(a) ऐस्प्रीन (b) एण्डीबॉडी
(c) एण्टीबायोटिक्स (d) एण्टीजन

16. शिशुओं को दी जाने वाली ट्रिपल वैक्सीन DPT किन रोगों से प्रतिरक्षा प्रदान करता है?
(a) टिटनेस, डिफ्थीरिया, ट्यूबरकुलोसिस
(b) बलगम, सर्दी, ट्यूबरकुलोसिस
(c) काली खाँसी, टिटनेस, डिफ्थीरिया
(d) टिटनेस, चेचक, रुबेला

17. इनमें से कौन विषाणु जनित रोग नहीं है? *[RO/ARO (Mains) 2017]*
(a) खसरा (b) रेबीज
(c) पोलियो (d) क्षय रोग

18. निम्नलिखित में से कौन-सा वह जीवाणु है, जो मानव शरीर में बीमारी उत्पन्न करता है? *[NDA 2019]*
(a) *वैरिसेला जोस्टर* (b) *ट्रिपैनोसोमा गैम्बिएन्स*
(c) *साल्मोनेला टाइफी* (d) *प्लाज्मोडियम फैल्सीपेरम*

19. निम्नलिखित में से यौन संचारित रोग है
(a) उपदंश (b) सुजाक
(c) दोनों (a) और (b) (d) इनमें से कोई नहीं

20. निम्नलिखित में से कौन-सा एक यौन-संचारित रोग नहीं है? *[NDA 2014]*
(a) सिफिलिस (b) गोनोरिया
(c) स्कर्वी (d) हिपेटाइटिस-B

21. निम्नलिखित में से कौन-से सूक्ष्मजीवी पोलियो तथा चेचक (चिकन पॉक्स) जैसी गम्भीर बीमारियों के कारण हैं? *[SSC ऑनलाइन स्नातक स्तरीय 2017]*
(a) बैक्टीरिया (b) प्रोटोजोआ
(c) शैवाल (d) विषाणु

22. अल्बर्ट साबिन को .... विकसित करने के लिए जाना जाता है। *[SSC CGL 2017]*
(a) चेचक का टीका (b) पोलियो का टीका
(c) पेनिसिलन (d) हिपेटाइटिस-B का टीका

23. किस रोग के लिए स्वास्थ्य एवं परिवार मन्त्रालय द्वारा 'टेस्ट एण्ड ट्रीट' नीति प्रारम्भ की है? *[SSC 2017]*
(a) चेचक (b) एच.आई.वी.
(c) पोलियो (d) क्षय रोग

24. AIDS मानव प्रतिरक्षाहीनता विषाणु (HIV) के द्वारा होता है, जो है *[NDA/NA 2011]*
(a) रिट्रो विषाणु (b) लेण्टे विषाणु
(c) अर्बो विषाणु (d) प्रतिरक्षा विषाणु

25. चेचक के लिए टीका किसने प्रदान किया था? *[RRB 2016]*
(a) एडवर्ड जेनर (b) रॉबर्ट कोच
(c) पर्ल केंड्रिक (d) अलेक्जेण्डर फ्लेमिंग

26. पीला बुखार (पीत ज्वर) मुख्य रूप से मनुष्यों में किससे फैलता है? *[RRB NTPC 2016]*
(a) मादा मच्छर के काटने से
(b) नर मच्छर के काटने से
(c) जल
(d) वायु

27. चमगादड़ निम्नलिखित में से किस रोग के रोगाणुओं के प्राकृतिक पोषक हैं? *[RRB NTPC 2016]*
(a) डेंगू (b) फाइलेरिया
(c) इबोला बुखार (d) चिकनगुनिया

28. हिपेटाइटिस-बी (Hepatitis-B) निम्नलिखित में से किसके कारण होने वाला संक्रामक रोग है, जो यकृत को प्रभावित करता है? *[RRB NTPC 2016]*
(a) वायरस (b) फंगी
(c) बैक्टीरिया (d) प्रोटोजोआ

29. निम्नलिखित में से कौन-सा पशुओं का एक तीव्र वायरल रोग है, जो मनुष्यों में एक संक्रमित पशु के काटने से फैलता है? *[RRB NTPC 2016]*
(a) हीमोफीलिया (b) कैंसर
(c) रेबीज (d) गलसुआ

30. HIV का पूर्ण रूप है *[RRB ग्रुप डी 2018]*
(a) ह्यूमिनिटी इम्यूनो डेफिशिएन्सी वायरस
(b) ह्यूमन इम्यूनो डेफिशिएन्सी वायरस
(c) ह्यूमन इम्यूनो डेफिशिएन्सी बैक्टीरिया
(d) ह्यूमन इम्यूनो डेफिशिएन्सी वर्च्यू

31. किस रोग का पूरी तरह उन्मूलन कर दिया गया है? *[SSC CHSL 2015]*
(a) खसरा (b) कंठ माला
(c) चेचक (d) छोटी माता

32. विश्व से चेचक का उन्मूलन घोषित हुआ *[MPPCS (Pre) 2017]*
(a) 1975 में (b) 1980 में
(c) 1996 में (d) 2008 में

33. विषाणुजनित रोगों का समूह है
(a) चेचक, पीतज्वर एवं कुकुरखाँसी (b) चेचक, पीतज्वर एवं रेबीज
(c) कुकुरखाँसी, एड्स एवं कैंसर (d) रेबीज, हैजा एवं एड्स

34. इन्फ्लुएन्जा का विषाणु है
(a) आर्थोमिक्सो विषाणु (b) रिट्रो विषाणु
(c) टोगा विषाणु (d) रेहैब्डोविषाणु

35. जुकाम का रोगजनक है
(a) राइनोविषाणु (b) कोरोना विषाणु
(c) दोनों (a) और (b) (d) इनमें से कोई नहीं

36. निम्न में से कौन-से एक विकल्प द्वारा HIV, एक व्यक्ति से दूसरे व्यक्ति में प्रसारित नहीं होती है? *[RRB NTPC 2016]*

(a) मच्छर का काटना (b) स्तनपान
(c) एक ही सुई का बहु प्रयोग (d) यौन सम्बन्ध

37. विषाणुओं (वायरस) पर प्रतिजैविकों (एण्टीबायोटिक दवाओं) के प्रभावों के बारे में, निम्नलिखित में से कौन-सा कथन सही है? *[NDA 2020]*

(a) वायरस 'अजीवित (निर्जीव)' अस्तित्व हैं, किन्तु ये प्रतिजैविक के साथ पारस्परिक क्रिया (अन्तःक्रिया) कर सकते हैं।
(b) एण्टिबायोटिक्स लेने से विषाणु संक्रमण का उपचार होता है।
(c) वायरस उपापचयी पथों से युक्त नहीं होते हैं, जिन पर प्रतिजैविक कार्य कर सकते हैं, जबकि बैक्टीरिया में इस तरह के पथ होते हैं।
(d) प्रतिजैविक के प्रति वायरस प्रतिरोधी होते हैं।

38. निम्नलिखित में से कौन-सा एक कथन सही नहीं है? *[IAS (Pre) 2019]*

(a) यकृतशोथ B (हिपेटाइटिस-बी) विषाणु काफी कुछ HIV की तरह ही संचरित होता है।
(b) यकृतशोथ C का टीका होता है, जबकि यकृतशोथ B का कोई टीका नहीं होता।
(c) सार्वभौम रूप से यकृतशोथ B और C विषाणुओं से संक्रमित लोगों की संख्या HIV से संक्रमित लोगों की संख्या से कई गुना अधिक है।
(d) यकृतशोथ B और C विषाणुओं से संक्रमित कुछ व्यक्तियों में अनेक वर्षों तक इसके लक्षण दिखाई नहीं देते हैं।

39. निम्नलिखित में से कौन-सी बीमारी मादा *एनॉफिलीज* मच्छर के कारण होती है? *[SSC 2017]*

(a) चेचक (b) मलेरिया
(c) काला ज्वर (d) हैजा

40. श्लीपद के रोगकारक जीव का वैज्ञानिक नाम निम्नलिखित में से कौन-सा है? *[NDA 2017]*

(a) *ऐस्कैरिस लुम्ब्रीकोइड्स* (b) *क्यूलैक्स पिपिएन्स*
(c) *वुचेरेरिया बैन्क्रोफ्टाई* (d) *फैसिओला हिपैटिका*

41. निम्नलिखित में से कौन-सा जीव निद्रालु रोग के लिए उत्तदायी है? *[CDS 2019]*

(a) *लीशमानिया* (b) *ट्रिपैनोसोमा*
(c) *ऐस्कैरिस* (d) *हेलिकोबैक्टर*

42. निम्नलिखित में से कौन-सा मच्छर से उत्पन्न रोग नहीं है? *[सम्मिलित व्यायाम प्रशिक्षक एवं क्षेत्रीय अधिकारी 2018]*

(a) डेंगू (b) जीका
(c) चिकनगुनिया (d) दाद (रिंगवर्म)

43. मानव में हेल्मिन्थजनित रोग है

(a) *ऐस्कैरिएसिस* (b) *फाइलेरिएसिस*
(c) *टिनिएसिस* (d) ये सभी

44. निम्न में से किस कृमि के कारण फीलपाँव होता है? *[RRB 2018]*

(a) केंचुआ (b) सूत्रकृमि
(c) फाइलेरियाई कृमि (d) गोलकृमि

45. एस्कैरिएसिस का संक्रमण होता है

(a) मच्छरों के काटने से (b) संदूषित जल व खाद्य से
(c) सूअर के माँस से (d) सी-सी मक्खी से

46. दाद की बीमारी निम्नलिखित में से किस प्रकार होती है? *[SSC 2010]*

(a) जीवाणु जनित (b) प्रोटोजोअन
(c) विषाणु जनित (d) फंगल

47. निम्नलिखित में से कौन-सा कवक जनित है? *[UPPCS (Mains) 2016]*

(a) प्रत्यूर्जता (b) वर्णांधता
(c) एड्स (d) गंजापन

48. सूची I को सूची II से सुमेलित कीजिए और सूचियों के नीचे दिए गए कूट का प्रयोग कर सही उत्तर चुनिए। *[UPPCS (Pre) 2012]*

सूची I	सूची II
A. प्लेग	1. प्रोटोजोआ
B. एड्स	2. कवक
C. गंजापन	3. विषाणु
D. मलेरिया	4. जीवाणु

कूट

	A	B	C	D		A	B	C	D
(a)	1	2	3	4	(b)	2	3	4	1
(c)	3	4	1	2	(d)	4	3	2	1

असंक्रामक रोग

49. निम्नलिखित में से कौन-सा रोग विटामिन-C की कमी के कारण हो सकता है? *[NDA 2019]*

(a) रिकेट्स (सूखा रोग) (b) रेबीज
(c) यकृतशोथ (हिपेटाइटिस) (d) स्कर्वी

50. निम्नलिखित में से किसमें विटामिन-C की मात्रा सबसे अधिक होती है? *[SSC 2017]*

(a) शिमला मिर्च (b) टमाटर
(c) अंगूर (d) नींबू

51. रतौंधी किसकी कमी के कारण होता है? *[SSC 2017]*

(a) विटामिन-B (b) विटामिन-A
(c) विटामिन-C (d) विटामिन-D

52. निम्नलिखित में से कौन-सा विटामिन-B कॉम्प्लेक्स समूह से सम्बन्धित नहीं है? *[SSC 2017]*

(a) रिबोफ्लैविन (b) थायमिन
(c) एस्कॉर्बिक एसिड (d) फोलिक एसिड

53. निम्नलिखित में से कौन मानव में रक्त का थक्का बनाने के लिए अनिवार्य है? *[SSC 2017]*

(a) विटामिन-A (b) विटामिन-K
(c) विटामिन-C (d) विटामिन-E

54. निम्नलिखित में से किस विटामिन को अर्गोकैल्सिफेरॉल कहते हैं? *[BPSC 2017]*

(a) विटामिन-D_2 (b) विटामिन-D_3
(c) विटामिन-B_{12} (d) विटामिन-B_6

55. यदि एक व्यक्ति रिकेट्स से पीड़ित है, तो व्यक्ति में .... की कमी है। *[RRB 2016]*

(a) विटामिन-K (b) विटामिन-D
(c) विटामिन-A (d) विटामिन-B

56. मानव आहार में पॉलिश किए हुए चावल के उपयोग से निम्नलिखित रोग हो जाता है *[UPPSC 2020]*

(a) सूखा रोग (b) रक्ताल्पता
(c) घेंघा (d) बेरी-बेरी

57. निम्नलिखित में से कौन-सा युग्म सही सुमेलित नहीं है? *[BPSC (Pre) 2017]*

(a)	रेटिनॉल	जीरोफ्थैल्मिया
(b)	टोकोफेरॉल	बेरी-बेरी
(c)	सायनोकोबालैमीन	रक्ताल्पता
(d)	अर्गोकैल्सिफेरॉल	रिकेट्स

58. सिरोसिस रोग शरीर के किस अंग को प्रभावित करता है? *[RRB NTPC परीक्षा, 2016]*

(a) मस्तिष्क (b) जिगर
(c) हृदय (d) गुर्दा

59. शरीर के जोड़ों में गठिया रोग (अर्थराइटिस) निम्नलिखित में से किसके जमाव से होता है? *[UPPCS (Mains) 2013]*

(a) यूरिया (b) यूरिक अम्ल
(c) एल्बुमिन (d) कोलेस्ट्रॉल

60. इटाई-इटाई रोग किसके दीर्घकालीन विषाक्तन से होता है? *[UPPCS (Mains) 2008]*

(a) पारद (b) निकिल
(c) कैडमियम (d) सीसा

61. 'ब्लू-बेबी' नामक प्रदूषण कारित बीमारी, पीने वाले जल में निम्न में से किसके अधिक विद्यमान होने के कारण होती है? *[UPPCS (Spl.) (Mains) 2004, RAS/RTS (Pre) 2010]*

(a) फ्लोराइड (b) क्लोराइड
(c) नाइट्रेट (d) आर्सेनिक

62. कैंसर (Cancer) शब्द ग्रीक के *'कार्सिनोस'* (*Carcinos*) शब्द से व्युत्पन्न हुआ है, जिसका अर्थ है *[RRB NTPC 2016]*

(a) जहरीला (b) क्षय
(c) केकड़ा (d) अचिकित्सीय

63. सामान्यतया रुधिर कैंसर के रूप में निम्नलिखित में से किसे वर्गीकृत नहीं किया जाता? *[RRB NTPC 2016]*

(a) कार्सिनोमा (b) ल्यूकेमिया
(c) मायलोमा (d) लिम्फोमा

64. कैंसर के ऊतकों की जाँच के लिए .... की जाती है। *[RRB NTPC 2016]*

(a) बायोप्सी (b) बायोस्कोपी
(c) कोलेडोलॉजी (d) रेडियोग्राफी

65. शरीर में किस स्थिति को कैंसर कहते हैं? *[MPPCS (Pre) 1996]*

(a) स्वस्थ सेलों का बनना बंद होना जिससे क्रमशः मृत्यु हो जाती है
(b) जहरीले रसायनों का शरीर के किसी भाग में एकत्र होना और अंततः मृत्यु होना
(c) सेलों का अनियन्त्रित बहुगुणन होना, इससे स्वस्थ सेलों का दम घुटना और अंततः मृत्यु होना
(d) शरीर में घाव या ट्यूमर होने से दिमाग का काम बंद करना और अंततः मृत्यु होना

66. सूची I को सूची II से सुमेलित कीजिए।

सूची I (रोग)	सूची II (मानव शरीर का प्रभावित भाग)
A. कन्जक्टिवाइटिस	1. आँखें
B. डर्मेटाइटिस	2. जोड़
C. गाउट	3. त्वचा
D. मेनिन्जाइटिस	4. मेरुरज्जु

कूट

	A	B	C	D		A	B	C	D
(a)	2	1	4	3	(b)	1	3	2	4
(c)	2	3	1	4	(d)	1	4	2	3

प्रतिरक्षा तन्त्र

67. प्रतिजन ऐसा पदार्थ है, जो

(a) शरीर ताप को कम करता है
(b) हानिकारक बैक्टीरिया को नष्ट करता है
(c) प्रतिरक्षा तन्त्र को परिवर्तित करता है
(d) विष के प्रतिकारक के रूप में प्रयोग किया जाता है

68. टीके के विशिष्ट रोग प्रतिरक्षी प्रोटीन के संश्लेषण के अभिप्रेरण द्वारा संरक्षण प्रदान करता है। शरीर में रोग प्रतिरक्षी के उत्पादन के लिए उत्तरदायी कोशिका कौन-सी होती है? *[NDA 2010]*

(a) कणिकाणु (b) लसीका कोशिका
(c) लोहित कोशिका (d) बिम्बाणु

69. टीका (वेक्सिनेशन) है *[SSC (Stenographer) 2014]*

(a) कृत्रिम सक्रिय उपार्जित प्रतिरक्षा
(b) प्राकृतिक उपार्जित प्रतिरक्षा
(c) सहज निष्क्रिय प्रतिरक्षा
(d) कृत्रिम निष्क्रिय उपार्जित प्रतिरक्षा

70. मानव के निम्नलिखित अंगों में से कौन-सा एक प्रतिरक्षी अनुक्रिया में शामिल नहीं है? *[NDA 2013]*

(a) थाइमस (b) मस्तिष्क
(c) तिल्ली (d) लसीका पर्व

71. मलेरिया के लिए सबसे अधिक प्रमाणित औषधि है *[कम्बाइण्ड मेडिकल सर्विसेस (फाइलेरिया, मलेरिया इंस्पेक्टर) 2016]*

(a) स्ट्रेप्टोमाइसिन (b) कुनैन
(c) पेनिसिलिन (d) इनमें से कोई नहीं

72. बुखार में शरीर के तापमान को नीचे लाने के लिए कौन-सी औषधि प्रयुक्त की जाती है? *[गन्ना पर्यवेक्षक 2016]*

(a) एण्टीपाइरेटिक्स (b) सेडाटिक्ज
(c) नार्कोटिक्स (d) एण्टीबायोटिक्स

73. साइक्लोस्पोरिन-A, जोकि एक इम्यूनोसप्रेसिव ड्रग होती है, किससे प्राप्त की जाती है?

(a) *एस्पर्जिलस नाइगर*
(b) *मोनैस्कस पर्प्यूरियस*
(c) *पेनिसिलियम नोटेटम*
(d) *ट्राइकोडर्मा पोलीस्पोरम*

74. **शान्ति प्रदान करने वाली औषधियाँ (Tranquillisers), निद्राकारी औषधियों (Sedatives) से भिन्न होती हैं, क्योंकि ये**

(a) व्यक्ति को अधिक चेतना प्रदान करती हैं
(b) जड़ता उत्पन्न करती हैं
(c) निद्रा रहित जड़ता उत्पन्न करती हैं
(d) गहरी निद्रा उत्पन्न करती हैं

75. **निम्नलिखित में से किसका प्रशान्तक औषधि के रूप में प्रयोग किया जाता है?** *[राजस्व लेखपाल 2015]*

(a) ग्लूकोस (b) ऐम्पिसिलिन
(c) एस्प्रिन (d) वैलियम

76. **एस्प्रिन के सम्बन्ध में कौन-सा कथन सत्य नहीं है?** *[RAS/RTS (Pre) 2013]*

(a) यह न्यूरोलॉजिकली (तन्त्रिकीय रूप में) सक्रिय दवा है
(b) एस्प्रिन मादक दर्दनाशक दवाओं के अन्तर्गत आता है
(c) यह दर्द से राहत में प्रभावी है
(d) यह खून में थक्के नहीं जमने देता है

77. **निम्नलिखित में से कौन-सा युग्म सही सुमेलित नहीं है?** *[RO/ARO (Pre) 2017]*

(a)	क्लोरोमाइसेटिन	टायफॉइड नाशी
(b)	क्रिस्टल वायलेट	पूतिरोधी
(c)	क्वीनीन	मलेरियारोधी
(d)	एस्प्रिन	निश्चेतक

78. **पेनिसिलिन के विषय में निम्नलिखित में से कौन-सा कथन सही है?** *[NDA 2019]*

(a) पेनिसिलिन प्रतिरोधी जीवाणु इस प्रतिजैविक को रसधारी में संग्रहित कर सकते हैं
(b) पेनिसिलिन प्रतिरोधी जीवाणु इस प्रतिजैविक को β-लैक्टेमेज नामक एन्जाइम द्वारा निम्नीकृत कर सकते हैं
(c) पेनिसिलिन प्रतिरोधी जीवाणु, लैक्टिक एसिड डिहाइड्रोजिनेज नामक एन्जाइम द्वारा इस प्रतिजैविक को निम्नीकृत कर सकते हैं
(d) जीवाणुओं द्वारा पेनिसिलिन अवशोषित नहीं होता, इसलिए अधिकांश जीवाणु प्रतिरोधी हैं

79. **प्रतिजैविकों के बारे में निम्नलिखित कथनों पर विचार कीजिए** *[CDS 2013]*

1. उन्हें रोग पैदा करने वाले बैक्टीरिया को नष्ट करने के लिए प्रयोग में लाया जाता है।
2. उन्हें शरीर के अन्दर के सूक्ष्मजीवों से लड़ने के लिए चर्म पर लगाया जा सकता है, निगला जा सकता है अथवा अन्तःक्षिप्त किया जा सकता है।
3. वे रोग पैदा करने वाले विषाणुओं के विरुद्ध प्रभावी होते हैं।
4. सबसे पहले आविष्कार किया जाने वाला प्रतिजैविक 'टेट्रासाइक्लिन' था।

उपरोक्त में दिए गए कथनों में से कौन-सा/से कथन सही है/हैं?

(a) 1 और 2 (b) 1, 2 और 4
(c) 2, 3 और 4 (d) केवल 1

उत्तरमाला

1 (b)	2 (b)	3 (a)	4 (d)	5 (a)	6 (a)	7 (a)	8 (d)	9 (a)	10 (b)
11 (c)	12 (b)	13 (c)	14 (a)	15 (c)	16 (c)	17 (d)	18 (c)	19 (c)	20 (c)
21 (d)	22 (b)	23 (b)	24 (a)	25 (a)	26 (a)	27 (c)	28 (a)	29 (c)	30 (b)
31 (c)	32 (b)	33 (b)	34 (a)	35 (c)	36 (a)	37 (c)	38 (b)	39 (b)	40 (c)
41 (b)	42 (d)	43 (d)	44 (c)	45 (b)	46 (d)	47 (d)	48 (d)	49 (d)	50 (d)
51 (b)	52 (c)	53 (b)	54 (a)	55 (b)	56 (d)	57 (b)	58 (b)	59 (b)	60 (c)
61 (c)	62 (c)	63 (a)	64 (a)	65 (c)	66 (b)	67 (c)	68 (b)	69 (a)	70 (b)
71 (b)	72 (a)	73 (d)	74 (c)	75 (d)	76 (b)	77 (d)	78 (b)	79 (a)	

उत्तर सहित व्याख्या

2. (*b*) रोगों को फैलाने वाले कीटों को वेक्टर या वाहक कहा जाता है। ये रोगजनकों (Pathogens) के लिए पोषद (Host) का कार्य करते हैं तथा उन्हें एक स्थान से दूसरे स्थान तक संचारित करने का कार्य करते हैं।

4. (*d*) दमा (Asthma) जीवाणुजनित रोग नहीं है। इसका मुख्य कारण वायु प्रदूषण है। इस रोग में रोगी की श्वासनलिकाओं में सूजन आ जाती है, जिससे साँस लेने में कठिनाई होती है। यह एक एलर्जिक (Allergic) विकार है।

5. (*a*) क्षय रोग अथवा ट्यूबरकुलोसिस (Tuberculosis) रोग दुग्ध से भी फैलता है। यह रोग दुधारु पशुओं में भी होता है तथा उनके द्वारा उत्पादित दुग्ध को ठीक से उबाले बिना सेवन करने से इसका जीवाणु मानव में संचारित हो जाता है।

6. (*a*) क्षय रोग से बचाव के लिए बच्चों को BCG का टीका दिया जाता है। BCG का अर्थ बैसीलस, कॉलमेट एवं ग्युरिन है। यह टीका क्षय रोग के विरुद्ध प्रतिरक्षी के निर्माण का कार्य करता है तथा प्रतिरक्षण क्षमता (Immunity) को बढ़ाता है। DPT का टीका बच्चों में डिफ्थीरिया, परट्यूसिस या काली खाँसी तथा टिटनेस के जीवाणु के विरुद्ध सक्रिय प्रतिरक्षा (Active immunity) बढ़ाने के लिए लगाया जाता है।

7. (*a*) न्यूमोनिया (Pneumonia) रोग शरीर में फेफड़ों को प्रभावित करता है। यह *न्यूमोकोकस न्यूमोनी* नामक जीवाणुजनित रोग है। इसमें रोगी को श्वास लेने में कठिनाई होती है।

8. (*d*) दिए गए रोगों में से कुष्ठ रोग *माइकोबैक्टीरियम लैप्री* नामक जीवाणु से जनित एक संक्रामक रोग है। इससे त्वचा पर धब्बे तथा फोड़े-फुन्सी, आदि उत्पन्न हो जाते हैं। प्रतिजैविकों (Antibiotics) के उपयोग से इसका उपचार किया जाता है।

9. (*a*) बहु औषधि चिकित्सा का उपयोग कोढ़ या कुष्ठ के उपचार के लिए किया जाता है। यह एक संक्रामक रोग है। इसका जीवाणु

माइकोबैक्टीरियम लैप्री धीमी गति से विकसित होकर मानव के अंगुलियों, पैरों एवं त्वचा पर विकार उत्पन्न करता है। इसका उपचार प्रतिजैविकों द्वारा कर सकते हैं।

11. (c) विडाल परीक्षण (Widal test) टायफॉइड के संक्रमण की जाँच के लिए किया जाता है। इसकी खोज जॉर्ज फर्नेन्ड विडाल ने सन् 1896 में की थी। टायफॉइड या मोतीझरा *साल्मोनेला टाइफी* जीवाणु द्वारा जनित रोग है।

12. (b) उपदंश (Syphilis) एक गुप्त रोग है, जो लैंगिक सम्बन्धों के कारण होता है। इसका कारक *'ट्रीपोनिमा पैलिडम'* नामक जीवाणु है। 'उपदंश' को सीरोलॉजिकल परीक्षण द्वारा चिह्नित किया जाता है। दाद कवक जनित तथा पोलियो विषाणु जनित रोग है। मायोकॉर्डियल अतिक्रमण (हृदयाघात) का कारण हृदय की माँसपेशियों में रुधिर प्रवाह का बाधित होना है।

13. (c) मेलिओडोसिस जीवाणु जनित एक संक्रामक रोग होता है, जो मृदा और जल में उपस्थित ग्राम ऋणात्मक जीवाणु *बुरखोलडेरिया स्यूडोमेलाई* के कारण होता है।

14. (a) हैजा रोग तीव्र जठरान्त्र सम्बन्धित संक्रमण पैदा करने वाला एक प्रदूषित जल से होने वाला रोग है। इसका संक्रमण *विब्रियो कॉलेरी* और *एल्टोर विब्रियो* नामक जीवाणुओं द्वारा होता है।

15. (c) मानव में बैक्टीरिया के संक्रमण का सबसे आम इलाज एण्टीबायोटिक्स है। एण्टीबायोटिक्स रोगाणुरोधी यौगिकों का व्यापक समूह होता है, जिनका उपयोग कवक, प्रोटोजोआ एवं जीवाणुओं के कारण हुए संक्रमण के इलाज के लिए होता है।

22. (b) ओरल पोलियो वैक्सीन, अल्बर्ट साबिन के द्वारा विकसित की गई थी। यह विश्व स्वास्थ्य संगठन द्वारा अत्यन्त महत्वपूर्ण औषधि सूची में सम्मिलित की गई है।

23. (b) स्वास्थ्य एवं परिवार कल्याण मन्त्रालय द्वारा 'टेस्ट एंड ट्रीट' नीति एच.आई.वी. रोग के लिए प्रारम्भ की गई है। इसके तहत यदि किसी व्यक्ति में जाँच के दौरान HIV पाया जाता है, तो उसे तुरन्त एण्टीरेट्रोवायरल थेरेपी (ART) की सुविधा उपलब्ध कराई जाती है।

25. (a) एडवर्ड जेनर ने चेचक के लिए टीके का आविष्कार वर्ष 1976 में किया था। इन्हें प्रतिरक्षा (Immunology) का पिता भी कहा जाता है।

26. (a) पीला बुखार या पीत ज्वर मनुष्यों में मुख्य रूप से संक्रमित मादा मच्छर के काटने से फैलता है। यह विषाणु जनित एक संक्रामक तथा तीव्र रोग है।

27. (c) चमगादड़ इबोला बुखार के रोगाणुओं के प्राकृतिक पोषक हैं। इस रोग में शरीर की नसों से रुधिरस्राव बहुत अधिक होता है तथा अंग पूरी तरह खराब हो जाते हैं।

28. (a) हिपेटाइटिस रोग जो यकृत को प्रभावित करता है, हिपेटाइटिस विषाणु द्वारा उत्पन्न होता है। इस रोग के 6 प्रकार के विषाणु होते हैं—हिपेटाइटिस-A, B, C, D, E एवं G इनमें से हिपेटाइटिस-B सबसे अधिक गम्भीर रोग उत्पन्न करता है।

30. (b) HIV का पूर्ण रूप ह्यूमन इम्यूनो डेफिशिएन्सी वायरस (Human Immuno Deficiency Virus) है। यह विषाणु रेट्रोविरिडी कुल के उपसमूह 'लेण्टी वायरस' का सदस्य है। यह एड्स रोग का जनक है।

42. (d) दिए गए विकल्पों में से दाद रोग मच्छर से उत्पन्न नहीं होता है। यह कवक (Fungus) जनित रोग है। *डर्मेटोफाइटोन, ट्राइकोफाइटोन, माइक्रोस्पोरम,* आदि कवकों के संक्रमण से यह मानव त्वचा पर गोल चकते (Ring form) के रूप में लक्षण प्रकट करता है, इसलिए इसे रिंगवर्म (Ring worm) भी कहते हैं। डेंगू, चिकनगुनिया एवं जीका ज्वर तीनों विषाणुजनित रोग हैं, जिनका संचरण मादा *एडिज एजिप्टाई* नामक मच्छर के काटने से होता है।

58. (b) सिरोसिस रोग शरीर में जिगर अथवा यकृत (Liver) को प्रभावित करता है। यह यकृत का कैंसर के बाद सबसे गम्भीर बीमारी है। इस बीमारी का इलाज लीवर प्रत्यारोपण के अतिरिक्त और कोई नहीं है।

61. (c) रुधिर में मिथेमोग्लोबिन (Methamoglobin) की अधिकता से 'ब्लू बेबी सिण्ड्रोम' नामक रोग होता है। इस रोग में शिशु में ऑक्सीजन की कमी के कारण उसके शरीर का रंग नीला पड़ने लगता है। यह रोग नाइट्रेट युक्त दूषित जल (जिसमें नाइट्रेट की मात्रा 90 ppm से अधिक हो) के सेवन से होता है।

62. (c) कैंसर शब्द ग्रीक के *'कार्सिनोस'* शब्द से व्युत्पन्न हुआ है, जिसका अर्थ 'केकड़ा' होता है।

63. (a) कार्सिनोमा (Carcinoma) को सामान्यतया रुधिर कैंसर के रूप में वर्गीकृत नहीं किया जाता। कार्सिनोमा एक कार्सिनोमोट्स कैंसर, जो त्वचा, होंठ, मुँह, मूत्राशय, प्रोस्टेट, फेफड़ों, योनि और गर्भाशय ग्रीवा सहित विभिन्न अंगों में होता है।

64. (a) कैंसर के ऊतकों की जाँच के लिए बायोप्सी की जाती है। इसके अन्तर्गत जीवित प्राणियों के शरीर से ऊतक को अलग कर विभिन्न परीक्षण किए जाते हैं।

71. (b) मलेरिया की सबसे अधिक प्रमाणित औषधि (Proved medicine) कुनैन (Quinine) है। इस रोग की खोज फ्रांसीसी डॉक्टर ए. लेबरॉन ने की। *सिनकोना* पादप की छाल से कुनैन औषधि प्राप्त होती है।

अध्याय 12

जैव प्रौद्योगिकी

Biotechnology

जैव प्रौद्योगिकी : सिद्धान्त एवं प्रक्रम

- वह तकनीक, जिसके अन्तर्गत जीवित जीवधारियों या उनके एन्जाइमों का उपयोग कर मानवोपयोगी उत्पाद तथा प्रक्रमों का उत्पादन किया जाता है, जैव प्रौद्योगिकी (Biotechnology) कहलाती है।
- जैव प्रौद्योगिकी के अन्तर्गत मानवोपयोगी उत्पादों; जैसे–एन्जाइम, इन्सुलिन, प्रतिजैविकों, आदि का वृहद् स्तर पर व्यावसायिक उत्पादन किया जाता है।
- जैव प्रौद्योगिकी के अन्तर्गत वाँछित गुणों वाले आनुवंशिक पदार्थ या काइमेरिक DNA का निर्माण किया जाता है।
- **DNA पुनर्योगज तकनीक** (DNA recombinant technique) इसमें पुनर्योगज DNA बनाने के लिए जीन का स्थानान्तरण या पुनर्योगज होता है।
- इस तकनीक में दो भिन्न जीवों के DNA को संयुक्त कर पुनर्योगज DNA उत्पन्न किया जाता है। इस तकनीक को DNA पुनर्योगज (Recombinant DNA) तकनीक कहा जाता है।
- इस तकनीक के प्रमुख सहायक उपकरण हैं–प्रतिबन्धन (Restriction) एन्डोन्यूक्लिऐज (वाँछित स्थान पर DNA को तोड़ने के लिए), DNA लाइगेज (DNA खण्डों को जोड़ने के लिए), वाहक एवं उपयुक्त पोषद् (Host)।
- DNA लाइगेज DNA के रज्जुक के न्यूक्लियोटाइडों को फॉस्फोडाइएस्टर बन्ध द्वारा जोड़ते हैं।
- ऐगारोज जेल इलेक्ट्रोफोरेसिस (Electrophoresis) तकनीक द्वारा प्रतिबन्धन एन्जाइम द्वारा कटे DNA के खण्डों को उनके भार या आकार के अनुसार पृथक् किया जाता है।
- वाँछित DNA खण्डों को पृथक् कर ऐगारोज से अलग करना **निक्षालन** (Leaching) कहलाता है।
- पोषद् जीवधारी में नवनिर्मित पुनर्योगज बाह्य DNA के प्रवेश हेतु प्लाज्मिड या विषाणु वाहक की आवश्यकता होती है।
- सभी वाहकों में चार प्रमुख गुण होते हैं–*ऑरी (ori)* या प्रारम्भन स्थल, क्लोनिंग स्थल, वर्णात्मक चिन्ह तथा छोटा आकार।
- **पॉलीमरेज श्रृंखला अभिक्रिया** (Polymer chain reaction) वाँछित जीन एक अन्य प्रक्रम पॉलीमरेज श्रृंखला अभिक्रिया द्वारा भी प्राप्त किए जा सकते हैं।
- इस अभिक्रिया में उपक्रमकों के दो समुच्चयों व DNA पॉलीमरेज एन्जाइम का उपयोग करते हुए *अन्तः पात्रे (in vitro)* विधि द्वारा उपयोगी जीन की कई प्रतिकृतियों का संश्लेषण होता है।
- इसके अन्तर्गत तापसुग्राही एन्जाइम, *टैक (Taq)* पॉलीमरेज, बफर एवं न्यूक्लियोटाइडों का उपयोग किया जाता है। इसके द्वारा बहुत कम समय में DNA की अनेक प्रतिलिपियाँ प्राप्त हो जाती हैं।
- PCR के अन्तर्गत तीन मुख्य चरण सम्मिलित हैं– DNA का विकृतिकरण, प्राइमर का जुड़ना(तापानुशीतन) तथा DNA का दीर्घीकरण (प्रसार)।
- पुनर्योगज DNA के बनने के पश्चात् इसे पोषद् कोशिका में विभिन्न तकनीकों द्वारा प्रवेशित कराया जा सकता है, जैसे–रूपान्तरण, बायोलिस्टिक प्रक्रम, सूक्ष्म अन्तः क्षेपण, आदि।
- वाँछित पुनर्योगज DNA की पोषद् कोशिका में अभिव्यक्ति कठिन होती है, किन्तु एक बार छोटे स्तर पर इसकी अभिव्यक्ति होने पर इसे वृहद् स्तर पर बायोरिएक्टर द्वारा सम्पन्न कराया जा सकता है।
- व्यवसायिक दृष्टि से वाँछित उत्पाद के अधिक उत्पादन के लिए बायोरिएक्टर (Bioreactor) का उपयोग किया जाता है।

जैव प्रौद्योगिकी के अनुप्रयोग

- पुनर्योगज तकनीक द्वारा एक जीव में एक या अधिक विजातीय DNA को प्रवेशित करवाकर आनुवंशिकीय रूपान्तरित जीव (GMO) विकसित किए जाते हैं।
- GM पादपों के द्वारा फसल के उत्पादन एवं गुणवत्ता या पौष्टिकता में वृद्धि होती है तथा फसल को विषम परिस्थितियों के प्रति प्रतिरोधी एवं खनिज उपयोग के प्रति दक्ष बनाकर कृषि में होने वाली हानि को कम किया जाता है।
- अनेक GM पादपों की पौष्टिकता एवं कीट प्रतिरोधकता में वृद्धि हुई है, जिससे रासायनिक कीटनाशकों पर निर्भरता घटी है; उदाहरण–सुनहरा धान (विटामिन-A युक्त), *Bt*-कपास (कीट प्रतिरोधी)। इसी तरह RNA अवरोधन के द्वारा निमैटोड प्रतिरोधी तम्बाकू के पादप विकसित किए गए हैं।
- कीट प्रतिरोधी पादप निर्माण हेतु *Bt* जीन को *बैसिलस थ्यूरिन्जिएन्सिस* जीवाणु से विलगित किया गया है।
- आनुवंशिकीय रूपान्तरित पादपों के उदाहरण— *Bt*-कपास, *Bt*-मक्का, *Bt*-धान, *Bt*-टमाटर, *Bt*-सोयाबीन, *Bt*-तम्बाकू, आदि हैं।

- पुनर्योगज DNA तकनीक के द्वारा अधिक सुरक्षित एवं प्रभावी औषधियों के विकास का चिकित्सा के क्षेत्र में विशेष प्रभाव पड़ा है; उदाहरण–इन्सुलिन, टीका आदि।
- **जीन उपचार** (Gene therapy) अनेक विधियों का संग्रह है, जो जीन विकृति में संशोधन, भ्रूण या शिशु में रोगों के परीक्षण एवं निदान आदि से सम्बन्धित है।
- *r*-DNA तकनीक, PCR, ELISA आदि जैव प्रौद्योगिकी तकनीकों द्वारा अनेक रोगों का आण्विक निदान किया जाता है।
- **ट्रान्सजेनिक जीव** (Transgenic organism) वे जीव, जिनमें विजातीय DNA प्रवेशित कराया जाता है। उदाहरण–पारजीनी गाय, पारजीनी चूहें, आदि।
- **जैव एकस्व** (Biopatent) जैविक संसाधनों हेतु मिलने वाला लाइसेन्स।

चैप्टर प्रैक्टिस

जैव प्रौद्योगिकी : सिद्धान्त एवं प्रक्रम

1. विज्ञान की किस शाखा के अन्तर्गत जीवों के DNA में परिवर्तन किया जाता है?
(a) जैव-प्रौद्योगिकी (b) कोशिका विज्ञान
(c) सूक्ष्मजैविकी (d) जैव-रसायन

2. बायोटेक्नोलॉजी शब्द का सर्वप्रथम प्रयोग किस वैज्ञानिक ने किया?
(a) स्मिथ तथा नैथन्स ने (b) कार्ल इरके ने
(c) बर्ग ने (d) इनमें से कोई नहीं

3. जैव प्रौद्योगिकी के अन्तर्गत सम्मिलित शाखा है
(a) कोशिका विज्ञान (b) आण्विक जैविकी
(c) आनुवंशिकी (d) ये सभी

4. प्रतिबन्धन एण्डोन्यूक्लिएज एन्जाइम का प्रमुख कार्य है
(a) DNA सूत्र को काटता है (b) द्विसूत्री DNA को काटता है
(c) RNA सूत्र को काटता है (d) एकलसूत्री DNA को काटता है

5. प्रतिबन्धन एण्डोन्यूक्लिएज का उपयोग आनुवंशिक इंजीनियरिंग में निम्नलिखित में से किस अणु को बनाने में किया जाता है?
(a) DNA के पुनर्योगज अणु
(b) RNA के पुनर्योगज अणु
(c) DNA तथा RNA दोनों के पुनर्योजन अणु
(d) उपरोक्त में से कोई नहीं

6. प्रारूप-I के प्रतिबन्धन एण्डोन्यूक्लिएज एंजाइम विलोमपदों पर DNA अणु के दोनों सूत्रों को एक ही स्थान पर काटते हैं। दोनों सपाट सिरों को क्या कहते हैं?
(a) कुन्द छोर (b) सलांग छोर
(c) दोनों (a) और (b) (d) इनमें से कोई नहीं

7. जेनेटिक इन्जीनियरिंग में निम्न में से किसका प्रयोग होता है? *[UPPCS 2015]*
(a) प्लास्टिड (b) प्लाज्मिड
(c) माइटोकॉण्ड्रिया (d) राइबोसोम

8. *Eco* RI एक रेस्ट्रिक्शन एण्डोन्यूक्लिएज है, इसमें *co* से तात्पर्य है
(a) सीलोम (b) कोएन्जाइम
(c) *कोलाई* (d) कोलोन

9. यदि मानव वृद्धि हॉर्मोन जीन का प्रयोग करके ऐसा चूहा पैदा किया जाए, जो चूहे के सामान्य आकार से आठ गुना बड़ा हो, तो इस तकनीक को कहेंगे *[IAS (Pre) 1993]*
(a) संकरण (b) आनुवंशिक अभियान्त्रिकी
(c) उत्परिवर्तन प्रजनन (d) हॉर्मोनी भरण

10. आनुवंशिक अभियान्त्रिकी का सर्वाधिक महत्त्वपूर्ण एंजाइम कौन-सा है, जिसे आण्विक कैंची कहा जाता है?
(a) एक्सोन्यूक्लिएजेस (b) एण्डोन्यूक्लिएजेस
(c) प्रतिबन्धन एण्डोन्यूक्लिएजेस (d) इनमें से कोई नहीं

11. प्राय: समाचारों में आने वाला Cas9 प्रोटीन क्या है? *[IAS (Pre) 2019]*
(a) लक्ष्य-साधित जीन सम्पादन (टारगेटेड जीन एडिटिंग) में प्रयुक्त आण्विक कैंची
(b) रोगियों में रोगजनकों की ठीक-ठीक पहचान के लिए प्रयुक्त जैव संवेदक
(c) एक जीन जो पादपों को पीड़क-प्रतिरोधी बनाता है
(d) आनुवंशिकतया रूपान्तरित फसलों में संश्लेषित होने वाला एक शाकनाशी पदार्थ

12. निम्न में से कौन-सा जीवाणु रेस्ट्रिक्शन एण्डोन्यूक्लिएज का स्रोत नहीं है?
(a) *हीमोफाइलस इन्फ्लुएंजी*
(b) *इश्चेरिचिया कोलाई*
(c) *एग्रोबैक्टीरियम ट्यूमिफेसिएन्स*
(d) *बैसिलस एमायलोलिक्वीफेसिएन्स*

13. टूटे हुए DNA खण्डों को जोड़ने का कार्य करता है
(a) DNA लाइगेज (b) DNA पॉलीमरेज
(c) एण्डोन्यूक्लिएज (d) एक्सोन्यूक्लिएज

14. आनुवंशिक अभियान्त्रिकी में दो बहुत उपयोगी सूक्ष्मजीव कौन-से हैं?
(a) *इश्चेरिचिया कोलाई* तथा एक पूँछयुक्त जीवाणुभोजी
(b) *विब्रियो कॉलेरी* तथा एक पूँछयुक्त जीवाणुभोजी
(c) *डिप्लोकॉकस* प्रजाति तथा *स्यूडोमोनास* प्रजाति
(d) क्राऊन-गॉल जीवाणु तथा *सीनोरैब्डिट्स ऐलीगैन्स*

15. प्लाज्मिड है
(a) द्विसूत्री वृत्तीय RNA (b) अतिरिक्त गुणसूत्रीय DNA
(c) एकलसूत्री DNA (d) इनमें से कोई नहीं

16. पुनर्योगज DNA तकनीक में पोषद् के रूप में मुख्यतया उपयोगी है
(a) *हीमोफाइलस इन्फ्लुएन्जी* (b) *ई. कोलाई*
(c) *बैसिलस ग्लोबिजी* (d) इनमें से कोई नहीं

17. DNA के रज्जुकों के पृथक्कीकरण को कहते हैं
(a) विलगन (b) तापानुशीतन
(c) विस्तारण (d) इनमें से कोई नहीं

18. DNA को किसने *अन्तः पात्रे* में बनाया? *[BPSC (Pre) 2015]*
(a) ऑर्थर कोर्नबर्ग (b) रॉबर्ट हुक
(c) एडवर्ड जेनर (d) जोसेफ लिस्टर

19. DNA के द्विहेलिक्स प्रारूप को पहली बार किसने प्रस्तावित किया था? *[UPPCS (Pre) 2012]*
(a) वॉटसन तथा क्रिक ने (b) फिशर तथा हालडॉनी ने
(c) लैमार्क तथा डार्विन ने (d) ह्यूगो डी व्रीज ने

20. समुद्री खरपतवार से निष्कर्षित एगारोस का प्रयोग होता है
(a) ऊतक संवर्धन में (b) PCR में
(c) जैल-इलक्ट्रोफोरेसिस में (d) स्पैक्ट्रोफोटोमैट्री में

21. DNA फिंगरप्रिण्टिंग का आधार है *[RAS/RTS 2018]*
(a) द्वि-रज्जुक (b) मूल अनुक्रम की त्रुटियाँ
(c) DNA प्रतिकृति (d) DNA बहुरूपता

22. अँगुलियों के निशानों की बहुरंगीय सतह को उभारने हेतु निम्न में से क्या प्रयुक्त होता है? *[UPPCS (Mains) 2013]*
(a) स्वर्ण धूल (b) मैंगनीज डाइऑक्साइड
(c) चारकोल (d) फ्लोरोसेंट पाउडर

23. DNA की निम्नलिखित में से किस विशिष्टता ने उसे पीढ़ी-दर-पीढ़ी आनुवंशिक सूचना संग्रह करने और प्रेषण करने के लिए अद्वितीय रूप से उपयुक्त बनाया है? *[IAS (Pre) 2001]*
(a) दो रज्जुकों (Two strands) की पूरकता
(b) द्वि-कुण्डलिनी (Double helix)
(c) प्रति मोड़क्षारक युग्मों की संख्या
(d) शर्करा-फॉस्फेट बैकबोन

24. शिशु की पितृत्व स्थापित करने के लिए निम्नलिखित में से किस एक तकनीक का प्रयोग किया जा सकता है? *[UP UDA/LDA 2010]*
(a) प्रोटीन विश्लेषण (b) गुणसूत्र गणन
(c) DNA का मात्रात्मक विश्लेषण (d) DNA फिंगरप्रिंटिंग

25. DNA फिंगरप्रिंटिंग का उपयोग किन क्षेत्रों में होता है? *[UPPCS 2004]*
(a) केवल न्यायालयी छानबीन में सहायक वैज्ञानिक परीक्षण में
(b) केवल पैतृक विवाद में
(c) केवल संकटापन्न प्राणियों के रक्षण में
(d) उपरोक्त सभी क्षेत्रों में

26. मानवों की पहचान को सुनिश्चित करने के लिए जैव-प्रौद्योगिकी आधारित अत्याधुनिक तकनीक को काम में लाया जाता है *[RAS/RTS (Pre) 2012]*
(a) बायोमीट्रिक्स अन्वेषण (b) जीनोम अनुक्रमण
(c) DNA फिंगरप्रिंटिंग (d) गुणसूत्र प्ररूपण

27. एक जीव से दूसरे जीव में जीवाणुभोजी द्वारा DNA का स्थानान्तरण कहलाता है
(a) रूपान्तरण (b) संयुग्मन
(c) पारगमन (d) इनमें से कोई नहीं

28. पुनर्योगज DNA तकनीक में DNA खण्डों का उनके आकार के अनुसार पृथक्करण किस विधि द्वारा किया जाता है?
(a) जैल-इलेक्ट्रोफोरेसिस (b) अपकेन्द्रण
(c) क्रोमेटोग्राफी (d) इनमें से कोई नहीं

29. पुनर्योगज DNA तकनीकी के सन्दर्भ में निम्न कथनों में से कौन-सा कथन सत्य है?
(a) कोई भी साधारण DNA जो विभिन्न स्रोतों से व्युत्पन्न अनुक्रमों द्वारा निर्मित होता है, पुनर्योगज DNA कहलाता है
(b) वर्ष 1972 में पॉल बर्ग ने एक विषाणु DNA (SB-40) को जीवाणु *ई. कोलाई* में प्रत्यारोपित कर नवीन जीव की उत्पत्ति की
(c) दोनों (a) और (b)
(d) उपरोक्त में से कोई नहीं

30. जीवाणुभोजियों के सम्बन्ध में कौन-सा कथन सही है/हैं? *[UP RO/ARO 2017]*
1. जीवाणुभोजी, विषाणु होते हैं, जो जीवाणुओं को संक्रमित करते हैं।
2. जीवाणुभोजी आनुवंशिक अभियान्त्रिकी में प्रयुक्त होते हैं।

नीचे दिए गए कूट से सही उत्तर चुनिए
(a) केवल 1 (b) केवल 2
(c) 1 और 2 दोनों (d) न तो 1 और न ही 2

31. आनुवंशिक अभियान्त्रिकी (Genetic engineering) के निम्नलिखित प्रभावों पर विचार कीजिए *[UPPCS (Pre) 2003]*
1. रोग प्रतिरोध 2. वृद्धि
3. जन्तु क्लोनिंग 4. मानव क्लोनिंग

उपरोक्त में से, जो सफलता के साथ परीक्षित किए गए, वे हैं
(a) 1, 3 और 4 (b) 2, 3 और 4
(c) 1, 2 और 4 (d) 1, 2 और 3

32. पुनर्योगज DNA प्रौद्योगिकी (आनुवंशिक अभियान्त्रिकी) में जीनों को स्थानान्तरित किया जाता है *[IAS (Pre) 2013]*
1. पौधों की विभिन्न जातियों में
2. जन्तुओं से पौधों में
3. सूक्ष्मजीवों से उच्चतर जीवों में

नीचे दिए गए कूट का प्रयोग कर सही उत्तर चुनिए
(a) केवल 1 (b) 2 और 3
(c) 1 और 3 (d) 1, 2 और 3

33. वर्तमान में वैज्ञानिक किसी गुणसूत्र में जीन इकाईयों का विन्यास अथवा उनकी सापेक्षिक स्थिति अथवा डी.एन.ए. अनुक्रमों को निर्धारित कर सकते हैं। यह ज्ञान हमारे लिए किस प्रकार उपयोगी है? *[IAS (Pre) 2011]*
1. उसकी मदद से पशुधन की वंशावली जानी जा सकती है।
2. उसकी मदद से सभी मानव रोगों के कारण ज्ञात हो सकते हैं।
3. उसकी मदद से पशुओं की रोग-सह नस्लें विकसित की जा सकती हैं।

उपरोक्त में से कौन-सा/से कथन सही है/हैं?
(a) 1 और 2 (b) केवल 2
(c) 1 और 3 (d) 1, 2 और 3

34. पुनर्योगज DNA तकनीक के चरण नीचे दिए गए हैं *[RAS/RTS (Pre) 2013]*

A. आनुवंशिक पदार्थ की पहचान एवं पृथक्करण
B. DNA का विखण्डन
C. बाह्य जीन उत्पाद की प्राप्ति

D. प्रवाहिक प्रक्रिया
E. DNA खण्ड को वाहक में जोड़ना
F. इच्छित DNA खण्डों का पृथक्करण
G. रुचि वाले जीन का परिवर्द्धन
H. पुनर्योगज DNA का पोषी कोशिका/जीव में स्थानान्तरण

चरणों का सही अनुक्रम है
(a) C→ A→ B→ D→ F→ E→ G→ H
(b) A→ D→ C→ B→ E→ G→ F→ H
(c) A→ B→ F→ G→ E→ H→ C→ D
(d) H→ F→ G→ E→ A→ D→ B→ C

जैव प्रौद्योगिकी के अनुप्रयोग

35. जेनेटिक इंजीनियरिंग का उपयोग होता है
(a) कृषि क्षेत्र में (b) चिकित्सा में
(c) वैक्सीन निर्माण में (d) इन सभी में

36. वह तकनीक, जिसके उपयोग के कारण फसलों के बीजों को दो बार नहीं उगाया जा सकता है
(a) RNA अन्तरक्षेप (b) टर्मिनेटर तकनीक
(c) ऑपरेटर तकनीक (d) इनमें से कोई नहीं

37. *बीटी* (*Bt*) जीव विष किस जीवाणु द्वारा उत्पादित है?
(a) *बैसिलस वुल्गैरिस* (b) *बैसिलस थ्यूरिंजिएन्सिस*
(c) *बैसिलस सबटाइलिस* (d) *बैसिलस मेगाथीरियम*

38. ट्रान्सजीनिक पादप के निर्माण हेतु किस जीवाणु के Ti–प्लाज्मिड में विशिष्ट जीन को पुनः स्थापित करते हैं?
(a) *राइजोबियम*
(b) *एग्रोबैक्टीरियम ट्यूबरकुलोसिस*
(c) *एग्रोबैक्टीरियम ट्यूमिफेसियन्स*
(d) उपरोक्त में से कोई नहीं

39. कपास के कीट-रोधी पौधे आनुवंशिक अभियान्त्रिकी द्वारा एक जीन को निविष्ट कर निर्मित किए गए हैं, जो लिया गया है *[IAS (Pre) 2000]*
(a) विषाणु से (b) जीवाणु से
(c) कीट से (d) पौधे से

40. इनमें से कौन-सा एक सूक्ष्मजीवी कीटनाशक है? *[CGPCS 2018]*
(a) *बैसिलस थ्यूरिंजिएन्सिस* (b) *बैसिलस सबटाइलिस*
(c) *बैसिलस पोलीमिक्सा* (d) *बैसिलस ब्रेविस*

41. बैंगन की आनुवंशिक अभियान्त्रिकी से उसकी एक नई किस्म *Bt*-बैंगन विकसित की गई है। इसका लक्ष्य *[IAS (Pre) 2011]*
(a) इसे नाशकजीव-सह बनाना है
(b) इसे अधिक स्वादिष्ट और पौष्टिक बनाना है
(c) इसे जलाभाव-सह बनाना है
(d) इसकी आयु बढ़ाना है

42. निम्नलिखित में कौन पारजीनी (Transgenic) पादप है? *[UPPCS 2012]*
(a) बक ह्वीट (b) मैकेरोनी ह्वीट
(c) गोल्डन राइस (d) *ट्रिटिकेल*

43. 'महाधान' (सुपर राइस) विकसित किया *[UPPCS 2007]*
(a) एम.एस. स्वामीनाथन ने (b) जी.एस. खुश ने
(c) एन.ई. बोरलॉग ने (d) पी.के. गुप्ता ने

44. सुनहरी (गोल्डन) चावल है *[RAS/RTS 2013]*
(a) चावल की एक जंगली किस्म, जिसमें पीले रंग के चावल होते हैं
(b) चीन की पीली नदी के तट पर उगाई गई चावल की एक किस्म
(c) लम्बे समय के उपरान्त पीली आभा (टिण्ट) वाले चावल
(d) एक ट्रांसजेनिक चावल की किस्म, जिसमें कैरोटीन जीन उपलब्ध है

45. सुनहरे चावल में बीटा-कैरोटीन जीन कहाँ से आता है? *[JPCS 2016]*
(a) गाजर (b) डैफोडिल
(c) चुकन्दर (d) पपीता

46. पारजीनी फसल 'सुनहरा चावल' किस वांछनीय लक्षण के लिए तैयार की गई है? *[RAS/RTS 2008]*
(a) विटामिन-A (b) आवश्यक अमीनो अम्ल
(c) इन्सुलिन (d) लाक्षणिक मण्ड

47. आनुवंशिक रूपान्तरित फसल के लाभ हैं
(a) कम साधनों में अधिक गुणात्मक व मात्रात्मक फसल का उत्पादन
(b) फसल में प्रोटीन एवं खनिज तत्वों की प्रचुरता
(c) दोनों (a) और (b)
(d) उपरोक्त में से कोई नहीं

48. *बैसिलस थ्यूरिन्जिएन्सिस* प्रोटीन के क्रिस्टल बनाता है, जिनमें कीटनाशक प्रोटीन होती है। यह प्रोटीन
(a) कीट के मध्यान्त्र की उपकला कोशिकाओं से बँधकर अन्तः कीट को मार देती है
(b) कुछ जीन्स, जिनमें *क्राई* जीन भी सम्मिलित है, द्वारा कोडित होती है
(c) कीट की अग्राँत्र की अम्लीय pH द्वारा सक्रिय होती है
(d) वाहक जीवाणु को, जो स्वयं इस विष के लिए प्रतिरोधी होता है, नहीं मारती है

49. निम्न में से कौन ट्रांसजेनिक्स विधि द्वारा नहीं प्राप्त किया जा सकता? *[UPPCS (Pre) 2000]*
(a) जैव-निम्नीकरणीय प्लास्टिक का उत्पादन
(b) खाने योग्य टीकों का उत्पादन
(c) क्लोनीकृत जन्तुओं का उत्पादन
(d) ट्रांसजीनी फसलों का उत्पादन

50. टर्मिनेटर तकनीक के द्वारा निम्न में से क्या उत्पन्न किया जाता है? *[UPPCS (Mains) 2004]*
(a) ट्रांसजेनिक उपजाऊ बीज
(b) जीन परिवर्तित पौधे
(c) जेनेटिक रूप से अभियान्त्रित बीज, जो दूसरी पीढ़ी में बन्ध्यग्रस्त होते हैं
(d) उपरोक्त सभी

51. निम्नलिखित में से किस प्रकार के भोजन के उपभोग द्वारा विटामिन-A की अल्पताजन्य अन्धता को रोका जा सकता है?
(a) *फ्लैवर सैवर* (b) कैनोला
(c) सुनहरा चावल (d) *Bt* बैंगन

52. भारतीय किसान 'टर्मिनेटर बीज प्रौद्योगिकी' के प्रवेश से असन्तुष्ट हैं, क्योंकि इस प्रौद्योगिकी से उत्पादित बीजों से सम्भावना होती है *[IAS (Pre) 1999]*
(a) खराब अंकुरण दिखने की
(b) उच्च गुणवत्ता के बावजूद अल्प उपज वाले पौधे बनने की
(c) लैंगिक रूप से बाँझ पौधों के उगने की
(d) अंकुरणक्षम बीज बनाने में असमर्थ पौधों के उगने की

53. विकसित देशों द्वारा समर्पित टर्मिनेटर तकनीक उपलब्ध कराती है *[UPPCS (Pre) 1999]*
(a) जैव तकनीकी द्वारा बीजों की उन्नत किस्मों को, जो दूसरी पीढ़ी के लिए बन्ध्य बीजों को उत्पन्न करने के लिए सुनिश्चित की गई है
(b) ट्रांसजेनिक बीजों को, जो एक पीढ़ी से दूसरी पीढ़ी तक निरन्तर उत्तम गुणों को संचारित करती रहेगी
(c) फसलों के रोगों को चयनित कर समाप्ति हेतु
(d) संकर बीज खाए तो जा सकते हैं, किन्तु उगाए नहीं जा सकते

54. **शरीर की वे कोशिकाएँ जिनमें शरीर की किसी भी प्रकार की कोशिकाओं में विभाजन तथा विशिष्टीकरण की क्षमता होती है और जो कई गम्भीर बीमारियों पर शोध का केन्द्र बिन्दु हैं, उन्हें कहते हैं** *[UPPCS (Pre) 2006]*
(a) बड कोशिकाएँ
(b) रेड कोशिकाएँ
(c) मीसेन्जियल कोशिकाएँ
(d) स्टेम कोशिकाएँ

55. **अति विवादास्पद भ्रूणीय स्टेम कोशिकाओं के विकल्प के रूप में कौन बायोएथिकल अविवादास्पद स्रोत है** *[UPPCS (Pre) 2008]*
(a) अस्थि मज्जा से व्युत्पन्न स्टेम कोशिकाएँ
(b) उल्बी तरल से व्युत्पन्न स्टेम कोशिकाएँ
(c) गर्भ का रुधिर
(d) शिशुओं का रुधिर

56. **पुनर्योगज DNA प्रौद्योगिकी द्वारा उत्पादित पहला हॉर्मोन कौन-सा है?**
(a) इन्सुलिन
(b) एस्ट्रोजन
(c) थाइरॉक्सिन
(d) प्रोजेस्टेरॉन

57. **निम्नलिखित में से कौन-सा कथन प्राणियों में स्टेम कोशिकाओं के प्रत्यारोपण के सन्दर्भ में असत्य है?** *[RPCS 2007]*
(a) ये प्राणी में जीवनभर स्वयं गुणन करती हैं
(b) ये अंगों के क्षतिग्रस्त ऊतकों की मरम्मत करती हैं
(c) ये एक या अधिक प्रकार की विशिष्ट कोशिकाओं को बनाने की क्षमता रखती हैं
(d) ये केवल भ्रूण में पाई जाती हैं

58. **एक वयस्क दैहिक कोशिका से क्लोन की गई पहली स्तनपायी, डॉली (भेड़) के बारे में कौन-सा तथ्य सही नहीं है?** *[RAS/RTS 2016]*
(a) डॉली की मृत्यु वर्ष 2003 में हुई थी
(b) फेफड़ों की बीमारी के कारण डॉली का निधन हुआ था
(c) डॉली वर्ष 1998 में पैदा हुई थी
(d) डॉली स्कॉटलैण्ड में पैदा हुई थी

59. **जीन चिकित्सा में, एक त्रुटिपूर्ण जीन के कार्य को ठीक करने हेतु** *[UPPCS 2014]*
(a) त्रुटिपूर्ण जीन को हटाया जाता है
(b) कोई दूसरे सही जीन को प्रविष्ट किया जाता है
(c) त्रुटिपूर्ण जीन को कार्य करने से रोका जाता है
(d) पूरे त्रुटिपूर्ण जीन को स्वस्थ जीन से बदला जाता है

60. **आनुवंशिकीय रूपान्तरित (GM) फसलों में रूपान्तरित आनुवंशिक पदार्थ किसके कारण होते हैं?** *[CDS 2016]*
1. नए DNA का आगमन
2. विद्यमान DNA का निष्कासन
3. RNA का आगमन
4. नए विशेषकों का आगमन

नीचे दिए कूट का प्रयोग कर सही उत्तर चुनिए
कूट
(a) 1 और 2 (b) 1, 2 और 3 (c) 3 और 4 (d) 1, 2 और 4

61. **भारत में *Bt* बैंगन के प्रवेशन पर लोगों के विरोध के कारण क्या हैं?** *[IAS (Pre) 2012]*
1. *Bt* बैंगन की रचना इसके जीनोम में मृदा कवक के जीन को प्रवेश कराकर की गई है।
2. *Bt* बैंगन के बीज टर्मिनेटर बीज हैं, जिसके कारण किसानों को प्रत्येक मौसम के पहले बीज कम्पनियों से बीज खरीदना पड़ता है।
3. एक आशंका है कि *Bt* बैंगन के उपभोग का स्वास्थ्य पर विपरीत प्रभाव पड़ सकता है।
4. यह भी चिन्ता है कि *Bt* बैंगन के प्रवेशन से जैव विविधता पर विपरीत प्रभाव हो सकता है।

निम्नलिखित कूटों के आधार पर सही उत्तर चुनिए
कूट
(a) 1, 2 और 3 (b) 2 और 3
(c) 3 और 4 (d) 1, 2, 3 और 4

62. **पीड़कों के प्रतिरोध के अतिरिक्त, वे कौन-सी सम्भावनाएँ हैं, जिनके लिए आनुवंशिक रूप से रूपान्तरित पादपों का निर्माण किया गया है?** *[IAS (Pre) 2012]*
1. सूखा सहन करने के लिए उन्हें सक्षम बनाना
2. उत्पाद में पोषकीय मान बढ़ाना
3. अन्तरिक्ष यानों और अन्तरिक्ष स्टेशनों में उन्हें उगने और प्रकाश-संश्लेषण करने के लिए सक्षम बनाना
4. उनकी शेल्फ लाइफ बढ़ाना

निम्नलिखित कूटों के आधार पर सही उत्तर चुनिए
कूट
(a) 1 और 2 (b) 3 और 4
(c) 1, 2 और 4 (d) ये सभी

63. **निम्नलिखित तकनीकों/परिघटनाओं पर विचार कीजिए।** *[IAS (Pre) 2014]*
1. फल वाले पादपों में मुकुलन और रोपण
2. कोशिकाद्रव्यी नर बन्ध्यता
3. जीन नीरवता

उपरोक्त में से कौन-सा/से ट्रांसजेनिक फसलों को बनाने में प्रयुक्त होता है/होते हैं?
कूट
(a) केवल 1 (b) 2 और 3
(c) 1 और 3 (d) इनमें से कोई नहीं

उत्तरमाला

1 (a)	2 (b)	3 (d)	4 (b)	5 (a)	6 (a)	7 (b)	8 (c)	9 (b)	10 (c)
11 (a)	12 (c)	13 (a)	14 (a)	15 (b)	16 (b)	17 (a)	18 (a)	19 (a)	20 (c)
21 (d)	22 (d)	23 (a)	24 (d)	25 (d)	26 (c)	27 (c)	28 (a)	29 (c)	30 (c)
31 (d)	32 (d)	33 (c)	34 (c)	35 (d)	36 (b)	37 (b)	38 (c)	39 (b)	40 (a)
41 (a)	42 (c)	43 (b)	44 (d)	45 (b)	46 (a)	47 (c)	48 (a)	49 (c)	50 (d)
51 (c)	52 (d)	53 (a)	54 (d)	55 (a)	56 (a)	57 (d)	58 (c)	59 (d)	60 (d)
61 (c)	62 (c)	63 (b)							

उत्तर सहित व्याख्या

2. (*b*) बायोटेक्नोलॉजी शब्द का प्रयोग सर्वप्रथम हंगेरियन इन्जीनियर कार्ल इरके ने सन् 1917 में सूअरों के उत्पादन के लिए किया था।

4. (*b*) प्रतिबन्धन एण्डोन्यूक्लिएजेज आनुवंशिक अभियान्त्रिकी के सबसे महत्वपूर्ण एन्जाइम हैं। इनको आण्विक कैंची/चाकू भी कहा जाता है। यह द्विसूत्री DNA को काटता है।

6. (*a*) प्रारूप-I के प्रतिबन्धन एण्डोन्यूक्लिएज एन्जाइम द्वारा विलोम पदों पर काटे गए DNA अणु के दोनों सूत्रों के सपाट सिरे, कुन्द छोर कहलाते हैं। ये लगभग 75 न्यूक्लियोटाइड का रिक्त स्थान बनाने की क्षमता रखते हैं।

8. (*c*) *Eco* RI एक रेस्ट्रिक्शन एन्जाइम एण्डोन्यूक्लिएज है, जिसमें *E*-*इश्चेरिचिया*, *co*-*कोलाई* तथा R-प्रभेद से लिया गया है तथा I-रोमन नम्बर यह दर्शाता है कि यह जीवाणु *E. coli* RY13 से पृथक् किया गया प्रथम एन्जाइम है।

13. (*a*) DNA लाइगेज एन्जाइम टूटे हुए पूरक DNA खण्डों को फॉस्फोडाइएस्टर बन्धों के द्वारा जोड़ने का कार्य करते हैं। इनको आण्विक संयोजक या ऊतक लाइगेज भी कहते हैं।

15. (*b*) प्लाज्मिड जैव प्रौद्योगिकी में सर्वाधिक प्रयोग किया जाने वाला वाहक (Vector) है। यह एक छल्लेनुमा रचना होती है, जो DNA की बनी होती है। ये जीवाणु में अतिरिक्त गुणसूत्रीय DNA होते हैं।

16. (*b*) पुनर्योगज DNA तकनीक में पोषद् के रूप में मुख्यतया उपयोगी *ई. कोलाई* जीवाणु है। इसके अतिरिक्त *बैसिलस सब्टिलिस* नामक जीवाणु और यीस्ट कोशिकाओं का भी उपयोग किया जाता है।

17. (*a*) पुनर्योगज DNA तकनीक के प्रथम चरण में वाँछित जीन या DNA के रज्जुकों के पृथक्कीकरण को DNA का विलगन कहते हैं।

25. (*d*) DNA फिंगरप्रिंटिंग का उपयोग न्यायालयी छानबीन में सहायक वैज्ञानिक परीक्षण में, व्यक्तिगत पहचान, पैतृकता के झगड़े, आनुवंशिक विकार, संकटापन्न प्राणियों के रक्षण, आदि में किया जाता है।

27. (*c*) एक जीव से दूसरे जीव में जीवाणुभोजी द्वारा DNA का स्थानान्तरण पारगमन (Transduction) कहलाता है। इस विधि में जीवाणुभोजी अपने DNA अणु में पोषद् जीवाणु के DNA अणु का कुछ भाग संयोजित कर लेते हैं।

28. (*a*) जैल-इलेक्ट्रोफोरेसिस विधि में प्रतिबन्धन एण्डोन्यूक्लिएज द्वारा काटे गए DNA खण्डों को पृथक् किया जाता है। इस प्रक्रिया में एगारोस माध्यम का उपयोग किया जाता है।

30. (*c*) जीवाणुभोजी (Bacteriophage) विषाणु होते हैं, जो जीवाणुओं को संक्रमित करते हैं। ये आनुवंशिक अभियान्त्रिकी में क्लोनिंग वाहक के रूप में प्रयुक्त होते हैं।

32. (*d*) पुनर्योगज DNA प्रौद्योगिकी में जीन को क्रमश: पौधों की विभिन्न जातियों में, जन्तुओं से पौधों में व सूक्ष्मजीवों से उच्चतर जीवों में स्थानान्तरित किया जाता है।

36. (*b*) आनुवंशिक रूपान्तरित पादप (Genetically modified plant) बनाने वाली कम्पनियाँ टर्मिनेटर तकनीक का प्रयोग करती हैं। इस तकनीक के कारण GM फसलों को एक बार उगाने के पश्चात् उनसे प्राप्त बीजों को पुन: नहीं उगाया जा सकता है, क्योंकि टर्मिनेटर जीन के प्रभाव में ये बीज बन्ध्य (Sterile) होते हैं। इस कारण किसानों को प्रतिवर्ष नए बीज खरीदने पड़ते हैं।

37. (*b*) *Bt* जीन एक विषाक्त प्रोटीन का निर्माण करता है। इस कारण पादप पीड़क प्रतिरोधी होते हैं। इस *Bt* जीन को एक जीवाणु *बैसिलस थ्यूरिन्जिएन्सिस* (*Bacillus thuringiensis*) से प्राप्त किया है। जिन फसलों में इस जीवाणु से पृथक् किए गए जीन को स्थानान्तरित किया गया है, उन फसलों को *Bt*-फसल (*Bt*-crops) कहते हैं; जैसे—*Bt*-कपास, *Bt*-मक्का, *Bt*-धान, *Bt*-टमाटर, *Bt*-आलू, *Bt*-तम्बाकू (सर्वप्रथम निर्मित), आदि।

41. (*a*) बैंगन में जीवाणु *बैसिलस थ्यूरिन्जिएन्सिस* (*Bt*) से *क्राई* जीन निकालकर प्रविष्ट कराया जाता है जिसे *Bt*-बैंगन कहते हैं। इस जीन द्वारा संश्लेषित प्रोटीन के कारण बैंगन पर लगने वाले कीट FSB (Food and Shoot Borer) की रोकथाम की जाती है और बैंगन का उत्पादन बढ़ जाता है। अत: बैंगन को नाशक जीव-सह बनाना है।

42. (*c*) सुनहरा चावल (*Oryza sativa*), चावल की पारजीनी किस्म है, जिसको आनुवंशिक अभियान्त्रिकी द्वारा उत्पन्न किया गया है। इस किस्म में β-कैरोटीन (प्रोविटामिन-A—विटामिन-A का निष्क्रिय रूप) अच्छी मात्रा में होता है, जो विटामिन-A का मुख्य स्रोत है। इस चावल के दाने, β-कैरोटीन की उपस्थिति के कारण पीले रंग के होते हैं।

अत: इन्हें सुनहरा चावल कहते हैं। β-कैरोटीन (प्रोविटामिन-A) विटामिन-A में परिवर्तित हो जाता है।

56. (*a*) इन्सुलिन एक पेप्टाइड हॉर्मोन है, जो रुधिर शर्करा का नियन्त्रण करता है। यह डाइसल्फाइड बन्ध द्वारा दो पॉलीपेप्टाइड श्रृंखला के संयोग से बनता है। DNA पुनर्योगज तकनीक के द्वारा अक्रिय पूर्ववर्ती इन्सुलिन (Proinsulin inactive) का संश्लेषण किया जाता है, तत्पश्चात् इसको सक्रिय इन्सुलिन में परिवर्तित किया जाता है।

59. (*d*) जीन चिकित्सा में मानव शरीर में असामान्य या त्रुटिपूर्ण या विकारी (Defective) जीन को स्वस्थ जीन से प्रतिस्थापित करके, विकारी जीन को जीन लक्ष्यमोदन द्वारा स्वस्थ बनाकर या जीन प्रतिलिपियों की संख्या में वृद्धि करके, आनुवंशिक रोगों से मुक्ति के प्रयास किए जाते हैं।

अध्याय

13

आर्थिक जन्तु विज्ञान

Economic Zoology

- कृषि विज्ञान की वह शाखा, जिसके अन्तर्गत पालतू पशुओं के भोजन, आवास एवं प्रजनन का अध्ययन किया जाता है, **पशुपालन** (Animal husbandary) कहलाता है।

दुग्ध प्रदान करने वाले (दुधारू) पशु

- हमारे देश में दुग्ध देने वाले प्रमुख पशु गाय, भैंस, भेड़, बकरियाँ तथा ऊँट हैं।
- **गाय** इसका वैज्ञानिक नाम *बॉस इण्डिकस* एवं *बॉस टॉरस* है। इन्हें तीन श्रेणियों में बाँटा गया है– कूबड़वाली, द्विकाजी तथा भारवाही नस्लें।

  भारत में गाय की लगभग 27 नस्लें पायी जाती है। गाय की प्रमुख जातियाँ करन-स्विस, सुनन्दिनी, जर्सी-सिन्धी, भूरी स्विस, साहीवाल, थारपारकर, मालवी, मेवाती आदि हैं।
- **भैंस** इसका वैज्ञानिक नाम *बुबेलस बुबेलिस* है। इनकी दो सामान्य किस्में विदेशी व भारतीय होती हैं।

  विदेशी किस्मों का प्रयोग मुख्यतया दुग्ध उत्पादन व नर पशु का भारवाहन के लिए होता है। कुछ प्रमुख किस्में मुर्रा, सुर्ती, जाफराबादी, नीली, नागपुरी, इत्यादि हैं।

  गाय के दुग्ध की तुलना में भैंस के दुग्ध में वसा की मात्रा अधिक होती है। हमारे देश में दुग्ध उत्पादन का मुख्य स्त्रोत भैंस हैं।
- **भेड़** इसका वैज्ञानिक नाम *ओविस एरीज* है। भेड़पालन की दृष्टि से विश्व में भारत का तीसरा स्थान है। यह मुख्यतया ऊन, दुग्ध तथा माँस के लिए पाली जाती हैं।

  स्पेन की **मेरीनो** नस्ल की भेड़ सबसे अच्छी ऊन देती है।

  भेड़ की एक नई किस्म **हिसारडेल** है, जिसका विकास बीकानेरी इमू तथा *मेरीनो रैम* के संकरण से हुआ है।

  भेड़ की प्रमुख नस्लें बीकानेरी, नेल्लौर, काठियावाड़ी, साउथ डाउन, लिंक, कोरीडेल, आदि हैं।
- **बकरी** इसका वैज्ञानिक नाम *कैप्रा हिर्कस* है। इसे ग्रामीण क्षेत्रों में गरीबों की गाय कहा जाता है।

  बकरी की प्रमुख नस्लें कश्मीरी, गद्दी, बंगाली, जमुनापारी, इत्यादि हैं। बकरी की मातऊ तथा मराड़ी नामक नस्लें माँस उत्पादन के लिए पाली जाती हैं।
- **कृत्रिम गर्भाधान** (Arificial insemination) इस प्रक्रिया में विशेष लक्षणों वाले जन्तु के वीर्य को संग्रहित करके उपयुक्त यन्त्रों द्वारा मादा के जनन पथ में पहुँचाया जाता है। कृत्रिम गर्भधारण का उद्देश्य उन्नत प्रजाति के जन्तु उत्पन्न करना है।

  पशुओं के प्रमुख रोग पॉक्स, क्षय रोग, रिण्डर पैस्ट, चेचक, एन्थ्रेक्स, मुँहपका व खुरपका तथा डर्मेटाइटिस आदि हैं।

मुर्गीपालन

- मुर्गीपालन (Poultry) में मुर्गी, फीजेण्ट, बत्तख तथा टर्की पालन आते हैं।
- मुर्गी की भारतीय किस्में असील, बसरा, घाघस, कड़कनाथ, ब्रह्मा, काराकान्त, आदि हैं, तथा यूरोपीय प्रजातियाँ प्लाइमॉथ रॉक, सफेद लैगहॉर्न, रोडेआइसलैण्ड रैड एंवं न्यू हैम्पशायर हैं।
- मुर्गीपालन द्वारा अण्डे एवं माँस का उत्पादन किया जाता है।
- मुर्गियों के प्रमुख रोग; जैसे–चेचक, रानीखेत, कोराइजा, अतिसार तथा एस्पर्जिलोसिस, आदि हैं।

मत्स्य पालन

- मछली का उत्पादन जलकृषि के अन्तर्गत होता है। मछली का उपयोग तेल, चर्बी, माँस तथा खाने के रूप में अधिक किया जाता है।
- मछलियाँ एक प्रोटीनयुक्त अत्यन्त पौष्टिक तथा आसानी से प्राप्त किए जाने वाला भोजन का स्त्रोत है।
- भारत की प्रमुख खाद्य मछलियाँ निम्न हैं
  - **अलवणजलीय मछलियाँ**–कटला, रोहू, भांगुर, सिंघाड़ा, आदि।
  - **लवण जलीय मछलियाँ**–पॉम्फ्रेट, हिल्सा, सार्डिन, साल्मॉन, आदि।
  - **आयातित मछलियाँ**–कार्प, टेंच, तिलापी, आदि।

रेशम कीट पालन

- रेशम प्राप्ति के लिए रेशम कीटों के पालन को रेशम कीट पालन या **सेरीकल्चर** (Sericulture) कहते हैं।

- रेशम कीट पालन क्रिया के दौरान रेशम के कीट कोकून का निर्माण करते हैं, जिसे गर्म पानी में उबालकर कोकून में उपस्थित कीट को मारा जाता है एवं रिलिंग द्वारा कोकून से रेशम का रेशा प्राप्त किया जाता है।
- भारत में रेशम कीट की निम्न चार जातियाँ पाई जाती हैं
  - *बॉम्बिक्स मोराई* (शहतूत का रेशम कीट)
  - *एन्थेरिया पैफिया* (टसर रेशम कीट)
  - *फ्लोसामिया रिसिनी* (ऐरी रेशम कीट)
  - *एन्थेरिया असामेन्सिस* (मूँगा रेशम कीट)
- रेशम दो प्रकार की प्रोटीन फाइब्रोइन व सेरिसिन से बना होता है।

मधुमक्खी पालन

- मधुमक्खियों के पालन तथा रख-रखाव की वैज्ञानिक विधि को **एपीकल्चर** (Apiculture) कहते हैं। मधुमक्खियों का मुख्य उत्पाद शहद है, जबकि मोम सहउत्पाद है।
- मधुमक्खी के छत्ते में एक रानी मक्खी, श्रमिक तथा ड्रोन होते हैं।
- रानी मक्खी अण्डे देती है, जबकि श्रमिक भ्रूण की देखभाल, भोजन (शहद) का संचय एवं छत्ता निर्माण करते हैं। ड्रोन का कार्य केवल अण्डों का निषेचन करना होता है।
- भारत में विभिन्न प्रकार की मधुमक्खियाँ *मेलीपोना, ट्राइगोना, एपिस,* आदि पाई जाती हैं।
- मधुमक्खियों के प्रमुख रोग नोजेमा रोग, फाउल ब्रूड, अकेरिन, आदि हैं।

लाख कीट पालन

- लाख एक चिपचिपा रेसिन है, जो *टेकार्डिया लक्का* नामक लाख कीट से प्राप्त होता है।
- यह लाख कीट के शरीर से स्त्रावित होता है। इसमें 68-90% रेजिन, 2-10% डाई, 6% मोम, 5-10% एल्ब्यूमिनस पदार्थ तथा 3-7% खनिज होते हैं।
- लाख का प्रयोग छपाई में, ग्रामोफोन के रिकॉर्ड तथा बिजली का सामान बनाने में, खिलौने, आभूषण, मोहर, वार्निश, पॉलिश में, चूड़ी उद्योग में प्रसाधनों में तथा सील लगाने वाले पदार्थ में होता है।

चैप्टर प्रैक्टिस

पशुपालन (दुधारू पशु)

1. किस देश में सबसे अधिक पशुओं की आबादी पाई जाती है? *[RRB 2018]*

(a) भारत (b) चीन
(c) USA (d) डेनमार्क

2. भारत में विश्व की पशुधन संख्या का लगभग कितना भाग पाया जाता है?

(a) 1/5 (b) 1/2
(c) 1/4 (d) 1/6

3. 'ऑपरेशन फ्लड' (Operation flood) किससे सम्बन्धित है? *[RRB 2004, 05]*

(a) बाँध निर्माण से (b) भीड़ नियन्त्रण से
(c) बाढ़ नियन्त्रण से (d) दुग्ध विकास से

4. भारत में श्वेत क्रान्ति के जनक के रूप में कौन लोकप्रिय है? *[RRB NTPC 2016]*

(a) आनंद दूधवाला (b) त्रिभुवनदास पटेल
(c) डॉ. वर्गीस कुरियन (d) करसनभाई पटेल

5. निम्नलिखित में से किसके दूध में वसा की सर्वाधिक मात्रा पायी जाती है? *[RRB 2009]*

(a) गाय (b) भैंस
(c) ऊँट (d) रेण्डियर

6. दूध में वसा की मात्रा के अनुकूलन की प्रक्रिया को .... कहा जाता है। *[RRB NTPC 2016]*

(a) विटामिन फोर्टिफिकेशन (b) पाश्चुराइजेशन
(c) स्टैण्डर्डाइजेशन (d) होमोजेनाइजेशन

7. दूध के समान रूप से वितरित रहने के लिए दूध में संचित वसा गोलिकाओं के आकार (Globules size) को कम करने की प्रक्रिया को .... कहा जाता है। *[RRB NTPC 2017]*

(a) स्टैण्डर्डाइजेशन (b) पाश्चुराइजेशन
(c) होमोजेनाइजेशन (d) फोर्टीफिकेशन

8. भारत में गाय की लगभग कितनी नस्लें पाई जाती हैं?

(a) 10 (b) 15 (c) 21 (d) 27

9. अमृतमहल नामक गाय की प्रजाति कहाँ की निवासी हैं?

(a) भूटान (b) महाराष्ट्र
(c) कर्नाटक (d) आंध्र प्रदेश

10. भारतीय गाय के दूध में पर्णपीतक (कैरोटीन) के कारण क्या बनता है? *[RRB 2010]*

(a) बिल्कुल सफेद रंग (b) पीला रंग
(c) गहरा पीला रंग (d) कोई परिवर्तन नहीं

11. निम्नलिखित में से किसकी उपस्थिति के कारण दूध का रंग सफेद होता है? *[JPSC 2016]*

(a) लाइकोपिन (b) लैक्टोस
(c) कैरोटिन (d) केसीन

12. निम्नलिखित में से कौन, गाय की उच्च दूध उत्पादन प्रजाति है? *[UPPCS (Mains) 2006]*

(a) डॉर्सेट (b) होलस्टीन
(c) साहीवाल (d) रेड सिंधी

13. केन्द्र सरकार द्वारा घोषित राष्ट्रीय गोकुल मिशन का उद्देश्य है *[Uttrakhand PCS (Pre) 2012]*

(a) गायों की देशी नस्ल की रक्षा करना
(b) अधिक दूध उपज वाली गायों की नस्लों का विकास करना
(c) पशुओं के वध को रोकना
(d) पशुओं में 'फुट एंड माउथ' रोग का उन्मूलन करना

14. भैंस का जन्तु वैज्ञानिक नाम है

(a) *ओविस एरीस* (b) *कैप्रा कैप्रा*
(c) *इक्वस कैबेलस* (d) *बुबेलस बुबेलिस*

15. सूरती, मुर्रा, जाफराबादी और मेहसाना किस पशु की प्रजातियाँ हैं? *[BSSC 2017]*

(a) गाय (b) भेड़ (c) भैंस (d) मुर्गी

16. एन.डी.आर.आई करनाल (हरियाणा) के वैज्ञानिकों ने निम्नलिखित में से किस जानवर का दूसरा क्लोन विकसित किया? *[MPPCS (Pre) 2012]*

(a) भेड़ (b) भैंस
(c) गाय (d) बकरा

17. गरिमा II नाम है एक *[UPPCS (Mains) 2009]*

(a) क्लोण्ड भैंस का (b) क्लोण्ड गाय का
(c) क्लोण्ड भेड़ का (d) *Bt* टमाटर का

18. *बोविड़ी ओविस* .... का वैज्ञानिक नाम है। *[SSC 2016]*

(a) बकरी (b) गाय
(c) भैंस (d) भेड़

19. निम्नलिखित में से कौन-सा पहला सफल क्लोन जन्तु था? *[Jharkhand PCS (Pre) 2013]*

(a) भेड़ (b) ऊलक
(c) खरगोश (d) इनमें से कोई नहीं

20. 'केन्द्रीय भेड़ और ऊन अनुसंधान केन्द्र' कहाँ स्थित है?

(a) अम्बिकानगर (b) गाजियाबाद
(c) हिसार (d) जयपुर

21. भेड़ की प्रथम स्तनपायी प्रतिरूप (क्लोन) का नाम है *[SSC 2016]*

(a) नूरी (b) डॉली
(c) लूसी (d) दुर्गा

22. भारत ने नीली जिव्हा रोग के लिए पहला टीका विकसित कर लिया है जो मुख्यतया निम्न में से किसमें पाया जाता है? *[RRB NTPC 2016]*

(a) मुर्गी (b) कुत्ते
(c) भेड़ और बकरियाँ (d) बंदर

23. 'केन्द्रीय बकरी अनुसंधान संस्थान' कहाँ स्थित है?

(a) मखदूम (b) इज्जतनगर
(c) बीकानेर (d) जोधपुर

24. सर्वाधिक दूध देने वाली बकरी है *[SSC 2017]*

(a) थारपारकर (b) मेरिनो
(c) जमुनापारी (d) पश्मीना

25. निम्न में से कौन-सी बकरी की नस्ल नहीं है? *[Lower Subordinate, 2016]*

(a) मताऊ (b) बीटल (c) बलूची (d) घोरी

26. 'एक कूबड़ वाले ऊँट' को क्या कहते हैं? *[RRB NTPC 2016]*

(a) ओकापी (b) आईबेक्स
(c) ड्रोमेडेरी (d) एल्क

27. इनजॉज' नाम है विश्व के प्रथमतया क्लोन *[UPPCS (Mains) 2008]*

(a) ऊँट का (b) बकरी का
(c) सुअर का (d) भेड़ का

28. फुट और माउथ रोग निम्नलिखित में से मुख्यतया किनमें पाया जाता है? *[MPPCS (Pre) 1993]*

(a) मवेशी व भेड़ (b) मवेशी व सुअर
(c) भेड़ व बकरियाँ (d) ये सभी

29. वर्ष 2011 को पशुओं में होने वाली किस बीमारी के लिए चिन्हित किया गया है? *[UPPCS (Pre) 2012]*

(a) खुरपका-मुंहपका रोग के लिए (b) रिण्डरपेस्ट के लिए
(c) रैबीज के लिए (d) काऊपॉक्स के लिए

30. विश्व के कुछ भागों में विद्यमान पशुओं का 'फुट एंड माउथ' रोग होता है *[IAS (Pre) 2002]*

(a) जीवाणु के कारण (b) फंगस के कारण
(c) प्रोटोजोआ के कारण (d) विषाणु के कारण

31. 'हाई सिक्योरिटी एनिमल डिसीज लैबोरेटरी' भारत में कहाँ स्थित है? *[UPPCS (Mains) 2005]*

(a) हैदराबाद (b) बैंगलुरु
(c) भोपाल (d) मुम्बई

32. 'भारतीय पशु चिकित्सा अनुसन्धान संस्थान' कहाँ स्थित है? *[UPPCS 2016]*

(a) कानपुर (b) लखनऊ
(c) हिसार (d) बरेली

33. भारत की मवेशी रोग निगरानी एवं पूर्वानुमान प्रणाली से सम्बन्धित है? *[RRB NTPC 2018]*

(a) कैटल सेफ्टी लैबोरेटरी
(b) एनिमल सेफ्टी लैबोरेटरी
(c) बायोसेफ्टी लैबोरेटरी
(d) कैटल मॉनिटरिंग लैबोरेटरी

34. 'लाल क्रान्ति' किससे सम्बन्धित है?

(a) माँस उत्पादन (b) दुग्ध उत्पादन
(c) ऊन उत्पादन (d) गेहूँ उत्पादन

35. एक सांड के वीर्य को कृत्रिम गर्भाधान हेतु रखना चाहिए *[UPPCS (Mains) 2007]*

(a) बर्फ में
(b) तरल ऑक्सीजन में
(c) तरल नाइट्रोजन में
(d) तरल कार्बन डाइऑक्साइड में

36. कायिक कोशिका केन्द्रकीय अन्तरण प्रौद्योगिकी (सोमैटिक सेल न्यूक्लियर ट्रांसफर टेक्नोलॉजी) का अनुप्रयोग क्या है? *[IAS (Pre) 2017]*

(a) जैव-डिम्भनाशी का उत्पादन
(b) जैव-निम्नीकरणीय प्लास्टिक का निर्माण
(c) जन्तुओं की जननीय क्लोनिंग
(d) रोगमुक्त जीवों का उत्पादन

37. दुधारू पशुओं की निम्नलिखित बीमारियों में से कौन-सी संक्रमणीय हैं? *[UPPCS (Pre) 2003]*

1. फुट एवं माउथ रोग 2. एंथ्रेक्स
3. ब्लैक क्वार्टर 4. काउपॉक्स

नीचे दिए गए कूट का प्रयोग कर सही उत्तर चुनिए।

(a) 1, 2 और 3 (b) 2, 3 और 4
(c) 1 और 4 (d) 1, 2, 3 और 4

मुर्गीपालन तथा मत्स्य पालन

38. 'टर्की' किसकी नस्ल है?

(a) मुर्गी (b) बत्तख
(c) हंस (d) बकरी

39. निम्न में से गोश्त (माँस) के लिए मुर्गी की उत्तम नस्ल कौन-सी है? *[NDA 2018]*
(a) लेगहॉर्न (b) ओरिपिंगटन
(c) कार्निश (d) वायण्डोट

40. निम्नलिखित में से किस जाति की मुर्गी के अण्डे सबसे उत्तम माने जाते हैं?
(a) कार्निश (b) ओरिपिंगटन
(c) लेगहॉर्न (d) असील

41. मुर्गी के भोजन में खनिज-पदार्थों का होना, क्यों आवश्यक है? *[SSC 2017]*
(a) अण्डपीत के विकास के लिए
(b) एल्बुमिन के विकास के लिए
(c) अण्ड कवच की झिल्ली के विकास के लिए
(d) अण्ड कवच के विकास के लिए

42. 'रानीखेत बीमारी' किससे सम्बन्धित है? *[Uttrakhand PCS 2002]*
(a) मुर्गियों से (b) गायों से
(c) बकरियों से (d) घोड़ों से

43. 'बर्ड फ्लू' किसको प्रभावित करता है? *[SSC 2016]*
(a) पशुओं को (b) पॉल्ट्री को
(c) भेड़ों को (d) झींगा को

44. 'नीली क्रान्ति' (Blue revolution) किससे सम्बन्धित है? *[RRB 2018]*
(a) खाद्यान्न उत्पादन (b) तेल उत्पादन
(c) मत्स्य उत्पादन (d) झींगा उत्पादन

45. पिसीकल्चर निम्न में से किसका संवर्धन होता है?
(a) जलीय जन्तु का (b) प्रॉन का
(c) मछली का (d) इनमें से कोई नहीं

46. निम्न में से कौन-सी समुद्री मछली है?
(a) रोहू (b) *हिल्सा*
(c) *कतला* (d) सामान्य कपि

47. इसिनग्लास का उपयोग होता है
(a) मवेशियों के पोषण के रूप में
(b) वार्निश एवं पेन्ट के निर्माण में
(c) कृत्रिम इन्सुलिन के निर्माण में
(d) एल्कोहॉल युक्त पेय पदार्थ (बीयर एवं शराब) एवं सिरका के शुद्धिकरण में

रेशम, मधुमक्खी तथा लाख कीट पालन

48. रेशम कीट पालन को कहते हैं
(a) सेरीकल्चर (b) पिसीकल्चर
(c) एपिकल्चर (d) हॉर्टिकल्चर

49. रेशम किससे उत्पन्न होता है?
(a) रेशम कीट के अण्डे से
(b) रेशम कीट के प्यूपा से
(c) रेशम कीट के लार्वा से
(d) स्वयं कीट से

50. रेशम के कीड़े किन पर पलते हैं? *[SSC 2017]*
(a) तुलसी के पत्ते (b) मलबेरी (शहतूत)
(c) गुलाब के पत्ते (d) करी के पत्ते

51. रेशम कीट अपने जीवन चक्र के किस चरण में वाणिज्यिक उपयोग का तन्तु निर्मित करते हैं? *[SSC 2016]*
(a) लार्वा (b) अंडा
(c) प्यूपा (d) पूर्ण कीट

52. टसर रेशम किससे प्राप्त होता है?
(a) *बॉम्बिक्स मोराई* (b) *एन्थेरिया पैफिया*
(c) *फ्लोसामिया रिसिनी* (d) *एन्थेरिया असामा*

53. रेशम किससे बनता है?
(a) लार्वा की लार ग्रन्थियों से (b) वयस्क की क्यूटिकल से
(c) लार्वा की क्यूटिकल से (d) वयस्क की लार ग्रन्थियों से

54. मृत कोकून से रेशम के धागों की प्राप्ति कहलाती है
(a) दम घोंटू (b) स्पिनिंग
(c) रीलिंग (d) इनमें से कोई नहीं

55. रेशम के रेशे में कौन-सी प्रोटीन पाई जाती है?
(a) फाइब्रोइन (b) इलास्टिन
(c) केसीन (d) किरैटिन

56. रेशम कीट में मैगॉट रोग का कारक कौन है?
(a) *नोजिमा बॉम्बिरिस* (b) *ट्राइकोलायगा सोर्बिलेन्स*
(c) *एकैरेपिस वुडी* (d) *नोजिमा एपिस*

57. मधुमक्खी की कॉलोनी की सबसे छोटी मक्खी कौन-सी है?
(a) रानी मक्खी (b) श्रमिक मक्खी
(c) ड्रोन (d) श्रमिक तथा ड्रोन

58. श्रमिक मधुमक्खी सामान्यतया लगभग कितने दिनों तक जीवित रहती हैं?
(a) 15 से 30 दिन (b) 10 से 20 दिन
(c) 60 से 120 दिन (d) 30 से 50 दिन

59. मधुमक्खी के निषेचित द्विगुणित अण्डे में गुणसूत्रों की संख्या कितनी होती है?
(a) 16 (b) 24
(c) 32 (d) 8

60. मधुमक्खी की औसत गति सामान्यतया क्या होती है? *[MPCS (Pre) 2010]*
(a) 10 किमी. प्रति घण्टा (b) 5 किमी. प्रति घण्टा
(c) 1 किमी. प्रति घण्टा (d) 16 किमी. प्रति घण्टा

61. मधुमक्खी-कॉलोनी के सदस्य एक-दूसरे को किस प्रकार पहचानते हैं? *[BPSC (Pre) 1994]*
(a) गंध से (b) दृष्टि से
(c) नर्तन से (d) स्पर्श से

62. शहद, जिसमें शक्कर की उच्च सान्द्रता पाई जाती है, सड़ता नहीं है, क्योंकि *[SSC 2017]*
(a) शहद में ऑक्सीजन का अभाव रहता है, अतः जीवाणु सक्रिय अवस्था में जीवित नहीं रह पाते हैं।
(b) इनमें प्राकृतिक एन्टीऑक्सिडेंट होते हैं, जो जीवाणु के आक्रमण को रोक देते हैं।
(c) उच्च परासरणीय सामर्थ्य के घोल में पानी निकल जाने के कारण जीवाणु सक्रिय अवस्था में जीवित नहीं रह पाते हैं।
(d) कोई विकल्प सही नहीं है

63. निम्नांकित में से कौन एक कीट के शरीर से निकला स्राव है? *[UPPCS (Pre) 1996]*

(a) मोती
(b) मूंगा
(c) लाख
(d) गोंद

64. भारत में व्यापारिक स्तर पर लाख का उत्पादन कहाँ होता है?

(a) लखनऊ
(b) गाजियाबाद
(c) मिर्जापुर
(d) पानीपत

65. निम्नलिखित में से कौन-सा कथन मधुमक्खियों के लिए सही है?

1. नर अगुणित होते हैं।
2. कर्मी (वर्कर) बन्ध्य और द्विगुणित होते हैं।
3. रानी, रॉयल जेली पर पोषित हुए द्विगुणित लार्वों से विकसित होती है।
4. शहद, नरों द्वारा संग्रहित/निर्मित किया जाता है।

नीचे दिए गए कूट का प्रयोग कर सही उत्तर चुनिए *[NDA 2016]*

(a) 1, 2, 3 और 4
(b) केवल 2 और 3
(c) केवल 1, 2 और 3
(d) केवल 1 और 4

उत्तरमाला

1 (a)	2 (a)	3 (d)	4 (c)	5 (b)	6 (c)	7 (c)	8 (d)	9 (c)	10 (b)
11 (d)	12 (b)	13 (a)	14 (d)	15 (c)	16 (b)	17 (a)	18 (d)	19 (a)	20 (a)
21 (b)	22 (c)	23 (a)	24 (c)	25 (d)	26 (c)	27 (a)	28 (d)	29 (b)	30 (d)
31 (c)	32 (d)	33 (c)	34 (a)	35 (c)	36 (c)	37 (d)	38 (a)	39 (b)	40 (c)
41 (d)	42 (a)	43 (b)	44 (c)	45 (c)	46 (b)	47 (d)	48 (a)	49 (b)	50 (b)
51 (c)	52 (b)	53 (a)	54 (c)	55 (a)	56 (b)	57 (b)	58 (c)	59 (c)	60 (d)
61 (a)	62 (c)	63 (c)	64 (c)	65 (c)					

उत्तर सहित व्याख्या

4. (c) भारत में श्वेत क्रान्ति के जनक डॉ. वर्गीस कुरियन हैं।

5. (b) गाय के दुग्ध (3-5%) की तुलना में भैंस के दुग्ध में वसा की मात्रा (5-15%) अधिक होती है। अत: भारत में दुग्ध उत्पादन का मुख्य स्रोत भैंस हैं।

7. (c) दूध के समान रूप से वितरित रहने के लिए दूध में संचित वसा गोलिकाओं के आकार को कम करने की प्रक्रिया को होमोजेनाइजेशन कहते हैं।

13. (a) केन्द्र सरकार द्वारा घोषित राष्ट्रीय गोकुल मिशन (2014) का उद्देश्य गायों की देशी नस्ल की रक्षा व विकास करना है।

15. (c) सूरती, मुर्रा, जाफराबादी, मेहसाना, तराई, नागपुरी, मान्डा, आदि भैंस की प्रजातियाँ हैं।

20. (a) भेड़ों व ऊन के विकास के लिए भारतीय कृषि अनुसंधान परिषद् ने अम्बिकानगर (राजस्थान) में केन्द्रीय भेड़ एवं ऊन अनुसंधान संस्थान की स्थापना की है।

23. (a) 'केन्द्रीय बकरी अनुसंधान संस्थान' मखदूम (उत्तर प्रदेश) में स्थित है।

24. (c) सर्वाधिक दूध देने वाली बकरी जमुनापारी है। यह बकरी आकार में सबसे बड़ी होती है।

26. (c) *कैमेलियस ड्रोमेडेरी* एक कूबड़ वाला ऊँट व *कैमेलियस बैक्ट्रिएनस* दो कूबड़ वाला ऊँट होता है।

30. (d) फुट एंड माउथ रोग (खुरपका व मुँहपका रोग) *पिकोरनाविरिडी एम्फथो* वायरस (विषाणु) द्वारा होता है। यह रोग मुख्यतया गाय, भैंस, बकरी, सूअर एवं अन्य स्तनधारी पशुओं में होता है।

31. (c) 'हाई सिक्योरिटी एनिमल डिसीज लैबोरेटरी' भारत में भोपाल (मध्य प्रदेश) में स्थित है। ये संस्थान सन् 2014 में अस्तित्व में आया था।

36. (c) कायिक कोशिका न्यूक्लिक अन्तरण प्रौद्योगिकी (सोमैटिक सेल न्यूक्लियर ट्रान्सफर टेक्नोलॉजी) का अनुप्रयोग जन्तुओं की जननीय क्लोनिंग में किया जाता है।

37. (d) दुधारू पशुओं की संक्रमणीय बीमारियाँ फुट व माउथ रोग (विषाणु जनित रोग), एन्थ्रेक्स, ब्लैक क्वार्टर, काउपॉक्स, रिन्डरपेस्ट, थनैला रोग व न्यूमोनिया आदि हैं।

41. (d) मुर्गी के भोजन में खनिज-पदार्थों का होना इसलिए आवश्यक है, क्योंकि खनिज पदार्थों के द्वारा अण्ड कवच का विकास होता है।

49. (b) रेशम, रेशम कीट के प्यूपा से प्राप्त होता है, जबकि लार्वा रेशम का उत्पादन करता है।

52. (b) टसर रेशम *एन्थेरिया पैफिया* नामक रेशम कीट से प्राप्त होता है। इस कीट का लार्वा बेर, गूलर या ओक की पत्तियों को खाता है।

53. (a) लार्वा की लार ग्रन्थियों द्वारा निकले द्रव से रेशम का निर्माण होता है। यह द्रव रेशम कीट के मुख में खुलने वाली एक निकास नली स्पिनरेट द्वारा बाहर निकलता है।

55. (a) रेशम के रेशे में फाइब्रोइन (75%-80%) तथा सेरिसिन (20%-25%) नामक प्रोटीन पाई जाती है।

56. (b) रेशम कीट में मैगॉट रोग का कारक *ट्राइकोलायगा सोर्बिलेन्स* नामक मक्खी है।

58. (c) श्रमिक मधुमक्खी का जीवनकाल 2-4 महीनों तक का होता है। अत: दिए गए विकल्पों में 60 से 120 दिन ही सही होगा।

64. (c) भारत में व्यापारिक स्तर पर लाख का उत्पादन उत्तर प्रदेश के मिर्जापुर जिले में होता है।

अध्याय

14

आर्थिक पादप विज्ञान

Economic Botany

जीव विज्ञान की वह शाखा, जो मानव कल्याण एवं उपयोग हेतु पादपों के उपयोग व महत्त्व बताती है, **आर्थिक वनस्पति विज्ञान** (Economic botany) कहलाती है।

अनाज

- अनाज मनुष्य के भोजन का एक अद्वितीय अंग है, जिसके द्वारा कार्बोहाइड्रेट प्रोटीन, विटामिन तथा रेशे प्राप्त होते हैं।
- **गेहूँ** (Wheat) यह एक वार्षिक घास है, जो *ट्रिटिकम* प्रजाति का सदस्य है। इसका वैज्ञानिक नाम *ट्रिटिकम एस्टिवम (Triticum aestivum)* है।
  गेहूँ की एक प्रजाति 'इनकॉर्न' को सामान्यतया एक दाना (Grained) गेहूँ भी कहा जाता है। इसके दाने में 60-70% स्टार्च तथा 10-17% प्रोटीन पाया जाता है।
- **चावल** (Rice) इसका वैज्ञानिक नाम *ओराइजा सैटाइवा* है। इसकी कुछ मुख्य प्रजातियाँ भी हैं, जैसे–जया, बाला, विजया, आदि।
  यह विटामिन-B का अच्छा स्रोत है। इसके किण्वन द्वारा एल्कोहॉल पेय पदार्थ बनाए जाते हैं।

सब्जियाँ

- सब्जियों में 70-95% पानी पाया जाता है।
- सब्जियों को मुख्यतया धरातलीय, शाकीय तथा फलीय सब्जियों में विभाजित किया गया है
  - **धरातलीय**; उदाहरण–चुकन्दर, मूली, कसावा, आदि।
  - **शाकीय**; उदाहरण–आर्टिचोक, *एस्पेरेगस*, पालक, आदि।
  - **फलीय**; उदाहरण–कटहल, भिण्डी, सीताफल, आदि।

तेलीय पादप

- ये पादप विभिन्न गुणों वाले वनस्पति तेलों का उत्पादन करते हैं।
- इसमें मुख्यतया ट्राइग्लिसरॉइड होता है; उदाहरण; जैसे–अरगॉन का तेल (अरगॉन पेड़ की गुठली से प्राप्त होता है), चावल ब्राउन तेल (चावल के छिलके से प्राप्त होता है), आदि।

मसाले

- इनका उपयोग भोजन का स्वाद बढ़ाने में तथा कुछ का औषधियों के रूप में भी किया जाता है। मसाले पादपों के बीज, सूखे बीज, फल, जड़ आदि भागों से प्राप्त होते हैं, जैसे–जायफल, विशप घास, लौंग, अदरक, इमली, लहसुन, हींग, आदि।

रेशे प्रदान करने वाले पादप

- कुछ पादपों के विभिन्न भागों से रेशे प्राप्त होते हैं जिनका उपयोग कपड़े, चादरें, टोकरी तथा अन्य सामान बनाने के काम में आते हैं।
- ये रेशे पादपों की पत्तियों, तनों तथा जड़ों से प्राप्त होते हैं; जैसे–कपास, जूट, अलसी, सन, आदि।

औषधीय पादप

चिकित्सा विज्ञान की वह शाखा, जिसमें औषधीय पादपों का अध्ययन किया जाता है, **फार्माकोजिनोसी** कहलाती है। पादपों से मिलने वाली औषधियों द्वारा बिना किसी कुप्रभाव के रोगों का इलाज हो जाता है। जैसे–

- **ओपियम** (Opium) यह *पेपेवर सोम्निफेरम* पादप के सूखे लेटेक्स से मिलता है। इसमें 12% मॉर्फीन (एल्केलॉइड) होती है। इसका उपयोग टेरोइन नामक ड्रग्स बनाने में किया जाता है।
- **मतिभ्रमक** (Hallucinogens) ये *धतूरा* या *एट्रोपा बैलाडोना* नामक पेड़ों से प्राप्त होती है। लाइसर्जिक अम्ल डाइएथाइलैमाइड (LSD), *क्लैविसेप्स परप्यूरिया* नामक कवक से प्राप्त होती है। इसका प्रभाव तन्त्रिका तन्त्र तथा मस्तिष्क पर होता है।
- **कुनैन** (Quinine) यह *सिनकोना* पेड़ की छाल से प्राप्त होती है। यह मलेरिया के उपचार में उपयोग की जाती है।
- **घृत कुमारी** (Aloe-vera) यह एस्फोडिलेसी कुल का सदस्य है। इसमें त्वचा तथा शरीर के लिए उपयोगी तत्व पाए जाते हैं।
- **लेमनग्रास** (Lemon grass) यह 45 प्रजाति का वंश है, जो उष्ण कटिबन्धीय तथा शीतोष्ण कटिबन्धीय स्थानों की देशी प्रजाति है। इसके तेल का उपयोग कीटाणुनाशक, कवकरोधी तथा परिरक्षक के रूप में किया जाता है।
- **कॉल्चिकम** (Colchicum) यह *कॉल्चिकम ऑटोम्नेल* नामक पादप से प्राप्त औषधि है। इसे **भगवा घास का मैदान** (Meadow saffron) भी कहा जाता है। इसका उपयोग गठिया (Arthritis) के उपचार में किया जाता है।

चैप्टर प्रैक्टिस

अनाज

1. निम्नलिखित में से किसमें सबसे अधिक कार्बोहाइड्रेट है? *[BPSC (Pre) 2018]*

(a) गेहूँ (b) जौ
(c) चावल (d) मक्का

2. निम्न में से नकदी फसल कौन-सी नहीं है? *[BPSC (Pre) 2017]*

(a) जूट (b) मूँगफली
(c) ज्वार (d) गन्ना

3. निम्नलिखित में से कौन-सा देश पिछले पाँच वर्षों के दौरान विश्व में चावल का सबसे बड़ा निर्यातक रहा है? *[IAS (Pre) 2019]*

(a) चीन (b) भारत
(c) म्यांमार (d) वियतनाम

4. निम्नलिखित में से कौन-सी भारत के उत्तरी राज्यों की एक रबी की फसल है? *[NDA 2019]*

(a) चावल (b) बाजरा
(c) जौ (d) ये सभी

5. निम्नलिखित में से कौन-सा अनाज मानव-निर्मित है? *[UPPCS 2017]*

(a) *सेकेल सीरिएल* (b) पोमैटो
(c) *ट्रिटिकेल* (d) इनमें से कोई नहीं

6. निम्नलिखित में से किस पर गेहूँ की चपाती बनाने का गुण निर्भर करता है? *[UPPCS 2002]*

(a) ग्लूटिन (b) ग्लोबुलिन
(c) ग्लाइसिन (d) लाइसिन

सब्जियाँ

7. सब्जी के लिए काम आने वाले पौधों के अध्ययन को कहते हैं *[UKPSC 2012]*

(a) फ्लोरीकल्चर (b) पोमोलॉजी
(c) हॉर्टिकल्चर (d) ओलरीकल्चर

8. आलू है, एक *[MPPCS (Pre) 2016]*

(a) मूल (b) फल
(c) कंद (d) शल्क कंद

9. निम्न में से आलू का कौन-सा भाग खाने योग्य होता है? *[UPRO/ARO (Mains) 2013]*

(a) तना (b) बीज
(c) जड़ (d) फल

10. निम्नलिखित में से कौन-सा रूपान्तरित स्तम्भ है? *[IAS (Pre) 1996]*

(a) गाजर (b) शकरकंद
(c) नारियल (d) आलू

11. निम्न में से कौन-सा तना है? *[UPPCS (Pre) (Re. Exam) 2015]*

(a) शलजम (b) अदरक
(c) गाजर (d) शकरकंद

12. निम्नलिखित पादपों में से किसका संग्रह अंग तना नहीं है? *[UPUDA/LDA (Mains) 2020]*

(a) गन्ने का (b) अदरक का
(c) आलू का (d) शकरकंद का

13. प्याज का खाद्य अंश है *[RRB Group D 2013]*

(a) पत्तियाँ (b) तना
(c) पुष्प (d) जड़ें

14. प्याजों के छिलके उतारने पर आँसू आते हैं, क्योंकि प्याज निष्कासित करते हैं *[UPPCS (Pre) 2015]*

(a) सल्फ्यूरिक अम्ल (b) सल्फोनिक अम्ल
(c) एमीनो अम्ल (d) कार्बोलिक अम्ल

15. निम्न को सुमेलित कीजिए। *[Chattisgarh PCS (Pre) 2013]*

	सूची-I		सूची-II
A.	प्रकंद	1.	लहसुन
B.	स्तम्भ कंद	2.	जिमीकंद
C.	शल्क कंद	3.	अदरक
D.	घनकंद	4.	आलू

कूट

	A	B	C	D		A	B	C	D
(a)	1	2	3	4	(b)	3	4	2	1
(c)	3	4	1	2	(d)	3	1	2	4

16. नीचे दिए गए पौधों और उनके खाद्य भाग के युग्मों में कौन-सा सही सुमेलित नहीं है? *[UPPCS (Mains) 2011]*

(a)	अदरक	प्रकंद
(b)	प्याज	मांसल पर्ण
(c)	आलू	मूल
(d)	नारियल	भ्रूणपोष

तेलीय पादप

17. निम्नलिखित में से किसमें प्रत्येक ग्राम में प्रोटीन की मात्रा सर्वाधिक होती है? *[SSC 2018]*

(a) मूँगफली (b) गेहूँ
(c) सेब (d) सोयाबीन

18. निम्न में से कौन-सी फसल तेल युक्त बीजों वाली फसल नहीं है?

(a) तिल (b) अलसी
(c) मसूर (d) सोयाबीन

19. अरण्डी के तेल वाले पौधे *(रिसिनस कम्यूनिस)* से सम्बन्धित कुल है

(a) पामी (b) क्रूसीफेरी
(c) यूफोर्बिएसी (d) कम्पोजिटी

20. लेमन ग्रास तेल निकाला जाता है
(a) *बम्बूसा बीकेयाना* से
(b) *सिम्बोपोगोन साइट्रेड्स* से
(c) *ट्रिटिकम एस्टाइवम* से
(d) *जिया मेज* से

21. तारपीन का तेल निम्नलिखित पेड़ से प्राप्त होता है *[RRB ASM 2007]*
(a) नेटम्
(b) *साइकस*
(c) देवदार
(d) चीड़

22. निम्न में से कौन-सा एक वाष्पशील तेल नहीं है?
(a) लौंग का तेल
(b) मूँगफली का तेल
(c) चन्दन की लकड़ी का तेल
(d) *यूकैलिप्टस* का तेल

23. मूँगफली *(एरेकिस हाइपोजिया)* में तेल संग्रहीत होता है
(a) बीजपत्रों में
(b) स्तम्भ कन्द में
(c) भ्रूण में
(d) भ्रूणपोष में

24. कैनौला (Canola) मानव उपभोग के लिए उगाई गई विशिष्ट प्रकार की तिलहन सरसों (Oil seed mustard) की किस्मों को निर्दिष्ट करता है। इन किस्मों की मुख्य विशेषता यह है कि *[IAS (Pre) 2000]*
(a) इनके बीजों में तेल मात्रा अत्यधिक उच्च होती है
(b) इनके तेल में असंतृप्त वसा अम्लों की प्रचुरता होती है
(c) इनके तेल की शेल्फ-आयु लम्बी होती है
(d) इनके तेल में ईरूसिक अम्ल की बहुत अल्प मात्रा होती है

25. निम्नलिखित में से कौन-सी जोड़ी सुमेलित नहीं है?

	फसल	राज्य
(a)	मक्का	उत्तर प्रदेश
(b)	जूट	पश्चिम बंगाल
(c)	कपास	महाराष्ट्र
(d)	सोयाबीन	आन्ध्र प्रदेश

मसाले

26. दालचीनी पेड़ के किस भाग से एकत्र की जाती है *[RRB 2004]*
(a) पत्ते
(b) तना
(c) जड़
(d) छाल

27. पौधे के कौन-से भाग से हल्दी प्राप्त होती है? *[UPPCS 2006, RAS/RTS (Pre) 1999]*
(a) जड़
(b) फल
(c) पुष्प
(d) तना

28. हल्दी के पौधे का खाने योग्य भाग कौन-सा है? *[MPPCS (Pre) 1993]*
(a) जड़
(b) प्रकन्द
(c) फल
(d) कंद

29. निम्नलिखित मसालों में से कौन-सी एक पुष्पकलिका होती है? *[UPPCS 2011]*
(a) जीरा
(b) लौंग
(c) काली मिर्च
(d) हल्दी

30. लौंग पौधे के निम्नलिखित में से किस भाग से प्राप्त होती है? *[BPSC (Pre) 2015]*
(a) शुष्क पत्तियाँ
(b) शुष्क तने
(c) शुष्क बीज
(d) शुष्क पुष्प कली

31. 'लौंग' है *[UPPCS (Pre) 2015]*
(a) तने की गांठें
(b) जड़ की गांठें
(c) पत्तियाँ
(d) सूखे फूल

32. धनिये में उपयोगी अंश होते हैं *[SSC 2011]*
(a) मूल और पत्ते
(b) पुष्प और सूखे फल
(c) पत्ते और सूखे फल
(d) पत्ते और पुष्प

33. मिर्च की तीक्ष्णता का कारण है
(a) लाइकोपिन की उपस्थिति
(b) कैप्सैसिन की उपस्थिति
(c) कैरोटीन की उपस्थिति
(d) एन्थोसायनिन की उपस्थिति

34. निम्नलिखित में से कौन-सा पदार्थ वृक्ष से प्राप्त किया जाता है? *[UPPSC 2020]*
(a) हींग
(b) शिलाजीत
(c) सुहागा
(d) इनमें से कोई नहीं

35. कार्डेमोम बीज है
(a) *प्रूनस पर्सिका* का
(b) *एलेटेरिया कार्डेमोमम* का
(c) *प्रूनस एमाइग्डेलस* का
(d) *कॉफिया अरेबिका* का

36. केसर मसाला बनाने के लिए पौधे का कौन-सा भाग उपयोग में लाया जाता है?
(a) पत्ती
(b) पंखुड़ी
(c) बाह्यदल
(d) वर्तिका

37. केसर होता है सूखा मिश्रण *[UPPCS (Pre) 2002]*
(a) पत्ती और तने का
(b) पंखुड़ियों और जड़ों का
(c) मादा जननांग वाले भागों का
(d) बीज और कलियों का

38. निम्नांकित में कौन सुमेलित नहीं है? *[UP UDA/LDA 2001]*
(a) अदरक - राइजोम
(b) केसर - बीज
(c) अफीम - अफीम की डूडी
(d) सन - तना

रेशे प्रदान करने वाले पादप

39. भारत के किस राज्य में कपास का औसतन उत्पादन सर्वाधिक है? *[BPSC (Pre) 2018]*
(a) पश्चिम बंगाल
(b) बिहार
(c) असम
(d) आन्ध्र प्रदेश

40. निम्नलिखित में कौन-सा पादप रेशा तने से प्राप्त होता है? *[UPPCS 2010]*
(a) कपास
(b) क्वायर
(c) सनई
(d) सेमल

41. निम्न रेशों में से कौन पौधे के तने का उत्पाद नहीं है? *[UPPCS 2010]*
(a) सन
(b) पटसन
(c) जूट
(d) कपास

42. निम्नलिखित में से किस पौधे से रेशे तथा तेल दोनों प्राप्त होते हैं?
(a) *कोकस न्यूसीफेरा*
(b) *लाइनम अर्सीटेटीसियम*
(c) *गॉसीपियम हर्बेसियम*
(d) ये सभी

43. बास्ट रेशे प्राप्त होते हैं
(a) *कोरकोरस* से (b) *कोकस* से
(c) *एगेव* से (d) *गॉसीपियम* से

44. जूट एक पौधे से प्राप्त होता है जिसका सम्बन्ध है, कुल
(a) स्टर्कुलिएसी से (b) टीलिएसी से
(c) यूफोर्बिएसी से (d) मालवेसी से

औषधीय एवं आर्थिक महत्व के अन्य पादप

45. निम्नलिखित में से कौन-सी औषधीय फसल है? *[MPPSC (Pre) 2018]*
(a) गन्ना (b) घृतकुमारी
(c) कपास (d) महुआ

46. अफीम पोस्त पौधे के किस भाग से प्राप्त की जाती है? *[UPSC 2011]*
(a) फूल (b) पत्ते
(c) अधपके फल (d) मूल

47. नोस्कापीन किससे प्राप्त होता है? *[UPPCS 2012]*
(a) पोस्त (पॉपी) से (b) तुलसी से
(c) गंध सफेदा (*यूकेलिप्टस*) से (d) *इफेड्रा* से

48. अफीम का वानस्पतिक नाम क्या है? *[MPPCS (Pre) 2017]*
(a) *एम्बलिका ऑफिसिनैलिस*
(b) *पैपेवर सोमनीफेरम*
(c) *रौवॉल्फिया सर्पेन्टाइना*
(d) *सिनकोना* स्पीशीज़

49. कुनैन जो मलेरिया के लिए एक प्रमुख औषधि है, वह प्राप्त होती है *[RAS/RTS (Pre) 1996]*
(a) आवृतबीजी पादप से
(b) बैक्टीरिया से
(c) यीस्ट से
(d) शैवाल से

50. मलेरिया रोग की प्रभावी औषधि कुनैन का निष्कर्षण किया जाता है *[UPPCS (Pre) 2016]*
(a) सिनेमन की छाल से (b) *सिनकोना* की छाल से
(c) तुलसी की पत्तियों से (d) कत्था-वृक्ष की छाल से

51. तम्बाकू की पत्तियों में होता है
(a) कैप्सकिन (b) कोल्चिसीन
(c) निकोटीन (d) एस्प्रिन

52. हेरोइन प्राप्त होती है *[UPPCS 2005]*
(a) भांग से (b) अफीम पोस्त से
(c) तम्बाकू से (d) सुपारी से

53. कोको किससे मिलता है?
(a) बीज से (b) छाल से
(c) जड़ से (d) पत्ती से

54. 'चिलगोजा' नामक सूखा मेवा निम्नलिखित से मिलता है? *[RRB 2007]*
(a) *साइकस* (b) देवदार
(c) *साइप्रस* (d) *पाइनस*

उत्तरमाला

1 (c)	2 (c)	3 (b)	4 (c)	5 (c)	6 (a)	7 (d)	8 (c)	9 (a)	10 (d)
11 (b)	12 (d)	13 (b)	14 (b)	15 (c)	16 (c)	17 (d)	18 (c)	19 (c)	20 (b)
21 (d)	22 (b)	23 (a)	24 (d)	25 (d)	26 (d)	27 (d)	28 (b)	29 (b)	30 (d)
31 (d)	32 (c)	33 (b)	34 (a)	35 (b)	36 (d)	37 (c)	38 (b)	39 (d)	40 (c)
41 (d)	42 (d)	43 (a)	44 (b)	45 (b)	46 (c)	47 (a)	48 (b)	49 (a)	50 (b)
51 (c)	52 (b)	53 (a)	54 (d)						

उत्तर सहित व्याख्या

1. (*c*) चावल कार्बोहाइड्रेट का मुख्य स्रोत है, क्योंकि इसमें सबसे अधिक (90%) कार्बोहाइड्रेट पाया जाता है।

5. (*c*) *ट्रिटिकेल* एक मानव निर्मित अन्न है। आरम्भ में यह षटगुणित गेहूँ तथा *सिकेल (Secale)* के बीच संकरण द्वारा बनाया गया, लेकिन बाद में इसे चतुगणित गेहूँ *(Triticum durum)* तथा द्विगुणित राई *(Secale cerele)* के बीच संकरण कर बनाया गया। इसके दाने गेहूँ की तुलना में बड़े तथा अधिक प्रोटीन वाले होते हैं, लेकिन कम ग्लूटेन के कारण यह रोटी बनाने में कम प्रयोग किए जाते हैं।

7. (*d*) सब्जी के लिए काम आने वाले पौधों के अध्ययन को ओलरीकल्चर (Olericulture) कहते हैं।

13. (*b*) प्याज का खाद्य अंश तना (शल्ककन्द) है। तना पौधे का वह भाग है, जो प्रकाश की ओर वृद्धि करता है। यह प्रांकुर से विकसित होता है।

14. (*b*) प्याज के छिलके उतारने पर आँसू आते हैं; क्योंकि प्याज सल्फोनिक अम्ल निष्कासित करते हैं।

15. (*c*) सही सुमेलित है

A. प्रकन्द	3. अदरक
B. स्तम्भ कन्द	4. आलू
C. शल्क कन्द	1. लहसुन
D. घनकन्द	2. जिमीकन्द

19. (*c*) अरण्डी का तेल *रिसिनस कम्यूनिस (Ricinus communis)* पौधे के बीजों के भ्रूणपोष (Endosperm) से प्राप्त किया जाता है। यह पादप यूफोर्बिएसी कुल से सम्बन्धित होता है। इस तेल का प्रयोग साबुन, कृत्रिम चमड़ा, टाइप राइटर स्याही (Type writer ink), आदि बनाने में प्रयोग किया जाता है।

20. (*b*) लेमन ग्रास का तेल *सिम्बोपोगोन साइट्रेड्स* से निकाला जाता है। इसके तेल का उपयोग कीटाणुनाशक, कवकरोधी तथा परिरक्षक के रूप में किया जाता है।

21. (*d*) तारपीन का तेल चीड़ के पादप से प्राप्त होता है। चीड़ का वानस्पतिक नाम *पाइनस* होता है।

26. (*d*) दालचीनी (Cinnamon) एक छोटा सदाबहार पेड़ है, जो 10-15 मीटर ऊँचा होता है। यह लॉरसी (Lauraceae) परिवार का सदस्य है। इसकी छाल मसाले के रूप में प्रयोग की जाती है।

28. (*b*) हल्दी *कुरकुमा लोंगा* (*Curcuma longa*) के साफ, सूखे व उबाले हुए प्रकन्द (Rhizome) हैं।

29. (*b*) *शाइजीजियम एरोमेटिकम (Shyzygium aromaticum)* की बन्द पुष्प कलिकाओं (Flower buds) का प्रयोग हम लौंग के रूप में करते हैं।

32. (*c*) धनिये का वानस्पतिक नाम *कोरिएण्ड्रम सैटाइवम (Coriandrum sativum)* है। वैसे तो धनिये के सभी भाग खाने योग्य होते हैं, परन्तु ताजे पत्ते तथा सूखे फल प्रमुखतया मसालों के रूप में उपयोग में लाए जाते हैं।

33. (*b*) मिर्च की तीक्ष्णता कैप्सैसिन की उपस्थिति के कारण होती है। यह एक फलीय सब्जी है।

34. (*a*) हींग एक रेजिन है, जो *फेरुला एसाफोइटिडा* नामक पौधे (वृक्ष) की जड़ से प्राप्त होती है।

43. (*a*) बास्ट रेशे *कोरकोरस कैप्सुलेरिस* से प्राप्त होते हैं। यह एक स्तम्भी रेशा है जोकि एक नगदी फसल है।

45. (*b*) घृतकुमारी (Aloevera) तक औषधीय फसल है। यह एस्फोडिलेसी कुल का सदस्य है। इसमें त्वचा तथा शरीर के लिए उपयोगी तत्व पाए जाते हैं तथा यह त्वचा का रंग बनाए रखने में उपयोगी है, जिससे उम्र का प्रभाव नहीं दिखता। अत: इसे घृतकुमारी कहते हैं।

50. (*b*) कुनैन को *सिनकोना* नामक पादप की छाल से प्राप्त किया जाता है। इसे पेड़ के तने या शाखाओं की छाल से प्राप्त किया जाता है। कुनैन को मलेरिया के इलाज में प्रयुक्त किया जाता है।

51. (*c*) तम्बाकू की पत्तियों में निकोटीन होती है, जो एड्रिनल ग्रन्थि में एड्रिनेलीन तथा नॉर-एड्रिनेलीन के स्रावण, रुधिर दाब तथा हृदय दर को बढ़ाता है।

परिशिष्ट

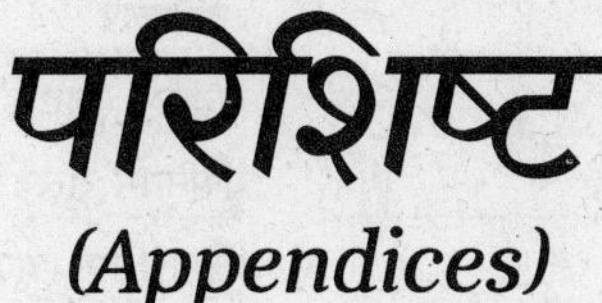

भौतिक विज्ञान

आविष्कार एवं खोज
(Inventions and Discoveries)

आविष्कार	आविष्कारकर्त्ता
घड़ी (इटली)	बारथोलोम्यू मैनट्रिडी (1452)
माइक्रोस्कोप (कम्प्यूटर) (नीदरलैंड)	जे जॉनसीन (1590)
टेलीस्कोप (नीदरलैंड)	हेंस लिपरशे (1608)
बैरोमीटर (इटली)	एवनजीलिस्टा टोरिसेली (1644)
एडिंग मशीन (फ्रांस)	पास्कल (1692)
पियानो (इटली)	क्रिस्टोफोरी (1709)
भाप इंजन (पिस्टन) (ब्रिटेन)	थॉमस न्यूकोमेन (1712)
घड़ी (यान्त्रिक) (चीन)	आई सिंग व लियांग लिंग टी सैन (1725)
तड़ित चालक (यूएसए)	बैंजामिन फ्रैंकलिन (1752)
भाप इंजन (कण्डैनशर) (ब्रिटेन)	जेम्स वाट (1765)
कार (भाप) (फ्रांस)	निकोलस कुगनो (1769)
जहाज (भाप) (फ्रांस)	आई सी पेरियर (1775)
पनडुब्बी (यूएसए)	डेविड़ बुसनैल (1776)
द्विफोकस लेन्स (यूएस)	बेन्जामिन फ्रैंकलिन (1780)
ब्लीचिंग पाउडर (ब्रिटेन)	टीनैन्ट (1798)
भाप इंजन (ब्रिटेन)	थॉमस सेवरी (1798)
बैट्री (वैद्युत) (इटली)	एलसैण्ड्रो वोल्टा (1800)
इलेक्ट्रोप्लेटिंग (इटली)	लुगी ब्रुगनेटिली (1805)
स्टेथोस्कोप (फ्रांस)	लेनेक (1819)
रबर (वाटर प्रूफ) (ब्रिटेन)	चार्ल्स मैकिनटोस (1823)
सीमेन्ट (पोर्टलैण्ड) (ब्रिटेन)	जोसेफ एसपडीन (1824)
विद्युत चुम्बक (ब्रिटेन)	विलियम स्टरजन (1824)
इलेक्ट्रॉनिक कम्प्यूटर (ब्रिटेन)	डा. एलन एम टयूरिंग (1824)
फोटोग्राफी (धातु पर) (फ्रांस)	जे एन निप्स (1826)
डायनमों (फ्रांस)	हाइपोलाइट पिक्सी (1832)
धारामापी (फ्रांस)	आन्द्रे मैरी ऐम्पियर (1834)
फोटोग्राफी (कागज पर) (ब्रिटेन)	डब्लू फॉक्स टैलबोट (1835)
पिस्टल (यूएसए)	कोल्ट (1836)
साइकिल (ब्रिटेन)	क्रिकपैटरिक मैकमिलन (1839-40)
रबर (वल्केनाइज्ड़) (यूएसए)	चार्ल्स गुड़ीयर (1841)

आविष्कार	आविष्कारकर्त्ता
प्रतिच्छाया मशीन (ब्रिटेन)	एलक्जैण्डर, बैन (1843)
सुरक्षा पिन (यूएसए)	वेल्टर हन्ट (1849)
रेफ्रिजरेटर (यूएसए)	जेम्स हेरिसन ऐलक्जैण्डर कटलिन (1850)
एयर जहाज (फ्रांस)	हेनरी गिफार्ड (1852)
लिफ्ट (यांत्रिक) (यूएसए)	एलीसा जी ऑटिस (1852)
बुसनैन बर्नर (जर्मनी)	आर विलियम वॉन बुन्सेन (1855)
ब्रगलर अलार्म (यूएसए)	एडविन टी हॉलमेस (1858)
रेडियो टेलीग्राफी (यूएसए)	डा. एम. लेमिश (1864)
विद्युत मोटर (डी सी) (बेल्जियम)	जेनोबे ग्रेमी (1873)
कारबुरेटर (जर्मनी)	गॉटलिब डैमलर (1876)
माइक्रोफोन (यूएसए)	एलेक्जैण्डर ग्राहम बैल (1876)
ग्रामोफोन (यूएसए)	थॉमस एल्वा एडिसन (1878)
विद्युत लैम्प (यूएसए)	थॉमस एल्वा एडिसन (1879)
विद्युत स्त्री (यूएसए)	एच डब्लू सीले (1882)
मोटर साईकिल (जर्मनी)	जी. डैमलर (1885)
फिल्म (चलती रेखा) (फ्रांस)	लुईस प्रिंस (1885)
फोटोग्राफी (फिल्म पर) (यूएसए)	जॉन कैरबट (1888)
बॉल प्वाइंट पेन (यूएसए)	जॉन जे लाउड़ (1888)
साइकल टायर (ब्रिटेन)	जॉन बॉयड डनलप (1888)
कैमरा (कोडेक) (यूएसए)	वॉकर ईस्टमैन (1888)
कार (पेट्रोल) (जर्मनी)	कार्ल बेन्ज (1988)
विद्युत मोटर (ए सी) (यूएसए)	निकोलस टैस्ला (1888)
चलित प्रतिदर्शक (यूएसए)	थॉमस एडिसन (1893)
प्रकाश विद्युत सेल (जर्मनी)	जूल्यिस एलस्टर हेंस एफ जीटल (1893)
जहाज (टरबाइन) (ब्रिटेन)	हॉन सर सी पारसन्स (1894)
सिनेमा (फ्रांस)	निकोलस तथा जीन लुमिरे (1895)
डीजल इंजन (जर्मनी)	रूडोल्फ डीजल (1895)
वायर लैस (टेलीग्राफी) (इटली)	जी मारकोनी (1896)
टेप रिकॉर्डर (डेनमार्क)	फेसेनडेन पॉलसन (1899)

आविष्कार	आविष्कारकर्त्ता
लाउडस्पीकर (ब्रिटेन)	होरेस शॉर्ट (1900)
रेडियोटेलिग्राफी (इटली)	जी मारकोनी (1901)
प्रशीतक (यूएसए)	कैरियर (1902)
वायुयान (यूएसए)	ओरविल तथा बिल्बर राइट (1903)
विद्युत वॉशिंग मशीन (यूएसए)	एल्वा फिसर (1906)
वैक्यूम कलीनर (विद्युत) (यूएसए)	स्पेन्जलर (1907)
नियोन लैम्प (फ्रांस)	जॉर्ज क्लाइड (1910)
स्टील (स्लैनलेस स्टील) (ब्रिटेन)	हैरी ब्रियरले (1913)
टैंक (ब्रिटेन)	सर अमेस्ट डी स्विंगटन (1914)
मशीन गन (ब्रिटेन)	रिचर्ड गेटलिंग (1918)
फिल्म (बोलती) (जर्मनी)	जे ऐन्जल जे मुसौली व एच वागट (1922)
रडार (यूएसए)	ए एच लॉयलर तथा लियो सी योंग (1922)
हेलिकॉप्टर (फ्रांस)	लाउन्वाय एवं बियेन्वेनू (1924)
टेलीविजन (यान्त्रिक) (ब्रिटेन)	जे एल बेयर्ड (1926)
टेलीविजन (इलेक्ट्रॉनिक) (यूएसए)	पी टी फार्सवर्थ (1927)
रबर (लेटेक्स फोम) (ब्रिटेन)	डनलप रबर कम्पनी (1928)
टेलीविजन (रंगीन) (ब्रिटेन)	जे एल बेयर्ड (1928)
मैगनेट निकॉर्डिंग टेप (जर्मनी)	फ्रिट्ज फ्लूमर (1928)
रेजर (विद्युत) (यूएसए)	जैकेब शिक (1931)
माइक्रोस्कोप (विद्युत) (जर्मनी)	रस्का नॉल (1931)
जैट इंजन (ब्रिटेन)	सर फ्रैंक विटल (1937)
वायुयान (जैट इंजन) (जर्मनी)	ओहेन (1939)
यूरेनियम संलयन (यूएसए)	जिलार्ड फर्मी (1942)
परमाणु बम (यूएसए)	जे रोबर्ट ऑपनहाइमर (1945)
टेलीफोन (सैलुलर) (यूएसए)	बैल लैब्स (1947)
माइक्रोवेव ऑवन (यूएसए)	पेर्सी ले बेरॉन स्पेन्सर (1947)
रेडियोकार्बन डेटिंग (यूएसए)	लिबी (1947)
ट्रांजिस्टर (यूएसए)	जॉन बरड़ीन शॉकले तथा ब्रटेन (1948)
ट्रांजिस्टर रेडियो (जापान)	सोनी (1948)
हाइड्रोजन बम (यूएसए)	एडवर्ड टेलर (1954)
प्रकाशीय तन्तु (जर्मनी)	नरेन्द्र कापेनी (1955)
प्रकाशीय तन्तु (ब्रिटेन)	कीपैनी (1955)
विडियो टेप (यूएसए)	चार्ल्स गिन्सबर्ग (1956)
न्यूट्रॉन बम (यूएसए)	सैमुअल कोहेन (1958)
कम्प्यूटर (मिनी) (यूएसए)	डिजिटल कॉर्प (1960)
लेसर (यूएसए)	थियोड़र मैमेन (1960)
कैसेट (विडियो टेप) (जापान)	सेनी (1969)
कॉम्पैक्ट डिस्क (यूएसए)	आर सी ए (1972)
सुपर कम्प्यूटर (यूएसए)	जे एच वॉन टेसल (1976)
कॉम्पैक्ट डिस्क प्लेयर (जापान, नींदरलैंड)	सोनी, फिलिप्स (1979)
टेलीग्राफ (फ्रांस)	एम लैमोड (1987)
कम्प्यूटर (लैपटाप) (ब्रिटेन)	सिनक्लेयर (1987)

प्रमुख वैज्ञानिक व उनके योगदान
(Famous Scientists with their Contributions)

नाम	मुख्य योगदान/खोज
आर्किमिडीज (ग्रीक)	उत्पलावन का सिद्धान्त, उत्तोलक का सिद्धान्त
गैलीलियो (इटली)	जड़त्व का नियम
क्रिस्टीयन हाइगेन्स (हॉलेंड)	प्रकाश का तरंग सिद्धान्त
आइसैक न्यूटन (यूके)	गुरुत्वाकर्षण का ब्रह्माण्ड नियम, गति के नियम परावर्ती दूरदर्शी
माइकल फैराडे (यूके)	चुम्बकीय प्रेरण के नियम
जेम्स क्लर्क मैक्सवैल (यूके)	वैद्युत चुम्बकीय सिद्धान्त, जैसे प्रकाश, वैद्युत चुम्बकीय तरंगें
हेनरिच रुडोल्फ हर्ट्स (जर्मनी)	वैद्युत चुम्बकीय तरंगों का उत्पादन
डब्लू के रॉन्टजन (जर्मनी)	X-किरणें
अल्बर्ट आइन्सटीन (जर्मनी)	प्रकाश वैद्युत प्रभाव की व्याख्या व आपेक्षिक सिद्धान्त
आर ए मिलिकन (यूएसए)	वैद्युतीय आवेश का मापन
अरनेस्ट रदरफोर्ड (न्यूजीलैण्ड)	परमाणु का नाभिकीय मॉडल
नील्स बोहर (डेनमार्क)	हाइड्रोजन बम का क्वान्टम मॉडल
सी वी रमन (भारत)	अणुओं द्वारा प्रकाश का असंघटीय प्रकीर्णन
लुईस विक्टर दे-ब्रोग्ली (फ्रांस)	द्रव्य की तरंग प्रकृति
एस एन बोस (भारत)	क्वान्टम स्थैतिकी
वोल्फगेंग पाऊली (ऑस्ट्रिया)	अपवर्जन नियम
एमरिको फर्मी (इटली)	नियन्त्रित नाभिकीय विखण्डन
बर्नर हाइजेनबर्ग (जर्मनी)	क्वान्टम यांत्रिकी, अनिश्चितता का सिद्धान्त
पॉल डिराक (यूके)	इलेक्ट्रॉन का आपेक्षिक सिद्धान्त, क्वान्टम स्थैतिकी
अरनेस्ट ओरलेंडो लोरेन्स (यूएसए)	साइक्लोट्रॉन
जैम्स चैडविक (यूके)	न्यूट्रॉन
हेड़की युकावा (जापान)	नाभिकीय बलों का सिद्धान्त
होमी जहाँगीर भाभा (भारत)	कॉस्मिक विकिरण का कैसकैड प्रक्रम
लेव डेविडोविच लागडू (रूस)	संघनित द्रव्य का सिद्धान्त, द्रव हीलियम
एस चन्द्रशेखर (भारत)	चन्द्रशेखर सीमा, संरचना तथा तारों का घटना
जॉन बारडीन (यूएसए)	ट्रॉजिस्टर, अतिचालकता का सिद्धान्त
सी एच टोन्स (यूएसए)	मेसर, लेसर

रसायन विज्ञान

रसायन की शाखाएँ
(Branches of Chemistry)

- **कृषि रसायन** (Agro chemistry) कृषि उत्पादन, खाद्य प्रसंस्करण आदि में रसायन के अनुप्रयोग।
- **विश्लेषणात्मक रसायन** (Analytical chemistry) गुणात्मक और मात्रात्मक विश्लेषण से सम्बन्धित।
- **जैव रसायन भेषज (औषध) विज्ञान** (Biochemical pharmacology) जीवों पर औषध के प्रभाव और औषधों की लक्ष्यों पर क्रियाविधि से सम्बन्धित।
- **जैव रसायन** (Biochemistry) सजीवों में होने वाली रासायनिक अभिक्रियाओं से सम्बन्धित।
- **जैव अकार्बनिक रसायन** (Bioinorganic chemistry) धातु आयन-ऊतक अन्योन्यक्रिया तथा धातु आयनों का एन्जाइम क्रियाविधि पर प्रभाव।
- **रासायनिक बलगतिकी** (Chemical kinetics) रासायनिक अभिक्रिया के वेग तथा क्रियाविधि से सम्बन्धित।
- **क्लस्टर रसायन** (Cluster chemistry) आबन्ध परमाणुओं के क्लस्टर, एकल अणुओं तथा स्थूल ठोसों के बीच के आकार के (मध्यवर्ती) अध्ययन में।
- **मिश्रित रसायन** (Combinatorial chemistry) अणुओं को कम्प्यूटर उद्दीप्त करने तथा अणुओं के मध्य अभिक्रियाओं से सम्बन्धित।
- **कॉस्मेटोलॉजी अथवा सौन्दर्य प्रसाधन विज्ञान** (Cosmatology) प्रसाधन सामग्री तथा इनके उपयोग से सम्बन्धित।
- **विद्युतरसायन** (Electrochemistry) रेडॉक्स अभिक्रियाओं में निर्गमित ऊर्जा से विद्युत ऊर्जा का उत्पादन तथा विद्युत ऊर्जा के स्वतः अप्रवर्तित रासायनिक परिवर्तनों में उपयोग से सम्बन्धित।
- **पर्यावरणीय रसायन** (Environmental chemistry) परिवहन, अभिक्रियाओं, प्रभावों, तथ्यों आदि पर्यावरणीय रासायनिक स्पीशीज से सम्बन्धित।
- **खाद्य रसायन** (Food chemistry) खाद्यों के रासायनिक प्रसंस्करण से सम्बन्धित।
- **अदालती रसायन** (Forensic chemistry) अपराध (जुर्म) के अन्वेषण में रासायनिक सिद्धान्तों, तकनीकों और विधियों के अनुप्रयोगों से सम्बन्धित।
- **सामान्य रसायन** (General chemistry) द्रव्य की संरचना और द्रव्य तथा ऊर्जा के मध्य अभिक्रिया से सम्बन्धित।
- **भू-रसायन विज्ञान** (Geochemistry) भू-चट्टानों खनिजों तथा खगोलीय पिण्डों की रासायनिक संरचना, परिवर्तनों तथा प्रक्रियाओं से सम्बन्धित।
- **हरित रसायन** (Green chemistry) ऐसी विधियों तथा उत्पादों का प्रयोग करना जिनसे वातावरणीय प्रदूषण कम हो से सम्बन्धित।
- **जल विज्ञान** (Hydrology) जलमण्डल तथा वायुमण्डल में जल की उपस्थिति, गुणों के सम्बन्ध में जल के विज्ञान से सम्बन्धित।
- **अकार्बनिक रसायन** (Inorganic chemistry) कार्बन को छोड़कर सभी तत्वों तथा इनके यौगिकों, CO, CO_2, कार्बोनेटों तथा बाइकार्बोनेटों सहित अध्ययन से सम्बन्धित।
- **औषधीय रसायन** (Medicinal chemistry) भेषजगुणीय औषधियों के संश्लेषण, डिजाइन तथा परिवर्धन से सम्बन्धित।
- **नैनो रसायन** (Nanochemistry or Nanotechnology) नैनो परमाणुओं तथा अणुओं तथा इनके संयोजन से बने नैनो समूहों तथा इनके गुणों से सम्बन्धित।
- **नाभिकीय रसायन** (Nuclear chemistry) नाभिकीय संलयन, नाभिकीय विखण्डन, रेडियोसक्रिय तत्वों के अध्ययन से सम्बन्धित।
- **कार्बनिक रसायन** (Organic chemistry) कार्बन व हाइड्रोजन के यौगिक (हाइड्रोकार्बन) तथा इनके व्युत्पन्नों के अध्ययन के सम्बन्धित।
- **कार्बधात्विक रसायन** (Organometallic chemistry) कार्बन और धातु के मध्य आबन्धयुक्त यौगिकों के अध्ययन से सम्बन्धित।
- **प्रकाश रसायन** (Photochemistry) द्रव्य और प्रकाश के मध्य अन्योन्य क्रिया से सम्बन्धित।
- **भौतिक रसायन** (Physical chemistry) ऊर्जा सम्बन्धित रासायनिक परिवर्तनों से सम्बन्धित।
- **भौतिक-कार्बनिक रसायन** (Physical organic chemistry) कार्बनिक अणुओं की आपसी संरचना तथा प्रतिक्रियक क्षमता से सम्बन्धित।
- **पॉलिमर (बहुलक) रसायन** (Polymer chemistry) पॉलिमर की संरचना, गुणों तथा इनके संश्लेषण की नई विधियों को खोजने से सम्बन्धित।
- **क्वांटम रसायन** (Quantum chemistry) अवपरमाणुक कणों की अन्योन्यक्रिया तथा गति का गणितीय वर्णन से सम्बन्धित।
- **ठोस अवस्था रसायन** (Solid state chemistry) द्रव्य की ठोस अवस्था में संरचना, गुण तथा संश्लेषण के अध्ययन से सम्बन्धित।
- **स्पेक्ट्रोस्कोपी** (Spectroscopy) द्रव्य के अध्ययन में द्रव्य के उत्सर्जन तथा अवशोषण स्पेक्ट्रम से सम्बन्धित।
- **त्रिविम रसायन** (Stereoscopy) अणुओं तथा जटिल यौगिकों, में परमाणुओं की त्रिविमीय व्यवस्था से सम्बन्धित।
- **पृष्ठ रसायन** (Surface chemistry) सतह या अन्तरापृष्ठ पर होने वाली परिघटनाओं से सम्बन्धित।
- **सैद्धान्तिक रसायन** (Theoretical chemistry) रासायनिक प्रक्रमों के पूर्वकथन (भविष्यकथन) में रासायनिक तथा भौतिकीय गणनाओं के अध्ययन से सम्बन्धित।
- **ऊष्मा रसायन** (Thermochemistry) रासायनिक अभिक्रियाओं पर ऊष्मीय प्रभाव के अध्ययन से सम्बन्धित।
- **ऊष्मागतिकी** (Thermodynamics) भौतिक तथा रासायनिक प्रक्रमों के दौरान ऊर्जा परिवर्तनों से सम्बन्धित

प्रसिद्ध वैज्ञानिक एवं उनकी खोज
(Famous Scientists and their Discoveries)

खोज/सिद्धान्त	खोजकर्ता
परमाणु सिद्धान्त	जॉन डाल्टन
क्वाण्टम सिद्धान्त पर आधारित परमाणु सिद्धान्त	नील्स बोर
परमाणु क्रमांक	मोसले
आवोगाद्रो की परिकल्पना	आवोगाद्रो
कृत्रिम रेडियो सक्रियता	आइरीन क्यूरी और फैड्रिक जूलियट
सक्रियण ऊर्जा	आरहेनियस
ब्राउनी गति	रॉबर्ट ब्राउन
उत्प्रेरण	बर्जीलियस
इलेक्ट्रॉन की द्वैती प्रकृति	लुई दे ब्रॉग्ली
डॉबेराइनर के त्रिक	डॉबेराइनर
तनुता नियम	ऑस्टवाल्ड
डायनामाइट	अल्फ्रेड नोबेल
इलेक्ट्रॉन	जे जे थॉमसन
स्वर्ण संख्या	जिगमोण्डी
गन पाउडर	रोजर बेकॉन
समूह विस्थापन नियम	फायान्स, रसेल, सोडी
हुण्ड का अधिकतम बहुलकता का नियम	हुण्ड
हेस का नियम	हेस
हीलियम	फ्रेंकलैण्ड और लॉकियर
हाइड्रोजन गैस	कैवेण्डिश
भारी जल	यूरे
अक्रिय गैस	रैमजे
द्रव्यमान संरक्षण का नियम	लैवोशियर
स्थिर अनुपात का नियम या निश्चित संघटन का नियम	जोसेफ प्राउस्ट
गुणित अनुपात का नियम	डाल्टन
व्युत्क्रम अनुपात का नियम या तुल्य अनुपात का नियम	रिक्टर
गैसीय आयतनों का नियम	गै-लुसैक
गैसों का विसरण नियम	ग्राहम
आंशिक दाब का नियम	डाल्टन
अष्टक नियम	न्यूलैण्ड्स
द्रव्य अनुपाती क्रिया का नियम	गुलबर्ग तथा वाजे
ला-शातेलिए सिद्धान्त	ला-शातेलिए
विद्युत अपघटन का नियम	फैराडे
द्रव्यमान ऊर्जा समीकरण $E = mc^2$	अल्बर्ट आइन्स्टीन
द्रव्यमान स्पेक्ट्रम (mass spectrum)	ऑस्टन
द्रव्यमान स्पेक्ट्रोग्राफ	ऑस्टन
अणु	आवोगाद्रो
आधुनिक आवर्त नियम	मोसले
अम्ल और क्षारक की आधुनिक अवधारणा	ब्रॉन्सटैड लोरी
वायु द्वारा HNO_3 का निर्माण	बर्कलेण्ड

खोज/सिद्धान्त	खोजकर्ता
स्टील का निर्माण	बैसेमर
मेसॉन सिद्धान्त	एच.युकावा
न्यूट्रॉन	जेम्स चैडविक
न्यूट्रिनों	विल्सन
ऋण मेसॉन	कार्ल एण्डरसन
नायलॉन	वैलेस केरोथर्स
ऑक्सीजन गैस	प्रीस्टले
दर्पण समावयवता	वाण्ट हॉफ
आवर्त नियम तथा वर्गीकरण–	डिमिट्री मेण्डेलीफ
pH स्केल	एस पी सॉरेन्सन
प्लास्टिक	एलेक्जेण्डर पार्कस
इलेक्ट्रॉन की तरंग प्रकृति (प्रायोगिक प्रमाण)	डेविसन
प्रकाश विद्युत प्रभाव	अल्बर्ट आइन्स्टीन
अपवर्जन सिद्धान्त	पाउली
प्रोटॉन	गोल्डस्टीन
पॉजिट्रॉन	विल्सन
धन मेसॉन	कार्ल एण्डरसन
कोणीय संवेग का क्वांटमीकरण (प्रायोगिक प्रमाण)	स्टर्न गर्लेच
रेडियम	मैरी तथा पियरे क्यूरी
रेडियोसक्रियता	हैनरी बैकुरल
रबर (वल्कनीकृत)	चार्ल्स गुडियर
रबर (जल सह)	चार्ल्स मैकिन्तोष
स्टेनलेस स्टील	हैरी ब्रेयरले
सल्फर	फ्राश
अमोनिया का संश्लेषण	हेबर
हाइड्रोकार्बनों का संश्लेषण	कोल्बे
यूरिया का संश्लेषण	व्होलर
उच्च ऐल्केनों का संश्लेषण	वुर्टज्
टैरीलीन	जे व्हिनफील्ड, जे डिक्सन
आयनन का सिद्धान्त	आरहेनियस
संकरण का सिद्धान्त	एल पाउलिंग
विद्युत संयोजकता का सिद्धान्त	कोसेल
सहसंयोजकता का सिद्धान्त	जी एन लुईस
ट्रान्स यूरेनियम तत्व	सीबोंग
सापेक्षिकता का सिद्धान्त	अल्बर्ट आइन्स्टीन
अनिश्चितता का सिद्धान्त	वर्नर हाइजेनबर्ग
परासरण दाब का नियम	बर्कले
आर डी एक्स	हैनिंग
श्रोडिंगर समीकरण (क्वाण्टम यान्त्रिकी)	इर्विन श्रोडिंगर

मुख्य अभिकर्मक व उनके मिश्रण
(Important Reagents and Mixtures)

मिश्र-धातु	संघटन %	उपयोग
पीतल (Brass)	कॉपर 70%, जिंक 30%	बर्तन, तार, पाइप, पुर्जे बनाने में।
काँसा (Bronze)	कॉपर 88%, टिन 12%	बर्तन तथा मूर्तियाँ बनाने में।
जर्मन सिल्वर (German silver)	कॉपर 60%, जिंक 20% निकैल 20%	जेवर, बर्तन, मूर्तियाँ बनाने में।
गन धातु (Gun metal)	कॉपर 90%, जिंक 2%, टिन 8%	बन्दूकों तथा मशीनों के पुर्जे बनाने में।
फॉस्फोरस ब्राँज (Phosphorus bronze)	कॉपर 85%, टिन 12%, फॉस्फोरस 2%	रेडियो के एरियल बनाने में।
मुद्रा मिश्र-धातु (Coinage alloy)	कॉपर 95%, टिन 4% फॉस्फोरस 1%	सिक्के बनाने में।
बैल धातु (Bell metal)	कॉपर 80%, टिन 20%	घण्टे बनाने में।
कान्सटेनटन (Constantan)	कॉपर 60%, निकैल 40%	तार बनाने में।
रॉल्ड गोल्ड (Rolled gold)	कॉपर 95%, ऐलुमिनियम 5%	आभूषण, मूर्तियाँ बनाने में।
मोनेल धातु (Monel metal)	कॉपर 28%, निकैल 70%, लोहा 2%	मूर्तियाँ बनाने में।
मैग्नेलियम (Magnelium)	ऐलुमिनियम, मैग्नीशियम	तराजू, बीमों एवं हल्के उपकरणों के निर्माण में।
डच धातु (Dutch metal)	ताँबा 80%, जस्ता 20%,	सस्ते आभूषण बनाने में।
डेल्टा धातु (Delta metal)	ताँबा 55%, जस्ता 41% तथा लोहा 4%	बेयरिंग, कपाट तथा जलयानों के पंखे बनाने में।

मिश्र-धातु	संघटन %	उपयोग
ड्यूरैलूमिन (Duralumin)	ऐलुमिनियम 95%, ताँबा 4%	प्रेशर कुकरों तथा वायुयानों को बनाने में।
मुंट्ज धातु (Muntz metal)	ताँबा 60% तथा जस्ता 40%	नावों का तख्ता बनाने में।
टाँका (Solder)	टिन 67% तथा सीसा 33%	धातुओं में टाँका लगाने में।
वुड्स धातु (Woods metal)	सीसा 33%, बिस्मिथ 33.5%, टिन 19%, कैडमियम 14.5%	डाएफ्रेम बनाने में।
टाईप धातु (Type metal)	सीसा 75%, एन्टीमनी 20%, टिन 5%	छापखाने के टाइप बनाने में।
जंगरोधी इस्पात (Stainless steel)	लोहा 73%, क्रोमियम 18%, निकैल 8% तथा कार्बन 1%	मोटर, साइकिल तथा बर्तन आदि बनाने में।
टंगस्टन इस्पात (Tungsten steel)	लोहा 94%, टंगस्टन 5%, तथा कार्बन 1%	तेज धार वाले मशीनी औजार बनाने में।
एल्निको (Alnico)	स्टील 50%, ऐलुमिनियम-20% निकैल-20%, तथा कोबाल्ट-10%	चुम्बकों के निर्माण में।
नाइक्रोम (Nichrome)	निकैल-85-62%, आयरन-22-25% क्रोमियम-8-13%, कार्बन-0.2-1% मैंगनीज,जिंक, SiO_2-1-2%	विद्युत तापन तार आदि बनाने में।

रसायन सम्बन्धी महत्त्वपूर्ण तथ्य
(Important Facts Related to Chemistry)

गुण (Property)	**तत्व/आयन** (Element/Ion)
लघुत्तम धनायन (Smallest cation)	H^+
दीर्घतक धनायन (Largest cation)	Cs^+
उच्चतम घनत्व वाला ठोस (Solid with highest density)	इरीडियम (Ir)
उच्चतम घनत्व वाला द्रव (Liquid with highest density)	मर्करी (Hg)
देशों के सम्मान में नामित तत्व (Elements named in honour of the countries)	Ru, Ge, Po, Am
सर्वाधिक विद्युतऋणात्मकता वाला तत्व (Most electronegative elements)	फ्लुओरीन (F)
पृथ्वी पर प्रचुरता से पाया जाने वाला तत्व (Most abundant elements on earth)	ऑक्सीजन (O)
भू-पर्पटी पर प्रचुरता से पाया जाने वाला तत्व (Most abundant metal in earth crust)	ऐलुमिनियम (Al)
द्रव धातु (Liquid metal)	मर्करी (Hg)
चमकदार अधातु (Lustrous non-metal)	आयोडीन (I_2)

गुण (Property)	**तत्व/आयन** (Element/Ion)
अधातुओं में कठोरतम (Hardest among non-metals)	हीरा
मृदु धातुएँ (Soft metals)	Na, K
सर्वश्रेष्ठ तन्य धातुएँ (Best ductile metals)	Au, Ag
सर्वश्रेष्ठ चालक धातु (Best conductor metal)	चाँदी (Ag)
सर्वाधिक विषैला तत्व (Most poisonous element)	Pu
सर्वाधिक समस्थानिकों वाला तत्व (Element with maximum number of isotopes)	Ag
सर्वाधिक विद्युतधनी धातु (Most electropositive metal)	सीजियम (Cs)
द्रव अधातु (Liquid non-metal)	Br
पैराफिन मोम में रखी जाने वाली धातु (Metal kept in paraffin wax)	Li
सिक्का धातुएँ (Coinage metals)	Ag, Au, Cu, Al

जीव विज्ञान

जीव विज्ञान की शाखाएँ
(Branches of Biology)

- **शस्य विज्ञान** (Agronomy) खेतों में उगाये जाने वाले पौधों का अध्ययन।
- **एग्रोस्टोलॉजी** (Agrostology) घासों का अध्ययन।
- **एन्थोलॉजी** (Anthology) पुष्पों का अध्ययन।
- **शारीरिकी** (Anatomy) आन्तरिक रचना का अध्ययन।
- **जीवाणु विज्ञान** (Bacteriology) जीवाणुओं का अध्ययन।
- **जैवरसायन** (Biochemistry) जीवों के रासायनिक घटक तथा रासायनिक प्रक्रियाओं का अध्ययन।
- **जैव प्रौद्योगिकी** (Biotechnology) जीवों या उनके उत्पादों का औद्योगिक क्रियाओं में प्रयोग।
- **कोशिका जैविकी** (Cell Biology) कोशिकाओं की संरचना, कार्य, जनन तथा जीवन चक्र का अध्ययन।
- **क्रेनियोलॉजी** (Craniology) खोपड़ियों का अध्ययन।
- **कोशिका विज्ञान** (Cytology) कोशिकाओं की विस्तृत संरचना का अध्ययन।
- **कोशिकीय आनुवंशिकी** (Cytogenetics) वंशागति के कोशिकीय आधार का अध्ययन।
- **हृदय विज्ञान** (Cardiology) हृदय की रचना एवं कार्य का अध्ययन।
- **डेन्ड्रोलॉजी** (Dendrology) वृक्ष एवं झाड़ी का अध्ययन।
- **पारिस्थितिकी** (Ecology) जीवधारी तथा उसके वातावरण के बीच पारस्परिक सम्बन्धों का अध्ययन।
- **अन्तःस्राव विज्ञान** (Endocrinology) अन्तःस्रावी ग्रन्थियों तथा हॉर्मोनों का अध्ययन।
- **इथोलॉजी** (Ethology) प्राणियों के व्यवहार का अध्ययन।
- **एन्टोमोलॉजी** (Entomology) कीटों की जीवन-चक्र का अध्ययन।
- **सुजननिकी** (Eugenics) मानव जाति की पीढ़ियों को प्रभावित करने वाले कारकों का अध्ययन।
- **सौपरिवेशिकी** (Euthenics) वातावरण में परिवर्तन का मानव समाज के भविष्य का सुधार करना।
- **यूफेनिक्स** (Euphenics) चिकित्सा विज्ञान द्वारा अच्छे लक्षणों को पैदा करना।
- **एन्जाइमोलॉजी** (Enzymology) विभिन्न एन्जाइमों का अध्ययन।
- **भ्रूण विज्ञान** (Embryology) युग्मकों के निर्माण, निषेचन व भ्रूण के परिवर्धन का अध्ययन।
- **पुष्प कृषि**(Floriculture) सजावटी पुष्पों के संवर्धन का अध्ययन।
- **आनुवंशिकी** (Genetics) आनुवंशिकता तथा विभिन्नता के कारणों तथा प्रक्रम का अध्ययन।
- **आनुवंशिक अभियांत्रिकी** (Genetic Engineering) आनुवंशिक पदार्थों के उपयोग और संयोजन के द्वारा नए आनुवंशिक लक्षणों वाले जीवों का निर्माण।
- **रुधिर विज्ञान** (Haematology) रुधिर तथा इससे जनित बीमारियों का अध्ययन।
- **हेल्मिन्थोलॉजी** (Helminthology) कृमियों का अध्ययन।
- **हरपिटोलॉजी** (Herpetology) उभयचर तथा सरीसृपों का अध्ययन।
- **प्रतिरक्षा विज्ञान** (Immunology) प्राणियों की रोगों की प्रति प्रतिरोधकता का अध्ययन।
- **इक्थियोलॉजी** (Ichthyology) मछलियों का अध्ययन।
- **केन्द्रक विज्ञान** (Karyology) केन्द्रक का अध्ययन।
- **काइनेसियोलॉजी** (Kinesiology) पेशीय गतियों का अध्ययन।
- **सरोवर विज्ञान** (Limnology) तालाबों व झीलों में रहने वाले जीवों का अध्ययन।
- **आकारिकी** (Morphology) आकार एवं रचना का अध्ययन।
- **पेशी विज्ञान** (Myology) पेशियों का अध्ययन।
- **सूक्ष्मजीव विज्ञान** (Microbiology) सूक्ष्मजीव, जैसे जीवाणु एवं विषाणु का अध्ययन।
- **आण्विक जीव विज्ञान** (Molecular Biology) जीवों में पाए जाने वाले अणुओं का रासायनिक स्तर पर अध्ययन।
- **मैमोलॉजी** (Mammalogy) स्तनधारियों का अध्ययन।
- **मैलेकोलॉजी** (Malacology) मोलस्का संघ के जीवों व कवचों का अध्ययन।
- **नियोनैटोलॉजी** (Neonatology) दो माह से कम आयु के बच्चों का अध्ययन।
- **तन्त्रिका विज्ञान** (Neurology) तन्त्रिका तन्त्र का अध्ययन।
- **नोसोलॉजी** (Nosology) रोगों का वर्गीकरण।
- **अस्थि विज्ञान**(Osteology) अस्थियों का अध्ययन।
- **दंत विज्ञान**(Odontology) दाँतों का अध्ययन।
- **अंग विज्ञान**(Organology) विभिन्न अंगों का अध्ययन।
- **ऑन्टोजेनी** (Ontogeny) विभिन्न जीवन-चक्रों का अध्ययन।
- **ऑर्निथोलॉजी** (Ornithology) पक्षियों का अध्ययन।
- **ऑफियोलॉजी** (Ophiology) सर्पों का अध्ययन।
- **सब्जी विज्ञान** (Olericulture) सब्जियों की कृषि का अध्ययन।
- **ऑन्कोलॉजी** (Oncology) ट्यूमर का अध्ययन। जैसे-कैन्सर
- **शरीर-क्रिया विज्ञान** (Physiology) जीवन से जुड़ी क्रियाओं एवं कार्यों का अध्ययन।
- **विकास विज्ञान** (Phylogeny) जीवों के विभिन्न समूहों में विकासीय सम्बन्ध।
- **जीवाश्मिकी** (Palaeontology) जीवाश्मों का अध्ययन।
- **परजीवी विज्ञान** (Parasitology) परजीवियों का अध्ययन।
- **आदि जन्तु विज्ञान** (Protozoology) प्रोटोजोआ का अध्ययन।
- **मृदा विज्ञान**(Pedology) विभिन्न प्रकार की मृदाओं का अध्ययन।
- **फल संवर्धन विज्ञान** (Pomology) फलों के संवर्धन का अध्ययन।
- **साइकोजीवविज्ञान** (Psychobiology) जीवों के व्यवहारों का अध्ययन।
- **पादप भूगोल** (Phytogeography) पृथ्वी पर पादपों के वितरण का अध्ययन।
- **पुरावनस्पति विज्ञान** (Palaeobotany) जीवाश्म पादपों के वितरण।
- **विकिरण विज्ञान** (Radiology) जीवधारियों पर विकिरण के प्रभाव का अध्ययन।
- **पेशीय विज्ञान** (Sarcology) पेशियों का अध्ययन।
- **स्नायुसन्धि विज्ञान** (Syndesmology) हड्डियों के जोड़ों का अध्ययन।
- **सीरम विज्ञान** (Serology) रुधिर आधार व सीरम का अध्ययन।
- **वन वर्धन विज्ञान** (Silviculture) वनों के विकास तथा देख-रेख का अध्ययन।
- **टेक्टोलॉजी** (Tectology) प्राणियों के शरीर के रचनात्मक संघटन का अध्ययन।
- **ट्रोफोलॉजी** (Trophology) पोषण विज्ञान का अध्ययन।
- **टॉक्सिकोलॉजी** (Toxicology) जहर, उसके स्वभाव तथा निदान का अध्ययन।
- **वर्गिकी** (Taxonomy) जीवों के नामकरण तथा वर्गीकरण का अध्ययन।
- **यूरोलॉजी** (Urology) मूत्र तथा इससे सम्बन्धित रोगों का अध्ययन।
- **विषाणु विज्ञान** (Virology) विषाणुओं का अध्ययन।
- **जूफाइटोलॉजी** (Zoophytology) उद्देश्यहीन सूक्ष्मजीवों, जैसे डायटम का अध्ययन।

जीव विज्ञान की विभिन्न शाखाओं के जनक
(Father of Various Branches of Biology)

जीवविज्ञान (Biology)	अरस्तू
जन्तु विज्ञान (Zoology)	अरस्तू
वनस्पति विज्ञान (Botany)	थियोफ्रेस्टस
अन्तःस्रावी विज्ञान (Endocrinology)	थॉमस एडीसन
आधुनिक वनस्पति विज्ञान (Modern Botany)	कैरोलस लिनियस
जीवाणु विज्ञान (Bacteriology)	ल्यूवेनहॉक
प्रतिरक्षा विज्ञान (Immunology)	एडवर्ड जैनर
उद्विकासीय वादों (Evolutionary Ideas)	एम्पीडोक्लेस
आनुवंशिकी (Genetics)	ग्रेगर जॉन मेण्डल
आधुनिक आनुवंशिकी (Modern Genetics)	टी. एच. मॉर्गन
सूक्ष्मजीव विज्ञान (Microbiology)	लुई पाश्चर
कोशिका विज्ञान (Cytology)	रॉबर्ट हुक
कवक विज्ञान (Mycology)	मीचेली
पादप शरीर क्रिया विज्ञान (Plant Physiology)	स्टीफन हेल्स
भारतीय पुरावनस्पति विज्ञान (Indian Palaeobotany)	बीरबल साहनी
भारतीय पारिस्थितिकी (Indian Ecology)	आर मिश्रा
सुजननिकी (Eugenics)	फ्रांसिस गाल्टॉन
उत्परिवर्तन (Mutation)	ह्यूगो डी व्रीज
रुधिर परिसंचरण (Blood Circulation)	विलियम हार्वे
रुधिर वर्गों (Blood Groups)	कार्ल लैण्डस्टीनर
वर्गिकी (Taxonomy)	कैरोलस लिनियस
विकिरण आनुवंशिकी (Radiation Genetics)	एच. जे. मुलर
औषधियों (Medicine)	हिप्पोक्रेट्स
जीवाश्मिकी (Palaeontology)	लिओनार्डो दा विन्सी
सूक्ष्मदर्शिकी (Microscopy)	मार्सेलो मैल्पीघी
आनुवंशिक अभियांत्रिकी (Genetic Engineering)	पॉल बर्ग
शैवाल विज्ञान (Phycology)	दिलियम हेनरी हार्वे
भारतीय शैवाल विज्ञान (Phycology)	ओ. पी. आयंगर
जीन थेरैपी (Gene Therapy)	एन्डरसन
बहुजीनी वंशागति (Polygenic Inheritance)	कॉलरयूटर
पैलिनोलॉजी (Palynology)	एर्डमैन

विश्व में सबसे छोटा
(Smallest in the World)

जीवाणु	*डायलिस्टर न्यूमोसिन्टस*
पक्षी	हमिंग बर्ड
अस्थि	स्टैपीज (मध्य कर्ण की अस्थि)
अन्तःस्रावी ग्रन्थि	पिट्यूटरी
सर्प	बार्बेडोस थ्रेडस्नेक
पुष्प	*वोल्फिया माइकोस्कोपिका*
स्तनी	श्रूज (*सन्कस एस्ट्रैकस*)
माँसपेशी	स्टैपिडियस या ऐरैक्टर पिलाई
विषाणु	खुरपका तथा मुँहपका विषाणु

विश्व में सबसे बड़ा
(Largest in the World)

स्तनी (स्थल)	अफ्रीकन हाथी (*लाक्सोडोन्टा अफ्रीकाना*)
स्तनी (जैवमण्डल में)	नीली व्हेल (*बेलेनोप्टेरा*)
पुष्प	*रैफ्लीशिया*
कशेरुकी	लम्बर
अस्थि	फीमर
अस्थि (मेंढक में)	टिबिया-फिबुला
संवेदी अंग (मानव)	त्वचा
पेशी	ग्लूटियस मैक्सिमस
अण्डा या कोशिका	शुतुर्मुर्ग का अण्डा
सबसे लम्बा आवृतबीजी	*यूकेलिप्टस*
सबसे लम्बा अनावृतबीजी	*सिकोया सेमिपेरिवाइरेन्सना*
कोरल रीफ	विशाल रीफ (आस्ट्रेलिया)
कोशिका (मानव शरीर)	अण्डज
शिरा	इन्फीरियर वेना कावा
धमनी	उदरीय महाधमनी
विषाणु	तोता ज्वर विषाणु
बीज	कोको डीमर (18 किग्रा)

शारीरिकीय रोचक तथ्य
(Interesting Physiological Facts)

- मानव में त्वचा की मोटाई शारीरिक अंग क्षेत्रों के आधार पर 1/2 से 1/6 mm के मध्य होती है।
- जिव्हा में चार स्वाद कलिकाएँ (क्षेत्र) होते हैं, जैसे कड़वे स्वाद को जीभ का पश्च (पार्श्व) सिरा, खट्टा स्वाद पार्श्व किनारा क्षेत्र, मीठा स्वाद अग्र सिरा क्षेत्र, जबकि लवणीय (नमकीन) स्वाद कलिकाएँ अग्र भाग के किनारों पर पायी जाती हैं।
- मुस्कुराने में 14 पेशियों का उपयोग होता है, जबकि निर्बाध हँसने में 43 पेशियाँ कार्य करती हैं।
- अभिभाषण प्रस्तुत करने में 72 विभिन्न पेशियों में अनुक्रिया होती है।
- शरीर की सर्वशक्तिशाली पेशी मेसेटर होती है, यह जबड़े में पायी जाती है तथा भोजन को चबाने में सहायक है।
- छोटी आँत (क्षुद्रान्त्र) की लम्बाई लगभाग 750 सेमी होती है तथा बड़ी आँत से लगभाग तीन गुना मोटी होती है।
- अधिकांश व्यक्ति सम्पूर्ण जीवनकाल में 20 किलोग्राम त्वचा का निर्मोचन करता है।
- छींकने के दौरान, नासाछिद्रों से वायु की गति लगभग 156 किमी/घण्टा होती है।
- आँखों में पलक के बाल की जीवन अवधि लगभग 150 दिन होती है।
- मस्तिष्क 375 किमी/घण्टा की गति से सूचनाएँ प्रेषित करता है।
- मानव शरीर में उपस्थित लगभग 20 लाख नेफ्रॉन एक दिन में 37 बार 5 से 7 लीटर रुधिर का निस्यंदन करती है।
- नेत्र में उपस्थित लगभग 120 मिलियन शलाकाएँ, काला तथा श्वेत रंगों में विभेद करने में सहायता करती हैं।
- नेत्रों में उपस्थित 6 मिलियन शंकु रंगों को देखने में सहायक होते हैं।
- हम एक दिन में लगभग 20,000 पलकें झपकाते हैं।
- एक दिन (24 घण्टे) में मानव हृदय लगभग 100000 बार धड़कता है।
- शरीर में उपस्थित रुधिर वाहिकाओं की कुल लम्बाई लगभग 90000 किमी होती है।
- औसत मानव मस्तिष्क में लगभाग 100 बिलियन तन्त्रिका कोशाएँ होती हैं।
- खुली आँखों से छींकना असम्भव है।
- छींकने के दौरान शरीर के सभी क्रिया-कलाप, हृदय की धड़कन भी रुक जाती है।
- जन्म के समय शिशु में घुटना टोपी (पटेला या जानुफलक अस्थि) का अभाव होता है।
- बच्चे बसन्त ऋतु में तेजी से वृद्धि और विकास दर्शाते हैं।
- स्त्रियाँ पुरुषों से लगभग दो गुना ज्यादा पलकें झपकाती हैं।
- एक नेत्र की अनुपस्थिति (अंधा होने पर) में भी व्यक्ति केवल दृश्य क्षेत्र का 1/5 भाग नहीं देख पाता है।
- आँखें (नेत्रों) का आकार जन्म के बाद समान रहता है जबकि नाक तथा कान में वृद्धि होती है।
- अंगुलियों की लम्बाई का नाखूनों की वृद्धि से सीधा सम्बन्ध है। मध्य अंगुली का नाखून सबसे अधिक तेज बढ़ता है जो वृद्धि दर्शाता है, जबकि अंगूठे का नाखून अंगुलियों के नाखूनों के सापेक्ष दो गुना कम वृद्धि दर्शाता है।
- बाल तथा नाखून समान् पदार्थ (कैरोटीन प्रोटीन) के बने होते हैं।
- हमारी नाक की ज्ञानेन्द्रियों द्वारा लगभग 50000 विभिन्न सुगन्धों को पहचाना जा सकता है।
- अंगुली का नाखून आधार से शीर्ष तक वृद्धि में लगभग 6 माह का समय लगता है।
- मस्तिष्क द्वारा प्रयोग में लायी गयी ऊर्जा से लगभग 25 वाट का बल्ब जलाया जा सकता है।
- लगभग 14 दिन में हमारे आमाशय में नवीन स्तर का निर्माण हो जाता है, क्योंकि इस प्रक्रिया की अनुपस्थिति में पाचन में प्रयुक्त अम्ल भोजन के साथ-साथ आमाशय को भी पचा देगें।
- एक जोड़ी पैरों में लगभग 500000 श्वेद् ग्रन्थियाँ होती हैं।
- मानव शरीर की एक सेमी वर्ग त्वचा में रुधिर वाहिकाओं की लम्बाई लगभग 600 सेमी होती है।
- यकृत शरीर की प्रमुख ग्रन्थि है तथा पुनरुदभवन दर्शाती है।